Die Kürzung von Tariflöhnen zur Sanierung

Schriften zum Arbeitsrecht und Wirtschaftsrecht

Herausgegeben von Abbo Junker

Band 30

PETER LANG
Frankfurt am Main · Berlin · Bern · Bruxelles · New York · Oxford · Wien

Felix Benedikt

Die Kürzung von Tariflöhnen zur Sanierung

Eine verfassungskonforme Auslegung des § 3 III TVG entsprechend § 626 BGB

PETER LANG
Europäischer Verlag der Wissenschaften

Bibliografische Information Der Deutschen Bibliothek
Die Deutsche Bibliothek verzeichnet diese Publikation in der Deutschen Nationalbibliografie; detaillierte bibliografische Daten sind im Internet über <http://dnb.ddb.de> abrufbar.

Zugl.: Göttingen, Univ., Diss., 2003

D 7
ISSN 1433-4666
ISBN 3-631-51322-4

www.peterlang.de

Meinen Großmüttern

Berta Benedikt
und
Barbara Leimer

Vorwort:

In konjunkturschwachen Zeiten wird der Ruf nach Kostensenkungen laut. Da Not bekanntlich erfinderisch macht, entwickelt die Praxis immer neue Wege und Modelle, um die Kosten des Faktors Arbeit zu reduzieren.

Diese Arbeit widmet sich der grundsätzlichen Frage, ob und unter welchen Voraussetzungen ein Unternehmen, welches tariflich vergütet, in einer betrieblichen Notlage vom Tarifvertrag abweichen kann, und zwar gegen den Widerstand von Arbeitgeberverband und Gewerkschaft. Der Fall der Phillip Holzmann AG war zwar nicht Auslöser dieser Arbeit, die dadurch aufflammende Diskussion hat mich aber bei dieser inspiriert und konnte zur Veranschaulichung der Fragestellung in die Untersuchung aufgenommen werden. Die Arbeit ist auf dem Stand von April 2003.

Dank möchte ich zunächst Prof. Dr. Hansjörg Otto aussprechen, der mich bei der Betreuung der Arbeit durch viele kritische Anmerkungen inhaltlich vorangebracht hat. Zudem gilt mein Dank Prof. Dr. Abbo Junker für die zügige Erstellung des Zweitgutachtens.

Ferner möchte ich den Personen danken, die mich während der Recherche von Informationen und Fachliteratur unterstützt haben, insbesondere den immer hilfsbereiten Mitarbeiter der Bibliothek des BAG, welches damals noch in Kassel seinen Sitz hatte. Herzlichen Dank möchte ich auch Nadja Yekrang-Haghpanah, Jost Eder und Lars Junkermann, die mir bei der mühsamen Korrektur zur Seite standen, aussprechen.

Ganz besonderer Dank gilt meinen Eltern, die mich mein ganzes Leben in allen Belangen unterstützt haben. Sie haben meine Studien der Rechtswissenschaften und der Betriebswirtschaftslehre und meine vorliegende Promotion immer gefördert und deren Abschluß ermöglicht.

Berlin, im Mai 2003.

Inhaltsverzeichnis

Abkürzungsverzeichnis

a.A. .... anderer Ansicht
AcP .... Archiv für die civilistische Praxis
a.F. .... alte Fassung
AG .... Aktiengesellschaft, Amtsgericht
AktG .... Aktiengesetz
AiB .... Arbeitsrecht im Betrieb
Alt. .... Alternative
Anm. .... Anmerkung
AP .... Arbeitsrechtliche Praxis
ArbG .... Arbeitsgericht
ArbGG .... Arbeitsgerichtsgesetz
ArbPlSchG .... Arbeitsplatzschutzgesetz
ArbuR .... Arbeit und Recht
Art. .... Artikel
AuA .... Arbeit und Arbeitsrecht
Aufl. .... Auflage

BAG .... Bundesarbeitsgericht
BAT .... Bundesangestelltentarifvertrag
BB .... Der Betriebs-Berater
BBiG .... Berufsbildungsgesetz
Bd. .... Band
BDA .... Bundesvereinigung der Deutschen Arbeitgeberverbände
BDI .... Bundesverband der Deutschen Industrie
BenshSamml .... Entscheidungen des Reichsarbeitsgerichts und der Landesarbeitsgerichte, verlegt bei Bensheimer
BErzGG .... Bundeserziehungsgeldgesetz
Beschl .... Beschluß
BetrAVG .... Gesetz zur Verbesserung der betrieblichen Altersversorgung
BetrVG .... Betriebsverfassungsgesetz
BGB .... Bürgerliches Gesetzbuch
BGBl. .... Bundesgesetzblatt
BGH .... Bundesgerichtshof
BGHSt .... Amtliche Sammlung der Entscheidungen des Bundesgerichtshof in Strafsachen
BGHZ .... Amtliche Sammlung der Entscheidungen des Bundesgerichtshof in Zivilsachen

Bl. .... Blatt
BRD .... Bundesrepublik Deutschland
BR Dr. .... Drucksachen des Deutschen Bundesrates
BT Dr. .... Drucksachen des Deutschen Bundestages
BVerfG .... Bundesverfassungsgericht
BVerfGE .... Amtliche Sammlung der Entscheidungen des Bundesverfassungsgerichts
BVerwG .... Bundesverwaltungsgericht
BVerwGE .... Amtliche Sammlung der Entscheidungen des Bundesverwaltungsgerichts
bzgl. .... bezüglich

CGM .... Christliche Gewerkschaft Metall
c.i.c. .... culpa in contrahendo

DB .... Der Betrieb
DGB .... Deutscher Gewerkschaftsbund
d.h. .... das heißt
DJT .... Deutscher Juristentag
DM .... Deutsche Mark

EGV .... Vertrag zur Gründung der Europäischen Gemeinschaft
EMRK .... Europäische Menschenrechtskonvention
EStG .... Einkommensteuergesetz
etc. .... et cetera
EU .... Europäische Union
EzA .... Entscheidungssammlung zum Arbeitsrecht

f .... folgende Seite
FAZ .... Frankfurter Allgemeine Zeitung
FDP .... Freie Demokratische Partei
ff .... folgende Seiten
FlRG .... Flaggenrechtsgesetz
Fn. .... Fußnote
FS .... Festschrift

gem. .... gemäß
GewKfGer .... Gewerbe und Kaufmannsgericht
GewArch .... Gewerbearchiv

GewO .... Gewerbeordnung
GG .... Grundgesetz
GK .... Gemeinschaftskommentar
GmbH .... Gesellschaft mit beschränkter Haftung
GMH .... Gewerkschaftliche Monatshefte
GWB .... Gesetz gegen Wettbewerbsbeschränkungen

HGB .... Handelsgesetzbuch
HRG .... Hochschulrahmensgesetz
hrsg. .... herausgegeben

IddW .... Institut der deutschen Wirtschaft
IG .... Industriegewerkschaft
IG Bau.................... IG Bauen-Agrar-Umwelt
IG BCE................... IG Bergbau, Chemie, Energie
i.H.v....................... in Höhe von
ILO .... Internationale Arbeits-Organisation
InsO........................ Insolvenzordnung
i.S. .... im Sinne
i.V.m. .... in Verbindung mit
iwd.......................... Informationsdienst des Instituts der deutschen Wirtschaft

JuS .... Juristische Schulung
JZ .... Juristenzeitung

KO.......................... Konkursordnung
KR.......................... Gemeinschaftskommentar zum Kündigungsschutzgesetz
KSchG.................... Kündigungsschutzgesetz
KWG .... Gesetz über das Kreditwesen

LAG .... Landesarbeitsgericht
LAGE .... Sammlung landesarbeitsgerichtlicher Entscheidungen
LG .... Landgericht
LS .... Leitsatz

MitbestG .... Mitbestimmungsgesetz
MünchArbR .... Münchener Handbuch zum Arbeitsrecht
MuSchG................ Mutterschutzgesetz
mwN. .... mit weiteren Nachweisen

NJW .... Neue Juristische Wochenschrift
Nr. .... Nummer
NVwZ .... Neu Zeitschrift für Verwaltungsrecht
NZA .... Neue Zeitschrift für Arbeits- und Sozialrecht
NZA-RR................ Rechtsprechungsreport der NZA
NZfA .... Neue Zeitschrift für Arbeitsrecht

OT .... ohne Tarifbindung
OVG .... Oberverwaltungsgericht

PartG .... Parteiengesetz
PSV .... Pensions-Sicherungs-Verein
pVV .... positive Vertragsverletzung

RAG .... Reichsarbeitsgericht
RdA .... Recht der Arbeit
RGBl. .... Reichsgesetzblatt
Rn. .... Randnummer

S. .... Seite
SAE .... Sammlung arbeitsrechtlicher Entscheidungen
SGB .... Sozialgesetzbuch
sog. .... sogenannte(r)
SPD .... Sozialdemokratische Partei Deutschlands
SPV .... Special Purpose Vehicle
StabG...................... Stabilitätsgesetz
StGB .... Strafgesetzbuch
str. .... streitig
SZ .... Süddeutsche Zeitung

TVG .... Tarifvertragsgesetz
TVO .... Tarifvertragsverordnung

u.a. .... unter anderem
UmwG.................... Umwandlungsgesetz
Urt. .... Urteil
USA........................ Vereinigte Staaten von Amerika
u.U. .... unter Umständen
UWG .... Gesetz gegen den unlauteren Wettbewerb

v. .... vom, von
VDMA .... Verband deutscher Maschinen- und Anlagenbau
VermBG .... Vermögensbildungsgesetz
vgl. .... vergleiche
VSME .... Verband der Sächsischen Metall- und Elektroindustrie
VwGO .... Verwaltungsgerichtsordnung

WSI Mitteilungen .. Mitteilungen des Wirtschafts- und Sozialwissenschaftlichen Institutes des Deutschen Gewerkschaftsbundes

z.B. .... zum Beispiel
ZDG .... Zivildienstgesetz
ZfA .... Zeitschrift für Arbeitsrecht
ZGR .... Zeitschrift für Unternehmens- und Gesellschaftsrecht
ZIAS .... Zeitschrift für ausländisches und internationales Arbeits- und Sozialrecht
ZIP .... Zeitschrift für Wirtschaftsrecht und Insolvenzpraxis
ZPO .... Zivilprozessordnung
ZRP .... Zeitschrift für Rechtspolitik
ZTR .... Zeitschrift für Tarifrecht

Kapitel 1: Einleitung

A. Ziele, Aufbau und Gang der Untersuchung

Ziel dieser Untersuchung ist die Beantwortung der Frage, ob und unter welchen Voraussetzungen ein Unternehmen, das Mitglied im Arbeitgeberverband ist, zur Sanierung unter Tarif vergüten kann. Zunächst ist für die individualrechtliche Ebene zu klären, ob der Arbeitgeber außerhalb der normativen Wirkung des Tarifvertrags die Arbeitsbedingungen zur Sanierung verändern kann. Auf der Ebene des Firmentarifvertrags ist die Frage der außerordentlichen Kündigung eingehend zu behandeln. Im Mittelpunkt der Betrachtung steht aber die Lösung des einzelnen Arbeitgebers vom Verbandstarifvertrag zur Sanierung. Die Arbeit ist in fünf Kapitel untergliedert.

In diesem ersten Kapitel erfolgt zunächst eine Einführung in die Problematik anhand eines Falles aus der Praxis, nämlich der Krise der Philipp Holzmann AG. Angelehnt an den Fall der Phillip Holzmann AG wird ein Ausgangsfall mit vier Abwandlungen gebildet.

Das zweite Kapitel markiert den juristischen Ausgangspunkt für die Fragestellung dieser Arbeit. Hierbei werden ausgehend vom Grundfall und seinen vier Abwandlungen die rechtlichen Möglichkeiten eines Arbeitgebers, die Löhne zu senken, beleuchtet. Die Untersuchung erfolgt somit auf den Ebenen des Arbeitsvertrags, des Firmentarifvertrags, des Verbandstarifvertrags, der tariflichen Öffnungsklausel und der Allgemeinverbindlicherklärung. Zunächst wird untersucht, ob die Rechtspraxis, die im wesentlichen durch die Rechtsprechung von BVerfG, BAG und von den verschiedenen LAG geprägt wird, eine Lohnsenkung zur Sanierung zuläßt. Dem folgt eine Darstellung der tatsächlichen Verhältnisse in den Unternehmen und der von der Rechtsprechung abweichenden Ansätze des Schrifttums. Dabei werden die Ansätze herausgefiltert, die für eine Sanierung auf Verbandsebene praktikabel sind.

Das dritte Kapitel stellt den Schwerpunkt dieser Arbeit dar. Es behandelt die Frage, wie die Problematik von Lohnsenkungen zur Sanierung auf den einzelnen Ebenen aus verfassungsrechtlicher Sicht zu beurteilen ist. Es geht dabei um die verfassungsrechtliche Überprüfung der in Kapitel 2 dargestellten Rechtspraxis und der einzelnen Ansätze des Schrifttums. Dabei ist zu klären, welche Interessen der Beteiligten durch die Verfassung gewährleistet sind und wie sich diese im einzelnen auswirken. Ziel ist herauszufinden, ob eine Lohnkürzung zur Sanierung mit den geschützten Interessen in Einklang zu bringen ist und welcher Ansatz diese Interessen am besten zum Ausgleich bringt.

Im vierten Kapitel wird eine verfassungskonforme Auslegung des § 3 III TVG für Sanierungsfälle vorgenommen. Gleichzeitig werden die materiellen Voraussetzungen einer solchen Härteklausel und ihrer Umsetzung herausgearbeitet. Im fünften Kapitel geht es schließlich um die möglichen Rechtsbehelfe, die den Beteiligten im Falle einer solchen Auslegung des § 3 III TVG zustehen. Zum Schluß folgen in Kapitel sechs die Ergebnisse der Arbeit.

B. Der Fall der Philipp Holzmann AG

Kaum ein Unternehmen stand Ende 1999 so im Blickpunkt der deutschen Öffentlichkeit wie die Philipp Holzmann AG. Das Unternehmen sollte, getragen von Beiträgen der Aktionäre, der Gläubiger, des Staates und der Arbeitnehmer, saniert werden.

I. Das Unternehmen

Auf ihrer Homepage[1] beschrieb sich die Philipp Holzmann AG[2] im Rahmen eines „Kurzporträts" mit folgenden Worten: „*Im Jahr 1849 gründete Johann Philipp Holzmann in Sprendlingen bei Frankfurt am Main eine Baufirma, die sich im Laufe der Zeit aus kleinen Anfängen zum Großunternehmen mit internationaler Bedeutung entwickelt hat. Das Leistungsprofil des Unternehmens umfaßt heute die Planung, Entwicklung und Ausführung von Bauvorhaben aller Art sowie von Infrastrukturprojekten und Industrieanlagen. Darüber hinaus werden Gebäude und Anlagen gewartet und betrieben. In der 150jährigen Firmengeschichte beweisen bedeutende Projekte in aller Welt die Kompetenz und Erfahrung von Philipp Holzmann.*"

Gemessen an der internationalen Bauleistung von 1998 war Holzmann der zehntgrößte Baukonzern weltweit.[3] Die Zahl der Mitarbeiter des Konzerns[4] hatte sich im Inland von durchschnittlich 25.212 im Jahre 1995 auf 16.123 im Jahre 1999 verringert.[5] Bis Ende 2000 wurde die Anzahl weiter um 28 Prozent auf 11.611 reduziert. Das Ergebnis der gewöhnlichen Geschäftstätigkeit war in den Jahren 1995 und 1997 negativ, in den Jahren 1996 schwach positiv und 1998 ausgeglichen. Im Jahre 1999 wuchs der Verlust explosionsartig auf ca. 2,64 Milliarden DM[6] an. Zum Vergleich: im Jahre 1996 wurde ein Gewinn von 25 Millionen und im Jahre 1997 ein Verlust mit 686 Millionen erzielt.[7] Von 1993 bis 1999 wurde insgesamt ein Verlust von 6,565 Milliarden erzielt.[8] Dies ist teilweise bewußt verschleiert worden.[9]

---

[1] Vgl. http://www.hlzm.de, Stichwort: „Kurzporträt", Stand 11/2001. Zur Geschichte des Konzerns vgl. auch FAZ 24.11.1999 (Nr.274) S.28, Kafsack FAZ 30.3.2002 (Nr.75) S.15.
[2] Im folgenden meist nur als Holzmann bezeichnet.
[3] Vgl. FAZ 24.11.1999 (Nr.274) S.28.
[4] Vgl. zu den wesentlichen Beteiligungen Geschäftsberichts (1999) S.72 f.
[5] Vgl. Geschäftsbericht (1999) S.74.
[6] Die Geldbeträge sind in dieser Arbeit alle als DM-Beträge zu verstehen.
[7] Vgl. Geschäftsbericht (1999) S.75.
[8] Hinrichs Rede zur Bilanzpressekonferenz am 27.7.2000 (http://www.hlzm.de) S.9.
[9] So der damalige Vorstandsvorsitzende Binder laut FAZ 20.11.1999 (Nr.271) S.17.

Einen Aufschluß über die damalige Situation des Baukonzerns liefern die Fünfjahresübersichten aus den Geschäftsberichten für die Jahre 1999 und 2000.[10] Hier die wesentlichen Zahlen:

	2000	*1999*	*1998*	*1997*	*1996*	*1995*
Mitarbeiter						
Konzern - Veränderung Vorjahr	23.659 -17,9%	28.811 -15,0%	33.884 -22,5%	43.726 -9,6%	48.373 +7,8%	44.863 +7,0%
davon Inland	11.611	16.123	19.504	21.070	24.095	25.212
Bilanzstruktur Konzern						
Eigenkapital (in Mio. DM)	247	0	1.034	733	1.581	1.645
Finanzdaten Konzern						
Ergebnis gewöhnliche Geschäftstätigkeit (in Millionen DM)	-133	-2.639	0	-686	25	-385
Aktienkurse (in DM) - Tiefstkurs - Höchstkurs	 25 65	 22 389	 162 575	 369 615	 328 611	 482 859

Für die Aktionäre wurde in den letzten fünf Jahren keine Dividende ausgeschüttet. Dramatisch entwickelte sich auch der Kurs der Aktie. Dieser schwankte im Jahre 1999 zwischen 389 und 22 DM.[11] Dies kommt fast einem Totalverlust der Aktionäre gleich. Man kommt angesichts dieser Daten nicht umhin, von einer Unternehmenskrise zu sprechen. Das Unternehmen hatte im Jahr 2000 eine Restrukturierung in Angriff genommen und sich im Inland zum Ziel gesetzt, die Wettbewerbsfähigkeit wieder herzustellen und für das Jahr 2000 ein positives Ergebnis zu erzielen.[12] Zumindest das Ziel, wieder profitabel zu werden, wurde verfehlt. Auch 2000 war der Restrukturierungsprozess noch nicht abgeschlossen.[13] Am 21.3.2002 wurde schließlich der Insolvenzantrag erneut gestellt.[14] Etwa ein Jahr später wurde die letzte Baustelle geschlossen, der Konzern war zerschlagen, die meisten Beteiligungen verkauft.[15]

Im folgenden wird ein Überblick über die Unternehmenskrise, über die Ursachen der wirtschaftlichen Schwierigkeiten und über die Maßnahmen der Restrukturierung gegeben. Anschließend werden die rechtlichen Fragestellungen im Zusammenhang mit den Restrukturierungsmaßnahmen beleuchtet.

---

[10] Vgl. Geschäftsbericht (1999) S.74 f, Geschäftsbericht (2000) S.102 f.

[11] Vgl. Geschäftsbericht (1999) S.75.

[12] Vgl. Geschäftsbericht (1999) S.13.

[13] Vgl. Geschäftsbericht (2000) S.6. Vgl. auch S.25, hier wird davon gesprochen, daß die finanzielle Sanierung im August 2000 *„nahezu vollständig abgeschlossen"* sei.

[14] Vgl. FAZ 22.3.2001 (Nr.69) S.1 (1).

[15] Vgl. FAZ 20.03.03 (Nr.67) S.22.

II. Chronik der Unternehmenskrise

Die Chronik der Unternehmenskrise läßt sich im wesentlichen auf folgende Ereignisse zusammenfassen:

15.04.1996 Vorstand gibt einen Fehlbetrag von 360 Millionen DM für 1995 bekannt.

22.05.1997 Vorstandsvorsitzender Mayer spricht von einer „*Trendwende*“.

24.08.1998 Vorstandsvorsitzender Binder auf der Hauptversammlung: „*Wir haben die Talsohle durchschritten*“.[16]

18.02.1999 Vorstand spricht von einer „*operativer Trendwende*“ und erwartet für 1999 ein positives Ergebnis.[17]

30.06.1999 Vorstandsvorsitzender Binder kündigt auf der Hauptversammlung für 1999 einen Gewinn an.[18]

31.08.1999 Vorstand nimmt die Gewinnerwartung für 1999 zurück und spricht von einem ausgeglichenen Ergebnis.[19]

08.11.1999 Holzmann beantragt nach Aufdeckung eines Verlustes für 1999 von 2,4 Milliarden die Freistellung von der Ad-hoc-Publizitätspflicht.

14.11.1999 Holzmann informiert die wichtigsten Kreditgeber.
Vorstellung eines Sanierungskonzeptes.

15.11.1999 Information der Öffentlichkeit.
Aussetzung der Holzmann-Aktie vom Börsenhandel.

16.11.1999 Vorstand stellt Strafantrag gegen ehemalige Verantwortliche.

17.11.1999 Aufsichtsrat stimmt dem Sanierungskonzept zu.[20]

21.11.1999 Sanierungskonzept findet nicht die Zustimmung der Kreditgeber.

22.11.1999 Außergerichtlicher Vermittlungsversuch des hessischen Ministerpräsidenten Roland Koch scheitert.[21]

---

[16] Vgl. zu den vorherigen Daten FAZ 26.11.1999 (Nr.276) S.17.

[17] FAZ 26.11.1999 (Nr.276) S.17. Vgl. dazu Presseinformationen v. 18.2.1999 u. 18.5.1999, http://www.hlzm.de, Binder Rede zur Bilanzpressekonferenz am 18.5.1999.

[18] FAZ 26.11.1999 (Nr.276) S.17.

[19] FAZ 26.11.1999 (Nr.276) S.17. Vgl. Presseinformation v. 31.8.1999 http://www.hlzm.de.

[20] Vgl. zu den vorherigen Daten Geschäftsbericht (1999) S.14.

[21] Vgl. FAZ 24.11.1999 (Nr.274) S.29.

23.11.1999 Holzmann stellt Antrag auf Eröffnung des Insolvenzverfahrens.

Bundeskanzler Gerhard Schröder schaltet sich in die Unternehmensrettung ein.

Wiederaufnahme des Handels der Aktie an der Börse (der Kurs bricht um 80 Prozent ein).[22]

24.11.1999 Bundeskanzler Gerhard Schröder sichert eigenkapitalersetzendes Darlehen der KfW i.H.v. 150 Millionen DM und eine Ausfallbürgschaft des Bundes i.H.v. 100 Millionen zu.

Gläubigerbanken stimmen dem Sanierungskonzept zu.

Rücknahme des Insolvenzantrags.

02.12.1999 Vorstand und Gesamtbetriebsrat treffen „*Rahmenvereinbarung*" über einen Arbeitnehmerbeitrag zur Sanierung mit einem Volumen von 245 Millionen DM.

09.12.1999 Beginn der Gespräche mit der IG BAU über Sanierungstarifvertrag.

15.12.1999 Neuer Vorstandsvorsitzender Konrad Hinrichs.

19.12.1999 Weitere Gespräche mit der IG BAU.

30.12.1999 Außerordentliche Hauptversammlung beschließt Sanierungsmaßnahmen.[23]

04.01.2000 Fortsetzung der Gespräche mit der IG BAU.

07.01.2000 EU-Kommission kündigt Prüfung der Zulässigkeit des Sanierungsbeitrags der BRD an.

10.01.2000 Vorstand und Betriebsräte einigen sich über Interessenausgleich und Sozialplan.

Übergang von entlassenen Mitarbeitern in eine sog. Beschäftigungs- und Qualifizierungsgesellschaft.

21.01.2000 Einigung mit IG BAU über Sanierungstarifvertrag.

28.01.2000 Der PSV[24] übernimmt 50 Prozent der Pensions- und Rentenverpflichtungen.

31.01.2000 Der Hauptverband der Deutschen Bauindustrie lehnt den Sanierungstarifvertrag ab.

01.02.2000 Beginn der Umsetzung der Sanierungstarifvertrags.

08.02.2000 Vorstellung eines detaillierten Sanierungskonzeptes.

09.02.2000 Gespräche mit IG BAU über neuen Sanierungstarifvertrag.[25]

---

[22] Vgl. zu den vorherigen Daten Geschäftsbericht (1999) S.14. Vgl. zum Kursrückgang ausführlich FAZ 24.11.1999 (Nr.274) S.37.

[23] Vgl. zu den vorherigen Daten Geschäftsbericht (1999) S.14 f. Vgl. zur Hauptversammlung ausführlich Julitz FAZ 29.12.1999 (Nr.303) S.16, Julitz FAZ 3.1.2000 (Nr.1) S.20. Vgl. auch FAZ 31.12.1999 (Nr.305), S.13, 17.

[24] Pensions-Sicherungs-Verein.

15.03.2000 Vorstandsvorsitzender Hinrichs erwartet auf außerordentlicher Hauptversammlung für 2000 ein positives operatives Ergebnis.[26]

05.04.2000 Einigung mit IG BAU über neuen Sanierungstarifvertrag.

10.04.2000 Annahme des neuen Sanierungstarifvertrags.[27]

27.07.2000 Vorstandsvorsitzender Hinrichs hält positives Ergebnis für 2000 für erreichbar. In den ersten 6 Monaten weicht das operative Ergebnis mit einem Betrag von 54 Millionen von den Zielvorgaben des Restrukturierungsplans nach unten ab.[28]

08.05.2001 Zustimmung der EU-Behörden zur Gewährung des Darlehens durch die KfW und die Ausfallbürgschaft des Bundes.[29]

17.05.2001 Nach einem Verlust von 156 Millionen im Jahr 2000 hält Hinrichs für 2001 ein positives Ergebnis für denkbar.[30]

21.03.2002 Holzmann stellt erneut Antrag auf Eröffnung des Insolvenzverfahrens.[31] Dieser wird nicht zurückgezogen. Der Konzern wird zerschlagen.[32]

Im Jahr 2001 lag der Verlust bei 237 Millionen Euro.[33]

III. Ursachen der wirtschaftlichen Schwierigkeiten

In der Bilanzpressekonferenz vom 27.7.2000 beschrieb der Vorstandsvorsitzende Hinrichs die Ursachen der Unternehmenskrise folgendermaßen[34]: „*Diese Ergebnisentwicklung ist Folge einer Vielzahl unternehmensstrategischer Entscheidungen, die im Laufe des vergangenen Jahrzehnts getroffen worden sind und den Konzern 1999 in die schwerste Finanzkrise seiner 150-jährigen Geschichte führten. Vorrangig ist in diesem Zusammenhang das Streben nach Wachstum um jeden Preis im vergangenen Jahrzehnt zu nennen.*" Konkret benannte Hinrichs die „*Konzentration auf Großprojekte*", den Versuch, sich „*als Projektentwickler und Betreiber zu positionieren*", den erfolglosen „*Ausbau des Beteiligungsnetzes im In- und Ausland*" und eine unwirtschaftliche Kostenstruktur. Das Lohn- und Gehaltsgefüge erwähnte er in diesem Zusammenhang nur mit Einschränkung.

---

[25] Vgl. zu den vorherigen Daten Geschäftsbericht (1999) S.15.

[26] Hinrichs Vortrag zur außerordentlichen Hauptversammlung am 15.3.2000 (Presseinformation http://www.hlzm.de) S.9.

[27] Vgl. zu den vorherigen Daten Geschäftsbericht (1999) S.15.

[28] Hinrichs Rede zur Bilanzpressekonferenz am 27.7.2000 (http://www.hlzm.de) S.3.

[29] Geschäftsbericht (2000) S.12, 26, FAZ 9.5.2001 (Nr.107) S.16.

[30] Vgl. FAZ 18.5.2001 (Nr.115) S.18. 100 Millionen DM waren für 2000 prognostiziert.

[31] Vgl. FAZ 22.3.2001 (Nr.69) S.1 (1).

[32] Vgl. FAZ 20.03.03 (Nr.67) S.22.

[33] Vgl. FAZ 22.3.2002 (Nr.69) S.1 (2).

[34] Hinrichs Rede zur Bilanzpressekonferenz am 27.7.2000 (http://www.hlzm.de) S.9.

Die Anzeige von Holzmann gegen *„unbekannte frühere Mitarbeiter wegen Untreue, Betrugs und unrichtiger Darstellung"*[35] verdeutlicht, daß im Management gravierende Fehler begangen wurden. Im Geschäftsbericht für 1999 wurde dies moderat mit folgenden Worten ausgedrückt: *„Markante Schwächen betrafen in jener Zeit die gesamte betriebswirtschaftliche Seite der Unternehmensführung"*.[36]

Als Beispiel hierfür kann das besonders verlustreiche Projekt City-Carée in Magdeburg dienen. Nach Berichten[37] soll den Verantwortlichen schon während der Bauphase klar gewesen sein, daß selbst im günstigsten Fall jährliche Verluste von 11 Millionen DM erwirtschaftet werden würden. Zur Verschleierung der Verluste in den Bilanzen sei das Objekt mit einem Marktwert von ca. 200 Millionen zu einem überhöhten Preis i.H.v. 587 Millionen mit überhöhten Mietgarantien an Fonds verkauft worden.[38] Dadurch konnte im Jahr des Verkaufs ein hoher Ertrag realisiert werden. Die drohenden Verluste aus den Mietgarantien konnten so auf mehrere Jahre verteilt und zudem zu niedrig angesetzt werden. In diesem Zusammenhang wurde die Wirtschaftsprüfungsgesellschaft dafür kritisiert, dieses System nicht aufgedeckt zu haben.[39]

IV. Das Sanierungskonzept

Das Sanierungskonzept der Philipp Holzmann AG unterteilte sich in die sog. operative Restrukturierung und die finanzielle Sanierung.[40]

1. Operative Restrukturierung

Die operative Restrukturierung umfasste im wesentlichen folgende Punkte:[41]

- Konzentration auf die Kernkompetenzen,
- operative Kostensenkung (u.a. Verringerung des Personalbestands[42]),
- Bereinigung Beteiligungsportfolios,
- Verbesserung der internen Strukturen.

---

[35] Vgl. Presseinformation v. 13.1.2000 http://www.hlzm.de.

[36] Vgl. Geschäftsbericht (1999) S.17.

[37] Vgl. FAZ 30.11.1999 (Nr.279) S.22, auch zum Beispiel der Kölnarena. Vgl. dazu auch FAZ 20.12.1999 (Nr.296) S.26.

[38] Vgl. FAZ 30.11.1999 (Nr.279) S.22.

[39] So Binder laut FAZ 30.11.1999 (Nr.279) S.22. Die KMPG wehrt sich gegen die Vorwürfe, vgl. FAZ 4.2.2000 (Nr.29) S.19.

[40] Vgl. Geschäftsbericht (1999) S.19, Hinrichs Rede zur Bilanzpressekonferenz am 27.7.2000 (http://www.hlzm.de) S.5.

[41] Vgl. Geschäftsbericht (1999) S.19 ff, Hinrichs Rede zur Bilanzpressekonferenz am 27.7.2000 (http://www.hlzm.de) S.5 ff.

[42] Ein Teil der Belegschaft ging auf die Beschäftigungs- und qualifizierungsgesellschaft (BQG) *„Mypegasus"* über. Vgl. zu den Einzelheiten Presseinformation v. 11.1.2000 http://www.hlzm.de, Pressemitteilung Hintergrund 1/00 http://www.hlzm.de. Vgl. dazu auch FAZ 12.1.2000 (Nr.9) S.19.

2. Finanzielle Sanierung

Die finanzielle Sanierung umfasste folgende Maßnahmen:[43]

- Konsortialkredit i.H.v. 1 Milliarde DM,
- Kapitalherabsetzung und die anschließende Durchführung einer Kapitalerhöhung i.H.v. 1,265 Milliarden[44],
- Aufheben von Rangrücktritten,
- Asset Deal[45] und SPV[46],
- Ausgabe von Wandelgenußrechten,
- Darlehen und Ausfallbürgschaft des Bundes[47],
- Arbeitnehmerbeitrag.

3. Der finanzielle Beitrag der Arbeitnehmer

Besondere Beachtung verdient hierbei der finanzielle Beitrag der Arbeitnehmer. Dieser entstand dem Vernehmen nach vor dem 22.11.1999 aus dem sog. *„Berliner Modell"*, wurde am 2.12.1999 in einer „Rahmenvereinbarung" mit dem Betriebsrat niedergelegt und führte am 21.1.2000 zum ersten Sanierungsvertrag mit der IG BAU. Aufgrund der fehlenden Zustimmung wurde am 10.4.2000 ein zweiter Sanierungstarifvertrag mit IG BAU geschlossen. In diesem Zusammenhang ist zu beachten, daß die leitenden Angestellten dem Vernehmen nach für 18 Monate auf 6 Prozent des Lohnes, Resturlaub und Tantiemen verzichtet haben. Ferner wurden die betrieblichen Sozialleistungen gekürzt.

a) „Berliner Modell"

Nach Zeitungsberichten haben sich der Gesamtbetriebsrat mit dem Vorstand vor dem 22.11.1999 auf das *„Berliner Modell"* verständigt.[48] Demnach war die Belegschaft bereit, auf 6 Prozent des Lohnes zu verzichten und anstatt 39 Stunden pro Woche nunmehr 43 Stunden zu arbeiten. Diese Veränderungen sollten einen Beitrag von mehr als 200 Millionen DM zur Sanierung beitragen.[49] Dies ist u.a. deshalb bemerkenswert, weil in der Zeitung vom 20.11.1999 noch protestieren-

---

[43] Vgl. Hinrichs Vortrag zur außerordentlichen Hauptversammlung am 15.3.2000 (Presseinformation http://www.hlzm.de) S.5 ff.

[44] Vgl. dazu den Bericht zur Hauptversammlung vom 30.12.1999 in FAZ 31.12.1999 (Nr.305) S.17.

[45] Dies bedeutet die Übertragung von Immobilien auf die Banken zur Rückführung des Kredits. Zu den Schwierigkeiten bei der Umsetzung vgl. FAZ 6.10.2000 (Nr.232) S.19.

[46] Special Purpose Vehicle. Dies ist eine Gesellschaft zur Refinanzierung des Immobilienbestands.

[47] Vgl. Hinrichs Rede zur Bilanzpressekonferenz am 27.7.2000 (http://www.hlzm.de) S.7.

[48] Vgl. FAZ 26.11.1999 (Nr.276) S.1 (2). Aufgrund späterer Äußerungen kann man allerdings zu der Vermutung kommen, daß der Betriebsratsvorsitzende Mahneke eher notgedrungen dem Sanierungsbeitrag der Arbeitnehmer zugestimmt hat, ohne eine Alternative zu haben und ohne den Gesamtbetriebsrat einzuberufen, vgl. FAZ 13.12.1999 (Nr.290) S.17 (17).

[49] Vgl. FAZ 26.11.1999 (Nr.276) S.1 (2).

de Bauarbeiter mit einem Plakat mit der Aufschrift *„Keine Sanierung auf Kosten der Holzmann-Belegschaft, Kein Lohndumping mit 6 % Tarifabschlag"* abgebildet waren.[50]

b) „Rahmenvereinbarung" vom 2.12.1999

Nach der *„Rahmenvereinbarung"* zwischen dem Vorstand und dem Konzernbetriebsrat sollten die Personalkosten vom 1.1.2000 bis zum 30.6.2001 um rund 245 Millionen DM reduziert werden.[51] Auf Grundlage dieser Vereinbarung erfolgte am 10.12.1999 eine weitere Vereinbarung. Hiernach sollte durch *„Aussetzen der Auszahlungen von Anteilen am Bruttojahreseinkommen sowie durch die Ableistung von Mehrarbeit"* ein Sanierungsbeitrag von 85 Millionen erbracht werden. Dieser Beitrag würde durch Vereinbarungen mit dem einzelnen Arbeitnehmer umgesetzt. Für den Fall, daß ab 2002 eine Dividende mit einer bestimmten Höhe gezahlt werden würde, sollte über einen Ausgleich für diesen Beitrag verhandelt werden.[52]

c) Erster Sanierungstarifvertrag vom 21.1.2000

Der erste Firmensanierungstarifvertrag sah für den Zeitraum vom 1.2.2000 bis zu 31.7.2001 eine Mehrarbeit von 5 Stunden pro Woche vor. Die Stunden würden nicht vergütet, sondern, samt einem Zuschlag von 25 Prozent[53], auf einem Konto dem Arbeitnehmer gutgeschrieben werden. Das dadurch gewonnene Guthaben würde ab Mitte 2002, *„wenn Philipp Holzmann Gewinne erzielt"*, grundsätzlich durch Freizeit ausgeglichen und nur im Ausnahmefall durch eine Auszahlung abgegolten.[54] Schätzungen zur Folge hätte dieser Beitrag allerdings nicht die angestrebten 245 Millionen DM, sondern allenfalls 180 Millionen erbracht.[55]

Allerdings enthält § 19 des Bundesrahmentarifvertrags[56] folgende sog. Meistbegünstigungsklausel[57]: *„Die Tarifvertragsparteien verpflichten sich, mit anderen Organisationen und einzelnen Arbeitgebern keine Tarifverträge zu vereinbaren, die von diesem Tarifvertrag inhaltlich abweichen. Schließt eine Tarifvertragspartei gleichwohl einen Satz 1 widersprechenden Tarifvertrag ab, so kann die andere Tarifvertragspartei verlangen, daß die abweichenden Bestimmungen ganz oder teilweise Inhalt dieses Tarifvertrags werden."*

---

[50] Vgl. FAZ 20.11.1999 (Nr.271) S.17.
[51] Vgl. Presseinformation v. 2.12.1999 http://www.hlzm.de.
[52] Vgl. Presseinformation v. 10.12.1999 http://www.hlzm.de.
[53] Vgl. FAZ 1.2.2000 (Nr.26) S.17.
[54] Vgl. Presseinformation v. 21.1.2000 http://www.hlzm.de. Vgl. zu den sozialrechtlichen Problemen ausführlich Gagel BB 2000 S.718 (721 ff).
[55] Vgl. FAZ 22.1.2000 (Nr.18) S.16.
[56] Bundesrahmentarifvertrag für das Bauhauptgewerbe v. 30.11.1995.
[57] Vgl. dazu Rieble NZA 2000 S.225 (230 f), der diese Klausel für unwirksam hält. Vgl. zur Verfassungsmäßigkeit ausführlich unter Kapitel 3 C. VI (S.265 ff).

Dementsprechend wurde der Sanierungstarifvertrag von der Zustimmung der Arbeitgeberverbände bis zum 15.2.2000 abhängig gemacht.[58] Diese Zustimmung bedeutete den Verzicht der Arbeitgeberverbände auf ihr Recht aus dem Rahmentarifvertrag, die Bedingungen des Firmentarifvertrags zu übernehmen.[59] Obwohl die erforderliche Zustimmung noch nicht vorlag, wurde der Sanierungstarifvertrag ab dem 1.2.2000 im Unternehmen umgesetzt.[60] Die Zustimmung wurde schließlich nicht erteilt[61], obwohl die Unternehmensführung sogar mit dem Austritt aus dem Arbeitgeberverband gedroht hat.[62]

d) Zweiter Sanierungstarifvertrag vom 10.4.2000

Aufgrund der genannten Risiken im Zusammenhang mit der Meistbegünstigungsklausel haben sich Holzmann und die IG BAU am 10.4.2000 auf einen zweiten Sanierungstarifvertrag verständigt. Die im ersten Sanierungstarifvertrag erzielte Vereinbarung blieb im Grundsatz unverändert.[63]

In Ergänzung zum vorherigen Arbeitszeitkonto sollte am 31.7.2001 das Überstundenguthaben in Holzmann-Aktien zu einem Basiskurs von 85 Euro je Aktie in sog. Aktienwertsteigerungsrechte umgerechnet werden. Diese Rechte könnten von den Arbeitnehmern ab dem 31.8.2004 veräußert werden. Die Arbeitnehmer profitierten dann von dem Betrag, um den der Aktienkurs den Wert von 85 Euro übersteigt.[64] Ziel dieser Vereinbarung war es, die Arbeitnehmer stärker an das Unternehmen zu binden und ihr Engagement zu erhöhen. Der Geschäftsbericht bezeichnet dies als *„eine attraktive Gewinnchance ohne jedes Verlustrisiko"*.[65] Der Arbeitnehmerbeitrag in der jetzigen Form wurde auf 170 Millionen geschätzt.[66] Gerüchten zufolge gab es ein informelles Schreiben der Arbeitgeberverbände, die offiziell nicht auf ihr Recht aufgrund der Meistbegünstigungsklausel verzichteten, aber Holzmann mitteilten, daß sie nicht gegen das Unternehmen gerichtlich vorgehen würden. Man kann darüber spekulieren, ob dies u.a.

---

[58] Vgl. FAZ 1.2.2000 (Nr.26) S.17. Diese wurde auf den 29.2.2000 verlängert, vgl. FAZ 9.2.2000 (Nr.33) S.21.

[59] Vgl. FAZ 28.1.2000 (Nr.23) S.13.

[60] Vgl. FAZ 8.2.2000 (Nr.32) S.21, vgl. Geschäftsbericht (1999) S.15.

[61] Vgl. FAZ 1.3.2000 (Nr.51) S.17.

[62] Vgl. SZ 21.2.2000 (Nr.42) S.24, vgl. auch FAZ 1.3.2000 (Nr.51) S.17. Auch der Vorsitzende der Gesamtbetriebsrats Mahneke sprach sich für einen Austritt aus, vgl. FAZ 2.3.2000 (Nr.52) S.22.

[63] Vgl. FAZ 5.4.2000 (Nr.81) S.17 aus angeblich zuverlässiger Quelle. Der Sanierungstarifvertrag stieß auf die Zustimmung des Betriebsrats, vgl. FAZ 8.4.2000 (Nr.84) S.22.

[64] Vgl. zu den vorherigen Angaben FAZ 5.4.2000 (Nr.81) S.17 aus angeblich zuverlässiger Quelle.

[65] Geschäftsbericht (1999) S.42. Das fehlende Verlustrisiko darf allerdings nicht darüber hinwegtäuschen, daß die Gewinnchance bei einem Kurs im Oktober 2000 von deutlich unter 20 Euro wohl eher gering war. Der Basiskurs von 85 Euro orientierte sich scheinbar an dem Kurs, den die Aktionäre bei der Kapitalerhöhung zahlen mußten.

[66] Vgl. FAZ 6.4.2000 (Nr.82) S.19.

daran liegt, daß der Sanierungstarifvertrag mit Holzmann für andere Unternehmen nicht attraktiv war.

V. Reaktionen in der Öffentlichkeit

Die Positionen in der Öffentlichkeit konnten gegensätzlicher nicht sein. Auf der einen Seite wird massiv Kritik an dem Vorgehen der Bundesregierung wegen der Darlehensvergabe und der Bürgschaft geübt.[67] Diese Maßnahmen seien wettbewerbsverzerrend[68] und widersprächen dem EU-Recht[69]. Hierin wird sogar eine Auswirkung auf den Kurs des Euro und ein Schaden für den Finanzplatz Deutschland gesehen.[70] Ferner bezeichnen Kritiker die Vereinbarung mit dem Betriebsrat als wettbewerbsverzerrend, tarifvertragswidrig und als Lohndumping.[71] Hierdurch seien bei den Wettbewerbern Arbeitsplätze bedroht.[72] Ferner habe gerade Holzmann in den letzten Jahren einen Vernichtungsfeldzug gegen die mittelständischen Unternehmen geführt.[73] Die Forderung wurde laut, Holzmann von öffentlichen Aufträgen auszuschließen.[74]

Darüber hinaus tauchten immer wieder Zweifel an der Sanierungsfähigkeit des Konzerns auf.[75] In der Bauwirtschaft wurde im Rahmen der Tarifverhandlungen für das Jahr 2000 die Forderung erhoben, die Bedingungen aus dem Sanierungs-

---

[67] Barbier FAZ 26.11.1999 (Nr.276) S.13, Dunsch FAZ 26.11.1999 (Nr.276) S.13, Fuhr FAZ 26.11.1999 (Nr.276) S.1, Vorstandssprecher der Commerzbank Kohlhaussen nach FAZ 29.11.1999 (Nr.278) S.18, Henkel (damaliger Präsident des BDI) laut FAZ 29.11.1999 (Nr.278) S.18, Ohoven (Präsident des Bundesverbandes mittelständischer Wirtschaft) FAZ 26.11.1999 (Nr.276) S.17, Walter (Präsident des Hauptverbandes der Deutschen Bauindustrie) laut FAZ 1.12.1999 (Nr.280) S.17 (17), Westerwelle (Generalsekretär der FDP) laut FAZ 25.11.1999 (Nr.275) S.1 (2). Vgl. auch die vorsichtigen Äußerungen von Roland Berger im Interview FAZ 15.12.1999 (Nr.292) S.22.

[68] Vgl. FAZ 27.11.1999 (Nr.277) S.13 (13, 17).

[69] So Henkel (Präsident des BDI) laut FAZ 25.11.1999 (Nr.275) S.1 (1 f). Bedenken wurden auch von Seiten der Kommission geäußert, vgl. FAZ 19.1.2000 (Nr.15) S.15 (15).

[70] Vgl. FAZ 25.11.1999 (Nr.275) S.31.

[71] Vgl. FAZ 27.11.1999 (Nr.277) S.13 (13).

[72] Vgl. Walter (Präsident des Hauptverbandes der Deutschen Bauindustrie) laut FAZ 1.12.1999 (Nr.280) S.17 (17), der von 20.000 bis 25.000 Arbeitsplätzen spricht.

[73] So Karl Robl (Hauptgeschäftsführer des Zentralverbands des Deutschen Baugewerbes) laut FAZ 2.12.1999 (Nr.281) S.21. Zu einigen Praktiken vgl. FAZ 17.12.1999 (Nr.294) S.16.

[74] So die Forderung des Zentralverbands des Deutschen Baugewerbes, vgl. SZ 11.12.1999 (Nr.287) S.26. Vgl. auch FAZ 13.12.1999 (Nr.290) S.17. Zu den Problemen des Vergaberechts vgl. Rieble NZA 2000 S.225 (232 ff).

[75] Angeblich bei den Banken, vgl. FAZ 24.11.1999 (Nr.274) S.29, insbesondere bei der Commerzbank, vgl. FAZ 27.11.1999 (Nr.277) S.1. Vgl. aber bzgl. der Deutschen Bank FAZ 26.11.1999 (Nr.276) S.13. Bei einem unbenannten angeblich bekannten Unternehmensberater, vgl. FAZ 24.11.1999 (Nr.274) S.36. Beim Präsidenten des Hauptverbandes der Deutschen Bauindustrie Walter laut FAZ 2.12.1999 (Nr.281) S.21, der gleichzeitig Vorstandsvorsitzender der Konkurrenz ist. Bei der Schutzgemeinschaft der Kleinaktionäre, vgl. FAZ 9.12.1999 (Nr.287) S.21. Bei den EU-Wettbewerbshütern laut Der Spiegel 28.8.2000 (Nr.35) S.77.

tarifvertrag auf den Verbandstarifvertrag zu übertragen[76] und Öffnungsklauseln einzufügen.[77] Schon im Vorfeld der Einigung über den Sanierungstarifvertrag wurde mit vergleichbaren Betriebsvereinbarungen[78] und mit einer Kündigung der bestehenden Tarifverträge gedroht[79]. Schließlich wird der Gesetzgeber aufgefordert, ein Abweichen vom Tarifvertrag zu ermöglichen.[80]

Auf der anderen Seite wurde von der Philipp Holzmann AG immer wieder beteuert, daß das Sanierungskonzept tragfähig gewesen wäre[81]. Außerdem gingen weder von dem Arbeitnehmerbeitrag[82], noch von dem Beitrag des Bundes negative Einflüsse auf den Wettbewerb aus[83]. Betont wurde ferner die Rechtmäßigkeit des Arbeitnehmerbeitrags[84] und der staatlichen Unterstützung. Diese Beiträge werden von den Banken als eine Art Geschäftsgrundlage für ihre Sanierungsbeiträge gesehen.[85] Der ehemalige Vorstandsvorsitzenden Binder wies ferner darauf hin, daß die Rettung vor allem im Interesse der Arbeitnehmer erfolge.[86]

---

[76] Vgl. die Forderung des Zentralverbands des Deutschen Baugewerbes FAZ 27.1.2000 (Nr.22) S.21. Dies wurde von der Gewerkschaft wiederum als Erpressungsversuch dargestellt, vgl. Wiesenhügel (Vorsitzende der IG BAU) laut FAZ 23.2.2000 (Nr.45), S.17 (19).

[77] Vgl. FAZ 22.12.1999 (Nr.298) S.17.

[78] So Walter (Präsidenten des Hauptverbandes der Deutschen Bauindustrie) laut FAZ 13.12.1999 (Nr.290) S.17.

[79] Vgl. FAZ 20.1.2000 (Nr.16) S.23. Gegen das Modell der Betriebsvereinbarung liefen die übrigen Bauunternehmen „Sturm".

[80] Zu den Vorschlägen zur Gesetzesänderungen vgl. ausführlich unter Kapitel 2 D. II. (S.133 ff).

[81] Vgl. Binder laut FAZ 20.11.1999 (Nr.271) S.17, Aufsichtsrat Presseinformation v. 9.12.1999 http://www.hlzm.de, Presseinformation v. 30.12.1999 http://www.hlzm.de, Presseinformation v. 8.2.2000 http://www.hlzm.de. So auch die Versicherung von Seiten der KfW, vgl. FAZ 9.12.1999 (Nr.287) S.21.

[82] Vgl. Presseinformationen v. 2.12.1999 http://www.hlzm.de, Aufsichtsrat Presseinformation v. 9.12.1999 http://www.hlzm.de, Presseinformation v. 21.1.2000 http://www.hlzm.de, Presseinformation v. 7.2.2000 http://www.hlzm.de. Gemäß der Präambel des Sanierungstarifvertrags vom 10.4.2000 soll Holzmann sicherstellen, *„daß der Arbeitnehmerbeitrag nicht in Preiskalkulationen einfließt und damit den Wettbewerb verzerrt."*

[83] Vgl. Presseinformation v. 2.12.1999 http://www.hlzm.de. So Binder FAZ 29.11.1999 (Nr.278) S.17, der dies mit einer nur vorübergehenden Lohnsenkung und einer Konzentration des Konzern auf Großaufträge begründete. Vgl. Hinrichs nach FAZ 11.2.2000 (Nr.35) S.18. Vgl. auch Reich (Vorstandssprecher der KfW), der laut FAZ 9.12.1999 (Nr.287) S.21 das Darlehen zu *„bankenmäßigen Bedingungen"* vergeben werde. Vgl. auch FAZ 22.1.2000 (Nr.18) S.16, FAZ 31.8.2000 (Nr.202) S.22. Von dieser Einschätzung ist die Kommission nicht überzeugt, vgl. FAZ 1.9.2000 (Nr.203) S.18. In der Presse wurde das Argument der *„marktkonformen Bedingungen"* zurecht als *„geradezu komisch"* bezeichnet, vgl. FAZ 1.9.2000 (Nr.203) S.24.

[84] Presseinformation v. 10.12.1999 http://www.hlzm.de, Presseinformation v. 17.12.1999 http://www.hlzm.de, Presseinformation v. 21.1.2000 http://www.hlzm.de.

[85] Vgl. Julitz FAZ 3.1.2000 (Nr.1) S.20.

[86] Vgl. FAZ 24.11.1999 (Nr.274) S.23.

Schließlich erhielt der Vorsitzende des Gesamt- und Konzernbetriebsrats für seine Sanierungsbemühungen das Bundesverdienstkreuz.[87]

Die Brisanz in der öffentlichen Diskussion ist unter anderem darauf zurückzuführen, daß durch eine Insolvenz nach Behauptungen 30.000 bis 40.000 Arbeitsplätze im Konzern und in den Zulieferunternehmen bedroht seien.[88] Entsprechend positiv war die Reaktion der Mitarbeiter über die erfolgreiche Vermittlung des Bundeskanzlers.[89] Dieser betonte, daß es über betriebswirtschaftliche Notwendigkeiten hinaus eine gesamtgesellschaftliche Verantwortung gebe.[90] Die Problematik zeigt sich hier insbesondere in der Kritik an der Commerzbank, die angeblich als „Hausbank" des Verbandstarifvertrag-Konkurrenten Hochtief kein Interesse an der Sanierung Holzmanns gehabt habe.[91]

VI. Scheitern der Sanierung

Letztlich ist die Sanierung des Konzerns gescheitert, der Insolvenzantrag wurde gestellt[92], der Konzern wurde zerschlagen.[93] Das Unternehmen hatte immer wieder Gewinne in Aussicht gestellt, die eigenen Prognosen aber stets verfehlt. So war beispielsweise für 2000 zunächst ein ausgeglichenes Ergebnis vorausgesagt worden, dann wurde der Verlust auf 100 Millionen DM geschätzt und schließlich in Höhe von 156 Millionen DM festgestellt.[94] Als Gründe für die anhaltenden Verluste nannte Hinrichs die Krise der inländischen Bauwirtschaft, der schleppende Verkauf der Beteiligungen, die Kosten von Sozialplänen und schließlich die Vermarktung der eigenen Immobilien anstatt der Veräußerung an die Banken, was zusätzliche Zinslasten verursachte.[95] Im Jahr 2001 lag der Verlust schließlich bei 237 Millionen Euro.[96]

Die Banken verweigerten daraufhin der Fortsetzung der Sanierung ihre Zustimmung. Der Schaden wurde auf 1,3 Milliarden Euro und die Zahl der gefährdeten Arbeitsplätze bei Holzmann auf 10.600 und bei Subunternehmen auf 15.000 Stellen geschätzt.[97]

VII. Rechtliche Fragestellungen

Der Fall Holzmann wirft verschiedenste rechtliche Fragestellungen auf. Es geht dabei um die Reform des AktG und der Reform des Kontrollorgans des Auf-

---

87 Vgl. FAZ 8.3.2001 (Nr.57) S.27.
88 Vgl. FAZ 20.11.1999 (Nr.271) S.17, FAZ 24.11.1999 (Nr.274), S.1 (1).
89 Vgl. FAZ 26.11.1999 (Nr.276) S.1 (2).
90 Vgl. FAZ 24.11.1999 (Nr.274), S.1 (1). Der Bundeskanzler betonte zudem die Sanierungsfähig des Unternehmens, vgl. FAZ 25.11.1999 (Nr.275) S.1 (1).
91 Vgl. FAZ 24.11.1999 (Nr.274) S.29.
92 Vgl. FAZ 22.3.2001 (Nr.69) S.1 (1).
93 Vgl. FAZ 20.03.03 (Nr.67) S.22.
94 Vgl. FAZ 4.5.2001 (Nr.103) S.16.
95 Vgl. FAZ 18.5.2001 (Nr.115) S.18.
96 Vgl. FAZ 22.3.2002 (Nr.69) S.1 (2).
97 Vgl. FAZ 22.3.2002 (Nr.69) S.1 (1).

sichtsrats[98], die strafrechtlichen und zivilrechtlichen Verfahren gegen ehemalige Mitarbeiter und die Wirtschaftsprüfungsgesellschaft der KPMG[99], die europarechtliche Zulässigkeit staatlicher Sanierungshilfen[100] und die sozialrechtlichen Fragestellungen, insbesondere hinsichtlich der Berechnung der Sozialversicherungsbeiträge[101].

In arbeitsrechtlicher Hinsicht stellt sich die Frage nach der Zulässigkeit des Sanierungsbeitrags der Arbeitnehmer, nach den Rechtsbehelfen der Betroffenen und nach etwaigen Gesetzesänderungen. Anders ausgedrückt: Ob und unter welchen Voraussetzungen kann bei einem existenzbedrohten Unternehmen zur Sanierung eine Absenkung des Lohnniveaus unter Tarif erfolgen? Die Brisanz der Fragestellung steht dabei in Zusammenhang mit den 37.000 geschätzten Insolvenzen und 590.000 davon betroffenen Arbeitsplätzen allein im Jahr 2002.[102]

Diese Frage hat sich durch das endgültige Scheitern der Sanierung im Fall Holzmann nicht erledigt. Die Sanierungsmöglichkeiten wurden durch die tarifrechtlichen Zwänge in Form der Meistbegünstigungsklausel stark eingeschränkt. Die Möglichkeit, im Notfall aus dem geltenden Tarifsystem auszubrechen und die Löhne unter Tarif zu senken, rückt durch das Scheitern von Holzmann noch mehr in das Zentrum der juristischen Betrachtung.

C. Ausgangsfall

Die rechtliche Bewertung arbeitsrechtlicher Sanierungsmaßnahmen hängt stark von den Umständen des Einzelfalls ab, insbesondere davon, ob das Unternehmen an einen Verbandstarifvertrag[103], einen Firmentarifvertrag oder gar nicht tarifgebunden ist. Auszugehen ist zunächst von folgendem Grundfall:

I. Grundfall: Fehlende Tarifbindung

Ein nicht tarifgebundenes Unternehmen ist von der Insolvenz bedroht und plant eine Sanierung. Diese ist laut Sanierungskonzept nur möglich, wenn neben finanziellen Opfern von Anteilseignern bzw. Gesellschaftern und Gläubigern auch die gesamte Arbeitnehmerschaft innerhalb kurzer Zeit unter den bisherigen vertraglichen Arbeitsbedingungen bezahlt wird.

II. Abwandlung I: Firmentarifvertrag

Der Unternehmen ist an einen Firmentarifvertrag mit der Gewerkschaft gebunden. Eine Sanierung erfordert eine Absenkung der Arbeitsbedingungen unter Tarif.

---

[98] Vgl. dazu Bernhardt FAZ 28.12.1999 (Nr.302) S.19.

[99] Vgl. FAZ 14.6.2000 (Nr.136) S.21, FAZ 7.8.2000 (Nr.181) S.20, FAZ 15.8.2000 (Nr.188) S.24, Fischer Welt am Sonntag 27.8.2000 (Nr.35) S.51.

[100] Vgl. FAZ 1.9.2000 (Nr.203) S.18, FAZ 1.9.2000 (Nr.203) S.24, FAZ 2.9.2000 (Nr.204) S.16.

[101] Vgl. dazu ausführlich Gagel BB 2000 S.718 (718 ff).

[102] Vgl. FAZ 27.12.2002 (Nr.300) S.16.

[103] Dieser wird auch als Flächentarifvertrag bezeichnet.

III. Abwandlung II: Verbandstarifvertrag

Es besteht ein Verbandstarifvertrag zwischen dem Arbeitgeberverband und der Gewerkschaft. Das Unternehmen ist Mitglied im Arbeitgeberverband. Wie in Abwandlung II ist eine Absenkung der Arbeitsbedingungen unter Tarif erforderlich.

IV. Abwandlung III: Tarifliche Öffnungsklausel

In dem Tarifvertrag existiert eine Öffnungsklausel, die in Notfällen eine Abweichung vom Tarifvertrag zuläßt. Hierfür bedarf es der Zustimmung beider Tarifvertragsparteien.

- Abwandlung III/a

Eine Härtefallregelung für das Unternehmen wird trotz eines den formellen und materiellen Anforderungen genügenden Antrages abgelehnt.

- Abwandlung III/b

Ein Antrag wird nicht formgerecht gestellt.

- Abwandlung III/c

Eine Härtefallregelung wird für das Unternehmen geschaffen. Der Beitrag der Arbeitnehmer ist zur Sanierung nicht hinreichend, wodurch die Sanierung scheitern würde.

V. Abwandlung IV: Allgemeinverbindlicherklärung

Es besteht eine Allgemeinverbindlicherklärung des Verbandstarifvertrags, die einen Mindestlohn zum Inhalt hat. Dieser Mindestlohn muß für die Sanierung unterschritten werden.

Kapitel 2: Ausgangspunkt der Untersuchung

Dem Arbeitgeber geht es bei der Sanierung um die Senkung der Arbeitskosten. Hier kommt zunächst auch Kurzarbeit in Betracht. Gemäß § 169 Nr.1 SGB III setzt ein Anspruch auf Kurzarbeitergeld voraus, daß *„ein erheblicher Arbeitsausfall mit Entgeltausfall vorliegt“*. Kurzarbeit kommt daher bei einer mangelnden Auslastung der Arbeitnehmer[104], also z.B. bei Absatzeinbrüchen[105], in Betracht. Bei einem konstanten Personalbedarf stellt sie aber kein adäquates Mittel zur Senkung der Lohnkosten dar.[106] Entscheidend ist also, ob der Arbeitgeber das Lohnniveau absenken kann.[107]

A. Der Handlungsspielraum für Lohnsenkungen nach der Rechtsprechung

Beim rechtlichen Handlungsspielraum des Arbeitgebers für Lohnkürzungen wird zwischen den Ebenen von Arbeitsvertrag, Firmentarifvertrag, Verbandstarifvertrag und den Sonderfällen einer tariflichen Öffnungsklausel und Allgemeinverbindlicherklärung differenziert. Im Zusammenhang mit dem Verbandstarifvertrag ist auch auf den Handlungsspielraum des Arbeitgeberverbands einzugehen. Basis der Untersuchung des rechtlichen Handlungsspielraums ist zunächst die Rechtsprechung. Am Ende dieses Kapitels erfolgt dann eine Auseinandersetzung mit dem Schrifttum zu den hier interessierenden Fragestellungen speziell für den Fall der Bindung an einen Verbandstarifvertrag.

I. Individualvertragliche Bindung (Grundfall)

Zur Senkung des arbeitsvertraglichen Lohnniveaus ist an folgende Instrumente zu denken:

1. Abschluß eines Firmentarifvertrags

Der einzelne Arbeitgeber[108] ist gemäß § 2 I TVG potentielle Tarifvertragspartei und kann mit der Gewerkschaft einen Tarifvertrag schließen. Dieser Tarifvertrag wird als Firmentarifvertrag oder Haustarifvertrag bezeichnet. Gemäß § 4 I TVG gilt der Tarifvertrag bei beiderseitiger Tarifbindung unmittelbar und zwingend. Der Firmentarifvertrag ist aber auf der individualvertraglichen Ebene kein geeignetes Mittel zur Lohnsenkung. Zum einen ist schon sehr zweifelhaft, ob wegen des Günstigkeitsprinzips aus § 4 III TVG günstigere arbeitsvertragliche Ar-

---

[104] Vgl. Belling/Müsgen NZA 1991 Beil.1 S.7 (9).
[105] Vgl. Ruoff (1999) S.113 f.
[106] Vgl. Ruoff (1999) S.113 f.
[107] Vgl. zu den insolvenzspezifischen Hilfsmaßnahmen Schulz (2002) S.35-50.
[108] Im Falle des Konzerns kann sich die Obergesellschaft Vollmachten für ihre Töchter einräumen lassen und in Vertretung Firmentarifverträge schließen. Man spricht dann von einem sog. mehrgliedrigen Tarifvertrag, vgl. dazu Stein RdA 2000 S.129 (134 f).

beitsbedingungen, insbesondere höhere Löhne, durch den Firmentarifvertrag verdrängt werden können.[109]

Zum anderen wäre die Gewerkschaft für einen solchen Firmentarifvertrag nicht zu gewinnen. Dieser würde nämlich wegen des Erfordernisses der beiderseitigen Tarifbindung nur für die Arbeitnehmer gelten, die Mitglied der betreffenden Gewerkschaft sind. Es ist unwahrscheinlich, daß alle bisher nicht organisierten Arbeitnehmer der betreffenden Gewerkschaft beitreten. Ein solcher Firmentarifvertrag müßte daher noch einzelvertraglich umgesetzt werden. Ansonsten entstünde eine Benachteiligung der Gewerkschaftsmitglieder, was nicht im Interesse der Gewerkschaft wäre. Dies widerspräche auch der Intension des Arbeitgebers, der ja grundsätzlich bei allen Arbeitnehmern eine Lohnsenkung durchsetzen will. Auch die Gewerkschaft würde keinen Firmentarifvertrag abschließen, wenn Gewerkschaftsmitglieder benachteiligt werden. Überhaupt ist eher fernliegend, daß die Gewerkschaft in einem bisher nicht tarifgebundenen Unternehmen einen lohnsenkenden Firmentarifvertrag schließt, wäre dies doch ein denkbar schlechtes Signal für die Arbeitnehmer. Der Firmentarifvertrag ist daher auf der Ebene des Individualvertrags allenfalls ein theoretisches, aber für die Praxis kein taugliches Mittel zur Lohnsenkung.[110]

2. Betriebsvereinbarung und betriebliche Regelungsabrede

Eine Lohnsenkung kann zum Inhalt einer Betriebsvereinbarung oder einer betrieblichen Regelungsabrede gemacht werden.

Die Betriebsvereinbarung wirkt gem. § 77 IV (1) BetrVG unmittelbar und zwingend. Sie erfaßt damit unabhängig von der Tarifgebundenheit alle Arbeitsverhältnisse im Betrieb. Die Vorschrift des § 77 III (1) BetrVG enthält aber eine Sperrklausel für *„Arbeitsentgelte und sonstige Arbeitsbedingungen, die durch Tarifvertrag geregelt sind oder üblicherweise geregelt werden"*. Nach der Rechtsprechung des BAG gilt dies zwar nicht für Angelegenheiten der Mitbestimmung nach § 87 I BetrVG.[111] Letztere Vorschrift erfaßt aber nicht die Höhe des Lohnniveaus.[112] Eine Lohnsenkung durch Betriebsvereinbarung verstößt demnach gegen § 77 III BetrVG, wenn der Arbeitgeber tarifgebunden ist oder

---

[109] Diese Frage ist streitig. Gamillscheg Bd.I (1997) S.860 f hält dies für möglich. AA Löwisch/Rieble in MünchArbR III § 272 Rn.13, Schaub in Schaub (2002) § 204 Rn.62. Die Verdrängung günstigerer einzelvertraglicher Arbeitsbedingungen dürfte jedenfalls bei einer einzelvertraglichen Bezugnahme funktionieren. Hier wird der alte Tarifvertrag durch den neuen Firmentarifvertrag im Wege der Tarifeinheit verdrängt, vgl. dazu unter Kapitel 2 A. II. 1. b) (S.58).

[110] Vgl. auch unter Kapitel 2 B. I. (S.95 ff).

[111] Vgl. nur BAG -Beschl. v. 3.12.1991- AP Nr.52 zu § 87 BetrVG 1972 Lohngestaltung, sog. Vorrangtheorie.

[112] Vgl. zur Mitbestimmung gemäß § 87 I Nr.10 BetrVG unter Kapitel 4 B. II. 5. a) bb) (1) (S.313 ff).

wenn ein Tarifvertrag üblich ist. Dies führt gemäß § 134 BGB zur Nichtigkeit der Betriebsvereinbarung.[113]

Die Tarifüblichkeit ist nach der Ansicht des BAG dann gegeben, wenn der Betrieb bei Tarifbindung von den geschlossenen Tarifverträgen erfaßt werden würde.[114] Sie richtet sich also nach der jeweiligen Branche[115]. Die Konstellation, daß in einer Branche kein Tarifvertrag existiert, der Entgelte und Arbeitszeit regelt, ist die Ausnahme.[116] Bei Löhnen und Arbeitszeit greift § 77 III BetrVG daher praktisch immer.[117] Es kann also sein, daß eine Betriebsvereinbarung ausscheidet, obwohl ein bestehender Tarifvertrag mangels Tarifbindung der Arbeitnehmer niemanden im Betrieb erfaßt.[118] Die Sperrwirkung ist somit unabhängig von der Tarifbindung[119] und gilt selbst bei einer günstigeren Betriebsvereinbarung[120].

Bei einer günstigeren Betriebsvereinbarung kommt zwar ausnahmsweise eine Umdeutung in eine Regelungsabrede in Frage[121]. Die Regelungsabrede wird nach der Rechtsprechung nicht von § 77 III BetrVG erfaßt; ihr kommt aber keine normative Wirkung zu, weshalb sie der Umsetzung durch „*Vereinbarungen auf individualrechtlicher Ebene*" bedarf.[122] Nach diesem Rechtsverständnis ist die Betriebsvereinbarung zur Lohnsenkung unter Tarif kein rechtlich wirksames Mittel.[123]

3. Individualrechtliche Möglichkeiten

Als individualrechtliche Möglichkeiten kommen Änderungsverträge, Gesamtzusage und Änderungskündigungen in Frage.

---

[113] LAG Baden-Württemberg -Urt. v. 28.7.1997- ArbuR 1999 S.155 (155). Hat auch die Gewerkschaft die Vereinbarung mitabgeschlossen, so kommt auch eine Auslegung als Firmentarifvertrag in Betracht, vgl. BAG -Urt. v. 7.11.2000- NZA 2001, S.727 (727 ff).

[114] So BAG -Beschl. v. 27.1.1987- AP Nr.42 zu § 99 BetrVG 1972 Bl.7.

[115] Bauer FS Schaub (1998) S.19 (36).

[116] Hromadka DB 1996 S.1872 (1875). In Betracht kommt die Informations- und Telekommunikationsbranche, in der sehr wenige Tarifverträge existieren, vgl. Schroeder/Weinert GMH 1998 S.319 (323). Zu beachten ist, daß auch ein nach § 4 V TVG nachwirkender Tarifvertrag Tarifüblichkeit bedeutet, vgl. Bauer/Diller DB 1993 S.1085 (1086).

[117] Bauer FS Schaub (1998) S.19 (36).

[118] Schleusener BB 1999 S.684 (684).

[119] Krauss DB 1995 S.1562 (1562), Schaub NZA 1998 S.617 (619).

[120] LAG Baden-Württemberg -Urt. v. 28.7.1997- ArbuR 1999 S.155 (155). Ausführlich Belling/Hartmann NZA 1998 S.673 ff.

[121] LAG Baden-Württemberg -Urt. v. 13.1.1999- ArbuR 1999 S.156 (157).

[122] Vgl. BAG -Beschl. v. 20.4.1999- DB 1999 S.1555 (1557).

[123] Vgl. Hanau RdA 1998 S.65 (70). Zu den abweichenden Ansichten vgl. unter Kapitel 2 D. I. 3. (S.116 ff).

a) Änderungsverträge

Durch einen Änderungsvertrag (§ 305 BGB) kann der Arbeitsvertrag jederzeit geändert werden.[124] Dabei ist der Arbeitgeber allerdings auf die Kooperation seiner Arbeitnehmer angewiesen. Eine Sanierung gegen ihren Willen ist nicht möglich. Es kann ferner das Problem entstehen, daß einige Arbeitnehmer einer Lohnsenkung nicht zustimmen, was zu erheblichen Spannungen innerhalb der Belegschaft führen wird. Änderungsverträge sind daher nur ein eingeschränkt taugliches Mittel zur Lohnkürzung.

b) Gesamtzusage

Der Arbeitgeber kann versuchen die Zustimmung der Arbeitnehmer zu seinem Angebot auf Abschluß eines Änderungsvertrags durch eine sog. Gesamtzusage zu erzielen. Hierbei macht er z.B. einen Aushang über sein Vertragsangebot am schwarzen Brett. Gemäß § 151 BGB ist der Zugang einer Annahmeerklärung entbehrlich, wenn dies der Verkehrssitte entspricht. Eine Erklärung der Arbeitnehmer ist demnach trotzdem erforderlich. Bei einer Regelung, die dem Arbeitnehmer nur Vorteile bringt, kann man in der widerspruchslosen Weiterarbeit eine konkludente Annahme und eine Entbehrlichkeit nach § 151 BGB annehmen. Bei einer zumindest teilweise ungünstigeren Regelung kann dieses Ergebnis aber weder durch Auslegung noch in Hinblick auf § 151 BGB erzielt werden[125]. Zudem ist äußerst fraglich, ob die Teile der Belegschaft, die ein Änderungsangebot ablehnen, widerspruchslos weiterarbeiten würden. Die Gesamtzusage scheidet daher als Mittel zur Sanierung aus.

c) Änderungskündigung

Nach der Legaldefinition des § 2 (1) KSchG liegt eine Änderungskündigung vor, wenn der Arbeitgeber den Arbeitsvertrag kündigt und im Zusammenhang mit dieser Kündigung dem Arbeitnehmer *„die Fortsetzung des Arbeitsverhältnisses zu geänderten Arbeitsbedingungen"* anbietet. Sie ist ein aus zwei Willenserklärungen zusammengesetztes Rechtsgeschäft, nämlich einer Kündigung

---

[124] Vgl. Schaub in Schaub (2002) § 32 Rn.27. Zur Grenze der Sittenwidrigkeit nach § 138 BGB vgl. unter Kapitel 4 B. II. 3. c) bb) (S.307 ff).

[125] So aber Krauss DB 1995 S.1562 (1565) mit Hinweis auf LAG Düsseldorf -Urt. v. 14.10.1994- DB 1995 S.682 (682), BAG -Urt. v. 20.5.1976- AP Nr.4 zu § 305 BGB LS. Im Fall des LAG Düsseldorf wurde auf Kurzarbeit umgestellt, im Fall des BAG wurde den Arbeitnehmern statt der Maurer- und Putzarbeiten nur die Maurerarbeiten zugewiesen. Diese Fälle unterscheiden sich aber darin, daß die Arbeitnehmer hier ihr Arbeitsverhalten dem Änderungsvertragsangebot des Arbeitgebers anpassen. Dies kann man auf Entgeltkürzung nicht ohne weiteres übertragen. Die Arbeitnehmer arbeiten „normal" weiter. Hier ist ein Erklärungswert nicht erkennbar. Zweifelhaft deshalb auch ArbG Halberstadt -Urt. v. 17.1.2001 NZA-RR 2001 S.375 (375). Ebenfalls distanziert Däubler NZA 1996 S.225 (229).

und einem Vertragsangebot.[126] Die Kündigung kann ordentlich und außerordentlich[127] oder auch als Massenänderungskündigung erfolgen[128].

aa) Betriebsbedingte ordentliche Änderungskündigung

Wie aus § 2 (1) KSchG folgt, muß der Arbeitgeber bei der ordentlichen Änderungskündigung die Kündigungsfristen einhalten. Er ist ferner an die Vorschriften des allgemeinen und besonderen Kündigungsschutzes gebunden. An dieser Stelle wird nur der praktisch relevante Kündigungsschutz durch § 1 II (1) 3. Alt. KSchG bei einer betriebsbedingten Änderungskündigung skizziert.[129] Eine solche ist sozial ungerechtfertigt und gemäß § 1 I KSchG nichtig, wenn sie nicht durch *„dringende betriebliche Erfordernisse (...) bedingt ist"*. Die Prüfung erfolgt auf zwei Stufen: Vorliegen dringender betrieblicher Erfordernisse und Zumutbarkeit der Entgeltsenkung.[130]

Das BAG nimmt solche Erfordernisse an, *„wenn bei einer Aufrechterhaltung der bisherigen Personalkostenstruktur weitere, betrieblich nicht mehr auffangbare Verluste entstehen, die absehbar zu einer Reduzierung der Belegschaft oder sogar zu einer Schließung des Betriebes führen. Regelmäßig setzt eine solche Situation einen Sanierungsplan voraus, der alle gegenüber der beabsichtigten Änderungskündigung mildere Mittel ausschöpft. Als solche milderen Mittel können etwa in Betracht kommen die Absenkung freiwilliger Zulagen, Rationalisierungsmaßnahmen und sonstige Einsparungen, wobei auch die Sanierungsfähigkeit des Betriebes und eigene Sanierungsbeiträge des Arbeitgebers bzw. Dritter (Banken) zu bewerten sind."*[131] Die Unrentabilität ohne eine unternehmerische Entscheidung (z.B. ohne ein Sanierungskonzept[132]) genügt nicht. Bei der Beurteilung ist auf den Gesamtbetrieb abzustellen. Allerdings kann die Unrentabilität eines unselbständigen Betriebsteils auf den Gesamtbetrieb durchschlagen.[133] Damit hat das BAG seine Rechtsprechung[134] und die der unteren Instanzen[135] präzisiert.

---

[126] Vgl. BAG -Urt. v. 10.2.1999- RdA 2000 S.37 (39).

[127] Vgl. BAG -Urt. v. 7.6.1973- AP Nr.1 zu § 626 BGB Änderungskündigung LS.

[128] Schaub in Schaub (2002) § 137 Rn.9. Nach der Rechtsprechung des BAG ist sind nur Massenänderungskündigungen der Arbeitnehmer als Arbeitskampf einzuordnen, vgl. etwa BAG -Urt. v. 28.4.1966- AP Nr.37 zu Art.9 GG Arbeitskampf Bl.3.

[129] Vgl. zum besonderen Kündigungsschutz auch unter Kapitel 4 A. II. (S.287 ff).

[130] Günzel Anm. BB 1999 S.904 (904). Kritisch zu den vom BAG gestellten Anforderungen Stoffels ZfA 2002 S.401 (414 ff).

[131] BAG -Urt. v. 20.8.1998- NZA 1999 S.255 (256). Vgl. zuletzt BAG -Urt. v. 16.5.2002- NZA 2003 S.147 (148 f).

[132] Günzel Anm. BB 1999 S.904 (905).

[133] BAG -Urt. v. 20.8.1998- NZA 1999 S.255 (255 f), bestätigt durch BAG -Urt. v. 12.11.1998- DB 1999 S.536 (536).

[134] Vgl. BAG -Urt. v. 20.3.1986- AP Nr.14 zu § 2 KSchG 1969 Bl.5.

[135] Vgl. LAG Berlin -Urt. v. 30.6.1997- LAGE Nr.27 zu § 2 KSchG Bl.3.

Auf der zweiten Stufe der Zumutbarkeit wird geprüft, ob der Arbeitnehmer die Änderung *„billigerweise hinnehmen muß"*. Der Arbeitgeber darf weder gegen den Gleichbehandlungsgrundsatz verstoßen und einzelne Arbeitnehmer ohne sachlichen Grund stärker belasten, noch darf die Lohnsenkung dauerhaft sein, während die Verluste nur vorübergehend sind.[136]

Daraus folgt, daß betriebsbedingte Änderungskündigungen zur Lohnsenkung grundsätzlich möglich sind.[137] Prüfungsmaßstab ist, *„ob die schlechte Geschäftslage einer Weiterbeschäftigung des Arbeitnehmers zu unveränderten Bedingungen entgegensteht"*.[138] Der Gleichbehandlungsgrundsatz kann allein eine Kürzung nicht rechtfertigen.[139] Allerdings dürften die Kündigungsfristen einer zügigen Sanierung häufig entgegenstehen.

bb) Außerordentliche Änderungskündigung

Demgegenüber ermöglicht die außerordentliche Änderungskündigung, die sich auf § 626 I BGB stützen läßt[140], eine sofortige Lohnsenkung. Da die außerordentliche Änderungskündigung regelmäßig fristlos ist, muß der Arbeitnehmer die Annahme unverzüglich erklären[141]. Gemäß § 626 I BGB ist für die außerordentliche Änderungskündigung ein wichtiger Grund erforderlich.

(1) „Wichtiger Grund"

Die Prüfung des wichtigen Grundes erfolgt auf zwei Stufen: Zum einen muß die Fortsetzung des Arbeitsverhältnisses zu ungeänderten Bedingungen bis zum Ablauf der Kündigungsfrist dem Arbeitgeber unzumutbar sein, zum anderen müssen die angebotenen Arbeitsbedingungen dem Arbeitnehmer zumutbar sein.[142]

Auf der ersten Stufe ist zu prüfen, ob *„die alsbaldige Änderung der Arbeitsbedingungen unabweisbar notwendig ist"*. Das BAG spricht davon, daß *„ Umstände, die in die Sphäre des Betriebsrisikos des Arbeitgebers fallen, (...) in der Regel nicht als wichtige Gründe für eine außerordentlich Kündigung geeignet"* sind.[143] Ausnahmsweise wird aber eine außerordentliche Änderungskündigung

---

[136] Vgl. BAG -Urt. v. 20.8.1998- NZA 1999 S.255 (255 f).

[137] So jetzt ausdrücklich BAG -Urt. v. 27.9.2001- NZA 2002 S.750 (754). Vgl. aber Kittner NZA 1997 S.968 (973) der bezweifelt, ob eine Entgeltsenkung überhaupt durch Änderungskündigungen möglich ist.

[138] BAG -Urt. v. 27.9.2001- NZA 2002 S.750 (754).

[139] BAG -Urt. v. 16.5.2002- NZA 2003 S.147 (149).Vgl. auch Sievers NZA 2002 S.1182 (1187).

[140] Vgl. BAG -Urt. v. 7.6.1973- AP Nr.1 zu § 626 BGB Änderungskündigung Bl.2, BAG -Beschl. v. 6.3.1986- AP Nr.19 zu § 15 KSchG 1969 Bl.4.

[141] Vgl. BAG -Urteil v. 196.6.1986- AP Nr.16 zu § 2 KSchG 1969 LS, Bl.3.

[142] BAG -Urt. v. 7.6.1973- AP Nr.1 zu § 626 BGB Änderungskündigung LS, Bl.4, BAG -Beschl. v. 6.3.1986- AP Nr.19 zu § 15 KSchG 1969 LS, Bl.5.

[143] BAG -Beschl. v. 6.3.1986- AP Nr.19 zu § 15 KSchG 1969 Bl.4.

aus betrieblichen Gründen für zulässig erachtet[144]. Dies betraf bisher nur Fälle des besonderen Kündigungsschutzes, das Gericht stellt bei der Entwicklung der Grundsätze aber klar, daß sie *„wie bei anderen Arbeitnehmern"* gelten.[145]

In einem jüngeren Beschluß stellt das BAG schließlich den Zusammenhang zwischen der außerordentlichen und der betriebsbedingten Änderungskündigung her: *„Für den verschlechternden Eingriff in die arbeitsvertragliche Vergütungsregelung besteht vorliegend jedenfalls dann kein wichtiger Grund im Sinne von § 15 I KSchG, § 626 I BGB, wenn nicht zumindest die vom Senat für erhebliche Lohnsenkung mittels ordentlicher Änderungskündigung entwickelten Voraussetzungen vorliegen. Nur als Sanierungsbeitrag zur Vermeidung einer Betriebsschließung oder einer Reduzierung der Belegschaft könnte eine solche Vertragsänderung je nach den Umständen des Einzelfalls unabweisbar notwendig sein."*[146] Daraus folgt, daß der Unterschied zwischen einer außerordentlichen und einer ordentlichen betriebsbedingten Änderungskündigung darin besteht, daß die erste „dringender" ist, nämlich so dringend, daß das Einhalten der Kündigungsfrist nicht zumutbar ist.[147] Zu beachten ist aber, daß das BAG in diesem Beschluß sich nicht abschließend zu den Voraussetzungen der außerordentlichen betriebsbedingten Änderungskündigung äußern mußte, weil der Arbeitgeber nicht dargelegt hat, daß *„die Sanierung mit den Eingriffen in die Arbeitsverträge steht oder fällt und alle gegenüber der beabsichtigten Änderungskündigung milderen Mittel ausgeschöpft sind"*.[148] Daraus muß man aber schließen, daß das Gericht eine solche Form der Lohnkürzung zur Sanierung zumindest für möglich hält.

Auf der zweiten Stufe ist wiederum zu prüfen, ob das Änderungsangebot der „Billigkeit" entspricht.[149] Diese Frage ist unabhängig von der ersten Stufe.[150] Die „Billigkeit" muß grundsätzlich bei jedem einzelnen Änderungsvorschlag erfüllt sein. Eine Ausnahme macht das BAG allerdings, wenn eine Gesamtabwägung ergibt, *„daß entweder der Arbeitnehmer eine an sich unzumutbare einzelne Änderung hinnehmen muß oder der Arbeitgeber eine an sich berechtigte Änderungskündigung nicht durchsetzen kann, weil eine besondere gewichtige einzelne Änderung für den Arbeitnehmer unannehmbar ist."*[151]

Auch wenn die Rechtsprechung den Fall der außerordentlichen Änderungskündigungen zur Sanierung noch nicht abschließend entschieden hat, so läßt sie sich

---

[144] BAG -Urt. v. 18.9.1975- AP Nr.10 zu § 626 BGB Ausschlußfrist LS, BAG -Beschl. v. 6.3.1986- AP Nr.19 zu § 15 KSchG 1969 LS, Bl.4.
[145] BAG -Beschl. v. 6.3.1986- AP Nr:19 zu § 15 KSchG 1969 Bl.4.
[146] BAG -Beschl. v. 20.1.2000- BB 2000 S.981 (982).
[147] Vgl. dazu Fischermeier in KR § 626 BGB Rn.201, der daraus schließt, daß dies meist nur bei Unkündbarkeit gegeben sei.
[148] BAG -Beschl. v. 20.1.2000- BB 2000 S.981 (982).
[149] Vgl. BAG -Urt. v. 7.6.1973- AP Nr.1 zu § 626 BGB Änderungskündigung LS.
[150] Vgl. BAG -Beschl. v. 6.3.1986- AP Nr.19 zu § 15 KSchG 1969 Bl.6.
[151] BAG -Urt. v. 7.6.1973- AP Nr.1 zu § 626 BGB Änderungskündigung LS.

mit der angeführten Rechtsprechung durchaus vereinbaren. Entscheidend ist hierbei eine Abwägung im Einzelfall. Eine Sanierung kann daher einen „wichtigen Grund" darstellen.[152]

(2) Frist des § 626 II BGB

Die Vorschrift des § 626 II BGB regelt die Erklärungsfrist für die außerordentliche Kündigung. Sie beträgt nach § 626 II (1) BGB zwei Wochen und beginnt gemäß Satz 2 mit der Kenntnisnahme der Tatsachen, die den wichtigen Grund bedingen. Bei Versäumen der Frist wird das Fehlen des wichtigen Grundes fingiert[153] (materielle Ausschlußfrist), was den Arbeitgeber mit der Erklärung von außerordentlichen Änderungskündigungen zeitlich unter Druck setzen würde.

Nach der Rechtsprechung des BAG beginnt die Frist bei sog. Dauerzuständen aber nicht vor Beendigung dieses Zustands[154]. Im Gegensatz zu einem abgeschlossenen *„Lebenssachverhalt"* liegt ein Dauertatbestand vor, *„wenn fortlaufend neue kündigungsrelevante Tatsachen eintreten, die zur Störung des Arbeitsverhältnisses führen"*.[155] Wirtschaftliche Belastungen, die eine Sanierung erforderlich machen, sind dauerhaft und gerade nicht abgeschlossen. Die Frist des § 626 II BGB steht einer außerordentlichen Änderungskündigung zur Sanierung nicht entgegen.

4. Zwischenergebnis

Zusammenfassend ist zu sagen, daß auf der individualvertraglichen Ebene die außerordentliche Änderungskündigung als das geeignete Mittel zur Entgeltsenkung erscheint.[156]

II. Bindung an einen Firmentarifvertrag (Abwandlung I)

Wie kann der Arbeitgeber, der an einen Firmentarifvertrag gebunden ist, eine Lohnsenkung durchsetzen? Eine Ablösung des Firmentarifvertrags durch Betriebsvereinbarung scheitert grundsätzlich an § 77 III BetrVG.[157] Ist der Arbeitgeber an einen Firmentarifvertrag gebunden, so stellt sich also nur die Frage, ob er durch den Abschluß eines „neuen" Firmentarifvertrags, durch die außerordentliche Kündigung des „alten" Firmentarifvertrags oder durch Änderungskündigungen eine Lohnsenkung herbeiführen kann.

1. Abschluß eines „neuen" Firmentarifvertrags

Beim Abschluß eines „neuen Firmentarifvertrags" stellt sich die Frage, ob dieser den „alten" verdrängt, wie er sich im Verhältnis zu einzelvertraglichen Bezugnahmeklauseln bei nicht tarifgebundenen Arbeitnehmern verhält, ob rückwir-

---

[152] Vgl. ausführlich zur Abwägung unter Kapitel 3 A. II. (S.164 ff).
[153] Vgl. Putzo in Palandt § 626 BGB Rn.30.
[154] BAG -Beschl. v. 22.1.1998- AP Nr.38 zu § 626 BGB Ausschlußfrist Bl.3.
[155] BAG -Beschl. v. 22.1.1998- AP Nr.38 zu § 626 BGB Ausschlußfrist Bl.2.
[156] So auch Freihube (2000) S.203.
[157] Vgl. unter Kapitel 2 A. I. 2. (S.50 f).

kende Lohnkürzungen möglich sind und ob der Arbeitgeber diesen Firmentarifvertrag auch erzwingen kann.

a) Verdrängung des „alten" Firmentarifvertrags

Unproblematisch ist der Fall, bei dem der Arbeitgeber beide Firmentarifverträge mit derselben Gewerkschaft schließt. Hier ersetzt entsprechend der Regel: „lex posterior derogat legi priori" der „neue" den „alten". Fraglich ist allerdings, ob dies auch dann gilt, wenn der Arbeitgeber den zweiten Firmentarifvertrag mit einer anderen Gewerkschaft schließt. Hier kann der zweite Tarifvertrag den ersten nicht ersetzen, weil andere Vertragsparteien vorliegen. Nach § 4 I TVG wären vielmehr zwei Firmentarifverträge im Unternehmen anwendbar, bei einer doppelten Gewerkschaftszugehörigkeit sogar im einzelnen Arbeitsverhältnis.

Sind mehrere Tarifverträge gemäß § 4 I TVG auf ein Arbeitsverhältnis anwendbar, so liegt Tarifkonkurrenz vor[158]. Diese Konkurrenz löst die Rechtsprechung durch den Grundsatz der Tarifeinheit, wonach in einem Betrieb nur ein Tarifvertrag anwendbar ist[159]. „*Dies ist nach dem Grundsatz der Spezialität derjenige Tarifvertrag, der dem Betrieb räumlich, betrieblich, fachlich und persönlich am nächsten steht und deshalb den Erfordernissen und Eigenarten des Betriebes und der darin tätig Arbeitnehmer am besten Rechnung trägt.*[160] Anwendbar ist insbesondere der Tarifvertrag, von dem die meisten Arbeitsverhältnisse erfaßt werden.[161] Das Günstigkeitsprinzip findet keine Anwendung.[162]

Tarifpluralität ist hingegen gegeben, wenn der Arbeitgeber an Tarifverträge mit mehreren Gewerkschaften tariflich gebunden ist, während auf die Arbeitnehmer jeweils nur ein Tarifvertrag Anwendung findet, weil diese nur in einer Gewerkschaft sind.[163] Das BAG behandelt Tarifkonkurrenz und -pluralität gleich[164], so daß demnach eine Differenzierung entbehrlich ist. Daraus folgt, daß nach der Rechtsprechung des BAG ein „neuer" Firmentarifvertrag mit einer anderen Gewerkschaft den „alten" Firmentarifvertrag nur dann verdrängt, wenn in dem Unternehmen die Mehrzahl der Arbeitnehmer auch der anderen Gewerkschaft angehören. Dies dürfte in der Praxis zumeist nicht der Fall sein.

---

[158] Vgl. BAG -Urt. v. 20.3.1991- AP Nr.20 zu § 4 TVG Tarifkonkurrenz Bl.3.

[159] Vgl. nur BAG -Urt. v. 20.3.1991- AP Nr.20 zu § 4 TVG Tarifkonkurrenz Bl.3 mwN. Str., aA z.B. Hanau/Kania FS Schaub (1998) S.239 (253).

[160] BAG -Urt. v. 20.3.1991- AP Nr.20 zu § 4 TVG Tarifkonkurrenz Bl.4 mwN.

[161] Vgl. BAG -Urt. v. 14.6.1989- AP Nr.16 zu § 4 TVG Tarifkonkurrenz Bl.5, BAG -Urt. v. 5.9.1990- AP Nr.19 zu § 4 TVG Tarifkonkurrenz LS, Bl.2, BAG -Urt. v. 20.3.1991- AP Nr.20 zu § 4 TVG Tarifkonkurrenz Bl.4. Zum unwahrscheinlichen Fall, daß die Anzahl gleich ist, vgl. Schaub in Schaub (2002) § 203 Rn.59.

[162] BAG -Urt. v. 20.3.1991- AP Nr.20 zu § 4 TVG Tarifkonkurrenz Bl.5.

[163] Vgl. BAG -Urt. v. 20.3.1991- AP Nr.20 zu § 4 TVG Tarifkonkurrenz Bl.3.

[164] BAG -Urt. v. 20.3.1991- AP Nr.20 zu § 4 TVG Tarifkonkurrenz LS, Bl.3. Vgl. zur starken Kritik im Schrifttum nur Löwisch/Rieble in MünchArbR III § 276 Rn.17 ff.

b) Wirkung bei einzelvertraglichen Bezugnahmen

Nach Ansicht des BAG gelten die Grundsätze der Tarifpluralität auch bei einer einzelvertraglichen Bezugnahme auf einen Tarifvertrag, wenn diese die Gleichstellung der Außenseiter mit den Mitgliedern der Gewerkschaft bezweckt. Eine Ausnahme liege nur dann vor, wenn *„die einzelvertragliche Bezugnahme auf den nach den genannten Grundsätzen verdrängten Tarifvertrag erst nach und trotz Inkrafttreten des spezielleren Tarifvertrags erfolgt."*[165] Demnach würde der „neue" Firmentarifvertrag grundsätzlich auch für die einzelvertraglichen Bezugnahmen der Außenseiter gelten.

c) Rückwirkung des „neuen" Firmentarifvertrags

Nach der Rechtsprechung des BAG sind *„der Rückwirkung von Tarifverträgen (...) die gleichen Grenzen gesetzt wie der Rückwirkung von Gesetzen."*[166] Bei Gesetzen unterscheidet der erste Senat des BVerfG[167] zwischen echter (retroaktiver) Rückwirkung[168] und unechter (retrospektiver) Rückwirkung[169]. Echte Rückwirkung *„liegt vor, wenn das Gesetz nachträglich ändernd in abgewickelte, der Vergangenheit angehörende Tatbestände eingreift"*.[170] Das BVerfG leitet aus dem *„Gedanken des Vertrauensschutzes, der dem Rechtsstaatsprinzip innewohnt"* ein grundsätzliches *„Verbot von belastenden Gesetzen mit echter Rückwirkung"* ab. Der Gedanke des Vertrauensschutzes greift nach Ansicht des Gerichts ausnahmsweise nicht, wenn *„mit einer solchen Regelung zu rechnen war"*, *„die Rechtslage unklar und verworren oder lückenhaft ist"*, *„kein oder nur ganz unerheblicher Schaden verursacht"* wird oder *„zwingende Gründe des gemeinen Wohls (...) die Rückwirkung hier rechtfertigen"* können.[171]

Die tarifliche Kürzung des entstandenen Lohnanspruchs wird vom BAG als echte Rückwirkung verstanden. Der *„Vertrauensschutz in den Fortbestand einer tariflichen Regelung"* entfalle, *„wenn die Tarifvertragsparteien eine 'gemeinsame Erklärung' über den Inhalt der Tarifänderung und den beabsichtigten Zeitpunkt ihres Inkrafttretens vor Abschluß des Tarifvertrags abgeben und diese den betroffenen Kreisen bekanntgemacht wird."*[172] Daraus folgt für die Praxis, daß der Arbeitgeber und die Gewerkschaft, die einem Sanierungstarifvertrag

---

[165] BAG -Urt. v. 20.3.1991- AP Nr.20 zu § 4 TVG Tarifkonkurrenz Bl.5.

[166] BAG -Urt. v. 20.4.1999- BB 1999 S.1976 (1979). Vgl. ausführlich zur alter Rechtsprechung und der Literatur BAG -Urt. v. 23.11.1994- AP Nr.12 zu § 1 TVG Rückwirkung Bl.4 ff.

[167] BVerfGE -Beschl. v. 23.3.1971- 30 S.367 (385 f).

[168] Die echte Rückwirkung wird vom zweiten Senat auch nur als Rückwirkung bezeichnet, vgl. BVerfGE -Beschl. v. 14.5.1986- 72 S.200 (242). Das BAG knüpft terminologisch an die Rechtsprechung des ersten Senats an.

[169] Die unechte Rückwirkung wird vom zweiten Senat auch als tatbestandliche Rückanknüpfung bezeichnet, vgl. BVerfGE -Beschl. v. 14.5.1986- 72 S.200 (242).

[170] BVerfGE -Beschl. v. 23.3.1971- 30 S.367 (385).

[171] BVerfGE -Beschl. v. 23.3.1971- 30 S.367 (387 ff).

[172] BAG -Urt. v. 20.4.1999- BB 1999 S.1976 (1979).

Rückwirkung beimessen wollen, die Arbeitnehmer so früh wie möglich über den Inhalt informieren sollten. Mißt sich der Firmentarifvertrag eine Rückwirkung zu einem früheren Termin zu, so stellt sich die Frage, ob er insgesamt nichtig ist oder eine geltungserhaltende Reduktion auf den Tag der Bekanntgabe vorzunehmen ist, sofern dies dem Willen der Tarifvertragsparteien entspricht. Für letzteres spricht, daß es überflüssiger Formalismus wäre, wenn diese nun erneut einen wirksamen rückwirkenden Firmentarifvertrag abschließen müßten. Dann ist allerdings auf den Zeitpunkt der Bekanntgabe an alle Betroffenen abzustellen.

d) Erzwingung eines „neuen" Firmentarifvertrags

Schließt die Gewerkschaft einen Sanierungstarifvertrag nicht freiwillig ab, so ist zu erwägen, ob sie durch einen Arbeitskampf dazu gezwungen werden kann. Der Begriff des Arbeitskampfes wird in verschiedenen Normen genannt, insbesondere in Art. 9 III (3) GG, er ist aber gesetzlich nicht definiert.[173] Das Arbeitskampfrecht wird als das *„am stärksten vom reinen Richterrecht"* geprägte Rechtsgebiet in Deutschland bezeichnet.[174] Die Arbeitskampfmittel des Arbeitgebers sind in erster Linie die Aussperrung und die suspendierende Betriebsstillegung.[175]

Bei der Aussperrung ist zwischen der Abwehr- und der Angriffsaussperrung zu unterscheiden. Die Abwehraussperrung ist die Reaktion des Arbeitgebers auf einen Streik.[176] Ähnlich verhält es sich bei der neuerdings anerkannten Betriebsstillegung, die nur im Rahmen des Streikbeschlusses zulässig ist.[177] Bei der Angriffsaussperrung eröffnet hingegen der Arbeitgeber den Arbeitskampf.[178] Der Große Senat des BAG hält die Angriffsaussperrung als *„ersten Akt des Arbeitskampfes"*, auch als Maßnahme des einzelnen Arbeitgebers, grundsätzlich für zulässig[179]. Die genauen Voraussetzungen der Angriffsaussperrung hat das BAG aber bisher offengelassen.[180]

---

[173] Vgl. dazu Schaub in Schaub (2002) § 192 Rn.4.

[174] Steinmeyer/Waltermann (2000) S.227.

[175] Zu nennen wären noch die Streikbruchprämien und der Boykott als Kampfmaßnahmen im weiteren Sinne, vgl. Otto in MünchArbR III § 281 Rn.19 ff. Eine Massenänderungskündigung des Arbeitgebers zur Entgeltsenkung ist demgegenüber nicht als Arbeitskampf zu bewerten, vgl. etwa BAG -Urt. v. 28.4.1966- AP Nr.37 zu Art.9 GG Arbeitskampf Bl.3.

[176] Vgl. Gamillscheg Bd.I (1997) S.915.

[177] Vgl. BAG -Urt. v. 22.3.1994- AP Nr.130 zu Art.9 GG Arbeitskampf Bl.3, BAG -Urt. v. 27.6.1995- AP Nr.137 zu Art.9 GG Arbeitskampf Bl.3.

[178] Vgl. BAG -Urt. v. 10.6.1980- AP Nr.64 zu Art.9 GG Arbeitskampf Bl.5.

[179] Vgl. BAG -Beschl. v. 21.4.1971- AP Nr.43 zu Art.9 GG Arbeitskampf B.7. Vgl. aber LAG Meckl.-Vorp. -Urt. v. 18.7.1996- AP Nr.148 zu Art.9 GG Arbeitskampf Bl.2, welches eine Angriffsaussperrung scheinbar als unzulässig erachtet. Es bezieht sich dabei auf BAG -Urt. v. 10.6.1980- AP Nr.64 zu Art.9 Arbeitskampf. Dieses Urteil hat die Frage aber offengelassen.

[180] Vgl. BAG -Urt. v. 10.6.1980- AP Nr.64 zu Art.9 GG Arbeitskampf Bl.10.

Allgemein sind Arbeitskämpfe nach der Rechtsprechung des BAG rechtmäßig, wenn ein tariflich regelbares Ziel verfolgt, die Friedenspflicht eingehalten wird, die allgemeinen Gesetze beachtet werden und der Grundsatz der Verhältnismäßigkeit gewahrt wird.[181] Speziell bei der Aussperrung kommt das Paritätsprinzip, als Gebot der Herstellung annähernd paritätischer Verhandlungschancen, hinzu.[182]

Die absolute Friedenspflicht bedeutet, daß sich die Tarifvertragsparteien ausdrücklich verpflichten, jegliche Kampfhandlungen zu unterlassen. Die relative Friedenspflicht ist dem Tarifvertrag immanent und bezieht sich auf die tariflich geregelten Punkte.[183] Daraus folgt, daß ein „neuer" Firmentarifvertrag mit derselben Gewerkschaft solange nicht erzwungen werden kann, wie der „alte" noch läuft. In Betracht kommt daher nur die Erzwingung eines Firmentarifvertrags mit einer anderen Gewerkschaft. Deren Organisationsgrad müßte im Unternehmen überwiegen, um den „alten" Firmentarifvertrag nach den Grundsätzen der Tarifeinheit zu verdrängen. Das wird in der Praxis nur ganz ausnahmsweise gegeben sein. Festzuhalten ist, daß eine Angriffsaussperrung des Arbeitgebers gegen eine andere Gewerkschaft in der Praxis kein geeignetes Mittel zur Sanierung ist.

2. Außerordentliche Kündigung des Firmentarifvertrags

Zur Beendigung eines Firmentarifvertrags kommt eine ordentliche und eine außerordentliche Kündigung in Betracht. Ist die ordentliche Kündigung nicht geregelt, so ist sie jederzeit zulässig und entweder fristlos möglich oder aber analog § 77 V BetrVG an eine Frist von 3 Monaten gebunden[184]. Sie ist aber meist durch Vertrag an eine Frist gebunden oder durch eine Befristung des Vertrags konkludent ausgeschlossen[185]. Es stellt sich die daher Frage nach der außerordentlichen fristlosen Kündigung des Firmentarifvertrags, insbesondere nach Rechtsgrundlage, Voraussetzungen und Rechtsfolge.

a) Rechtsgrundlage

Nach der Rechtsprechung des BAG ist ein *„Tarifvertrag, auch ein befristeter, (...) außerordentlich kündbar. Die Zulässigkeit der Kündigung ergibt sich aus der Rechtsnatur des Tarifvertrags als Dauerrechtsverhältnis. Es gilt der Grundsatz, daß jedes Dauerrechtsverhältnis vorzeitig aus wichtigem Grund beendet werden kann, wenn seine Fortsetzung bis zum vereinbarten Ende oder bis zum Ablauf der ordentlichen Kündigungsfrist einer Seite nicht zugemutet werden*

---

[181] Vgl. Steinmeyer/Waltermann (2000) S.228 ff mwN.
[182] Vgl. Steinmeyer/Waltermann (2000) S.246 ff mwN.
[183] Vgl. Gamillscheg Bd.I (1997) S.1078 mwN.
[184] Offengelassen von BAG -Urt. v. 10.11.1982- AP Nr.8 zu § 1 TVG Form, einer Analogie zu § 77 V BetrVG zugeneigt BAG -Urt. v. 18.6.1997- AP Nr.2 zu § 1 TVG Kündigung LS.
[185] Vgl. nur Oetker RdA 1995 S.82 (92).

kann."[186] Als Rechtsgrundlage wird der Rechtsgedanke des § 626 BGB herangezogen.[187] Das ArbG Wiesbaden stützt diese Gedanken zudem auf die §§ 723 I (2) BGB, 89a HGB.[188] In der Literatur wird auch auf die §§ 542, 554a, 671 II, III BGB und Gewohnheitsrecht verwiesen.[189] Der allgemeine Rechtsgedanke ist nach der Schuldrechtsreform nun in § 314 I BGB enthalten.

Im Schrifttum wird darüber hinaus das Institut des Wegfalls der Geschäftsgrundlage, welches nun als *„Störung der Geschäftsgrundlage"* in § 313 I BGB normiert ist, neben die außerordentliche Kündigung gestellt.[190] Der Unterschied zur außerordentlichen Kündigung, die das Rechtsverhältnis beendet, besteht darin, daß hier primär ein Anpassungsanspruch bzw. eine Anpassungspflicht der Gegenseite besteht[191]. Erst im Falle der Weigerung sei eine außerordentliche Kündigung möglich[192] bzw. das Anpassungsbegehren werde durch ein richterliches Gestaltungsurteil durchgesetzt[193]. Dies wird durch den neuen § 313 III BGB gestützt, der eine Kündigung nur zuläßt, wenn die Anpassung des Vertrags unmöglich oder unzumutbar ist.

Das BAG hat zur richterlichen Anpassung ausgeführt, daß es *„ausschließlich eine Angelegenheit der Tarifvertragsparteien"* sei, *„eine tarifliche Regelung den veränderten tatsächlichen Umständen (...) anzupassen."*[194] Auf die Neuregelung des § 313 III BGB übertragen bedeutet dies, daß eine Anpassung des Tarifvertrags ausscheidet, weil eine Anpassung des Tarifvertrags durch Dritte den Tarifvertragsparteien nicht zumutbar ist, da die Anpassung ausschließlich ihre Angelegenheit ist. Zum Wegfall der Geschäftsgrundlage als solche hat das BAG zunächst geäußert, daß die *„zivilrechtlichen Grundsätze über Änderung und Wegfall der Geschäftsgrundlage (...) auf normative Regelungen in Tarifverträgen nicht ohne weiteres angewendet werden"* könnten.[195] Später hat es die Frage offengelassen, ob *„die Unwirksamkeit eines Tarifvertrags wegen Wegfalls der*

---

[186] BAG -Urt. v. 18.12.1996- AP Nr.1 zu § 1 TVG Kündigung LS, BAG -Urt. v. 18.6.1997- AP Nr.2 zu § 1 TVG Kündigung Bl.5, BAG -Urt. v. 18.2.1998- AP Nr.3 zu § 1 TVG Kündigung Bl.2 f.

[187] BAG -Urt. v. 18.12.1996- AP Nr.1 zu § 1 TVG Kündigung Bl.6, BAG -Urt. v. 18.6.1997- AP Nr.2 zu § 1 TVG Kündigung Bl.5, BAG -Urt. v. 18.2.1998- AP Nr.3 zu § 1 TVG Kündigung Bl.3.

[188] ArbG Wiesbaden -Urt. v. 5.2.1997- NZA 1997 S.451 (452).

[189] Vgl. nur Beathalter (1999) S.283 mwN.

[190] Belling/Hartmann ZfA 1997 S.87 (143), Hey ZfA 2002 S.275 (294), Otto FS Kissel (1994) S.787 (790 ff, 795).

[191] So Belling/Hartmann ZfA 1997 S.87 (143), Otto FS Kissel (1994) S.787 (791, 795).

[192] So Belling/Hartmann ZfA 1997 S.87 (143), vgl. auch Belling NZA 1996 S.906 (912), hier wird von einer Anwendungssperre gesprochen.

[193] So Otto FS Kissel (1994) S.787 (791 ff).

[194] BAG -Urt. v. 9.11.1988- AP Nr.5 zu § 1 TVG Tarifverträge Seeschiffahrt LS, mit Hinweis auf BAG -Urt. v. 10.2.1988- AP Nr.12 zu § 33 BAT LS.

[195] BAG -Urt. v. 12.9.1984- AP Nr.135 zu § 1 TVG Auslegung LS, Bl.4.

Geschäftsgrundlage eintreten kann."[196] Schließlich spricht der gleiche Senat des BAG davon, daß der Streitfall keine Entscheidung erfordere, "*ob und unter welchen Voraussetzungen eine außerordentliche Kündigung eines Tarifvertrags wegen Wegfall der Geschäftsgrundlage in Betracht kommen kann*".[197] Allerdings wird eine Nachverhandlungspflicht auch ohne Nachverhandlungsklausel als milderes Mittel aus dem ultima-ratio-Grundsatz, „*der die außerordentliche Kündigung von Dauerrechtsverhältnissen prägt*", abgeleitet.[198]

Daraus wird deutlich, daß das BAG hier den Wegfall der Geschäftsgrundlage als Unterfall der Voraussetzung eines wichtigen Grundes behandelt. Schon zuvor bezeichnete das ArbG Wiesbaden den Wegfall der Geschäftsgrundlage nur als Unterfall des wichtigen Grundes ohne eigenständige Bedeutung.[199] Dies ist nur richtig, wenn man die spezifischen Voraussetzungen dieses Instituts im Rahmen des wichtigen Grundes prüft und wenn auch die Rechtsfolge die gleiche ist. Wenn man von dem Ansatz eines richterlichen Gestaltungsrechts absieht, besteht kein praktischer Unterschied zwischen der außerordentlichen Kündigung und dem Wegfall der Geschäftsgrundlage. Im folgenden wird zunächst entsprechend dem BAG auf § 626 I BGB als Rechtsgrundlage abgestellt.[200]

b) Voraussetzungen des außerordentlichen Kündigungsrechts

Gem. § 626 I BGB ist ein wichtiger Grund erforderlich. Hier stellt sich die Frage, welcher Maßstab „*für die Unzumutbarkeit des Festhaltens am Tarifvertrag wegen der Änderung der wirtschaftlichen Verhältnisse anzulegen ist*", ob eine Teil- oder Änderungskündigung notwendig ist und ob eine Obliegenheit zu Anpassungsverhandlungen besteht. Das BAG hat in drei Entscheidungen die ersten beiden Fragestellungen offengelassen.[201]

aa) Nachverhandlungspflicht

Zur Nachverhandlungspflicht führt das BAG aus: „*Aus dem ultima-ratio-Grundsatz, der die außerordentliche Kündigung von Dauerrechtsverhältnissen prägt, folgt, daß die außerordentliche Kündigung des Tarifvertrags nur wirksam ist, wenn keine andere Möglichkeit besteht, die Unzumutbarkeit zu beseitigen. Die durch den Tarifvertrag unzumutbar belastete Partei muß daher zunächst versuchen, die Möglichkeiten der tarifautonomen Anpassung als mil-*

---

[196] BAG -Urt. v. 18.12.1996- AP Nr.1 zu § 1 TVG Kündigung Bl.6.
[197] BAG -Urt. v. 18.6.1997- AP Nr.2 zu § 1 TVG Kündigung Bl.5.
[198] BAG -Urt. v. 18.12.1996- AP Nr.1 zu § 1 TVG Kündigung LS, vgl. auch Bl.6.
[199] ArbG Wiesbaden -Urt. v. 5.2.1997- NZA 1997 S.451 (453). So auch Freihube (2000) S.226.
[200] Vgl. zur Stellungnahme unter Kapitel 3 B. II. 2. (S.207 f), wonach eine Anpassung stärker in die Tarifautonomie eingreift als eine außerordentliche Kündigung und daher verfassungswidrig ist.
[201] BAG -Urt. v. 18.2.1998- AP Nr.3 zu § 1 TVG Kündigung Bl.3, ohne den Aspekt der Änderungskündigung BAG -Urt. v. 18.12.1996- AP Nr.1 zu § 1 TVG Kündigung Bl.6, BAG -Urt. v. 18.6.1997- AP Nr.2 zu § 1 TVG Kündigung Bl.5.

deres Mittel auszuschöpfen. Sie hat auch ohne im Tarifvertrag ausdrücklich enthaltene Nachverhandlungsklausel[202] *die Obliegenheit, mit der anderen Seite Verhandlungen zur Anpassung des Tarifvertrags aufzunehmen.*"[203] In der folgenden Entscheidung hat der Senat an dieser Entscheidung festgehalten[204] In diesem Sinne hat auch das ArbG Wiesbaden geurteilt.[205]

Der Erfolg von Nachverhandlungen ist abhängig von den Zugeständnissen, die beide Seiten machen können oder wollen. Problematisch ist daher, mit welchen Prämissen der Arbeitgeber die Nachverhandlungen beginnen darf. Das BAG[206] verweist ohne weiteren Kommentar auf eine Ansicht in der Literatur, nach der ein für die Gegenseite zumutbares Änderungsangebot vorliegen muß[207]. Hier stellt sich erneut die Frage nach dem Maßstab der Zumutbarkeit. In einem umgekehrten Fall hatte die Gewerkschaft den Sanierungstarifvertrag mit der Begründung außerordentlich gekündigt, daß der Arbeitgeber das Sanierungskonzept aufgegeben habe und deshalb kein Spielraum mehr für Verhandlungen bestehe und ihr Nachverhandlungen nicht zuzumuten seien. Dies hat das BAG nicht genügen lassen, da nicht auszuschließen sei, daß der Arbeitgeber zu weiteren Konzessionen bereit war.[208]

Das ArbG Wiesbaden[209] hat seinerseits auf eine in der Literatur vorgeschlagene Evidenz- und Mißbrauchskontrolle gegenüber der zur Nachverhandlung verpflichteten Partei verwiesen[210]. Aber auch hier gibt es keine klaren Kriterien. Zudem lag in den vom BAG und vom ArbG zu berücksichtigenden Sachverhalten kein Verhandlungsversuch vor[211], so daß die Ausführungen jeweils ein „obiter dictum" darstellen. Die Anforderungen an eine Nachverhandlung „*bewegen sich (...) auf einem rechtlich ungesicherten Terrain.*"[212] Man wird einen Ver-

---

[202] Diese wird auch als Revisionsklausel oder Anpassungsklausel bezeichnet. Hier enthält der Tarifvertrag eine Regelung, wonach die Tarifvertragsparteien in Verhandlungen darüber eintreten, ob die Vereinbarungen durchführbar sind und angesichts der wirtschaftlichen Lage angepaßt werden müssen. Die Tarifvertragsparteien verpflichten sich, sich um eine einvernehmliche Beurteilung zu bemühen und mit dem Ziel zu verhandeln, eine den wirtschaftlichen Verhältnissen entsprechende Vereinbarung zu treffen. Vgl. zur Nachverhandlungsklausel ausführlich die Monographie von Lohs (1995).

[203] BAG -Urt. v. 18.12.1996- AP Nr.1 zu § 1 TVG Kündigung LS, Bl.6.

[204] BAG -Urt. v. 18.6.1997- AP Nr.2 zu § 1 TVG Kündigung LS.

[205] ArbG Wiesbaden -Urt. v. 5.2.1997- NZA 1997 S.451 (452).

[206] BAG -Urt. v. 18.12.1996- AP Nr.1 zu § 1 TVG Kündigung Bl.6.

[207] So Oetker RdA 1995 S.82 (96). Vgl. auch Löwisch Anm. AP Nr.1 zu § 1 TVG Kündigung Bl.8, Oetker Anm. JZ 1998 S. 206 (209).

[208] Vgl. BAG -Urt. v. 24.1.2001- NZA 2001 S.788 (791).

[209] ArbG Wiesbaden -Urt. v. 5.2.1997- NZA 1997 S.451 (452).

[210] So Belling/Hartmann ZfA 1997 S.87 (126).

[211] BAG -Urt. v. 18.12.1996- AP Nr.1 zu § 1 TVG Kündigung Bl.6, BAG -Urt. v. 18.6.1997- AP Nr.2 zu § 1 TVG Kündigung Bl.6, ArbG Wiesbaden -Urt. v. 5.2.1997- NZA 1997 S.451 (452).

[212] So Oetker Anm. JZ 1998 S. 206 (209).

handlungsversuch aber dann ablehnen müssen, wenn er offensichtlich auf ein Scheitern angelegt ist. Allerdings dürfte eine Nachverhandlung entbehrlich sein, wenn die Gewerkschaft jede Verhandlung verweigert. Festzuhalten ist, daß die außerordentlichen Kündigung eines Tarifvertrag gescheiterte Nachverhandlungen voraussetzt.

bb) Änderungskündigung als milderes Mittel

Sieht man in einer außerordentlichen Änderungskündigung ein gegenüber der außerordentlichen Beendigungskündigung milderes Mittel und hält man ein solche aufgrund des ultima-ratio-Grundsatzes für erforderlich[213], so stellt sich wie auf individualrechtlicher Ebene die Frage der Überprüfung des Änderungsangebots auf Mißbrauch oder Zumutbarkeit. Gegen ein Erfordernis spricht auch, daß die Annahme des Änderungsangebots sehr unwahrscheinlich ist, da die Nachverhandlungen bereits gescheitert sind.

Der wesentliche Unterschied zwischen dem Gebot zur Änderungskündigung und der Obliegenheit zu Nachverhandlungen besteht darin, daß die Nachverhandlungen vor der Kündigung erfolgen müssen und bei der Änderungskündigung die Gegenseite zumindest diese neuen Bedingungen annehmen und damit verbindlich machen kann. Dies spricht dafür, die Änderungskündigung als milderes, nämlich die Gegenseite begünstigendes Mittel für erforderlich zu halten. Gegenüber der Nachverhandlungspflicht aber keine Konkretisierung des Vertragsinhalts vor, weshalb sich diese beiden Fragen nicht sauber trennen lassen.

cc) Teilkündigung als milderes Mittel

Bei einer Teilkündigung werden nur einzelne Regelungen eines Tarifvertrags gekündigt, die übrigen bleiben bestehen. Daher könnte die Teilkündigung gegenüber der Kündigung des ganzen Tarifvertrags ein milderes Mittel darstellen. Voraussetzung ist die Teilbarkeit, die vorliegt, wenn der ungekündigte Resttarifvertrag selbständig und sinnvoll ist und es zu keiner Verzerrung der Kompromißstruktur des Tarifvertrags kommt.[214]

Die Teilkündigung eines Arbeitsvertrags ist nach der Rechtsprechung des BAG grundsätzlich unzulässig[215]. Hier werde das Äquivalenz- und Ordnungsgefüge gestört, es werde keine Rücksicht darauf genommen, daß Rechte und Pflichten in einem innerem Zusammenhang stehen und die eine Partei entziehe sich der „*Vertragsbindung, ohne gleichzeitig auf ihre Rechte aus der Bindung der ande-*

---

[213] So Löwisch NJW 1997 S.905 (908), Oetker RdA 1995 S.82 (96), Wank FS Schaub (1998) S.761 (780). AA C. Meyer RdA 1998 S.142 (149 f).

[214] So Belling/Hartmann ZfA 1997 S.87 (129). Vgl. auch Däubler ZTR 1996 S.241 (244). Ähnlich Freihube (2000) S.192, der eine Teilkündigung bei Mischverträgen annimmt.

[215] Vgl. nur BAG -Urt. v. 7.10.1982- AP Nr.5 zu § 620 BGB Teilkündigung LS.

ren Partei zu verzichten".[216] Aus entsprechenden Erwägungen wird daher auch im Tarifrecht die Teilkündigung teilweise für unzulässig gehalten.[217]

Von der Unzulässigkeit der Teilkündigung eines Arbeitsvertrags könne jedoch nach Auffassung des BAG *„nichts für die Zulässigkeit von Teilkündigungen im tariflichen Bereich geschlossen werden."* Ferner verweist das Gericht auf die §§ 543, 469 BGB, auf eine fehlende Einschränkung im TVG und auf ein erhebliches praktisches Bedürfnis. [218] Das BAG hält die Teilkündigung jedenfalls dann für möglich, *„wenn dies von den Tarifvertragsparteien vereinbart ist."*[219]

Für die Sanierung ist entscheidend, daß das Lohnniveau gekündigt wird. Ein vereinbartes Recht zur Teilkündigung hinsichtlich der Lohnhöhe dürfte aber in der Praxis nicht zu finden sein, stellt dies doch gerade den Kern der Tarifverhandlungen dar. Bei der Teilkündigung, die das Lohnniveau, also das Synallagma betrifft, wird die Kompromißstruktur des Tarifvertrags erheblich gestört. Zum anderen ist äußerst fraglich, ob eine solche Teilkündigung durch den Arbeitgeber für die Gewerkschaft überhaupt das mildere Mittel als die vollständige Kündigung darstellen kann.[220] Die Möglichkeit einer Teilkündigung ist daher hier irrelevant, weil sie nicht als milderes Mittel zur vollständigen Kündigung erforderlich ist.

dd) Maßstab der Unzumutbarkeit

Der Maßstab der Unzumutbarkeit spielt im Rahmen der Zumutbarkeit des Änderungsangebots bei der Nachverhandlung und Änderungskündigung, im Rahmen der Zumutbarkeit des Restvertrags bei der Teilkündigung und besonders bei der Prüfung des wichtigen Grundes eine zentrale Rolle.[221]

(1) Rechtsprechung

Zum Maßstab hat sich das BAG bisher nicht ergiebig geäußert, wohl aber zu dem Zeitpunkt, an dem die Unzumutbarkeit vorliegen muß: *„Wird als Kündigungsgrund geltend gemacht, daß eine künftige wirtschaftliche Belastung die außerordentliche und fristlose Kündigung des Tarifvertrages mit dieser belastenden Tarifnorm bedinge, so muß die Unzumutbarkeit der wirtschaftlichen Belastung in dem Zeitpunkt vorliegen, in welchem die Belastung wirksam wird; dies ist vom Kündigenden vorzutragen".*[222]

Das ArbG Wiesbaden hat zur außerordentlichen Kündigung eines Verbandstarifvertrags entschieden, daß *„die außerordentliche Kündigung von Tarifverträ-*

---

[216] BAG -Urt. v. 7.10.1982- AP Nr.5 zu § 620 BGB Teilkündigung Bl.3.
[217] So Oetker RdA 1995 S.82 (98 f mwN), Wank FS Schaub (1998) S.761 (778 mwN).
[218] BAG -Beschl. v. 3.12.1985- AP Nr.2 zu § 74 BAT Bl.5.
[219] BAG -Urt. v. 16.8.1990- AP Nr.19 zu § 4 TVG Nachwirkung LS. So auch BAG -Beschl. v. 3.12.1985- AP Nr.2 zu § 74 BAT LS.
[220] Vgl. dazu unter Kapitel 3 B. I. 3. b) bb) (5) (S.200).
[221] Vgl. auch Freihube (2000) S.153.
[222] BAG -Urt. v. 18.2.1998- AP Nr.3 zu § 1 TVG Kündigung LS, Bl.3.

gen zur Regelung der Löhne, Gehälter und Ausbildungsvergütungen im Baugewerbe im Beitrittsgebiet wegen Veränderung der wirtschaftlichen Gegebenheiten (...) nur bei Eintritt schwerwiegender, für die Tarifparteien bei Abschluß der Tarifverträge völlig unvorhersehbarer Ereignisse zulässig" ist.[223] Das ArbG beschränkt die Möglichkeit der außerordentlichen Kündigung unter Bezugnahme auf die Literatur *„auf besonders kraß gelagerte Ausnahmefälle"* und auf die *„Änderung oder den Wegfall von Umständen (...), von deren Vorliegen die Tarifparteien bei Abschluß des Tarifvertrags nachweisbar ausgegangen waren."* Dabei müsse *„eine Entwicklung vorliegen, die die sich aus dem Tarifvertrag für die jeweilige Seite ergebenden Risiken klar überschreitet."* Der Arbeitgeber trage grundsätzlich das Risiko, daß sich die Marktsituation verschlechtert und hinter den Erwartungen zurückbleibt. Zudem sei *„die Grenze des Zumutbaren bei langen tariflichen Laufzeiten eher erreicht als bei einer kurzen"*. Dies müsse mit *„detailliertem, aussagekräftigem Zahlenmaterial über die wirtschaftliche Situation in den einzelnen Betrieben"* belegt werden.[224]

Die Aussage, daß es sich um „krasse" oder „seltene" Ausnahmefälle handelt, ist banal.[225] Die Hinweise auf die Laufzeit des Tarifvertrags, den Wandel der wirtschaftlichen Umstände und die Risikoverteilung bieten allenfalls Anhaltspunkte. Das BAG hat diesbezüglich eingeräumt, daß sich *„die wirtschaftliche Ausgangslage für unternehmerische Tätigkeit (...) rasch auch bedeutsam ändern"* könne.[226] Aufgrund der Schwierigkeit, diese unbestimmten Formulierungen als Kriterien im Einzelfall sicher anzuwenden, stellen sie keine „harten" Kriterien dar. Es ist daher nicht fruchtbar, die Ausführungen des ArbG Wiesbaden auf die außerordentliche Änderungskündigung eines Firmentarifvertrags zu übertragen.

Ferner ist fraglich, ob die Ausführungen des ArbG zur außerordentlichen Kündigung eines Verbandstarifvertrags überhaupt auf den Firmentarifvertrag übertragen werden können. Im Verhältnis zwischen der außerordentlichen Kündigung eines Verbandstarifvertrags und eines Firmentarifvertrags ließe sich zwar aufgrund des ultima-ratio-Grundsatzes bei der Pflicht zur Nachverhandlung, der Problematik der Teil- und der Änderungskündigung eine einheitliche Linie erkennen. Die Frage der Unzumutbarkeit ist jedoch von dem konkreten Verhältnis der Vertragsparteien abhängig. Dies leuchtet unmittelbar ein, wenn man sich verdeutlicht, daß die wirtschaftliche Belastung beim Verbandstarifvertrag die Unternehmen und nicht die Verbände trifft.[227] Bei der Bestimmung der Unzumutbarkeit im Einzelfall muß also strikt zwischen der außerordentlichen Kündigung des Firmentarifvertrags auf der einen und des Verbandstarifvertrags auf

[223] ArbG Wiesbaden -Urt. v. 5.2.1997- NZA 1997 S.451 LS.
[224] ArbG Wiesbaden -Urt. v. 5.2.1997- NZA 1997 S.451 (453 f) mwN.
[225] Vgl. Henssler ZfA 1994 S.487 (491).
[226] BAG -Urt. v. 18.2.1998- AP Nr.3 zu § 1 TVG Kündigung Bl.3. So argumentierte das BAG, um zu belegen, daß der Zeitpunkt der wirtschaftlichen Belastung im Zeitpunkt der Kündigung und nicht erst später vorliegen müsse.
[227] Vgl. Stein Anmerkung SAE 1999 S.108 (109 f).

der anderen Seite unterschieden werden. Eine Übertragung der Kriterien von dem einen auf den anderen Fall ist daher nicht ohne weiteres möglich. Es ist also unsicher, wie die Rechtsprechung im Einzelfall entscheiden würde. Sicher ist hingegen, daß die Behauptung der Unzumutbarkeit allein ungenügend ist.

(2) Literatur

In der Literatur besteht Einigkeit darüber, daß die außerordentliche Kündigung nur in *„krassen"* oder *„seltenen"* Ausnahmefällen möglich ist.[228] In bezug auf die nähere Bestimmung dieses Maßstabs hat sich ein schwer zu überblickendes und schwer zu strukturierendes Meinungsspektrum entwickelt[229].

Beim Firmentarifvertrag wird z.B. auf die Rechtsprechung zur Zulässigkeit von Änderungskündigungen zu Lohnsenkungen und zur Kürzung der betrieblichen Altersvorsorge zu § 7 BetrAVG a.F.[230] Bezug genommen und gefolgert, daß der Bestand des Unternehmens oder der Arbeitsplätze gefährdet sein müsse.[231] Dies läßt sich damit begründen, daß es sinnwidrig wäre, dem Arbeitgeber ein Recht zur außerordentlichen Kündigung des Firmentarifvertrags zuzugestehen, wenn er den nach § 4 V TVG nachwirkenden Firmentarifvertrag nicht durch außerordentliche Änderungskündigungen individualrechtlich beseitigen kann.[232] Das heißt auch, daß ein Recht zur außerordentlichen Kündigung ausscheiden muß, wenn der Arbeitgeber gar kein Mittel hat, die Wirkung des gekündigten Firmentarifvertrags zu beseitigen. Teilweise wird gefordert, daß im konkreten Fall eine Güterabwägung zu erfolgen habe, bei der die Gefahr der Betriebsstillegung und ein drohender Arbeitsplatzabbau zu berücksichtigen seien.[233]

Teilweise wird die außerordentliche Kündigung eines Firmentarifvertrags in der Krise generell als nicht zulässig erachtet[234] oder nur dann, wenn der Firmentarifvertrag eine erhöhte Leistungsfähigkeit des Arbeitgebers voraussetze[235]. Einigkeit besteht zumindest in dem Punkt, daß die Insolvenz selbst keinen wichtigen Grund darstellt.[236]

Die Voraussetzungen eines wichtigen Grundes sind zumindest nicht richterlich geklärt.[237] Es erscheint aber nicht unwahrscheinlich, daß die Gerichte die Recht-

---

[228] Vgl. Henssler ZfA 1994 S.487 (491), Wank FS Schaub (1998) S.761 (767).
[229] Vgl. ausführlich mit Nachweisen Oetker RdA 1995 S.82 (83 ff).
[230] Vgl. zur Rechtsprechung zur betrieblichen Altersvorsorge unter Kapitel 4 B. I. 1. (S.291 ff).
[231] Bauer FS Schaub (1998) S.19 (43), Henssler ZfA 1994 S.487 (492). Vgl. auch Löwisch Anm. AP Nr.1 zu § 1 TVG Kündigung Bl.7.
[232] So Stein Anmerkung SAE 1999 S.108 (109).
[233] Freihube (2000) S.156, 168.
[234] So wohl Heinze in Birk/Kreuzer (1986) S.75 (82). Vgl. auch C. Meyer RdA 1998 S.142 (149).
[235] Beathalter (1999) S.312.
[236] Heinze in Birk/Kreuzer (1986) S.75 (82), Löwisch ZGR 1984 S.272 (275), Meinhold (1988) S.392.
[237] So der ehem. vorsitzende Richter am BAG Schaub NZA 1998 S.617 (621).

sprechung zur Änderungskündigung und zu § 7 BetrAVG a.F. auf die außerordentliche Kündigung eines Firmentarifvertrags ausdehnen. Dann wäre in der Abwandlung I eine außerordentliche Kündigung möglich.

ee) Erklärungsfrist des § 314 III BGB

Nach § 314 III BGB muß die Küdnigung innerhalb einer angemessenen Frist erklärt werden. Die Vorschrift des § 626 II BGB kann hier nicht analog herangezogen werden. Die Erklärungsfrist des § 626 II BGB paßt zum einen nicht auf alle Dauertatbestände[238], zum anderen ist fraglich, ob hier ein allgemeiner Rechtsgedanke vorliegt, der eine Analogie rechtfertigen könnte[239]. Bei der Auslegung des unbestimmten Tatbestandsmerkmals „angemessen" ist daher eine Einzelfallbetrachtung durchzuführen, welche die Komplexität der wirtschaftlichen Daten, Ereignisse, die Geltungsdauer des Tarifvertrags und das Verhältnis zur ordentlichen Kündigungsfrist berücksichtigt. Bei wirtschaftlich komplexen Sachverhalten wie die Sanierung eines Unternehmens erscheint ein Monat jedenfalls nicht als zu lang. Die Vorschrift zwingt dazu, die außerordentliche Kündigung nicht „auf die lange Bank zu schieben" und zügig die Kündigung auszusprechen.

c) Rechtsfolge

Die Rechtsfolge der außerordentlichen Kündigung eines Firmentarifvertrags ist zunächst die Beendigung der Rechtswirkung nach § 4 I TVG. Aufgrund der Beendigung des Tarifvertrags durch die Kündigung findet § 3 III TVG keine Anwendung. Im Anschluß daran stellt sich das Problem, ob der Tarifvertrag gemäß § 4 V TVG nachwirkt, wie diese Nachwirkung vom Arbeitgeber beseitigt werden kann und ob Gewerkschaft oder Arbeitgeber einen neuen Firmentarifvertrag erzwingen können.

aa) Nachwirkung des außerordentlich gekündigten Firmentarifvertrags

Gem. § 4 V TVG gelten die Rechtsnormen des abgelaufenen Tarifvertrags weiter, *„bis sie durch eine andere Abmachung ersetzt werden"* (Nachwirkung). Sinn und Zweck des § 4 V TVG ist es, inhaltslose Arbeitsverhältnisse zu verhindern.[240] Ein Abmachung im Sinne des § 4 V TVG kann ein Tarifvertrag, eine Betriebsvereinbarung oder eine Individualabrede sein[241]. Die Betriebsvereinbarung wird vom BAG ausdrücklich als *„andere Abmachung"* verstanden.[242] Damit sollte aber nicht eine Ausnahme von § 77 III BetrVG gemacht werden.[243] Deshalb scheidet die Betriebsvereinbarung als „andere Abmachung" zur Sanierung aus. Der Arbeitgeber kann aber mit seinen Arbeitnehmern Änderungsver-

---

[238] Vgl. unter Kapitel 2 A. I. 3. c) bb) (2) (S.56).

[239] Vgl. Wank FS Schaub (1998) S.761 (775).

[240] BAG -Urt. v. 13.12.1995- AP Nr.3 zu § 3 TVG Verbandsaustritt Bl.3.

[241] Vgl. nur BAG -Urt. v. 18.3.1992- AP Nr.13 zu § 3 TVG Bl.2.

[242] Vgl. nur BAG -Urt. v. 18.3.1992- AP Nr.13 zu § 3 TVG Bl.2.

[243] Vgl. dazu auch Hoß/Liebscher DB 1995 S.2525 (2529).

träge abschließen. Kommt es zu keiner freiwilligen Einigung, *„so kann jede Partei versuchen, durch Änderungskündigung zum Ziel zu kommen.“*[244]

Es stellt sich aber die Frage, ob die außerordentliche Kündigung des Firmentarifvertrags gleichzeitig auch eine Aufhebung der Nachwirkung erfordert. In seinen Entscheidungen hat das BAG die Frage der Nachwirkung bei einer außerordentlichen Kündigung eines Tarifvertrags bisher offengelassen.[245] Es hat aber im Zusammenhang mit § 3 III TVG geäußert, daß § 4 V TVG *„auf jeden Fall des Wegfalls der Tarifbindung anzuwenden“* sei[246]. In der Literatur werden drei verschiedene Linien vertreten: Nimmt man eine Nachwirkung an[247], so wäre eine Kürzung der Arbeitsbedingungen möglich, wenn man außerordentliche Änderungskündigungen zuläßt. Lehnt man eine Nachwirkung demgegenüber ab[248], so bestimmt sich die Vergütung bei Fehlen einer vertraglichen Regelung gemäß § 612 I BGB nach der üblichen Höhe, regelmäßig dem Niveau des Verbandstarifvertrags.[249] Auch in diesem Fall muß regelmäßig eine Kürzung durch Änderungskündigungen erfolgen. Gleiches gilt, wenn man die Nachwirkung beim Firmentarifvertrag analog § 613a BGB auf ein Jahr beschränkt.[250] Daraus folgt, daß die Frage der Nachwirkung im Anschluß an die außerordentliche Kündigung eines Firmentarifvertrags für die Sanierung nicht entscheidend ist, weil es auf die Zulässigkeit der Kürzungen durch Änderungskündigungen ankommt.

bb) „anderer Tarifvertrag“ und „Flucht“ in den Verbandstarifvertrag

Wenn der Arbeitgeber mit derselben Gewerkschaft einen Firmentarifvertrag schließt, so gilt dieser Firmentarifvertrag gemäß § 4 I TVG und löst den alten Tarifvertrag ab. Ein solcher freiwilliger Neuabschluß mit derselben Gewerkschaft ist aber unrealistisch, wie die gescheiterten Verhandlungen im Vorfeld der außerordentlichen Kündigung belegen.

Die Arbeitsverhältnisse der Angehörigen dieser Gewerkschaft werden aber bei einem Firmentarifvertrag mit einer anderen Gewerkschaft oder bei einem Beitritt zu einem anderen Arbeitgeberverband, der nicht mit dieser Gewerkschaft

---

[244] BAG -Urt. v. 28.1.1987- AP Nr.16 zu § 4 TVG Nachwirkung Bl.3. Vgl. auch BAG -Urt. v. 14.2.1991- AP Nr.10 zu § 3 TVG Bl.1.

[245] BAG -Urt. v. 18.2.1998- AP Nr.3 zu § 1 TVG Kündigung Bl.3, BAG -Urt. v. 18.12.1996- AP Nr.1 zu § 1 TVG Kündigung Bl.6, BAG -Urt. v. 18.6.1997- AP Nr.2 zu § 1 TVG Kündigung Bl.5.

[246] BAG -Urt. v. 18.3.1992- AP Nr.13 zu § 3 TVG LS. Vgl. dazu auch BVerfG -Beschl. v. 3.7.2000- DB 2000 S.1772 (1772), das in der Nachwirkung nach dem Austritt des Arbeitgebers aus dem Arbeitgeberverband keinen Verstoß gegen Art.9 III GG sieht.

[247] So Buchner NZA 1993 S.289 (299), Heßhaus (1997) S.152, Löwisch Anm. AP Nr.1 zu § 1 TVG Kündigung Bl.8, Zachert NZA 1993 S.299 (301).

[248] Belling NZA 1996 S.906 (911), C. Meyer RdA 1998 S.142 (150), Oetker RdA 1995 S.82 (95), Otto FS Kissel (1994) S.787 (794), Wank FS Schaub (1998) S.761 (776).

[249] Vgl. Putzo in Palandt § 612 BGB Rn.8.

[250] So jetzt Bauer FS Schaub (1998) S.19 (42). Vgl. Bauer/Diller DB 1993 S.1085 (1090), die eine Nachwirkung bisher ablehnten.

einen Verbandstarifvertrag geschlossen hat, gemäß § 4 I TVG nicht erfaßt. Da die Arbeitsverhältnisse von dem Tarifvertrag nicht erfaßt werden, stellt dieser Tarifvertrag dann auch keine andere Abmachung dar.[251] Ein ablösender Tarifvertrag kann praktisch nur durch den Beitritt bzw. die Mitgliedschaft in einen Arbeitgeberverband, der mit der gleichen Gewerkschaft einen Verbandstarifvertrag geschlossen hat, erfolgen. Der nachwirkende Firmentarifvertrag wird dann durch den geltenden Verbandstarifvertrag ersetzt.

Voraussetzung für die Sanierung ist natürlich, daß der Verbandstarifvertrag gegenüber dem Firmentarifvertrag für den Arbeitgeber günstigere Regelungen enthält, so daß eine Sanierung ermöglicht wird. Dies mag zwar zunächst unwahrscheinlich erscheinen, es kommt in der Praxis aber durchaus vor, daß insbesondere das Lohnniveau bei Firmentarifverträgen über dem des Verbandstarifvertrags liegt. Dies Möglichkeit ist daher grundsätzlich in Betracht zu ziehen.

cc) Streik zur Erzwingung eines Firmentarifvertrags

Kündigt der Arbeitgeber den Firmentarifvertrag außerordentlich und will er nun durch Verbandsbeitritt oder außerordentliche Änderungskündigung eine Lohnsenkung herbeiführen, so stellt sich die Frage, ob ein Streik der Gewerkschaft mit dem Ziel, einen neuen Firmentarifvertrag mit dem Arbeitgeber zu erzwingen, rechtlich möglich ist. Ein Streik ist rechtmäßig, wenn er ein tariflich regelbares Ziel verfolgt, die Friedenspflicht einhält, die allgemeinen Gesetze beachtet und den Grundsatz der Verhältnismäßigkeit wahrt.[252]

(1) Tariflich regelbares Ziel

Ein tariflich regelbares Ziel setzt zunächst voraus, daß der Arbeitgeber tariffähig ist. Nach der Rechtsprechung steht weder die Mitgliedschaft im Arbeitgeberverband[253] noch eine fehlende Durchsetzungsfähigkeit[254] der Tariffähigkeit entgegen.[255] Fraglich ist aber, ob der Abschluß eines Firmentarifvertrags, den der Arbeitgeber gerade außerordentlich gekündigt hat, ein zulässiges Ziel wäre, da er ja dem Arbeitgeber unzumutbar ist und ihn in seiner Existenz bedroht. Diese Frage soll an späterer Stelle erörtert werden.[256]

---

[251] Vgl. Friedrich FS Schaub (1998) S.193 (196 f).
[252] Vgl. Steinmeyer/Waltermann (2000) S.230 ff und das Schema S.244.
[253] LAG Köln -Urt. v. 14.6.1996- AP Nr.149 zu Art. 9 GG Arbeitskampf LS, Bl.4 f. Vgl. auch BAG -Urt. v. 4.5.1955- BB 1955 S.732 (732), Schaub NZA 1998 S.617 (617 f). AA Vorsitzender Richter am BAG Matthes FS Schaub (1998) S.477 (482 f) und im Anschluß daran LAG Schleswig-Holstein -Urt. v. 25.11.1999- NZA-RR 2000 S.143 (145 f).
[254] Sog. Mächtigkeit, vgl. BAG -Beschl. v. 20.11.1990- AP Nr.40 zu § 2 TVG LS.
[255] Vgl. LAG Hamm -Urt. v. 8.8.1985- DB 1985 S.2155 (2155). AA Lieb FS Kissel (1994 S.653 (657 ff), der zwischen Tariffähigkeit und Arbeitskampffähigkeit unterscheidet.
[256] Vgl. dazu unter Kapitel 3 B. IV. (S.218 ff).

(2) Friedenspflicht bei „Flucht“ in den Arbeitgeberverband

Die Friedenspflicht endet mit dem Ablauf des Tarifvertrags[257], also auch mit der außerordentliche Kündigung des Firmentarifvertrags[258]. Die entscheidende Frage ist, ob im Falle des Verbandsbeitritts die Friedenspflicht des Verbandstarifvertrags auch für das neue Mitglied, welches seinen Firmentarifvertrag außerordentlich gekündigt hat, gilt. Diese Frage stellt sich auch bei schon bestehender Mitgliedschaft.

(a) Rechtsprechung

Ein Arbeitskampf der Gewerkschaft zur Erzwingung tariflicher Ziele, die gegen den gültigen Verbandstarifvertrag verstoßen, ist nach der Rechtsprechung des BAG und des LAG Düsseldorf unwirksam.[259] Hier liegt ein Verstoß gegen die Friedenspflicht vor. Die entschiedenen Fälle betrafen aber nur Fälle, in denen ein Verbandsmitglied erstmalig zum Abschluß eines Firmentarifvertrags gezwungen werden sollte. Es stellt sich die Frage, ob ein Arbeitgeber, der Firmentarifverträge abgeschlossen hat, sich durch „ Flucht“ in den Verband weiteren Firmentarifverträgen entziehen kann.

Rechtsprechung des BAG liegt zu dieser Frage nicht vor, ist aber auch nicht zu erwarten, weil die Landesarbeitsgerichte hier praktisch in letzter Instanz entscheiden.[260] Das wirksame Rechtsmittel gegen einen drohenden Streik ist nämlich die einstweilige Verfügung gemäß § 940 ZPO i.V.m. § 62 II (1) ArbGG. Gegen ein Urteil des ArbG kann gemäß § 53 I ArbGG beim LAG Berufung eingelegt werden. Gegen ein Urteil des LAG, in dem über eine einstweilige Verfügung entschieden wird, ist gemäß § 72 IV ArbGG eine Revision an das BAG nicht zulässig. In einem erstrittenen Firmentarifvertrag werden zudem Schadensersatzansprüche regelmäßig ausgeschlossen.

Das LAG Köln hat in dem Fall, in dem ein Arbeitgeber trotz Verbandsmitgliedschaft mehrere Firmentarifverträge abgeschlossen hat, entschieden, daß sich der Arbeitgeber „*erst dann auf die Friedenspflicht aus dem Verbandstarifvertrag berufen*“ kann, wenn er „*rechtzeitig vor dem Neuabschluß des Verbandstarifvertrags klargestellt hat, daß*“ er „*in Zukunft ebenfalls den Verbandstarifvertrag anwenden und nicht mehr Haustarifverträge abschließen wolle.*“ Dieses Ergebnis gewinnt das Gericht durch eine Auslegung des Verbandstarifvertrags nach „*Treu und Glauben*“. Man könne der Gewerkschaft bei Abschluß des Verbands-

---

[257] Vgl. Otto in MünchArbR III § 285 Rn.87.

[258] Otto FS Kissel (1994) S.787 (806).

[259] BAG -Urt. v. 4.5.1955- BB 1955 S.732 (732), LAG Düsseldorf -Urt. v. 31.7.1985- LAGE Nr.21 zu Art.9 GG Arbeitskampf Bl.31. Vgl. auch LAG Hamm -Urt. v. 8.8.1985- DB 1985 S.2155 (2155). Hier ging es aber um einen abgelaufenen Verbandstarifvertrag.

[260] Schleusener BB 1999 S.684 (685), Schleusener NZA 1998 S.239 (239). Vgl. zu den Anforderungen an einen Verfügungsgrund bei ungeklärter Rechtslage LAG Köln -Urt. v. 14.6.1996- AP Nr.149 zu Art.9 GG Arbeitskampf Bl.3 f. Vgl. dazu auch Dahlbender (1995) S.48 f.

tarifvertrags nicht unterstellen, daß sie auf einen Arbeitskampf zur Durchsetzung neuer Firmentarifverträge verzichten wolle.[261] Der Unterschied zu der hier behandelten Frage besteht darin, daß der Arbeitgeber vorliegend bisher nicht im Arbeitgeberverband war. Der Vorwurf des widersprüchlichen Verhaltens kann ihm daher nicht gemacht werden. Daher ist nicht sicher, wie das LAG Köln in diesem Fall entscheiden würde.

Das LAG Frankfurt mußte einen Fall entscheiden, in dem ein Arbeitgeber in zwei Arbeitgeberverbänden war, die beide mit der gleichen Gewerkschaft jeweils einen Tarifvertrag geschlossen hatten. Der Arbeitgeber wendete zunächst nur einen Verbandstarifvertrag an und trat dann aus dem dazugehörigen Arbeitgeberverband aus. Gegenüber der Gewerkschaft, die einen Anerkennungstarifvertrag dieses Verbandstarifvertrags durchsetzen wollte, berief sich der Arbeitgeber auf die Friedenspflicht des anderen Verbandstarifvertrags. Das Gericht legte das Verhalten des Arbeitgebers als Verzicht auf die Friedenspflicht des Verbandstarifvertrags aus, den er bisher nicht angewendet hatte.[262] Es sah in dem Verhalten außerdem eine unzulässige Rechtsausübung.[263] Auch diese Entscheidung kann aus den gleichen Gründen nicht auf den vorliegenden Fall übertragen werden. Festzuhalten ist, daß die Rechtslage im vorliegenden Fall nicht richterlich geklärt ist.

(b) Literatur

In der Literatur wird z.T. aus der relativen Friedenspflicht des Verbandstarifvertrags eine „absolute Friedensfunktion" für den Arbeitgeber abgeleitet. Demnach kann ein Verbandsmitglied von der Gewerkschaft, die Partei des Verbandstarifvertrags ist, nicht bestreikt werden.[264] Dem entgegengesetzt wird eine Friedenspflicht aus dem Verbandstarifvertrag für die Unternehmensebene mit dem Argument, daß die Gewerkschaft durch den Verbandstarifvertrag nicht auf günstigere Firmentarifverträge verzichten wolle, abgelehnt.[265] Schließlich wird eine relative Friedenspflicht angenommen.[266] Das bedeutet, daß ein Arbeitskampf um solche Ziele möglich wäre, die nicht im Verbandstarifvertrag geregelt sind.

Speziell zu der Rechtsprechung des LAG Köln gibt es bisher, soweit ersichtlich, zwei Ansichten. So wird dem LAG zugestimmt und allgemein gefolgert, daß die Friedenspflicht nicht für die Unternehmen gilt, von denen bei Abschluß des Verbandstarifvertrags zu erwarten war, *„daß der Tarifvertrag dort gar nicht zur Anwendung kommt"*.[267] Diese Formulierung deutet darauf hin, daß somit der Wechsel vom Firmentarifvertrag zum Verbandstarifvertrag durch Beitritt in den

---

[261] LAG Köln -Urt. v. 14.6.1996- AP Nr.149 zu Art. 9 GG Arbeitskampf LS, Bl.6 f.
[262] LAG Frankfurt -Urt. v. 23.4.1985- BB 1985 S.2109 (2109).
[263] LAG Frankfurt -Urt. v. 23.4.1985- BB 1985 S.2109 (2110).
[264] So Wiedemann § 2 TVG Rn.135.
[265] So Kempen/Zachert § 2 TVG Rn.101.
[266] So Stein RdA 2000 S.129 (139) mwN, Wendeling-Schröder NZA 1998 S.624 (628) mwN.
[267] So Thüsing NZA 1997 S.294 (295).

Arbeitgeberverband nicht zur Entfaltung der Friedenspflicht führen soll. Der Beitrag bezieht sich aber nur auf die konkrete Entscheidung des LAG Köln und in der Argumentation wurde auf die bestehende Verbandsmitgliedschaft abgestellt. Zudem wurde auch die Gegenansicht für beachtenswert gehalten[268], so daß keine eindeutigen Schlüsse gezogen werden können.

Demgegenüber wird die Rechtsprechung des LAG Köln ausdrücklich abgelehnt[269] oder schon zuvor davon ausgegangen, daß sich auch der eintretende Arbeitgeber auf die relative Friedenspflicht berufen kann[270]. Hierfür spricht grundsätzlich, daß es gewichtiger Gründe bedarf, hinsichtlich des neuen Mitglieds eine Ausnahme von der grundsätzlichen Geltung der Friedenspflicht zu machen. Insbesondere ein Verbandsbeitritt eines sanierungsbedürftigen Unternehmens, welches den unzumutbaren Firmentarifvertrag außerordentlich gekündigt hat, wird man nur schwerlich als „unzulässige Rechtsausübung" betrachten können. Anders verhält es sich aber in den Fällen des LAG Köln und des LAG Frankfurt. In dem Verhalten der dortigen Arbeitgeber kann man durchaus ein „venire contra factum propium" und damit eine „unzulässige Rechtsausübung" sehen. In diesen Fällen ist eine Ausnahme gerechtfertigt. Festzuhalten ist also, daß sich der Arbeitgeber bei Verbandsbeitritt grundsätzlich auch auf die Friedenspflicht des Verbandstarifvertrag berufen kann. Damit ist eine „Flucht" in den Verbandstarifvertrag möglich und ein Streik unzulässig.

(3) Grundsatz der Verhältnismäßigkeit

Verbleibt die Fragestellung, ob die Gewerkschaft mit Streik auf Änderungskündigungen reagieren darf. Nach der Rechtsprechung des Großen Senats des BAG stehen *„Arbeitskämpfe (...) unter dem Gebot der Verhältnismäßigkeit."*[271] Daraus leitet er zum einen ab, daß *„jede Arbeitskampfmaßnahme (...) nur nach Ausschöpfung aller Verständigungsmöglichkeiten ergriffen werden"* dürfe; *„der Arbeitskampf muß also das letzte mögliche Mittel (ultima ratio) sein."* Somit steht die Frage, ob es zu einem Arbeitskampf kommt, unter dem Gebot der Verhältnismäßigkeit.

Zu der Frage des „Wie", führt das Gericht aus: *„Auch bei der Durchführung des Arbeitskampfes selbst, und zwar sowohl beim Streik als auch bei der Aussperrung, ist der Grundsatz der Verhältnismäßigkeit zu beachten. Die Mittel des Arbeitskampfes dürfen ihrer Art nach nicht über das hinausgehen, was zur Durchsetzung des erstrebten Zieles jeweils erforderlich ist. Das Prinzip der Verhältnismäßigkeit betrifft also nicht nur Zeitpunkt und Ziel, sondern auch die Art der Durchführung und die Intensität des Arbeitskampfes. Der Arbeitskampf ist des-*

---

268 Vgl. Thüsing NZA 1997 S.294 (295 f).

269 So Schleusener NZA 1998 S.239 (241).

270 So Bauer FS Schaub (1998) S.19 (44 f), Feger AiB 1995 S.490 (499), Konzen NZA 1995 S.913 (915 Fn.31), Lieb NZA 1994 S.337 (340), Löwisch/Rieble FS Schaub (1998) S.457 (470), Schleusener NZA 1998 S.239 (241).

271 BAG -Beschl. v. 21.4.1971- AP Nr.43 zu Art.9 GG Arbeitskampf LS.

halb nur dann rechtmäßig, wenn und solange er nach Regeln eines fairen Kampfes geführt wird. Ein Arbeitskampf darf nicht auf Vernichtung des Gegners abstellen, sondern er hat den gestörten Arbeitsfrieden wieder herzustellen."[272]

Zu unterscheiden ist hier zwischen den wirtschaftlichen Belastungen durch den Arbeitskampf und denen durch den drohenden Tarifabschluß. Ein Streikziel, welches einer Sanierung entgegensteht, führt zur Insolvenz und damit zur „Vernichtung" des Arbeitgebers. Man kann daher aus dieser Rechtsprechung ableiten, daß ein Firmentarifvertrag, der einer Sanierung entgegensteht, nicht erzwungen werden darf. Dies verknüpft die Verhältnismäßigkeit mit dem Streikziel und macht eine richterliche Kontrolle des Streikziels erforderlich.

Das BVerfG hat in einem „obiter dictum" zu dem Urteil des Großen Senats des BAG geäußert: *„bei einer Verhältnismäßigkeitsprüfung, die schon bei Angriffskampfmitteln ansetzte, wäre eine gerichtliche Kontrolle der Tarifziele kaum zu vermeiden. Eine solche Kontrolle widerspräche aber dem Grundgedanken der Tarifautonomie."*[273] Mit anderen Worten sieht das BVerfG darin eine unzulässige Tarifzensur.[274] Der Konjunktiv deutet aber auf die Zurückhaltung des Gerichts hin.

Hierbei ist zu bedenken, daß auch bei der Prüfung des „wichtigen Grundes" bzgl. der außerordentlichen Kündigung eine Kontrolle des Tarifvertrags vorliegt. Die Frage, ob ein Tarifvertrag überhaupt auf die wirtschaftliche Vertretbarkeit hin überprüft werden kann, gewinnt entscheidende Bedeutung. Es geht also um die Auflösung des Spannungsverhältnisses zwischen Verhältnismäßigkeit bzw. der Unzumutbarkeit und der Tarifautonomie.[275] In der Literatur wird dieses Spannungsverhältnis durch eine Evidenz- bzw. Exzeßkontrolle gelöst.[276] So kann der *„Streik gegen einen Arbeitgeber (...), dessen wirtschaftlicher Zusammenbruch bei Fortsetzung des Arbeitskampfes für die Gewerkschaft evident ist"*, rechtsmißbräuchlich sein.[277]

Die Rechtsprechung hat sich zu diesem Problem nicht dezidiert geäußert. Läßt man aber die außerordentliche Kündigung eines Firmentarifvertrags zu, so läßt sich zumindest die Evidenzkontrolle eines nachfolgenden Streiks nicht mit dem Hinweis auf eine Tarifzensur ablehnen. Denn durch die Nachverhandlungen kennt die Gewerkschaft die wirtschaftliche Lage des Unternehmens, weshalb ihr die Existenzbedrohung des Unternehmens durch den Streik und den Tari-

---

[272] BAG -Beschl. v. 21.4.1971- AP Nr.43 zu Art.9 GG Arbeitskampf Bl.6 f.

[273] BVerfG -Beschl. v. 26.6.1991- AP Nr.117 zu Art.9 GG Arbeitskampf Bl.7 = BVerfGE 84 S.212 ff.

[274] Vgl. Otto in MünchArbR III § 285 Rn.159.

[275] Vgl. Kreuz (1988) S.152 ff, Wank FS Kissel (1994) S.1225 (1235).

[276] Vgl. zum Arbeitskampf Kreuz (1988) S.157 ff, Scholz/Konzen (1980) S.233, Wank FS Kissel (1994) S.1225 (1235).

[277] So Otto in MünchArbR III § 285 Rn.160.

fabschluß evident ist. Im Sinne einer solchen Mißbrauchskontrolle ist daher der Streik unverhältnismäßig und daher rechtswidrig.

Daraus wird ersichtlich, daß die Frage der Erzwingung eines für den Arbeitgeber unzumutbaren Firmentarifvertrags untrennbar mit der Frage der außerordentlichen Kündigung eines Firmentarifvertrags verbunden ist. Läßt man eine außerordentliche Kündigung zu, so muß es auch eine Kontrolle des nachfolgenden Streiks geben. Der von der Rechtsprechung zur außerordentlichen Kündigung eingeschlagene Weg spricht also zumindest für eine Kontrolle in Extremfällen.[278]

dd) Aussperrung zur Erzwingung eines Sanierungstarifvertrags

Fragt sich, ob der Arbeitgeber einen Firmentarifvertrag zur Sanierung durch Aussperrung erzwingen kann. Neben dem tariflichen Ziel, der Beachtung der Friedenspflicht, der allgemeinen Gesetze und der Verhältnismäßigkeit verlangt das BAG bei der Aussperrung die Wahrung des Paritätsprinzips[279]. Bei der Parität stellt das BAG darauf ab, „*wie sich die Verhandlungsstärke der sozialen Gegenspieler beim Aushandeln von Tarifverträgen auswirkt und durch Arbeitskampfmittel beeinflußt werden kann. Es geht nur um eine tarifbezogene Parität.*"[280] Die Verhandlungsparität gewinnt im Rahmen der Verhältnismäßigkeit entscheidende Bedeutung.[281] Hierbei geht es nur um Kriterien „*die einer typisierenden Betrachtung zugänglich sind, nicht dagegen situationsbedingte Vor- und Nachteile, auch wenn diese sich im konkreten Arbeitskampf auswirken mögen.*"[282] In dem zuletzt entschiedenen Fall wurde davon ausgegangen, daß eine Gewerkschaft gegenüber einem mittelständischen Unternehmer „*dann ein Übergewicht hat, wenn (...) ein erheblicher Organisationsgrad besteht.*"[283] Dies spricht „e contrario" dafür, daß der einzelne Arbeitgeber gegenüber einer Gewerkschaft typischerweise kein Übergewicht hat. Dies gilt in einem existenzbedrohten Unternehmen um so mehr, da der Arbeitgeber einen längeren Arbeitskampf nicht überleben würde.[284]

Aufgrund der vagen Formulierungen des Gerichts, der vielschichtigen Probleme bei Sanierungsfällen sowie der geringen praktischen Bedeutung der Angriffsaussperrung[285] kann über eine mögliche gerichtliche Entscheidung nur folgende Prognose abgegeben werden. Diese Frage ist daher gänzlich ungeklärt. Nach

---

[278] Vgl. zur Würdigung aus verfassungsrechtlicher Sicht unter Kapitel 3 B. IV. (S.218 ff).

[279] Vgl. unter Kapitel 2 A. II. 1. d) (S.59).

[280] BAG -Urt. v. 10.6.1980- AP Nr.64 zu Art.9 GG Arbeitskampf Bl.10.

[281] BAG -Urt. v. 12.3.1985- AP Nr.84 zu Art.9 GG Arbeitskampf Bl.5.

[282] BAG -Urt. v. 11.8.1992- AP Nr.124 zu Art.9 GG Arbeitskampf Bl.3.

[283] BAG -Urt. v. 11.8.1992- AP Nr.124 zu Art.9 GG Arbeitskampf Bl.3. Vgl. auch Rieble (1996) Rn.1381.

[284] Vgl. Stein RdA 2000 S.129 (140), der eine Verhältnismäßigkeit ohne weitere Begründung dann annimmt, „*wenn ohne die Änderung der Arbeitsbedingungen die Existenz des Unternehmens gefährdet wäre.*"

[285] Vgl. Gamillscheg Bd.I (1997) S.915.

einem Teil der Literatur ist die Angriffsaussperrung jedenfalls bei einer gesamtwirtschaftlich negativen Entwicklung[286] oder bei einer Unternehmenskrise[287] zulässig. Demgegenüber ist zu bemerken, daß eine Angriffsaussperrung unverhältnismäßig ist, da außerordentliche Änderungskündigungen als milderes Mittel zur Aussperrung in Betracht kommen.[288] Aber selbst wenn man diese Auffassung zur Angriffsaussperrung nicht teilt, so wäre sie im Sanierungsfall aufgrund des finanziellen Aufwands eines Arbeitskampfes regelmäßig nicht durchführbar und damit zur Sanierung ungeeignet.

d) Zwischenergebnis

Im Zusammenhang mit der außerordentlichen Kündigung eines Firmentarifvertrags ist vieles ungeklärt. Es erscheint aber durchaus möglich, daß die Rechtsprechung diese zur Sanierung für zulässig erachten wird. Die Lohnsenkung kann dann durch außerordentliche Änderungskündigungen oder Verbandsbeitritt, nicht aber durch eine Angriffsaussperrung durchgesetzt werden. Die Gewerkschaft kann darauf nicht mit Streik reagieren, weil durch den Streik die Sanierung verhindert würde oder der Streik gegen die Friedenspflicht des Verbandstarifvertrags verstoßen würde.

3. Änderungskündigungen

Hinsichtlich der Möglichkeit, das Lohnniveau durch außerordentliche Änderungskündigungen zu senken, ist danach zu differenzieren, ob der normative Geltungsbereich des Firmentarifvertrags betroffen ist:

a) Konflikt im normativen Geltungsbereich und Günstigkeitsprinzip

Bei beiderseitiger Tarifbindung gelten die tariflichen Arbeitsbedingungen nach § 4 I (1) TVG unmittelbar und zwingend. Eine Vereinbarung, die dagegen verstößt ist, gemäß § 134 BGB nichtig.[289] Auch Vertragsangebote, die gegen § 4 I (1) TVG verstoßen, sind unwirksam. Das BAG sieht in diesem Fall in der Änderungskündigung eine Drohung des Arbeitgebers gegenüber dem Arbeitnehmer, *„das Arbeitsverhältnis werde beendet, falls sich dieser mit den tarifwidrigen Arbeitsbedingungen nicht einverstanden erkläre.“*[290] Ist das Vertragsangebot gemäß § 134 BGB i.V.m. § 4 I (1) TVG unwirksam, so ist aus dem gleichen Grund erst recht die Kündigungserklärung unwirksam.[291] Dies gilt un-

---

[286] Vgl. Brox/Rüthers Rn.325: *„einscheidenden Rezessionen“*, Löwisch/Rieble in Löwisch (1997) 170.1 Rn.52: *„gesamtwirtschaftliche Krise“*.

[287] So Löwisch/Rieble in Löwisch (1997) 170.1 Rn.52.

[288] Vgl. Otto in MünchArbR III § 286 Rn.78.Vgl. auch Scholz/Konzen (1980) S.240 f, die in Massenänderungskündigungen keine taugliche Alternative zur Angriffsaussperrung sehen.

[289] ArbG Stuttgart -Urt. v. 7.9.1995- DB 1996 S.1575 (1575).

[290] BAG -Urt. v. 10.2.1999- RdA 2000 S.37 (39).

[291] Vgl. BAG -Urt. v. 10.2.1999- RdA 2000 S.37 (39). Vgl. auch Löwisch NZA 1998 S.633 (634), der auf § 139 BGB abstellt. Vgl. aber die kritische Anmerkung von Rieble RdA 2000 S.40 (42), nach dem die Kündigung nur sozialwidrig sei. Vgl. ausführlich Quecke NZA 2001 S.812 (812 ff).

abhängig davon, ob der Arbeitnehmer das Angebot annimmt. Die Änderungskündigung, die bei beiderseitiger Tarifbindung untertarifliche Leistungen durchsetzen soll, ist demzufolge unwirksam.[292]

Gem. § 4 III TVG sind Abweichungen nur dann möglich, wenn sie entweder durch Tarifvertrag gestattet sind (Öffnungsklausel) oder für den Arbeitnehmer günstiger sind (Günstigkeitsprinzip). Die Öffnungsklausel ist bei Firmentarifverträgen theoretisch möglich, aber praktisch gerade hinsichtlich des Lohnniveaus die absolute Ausnahme.

Unter dem Gesichtspunkt des sicheren Arbeitsplatzes könnte aber eine Lohnsenkung unter Tarif „günstiger" sein. Bei der Prüfung der Frage, ob der Arbeitsvertrag im Vergleich zum Tarifvertrag günstiger ist, ist nach der Rechtsprechung nicht auf die Interessen der Belegschaft, sondern auf den einzelnen Arbeitnehmer abzustellen.[293] Bei dem Vergleich sind die Regelungen einzubeziehen, die in einem inneren Zusammenhang stehen (Sachgruppenvergleich).[294] Bei einer Arbeitsplatzgarantie, die für sich genommen für den Arbeitnehmer günstig ist, wird ein solcher Zusammenhang zum Lohn von der Rechtsprechung abgelehnt.[295] Damit kann sich der Arbeitgeber keine wirksame Lohnsenkung durch eine Arbeitsplatzgarantie „erkaufen". Ungünstiger ist ferner jede Absenkung des Lohnes unter Tarif.[296] Eine Erhöhung der Arbeitszeit, z.B. um 10 Prozent, gänzlich ohne oder ohne entsprechenden Lohnausgleich, z.B. nur 3 Prozent mehr Lohn, zielt im Ergebnis auf eine Senkung des Stundenlohns[297] und ist demnach ebenfalls ungünstiger und damit unwirksam.

Gem. § 4 IV (1) TVG ist ein Verzicht auf tarifliche Rechte ohne Mitwirkung der Tarifparteien unzulässig. Eine Verwirkung ist nach § 4 IV (2) TVG ausgeschlossen. Daraus läßt sich auf ein Verbot jedes Umgehungsgeschäfts schließen.[298] Damit scheiden Erlaßverträge, die im Ergebnis eine Kürzung des Tariflohns darstellen, ebenso aus, wie arbeitsvertragliche Darlehen, welche die Arbeitnehmer dem Arbeitgeber unter Marktzins gewähren. Dies sind Beispiele für Umgehungsgeschäfte und demnach gemäß § 4 IV TVG unwirksam.

---

[292] BAG -Urt. v. 10.2.1999- RdA 2000 S.37 (38). Vgl. schon LAG Bremen -Urt. v. 7.4.1957- DB 1957 S.460 (460).

[293] Vgl. Schaub in Schaub (2002) § 204 Rn.39. Zu den abweichenden Ansätzen vgl. unter Kapitel 2 D. I. 1. (S.115).

[294] BAG -Beschl. v. 20.4.1999- DB 1999 S.1555 (1559 mwN). Vgl. dazu ausführlich Krummel (1990) S.202 ff mwN..

[295] BAG -Beschl. v. 20.4.1999- DB 1999 S.1555 (1559 f). Vgl. auch ArbG Marburg -Beschl. v. 7.8.1996- DB 1996 S.1925 (1928 f), Kort NJW 1997 S. 1476 (1479). Vgl. zum abweichenden Verständnis des Günstigkeitsprinzips in Frankreich die ausführliche Darstellung von Körner RdA 2000 S.140 (140 ff).

[296] BAG -Urt. v. 10.2.1999- RdA 2000 S.37 (38).

[297] BAG -Urt. v. 10.2.1999- RdA 2000 S.37 (39). Vgl. auch ArbG Stuttgart -Urt. v. 7.9.1995- DB 1996 S.1575 (1575).

[298] Vgl. BAG -Urt. v. 10.2.1999- RdA 2000 S.37 (38). Vgl. aber die kritische Anmerkung von Rieble RdA 2000 S.40 (42).

b) Wirkung außerhalb des normativen Geltungsbereichs

Liegt keine zweiseitige Tarifbindung vor oder handelt es sich um sog. übertarifliche Arbeitsbedingungen, so berührt die Änderungskündigung nicht die unmittelbare und zwingende Wirkung des § 4 I TVG. Hier sind Verträge bzw. Änderungskündigungen bei Arbeitnehmern, die nicht in der entsprechenden Gewerkschaft sind, grundsätzlich möglich[299]. Führt ein betreffender Arbeitnehmer allerdings durch Eintritt in die Gewerkschaft die Tarifbindung herbei, so entsteht der Konflikt mit dem normativen Geltungsbereich und die vertragliche Regelung wird nichtig oder zumindest für die Dauer des Konflikts verdrängt. Dadurch können die Arbeitnehmer, die gestern einer Lohnsenkung zugestimmt haben, morgen die Sanierung durch ihren Beitritt wieder gefährden. Aufgrund dieser Unsicherheit ist nur eine kollektive Regelung, die alle Arbeitnehmer erfaßt, sinnvoll.[300]

4. Ergebnis

Ein Absenkung des Lohnniveaus unter Tarif setzt eine außerordentliche Kündigung des Firmentarifvertrags voraus. Der Arbeitgeber kann die Nachwirkung durch außerordentliche Änderungskündigungen beseitigen. Hierbei kann weder eine Angriffsaussperrung einen Sanierungstarifvertrag erzwingen, noch kann ein Streik die Sanierung gefährden.

III. Bindung an einen Verbandstarifvertrag (Abwandlung II)

Ist der Arbeitgeber als Mitglied eines Arbeitgeberverbands an einen Verbandstarifvertrag gebunden, so sind Änderungskündigungen aufgrund der Tarifbindung gemäß § 134 BGB i.V.m. § 4 I TVG unwirksam.[301] Ein Kündigungsrecht des einzelnen Arbeitgebers bzgl. des Verbandstarifvertrags ist ausgeschlossen, da er nicht Tarifvertragspartei ist.[302] In Betracht kommen folgende Maßnahmen: Firmentarifvertrag, Verbandsaustritt, Tarifwechsel, Umstrukturierung des Unternehmens.

1. Abschluß eines Firmentarifvertrags

Der Abschluß eines Firmentarifvertrags ist nur dann sinnvoll, wenn dieser den Verbandstarifvertrag verdrängt. Ferner ist zu untersuchen, ob ein solcher Abschluß durch die Satzung des Arbeitgeberverbands oder den Verbandstarifvertrag ausgeschlossen werden kann.

---

299 Hanau RdA 1998 S.65 (70), Kast/Stuhlmann BB 2000 S.614 (617). AA Thüsing ZTR 1997 S.433 (433 ff, 438) für die tarifliche Kampfgemeinschaft.

300 Vgl. auch Belling/Hartmann NZA 1998 S.57 (68). Vgl. demgegenüber Kast/Stuhlmann BB 2000 S.614 (617 ff), die sich ausführlich mit der Beschränkung einer Lohnsenkung auf nicht organisierte Arbeitnehmer auseinandersetzen.

301 Vgl. dazu unter Kapitel 2 A. II. 3. a) (S.76).

302 Vgl. BAG -Urt. v. 26.4.2000- DB 2000 S.1872 (1872).

a) Verdrängung des Verbandstarifvertrags

Schließt der Arbeitgeber einen Firmentarifvertrag ab, so besteht zwischen diesem und dem Verbandstarifvertrag Tarifkonkurrenz bzw. -pluralität. Bei gleicher Gewerkschaft verdrängt der Firmentarifvertrag den Verbandstarifvertrag vollkommen, denn *„Firmentarifverträge stellen gegenüber Verbandstarifverträgen stets die speziellere Regelung dar"*.[303] Dies gilt auch im Falle der Verbandszugehörigkeit[304]. Durch den Abschluß eines Firmentarifvertrags kann die Tarifbindung an den Verbandstarifvertrag also aufgehoben werden. Dies gilt entsprechend für die einzelvertragliche Bezugnahme.[305]

Schließt das Verbandsmitglied mit einer anderen Gewerkschaft einen Firmentarifvertrag[306], so ist zwar der Firmentarifvertrag räumlich spezieller als der Verbandstarifvertrag. Es wäre aber ein merkwürdiges Ergebnis, wenn ein Firmentarifvertrag mit einer Gewerkschaft, die nur wenige Mitglieder im Betrieb hat, einen Verbandstarifvertrag einer eindeutig dominanten Gewerkschaft verdrängen könnte. Bei dem Zusammentreffen von Tarifverträgen unterschiedlicher Gewerkschaften ist daher insbesondere auf die Zahl der erfaßten Arbeitsverhältnisse, also den persönlichen Geltungsbereich abzustellen.[307] Der neu geschlossene Firmentarifvertrag muß daher mindestens genauso viele Arbeitsverhältnisse erfassen, um den Verbandstarifvertrag zu verdrängen.

b) Verbot eines Firmentarifvertrags in Satzung oder Verbandstarifvertrag

Eine Klausel in der Satzung des Arbeitgeberverbands, die den Abschluß eines Firmentarifvertrags verbietet, beeinträchtigt nicht die Wirksamkeit eines Firmentarifvertrags, sondern betrifft nur das Innenverhältnis zwischen dem Arbeitgeber und seinem Verband.[308] Entsprechendes gilt für eine Klausel im Verbandstarifvertrag, die es den Mitgliedern und der Gewerkschaft untersagt, abweichende Firmentarifverträge zu schließen.[309] Wie oben ausgeführt, verdrängt der speziellere Firmentarifvertrag den allgemeinen Verbandstarifvertrag. Der Verbandstarifvertrag ist daher kein höherrangiges Recht, welches der Wirksam-

---

[303] BAG -Urt. v. 20.3.1991- AP Nr.20 zu § 4 TVG Tarifkonkurrenz Bl.2, 4, BAG -Urt. v. 24.1.2001- NZA 2001 S.788 (790) mwN. Vgl. auch für den Fall der Weitergeltung BAG -Urt. v. 4.4.2001 BB 2001 S.1636 (1637).

[304] BAG -Beschl. v. 25.9.1996- AP Nr.10 zu § 2 TVG Tarifzuständigkeit Bl.8, LAG Köln -Urt. v. 14.6.1996- AP Nr.149 zu Art.9 GG Arbeitskampf Bl.4 f.

[305] Vgl. dazu unter Kapitel 2 A. II. 1. b) (S.58).

[306] Hier liegt ein Fall der Tarifpluralität vor, der nach der Rechtsprechung nach dem Grundsatz der Tarifeinheit gelöst wird, vgl. Kapitel 2 A. II. 1. a) (S.57).

[307] Vgl. auch ArbG Dresden -Urt. v. 5.12.2000- AiB 2001, S.554 (556).

[308] BAG -Urt. v. 24.1.2001- NZA 2001 S.788 (790), BAG -Urt. v. 4.4.2001 BB 2001 S.1636 (1636), vgl. Schaub in Schaub (2002) § 199 Rn.6.

[309] Vgl. zur sog. Meistbegünstigungsklausel unter Kapitel 1 B. IV. 3. c) (S.41).

keit des Firmentarifvertrags entgegenstehen kann. Ein Verbot betrifft hier nur das Verhältnis der Tarifvertragsparteien.[310]

Etwas anderes gilt aber dann, wenn auch der Firmentarifvertrag nach § 158 I BGB unter der aufschiebenden Bedingung der Zustimmung durch den Arbeitgeberverband geschlossen wird.[311] Dann wird der Firmentarifvertrag quasi zur dreiseitigen Vereinbarung, eine Mischung zwischen Firmentarifvertrag und einem unternehmensbezogenen Verbandstarifvertrag. Abschießend ist zu sagen, daß der Abschluß eines Firmentarifvertrags mit derselben Gewerkschaft, die auch den Verbandstarifvertrag geschlossen hat, ein wirksames Mittel zur Lohnsenkung ist.

c) Erzwingung eines Firmentarifvertrags

Zu überlegen ist, ob der Arbeitgeber die Möglichkeit hat, durch eine Angriffsaussperrung einen Firmentarifvertrag zu erzwingen. Hintergrund ist die Überlegung, daß der Arbeitgeber als Verbandsmitglied an die schuldrechtliche Friedenspflicht des Verbandstarifvertrags nicht gebunden ist.[312] Aber selbst wenn man trotz der Möglichkeit von Änderungskündigungen von der Zulässigkeit der Angriffsaussperrung zur Sanierung ausginge, fehlt dem Arbeitgeber hierzu in der Praxis die finanzielle Kraft.[313] Der Arbeitgeber kann durch den Arbeitskampf nicht genug Druck erzeugen, die Gewerkschaft zum Einlenken zu zwingen. Ein praktikables Sanierungsinstrument ist die Aussperrung daher nicht.

2. Verbandsaustritt

Tarifgebunden sind gemäß § 3 I TVG die Mitglieder der Tarifvertragsparteien. Im Fall der Mitgliedschaft in einer Tarifvertragspartei kann das Ende der Tarifgebundenheit durch den Austritt aus dem Arbeitgeberverband herbeigeführt werden. Der Zeitpunkt der Beendigung der Mitgliedschaft ist aber von dem Zeitpunkt der Beendigung der Tarifgebundenheit zu unterscheiden. Zu unterscheiden ist ferner zwischen der Weitergeltung[314] gemäß § 3 III TVG und der Nachwirkung gemäß § 4 V TVG.

a) Beendigung der Mitgliedschaft im Arbeitgeberverband

Als Instrument zur Beendigung der Mitgliedschaft kommen der ordentliche und der außerordentliche Austritt aus der Tarifvertragspartei sowie die einvernehm-

---

[310] Zur sog. Meistbegünstigungsklausel vgl. Rieble NZA 2000 S.225 (230 f), der diese für unwirksam erachtet. Dazu und zu den Folgen für das Innenverhältnis vgl. unter Kapitel 3 C. VI. 2. (S.266 ff).

[311] So beim ersten Sanierungstarifvertrag für Holzmann, vgl. unter Kapitel 1 B. IV. 3. c) (S.41).

[312] Vgl. dazu Jakobs ZTR 2001 S.249 (255), Henssler ZfA 1998 S.517 (536). Vorsichtig Stein RdA 2000 S.129 (140). AA Gamillscheg Bd.I (1997) S.1081, der eine richterliche Rechtsfortbildung vorschlägt.

[313] Vgl. dazu unter Kapitel 2 A. II. 2. c) dd) (S.75).

[314] Dies wird auch als Fortwirkung bezeichnet.

liche Beendigung der Mitgliedschaft in Betracht.

aa) Ordentlicher Austritt

Die Arbeitgeberverbände sind regelmäßig eingetragene Vereine. Die Gewerkschaften ließen sich aus historischen Gründen hingegen nicht eintragen.[315] Gemäß § 39 I BGB ist jedes Mitglied *„zum Austritt aus dem Verein berechtigt"*. Die Satzung kann nach § 39 II BGB eine Kündigungsfrist bestimmen, die *„höchstens zwei Jahre betragen"* darf.

In den Arbeitgeberverbänden gilt häufig eine Frist von sechs Monaten bis Jahresende[316]. In Gewerkschaften gibt es z.B. Fristen von drei Monaten zum Quartalsende[317] oder sechs Monaten zum Jahresende[318]. In dem Fall, bei der die Zeitspanne zwischen Austrittserklärung und Wirksamwerden des Austritts gemäß der Satzung einer Gewerkschaft bis zu 22 Monate betragen konnte, hat der BGH entschieden, daß eine Austrittsfrist von mehr als sechs Monaten in Hinblick auf Art. 9 III GG unzulässig ist.[319] Eine Frist von drei Monaten wurde hingegen für zulässig erachtet.[320] Dabei wurde offengelassen, ob eine Frist von 6 Monaten an sich schon unzulässig ist und ob eine unzulässige Frist nichtig oder eine geltungserhaltende Reduktion[321] vorzunehmen ist.[322]

Darauf nimmt das AG Ettenheim Bezug und bildet beim Austritt aus der Gewerkschaft eine Analogie zu § 10 III (3) PartG. Demnach sei eine unzulässige Frist nichtig und keine geltungserhaltende Reduktion vorzunehmen. Das Gericht nimmt sogar an, daß eine Mitgliedschaft in der Gewerkschaft ohne wichtigen Grund sofort beendet werden kann[323].

Demgegenüber spricht sich das LAG Düsseldorf, ohne auf das Urteil des AG Ettenheim Bezug zu nehmen, für eine grundsätzliche Zulässigkeit von Austrittsfristen aus, wendet die Grundsätze des BGH ohne Unterschied auch auf die Arbeitgeberverbände an und will bei unangemessen langen Fristen eine geltungserhaltende Reduktion vornehmen. Das LAG hat aber offengelassen, was im Einzelfall eine angemessene Frist ist.[324] Auch der BGH spricht davon, daß aus Art. 9 III GG nicht eine Unzulässigkeit jeder Austrittsfrist hergeleitet wer-

---

[315] Vgl. dazu Schaub in Schaub (2002) § 187 Rn.8.

[316] Vgl. LAG Düsseldorf -Urt. v. 13.2.1996- NZA-RR 1996 S.340 (340), ArbG Freiburg -Urt. v. 15.11.1995- Der Betriebsrat 1997 S.10 (11), ArbG Leipzig -Urt. v. 24.5.1996- AiB 1996 S.685 (685).

[317] Vgl. den Fall bei AG Köln -Urt. v. 18.7.1986- NJW 1987 S.2450 (2450).

[318] Vgl. den Fall bei AG Ettenheim -Urt. v. 28.9.1984- NJW 1985 S.979 (979).

[319] BGH -Urt. v. 22.9.1980- AP Nr.33 zu Art.9 GG LS, Bl.1.

[320] BGH -Urt. v. 4.7.1977- AP Nr.25 zu Art.9 GG Bl.3. Vgl. auch mit Hinweis darauf BGH -Urt. v. 22.9.1980- AP Nr.33 zu Art.9 GG Bl.1.

[321] D.h. eine unzulässige Regelung wird durch eine gerade noch zulässige substituiert.

[322] Vgl. BGH -Urt. v. 22.9.1980- AP Nr.33 zu Art.9 GG Bl.2.

[323] AG Ettenheim -Urt. v. 28.9.1984- NJW 1985 S.979 (979).

[324] LAG Düsseldorf -Urt. v. 13.2.1996- NZA-RR 1996 S.340 (341). Vgl. Rieble (1996) Rn.1542 mwN.

den kann und dem Mitglied *„die Einhaltung einer mäßigen Kündigungsfrist"* zuzumuten ist.[325] Es ist daher schon deshalb nicht anzunehmen, daß sich die Rechtsprechung des AG Ettenheim in der gerichtlichen Praxis durchsetzt. Daraus läßt sich ablesen, daß zwischen der Austrittserklärung und dem Wirksamwerden des Austritts bis zu sechs Monate liegen können.

bb) Außerordentlicher Austritt

Unstreitig besteht die Möglichkeit, aus wichtigem Grund aus der Tarifpartei auszutreten.[326] Das ArbG Freiburg vergleicht den Austritt aus wichtigem Grund mit dem Ausschluß aus wichtigem Grund und fordert hierfür eine *„gröblichste Interessenverletzung des Mitglieds"*.[327] Für die Gewerkschaftszugehörigkeit hat der BGH entschieden, daß dies *„in schwerwiegenden Fällen, in denen die weitere Zugehörigkeit zur bisherigen Gewerkschaft für das Mitglied aus besonderen Gründen nicht mehr tragbar ist"*, der Fall sei.[328] Diese Möglichkeit könne auch durch eine Satzung nicht ausgeschlossen werden.[329] So genüge der Wille zum Gewerkschaftswechsel allein nicht.[330] Gleiches gilt nach dem LAG Düsseldorf *„regelmäßig"* dann, wenn *„der fristlose Austritt deshalb erfolgt, um mit ihm einem unmittelbar bevorstehenden Tarifabschluß und einer darin vorgesehenen Tariflohnerhöhung zu entgehen."*[331] Demnach genüge nicht, daß der Tarifabschluß *„für nicht tragbar gehalten wird"*.[332]

Aus der Bemerkung, daß wirtschaftliche Gründe *„nicht näher dargetan"* sind[333] und aus dem Wort *„regelmäßig"* läßt sich aber schließen, daß Ausnahmen möglich sind. Es bleibt abzuwarten, welche genauen Kriterien von der Rechtsprechung angelegt werden. Es bietet sich an, eine Parallele zur Kündigung aus dringenden betrieblichen Erfordernissen bzw. zur außerordentlichen Änderungskündigung ziehen. Demnach liegt ein wichtiger Grund vor, wenn feststeht, daß durch die vorgesehene Tariflohnerhöhung *„betrieblich nicht mehr auffangbare Verluste entstehen, die absehbar zu einer Reduzierung der Belegschaft oder sogar zu einer Schließung des Betriebes führen"*.[334]

Es stellt sich die Frage, wie der Fall zu behandeln ist, daß diese Voraussetzungen schon bei dem derzeitigen Verbandstarifvertrag erfüllt sind. Der sofortige Austritt würde zwar die Mitgliedschaft sofort beenden können, wegen

---

[325] Vgl. BGH -Urt. v. 4.7.1977- AP Nr.25 zu Art.9 GG Bl.3.

[326] Vgl. BGH -Urt. v. 4.7.1977- AP Nr.25 zu Art.9 GG Bl.3, LAG Düsseldorf -Urt. v. 13.2.1996- NZA-RR 1996 S.340 (340).

[327] ArbG Freiburg -Urt. v. 15.11.1995- Der Betriebsrat 1997 S.10 (11).

[328] BGH -Urt. v. 4.7.1977- AP Nr.25 zu Art.9 GG Bl.3.

[329] BGH -Urt. v. 4.7.1977- AP Nr.25 zu Art.9 GG Bl.3.

[330] Vgl. BGH -Urt. v. 4.7.1977- AP Nr.25 zu Art.9 GG Bl.3.

[331] LAG Düsseldorf -Urt. v. 13.2.1996- NZA-RR 1996 S.340 LS.

[332] LAG Düsseldorf -Urt. v. 13.2.1996- NZA-RR 1996 S.340 (341).

[333] LAG Düsseldorf -Urt. v. 13.2.1996- NZA-RR 1996 S.340 (341).

[334] BAG -Urt. v. 20.8.1998- NZA 1999 S.255 (256) zur betriebsbedingten Kündigung, vgl. unter Kapitel 2 A. I. 3. c) aa) (S.53).

§ 3 III TVG aber nicht die Tarifbindung.[335] Der Austritt wäre hinsichtlich der normativen Bindung wirkungslos. Es ist an dieser Stelle müßig darüber zu reflektieren, ob in diesem Fall ein wichtiger Grund nicht vorliegen kann oder der Austritt möglich, aber wirkungslos ist. Daraus folgt, daß der außerordentliche Austritt aus dem Arbeitgeberverband wegen § 3 III TVG kein taugliches Mittel darstellt, sich von der Bindung an einen bestehenden Tarifvertrag zu lösen.

cc) Einvernehmliche Beendigung

Das ArbG Freiburg hält es nicht für möglich, daß die Mitgliedschaft durch *„Vertrag zwischen dem Vorstand des Verbandes und dem Mitglied"* beendet wird. Dies gelte, wenn die Satzung nur die Beendigung der Mitgliedschaft durch Kündigung vorsieht. Ein solcher Vertrag wird als *„Vertrag zu Lasten Dritter"* bezeichnet.[336] In dem Fall ging es allerdings um einen rückwirkenden Aufhebungsvertrag. Dieser steht in Widerspruch zu § 3 III TVG und ist daher unzulässig.[337] Das ArbG Leipzig hält einen Aufhebungsvertrag außerhalb der Satzung für unzulässig[338]. Daraus folgt, daß in der Satzung diese Möglichkeit enthalten sein muß, damit die ArbG eine einvernehmliche Beendigung der Mitgliedschaft anerkennen. Diese Rechtsprechung ist noch nicht gefestigt. Ungeklärt ist, ob die Satzung eine fristlose Aufhebung vorsehen kann.[339]

dd) Sonderfall: OT-Mitgliedschaft

Hinsichtlich der Möglichkeit, trotz Verbandszugehörigkeit eine Tarifbindung zu vermeiden, gibt es zwei Modelle: die außerordentliche Mitgliedschaft in einem Arbeitgeberverband, der Tarifvertragspartei ist (OT-Mitgliedschaft[340]), und die ordentliche Mitgliedschaft in einem Verband, der keine Tarifverträge schließt (OT-Verband). Dies wird von einigen Arbeitgeberverbänden angeboten, um den Mitgliederrückgang aufzuhalten.

---

[335] Vgl. Däubler ZTR 1994 S.448 (449), Oetker ZfA 1998 S.41 (79), Rieble in Kittner (1996) S.11 (24).

[336] ArbG Freiburg -Urt. v. 15.11.1995- Der Betriebsrat 1997 S.10 (11), LS. Wer „Dritter" ist, bleibt offen. Dies sind wohl Gewerkschaft und Arbeitnehmer.

[337] Hierbei stellt der rückwirkende Auflösungsvertrag einen Verstoß gegen die Koalitionsfreiheit der Gewerkschaft und gegen das Rechtsstaatsprinzip dar. Der Arbeitgeberverband könnte sonst die Unabdingbarkeit praktisch aufheben. Vgl. zu den Erwägungen zur Unabdingbarkeit unter Kapitel 3 B. I. 3. b) bb) (1) (S.197 f).

[338] ArbG Leipzig -Urt. v. 24.5.1996- AiB 1996 S.685 (686).

[339] Dies wird man aufgrund der Satzungsautonomie wohl bejahen müssen.

[340] Das Akronym OT steht für „ohne Tarifbindung". BAG NZA 1999, S.995 (996 f) hat die Zulässigkeit bisher offen gelassen, für die außerordentliche Mitgliedschaft aber die Tarifbindung jedenfalls dann verneint, wenn sich der Tarifvertrag ausdrücklich nur auf die ordentlichen Mitglieder bezog. Vgl. Zachert Anm. RdA 2000 S.107 (108). Das LAG Rheinland-Pfalz NZA 1995 -Urt. v. 17.2.1995- S.800 (800) LS bejaht die Zulässigkeit. So nun auch Schaub NZA 1998 S.617 (621 f) mwN Fn.40 f unter Aufgabe seiner Ansicht Schaub BB 1995 S.2003 (2004 f), Schaub BB 1994 S.2005 (2006 f). AA Däubler ZTR 1994 S.448 (453), Däubler NZA 1996 S.225 (230 f), Feger AiB 1995 S.490 (502 f).

Hiervon ist nach dem BAG das sog. Gastmitglied, welches die satzungsmäßigen Rechte wie Stimmrecht und Wahlrecht nicht innehat, zu unterscheiden. Hier könne die Satzung die Tarifgebundenheit ausschließen.[341] In Betracht kommt daher der Wechsel in die OT-Mitgliedschaft bzw. der Wechsel in einen OT-Verband. Im zweiten Fall liegt ein Austritt aus dem Arbeitgeberverband vor, damit greift § 3 III TVG.[342] Dies muß auch für den Wechsel in die außerordentliche Mitgliedschaft gelten[343]. Diese Fälle sind somit wie Verbandsaustritte zu behandeln und zur Sanierung ebenfalls nicht geeignet.

b) Weitergeltung nach § 3 III TVG

Gem. § 3 III TVG bleibt die Tarifbindung bestehen, *„bis der Tarifvertrag endet“*. Der Tarifvertrag wirkt also trotz fehlender Mitgliedschaft unmittelbar und zwingend im Sinne des § 4 I (1) TVG weiter (Weitergeltung). Es stellt sich die Frage nach Rechtsfolge und Dauer der Weitergeltung.

aa) Rechtsfolge der Weitergeltung

Hinsichtlich der Rechtsfolge ist zu untersuchen, ob die Außenseiter noch nach Verbandsaustritt des Arbeitgebers durch Eintritt in die Gewerkschaft in Genuß des § 4 I TVG kommen. Ferner könnte die Gewerkschaft nach dem Austritt des Arbeitgebers versuchen, einen Firmentarifvertrag durch Streik zu erzwingen. Eine Aussperrung zur Sanierung wäre hingegen schon aus den oben genannten Erwägungen ausgeschlossen.[344]

(1) Nachträgliche Eintritt des Arbeitnehmers in die Gewerkschaft

Man könnte meinen, daß § 3 III TVG solche Arbeitsverträge nicht erfaßt, die nach dem Austritt abgeschlossen wurden.[345] Das Gesetz unterscheidet nach Ansicht des BAG aber nicht zwischen der Tarifbindung nach § 3 III TVG und der nach § 3 I TVG. Der Umstand, daß die Mitgliedschaft endet, ändere somit nichts an der Tarifbindung. Das Gesetz habe *„ausnahmslos angeordnet, daß die Tarifbindung (...) fortdauert bis der Tarifvertrag endet.“*[346] Folgerichtig erwächst beiderseitige Tarifbindung, wenn der Arbeitnehmer vor Beendigung des Tarifvertrags in die Gewerkschaft eintritt.[347] Eine Änderungskündigung ist nicht schwebend unwirksam und lebt nach Ende des Tarifvertrags nicht auf, sondern

---

[341] BAG -Urteil v. 16.2.1962- AP Nr.12 zu § 3 TVG Verbandszugehörigkeit LS.

[342] Däubler NZA 1996 S.225 (232), S.-J. Otto NZA 1996 S.624 (631), Reuter RdA 1996 S.201 (208).

[343] Buchner NZA 1994 S.2 (9), Däubler NZA 1996 S.225 (231 f). Vgl. zur Auskunftspflicht des Arbeitgebers und des Arbeitgeberverbands Blanke AiB 2000 S.260 (260 ff).

[344] Vgl. unter Kapitel 2 A. II. 2. c) dd) (S.75).

[345] So wie selbstverständlich Bährle BuW 1999 S.199 (200).

[346] BAG -Urt. v. 4.8.1993- AP Nr.15 zu § 3 TVG Bl.1.

[347] BAG -Urt. v. 4.8.1993- AP Nr.15 zu § 3 TVG LS. Allerdings ist kein rückwirkender Beitritt möglich, vgl. BAG -Urt. v. 22.11.2000- NZA 2001 S.980 (981).

sie ist nichtig.[348] In Betracht käme lediglich eine individualrechtliche Regelung, die sich speziell auf die Zeit nach Ende des Tarifvertrags bezieht.[349]

(2) Wegfall der Friedenspflicht

Daneben stellt sich eine zweite Frage: Kann die Gewerkschaft nach dem Austritt des Arbeitgebers einen für diesen ungünstigeren Firmentarifvertrag erzwingen? Hierfür ist entscheidend, ob die Friedenspflicht mit dem Austritt oder mit der Tarifbindung endet.

Das BAG hat in einem Schadensersatzprozeß im Jahre 1955 entschieden, daß ein Streik um einen Firmentarifvertrag, der sich im Zeitraum des § 3 III TVG gegen einen Lohntarifvertrag richtet, rechtswidrig ist.[350] Das LAG Hamm und das LAG Rheinland-Pfalz stufen die Friedenspflicht als schuldrechtliche Verpflichtung des Tarifvertrags ein, diese wirke entgegen der normativen Bestimmungen nicht gemäß § 3 III TVG fort. Die Friedenspflicht korrespondiere mit der sog. Einwirkungspflicht der gegnerischen Tarifvertragspartei auf ihre Mitglieder.[351] Die beiden Pflichten hingen von der Mitgliedschaft ab. Da die Einwirkungspflicht des Arbeitgeberverbands auf den Arbeitgeber durch den Austritt verlorenginge, entfalle somit auch die Friedenspflicht der Gewerkschaft.[352] Die Friedenspflicht könne ferner nicht so verstanden werden, daß der Arbeitgeber nach dem Austritt ein eigenes Recht gegen die Gewerkschaft hat, Arbeitskampfmaßnahmen zu unterlassen.[353] Nach der Rechtsprechung des LAG Hamm[354] kann sich der Arbeitgeber während der Weitergeltung nicht auf die Friedenspflicht berufen, die Gewerkschaft kann einen Firmentarifvertrag erzwingen.

Allerdings soll der Arbeitgeber vor sofortigen Änderungen aufgrund des Grundsatzes „pacta sunt servanda" geschützt sein.[355] Damit könnte gemeint sein, daß der Firmentarifvertrag und damit der Streik nur auf die Zeit nach dem Ende des jeweiligen Tarifvertrags abzielen darf. Demnach müßte der Arbeitgeber während der Weitergeltung keine Verschlechterung durch einen Firmentarifvertrag befürchten. In dem vom LAG Hamm entschiedenen Fall ging es dementspre-

---

[348] BAG -Urt. v. 10.2.1999- RdA 2000 S.37 (39).

[349] Offengelassen von BAG -Urt. v. 14.2.1991- AP Nr.10 zu § 3 TVG Bl.2.

[350] BAG -Urt. v. 4.5.1955- BB 1955 S.732 (732). So ausdrücklich mit Hinweis auf die Friedenspflicht der Vors. Richter am BAG Matthes FS Schaub (1998) S.477 (478 mwN).

[351] LAG Hamm -Urt. v. 31.1.1991- DB 1991 S.1126 (1127), LAG Rheinland-Pfalz -Urt. v. 20.12.1996- NZA-RR 1998 S.131 (131).

[352] So LAG Hamm -Urt. v. 31.1.1991- DB 1991 S.1126 (1127).

[353] So LAG Rheinland-Pfalz -Urt. v. 20.12.1996- NZA-RR 1998 S.131 (131).

[354] LAG Hamm -Urt. v. 31.1.1991- DB 1991 S.1126 (1127). Vgl. auch LAG Frankfurt -Urt. v. 23.4.1985- BB 1985 S.2109 (2110), LAG Rheinland-Pfalz -Urt. v. 20.12.1996- NZA-RR 1998 S.131 (131).

[355] LAG Hamm -Urt. v. 31.1.1991- DB 1991 S.1126 (1128) „obiter dictum". Allerdings liegt nur ein Vertrag der Gewerkschaft mit dem Arbeitgeberverband und nicht mit dem einzelnen Arbeitgeber vor.

chend um einen Firmentarifvertrag, der sich zeitlich dem Verbandstarifvertrag nur anschloß (Anschlußtarifvertrag). Es wird sich zeigen, ob sich die übrigen LAG dieser Einschränkung anschließen.

Festzuhalten ist, daß die Gewerkschaft nach Verbandsaustritt grundsätzlich einen für den Arbeitgeber ungünstigeren Tarifvertrag durch Streik erzwingen kann.[356] Im Sanierungsfall dürfte die Zulässigkeit des Streiks allerdings an der Verhältnismäßigkeit scheitern.[357]

bb) Dauer der Weitergeltung

Aufgrund der für den Arbeitgeber ungünstigen Rechtslage gemäß § 3 III TVG ist für ihn ganz entscheidend, wann die Weitergeltung endet bzw. wann im Sinne dieser Norm *„der Tarifvertrag endet."* Die Fiktion des § 3 III TVG beginnt erst mit dem Wirksamwerden der Beendigung der Mitgliedschaft.[358] Der Tarifvertrag endet durch Zeitablauf, mit Eintritt einer auflösenden Bedingung, mit Abschluß eines Änderungs- bzw. Aufhebungstarifvertrags, mit Wirksamwerden einer ordentlichen oder außerordentlichen Kündigung oder dadurch, daß er gegenstandslos wird.[359] Im Falle der Auflösung einer Tarifvertragspartei endet schon die Tarifgebundenheit.[360] Im Hinblick auf § 3 III TVG sind folgende Aspekte problematisch:

(1) Änderungen des Tarifvertrags

Wird ein Tarifvertrag durch die Tarifvertragsparteien geändert, so sieht das BAG in jüngeren Entscheidungen darin auch eine Beendigung des Tarifvertrags.[361] Dies begründet das Gericht mit dem Erfordernis der Rechtsklarheit und damit, daß das Mitglied mangels Mitgliedschaft auf die Änderung keinen Einfluß mehr nehmen könne.[362] Ferner urteilte es, daß die Beendigung eines Tarifvertrags nicht dazu führt, daß auch die Weitergeltung eines anderen Tarifvertrags, im entschiedenen Fall war dies der Manteltarifvertrag, endet.[363]

---

[356] Vgl. auch Jakobs ZTR 2001 S.249 (255), Zachert Sonderbeilage zu NZA Heft 24/2000, S.17 (21).

[357] Vgl. dazu unter Kapitel 3 B. IV. (S.218 ff).

[358] Oetker ZfA 1998 S.41 (42).

[359] Vgl. Schaub in Schaub (2002) § 199 Rn.36 ff. Vgl. auch unter dem Aspekt der einvernehmlichen Rücknahme der Kündigung Däubler ZTR 1994 S.448 (450).

[360] Vgl. BAG -Urt. v. 15.10.1986- AP Nr.4 zu § 3 TVG LS.

[361] BAG -Urt. v. 7.11.2001- NZA 2002 S.748 (750), BAG -Urt. v. 17.5.2000- NZA 2001 S.453 (456). Vgl. schon das „obiter dictum" von BAG -Urt. v. 18.3.1992- AP Nr.13 zu § 3 TVG Bl.2 mit der Zustimmung von Bauer FS Schaub (1998) S.19 (24), Bauer/Diller DB 1993 S.1085 (1086), Beathalter (1999) S.363, Hanau/Kania DB 1995 S.1229 (1232 f), Frieges NZA 1998 S.630 (631). Vgl. auch LAG Sachsen -Urt. v. 21.6.2000- NZA-RR 2001 S.40 (41).

[362] BAG -Urt. v. 7.11.2001- NZA 2002 S.748 (750), BAG -Urt. v. 17.5.2000- NZA 2001 S.453 (456).

[363] BAG -Urt. v. 17.5.2000- NZA 2001 S.453 (457). AA Frieges NZA 1998 S.630 (633).

(2) Behandlung der sog. Stufentarifverträge

Beim Stufentarifvertrag tritt nach einem festen Zeitplan quasi ein neuer Tarifvertrag in Kraft. Bei den Stufentarifverträgen kann man zwischen den sog. unmittelbaren und den mittelbaren Stufentarifverträgen differenzieren.[364] Bei den unmittelbaren Stufentarifverträgen sind die Stufen schon im einzelnen festgelegt. Dies kann auch durch eine statische Verweisung auf einen anderen Tarifvertrag erfolgen. Hierzu entschied das BAG, daß der Arbeitgeber nach seinem Austritt noch an die später wirksam werdenden Stufen gebunden bleibt.[365]

Liegen die einzelnen Stufen noch nicht im einzelnen fest, z.B. weil der Tarifvertrag eine dynamische Verweisung auf einen anderen Tarifvertrag enthält, so spricht man vom mittelbaren Stufentarifvertrag. Bei den mittelbaren Stufentarifverträgen soll der Tarifvertrag nach einer Ansicht mit Inkrafttreten der neuen Stufe im Sinne des § 3 III TVG enden.[366] Nach einer anderen Ansicht endet die Weitergeltung unabhängig davon, ob es noch einer Umsetzung bedarf.[367] Ein dritter Ansatz geht demgegenüber ohne Unterscheidung von einer Weitergeltung und damit von einem Eintritt der folgenden Stufen aus.[368] Diesem dritten Ansatz hat sich das LAG Sachsen-Anhalt angeschlossen: *„Nach dem Willen der Tarifvertragsparteien sollte es aus diesem Stufenplan „kein Entrinnen" geben."*[369] Das BAG hob das Urteil des LAG insoweit auf. Hier bestand die Besonderheit, daß der Tarifvertrag, auf den Bezug genommen wurde, geändert wurde. *„Die Erwägungen, die für den Wegfall der Tarifgebundenheit bei einer Änderung des Tarifvertrages sprechen, gelten auch (...) bei Änderung des Bezugstarifvertrages."*[370] Dementsprechend endet die Weitergeltung, wenn entweder der Stufentarifvertrag selbst oder der Tarifvertrag, auf den Bezug genommen wird, geändert wird.

(3) „Verstreichenlassen" einer Kündigungsmöglichkeit

Die Kündigung stellt ein Instrument der Tarifvertragsparteien dar, den Tarifvertrag zu beenden. Begreift man das „Verstreichenlassen" einer Kündigungsmöglichkeit als Entscheidung, den Tarifvertrag quasi zu verlängern, und lehnt man für diese Entscheidung nach dem Wirksamwerden des Austritts die dafür erforderliche, auf der Mitgliedschaft beruhende Legitimation ab, so ist es konsequent, die nächste Kündigungsmöglichkeit als Ende des Tarifvertrags im Sinne des

---

364 Vgl. Hanau/Kania DB 1995 S.1229 (1229 f).

365 BAG -Urt. v. 17.5.2000- NZA 2001 S.453 (457 f).

366 So Hanau/Kania DB 1995 S.1229 (1233).

367 So Bauer FS Schaub (1998) S.19 (31), Bauer/Diller DB 1993 S.1085 (1088).

368 So Däubler ZTR 1994 S.448 (450), Lieb NZA 1994 S.337 (337).

369 LAG Sachsen-Anhalt AuR 2000 S.147 (148). Zustimmend Stein Anm. zu LAG Sachsen-Anhalt AuR 2000 S.149 (151). Vgl. zu Problemen bei der Argumentation des Gerichts mit dem Normzweck unter Kapitel 4 A. I. 1. d) aa) (S.278).

370 BAG -Urt. v. 17.5.2000- NZA 2001 S.453 (456). Vgl. auch BAG -Urt. v. 4.4.2001- DB 2001 S.2053 (2054).

§ 3 III TVG zu bewerten.[371] Dies wird auch auf Vertrauensschutzgesichtspunkte[372] oder auf eine verfassungskonforme Auslegung des § 3 III TVG gestützt.[373] Die Gegenansicht lehnt das Ende der Weitergeltung bei einer Kündigungsmöglichkeit als Fiktion ab.[374]

Das LAG Köln hat entschieden, daß der Tarifvertrag erst mit dem Wirksamwerden der Kündigung endet.[375] Allerdings stand die hier problematisierte Frage nicht zur Debatte, aus dem Urteil kann daher keine richterliche Praxis abgeleitet werden[376]. Die hier diskutierte Frage kann das Problem der Sanierung aber nur in Einzelfällen und nicht grundsätzlich lösen. Die Weitergeltung bis zum nächsten Kündigungstermin steht einer zügigen Sanierung regelmäßig entgegen.

c) Nachwirkung

Nach der Rechtsprechung des BAG ist § 4 V TVG *„auf jeden Fall des Wegfalls der Tarifbindung anzuwenden"*[377], demnach schließt sich an die Weitergeltung immer die Nachwirkung an.[378] *„Dies gilt auch dann, wenn der Zeitpunkt der Beendigung der Mitgliedschaft mit demjenigen der Beendigung des Tarifvertrages identisch ist."*[379] Die Nachwirkung beschränkt sich darauf, *„den materiell-rechtlichen Zustand für das Arbeitsverhältnis beizubehalten, der bei Eintritt der Nachwirkung bestanden hat."*[380] Damit treten auch beim Stufentarifvertrag keine neuen Stufen in Kraft. In Betracht komme allenfalls ein Ausschluß der Nachwirkung im Tarifvertrag.[381] Die Vorschrift des § 4 V TVG wird vom

---

371 So Bauer FS Schaub (1998) S.19 (24), Bauer/Diller DB 1993 S.1085 (1086), Bauer/Haußmann DB 1999 S.1114 (1114), Beathalter (1999) S.368, Hanau RdA 1998 S.65 (69) unter Aufgabe seiner Ansicht: Hanau/Kania DB 1995 S.1229 (1232), Haußmann (1997) S.49, Löwisch/Rieble § 3 TVG Rn.74, Schwab BB 1994 S.781 (781). Im Ergebnis auch Lieb NZA 1994 S.337 (337).

372 So Beathalter (1999) S.368, Walker ZfA 1996 S.353 (380 f).

373 So Dahlbender (1995) S.59, Heinze/Ricken ZfA 2001 S.159 (162), Schwab BB 1994 S.781 (781).

374 So Däubler ZTR 1994 S.448 (449), Däubler NZA 1996 S.225 (226), Gamillscheg Bd.I (1997) S.726, Hoß/Liebscher DB 1995 S.2525 (2525 f), Kittner ArbuR 1998 S.469 (471), Wank NJW 1996 S.2273 (2278).

375 LAG Köln -Urt. v. 25.10.1989- DB 1990 S.1243 (1244).

376 Vgl. Lieb NZA 1994 S.337 (337).

377 BAG -Urt. v. 18.3.1992- AP Nr.13 zu § 3 TVG LS. Vgl. dazu auch BVerfG -Beschl. v. 3.7.2000- DB 2000 S.1772 (1772), das in der Nachwirkung nach dem Austritt des Arbeitgebers aus dem Arbeitgeberverband keinen Verstoß gegen Art.9 III GG sieht.

378 BAG -Urt. v. 13.12.1995- AP Nr.3 zu § 3 TVG Verbandsaustritt LS mwN, BAG -Urt. v. 13.7.1994- AP Nr.14 zu § 3 TVG Verbandszugehörigkeit, BAG -Urt. v. 5.10.1993- AP Nr.42 zu § 1 BetrAVG Zusatzversorgungskassen, BAG -Urt. v. 17.5.2000- NZA 2001 S.453 (456).

379 BAG -Urt. v. 13.12.1995- AP Nr.3 zu § 3 TVG Verbandsaustritt LS.

380 BAG -Urt. v. 17.5.2000- NZA 2001 S.453 (456 f).

381 BAG -Urt. v. 16.8.1990- AP Nr.19 zu § 4 TVG Nachwirkung LS.

BAG auch auf einzelvertragliche Bezugnahmeklauseln angewendet[382], so daß nach Ablauf des Tarifvertrags zwischen Gewerkschaftsmitgliedern und vertraglich Gleichgestellten kein Unterschied mehr besteht. Der Arbeitgeber kann die Nachwirkung durch außerordentliche Änderungskündigungen beseitigen.

d) Ergebnis

Zusammenfassend ist zu sagen, daß die Vorschrift des § 3 III TVG bei einem Austritt vor Neuabschluß eines Tarifvertrags an *„Schrecken verliert"*[383], bei langfristigen Tarifverträgen wird die Härte der Vorschrift allerdings sehr deutlich.[384] Der Austritt aus dem Arbeitgeberverband ist daher kein geeignetes Mittel für eine schnelle Lohnsenkung[385], sondern allenfalls eine langfristige Strategie[386]. Hinzu kommt, daß abgesehen von der Möglichkeit von Änderungskündigungen, kaum mehr als ein *„Einfrieren"* der geltenden Arbeitsbedingungen erreicht werden kann.[387] Der Austritt stellt nach dem dargestellten Normverständnis kein Sanierungsinstrument dar.

3. Tarifwechsel

Ein Tarifwechsel erfolgt in der Weise, daß der Arbeitgeber aus dem einen Arbeitgeberverband austritt und in einen anderen Arbeitgeberverband eintritt. Aufgrund der Weitergeltung kann es daher zu Tarifkonkurrenz und -pluralität kommen, auf die das BAG die dazu entwickelten Grundsätze anwendet.[388] Demnach kann ein Tarifwechsel nach der Rechtsprechung nur dann zu einer Lohnsenkung führen, wenn an den neuen Verbandstarifvertrag mehr Arbeitnehmer gebunden sind als an den alten. Dies ist insbesondere dann denkbar, wenn sich durch eine Produktionsumstellung oder in Mischbetrieben die Zuständigkeiten zweier Gewerkschaften überschneiden[389]. Schließlich ist aber zweifelhaft, ob bei einem Tarifwechsel wirklich ein für die Sanierung hinreichender Verbandstarifvertrag vorliegt. Zur Sanierung eignet sich diese Strategie daher in der Regel nicht.

4. Umstrukturierung des Unternehmens

Eine Umstrukturierung des Unternehmens kann durch eine Umwandlung der Rechtsnatur oder durch eine Veränderung der tatsächlichen betrieblichen Eigenschaften erfolgen. Zu untersuchen ist, ob sich der Arbeitgeber dadurch dem Verbandstarifvertrag entziehen kann.

---

[382] Vgl. BAG -Urt. v. 29.1.1975- AP Nr.8 zu § 4 TVG Nachwirkung Bl.4. Vgl. auch LAG Hamburg -Urt. v. 15.11.2000- NZA 2001 S.562 (562 ff), wonach ein Arbeitnehmer eine einzelvertragliche Bezugnahme u.U. als dynamische Verweisung zu verstehen ist.
[383] Oetker ZfA 1998 S.41 (42 f).
[384] Rieble SAE 1994 S.158 (159). Vgl. auch Oetker ZfA 1998 S.41 (43).
[385] Wank NJW 1996 S.2273 (2279). Vgl. auch Krauss DB 1996 S.528 (529).
[386] Henssler FS Schaub (1998) S.311 (311).
[387] Schlachter ZIAS 1997 S.101 (112).
[388] Vgl. BAG -Urt. v. 26.10.1983- AP Nr.3 zu § 3 TVG LS.
[389] Bauer/Haußmann DB 1999 S.1114 (1114).

a) Unternehmensumwandlung

Den Weg der Umwandlung des Unternehmens ist im Jahre 1993 z.B. die Firma IBM gegangen.[390] Eine Umwandlung des Unternehmens kann in den in § 1 I UmwG genannten Formen erfolgen: Verschmelzung, Spaltung, Vermögensübertragung und Formwechsel.

Die Verschmelzung kann gemäß § 2 Nr.1 UmwG in der Weise erfolgen, daß das Unternehmen von einem anderen Unternehmen *„als Ganzes"* übernommen wird. Gemäß § 324 UmwG bleibt durch die Verschmelzung die Vorschrift des § 613a I, IV BGB unberührt. Gemäß § 613a I (2) BGB werden die tarifvertraglichen Regelungen in individualrechtliche transformiert und erhalten eine Veränderungssperre von einem Jahr. Dies gilt nach § 613a I (3) BGB nicht, wenn die Arbeitsbedingungen beim Erwerber durch einen anderen Tarifvertrag geregelt werden. Hierfür ist aber nach der Rechtsprechung des BAG eine beiderseitige Tarifbindung erforderlich.[391] Die Sperre stünde einer zügigen Sanierung damit entgegen.

Auch in den Fällen der Spaltung und Vermögensübertragung stellt sich gemäß § 324 UmwG die gleiche Problematik. Lediglich beim Rechtsformwechsel nach § 190 I UmwG liegt der Fall anders. Wie § 324 UmwG im Gegenschluß zeigt, besteht aufgrund der Identität die alte Rechtslage fort.

b) Veränderung der betrieblichen Eigenschaften

Die Eigenschaften des Unternehmen können z.B. durch eine Standortverlagerung oder eine Produktionsumstellung verändert werden. Damit kann das Unternehmen aus dem räumlichen oder aus dem sachlichen Geltungsbereich des Verbandstarifvertrags herausfallen. Das BAG spricht dann von einem *„Herauswachsen aus dem Geltungsbereich des Tarifvertrags"*.[392] In diesem Fall endet aber nicht die Tarifbindung, sondern der Tarifvertrag ist nicht mehr anwendbar. Daher wendet das BAG auch dann nicht § 3 III TVG an, wenn der Arbeitgeber zusätzlich aus dem Arbeitgeberverband austritt.[393] Es gilt hingegen § 4 V TVG analog.[394] Somit greifen nun die individualrechtlichen Kürzungsmöglichkeiten, insbesondere die außerordentliche Änderungskündigung. Eine Veränderung der betrieblichen Eigenschaften stellt somit eine Möglichkeit dar, das Lohnniveau zu senken. Zu beachten ist hierbei aber die Belastung durch die Kosten eines Sozialplans bei Betriebsänderungen gemäß § 112 BetrVG[395].

---

390 Vgl. Adomeit (1996) S.63. Vgl. auch die Untersuchung von Schroeder/Ruppert WSI Mitteilungen 1996 S.316 (324).

391 BAG -Urt. v. 30.8.2000- NZA 2001 S.510 (512).

392 Vgl. BAG -Urt. v. 10.12.1997- AP Nr.20 zu § 3 TVG LS, Bl.5.

393 BAG -Urt. v. 10.12.1997 - 4 AZR 247/96- AP Nr.20 zu § 3 TVG LS, Bl.3, 5, BAG -Urt. v. 10.12.1997 - 4 AZR 193/97- AP Nr.21 zu § 3 TVG LS, Bl.2 f.

394 BAG -Urt. v. 10.12.1997 - 4 AZR 247/96- AP Nr.20 zu § 3 TVG LS, BAG -Urt. v. 10.12.1997 -4 AZR 193/97- AP Nr.21 zu § 3 TVG LS.

395 Vgl. dazu Hümmerich NZA 1996 S.1289 (1292).

Eine Veränderung der betrieblichen Eigenschaften bietet eine denkbare Möglichkeit, dem Tarifvertrag zu entkommen. Es ist aber zu bedenken, daß dies nicht allen Unternehmen möglich sind und zudem Zeit und viel Geld kostet. Dies dürfte gerade für sanierungsbedürftige Unternehmen zumeist eine unüberwindbare Hürde darstellen. Als Instrument zur Sanierung ist dieser Weg daher grundsätzlich ungeeignet.

5. Sonderfall: Bindung an einen unternehmensbezogener Tarifvertrag

Ein unternehmensbezogener Tarifvertrag ist ein Verbandstarifvertrag mit speziellen Regelungen für einzelne Unternehmen. Die Behandlung dieser Verträge ist richterlich nicht geklärt. Zur Lösungsmöglichkeit gibt es folgenden Ansatz:

Der Arbeitgeberverband sei bei Unzumutbarkeit aufgrund seiner Treuepflicht gegenüber dem Verbandsmitglied verpflichtet, den unternehmensbezogenen Tarifvertrag außerordentlich zu kündigen.[396] Im Falle eines Unterlassens habe der Arbeitgeber zwei Möglichkeiten: Zum einen könne er aus dem Arbeitgeberverband außerordentlich austreten. Dann sei der unternehmensbezogene Tarifvertrag wie ein Firmentarifvertrag zu behandeln[397], der vom Arbeitgeber außerordentlich gekündigt werden könne. Zum anderen könne der Arbeitgeber seinen Arbeitgeberverband aus § 826 BGB auf Abgabe der Kündigungserklärung verklagen.[398]

Bei der ersten Möglichkeit erscheint zweifelhaft, ob das Kündigungsrecht auf den Arbeitgeber beim Austritt übergeht. Die erste und zweite Möglichkeit setzen zudem voraus, daß der unternehmensbezogene Verbandstarifvertrag vom Arbeitgeberverband überhaupt isoliert gekündigt werden kann. Hier stellt sich erneut die Frage nach der Möglichkeit einer Teilkündigung. Dieser Spezialfall soll in dieser Arbeit nicht weiter vertieft werden.

6. Zwischenergebnis

Festzuhalten ist, daß der Arbeitgeber bei einem bestehenden Verbandstarifvertrag gegen den Willen der Gewerkschaft keine Möglichkeit hat, das Lohnniveau kurzfristig zur Sanierung zu senken. Er ist auf den Abschluß eines Firmentarifvertrags angewiesen.

IV. Bestehen einer Öffnungsklausel im Verbandstarifvertrag (Abwandlung III)

Tarifliche Öffnungsklauseln können im Sinne von § 4 III TVG abweichende individualvertragliche Lohnsenkungen zulassen, sie können aber auch Betriebsvereinbarungen ermöglichen. Gem. § 77 III (2) BetrVG gilt die Sperrwirkung nicht bei entsprechenden tariflichen Öffnungsklauseln. Nach der Rechtspre-

---

[396] Zur außerordentlichen Kündigung eines Verbandstarifvertrags vgl. unter Kapitel 2 A. V. 3. (S.93).

[397] So zu diesem Fall auch Däubler (1993) Rn.1515 mwN.

[398] So der Ansatz von Beathalter (1999) S.313.

chung des BAG ist auch die sog. „verbösernde" Betriebsvereinbarung zulässig, sogar in Verbindung mit einer rückwirkenden Öffnungsklausel, solange sich die Rückwirkung in den Grenzen des Vertrauensschutzes bewegt.[399] Damit kann durch die Betriebsvereinbarung, die neben den Organisierten auch die Außenseiter erfaßt, eine einheitliche Lohnsenkung im gesamten Unternehmen durchgesetzt werden.

V. Exkurs: Möglichkeiten des Arbeitgeberverbands

Ist der Arbeitgeberverband bzw. sind seine Mitglieder mit dem Lohnniveau des Verbandstarifvertrags insgesamt unzufrieden, so bestehen folgende Möglichkeiten:

1. Änderungen des Verbandstarifvertrags

Es besteht die Möglichkeit, daß der Arbeitgeberverband mit der Gewerkschaft den geltenden Tarifvertrag ändert. In Betracht kommen Öffnungsklauseln, eine Senkung des Lohnniveaus sowie unternehmensbezogene Änderungen des Verbandstarifvertrags[400]. In den Grenzen des Vertrauensschutzes sind auch rückwirkende Änderungen möglich.[401] Aufgrund der Friedenspflicht kann eine solche Änderung aber nicht erzwungen werden.

2. Auflösung und Konkurs des Arbeitgeberverbands

Der Arbeitgeberverband kann aufgelöst werden oder in einen OT-Verband umgewandelt werden. *„Mit Auflösung einer Tarifvertragspartei entfällt die Tarifgebundenheit ihrer Mitglieder nach § 3 I TVG."*[402] Rechtsfolge der Verbandsauflösung ist nach der Rechtsprechung des BAG weder eine direkte noch eine analoge Anwendung des § 3 III TVG, sondern die Nachwirkung gemäß § 4 V TVG. Offengelassen hat das Gericht aber, *„ob diese Rechtsfolge (...) unmittelbar mit der Auflösung der Tarifvertragspartei eintritt (...) oder ob diese Wirkung erst nach Ablauf des normativen Teils des Tarifvertrags durch Befristung, Mindestbefristung oder Beendigung mit Ablauf einer vorgesehenen Kündigungsfrist eintritt".*[403] Das Meinungsspektrum in der Literatur reicht von einer Analogie des § 3 III TVG[404], über eine Weitergeltung im Liquidationsstadium[405] bis zu einem

---

[399] Vgl. BAG -Urt. v. 20.4.1999- BB 1999 S.1976 (1979).
[400] Vgl. Löwisch ZGR 1984 S.272 (273), der einen unternehmensbezogenen Verbandstarifvertrag zur Sanierung für möglich hält.
[401] Vgl. unter Kapitel 2 A. II. 1. c) (S.58).
[402] BAG -Urt. v. 15.10.1986- AP Nr.4 zu § 3 TVG LS.
[403] BAG -Urt. v. 15.10.1986- AP Nr.4 zu § 3 TVG Bl.2. Vgl. auch BAG -Beschl. v. 27.6.2000- NZA 2001 S.334 (336).
[404] So Däubler (1993) TVR Rn.78, Däubler NZA 1996 S.225 (233). Vgl. auch ausführlich Buchner RdA 1997 S.259 (265), der auch auf § 3 I TVG abstellt.
[405] So Wiedemann Anm. AP Nr.4 zu § 3 TVG Bl.3 f.

sofortigen Wegfall der normativen Bindung[406]. Nach Auffassung des BAG führt jedenfalls der Konkurs nicht zum Wegfall der Tarifbindung.[407]

Die Auflösung der Arbeitgeberverbände wurde zur Zeit der Weimarer Republik praktiziert. Ein Grund war die staatliche Zwangsschlichtung. Heute spielt sie als Drohgebärde bei Verhandlungen mit der Gewerkschaft eine untergeordnete Rolle.[408] Eine tatsächliche Auflösung mit dem Ziel den Tarifvertrag zu „kippen", ist unwahrscheinlich. Eine Stellungnahme kann mangels praktischer Relevanz für die Fragen der Sanierung eines Unternehmens in dieser Untersuchung unterbleiben.

3. Außerordentliche Kündigung des Verbandstarifvertrags

Schließlich ist an eine außerordentliche Kündigung des Verbandstarifvertrags zu denken. Diese ist möglich, wenn ein wichtiger Grund im Sinne des § 626 I BGB vorliegt.[409] Bei der außerordentlichen Kündigung eines Verbandstarifvertrags stellt sich wie beim Firmentarifvertrag bei Berücksichtigung des ultima-ratio-Grundsatzes die Problematik der Nachverhandlungspflicht, der Teil-, der Änderungskündigung und der Nachwirkung.

Die Kriterien des ArbG Wiesbaden, welches bei der Kündigung des Verbandstarifvertrags schwerwiegende, völlig unvorhersehbare Ereignisse verlangt, sind schwer faßbar. Der Maßstab der Unzumutbarkeit kann auch nicht vom Firmentarifvertrag einfach auf den Verbandstarifvertrag übertragen werden.[410] Zunächst läßt sich hinsichtlich der Unzumutbarkeit eines Verbandstarifvertrags differenzieren, nämlich zwischen der Situation der Mitgliedern und der Tarifvertragspartei selbst.

Im ersten Fall ist aufgrund der Vielzahl unterschiedlichster Unternehmen ein Anknüpfungspunkt äußerst schwierig. Teilweise wird darauf abgestellt, ob eine Existenzgefährdung und ein Arbeitsplatzverlust bei einem erheblichen Anteil der Arbeitgeber und Arbeitnehmer eintritt.[411] Zum Teil läßt man hier einen Anteil von 10[412] oder 15 Prozent genügen[413] oder verlangt die Mehrzahl[414], die ü-

---

[406] So Schaub in Schaub (2002) § 199 Rn.47.

[407] BAG -Beschl. v. 27.6.2000- NZA 2001 S.334 (335 f, LS).

[408] Vgl. etwa die Drohung des VSME, den Arbeitgeberverband in einen OT-Verband umzuwandeln, FAZ 7.4.2000 (Nr.83) S.15, oder den Verband aufzulösen, FAZ 13.3.2003 (Nr.60) S.13. Vgl. aber die Ablehnung der Auflösung von Stumpfe Sonderbeilage zu NZA Heft 24/2000 S.1 (2).

[409] Vgl. schon zur außerordentlichen Kündigung des Firmentarifvertrags unter Kapitel 2 A. II. 2. a) (S.60).

[410] Vgl. unter Kapitel 2 A. II. 2. b) dd) (1) (S.65 f).

[411] Vgl. Beathalter (1999) S.294 mwN.

[412] So Steffan JuS 1993 S.1027 (1029).

[413] So Beathalter (1999) S.294 f.

[414] So Belling NZA 1996 S.908 (908), Däubler ZTR 1996 S.241 (244), Henssler ZfA 1994 S.487 (492), Hromadka AuA 1996 S.289 (292), Lohs (1995) S.83 f.

berwiegende Mehrheit[415] oder einen Großteil[416]. Schließlich wird auch nur auf die Anzahl der betroffenen Arbeitnehmer abgestellt.[417]

Demgegenüber kann man danach fragen, ob der Tarifvertragspartei die Folgen der Tarifbindung für seine Mitglieder unzumutbar sind.[418] Hierzu hat das ArbG Wiesbaden entschieden, daß der durch drohende oder vollzogene Austritte auf den Arbeitgeberverband ausgeübte Druck *„das Festhalten (...) an den geschlossenen Tarifverträgen nicht unzumutbar"* macht.[419] Teilweise wird die Frage der Unzumutbarkeit auch mit der Mächtigkeit des Arbeitgeberverbands verknüpft.[420] Eine außerordentliche Kündigung wäre also zulässig, wenn durch Austritte dem Arbeitgeberverband der Verlust seiner Tariffähigkeit droht. Schließlich wird eine auf einzelne Arbeitgeber begrenzte Kündigung des Verbandstarifvertrags durch den Arbeitgeberverband für zulässig erachtet[421]. Hier ist das dogmatische Konstrukt allerdings unklar.

Schließt im Fall der sog. Meistbegünstigungsklausel die Gewerkschaft ohne Zustimmung des Arbeitgeberverbands einen wirksamen Firmentarifvertrag, so ist zu erwägen, ob der Arbeitgeberverband den Verbandstarifvertrag mit der Gewerkschaft außerordentlich kündigen kann. Der wichtige Grund läge hier im Vertragsbruch durch die Gewerkschaft begründet, vorausgesetzt die Klausel ist wirksam.[422] Eine gerichtliche Entscheidung zu diesem Punkt liegt derzeit nicht vor. Festzuhalten ist, daß die Frage des wichtigen Grundes bei der außerordentlichen Kündigung eines Verbandstarifvertrags völlig ungeklärt ist.[423]

VI. Allgemeinverbindlicherklärung (Abwandlung IV)

Nach § 5 IV TVG erfaßt der für allgemeinverbindlich erklärte Tarifvertrag auch die bisher nicht tarifgebundenen Arbeitgeber und Arbeitnehmer. Damit gilt das zum Verbandstarifvertrag gesagt entsprechend. Im Verhältnis zu anderen Tarifverträgen gelten die Grundsätze der Tarifkonkurrenz.[424] Dem Arbeitgeber bleibt daher nur die Möglichkeit, mit der entsprechenden Gewerkschaft einen speziellen Firmentarifvertrag abzuschließen, der den für allgemeinverbindlich erklärten Tarifvertrag verdrängt.

---

[415] So Belling/Hartmann ZfA 1997 S.87 (113), Oetker RdA 1995 S.82 (95).
[416] So Buchner NZA 1993 S.289 (298), Henssler ZfA 1994 S.487 (493), Wank FS Schaub (1998) S.761 (769).
[417] So Otto FS Kissel (1994) S.787 (805), Stein Anmerkung SAE 1999 S.108 (110).
[418] Dagegen die zum ersten Ansatz genannten Autoren, vgl. etwa Beathalter (1999) S.284.
[419] ArbG Wiesbaden -Urt. v. 5.2.1997- NZA 1997 S.451 (454).
[420] So Freihube (2000) S.173 f.
[421] So Däubler ZTR 1996 S.241 (244), ähnlich Henssler ZfA 1994 S.487 (491).
[422] Vgl. Rieble NZA 2000 S.225 (230 f), der diese Klausel für insgesamt unwirksam hält. Vgl. dazu unter Kapitel 3 C. VI. 2. (S.266 ff).
[423] Vgl. zur Stellungnahme unter Kapitel 3. C. III. 2. d) (S.255). Demnach ist eine außerordentliche Kündigung erst beim drohenden Verlust der Tariffähigkeit zulässig.
[424] Vgl. Wank in Wiedemann § 5 TVG Rn.146.

VII. Zusammenfassung

Für die einzelnen Ebenen läßt sich folgendes zusammenfassend festhalten: Ist der Arbeitgeber nur durch Arbeitsverträge an das Lohnniveau gebunden, so kann er, ohne auf die Zustimmung der Arbeitnehmer angewiesen zu sein, eine Sanierung durch außerordentliche Änderungskündigungen ermöglichen. Besteht demgegenüber ein Firmentarifvertrag, so muß er diesen außerordentlich kündigen und kann anschließend außerordentliche Änderungskündigungen aussprechen. Ist der Arbeitgeber Mitglied im Arbeitgeberverband, so kann er sich dem Tarifvertrag ohne Zustimmung der Gewerkschaft nicht entziehen.[425] Gleiches gilt für die Allgemeinverbindlicherklärung.

B. Das Verhältnis zwischen Norm und Realität

Im folgenden wird das Verhältnis zwischen Norm und Realität beleuchtet, angefangen bei den nach der Rechtspraxis zulässigen über die streitigen bis zu den unzulässigen Instrumenten. Dies erfolgt, um dem Leser die praktischen Probleme der rechtlichen Ausgangssituation aufzuzeigen.

I. Entwicklungen bei den Firmentarifverträgen

Der Firmentarifvertrag bietet sich als Regelungsinstrument für schnelle, rechtlich zulässige und betriebsnahe Lösungen an[426]. Die Zahl der Unternehmen mit Firmentarifverträgen stieg 1998 von 4.978 auf 5.369[427] bis Ende 2000 auf 6415.[428] Gegenüber 1990 (2.550)[429] hat sich die Zahl mehr als verdoppelt, es liegt also kein kurzfristiger Trend vor. Beachtenswert ist, daß sich die Zahl in den neuen Bundesländern fast vervierfacht hat.[430] Zu beobachten ist ferner eine wachsende Zahl unternehmensbezogener Tarifverträge.[431] Die Unternehmen, die von der Ebene des Verbandstarifvertrags auf die des Firmentarifvertrags wechselten, hatten zu zwei Drittel weniger als 50 Arbeitnehmer. Bemerkenswert ist hierbei, daß schon nach einem Jahr fast jeder zweite Betrieb zum Verbandstarifvertrag zurückkehrte. Ein Motiv dafür ist, daß die Hoffnung auf bessere Tarifbedingungen enttäuscht wurde.[432] Es soll kurz skizziert werden, worin die Ursachen hierfür zu sehen sind.

Wenn die Gewerkschaft in einem Firmentarifvertrag schlechtere Konditionen akzeptiert, reguliert sie zwar mehr Betriebe, sie stellt aber gleichzeitig die Erfol-

[425] Schaub BB 1994 S.2005 (2007).
[426] So Matthes FS Schaub (1998) S.477 (477).
[427] Das Verhältnis Ost/West beträgt rund 1/2, vgl. Clasen Bundesarbeitsblatt 3/1999 S.5 (6). Vgl. auch schon Clasen Bundesarbeitsblatt 4/1998 S.5 (6).
[428] Clasen Bundesarbeitsblatt 3/2001 S.12 (12).
[429] Vgl. iwd 19/1999 S.4 (4).
[430] Vgl. dazu die Zahlen iwd 9/1999 S.2 (2) Tabelle. Vgl. auch Stein RdA 2000 S.129 (132 f).
[431] Vgl. Clasen Bundesarbeitsblatt 3/1999 S.5 (6).
[432] Vgl. dazu iwd 19/1999 S.4 (4 f). Vgl. auch Clasen Bundesarbeitsblatt 3/1999 S.5 (6).

ge des Verbandstarifvertrags in Frage.[433] Daher muß der Firmentarifvertrag aus Sicht der Gewerkschaft für den Arbeitgeber „teurer" sein als der Verbandstarifvertrag.[434] Zudem besteht die Angst der Gewerkschaft, daß der Arbeitgeber bei einer Besserung der Unternehmenssituation wieder in den Arbeitgeberverband eintritt, um tariflichen Nachforderungen zu entgehen.[435] Durch günstigere Bedingungen in Firmentarifverträgen würde deren Attraktivität sprunghaft zunehmen. Dies würde einen erheblichen Mehraufwand bei der Infrastruktur der Gewerkschaft erfordern.[436] Eine generelle Ablösung der Verbandstarifverträge durch Firmentarifverträge ist daher nicht erwünscht und auch nicht zu leisten.[437] Daher läßt sich die Gewerkschaft grundsätzlich nicht auf verschlechterte Bedingungen ein und tendiert zum Anerkennungstarifvertrag.[438] Der Fall, daß die Gewerkschaft mit einem Unternehmen, das an den Verbandstarifvertrag gebunden ist, einen für dieses günstigeren Firmentarifvertrag schließt, dürfte die Ausnahme bleiben. Eine solche wird allenfalls bei einer Gefahr für die Existenz des Unternehmens[439] oder bei geringerem Organisationsgrad und schwacher Ertragslage[440] gesehen. Aber selbst im Fall Holzmann konnte das Unternehmen keine Senkung der Löhne, sondern nur eine Verlängerung der Arbeitszeit erzielen.[441]

Ein weiteres Problem für den Arbeitgeber sind die Verhandlungen um den Abschluß eines Firmentarifvertrags, insbesondere der Arbeitskampf. Hier steht er allein ohne Rückendeckung des Arbeitgeberverbands der zentral organisierten Gewerkschaft gegenüber, die dadurch leicht ein Übergewicht bekommen kann.[442] Im Falle eines Streiks drohen , insbesondere bei einer Produktion „just in time", schwere Schäden, so daß die Kampfparität und der Betriebsfrieden zumindest gestört ist.[443]

Die Verhandlungsposition des einzelnen Arbeitgebers ist im Regelfall also deutlich schwächer.[444] Betriebe mit besserer wirtschaftlicher Situation werden höhere Löhne als im Verbandstarifvertrag bezahlen müssen, freiwillige Leistungen

---

[433] Vgl. Schroeder/Weinert GMH 1998 S.319 (324).
[434] Vgl. Hehnsche (IG Metall) zitiert bei Böhm NZA 1994 S.497 (498).
[435] Vgl. Schaub NZA 1998 S.617 (618).
[436] Vgl. Schaub NZA 1998 S.617 (618).
[437] Vgl. Buchner NZA 1995 S.761 (763).
[438] Vgl. Schaub AuA 1998 S.44 (45). Vgl. auch Krauss DB 1995 S.1562 (1564).
[439] Vgl. Bauer FS Schaub (1998) S.19 (23), Ehmann ZRP 1996 S.314 (314), Stein RdA 2000 S.129 (130).
[440] Vgl. Molitor FS Schaub (1998) S.487 (494 f).
[441] Vgl. unter Kapitel 1 B. IV. 3. d) (S.42).
[442] Vgl. Hromadka DB 1996 S.1872 (1878), Lieb NZA 1994 S.337 (340), Molitor FS Schaub (1998) S.487 (492), Wank NJW 1996 S.2273 (2276).
[443] Vgl. Buchner NZA 1995 S.761 (763), Ehmann/Schmidt NZA 1995 S.193 (197), Krauss DB 1995 S.1562 (1564), C. Meyer RdA 1998 S.142 (155), Monopolkommission (1992/1993) BT Dr. 12/8323 Rn.886, Schroeder/Weinert GMH 1998 S.319 (324).
[444] Vgl. Schaub NZA 1998 S.617 (618), Schleusener BB 1999 S.684 (684), Stein RdA 2000 S.129 (132).

werden tariflich fixiert.[445] Die Gewerkschaft kann den Arbeitgeber also durch drohende ungünstigere Arbeitsbedingungen zur Rückkehr in den Arbeitgeberverband zwingen.[446] Für manche Unternehmen stellte die Flucht aus dem Verbandstarif in den Firmentarifvertrag einen Fehler dar, den sie rückgängig machen wollen.[447]

Daraus läßt sich ersehen, daß der Arbeitgeber beim Abschluß eines Firmentarifvertrags dem Wohlwollen der Gewerkschaft ausgeliefert ist und dies einem sofortigen Ausstieg aus dem Verbandstarifvertrag durch einen Firmentarifvertrag praktisch ausnahmslos entgegensteht.

II. Öffnungsklauseln

Lohnsenkungen durch Betriebsvereinbarungen, Änderungsverträge oder Änderungskündigungen sind nur im Rahmen von Öffnungsklauseln möglich. Die Öffnungsklausel ist der Versuch, die Vorteile der Flexibilität der Dezentralisierung durch die betriebliche Regelung mit den Vorteilen der Effizienz der Zentralisierung auf Verbandsebene zu verbinden.[448]

1. Praxisbeispiel

Die Praxis der Öffnungsklauseln soll anhand der Härteklausel für die sächsischen Metall- und Elektroindustrie vom 24.11.1995[449] erklärt werden.

§ 3 Härteklausel

(1) In Härtefällen, insbesondere zur

- *Abwendung drohender Insolvenzgefahr*
- *Sicherung von Arbeitsplätzen, insbesondere zur Vermeidung drohender Entlassungen*
- *Verbesserung der Sanierungschancen aufgrund eines vorgelegten Sanierungsplans*

können Arbeitgeber oder Betriebsrat bei den Tarifvertragsparteien eine tarifliche Härtefallregelung beantragen. Der Antrag kann bis 30.6.1997 gestellt werden. Er ist schriftlich an beide Tarifvertragsparteien zu richten und hat Tatsachen mit den dafür erforderlichen Unterlagen anzugeben, die das Vorliegen eines Härtefalls begründen.

(2) Darüber, ob eine Härtefall vorliegt oder nicht, haben sich die Tarifvertragsparteien unverzüglich unter

---

[445] Vgl. Molitor FS Schaub (1998) S.487 (494). Vgl. auch Hundt Arbeitgeber 1998 S.49 (50).

[446] Vgl. Schleusener BB 1999 S.684 (684), Wank NJW 1996 S.2273 (2276).

[447] Vgl. Löwisch/Rieble FS Schaub (1998) S.457 (457).

[448] Vgl. Schroeder/Weinert GMH 1998 S.319 (324).

[449] Vgl. VSME Heft 7 S.5. Vgl. dazu die Untersuchung von Hickel/Kurtzke WSI Mitteilungen 1997 S.98 ff.

Hinzuziehung der Betriebsparteien zu verständigen und werden eine Härtefallregelung vereinbaren, wenn das Vorliegen eines Härtefalls einvernehmlich festgestellt wurde. Kommt eine Regelung nicht zustande, hat die ablehnende Tarifvertragspartei dem Antragsteller unverzüglich eine schriftliche Begründung zu übermitteln.

(3) Gegenstand einer Härtefallregelung können neben Bestimmungen über die tariflichen Löhne, Gehälter (...).

Bei den Öffnungsklauseln kann man zwischen der „*wilden Öffnung*", bei deren Umsetzung in Härtefallregelungen die Tarifvertragsparteien nicht beteiligt sind, und der „*kontrollierten Öffnung*", bei der die Tarifvertragsparteien mitwirken, differenzieren.[450] Die erste Alternative ist z.B. als Umsetzung durch eine Betriebsvereinbarung oder durch Änderungsverträge denkbar. Die Gewerkschaften haben sich aber wie hier nur auf die zweite Alternative eingelassen, die Öffnung ist daher immer von der Zustimmung der Tarifvertragsparteien abhängig. So müssen die Tarifvertragsparteien z.B. einer Betriebsvereinbarung zustimmen.[451] Die Klauseln weichen auch in den formellen und materiellen Anforderungen voneinander ab.[452]

Im Sanierungsfall scheint die rechtliche Problematik zügig gelöst. Das Unternehmen stellt fristgerecht beim Arbeitgeberverband und der Gewerkschaft einen schriftlichen Antrag. Diesem fügt das Unternehmen sämtliche Unterlagen zu der geplanten Sanierung bei. Durch die Sanierung werden sowohl eine Insolvenz abgewendet als auch Arbeitsplätze gesichert. Demnach liegt ein Härtefall vor und die Gewerkschaft und der Arbeitgeberverband müßten eine Härtefallregelung treffen.

Der VSME gibt ein Musterbeispiel für eine solche Härtefallregelung. Neben den Vertragselementen über die Lohnsenkung und die Laufzeit sind ein Ausschluß betriebsbedingter Kündigungen, zwei Nachverhandlungsklauseln, Tariftreueklausel und eine Konkurssicherungsklausel enthalten[453]. Diese Klauseln spiegeln die Umsetzungspraxis auch im wesentlichen wieder.[454]

Die Nachverhandlungsklauseln knüpfen an eine wesentliche Verbesserung oder Veränderung der wirtschaftlichen Situation der Firma oder an eine drohende Überschuldung an. Die Konkurssicherungsklausel besagt, daß die Härtefallregelung durch einen Insolvenz- oder Vergleichsantrag auflösend bedingt ist. Bei Mißachtung des Tarifvertrags oder der Härtefallregelung kann die IG Metall ei-

---

[450] So Schroeder/Weinert GMH 1998 S.319 (326).
[451] Vgl. § 10 I (1) des Bundesentgelttarifvertrag für die chemische Industrie vom 1.1.1998.
[452] Vgl. dazu ausführlich Ruoff (1999) S.103 ff.
[453] Vgl. VSME Heft 7 S.12 ff.
[454] Vgl. dazu die Untersuchung von Hickel/Kurtzke WSI Mitteilungen 1997 S.98 (104 f).

ne Frist setzten, zu deren fruchtlosem Ablauf die Härtefallregelung rückwirkend zum ersten Verstoß endet (Tariftreueklausel).

2. Entwicklung der Härtefallregelungen

Die Tarifvertragsparteien machen tatsächlich von der Möglichkeit, Härteklausel zu vereinbaren, regen Gebrauch.[455] Über die tatsächliche Umsetzung in Härtefallregelungen soll hier nur am Beispiel der ostdeutschen Metall- und Elektroindustrie berichtet werden.[456]

Von 1993-1995 wurden in Sachsen 59 Anträge gestellt und davon 41 umgesetzt. Das ist eine Quote von knapp 70 Prozent. Die durchschnittliche Entlastung betrug 1995 ca. 11 Prozent, die durchschnittliche Dauer etwa 12 Monate.[457] In ganz Ostdeutschland wurden im gleichen Zeitraum bei 163 Anträgen 80 Härtefallregelungen vereinbart, das ist eine Quote von 49 Prozent, Tendenz steigend. Die zunehmende Erfolgsquote wird auch auf zunehmende Lerneffekte und abnehmende „Mitnahmeeffekte" zurückgeführt.[458] Die Härtefallregelung wird schon als wesentlicher Bestandteil der Tarifpolitik in den neuen Bundesländern bezeichnet.[459]

Dieser Tarifpolitik kann man einen gewissen Erfolg nicht absprechen. Von den Unternehmen, bei denen eine Härtefallregelung vereinbart wurde, konnten 38 Prozent ihren Marktanteil ausweiten und 50 Prozent den Absatz steigern. Die Beschäftigungszahl verringerte sich um 6,2 Prozent. Bei den Unternehmen, bei denen eine Härteklausel scheiterte, verringerte sich die Anzahl der Beschäftigten aber auch nur um 6,7 Prozent. Eine wesentliche Ursache hierfür wird darin gesehen, daß die Unternehmen schon vor der Stellung des Antrags massiv Personal abgebaut haben.[460]

Die finanzielle Situation, insbesondere die Eigenkapitalausstattung, verbesserte sich dagegen nicht. Zwei Drittel der Unternehmen mit Härtefallregelung wollten einen Antrag auf Verlängerung stellen, bei 41 Prozent bestand nach Unternehmensangaben noch eine Insolvenzgefahr. Nur 10 Prozent der Unternehmen haben wieder Gewinn erwirtschaftet. Es wird daher bilanziert, daß durch die Härteklauseln eine leichte Entlastung stattgefunden hat, diese aber zur umfassenden Sanierung nicht ausreicht, da die Unternehmen mit und ohne Härtefallregelung oft zu schwach seien.[461]

---

[455] Vgl. nur Clasen Bundesarbeitsblatt 4/1998 S.5 (8), Clasen Bundesarbeitsblatt 3/1999 S.5 (5), Clasen Bundesarbeitsblatt 3/2001 S.12 (14), Schroeder/Weinert GMH 1998 S.319 (326), Walker ZfA 1996 S.353 (371).

[456] Vgl. dazu die Untersuchung von Hickel/Kurtzke WSI Mitteilungen 1997 S.98 (98 ff).

[457] Vgl. VSME Heft 7 S.10 f.

[458] Vgl. Hickel/Kurtzke WSI Mitteilungen 1997 S.98 (102).

[459] So Schroeder/Weinert GMH 1998 S.319 (326).

[460] Vgl. Hickel/Kurtzke WSI Mitteilungen 1997 S.98 (105 f).

[461] Vgl. Hickel/Kurtzke WSI Mitteilungen 1997 S.98 (105 f).

Ein weiterer Erfolg der Härteklausel wird darin gesehen, daß durch den psychologischen Faktor des *„Abweichenkönnens"*[462] der Anreiz für eine Mitgliedschaft in Arbeitgeberverbänden für die Unternehmen erhöht wird.[463] Es wurde tatsächlich eine Abschwächung der Erosion des Verbandstarifvertrags durch Härteklauseln festgestellt.[464] Zu beobachten ist aber auch, daß es einige Fälle gibt, bei denen die Härtefallregelung nicht eingehalten wurde oder nach deren Ablauf gegen den Tarifvertrag verstoßen wurde.[465]

3. Anwendungsprobleme

Die hohen Erfolgsquoten der Anträge dürfen nicht darüber hinweg täuschen, daß es bei der Anwendung der Härteklauseln zu schwerwiegenden Problemen kommen kann. Auf das oben zitierte Beispiel bezogen können diese an drei Punkten entstehen: der Informationspflicht des Arbeitgebers, der materiellen Unbestimmtheit des „Härtefalls" und dem Einigungszwang der Tarifvertragsparteien.

Der Arbeitgeber muß erstens durch den Antrag seine wirtschaftliche Situation Außenstehenden offenbaren. Die Unterlagen umfassen insbesondere eine Bilanz und den Gewinn/Verlust aus dem letzten Jahresabschluß.[466] Trotz Schweigepflicht besteht immer die Gefahr, daß die schwierige, einem Konkurs nahestehende Lage bekannt wird und dadurch dem Unternehmen, z.B. durch fehlendes Vertrauen bei Aufträgen, weitere Schäden entstehen.[467] Dies gilt um so mehr, je vertraulicher die Daten sind und je detaillierter sie zur Verfügung gestellt werden müssen.[468] Dies schreckt Unternehmen teilweise davon ab, einen solchen Antrag zu stellen.[469]

Zweitens ist es schwierig, den unbestimmten Rechtsbegriff „Härtefall" inhaltlich zu bestimmen. Entsprechendes gilt für Begriffe wie Unzumutbarkeit, Notfall, Notlage, usw. Die Fälle in § 3 I (1) des Tarifvertrags stellen Gründe für einen Antrag dar.[470] Sie enthalten daher keine Definition, sondern nur Prüfkriterien.[471] Die Begründung muß auch für einen Dritten *„überzeugend und zwingend sein."*[472] Trotz dieser Konkretisierung ist daher nicht eindeutig feststellbar, wann ein Härtefall vorliegt und wann nicht. Dies ist von einer abstrakten Regelung

---

462 Klaus Schmidt, Gesamtverband Textilindustrie, vgl. bei Scheurer Arbeitgeber 1997 S.352 (352).
463 Henssler ZfA 1994 S.487 (512).
464 Vgl. Hickel/Kurtzke WSI Mitteilungen 1997 S.98 (110).
465 Hickel/Kurtzke WSI Mitteilungen 1997 S.98 (104), vgl. auch metall 3/1998 S.20.
466 Vgl. VSME Heft 7 S.18.
467 Vgl. C. Meyer RdA 1998 S.142 (154), Ruoff (1999) S.117.
468 Vgl. Schleef AuA 1996 S.296 (297).
469 Vgl. Artus in Bergmann/Schmidt (1996) S.71 (89), Hickel/Kurtzke WSI Mitteilungen 1997 S.98 (102), Schleef AuA 1996 S.296 (297), Sontowski (1997) S.51.
470 So VSME Heft 7 S.17.
471 So VSME Heft 7 S.8 AA Hickel/Kurtzke WSI Mitteilungen 1997 S.98 (101), sie sehen in den Gründen die Nennung der *„ökonomischen Voraussetzungen"*.
472 So VSME Heft 7 S.17.

aufgrund der verschiedensten Probleme in den Betrieben auch schwer zu leisten. Diese Rechtsunsicherheit ist ein unvermeidbares Problem der Härteklauseln.[473]

Drittens besteht aufgrund des Zwanges zu einer einvernehmlichen Lösung die Gefahr, daß eine Tarifvertragspartei einer Härteregelung nicht zustimmt. Dies kann daran liegen, daß diese den konkreten Fall nicht als Härtefall einstuft und damit eine Härteregelung blockieren kann. Auch hier kommt es wie beim Firmentarifvertrag entscheidend auf die Interessenlage der Gewerkschaft und des Arbeitgeberverbands an.

So hielt die IG Metall die Härteklausel noch vor zehn Jahren nur für absolute Ausnahmen gerechtfertigt[474], wollte keiner Notlage Rechnung tragen und nahm dadurch Konkurse und Arbeitsplatzverluste in Kauf[475]. So formulierte der zweite Vorsitzende der IG Metall noch im Jahre 1999 als Grundtendenz: *„Wer schlecht wirtschaftet, soll nicht noch zusätzlich mit einem Bonus (...) belohnt werden. Eher müßten wir (...) dann einen Risikozuschlag im Lohn verlangen"*.[476] Die Gewerkschaft fürchtet außerdem Wettbewerbsverzerrungen[477] und *„Betriebsmauscheleien"*[478]. Ferner lehnte sie Anträge von Treuhandunternehmen generell ab, da die Sanierung Aufgabe des Staates sei.[479] Es kam zeitweilig auch zu Blockadehaltungen der Gewerkschaft[480].

Wie der Fall Holzmann zeigt, muß eine solche Einigung über eine Sanierung nicht immer an der Gewerkschaft scheitern. Hier können auch Interessen der Wettbewerber im Arbeitgeberverband ausschlaggebend sein. In diesem Fall drehte sich die Argumentation um.[481] Von der Seite der Arbeitgeber werden Wettbewerbsverzerrungen befürchtet, zum anderen wird angenommen, daß durch Härteklauseln die Normalbedingungen im Verbandstarifvertrag ansteigen.[482] Das Problem besteht also auch darin, daß ein Härtefall festgestellt wird, aber keine Einigung erfolgt und der Tarifvertrag durchgeführt werden muß.[483] Zu bedenken ist auch der Fall, daß die Vereinbarung zur Sanierung nicht hinreichend ist.

---

473 Vgl. auch Beuthien/Meik DB 1993 S.1518 (1519), Hanau RdA 1993 S.1 (2), Lieb NZA 1994 S.289 (291), Schlachter ZIAS 1997 S.101 (110).

474 Vgl. Linnenkohl BB 1994 S.2076 (2081). Vgl. auch Berthold Huber (IG Metall) bei Scheurer Arbeitgeber 1997 S.352 (353), Sontowski (1997) S.42. Vgl. aber zur Praxis der Härtefallregelungen speziell in den neuen Bundesländern unter Kapitel 2 B. II. 2. (S.99) in dieser Arbeit.

475 So Fels in Flächentarifvertrag kontrovers (1995) S.5 (6).

476 Peters FAZ 17.2.1999 (Nr.20) S.17.

477 Vgl. Berthold Huber (IG Metall) bei Scheurer Arbeitgeber 1997 S.352 (353).

478 Vgl. Hickel/Kurtzke WSI Mitteilungen 1997 S.98 (100).

479 Vgl. Hickel/Kurtzke WSI Mitteilungen 1997 S.98 (102), Sontowski (1997) S.47.

480 Vgl. Winkler gewerkschaftsreport 1998 S.28 (33), Linnenkohl BB 1994 S.2076 (2081).

481 Vgl. dazu unter Kapitel 1 B. IV. 3. c) (S.41) und V. (S.43).

482 Henssler ZfA 1994 S.487 (504), Lieb NZA 1994 S.289 (291), C. Meyer RdA 1998 S.142 (152).

483 Thau AuA 1993 S.235 (237).

Weitere Probleme können dadurch entstehen, daß die Verhandlungen der Tarifvertragsparteien spannungsreich sind und eine Sanierung verzögern oder verhindern.[484] Verlangt die Härteklausel eine Betriebsvereinbarung, so ist eine Umsetzung unmöglich, solange kein Betriebsrat besteht.[485] In nur 14 Prozent der Betriebe im Westen und in nur 12 Prozent im Osten fallen Tarifbindung und die Existenz eines Betriebsrats zusammen.[486] Ist die Einigung bei einer Schiedsstelle vorgesehen[487], so können finanzielle Belastungen aufgrund der Honorarforderungen[488] hinzukommen.

4. Zwischenfazit

Die Öffnungsklauseln werden sehr unterschiedlich bewertet. Zum einen werden sie als *„Zuckerbrot"*, um den Betriebsfrieden herzustellen,[489] oder sogar nur als *„Notnagel"*[490] bezeichnet. Zum anderen wird geurteilt, daß in den aktuellen Tarifverträgen keine Möglichkeit eröffnet sei, dem Tarifvertrag in adäquatem zeitlichen Rahmen zu entkommen, individuelle Ausweichstrategien für existentiell bedrohte Unternehmen fehlten.[491] Aus den Zahlen der Härtefallregelungen wird demgegenüber auf ein Funktionieren der Härteklausel geschlossen[492] und diese insbesondere für die neuen Bundesländer für unverzichtbar gehalten[493]. Es wird aber auch darauf hingewiesen, daß eine Inflation der Härtefallregelungen zu einer Destabilisierung des Tarifsystems führen könne.[494] Daneben hat sich eine lebhafte Diskussion über die angemessenen Kriterien für einen Härtefall entwickelt[495].

Das Hauptproblem der Härteklausel besteht neben der Unbestimmtheit in den fehlenden Möglichkeiten des Arbeitgebers, eine Härtefallregelungen zu erzwingen oder eine Entscheidung gerichtlich zu überprüfen. Dies gilt entsprechend für die sog. Nachverhandlungsklauseln.

---

[484] Vgl. Ruoff (1999) S.124. Vgl. auch Beuthien/Meik DB 1993 S.1518 (1519), Hanau RdA 1993 S.1 (3), Henssler ZfA 1994 S.487 (502), Scheurer Arbeitgeber 1997 S.352 (354).

[485] Vgl. Rosdücher WSI Mitteilungen 7/1997 S.459 (463).

[486] Vgl. Kittner FAZ 6.1.1999 (Nr.4) S.13.

[487] Vgl. § 10 I (1) des Bundesentgelttarifvertrag für die chemische Industrie vom 1.1.1998, der die Möglichkeit des § 76 VI BetrVG vorsieht.

[488] Vgl. Sontowski (1997) S.54.

[489] So Artus/Sterkel WSI Mitteilungen 1998 S.431 (437).

[490] So Hromadka AuA 1996 S.289 (289).

[491] So Ruoff (1999) S.113.

[492] Kittner (Diskussionsbeitrag) RdA 1994 S.169 (172).

[493] So Hickel/Kurtzke WSI Mitteilungen 1997 S.98 (108). Vgl. auch die Aussage von Dr. Klaus Schmidt (Gesamtverband der Textilindustrie) bei Scheurer Arbeitgeber 1997 S.352 (352), der den Bedarf von Härteklauseln auf 3-4 Prozent schätzt.

[494] Artus/Sterkel WSI Mitteilungen 1998 S.431 (441).

[495] Vgl. nur Gentz FS Schaub (1998) S.205 (214 f), Hickel/Kurtzke WSI Mitteilungen 1997 S.98 (110 f), Kittner FS Schaub (1998) S.389 (396), vgl. Ruoff (1999) S.158 ff, Schaub NZA 1998 S.617 (622).

III. Verstöße gegen Tarifrecht

Angesichts der wirtschaftlichen Probleme vieler Unternehmen kann es nicht verwundern, daß gegen geltendes Recht und auch gegen Tarifverträge verstoßen wird. Ungewöhnlich ist allerdings die Solidarität von Arbeitgeber, Betriebsrat und Belegschaft[496] und ebenso auffallend die Häufigkeit und Verbreitung. Verstöße gegen das Tarifsystem werden mehr oder weniger euphemistisch als *„Tarifflucht"*[497], *„tarifwidriges Verhalten"*[498], *„Unterlaufen der Tarifverträge"*[499], *„Bündnisse für Arbeit"*[500], *„wilde Flexibilisierung"*[501], *„unorganisierte wilde Dezentralisierung"*[502], *„Selbsthilfe"*[503] usw. oder deutlicher als *„Tarifbruch"*[504] bezeichnet. Bevor auf die Motivationslage der einzelnen Beteiligten eingegangen wird, soll ein Überblick über Art und Ausmaß der Verstöße gegeben werden.

1. Art der Verstöße

Bei der Beurteilung der Verstöße kann man zwischen rechtlichen und soziologischen Gesichtspunkten unterscheiden.

In rechtlicher Hinsicht sind entsprechend den rechtlichen Grenzen Verstöße durch Betriebsvereinbarungen[505] und Individualrecht[506] möglich, wobei letztere häufig mit Zustimmung des Betriebsrats erfolgen[507]. Inhaltlich wird z.B. ein Teil des Lohns als zinsloses Darlehen gegeben[508], der Arbeitnehmer wird nicht korrekt in die Lohngruppe eingeordnet[509], das Entgelt wird unter Tarif gesenkt, auf das Weihnachtsgeld verzichtet[510] oder die Arbeitszeit ohne vollen Lohnausgleich verlängert[511].

---

[496] So Ruoff (1999) S.48.
[497] Vgl. Ruoff (1999) S.48, Schroeder/Weinert GMH 1998 S.319 (322).
[498] Vgl. Ruoff (1999) S.48.
[499] Vgl. Schroeder/Weinert GMH 1998 S.319 (322).
[500] Hundt Arbeitgeber 1998 S.49 (49). Dies ist zu unterscheiden von den Gesprächen über ein sog. „Bündnis für Arbeit" zwischen der Bundesregierung, den Gewerkschaften und den Verbänden der Wirtschaft. Vgl. dazu ausführlich Rieble RdA 1999 S.169 (169 ff).
[501] Artus/Sterkel WSI Mitteilungen 1998 S.431 (437).
[502] Vgl. Schroeder/Weinert GMH 1998 S.319 (323), Zachert ZTR 1998 S.97 (98).
[503] Wagner DB 1992 S.2550 (2551).
[504] Vgl. Dieterich ArbuR 1997 S.1 (3).
[505] Vgl. zu Beispielen aus der Praxis bei Buchner DB 1996 Beilage Nr.12 S.1 (8), metall 2/1998 S.6, Ruoff (1999) S.49 f mwN, Zachert ZTR 1998 S.97 (97). Rüthers (Diskussionsbeitrag) RdA 1994 S.169 (177) bezeichnet § 77 III BetrVG als die am meist mit Füßen getretene Norm des deutschen Arbeitsrechts überhaupt.
[506] Vgl. zu Beispielen aus der Praxis Buchner DB 1996 Beilage Nr.12 S.1 (8), Ruoff (1999) S.50 ff mwN.
[507] Vgl. Schroeder/Weinert GMH 1998 S.319 (322 f).
[508] Adomeit NZA 1993 S.433 (436).
[509] Artus/Sterkel WSI Mitteilungen 1998 S.431 (433, 438).
[510] Artus/Sterkel WSI Mitteilungen 1998 S.431 (433).
[511] Vgl. metall 3/1998 S.20, metall 4/1998 S.6, Ruoff (1999) S.48 ff.

In soziologischer Hinsicht ist von Interesse, wie die Tarifbrüche zustande kommen. Begriffe wie *„Schicksalsgemeinschaft"*, *„Notgemeinschaft"* usw.[512] verdecken die verschiedenen Möglichkeiten der innerbetrieblichen Interaktion.[513] Diese kann durch die Dominanz der Manager, durch Kooperation und durch Konflikte geprägt sein.[514] Der Tarifbruch erfolgt bisweilen offen oder verdeckt[515], ganz bewußt oder, wie die Überraschung einiger Unternehmer bei einer Tagung über die Vorschrift des § 3 III TVG zeigt[516], unbewußt.

2. Umfang der Verstöße

Hinsichtlich des Umfangs der Verstöße ist zwischen der Verbreitung der Verstöße und dem Ausmaß der Unterschreitung im Einzelfall zu differenzieren. Über die Verbreitung der Tarifverstöße gibt es ganz unterschiedliche Schätzungen und Untersuchungen. Schon 1982 sind Lohnkürzungen vermehrt aufgetreten[517] und schon 1983 gab es eine Untersuchung zur Einhaltung des § 77 III BetrVG[518]. Nach einer Schätzung des VDMA verstoßen 50 Prozent der im Arbeitgeberverband und VDMA organisierten Mitglieder gegen das Tarifrecht[519]. Auch andere Schätzungen belaufen sich auf 50 Prozent der Industriebetriebe[520]. Dies bedeutet aber noch nicht zwangsläufig eine untertarifliche Bezahlung. Weitere Schätzungen gehen davon aus, daß in den neuen Bundesländern 14 Prozent der tarifgebundenen Unternehmen untertariflich entlohnen, während die Quote im Westen bei 10 Prozent liegt.[521] Bei einer Befragung von Betriebsräten haben 18 Prozent im Westen und 30 Prozent im Osten Tarifverstöße zugegeben.[522] Insgesamt wird von einer steigenden Tendenz ausgegangen.[523]

Die Abweichungen bei den Größenangaben erklären sich zum einen aus unterschiedlichen Bezugspunkten und einem unterschiedlichen Verständnis vom Umfang des Begriffs „Tarifverstoß" ab. Zudem sind Aussagen über Größenordnungen schwer zu machen, da die Verstöße meist nicht offen stattfinden[524] und sich

---

512 Vgl. Liebold in Bergmann/Schmidt (1996) S.213 (214).
513 Dazu Liebold in Bergmann/Schmidt (1996) S.213 (225 ff).
514 Vgl. Liebold in Bergmann/Schmidt (1996) S.213 (226 f). Vgl. auch Artus/Sterkel WSI Mitteilungen 1998 S.431 (436).
515 Dieterich ArbuR 1997 S.1 (3).
516 Däubler NZA 1996 S.225 (229 f), Böhm NZA 1994 S.497 (498). Vgl. auch Linnenkohl BB 1994 S.2076 (2078), Schroeder/Ruppert WSI Mitteilungen 1996 S.316 (326).
517 Vgl. Vollmer DB 1982 S.1670 (1670) mwN Fn.1-3.
518 Vgl. Zachert ZTR 1998 S.97 (97).
519 FAZ 17.6.1999 S.17.
520 Zitiert nach Linnenkohl BB 1994 S.2076 (2081 f mwN).
521 Vgl. Freter (1998) S.56. Vgl. auch Franz FAZ 30.4.1999 S.14 der von einer empirischen Untersuchung spricht. Vgl. auch die Angaben bei Artus in Bergmann/Schmidt (1996) S.71 (97), die auf unterschiedliche Umfrageergebnisse von 35 Prozent und 24 Prozent hinweist.
522 Vgl. FAZ 6.1.1999 S.11.
523 Vgl. Engelen-Kefer (DGB) FAZ 6.1.1999 (Nr.8) S.11, Freter (1998) S.57.
524 Vgl. Schroeder/Weinert GMH 1998 S.319 (323).

die Gerichte nur selten damit beschäftigen[525]. Deutlich wird aber, daß die Verstöße keine Einzelfälle sind[526] und verstärkt in den neuen Bundesländern auftreten.

Ähnliche Probleme mit quantitativen Angaben gibt es beim Ausmaß der Unterschreitung. Bei tarifgebundenen Unternehmen der Bauwirtschaft in Ostdeutschland lagen die Löhne der Facharbeiter bei einer Untersuchung im Durchschnitt 20 Prozent unter ohnehin schon gegenüber dem Westen niedrigeren Tarif.[527] Ferner wird von der Erfahrung berichtet, daß gerade in den Grenzgebieten zu unseren östlichen Nachbarstaaten Unternehmen den Tariflohn bis zu 30 Prozent unterschreiten.[528]

Dies wirft auch die Frage auf, welche Art von Unternehmen besonders betroffen sind. Eine Studie untersuchte die Zusammenhänge zwischen der Tarifbindung und den Eigenschaften der Unternehmen. Leider unterschied diese Studie nicht zwischen der rechtmäßigen *„Vermeidung einer Tarifbindung"* und dem *„Tarifbruch"*.[529] Es kann aber dennoch davon ausgegangen werden, daß aus den Ergebnisse Aufschlüsse für die Verstöße gewonnen werden können.

Bedeutend für den Status der Tarifbindung ist nach dieser Studie die Firmentradition, die Unternehmenskultur, die Enge der bisherigen Verbandsbindung, die betriebliche Sozialisation der Führungskräfte, das Konzept der Arbeitspolitik und die Personalstrategie. Erstaunlich ist das Ergebnis der Studie, wonach die Tariftreue nur teilweise mit der wirtschaftlichen Situation der einzelnen Unternehmen im Zusammenhang steht. Ansonsten gibt es deutliche Unterschiede zwischen den Branchen. In der Metallindustrie korreliert die Tariftreue mit der Größe des Unternehmens. Obwohl die kleineren Unternehmen häufig in einer wirtschaftlich besseren Situation als die größeren Unternehmen waren, ist hier die Tariftreue deutlich geringer ausgeprägt.[530] Dies wird darauf zurückgeführt, daß in Unternehmen mit mehr als 300 Arbeitnehmern Manager angestellt sind und erfahrene Betriebsräte existieren. Die kleineren Unternehmen würden demgegenüber von ostdeutschen Managern mit Unternehmensanteilen gelenkt, die über eine gesicherte Stellung im Betrieb verfügen (*„Retter des Betriebs"*) und einen schwächeren Betriebsrat haben. Bei den Unternehmen der Bauindustrie spielte neben der schwierigen Lage in den neuen Bundesländern die Eigentümerstruktur eine wichtige Rolle.[531]

---

[525] Vgl. Kocher Anm. ArbuR 1999 S.158 (158).
[526] Freter (1998) S.57.
[527] Vgl. Artus/Sterkel WSI Mitteilungen 1998 S.431 (438).
[528] Henssler ZfA 1994 S.487 (514), Schlachter ZIAS 1997 S.101 (116).
[529] Vgl. Artus/Sterkel WSI Mitteilungen 1998 S.431 (434).
[530] Vgl. zum vorangegangenen Artus/Sterkel WSI Mitteilungen 1998 S.431 (440 f).
[531] Vgl. Artus/Sterkel WSI Mitteilungen 1998 S.431 (436). Bei den sog. Eigentümerunternehmen wird gegenüber den sog. Managerunternehmen ein anderes Nutzenkalkül vermutet, vgl. Schroeder/Ruppert WSI Mitteilungen 1996 S.316 (320 ff).

3. Motivationslage der Unternehmen

Die genannte Studie hat nur einen partiellen Zusammenhang zwischen der wirtschaftlichen Situation und der Tariftreue nachgewiesen. Der Zusammenhang zur Eigentümerstruktur deutet zudem auf das Motiv der Gewinnmaximierung hin. Bei wirtschaftlichen Krisen oder Standortentscheidungen ist der Arbeitgeber versucht, mit der Belegschaft über Kostensenkungen zu verhandeln.[532] Die tariflichen Arbeitszeitverkürzungen, die nicht mehr die Arbeitsbelastung, sondern die Arbeitslosigkeit verringern sollen[533], werden als Fesseln empfunden[534]. So stellt auch die Unzufriedenheit mit der Tarifpolitik den wichtigsten Grund für Austritte aus dem Arbeitgeberverband dar.[535]

Gegenüber Änderungskündigungen, bei der die Gefahr besteht, daß die eingespielte Belegschaft nicht erhalten bleibt und es zu Personalengpässen kommt, hat die Betriebsvereinbarung den positiven Effekt, daß alle Arbeitnehmer gleichmäßig erfaßt werden und dadurch die Änderung der Arbeitsbedingungen optimal durchgesetzt werden kann[536].

Eine Untersuchung beim Handwerk hat ergeben, daß 53 Prozent der Arbeitgeber eine Abweichung vom Tarifvertrag nicht für wünschenswert, aber 76 Prozent dies für wahrscheinlich erachten.[537] Auch dies spiegelt die Motivationslage der Unternehmer wieder.

4. Interessenlage bei den Arbeitnehmern

Nach einer Umfrage sind 55 Prozent der westdeutschen und 47 Prozent der ostdeutschen Arbeitnehmer bereit, auf einen Teil ihres Lohnes zu verzichten, wenn ihr Arbeitsplatz gefährdet ist.[538] Dem steht scheinbar eine Umfrage entgegen, nach der eine steigende Arbeitnehmerzahl von völlig gegensätzlichen und unvereinbaren Interessen zwischen Arbeitgeber und Arbeitnehmer ausgeht.[539] Es liegt also auch in der Krise nicht wirklich ein Gleichlauf der Interessen vor[540], sondern die Arbeitnehmer nehmen für eine Arbeitsplatzgarantie Lohneinbußen in Kauf[541]. Gerade in Ostdeutschland ist die Angst, in naher Zukunft arbeitslos zu werden, relativ hoch.[542] Hier wird auch subjektiv die Chance, einen neuen

---

[532] Vgl. Daniels Die Zeit v. 3.12.1998 (Nr.50) S.31.

[533] Vgl. Oppolzer/Zachert GMH 1998 S.595 (599).

[534] Vgl. Fels in Flächentarifvertrag kontrovers (1995) S.5 (7).

[535] Vgl. Schroeder/Ruppert WSI Mitteilungen 1996 S.316 (323).

[536] Vgl. Ruoff (1999) S.115.

[537] Vgl. Oppolzer/Zachert GMH 1998 S.595 (601).

[538] Institut für Demoskopie Allensbach, vgl. bei Ruoff (1999) S.114.

[539] Institut für Demoskopie Allensbach, vgl. bei Noelle-Neumann FAZ 18.11.1998 (Nr.268) S.5. Im Westen erhöhte sich der Wert von 1980: 25 % auf 1997 44 %. Im Osten liegt der Wert bei 56 %.

[540] Vgl. aber Belling/Hartmann NZA 1998 S.57 (63).

[541] Vgl. Henssler ZfA 1994 S.487 (500), Kort NJW 1997 S. 1476 (1477).

[542] Vgl. zu den Werten Statistisches Bundesamt Datenreport 1999 Teil II S.484.

Arbeitsplatz zu finden, relativ gering eingeschätzt.[543] In einem Unternehmen, das bereits angeschlagen ist, gilt dies ganz besonders. Das Interesse der Belegschaft an einer Lohneinbuße als Gegenleistung für eine Arbeitsplatzgarantie hängt auch damit zusammen, daß die Chance, einen neuen Arbeitsplatz zu finden, bei einem bestehenden Arbeitsverhältnis grundsätzlich höher ist und daß insbesondere bei Massenentlassungen durch eine Insolvenz die Chance durch die Mitbewerber zusätzlich sinkt[544]. Hierbei sind auch die psychischen Belastungen durch die Unsicherheit des eigenen Arbeitsplatzes zu beachten.[545]

Teilweise wird vom Management mit Standortverlagerung gedroht.[546] Zu vermuten ist ferner, daß in der Belegschaft eine Art Korpsgeist entsteht und entgegenstehende Interessen dadurch unterdrückt werden. Es ist für einen Arbeitnehmer schwer verständlich, daß er der Krise zusehen muß, ohne etwas beitragen zu dürfen.[547] Der Wert des Arbeitsplatzes hat gegenüber der Lohnhöhe für den Arbeitnehmer dadurch an Bedeutung gewonnen, daß der Lohn sich nicht wie früher in der Nähe des Existenzminimums befindet.[548] Es ist daher nicht zu bestreiten, daß die Arbeitnehmer es teilweise als vorteilhaft ansehen, vom Tarifvertrag abzuweichen.[549] Anders ist der Umstand, daß in einem Fall 96,4 Prozent der Belegschaft einen Verstoß gegen den Tarifvertrag unterschrieben haben,[550] nicht zu erklären.

5. Interessenlage der Betriebsräte

Der Betriebsrat befindet sich in der Zwickmühle. Er ist gegenüber dem Arbeitgeber, z.B. bei dem Druckmittel der Standortverlagerung, leicht in der Situation des Erpreßten.[551] Häufig muß er zudem unter Zeitdruck eine Entscheidung treffen.[552] Gegenüber der Belegschaft steht er unter einem gewissen Rechtfertigungsdruck, nicht nur in Hinblick auf die nächste Betriebsratswahl. Schließlich kommt er als Arbeitnehmer selbst ständig in engen Kontakt mit den Existenzängsten der Belegschaft.

Von der Entscheidung des Betriebsrats hängt daher in der Praxis die Sanierung mit ab, obwohl sie rechtlich betrachtet keine Auswirkung hat. Die Betriebsvereinbarung ist dann für den Betriebsrat ein Mittel, mit dem er eine gewisse

---

[543] Vgl. zu den Werten Statistisches Bundesamt Datenreport 1999 Teil II S.488.
[544] Ruoff (1999) S.135 f.
[545] Vgl. Adomeit (1996) S.33.
[546] Vgl. ArbG Marburg -Beschl. v. 7.8.1996- DB 1996 S.1925 (1925), Ruoff (1999) S.53.
[547] Vgl. Ruoff (1999) S.114.
[548] Vgl. Adomeit (1996) S.36.
[549] So Dorndorf FS Kissel (1994) S.139 (157).
[550] Vgl. den Fall „Viessmann" bei ArbG Marburg -Beschl. v. 7.8.1996- DB 1996 S.1925 (1925).
[551] Vgl. Berg AiB 1999 S.304 (304).
[552] Vgl. zum Fall Holzmann unter Kapitel 1 B. IV. 3. a) (S.40).

Gleichbehandlung der Arbeitnehmer durchsetzen kann.[553] Man kann von einer Interessenkoalition der Betriebsparteien sprechen.[554]

IV. „Nebenwirkungen“ der für die Arbeitnehmer günstigen Rechtslage

Obwohl die Verstöße gegen das Tarifrecht von der Praxis als eindeutig rechtswidrig bewertet werden und die Rechtslage damit für die Arbeitnehmer, die ihren Lohn jederzeit einfordern können, günstig ist, arbeiten viele Arbeitnehmer und Arbeitgeber entgegen der Rechtslage zusammen. Diese „Subkultur“[555], die primär der Erhaltung des Arbeitsplatzes dienen soll, hat aber auch Schattenseiten. Man stelle sich folgenden Fall vor:

Ein kleines tarifgebundenes Unternehmen in Ostdeutschland in einer Region mit hoher Arbeitslosigkeit ist wirtschaftlich in einer soliden Situation. Um die Rendite zu steigern, will der Arbeitgeber die Lohnkosten senken. Aufgrund der Arbeitsmarktlage ist nicht zu befürchten, daß er dadurch seine Belegschaft verliert. Wichtige Mitarbeiter sollen von dieser Senkung ausgenommen werden. Der Belegschaft spiegelt er eine Unternehmenskrise und eine Standortverlagerung vor. Der Betriebsrat wird entweder durch Desinformationen getäuscht oder „geschmiert“ und wirkt auf die Arbeitnehmer ein, der Lohnsenkung zuzustimmen. Im Gegenzug erhalten die Arbeitnehmer eine Beschäftigungsgarantie. Die Lohnsenkung gelingt.

Das Problem liegt in diesem Fall darin, daß niemand die Behauptungen des Arbeitgebers kontrolliert. Die Arbeitnehmer können zwar ihren vollen Lohn einklagen, werden dies aufgrund der Angst um den Arbeitsplatz und den Druck durch die Kollegen aber nicht tun. Schließlich spielt auch die Überlegung eine Rolle, daß die Chancen, sich mit einem ungekündigten Arbeitsverhältnis bei anderen Arbeitgeber zu bewerben, besser sind.

Die Argumentation des Arbeitgebers wird noch überzeugender, wenn der Tarifvertrag keine Öffnungsklausel enthält oder die Gewerkschaft diese „blockiert“. Schwieriger hat es dagegen der Arbeitgeber, wenn die Gewerkschaft regelmäßig Härtefallregelungen schließt. Dann stellen sich die Arbeitnehmer schnell die Frage, warum die Gewerkschaft nach eingehender Prüfung eine solche abgelehnt hat oder der Arbeitgeber keinen entsprechenden Antrag gestellt hat.

Daraus wird deutlich, daß ein Hauptproblem der Verstöße gegen das Tarifrecht die enorme Rechtsunsicherheit ist, denen die Arbeitnehmer ausgesetzt sind. Ist keine rechtliche Möglichkeit für den Arbeitgeber eröffnet, im Ernstfall aus der Tarifbindung herauszukommen, so fehlt auch jede Kontrollmöglichkeit bei den tolerierten Verstößen. *„Wo kein Kläger, da kein Richter“*.[556]

---

[553] Vgl. Ruoff (1999) S.115.

[554] So Liebold in Bergmann/Schmidt (1996) S.213 (215 f).

[555] So Linnenkohl BB 1994 S.2076 (2081 f).

[556] Vgl. Junker ZfA 1996 S.383 (405), Linnenkohl BB 1994 S.2076 (2078).

C. Reaktionen auf die Tarifverstöße

Auf der tatsächlichen Ebene ist von Interesse, wie die Tarifvertragsparteien und die Beobachter aus Verbänden und Wissenschaft auf diese Fehlentwicklungen reagieren.

I. Arbeitgeberverbände

Bei den Arbeitgeberverbänden ist der VSME besonders aktiv. Nachdem eine einvernehmliche Anpassung des Stufentarifvertrags scheiterte[557], wurde dieser von dem VSME 1993 außerordentlich gekündigt. Die Gewerkschaft reagierte mit Streik, das Resultat war nur eine zeitliche Streckung des Verbandstarifvertrags. Der Gewerkschaft wird ferner eine Blockade der Öffnungsklauseln und das Scheitern der Anpassungsklauseln vorgeworfen.[558]

Der Hauptgeschäftsführer des VSME räumte für die Vergangenheit eigene Fehler bei der schnellen Angleichung der Löhne an das Westniveau ein und verkündet für die Zukunft: *„Die Zeiten, als wir vor der Gewerkschaft wie das Häschen vor der Schlange saßen, sind vorbei".*[559] Als Reaktion wurde 1996 eine außerordentliche Kündigung des Verbandstarifvertrags und eine Umwandlung des VSME in einen OT-Verband diskutiert und verworfen.[560] Der Verband hat sich für einen Verbandstarifvertrag mit der CGM mit dem Namen „Phönix" entschieden. Dieser Verbandstarifvertrag orientiert sich an verschiedenen Firmentarifverträgen der IG Metall[561], in welchem den Arbeitgebern größere Zugeständnisse gemacht wurden.[562] Dieser Tarifvertrag stößt auf zunehmendes Interesse bei den Unternehmen. In rechtlicher Hinsicht dürfte dieser Verbandstarifvertrag aufgrund der geringen Verbreitung der CGM nur in Ausnahmefällen einen Verbandstarifvertrag der IG Metall im Wege der Tarifkonkurrenz verdrängen.[563] Zu beobachten sei laut VSME, daß es Betriebsratsvorsitzende gebe, die von der IG Metall zur CGM gewechselt sind, und ein Vorsitzender als Mitglied der IG Metall bei der Anwendung von Phönix sogar Stillschweigen gegenüber seiner Gewerkschaft zugesichert habe.[564]

Gegenüber der IG Metall kündigte der VSME an, sich zur Übernahme des Westabschlusses nicht verpflichtet zu fühlen, wenn dieser die Leistungskraft überfor-

---

[557] Hier wird von Kempff AiB 1993 S.267 (270) die Behauptung geäußert, daß die Arbeitgeberverbände dies auch wollten.

[558] Vgl. dazu Winkler AuA 1999 S.11 (11).

[559] Winkler FAZ 4.12.1998 (Nr.282) S.18.

[560] Winkler AuA 1999 S.11 (11).

[561] Genannt werden die Firmen Siemens, debis und Viessmann, vgl. Winkler Arbeitgeber 1998 S.430 (432).

[562] Vgl. dazu und dem Tarifsystem „Phönix" Winkler Arbeitgeber 1998 S.430 (432), Winkler AuA 1999 S.11 (11), Winkler gewerkschaftsreport 1998 S.28 (28 ff), Winkler Sonderbeilage zu NZA Heft 24/2000, S.10 (16 f).

[563] Vgl. zur Tarifkonkurrenz unter Kapitel 2 A. II. 1. a) (S.57).

[564] FAZ 4.12.1998 (Nr.282) S.18.

überfordere[565] und forderte, daß sich der Tarifabschluß nach dem Schwächsten zu richten habe[566]. Ferner „ermöglichte“ der VSME den Unternehmen mit einer Satzungsänderung den Verbandsaustritt nach dem Tarifabschluß ohne Weitergeltung.[567] Diese ist rechtlich unzulässig[568] und daher unwirksam. Neuerdings wird sogar die Verbandsauflösung erwogen.[569]

Auch in der Praxis anderer Verbände gibt es die einvernehmliche Entlassung aus dem Arbeitgeberverband[570] und die Möglichkeit zum kurzfristigen Austritt[571]. Teilweise wird die Verbandsflucht auch als das *„vielleicht (...) einzige Druckmittel“* des Arbeitgeberverbands bezeichnet.[572] Einzelne Verbände möchten durch die OT-Mitgliedschaft neue Mitglieder gewinnen, auch solche, die keine Tarifbindung wollen.[573] So gibt es z.B. in der Bauindustrie eine Entwicklung der Arbeitgeberverbände hin zum bloßen Beratungs- und Infoservice.[574] Teilweise werden die OT-Verbände aber auch als schwache Arbeitgeberverbände und als Ergebnis verfehlter Tarifpolitik gesehen[575].

Bezüglich der Verstöße gegen das Tarifrecht wurde vom Hauptgeschäftsführer des BDA klargestellt, daß die Tarifverträge von der deutschen Wirtschaft selbstverständlich eingehalten werden.[576] Es wird auf Bundesebene der Arbeitgeberverbände nicht von einer *„generellen Krise“* des Flächentarifvertrags gesprochen[577], dieser sei nicht überholt, sondern nur *„überholungsbedürftig“*[578]. Die Gefahr der Erosion des Verbandstarifvertrags durch die Verstöße wird allerdings

---

565 FAZ 21.1.1999 S.16.
566 FAZ 4.12.1998 (Nr.282) S.18.
567 FAZ 21.1.1999 S.16.
568 Dies würde einer verfassungsrechtlich unzulässigen Aufhebung des § 3 III TVG gleichkommen, vgl. dazu unter Kapitel 3 B. I. 3. b) bb) (1) (S.197).
569 Vgl. FAZ 12.3.2003 (Nr.60) S.13.
570 Vgl. Erhard Anm. zu ArbG Freiburg Betriebsrat 1997 S.12.
571 *Man wolle „ein hilfreicher Verband sein, (...) auch hilfreich beim Austritt“*, so Rodenstock (Verband der bayrischen Metallarbeitgeber) FAZ 14.7.1999 (Nr.160) S.20. Vgl. zur Strategie von Gesamtmetall Stumpfe Sonderbeilage zu NZA Heft 24/2000 S.1 (2 f), FAZ 6.3.2000 (Nr.55) S.19.
572 Vgl. die Aussage von Hütte (Verband der saarländischen Metall- und Elektroindustrie) FAZ 6.3.2000 (Nr.55) S.19.
573 Vgl. Rodenstock (Verband der bayrischen Metallarbeitgeber) FAZ 14.7.1999 (Nr.160) S.20, Buchner NZA 1995 S.761 (764). In allen Regionalverbänden von Gesamtmetall mit Ausnahme von Niedersachsen gibt es mittlerweile OT-Verbände, FAZ 6.3.2000 (Nr.55) S.19.
574 Vgl. Artus/Sterkel WSI Mitteilungen 1998 S.431 (439).
575 So Bundesarbeitgeberverband Chemie „Rheingauer Erklärung“ v. 18.10.1996 (8.).
576 Hundt Arbeitgeber 1998 S.49 (51).
577 Vgl. Bundesarbeitgeberverband Chemie „Rheingauer Erklärung“ v. 18.10.1996 (1.).
578 Fanz zitiert nach Stumpfe Forum Nr.30 S.1 (2). In diese Richtung auch Hundt FAZ 9.6.2000 (Nr.133) S.14 *„Die Tarifautonomie ist so gut wie das Produkt „Tarifvertrag“ ist“*.

deutlich gesehen.[579] Auch der BDA deutete an, daß die Unterschreitung des Tarifniveaus im Einzelfall äußerst wichtig sei, um Arbeitsplätze zu sichern.[580] So verwundert es nicht, daß teilweise Verstöße geduldet werden, um einem Austritt entgegenzuwirken.[581] So formulierte der Präsident des Gesamtverbands der metallindustriellen Arbeitgeberverbände: *„Wollen wir (...) wirklich in Kauf nehmen, daß am Tarifvertrag Unternehmen zugrunde gehen?"*[582]

II. Gewerkschaften

Die IG Metall hat zwölf Thesen zu *„Tarifautonomie und Flächentarifvertrag"* veröffentlicht. Sie sieht im Verbandstarifvertrag die Voraussetzung für die *„einigermaßen ausgewogene"* wirtschaftliche Entwicklung. Die Funktion des Verbandstarifvertrag liege in der überbetrieblichen normativen Regelung der Arbeitsbedingungen, die von der unmittelbaren branchenwirtschaftlichen Situation *„relativ"* abgekoppelt sei. Zudem bewirke der Verbandstarifvertrag im Interesse der Unternehmen *„in gewissem Umfang den Ausschluß von Konkurrenz"*. Hier räumt die IG Metall allerdings Schwierigkeiten im Zuge der Globalisierung ein.[583]

Die Problematik für die Gewerkschaften resultiert zum einen aus dem Mitgliederrückgang[584], den Tarifverstößen, dem Mißerfolg der Tarifpolitik im Dienstleistungssektor und aus der Schwäche der Arbeitgeberverbände[585], zum anderen aus folgenden Überlegungen: Klagt die Gewerkschaft durch Mitglieder oder im Wege der Verbandsklage[586] gegen Tarifverstöße in einem Grenzbetrieb, so sind Austritte der Gewerkschaftsmitglieder, eine Abschreckung von potentiellen Neumitgliedern über den Betrieb hinaus und Wahlniederlagen von Gewerkschaftsmitgliedern bei Betriebsratswahlen zu erwarten. Ein Erfolg der Klage wird dann zum Pyrrhussieg.[587]

Die Funktion des Verbandstarifvertrags sieht die IG Metall durch Verstöße gegen Tarifrecht, aber auch durch andere materielle Abweichungen zwischen den Betrieben durch betriebliche Regelungen gefährdet[588]. Die IG Metall räumte aber selbst ein, Verstöße gegen Tarifrecht z.B. durch Firmentarifverträge[589] *„le-*

---

[579] Hundt Arbeitgeber 1998 S.49 (49).
[580] So der BDA zum Fall Burda, vgl. FAZ 23.4.1999 (Nr.94) S.22.
[581] Vgl. Schroeder/Weinert GMH 1998 S.319 (322 f). Vgl. auch die Haltung der Arbeitgeberverbände im Fall Holzmann, vgl. dazu unter Kapitel 1 B. IV. 3. d) (S.42).
[582] Hans-Joachim Gottschol (Diskussionsbeitrag) IddW Köln (1995) S.29.
[583] IG-Metall NZA 1998 S.88 (88 f).
[584] Vgl. dazu Winkler Sonderbeilage zu NZA Heft 24/2000, S.10 (12 ff).
[585] Schroeder/Weinert GMH 1998 S.319 (319).
[586] Vgl. dazu die neue Rechtsprechung des BAG, die ein Klagerecht in bestimmten Konstellationen einräumt, vgl. unter Kapitel 5 B. II. 2. (S.327).
[587] Ruoff (1999) S.171.
[588] IG-Metall NZA 1998 S.88 (89 f).
[589] Vgl. z.B. iwd 19/1999 S.8 (8), metall 4/1998 S.6 zum Fall Viessmann.

galisiert" oder sogar „*stillschweigend akzeptiert*" zu haben[590]. Den konkurrierenden Verbandstarifverträgen der CGM versucht die IG Metall durch Klage, welche die fehlende Tariffähigkeit feststellen sollen, entgegenzutreten.[591] Dies löst die Probleme aber ebensowenig wie eine Klage gegen die Unternehmen. Die zunehmende Anzahl der Härtefallregelungen aber auch das Zugeständnis der IG Metall einer Mitgliedschaft im Arbeitgeberverband auf Probe[592] zeigt die zunehmende Kompromißbereitschaft[593] und, daß es für die Gewerkschaft keinen idealen Lösungsweg gibt.

III. Unternehmensverbände und Unternehmen

Auf der Seite der Unternehmensverbände, also solcher Vereinigungen, die nicht Tarifvertragsparteien sind, wird aggressiv Kritik an dem Tarifsystem geübt. Besonders aktiv war hierbei der damalige Präsident des BDI, Hans-Olaf Henkel. Er bezeichnete Verstöße gegen Tarifrecht als vorbildlich, der Westen solle von ostdeutscher Beweglichkeit lernen[594], die Investoren könnten diesen Standortvorteil genießen.[595] Die Arbeitgeberverbände fordert er auf, den Austritt zu erleichtern, um die Mitgliedschaft attraktiver zu machen.[596] In abgeschwächter Form, aber inhaltlich vergleichbar, erfolgt die Kritik des VDMA.[597]

Demgegenüber fallen die Töne aus tarifgebundenen Unternehmen z.T. deutlich moderater aus. Hier wird zwar festgestellt, daß der Tarifvertrag für Not- und Sondersituationen nicht flexibel genug sei[598]. Die jetzige Praxis, gegen die rechtlich kaum anzukommen sei, sei aber gefährlich, da sich die Parteien daran gewöhnen könnten, mit Tarifunrecht zu leben. Die Folge seien volkswirtschaftlich schwer kalkulierbare Störungen.[599]

IV. Wissenschaft

In wissenschaftlicher Hinsicht beschäftigen sich die Disziplinen der Rechtswissenschaft, der Wirtschaftswissenschaften und der Soziologie[600] intensiv mit der hier beschriebenen Problematik.

---

[590] IG-Metall NZA 1998 S.88 (89). Vgl. auch Gentz FS Schaub (1998) S.205 (206), Winkler Arbeitgeber 1998 S.430 (432).

[591] Vgl. Winkler Arbeitgeber 1998 S.430 (431), Winkler gewerkschaftsreport 1998 S.28 (33).

[592] Vgl. FAZ 21.2.2000 (Nr.43) S.23 zum Fall Infineon.

[593] Vgl. auch Bischoff Sonderbeilage zu NZA Heft 24/2000, S.4 (6), der eine Ausweitung der Differenzierung und Flexibilisierung zur Sicherung von Beschäftigung fordert.

[594] Vgl. bei Kölzer magazin 2/1998 S.10, Fuchs/Seibold ZTR 1998 S.385 (385).

[595] Vgl. bei Zachert ZTR 1998 S.97 (98).

[596] Vgl. FAZ 10.2.1999 S.17.

[597] VDMA FAZ 17.6.1999 S.17, http://www.vdma.org/deutsch/wg/tarif.htm. Vgl. dazu auch Schroeder/Ruppert WSI Mitteilungen 1996 S.316 (321 Fn.14).

[598] Jürgen Glaser, Leiter der Abteilung Personal und Recht der Falke Gruppe (Diskussionsbeitrag) IddW Köln (1995) S.22.

[599] So Gentz (Vorstandsmitglied der ehem. Daimler-Benz AG) FS Schaub (1998) S.205 (211 f, 217).

[600] Vgl. dazu schon oben unter Kapitel 2 B. II. 2. (S.71), III. (S.99 ff).

Der Konflikt zwischen dem Tarifvertrag und dem betrieblichen Notfall, insbesondere das Problem der untertariflichen Bezahlung, ist nicht neu, sondern tritt in Zeiten der Massenarbeitslosigkeit, so auch schon in den zwanziger und dreißiger Jahren, immer wieder auf.[601] So führte das Gewerbegericht Königsberg im Jahre 1920 aus: *„Bei der jetzigen Arbeitslosigkeit (...) war es im Interesse der Arbeitnehmer besser, wenn alle im Betrieb bleiben und zeitweise mit geringerem Lohn begnügten, als daß einige entlassen wurden (...).“*[602] Auch die Verordnung zur Tariflohnunterschreitung von 1932[603] ließ eine solche um 20 Prozent zu[604]. Das RAG hielt diese Verordnung auch für verfassungsgemäß.[605] In juristischen Aufsätzen, z.B. aus den Jahren 1967[606] und 1986[607], wurde die Lohnsenkung gelegentlich wieder thematisiert. Auffallend ist allerdings die Breite und Deutlichkeit der heutigen Diskussion. Auf den Punkt gebracht kann man im wesentlichen zwei Strömungen ausmachen. Die eine möchte am Tarifsystem, von kleineren Reformen abgesehen, festhalten und vertraut auf die sog. Selbstheilungskräfte. So hat der 61. Deutsche Juristentag mit dem Arbeitsthema: *„Empfiehlt es sich, die Regelungsbefugnisse der Tarifparteien im Verhältnis zu den Betriebsparteien neu zu ordnen?“*[608], die Frage bis auf Randkorrekturen verneint.[609] Die andere Strömung denkt laut über gravierende Veränderungen durch Auslegung oder Gesetzesänderung nach.

Von der Seite der Ökonomen[610] wird auf die Unterschiede des Arbeitsmarktes, der ein Kartell darstelle, zu dem sonstigen Wettbewerb hingewiesen.[611] Dies sei nicht mehr in dieser Form gerechtfertigt, der Arbeitsmarkt bedürfe der Flexibilisierung.[612] Die Außenseiter auf dem Arbeitsmarkt und gefährdete Unternehmen bräuchten mehr Chancen, um sich selbst helfen zu können.[613] Die Tarifparteien hingegen dürften nicht über das Wohl oder den Untergang eines Unternehmens

---

601 Vgl. dazu Tyska ArbuR 1985 S.276 (278) mwN Fn.54, vgl. Meinhold (1988) S.316 Fn.1 mit Hinweisen auf die juristische Literatur.

602 -Urt. v. 10.11.1920- GewKfGer 1921 S.88 (90). In die gleichen Richtung gehen: Gewerbegericht Oberlahnstein -Urt. v. 9.9.1924- GewKfGer 1924 S.46 (47), LG Bautzen -Urt. v. 19.2.1925- NZfA 1925 S.553 (554).

603 Verordnung zur Vermehrung und Erhaltung der Arbeitsgelegenheit vom 5.9.1932, RGBl. 1932 I S.433 ff.

604 Vgl. dazu ausführlich Krummel (1990) S.160 ff.

605 RAG -Urt. v. 12.11.1932- BenshSamml 16 S.532 (536). Vgl. auch Krummel (1990) S.167 ff.

606 Säcker DB 1967 S.1086 (1086).

607 Dänzer-Vanotti/Engels DB 1986 S.1390 (1390).

608 Beschlüsse des 61. DJT DB 1996 S.2030 (2030 f).

609 Dies wird teilweise auf die Abstimmungsmacht der Verbandsvertreter zurückgeführt, so Reuter FS Schaub (1998) S.605 (605).

610 Diese werden von Däubler RdA 1999 S.18 (19) als neoliberal bezeichnet.

611 Vgl. nur Monopolkommission (1992/1993) BT Dr. 12/8323 Rn.193 ff.

612 So Monopolkommission (1992/1993) BT Dr. 12/8323 Rn.203.

613 So Soltwedel (1997) S.33. Vgl. auch Franz FAZ 30.4.1999 (Nr.100) S.14.

entscheiden, wenn im Betrieb Einigkeit über eine Tarifverstoß bestehe.[614] Plädiert wird für eine stärkere Anpassung der Tarifverträge an die Leistungsfähigkeit der Unternehmen.[615]

V. Fazit

Der Problemkreis der Sanierung eines Unternehmens ist von stark divergierenden Interessen gekennzeichnet.[616] Gleiches gilt für die Ursachen der Arbeitslosigkeit. Pressemeldungen und Stellungnahmen sind durch Interessen gefärbt und geben ein unvollständiges Bild.[617] Die Diskussion ist teilweise emotional und einseitig, sie wird modelltheoretisch oder vom Standpunkt der Interessengruppe aus geführt.[618] Die alte Bundesregierung hat in der untertariflichen Bezahlung eine Entwertung des Tarifvertrags gesehen.[619] Auch die jetzige Regierungspartei SPD hielt noch 1985 die Forderung, Arbeitslose unter Tarif zu beschäftigen, für verantwortungslos und sah darin eine Spaltung der Arbeitnehmer.[620] In seiner ersten Regierungserklärung 1998 erkennt der jetzige Bundeskanzler die Massenarbeitslosigkeit als das drängendste und schmerzhafteste Problem und kündigt an, daß jedes Instrument auf den Prüfstand komme, ob es Arbeit sichere oder schaffe.[621] Im Jahre 2003 warnte Schröder die Tarifvertragsparteien, daß wenn sie sich nicht auf betriebliche Bündnisse in größerem Umfang einigen würden, der Gesetzgeber zu handeln habe.[622] Daneben wird in den Kommunen bundesweit darüber nachgedacht, dem Beispiel Berlins zu folgen und vor dem Tarifabschluß aus dem Verband der kommunalen Arbeitgeber auszutreten.[623] Die Politik sucht nach neuen Lösungen.

D. Ansätze im Schrifttum zur Lohnkürzung bei Bindung an den Verbandstarifvertrag

Angesichts dieser Äußerungen und Entwicklungen sind Gesetzesänderungen nicht mehr ausgeschlossen. Bevor die Vorschläge zur Gesetzesänderung dargestellt werden, sollen zunächst die Vorschläge skizziert werden, die eine Lösung durch ein von der oben dargestellten Rechtspraxis abweichendes Verständnis ermöglichen. Eine abschließende Stellungnahme erfolgt im Rahmen der verfassungsrechtlichen Untersuchung im dritten Kapitel. Es gilt hier zunächst die Ansätze herauszufiltern, die zur Sanierung geeignet sind.

---

[614] So Fels in Flächentarifvertrag kontrovers (1995) S.5 (12).
[615] Dichmann gewerkschaftsreport 1998 S.23 (33).
[616] Vgl. Meinhold (1988) S.23.
[617] Vgl. Otto FS Kissel (1994) S.787 (788).
[618] Schlecht Vorwort zu Adomeit (1996) S.5 (6).
[619] Bundesregierung BR Drs. 330/95 Rn.56.
[620] Antrag der Fraktion der SPD vom 30.5.1985 BT Dr. 10/3430.
[621] Schröder Nr.2 der Regierungserklärung FAZ 11.11.1998 (Nr.262) S.10 (10).
[622] Schröder Regierungserklärung vom 14.3.2003 (sog. Agenda 2010), vgl. FAZ 15.3.2003 (Nr.63) S.11.
[623] Vgl. FAZ 11.1.2003 (Nr.9) S.12.

I. Gesetzesimmanente Lösungen

Die Rechtsprechung steht den abweichenden Meinungen, die im folgenden dargestellt werden, reserviert gegenüber.[624]

1. Extensives Verständnis des Günstigkeitsprinzips[625]

Ein erster Ansatz knüpft an das Günstigkeitsprinzip in § 4 III TVG an. Entgegen der Rechtsprechung sei bei den günstigkeitsbegründenden Faktoren der besser gesicherte Arbeitsplatz mit einzubeziehen.[626] Dies wird auch auf eine verfassungskonforme Auslegung gestützt.[627] Günstiger sei demnach eine Arbeitsplatzgarantie trotz Lohnkürzungen.[628] Nach diesem Ansatz sind Änderungskündigungen zur Sanierung i.V.m. Arbeitsplatzgarantien rechtlich zulässig, dieser erste Ansatz eignet sich daher für die Durchführung einer Sanierung.[629]

Für günstiger wird auch eine Wahlmöglichkeit des Arbeitnehmers zwischen der tariflichen Regelung und eine Regelung gehalten, die eine Erhöhung der Arbeitszeit um 14 Prozent und des Lohns um nur 10 Prozent vorsieht.[630] Hier wird die Lohnsenkung durch eine unterproportionalen Lohnausgleich bei der Arbeitszeiterhöhung erzielt, der Stundenlohn nimmt ab. Insofern unterscheidet sich dieser Ansatz von dem ersten nicht entscheidend.

---

[624] ArbG Marburg -Beschl. v. 7.8.1996- DB 1996 S.1925 (1929). „*Die nachträgliche Änderung von Tarifverträgen auch durch Betriebsräte oder Einzelvertragsparteien ist derzeit ein hochinteressantes, rechtspolitisches Thema, das sehr umstritten ist. In der rechtlichen Diskussion werden die verschiedensten -auch abwegige- Meinungen vertreten.*"

[625] Dies wird auch als „*Versubjektivierung des Günstigkeitsbegriffs*" bezeichnet, vgl. etwa Möschel BB 2002 S.1314 (1315).

[626] a) Dieser Ansatz geht auf mehrere Aufsätze Adomeits in der NJW 1984 zurück, vgl. Adomeit (1985) S.13, 17 ff, Adomeit (1996) S.37. Daran hat der Autor mit kleineren Modifikationen festgehalten, vgl. Adomeit NZA 1993 S.433 (436), Adomeit (1996) S.48.
b) Dieser Ansatz hat trotz heftigen Widerspruchs neuerdings auch viel Zustimmung gefunden. Vgl. Bauer NZA 1999 S.957 (960), Bauer/Haußmann Sonderbeilage zu NZA Heft 24/2000 S.42 (47), Buchner DB 1996 Beilage Nr.12 S.1 (10 f), Buchner NZA 1996 S.1304 (1305), Buchner NZA 1999 S.897 (901 ff), Gitter FS Wlotzke (1996) S.297 (301, 307ff), Kast/Stuhlmann BB 2000 S.614 (615), Krauss DB 1995 S.1562 (1564), Lesch DB 2000 S.322 (324), Niebler/Schmidl BB 2001 S.1631 (1634 f), Soltwedel (1997) S.41. Vgl. auch Zöllner in FS Söllner (2000) S.1297 (1317). Zuletzt Schliemann NZA 2003 S.122 (126 f).
c) Nach Buchner DB 1996 Beilage Nr.12 S.1 (11) kann der Arbeitnehmer unter Einhaltung einer Frist jederzeit zu den tariflichen Arbeitsbedingungen zurückkehren. Dieser Ansatz ist aber nur sehr bedingt zur Sanierung geeignet, da die Arbeitnehmer jederzeit zum Tarifvertrag zurückkehren können.

[627] So Freihube DB 2000 S.1022 (1024), Freihube (2000) S.97 f, 121.

[628] Adomeit (1996) S.48, vgl. auch Krauss DB 1995 S.1562 (1564).

[629] Vgl. zur Stellungnahme unter Kapitel 3 C. III. 2. a) (S.254). Demnach ist dieser Weg verfassungsrechtlich nicht erforderlich.

[630] Bauer FS Schaub (1998) S.19 (32), Bauer/Diller DB 1993 S.1085 (1088). Vgl. auch Buchner NZA 1996 S.1304 (1306).

2. Arbeitnehmerdarlehen

Eine Möglichkeit wird darin gesehen, daß die Arbeitnehmer außerhalb des Arbeitsvertrags eine freiwillige Verpflichtung gegenüber dem Arbeitgeber eingehen, diesem Kapital zur Verfügung zu stellen und die Kapitalzufuhr durch eine Aufrechnung mit dem Tarifentgelt erfolgt. Dies stelle keine Umgehung der Tarifbindung im Sinne der Rechtsprechung dar und sei mit den §§ 115 ff GewO und mit dem Prinzip der freien Anlagenwahl nach dem 5. VermBG vereinbar.[631] Nach diesem Ansatz kann eine Sanierung aufgrund der Freiwilligkeit aber nur durch Verträge mit den Arbeitnehmern und nicht durch außerordentliche Änderungskündigungen durchgesetzt werden. Dies ist aufgrund der Stimmung in den Unternehmen aber nicht ausgeschlossen. Dieser Ansatz stellt demnach nur eine eingeschränkte Möglichkeit zur Sanierung zur Verfügung.[632]

3. Abschluß einer Betriebsvereinbarung

Weitere Ansätze basieren auf einer Einschränkung der Sperre des § 77 III BetrVG für Betriebsvereinbarungen:

a) Nichtigkeit des § 77 III BetrVG

Ein Ansatzpunkt ist, die Normgeltung in Frage zu stellen. Die Nichtigkeit des § 77 III BetrVG wird hierbei auf folgende Gesichtspunkte gestützt.

aa) Verstoß gegen das Übermaßverbot

Sieht man in dieser Sperre einen Verstoß gegen das verfassungsmäßige Übermaßverbot[633], so ist die Norm nichtig. Dies wird damit begründet, daß die Sperre des § 77 III BetrVG nicht geeignet sei, das damit gesetzte Ziel, nämlich die *„Verhinderung beitragsfreier Ersatzgewerkschaften"*, zu erreichen. Zudem sei die Regelung aufgrund eines geringen Nutzens für die Tarifautonomie und einer erheblichen *„Einbuße an Privatautonomie"* unverhältnismäßig.[634] Aus der Nichtigkeit des § 77 III BetrVG ergibt sich aber noch keine Nichtigkeit des Tarifvertrags selbst, sondern nur die Kollision von Tarifvertrag und Betriebsvereinbarung.

Eine Möglichkeit, das Konkurrenzverhältnis aufzulösen, besteht darin, in der Betriebsvereinbarung ein „lex specialis" gegenüber dem Tarifvertrag als „lex generalis" zu sehen, woraus folge, daß der Tarifvertrag gegenüber der Betriebsvereinbarung dispositiv wäre.[635] Eine andere Möglichkeit wird in der sog.

---

[631] So Rieble NZA 2000 S.225 (229). Vgl. auch Rieble Anm. RdA 2000 S.40 (42), der in dem Verzicht auf bereits entstandene Ansprüche nicht als *„Umgehung"* bewertet.

[632] Vgl. zur Stellungnahme unter Kapitel 3 C. III. 1 (S.253), wonach er mangels Eignung verfassungsrechtlich unzulässig ist.

[633] So Reuter RdA 1991 S.193 (199 f), Reuter RdA 1994 S.152 (167), Reuter FS Schaub (1998) S.605 (633).

[634] So Reuter RdA 1991 S.193 (199 f), Reuter RdA 1994 S.152 (166 f).

[635] So Reuter RdA 1991 S.193 (202) noch ohne Einschränkung. Vgl. auch Reuter FS Schaub (1998) S.605 (633). Genau entgegengesetzt Reuter RdA 1994 S.152 (168).

Not-Betriebsvereinbarung gesehen. Wenn nach dem Maßstab des § 904 BGB die Nachteile für den *„Arbeitsverband Betrieb"* gegenüber den Opfern der Arbeitnehmer unverhältnismäßig seien, so konkretisiere die Not-Betriebsvereinbarung die Treuepflicht der Arbeitnehmer dergestalt, daß sich die Arbeitnehmer *„für die Dauer der Betriebsvereinbarung nicht auf den Tarifvertrag berufen können."* Dies wird als *„Rechtsausübungssperre"* bezeichnet.[636] Im Ergebnis wirkt die erste Möglichkeit wie eine generelle Öffnungsklausel des Tarifvertrags für Betriebsvereinbarungen, die zweite wie eine entsprechende Härteklausel. Von dem dargestellten Ansatzpunkt aus sind diese Begriffe jedoch unzutreffend, da eine Öffnung mangels Sperre des § 77 III BetrVG unnötig ist.

Demzufolge wäre eine Sanierung durch eine Betriebsvereinbarung möglich. Diese hat den entscheidenden Vorteil, daß sie gemäß § 77 IV (1) BetrVG für alle Arbeitnehmer unmittelbar und zwingend gilt. Der Ansatz geht zwar von einer freiwilligen Betriebsvereinbarung aus[637], so daß eine Regelung nicht über eine Einigungsstelle erzwungen werden kann. Eine Zustimmung in existenzbedrohten Unternehmen ist aber sehr wahrscheinlich, wie die Praxis deutlich zeigt.[638]

bb) Derogation durch Nichtbeachtung

Die Nichtigkeit des § 77 III BetrVG wird auch aus einer gewohnheitsrechtlichen Derogation der Vorschrift durch die tatsächliche Tarifpraxis abgeleitet. Eine Norm setze nämlich ein Minimum an Akzeptanz voraus.[639] Die Vorschrift sei daher „cessante ratione legis cessat lex ipsa" obsolet.[640] Auch hier wäre eine Sanierung, entsprechend den Ausführungen zur Verfassungswidrigkeit, rechtlich möglich.

cc) Verstoß gegen das Subsidiaritätsprinzip

Die Vorschrift des § 77 III BetrVG verstößt nach einer Auffassung gegen das Subsidiaritätsprinzip, welches eine Verfassungsnorm darstelle. Dies ergebe sich aus Art. 5 II EGV und Art. 2 EUV, die wegen Art. 23 GG auch das nationale Recht beträfen.[641] Die Betriebsvereinbarung müsse als Regelung auf niedrigerer Ebene dem Tarifvertrag vorgehen. Dementsprechend widerspreche § 77 III BetrVG dem Gebot der praktischen Konkordanz bei dem Grundrechts-

---

636 So Reuter RdA 1994 S.152 (167 f). Vgl. auch Reuter FS Schaub (1998) S.605 (635).

637 Hierbei bleibt allerdings offen, auf welche Kompetenz sich eine solche Betriebsvereinbarung stützen will. In Betracht käme nur § 88 BetrVG.

638 Vgl. zur Stellungnahme unter Kapitel 3 C. III. 2. b) (S.254). Demnach scheiden Betriebsvereinbarungen zur Sanierung als verfassungsrechtlich nicht erforderlich aus.

639 So Reuter RdA 1994 S.152 (154).

640 So Reuter RdA 1991 S.193 (199).

641 So Hablitzel NZA 2001 S.467 (468 f).

konflikt zwischen die Betriebsautonomie, der Vertragsfreiheit, der Vereinigungsfreiheit und der Tarifautonomie.[642]

b) Restriktives Verständnis der „Tarifüblichkeit"

Eine weitere Möglichkeit, die Rechtsfolge des § 77 III TVG nicht eintreten zu lassen, ist, die Voraussetzungen einzuschränken. Hierzu gibt es zwei verschiedene Ansätze:

Ein Ansatz knüpft an die Alternative *„üblicherweise"* an und verlangt hierfür entgegen der Rechtsprechung eine Tarifbindung des Arbeitgebers.[643] Damit entfiele die Sperre in einem Unternehmen, daß nicht tarifgebunden ist. Der Zweck der Regelung des § 77 III BetrVG liege darin, daß die Fälle erfaßt werden, *„in denen Arbeitsbedingungen im auslaufenden und nachwirkenden Tarifvertrag geregelt"* sind und *„höchstwahrscheinlich in dem neu auszuhandelnden Tarifvertrag wieder geregelt werden"*.[644] Somit wäre im Falle des Verbandsaustritts, bei dem ein neuer Tarifvertrag von dem Unternehmen gerade nicht mehr gewollt wird, die Ablösung der Nachwirkung durch eine Betriebsvereinbarung möglich.[645] Entsprechendes gelte dann auch für die Umwandlung bzgl. § 613a BGB.[646]

Auch für den Fall, daß ein Tarifvertrag außerordentlich gekündigt wurde, wird eine Ausnahme von § 77 III BetrVG in Erwägung gezogen.[647] Hier stellt sich zunächst die Frage, ob der Tarifvertrag überhaupt nachwirkt. Gegenüber der Prämisse, daß im Falle der außerordentlichen Kündigung eines Tarifvertrags eine Nachwirkung ausgeschlossen ist, wäre aber die Gewährung einer Ausnahme von § 77 III BetrVG unter Anwendung des § 4 V TVG *„ein weniger scharfer Eingriff ins Tarifrecht"*.[648] Demnach wäre eine Betriebsvereinbarung bei einer außerordentlichen Kündigung des Tarifvertrags zulässig.

Da die Sanierung im Falle der Nachwirkung durch außerordentliche Änderungskündigungen realisierbar ist, stellt dieser Ansatz zur Sanierung keine effektive Erweiterung der Möglichkeiten zur Lohnsenkung dar. Im Zeitraum der Weitergeltung liegt noch Tarifbindung vor, so daß vor Ablauf des Tarifvertrags eine

---

[642] So Hablitzel NZA 2001 S.467 (470). Vgl. zur Stellungnahme unter Kapitel 3 A. I. 1. c) (S.154 ff). Demnach hat die Betriebsautonomie keinen Verfassungsrang.

[643] So Ehmann ZRP 1996 S.314 (317), Ehmann/Lambrich NZA 1996 S.346 (356), Ehmann/Schmidt NZA 1995 S.193 (196), Hablitzel NZA 2001 S.467 (471), Kreutz in GK § 77 BetrVG Rn.83, 100 mwN, Lambrich (1999) S.393 Richardi § 77 BetrVG Rn.260, FS Schaub (1998) S.639 (648). Kritisch auch Bauer FS Schaub (1998) S.19 (26).

[644] So Ehmann ZRP 1996 S.314 (317).

[645] Vgl. Adomeit (1996) S.57, Ehmann ZRP 1996 S.314 (317), Ehmann/Lambrich NZA 1996 S.346 (356). Nur für den Fall des Austritts Dahlbender (1995) S.117 ff.

[646] So Adomeit (1996) S.64.

[647] Vgl. Buchner NZA 1993 S.289 (299).

[648] So Buchner NZA 1993 S.289 (299).

Betriebsvereinbarung auch nach diesem Ansatz unzulässig ist. Aus der Tarifbindung kommt der Arbeitgeber nach diesen Ansätzen also nicht heraus.

c) Fiktion einer Härteklausel

Ein weiterer Weg ist die Fiktion einer Härteklausel als ungeschriebene Ausnahme des § 77 III BetrVG[649]. Ein Vorschlag beruht auf einer Annex-Kompetenz zu den §§ 111 ff BetrVG und zu § 87 I Nr.3 BetrVG. Aus diesen Vorschriften, die dem Betriebsrat beim Interessenausgleich, beim Sozialplan und bei der Einführung von Kurzarbeit ein Mitbestimmungsrecht einräumen, wird auf eine generelle Krisenkompetenz des Betriebsrats geschlossen. Der Gesetzgeber habe an eine solche Kompetenz nicht gedacht, so daß eine Regelungslücke bestehe, „*die durch Annahme einer Annex-Kompetenz ausgefüllt werden*" könne.[650]

Voraussetzung für diese Kompetenz ist, daß ohne die Betriebsvereinbarung „*die Existenz des Unternehmens gefährdet ist*" und „*als Gegenleistung (...) eine zeitlich angemessene Bestandsgarantie für die Arbeitsplätze verbindlich vereinbart wird.*" Zudem hätten die Arbeitnehmer einen Anspruch auf Nachzahlung der Kürzungen, „*wenn die Krise bewältigt ist*", wenn sie sich als „*weniger schwerwiegend*" herausgestellt hat oder wenn trotz der Garantie Arbeitnehmer entlassen werden.[651]

Eine solche Betriebsvereinbarung müßte dann entsprechend der § 87 II, 112 II, IV, 112a I BetrVG durch einen Spruch der Einigungsstelle erzwingbar sein. Dieser Ansatz bietet daher dem Arbeitgeber eine sehr praktikable Möglichkeit zur Sanierung an.[652]

d) Einführung des Günstigkeitsprinzips

Ein weiterer Ansatz geht von der Geltung des Günstigkeitsprinzips zwischen Tarifvertrag und Betriebsvereinbarung aus, die Sperre des § 77 III TVG gilt

---

649 Die Monopolkommission (1992/1993) BT Dr. 12/8323 944 erwägt diesen Gedanken mit Rückgriff auf § 242 BGB. Vgl. auch den ähnlichen Ansatz von Reuter RdA 1994 S.152 (168). Auch Buchner NZA 1993 S.289 (299) vergleicht seine Erwägungen mit einer Öffnungsklausel.

650 So Vollmer DB 1982 S.1670 (1671). Diese Möglichkeit zieht auch Adomeit NZA 1993 S.433 (436) in Erwägung, allerdings ohne darauf näher einzugehen.

651 Vollmer DB 1982 S.1670 (1672 f).

652 Vgl. zur Stellungnahme unter Kapitel 3 C. III. 2. b) (S.254), wonach Betriebsvereinbarungen zur Sanierung als verfassungsrechtlich nicht erforderlich ausscheiden.

demnach also nicht für günstigere Betriebsvereinbarungen.[653] Dies wird zum einen damit begründet, daß das Günstigkeitsprinzip eine praktische Konkordanz zwischen der verfassungsrechtlich geschützten Betriebsautonomie und der Tarifautonomie darstelle. Lehne man den verfassungsrechtlichen Schutz der Betriebsautonomie ab, so erreiche man das Ergebnis durch eine teleologische Auslegung. Zweck aller Kollektiv- und Individualvereinbarungen sei es, *„die für die einzelnen Arbeitnehmer günstigsten Bedingungen in Kraft zu setzten.“*[654] Ferner wird dies auch auf eine verfassungskonforme Interpretation des § 77 III BetrVG gestützt.[655]

Wie oben ausgeführt führt das Verständnis der Rechtsprechung vom Günstigkeitsprinzip allerdings nicht dazu, daß Lohnsenkung günstiger sind. Nach diesem Ansatz ist jedoch beim Günstigkeitsvergleich in Zweifelsfällen zu differenzieren. Bei Vergleich zwischen Tarifvertrag und Arbeitsvertrag sei *„aufgrund des typischen Verhandlungsungleichgewichts von Arbeitnehmer und Arbeitgeber“* im Zweifel keine günstigere Regelung zu vermuten.[656] Demgegenüber sei der Betriebsrat dem Arbeitgeber nicht typischerweise unterlegen, so daß *„eine Vermutung für die Günstigkeit der Betriebsvereinbarung“* spreche.[657] So solle das *„Arbeitsplatzargument“* in den Günstigkeitsvergleich mit einbezogen werden, wenn *„die Existenz des Betriebes und seiner Arbeitsplätze gefährdet ist“*.[658] Dieser Ansatz kombiniert also das Günstigkeitsprinzip im Verhältnis zwischen Tarifvertrag und Betriebsvereinbarung mit einer Neuinterpretation des Günstigkeitsprinzips.

Durch Betriebsvereinbarungen wäre demnach eine Sanierung trotz Tarifbindung möglich. Im Bereich der Lohnsenkung wäre diese Betriebsvereinbarung allerdings freiwillig und somit nicht erzwingbar.[659]

---

[653] So Ehmann ZRP 1996 S.314 (315), Ehmann/Lambrich NZA 1996 S.346 (354), Ehmann/Schmidt NZA 1995 S.193 (199 f), Hablitzel NZA 2001 S.467 (470 f), Lambrich (1999) S.421. Vgl. auch Blomeyer NZA 1996 S.337 (345 f), der eine Ausnahme bei Betriebsvereinbarungen macht, die für manche Arbeitnehmer neutral und für andere günstiger sind, z.B. das Einrichten einer Raucherzone, welche von den Arbeitnehmern nicht betreten werden muß, bei einem tariflichen Rauchverbot. Die Frage stellt sich, ob hierfür eine Betriebsvereinbarung wirklich erforderlich ist. Wenn die Arbeitnehmer diese Zone nicht betreten müssen, können sie ein Rauchverbot auch nicht einklagen. Es genügt daher, daß der Arbeitgeber eine solche Zone einrichtet.

[654] So Ehmann/Lambrich NZA 1996 S.346 (354 f). Vgl. Ehmann ZRP 1996 S.314 (316 f).

[655] So Hablitzel NZA 2001 S.467 (471).

[656] So Ehmann/Schmidt NZA 1995 S.193 (201).

[657] So Ehmann/Schmidt NZA 1995 S.193 (201). Vgl. auch Ehmann ZRP 1996 S.314 (318), Ehmann/Lambrich NZA 1996 S.346 (354).

[658] Ehmann ZRP 1996 S.314 (317). Vgl. auch Ehmann/Schmidt NZA 1995 S.193 (202).

[659] Vgl. Ehmann/Schmidt NZA 1995 S.193 (200).

e) Appellativer Charakter des § 77 III BetrVG

Ferner wird bezweifelt, daß eine Betriebsvereinbarung, die gegen § 77 III BetrVG verstößt, nichtig ist.[660] Zum einen sei § 134 BGB nicht auf die Rechtssetzung anzuwenden, zum anderen stelle § 77 III BetrVG keine Verbotsvorschrift dar, die Vorschrift habe vielmehr nur appellativen Charakter. Dies wird mit dem Subsidiaritätsprinzip und damit begründet, daß die Gewerkschaft kein Antragsrecht hinsichtlich der Nichtigkeitssanktion habe. Demnach wäre eine Betriebsvereinbarung, die gegen § 77 III BetrVG verstößt wirksam. Der Arbeitgeber könnte eine solche freiwillige Betriebsvereinbarung aber nicht erzwingen.

4. Erweitertes Austrittsrecht

Abweichend von dem relativ engen Verständnis der Rechtsprechung bzgl. des wichtigen Grunds beim außerordentlichen Austritt aus dem Arbeitgeberverband werden folgende Erweiterungen vertreten:

Es gibt Ansätze, die allein den Wunsch zum Austritt oder den Wunsch zum Beitritt in eine andere Organisation genügen lassen, nur grundlegende Meinungsverschiedenheiten verlangen oder einen wichtigen Grund schon dann bejahen, wenn der Arbeitgeber sich einem anstehenden Tarifvertrag entziehen will[661]. Der außerordentliche Austritt aus dem Arbeitgeberverband kann die Tarifbindung jedoch gemäß § 3 III TVG nicht beenden. Unterstellt man, daß ein Recht zum außerordentlichen Austritt zu Zwecken der Sanierung schon jetzt ableitbar wäre, so stellen diese Ansätze zudem keine Erleichterung dar.

5. Einschränkung der Tarifbindung

Neben den Modifikationen bei § 4 III TVG und § 77 III BetrVG werden Versuche unternommen, die Tarifbindung aus § 3 I TVG bzw. die Weitergeltung einzuschränken.

a) Verfassungswidrigkeit des § 3 III TVG

Hält man die Weitergeltung in § 3 III TVG entgegen dem BAG[662] für verfassungswidrig[663], so ist die Norm nichtig. Dies wird wie folgt begründet: Die negative Koalitionsfreiheit aus Art. 9 III GG schütze den Austritt aus dem Arbeitgeberverband, der durch § 3 III TVG sinnlos werde. Eine solche *„Tarifbindung gegen Willen der Normunterworfenen“* sei *„verfassungsrechtlich nicht halt-*

---

[660] So Hablitzel NZA 2001 S.467 (471).

[661] Vgl. dazu die Darstellung dieser Ansätze bei Oetker ZfA 1998 S.41 (80) mwN. Vgl. auch Lambrich (1999) S.404 f, der ein jederzeitiges Austrittsrecht annimmt.

[662] BAG -Urt. v. 4.8.1993- AP Nr.15 zu § 3 TVG Bl.1.

[663] So Reuter FS Schaub (1998) S.605 (622), Reuter ZfA 1995 S.1 (40 f), Reuter RdA 1996 S.201 (208), Rieble Anm. SAE 1994 S.158 (159 f), vgl. aber Rieble (1996) Rn.1228 ff, 1236. Bedenken hegen auch Biedenkopf (1964) S.99 Fn.147, S.231 f, Dietz RdA 1957 S.178 (179), Karakatsanis (1963) S.98, Löwisch/Rieble § 3 TVG (1992) Rn.74.

bar".[664] Die Vorschrift sei zudem zur Grundrechtsbeschränkung nicht erforderlich, da § 4 V TVG genüge.[665] Zu dem Ergebnis führe auch eine *„Anwendung der kartellrechtlichen Wertungen auf den Tarifvertrag".*[666] Zweifel in bezug auf die Verfassungsmäßigkeit werden insbesondere bei Tarifverträgen mit einer langen Laufzeit geäußert.[667]

Wenn § 3 III TVG nichtig ist, so würde ein außerordentlicher Austritt aus dem Arbeitgeberverband die Tarifbindung sofort beenden und eine Sanierung ermöglichen. Aber auch ohne außerordentlichen Austritt wäre ein Abstreifen der Tarifbindung zügig möglich. Dies wäre also ein sehr radikaler Weg, Sanierungen arbeitsrechtlich abzusichern.[668]

b) Zeitliche Beschränkung des § 3 III TVG

Zur zeitlichen Beschränkungen des § 3 III TVG werden folgende Vorschriften bemüht.

aa) Analogie zu § 21 (1) BetrVG

Gem. § 22 I BetrVG 1952 betrug die Amtszeit des Betriebsrats zwei Jahre. Daraus wurde auf eine Grenze für die zeitliche Dauer der kollektivrechtlichen Legitimation geschlossen. Damit endet die Weitergeltung spätestens nach zwei Jahren in jedem Fall aber zwei Jahre nach Abschluß des Tarifvertrags.[669] Die heutige Regelung des § 21 (1) BetrVG sieht eine Amtszeit von vier Jahren vor.

Die Möglichkeit zur Sanierung ist nach dieser Ansicht entscheidend davon abhängig, wann der Tarifvertrag abgeschlossen wurde. Es dürfte zufällig sein, ob die Sanierung gerade kurz nach Abschluß des Tarifvertrags oder kurz vor dem Ablauf erforderlich wird. Das bedeutet, daß dieser Ansatz dem Arbeitgeber dann zur Sanierung keinen Vorteil bringt, wenn die Ablauffrist von vier Jahren noch in weiter Zukunft liegt und dies der Sanierung entgegensteht.

bb) Analogie zu § 624 BGB

Gem. § 624 BGB kann ein Dienstverhältnis, daß auf Lebenszeit oder *„für längere Zeit als fünf Jahre eingegangen"* ist, von dem Verpflichteten, also dem Arbeitnehmer, nach fünf Jahren mit einer Kündigungsfrist von 6 Monaten gekündigt werden. Aus dieser Vorschrift wird die Wertung des Gesetzgebers entnommen, daß *„die verbindliche Festlegung der Arbeitsbedingungen nur für einen Zeitraum von bis zu fünf Jahren möglich"* sei. Daraus wird ein Kündigungsrecht

---

[664] So Rieble Anm. SAE 1994 S.158 (159 f). Vgl. auch Reuter ZfA 1995 S.1 (41).
[665] So Reuter FS Schaub (1998) S.605 (622).
[666] Reuter ZfA 1995 S.1 (40).
[667] Vgl. Dietz RdA 1957 S.178 (179). Vgl. auch Buchner (1964) S.88, der Bedenken äußert, eine Verfassungswidrigkeit aber ablehnt.
[668] Vgl. zur Stellungnahme unter Kapitel 3 C. III. 2. e) (S.255). Eine Aufhebung der Wirkung des § 3 III TVG ist verfassungsrechtlich nicht erforderlich.
[669] So Biedenkopf (1964) S.232.

nach fünf Jahren mit der genannten Frist abgeleitet.[670] Dieses Kündigungsrecht steht aber den Tarifvertragsparteien und nicht dem Arbeitgeber zu.

Da das aus der Koalition ausgetretene Mitglied keine Möglichkeit mehr habe, *„auf die Willensbildung des Verbandes einzuwirken"*, wird ihm nach einem weitergehenden Ansatz das Recht eingeräumt, *„sich spätestens fünf Jahre nach seinem Austritt von dem Tarifvertrag lossagen zu können."*[671] Aufgrund dieser langen Frist, dürfte dieser Ansicht nur für Mantel- und Rahmentarifverträge relevant sein[672] und einer zügigen Sanierung entgegenstehen. Diese Sichtweise ist für eine Sanierung daher nur am Rande interessant.

c) Inhaltliche Beschränkungen des § 3 III TVG

Auf die Ansätze, die ein Ende der Weitergeltung bei Änderungen des Tarifvertrags, bei Verstreichen der nächsten Kündigungsmöglichkeit oder bei Eintritt einer neuen Stufe des Tarifvertrags annehmen, wurde bereits hingewiesen.[673] Daneben gibt es noch folgende Ansätze, die § 3 III TVG inhaltlich beschränken:

aa) Ende des gesamten Tarifwerks

So ende die Weitergeltung aller geltenden Tarifverträge, also des Entgelt-, Mantel- und Rahmentarifvertrags, usw mit dem Ende eines Tarifvertrags. Somit würde die Weitergeltung des gesamten Tarifwerks und damit auch der Entgelttarifvertrag entfallen, wenn z.B. der Arbeitgeber kurz vor Ablauf des Rahmentarifvertrags austritt. Dieses Ergebnis wird auf eine verfassungskonforme Auslegung und einen Vergleich mit § 613a I BGB gestützt.[674] Dies wird wie folgt begründet:

Nach dem jetzigen Verständnis müßten die Tarifverträge, die immer erst nacheinander in die Phase der Nachwirkung eintreten, einzeln durch *„andere Abmachungen"* ersetzt werden. Eine solche *„permanente Nachverhandlung"* sei insbesondere in kleineren Unternehmen nicht praktikabel. So ließe ein *„in zahlreiche Tarifverträge aufgesplittertes Tarifwerk"* dem Arbeitgeber nur die Wahl, das *„Tarifrecht zu mißachten oder doch nicht aus dem Arbeitgeberverband auszutreten"*. Damit werde die Grundrechtsausübung des Art. 9 III GG, der die Freiheit, aus der Koalition auszutreten, schütze, ausgeschlossen. Es sei einfacher, das Ziel der Gestaltung der Arbeitsbedingungen durch eine Ausgliederung im Sinne des § 613a BGB als durch den Austritt zu erreichen. So müßten wie bei § 613a BGB alle Tarifverträge einheitlich behandelt werden.[675]

---

[670] So Hanau/Kania DB 1995 S.1229 (1230), Löwisch/Rieble § 1 TVG Rn.127. Vgl. auch Buchner NZA 1993 S.289 (292), nach dem eine Frist von mehr als vier Jahren den Kernbereich der Koalitionsfreiheit berühre. Vgl. auch Däubler NZA 1996 S.225 (227).

[671] So Däubler NZA 1996 S.225 (227).

[672] Vgl. Däubler NZA 1996 S.225 (227).

[673] Vgl. unter Kapitel 2 A. III. 2. b) bb) (2) und (3) (S.87 ff).

[674] Vgl. Frieges NZA 1998 S.630 (632 f).

[675] Frieges NZA 1998 S.630 (632 f).

Die Möglichkeit der Sanierung hinge nach diesem Ansatz von Zufällen ab. Würde irgendein Tarifvertrag in der nächsten Zeit auslaufen, so könnte der Arbeitgeber durch einen außerordentlichen Austritt die Tarifbindung zügig abstreifen. Liegt der Ablauf des nächsten Tarifvertrags in weiter Zukunft, dürfte die Sanierung ausgeschlossen sein.

bb) Austrittsmöglichkeit ohne Weitergeltung innerhalb von drei Wochen

Ebenfalls auf einer verfassungskonformen Auslegung beruht die Ansicht, daß dem Arbeitgeber nach dem Abschluß eines Tarifvertrags eine Frist von drei Wochen eingeräumt wird, innerhalb derer er austreten könne, ohne an diesen Tarifvertrag gemäß § 3 III TVG gebunden zu sein. Die verfassungskonforme Auslegung wird auf die Grundrechte des Arbeitgebers aus Art. 9 III GG und Art. 2 GG gestützt.[676] Eine Sanierung wäre demnach davon abhängig, ob ein Abschluß des nächsten Entgelttarifvertrags ansteht. Ansonsten würde sich an der Tarifbindung nichts ändern.

cc) Begrenzung auf beiderseitige Mitgliedschaft

Schließlich wird eine teleologische Reduktion des § 3 III TVG in der Form vorgeschlagen, daß eine Weitergeltung erfordere, daß zumindest vorübergehend eine beiderseitige Mitgliedschaft bestanden hat. Zweck der Vorschrift sei es, die Tarifflucht zu verhindern und dieser Zweck erfordere nicht, daß neu begründete Arbeitsverhältnisse oder Gewerkschaftsbeitritte nach dem Austritt des Arbeitgebers aus dem Arbeitgeberverband erfaßt werden.[677] Dieser Ansatz ermöglicht keinen Ausstieg aus der Tarifbindung, er würde nur verhindern, daß die nicht tarifgebundenen Arbeitnehmer eine Sanierung dadurch blockieren, daß sie in die Gewerkschaft eintreten.

d) Ausnahme von der Tarifbindung in Härtefällen

Ein weiterer Ansatzpunkt ist die Öffnung der Tarifbindung in Härtefällen. Dies läuft im Ergebnis auf eine fiktive Härteklausel hinaus, die Ansätze werden aber sehr unterschiedlich konstruiert.

aa) Außerordentliche Kündigung der Tarifbindung

Zunächst wird dem Arbeitgeber analog § 13 I (1) GWB a.F.[678] ein außerordentliches Kündigungsrecht der Tarifbindung eingeräumt.[679] Die Kündigung sei ge-

---

[676] Heinze NZA 1995 S.5 (7), der zwar eine Gesetzesänderung fordert, aber zu diesem Ergebnis schon „de lege lata" kommt. Vgl. aber noch den eindeutigen Standpunkt gegen ein Arbeitsrecht in der Unternehmenskrise von Heinze in Birk/Kreuzer (1986) S.75 (81, 104).

[677] Rieble Anm. SAE 1994 S.158 (159).

[678] In der Fassung des GWB v. 26.8.1998 (BGBl. I S.2546) ist eine entsprechende Regelung nicht enthalten.

[679] a) So Löwisch NJW 1997 S.905 (907), Löwisch ZGR 1984 S.272 (276), Löwisch/Rieble in MünchArbR III § 256 Rn.43 ff, Rieble in Kittner (1996) S.11 (24), Rieble (1996) Rn.1565 ff, Rieble RdA 1996 S.151 (155). Vgl. schon die Erwägung von Heinze in Birk/Kreuzer (1986) S.75 (82).

genüber beiden Tarifvertragsparteien auszuüben.[680] Gemäß § 13 I (1) GWB a.F. konnte ein am Kartell Beteiligter aus wichtigen Grund kündigen. Gemäß § 13 I (2) GWB a.F. lag ein solcher *„insbesondere vor, wenn die wirtschaftliche Bewegungsfreiheit des Kündigenden unbillig eingeschränkt"* wird.

Wenn die Tarifbindung in Form der Arbeitsbedingungen im Sinne des § 112 V Nr.3 BetrVG *„den Fortbestand des Unternehmens gefährden oder zum Verlust von Arbeitsplätzen führen"*, greife die Tarifautonomie aus Art. 9 III GG unverhältnismäßig in die Unternehmensfreiheit und Vertragsfreiheit aus Art. 12 I i.V.m. Art. 2 I GG ein. Damit verliere die Kartellwirkung des Tarifvertrags ihre Berechtigung. Somit schlage auch hier *„der in § 13 GWB besonders zum Ausdruck gebrachte Gedanke durch"*.[681]

Rechtsfolge dieser Kündigung sei die Nachwirkung des Tarifvertrags, der durch Änderungsverträge und Änderungskündigungen abbedungen werden könne. Ein Austritt ist demnach nicht erforderlich, so daß praktisch eine ungeschriebene Härteklausel in § 3 III TVG bzw. § 4 I TVG angenommen wird. Eine gerichtliche Klärung solle sowohl bei einem Urteil zwischen den Tarifvertragsparteien als auch zwischen den Arbeitsvertragsparteien analog § 9 TVG bindende Wirkung haben.[682] Dieser Weg wäre für ein Sanierung praktikabel.[683]

bb) Suspendierung der Tarifbindung

In eine ähnliche Richtung geht der Ansatz, in Härtefällen die Tarifbindung zu suspendieren.[684] Sind die tariflichen Arbeitsbedingungen für den Arbeitgeber unzumutbar, so gelten demnach folgende drei Stufen:

Auf der ersten, kollektivrechtlichen, Stufe entfalle die zwingende Wirkung des § 4 I TVG „ipso iure", die unmittelbare Geltung bleibe aber erhalten. Auf der zweiten, individualrechtlichen, Stufe sei damit die Vertragsfreiheit wiederherge-

---

b) Im Wege der Rechtsfortbildung halten ein Kündigungsrecht bei § 3 III TVG für denkbar: Bauer FS Schaub (1998) S.19 (40), Bauer/Diller DB 1993 S.1085 (1089).

c) Vgl. auch den Ansatz von Däubler ZTR 1996 S.241 (244). Ähnlich Henssler ZfA 1994 S.487 (491), die eine auf einzelne Arbeitgeber isolierte Kündigung des Verbandstarifvertrags für zulässig halten, vgl. unter Kapitel 2 A. V. 3. (S.93).

680 So Löwisch NJW 1997 S.905 (907).

681 Löwisch NJW 1997 S.905 (906 f). Vgl. auch Rieble RdA 1996 S.151 (155), der die Kündigung auf Existenzgefährdungen begrenzt.

682 Löwisch NJW 1997 S.905 (908 f).

683 Vgl. zur Stellungnahme unter Kapitel 3 C. III. 2. e) (S.255 f). Gegenüber der Kündigung der Tarifbindung ist ein Austritt ohne Weitergeltung ein milderes Mittel.

684 So Belling/Hartmann NZA 1998 S.57 (66 f). Vgl. auch schon Belling/Hartmann ZfA 1997 S.87 (142). Dem entspricht der Ansatz von Adam ZTR 2001 S.112 (114 ff), der von einer Änderungskündigung bei Wegfall der Geschäftsgrundlage spricht (S.117), die nach Überwindung der Krise hinfällig werde. Jetzt auch Schulz (2002) S.327 ff, der zwar von der Fortgeltung des Tarifvertrags spricht, damit aber nicht die Weitergeltung meint. Nach Schulz (2002) S.334 ist bei der Suspendierung eine Lohnkürzung durch Betriebsvereinbarung möglich.

stellt, so daß die Arbeitsbedingungen z.B. durch außerordentliche Änderungskündigungen geändert werden könnten. Es wird eine betriebliche Regelungsabrede erwogen, welche den Arbeitsvertragsparteien den Umfang der Kürzungen bei Änderungsverträgen vorschlagen solle. Die dritte Stufe setzte ein, wenn die Sanierung gescheitert oder geglückt ist, dann gelte die Rechtsfolge des § 4 I TVG wieder „ex nunc".[685]

Ferner kann man anstatt der Änderungsverträge oder Änderungskündigungen auch an ein Leistungsverweigerungsrecht aus § 242 BGB denken.[686] Der Arbeitgeber könnte dann den unzumutbaren Lohnbestandteil verweigern, Änderungskündigungen wären somit nicht erforderlich. Das Leistungsverweigerungsrecht würde dann bei der erfolgreichen Sanierung wieder entfallen. Zudem wird teilweise daneben eine Betriebsvereinbarung zur Entgeltsenkung für zulässig erachtet. Der Betriebsrat habe über die Verteilungsgrundsätze hinaus nach § 87 I Nr. 10 BetrVG ausnahmsweise bei der Kürzung von Arbeitsentgelten ein erzwingbares Mitbestimmungsrecht.[687]

Der Ansatz zur Suspendierung der Tarifbindung beruht auf einer teleologischen Reduktion des § 4 I TVG, der gleichzeitig eine verfassungskonforme Auslegung darstelle.[688] Die Notwendigkeit einer Begrenzung der Tarifbindung wird durch das Verhältnismäßigkeitsprinzip und die Unzumutbarkeit der Eingriffe in die Privatautonomie der Arbeitnehmer und Arbeitgeber begründet. So greife § 4 I TVG unverhältnismäßig in die Privatautonomie ein, wenn er verhindere, daß in Notlagen untertarifliche Leistungen vereinbart werden.[689] Die Kriterien für eine Notlage, nämlich die Existenzgefahr und der Arbeitsplatzabbau, fänden sich in § 112 V Nr.3 BetrVG.[690] Ein solche wird angenommen, *„wenn aus Sicht eines objektiven, sachkundigen Dritten zu erwarten ist, daß untertarifliche Arbeitsbedingungen dazu beitragen, das Unternehmen zu sanieren und Arbeitsplätze in erheblichem Umfang zu sichern. Der Beitrag der Arbeitnehmer darf im Verhältnis zu den übrigen am Insolvenzverfahren Beteiligten nicht sozial und wirtschaftlich unangemessen sein."*[691]

Die sichere gerichtliche Klärung könne analog § 9 TVG in der Weise erfolgen, daß eine Feststellungsklage des Arbeitgebers oder der Gewerkschaft bindende

---

[685] Belling/Hartmann NZA 1998 S.57 (66 ff).

[686] Vgl. etwa Hümmerich NZA 1996 S.1289 (1295), der es für möglich hält, den Fall „Viessmann" durch die Generalklauseln aus den §§ 242, 626 BGB zu lösen. Mit dem Hinweis auf § 242 BGB ist wohl die Geltendmachung einer Einrede i.S. eines Leistungsverweigerungsrechts gemeint. Vgl. zur Stellungnahme unter Kapitel 3 A. II. 3. a) (S.167 ff). Die außerordentliche Änderungskündigung ist gegenüber dem Leistungsverweigerungsrecht ein milderes Mittel.

[687] So Schulz (2002) S.141 ff, 164.

[688] Vgl. Belling/Hartmann NZA 1998 S.57 (65).

[689] So Belling/Hartmann NZA 1998 S.57 (60).

[690] So Belling/Hartmann NZA 1998 S.57 (63).

[691] So Belling/Hartmann NZA 1998 S.57 (65).

Wirkung erfahre.[692] Von dem vorherigen Vorschlag unterscheidet sich dieser zum einen dadurch, daß die Tarifbindung nur suspendiert wird und zum anderen, daß dafür keine Gestaltungserklärung (Kündigung) erforderlich ist. Materiell stellt dieser Ansatz ebenso eine Öffnungsklausel und damit einen praktikablem Weg zur Sanierung dar.[693]

cc) Unverzüglicher außerordentlicher Verbandsaustritt nach Tarifschluß

Ein Austritt aus dem Arbeitgeberverband kurz vor dem Neuabschluß verhindert die Bindung an den neuen Tarifvertrag. Ein Ansatz zielt daraufhin, daß diesem Fall der „*unverzügliche und deutlich bekanntgegebene Austritt kurz nach dem Abschluß*" gleichzustellen sei. Weitere Voraussetzung sei die wirtschaftliche Unzumutbarkeit des Tariflohns. Ein Vertrauensschutz des Arbeitnehmers wäre hier noch nicht entstanden. Dogmatisch liegt eine teleologische Reduktion des § 3 III TVG vor.[694]

Neben den individualrechtlichen Möglichkeiten stehe dem Arbeitgeber zudem die Betriebsvereinbarung offen, da ein Tarifvertrag nicht mehr üblich sei.[695] Insofern wäre eine Sanierung vor einem Tarifabschluß schnell zu praktizieren. Liegt der nächste Abschluß allerdings weit in der Zukunft, kommt der Arbeitgeber aus der Tarifbindung nicht heraus. Dieser Ansatz ist zur Sanierung daher nur eingeschränkt praktikabel.

e) Begrenzung der Weitergeltung in Härtefällen

Diese Konsequenz wird vermieden, indem man die teleologische Reduktion des § 3 III TVG in der Art erweitert, daß eine Weitergeltung dann ausscheidet, wenn „*die Verbandsmitgliedschaft aufgrund eines außerordentlichen Austritts endet, weil die fortdauernde Tarifbindung unzumutbar ist.*"[696] Dieser Ansatz stellt eine fiktive Härteklausel im § 3 III TVG dar.

Zu Sanierungszwecken könnte der Arbeitgeber somit aus dem Arbeitgeberverband außerordentlich austreten, die Weitergeltung würde entfallen und die Nachwirkung könnte durch außerordentliche Änderungskündigungen beendet

---

[692] So Belling/Hartmann NZA 1998 S.57 (68 ff).

[693] Vgl. zur Stellungnahme unter Kapitel 3 C. III. 2. e) (S.255 f). Eine Aufhebung der Wirkung des § 3 III TVG ist verfassungsrechtlich nicht erforderlich.

[694] So Adomeit (1996) S.53 ff, 74 f, Adomeit AuA 1996 S.131 (131, Nr.12). Oetker ZfA 1998 S.41 (79 f Fn.156) versteht Adomeit dahingehend, daß dieser sich generell für eine teleologische Reduktion ausspricht. Aus dem inhaltlichen Zusammenhang der Ausführungen spricht jedoch viel dafür, daß Adomeit nur einen außerordentlichen Austritt wegen unzumutbarer Tarifbindung meint.

[695] Vgl. Adomeit (1996) S.57.

[696] Diesen Gedanken wirft Oetker ZfA 1998 S.41 (79 f) auf und verwirft ihn. Schulz (2002) S.334 spricht zwar von Fortgeltung und Weitergeltung, meint damit aber nicht die Weitergeltung i.S. von § 3 III TVG. Seiner Ansicht nach entfällt die zwingende Wirkung i.S. von § 4 I TVG „ipso jure", vgl. Schulz (2002) S.328 f.

werden. Die Tarifbindung würde einer Sanierung somit nicht entgegenstehen.[697]

6. Verpflichtungen der Tarifvertragsparteien zur Öffnung des Tarifvertrags

In eine ganz andere Richtung geht der Gedanke, die Problematik durch eine Pflicht der Tarifvertragsparteien zur Öffnung des Tarifvertrags zu lösen. Pflichten können sich aus dem Gesetz und aus Schuldverhältnissen ergeben.

a) Grundrechtlicher Anspruch auf Härtefallregelungen

In Härtefällen wird eine Pflicht der Tarifvertragsparteien, „*Unternehmen von der Tarifbindung zu befreien*", in Erwägung gezogen.[698] Diese Erwägung wird entsprechend der vorherigen Ansätze auf die Grundrechte und den Verhältnismäßigkeitsgrundsatz gestützt.[699] Ferner wird auf Art. 3 I GG verwiesen, der gebiete, daß Ungleiches ungleich behandelt werden müsse und erwogen, daraus die Pflicht abzuleiten, Extremfällen Rechnung zu tragen.[700] Nach diesem Ansatz könnte der Arbeitgeber auch ohne Härteklausel eine Härtefallregelung verlangen. Dies müßte er dann bei den Tarifvertragsparteien einklagen. Dieser Weg würde daher eine Sanierung ermöglichen.[701]

b) Zivilrechtliche Ansprüche

In Betracht zu ziehen sind ferner zivilrechtliche Ansprüche[702] auf Erfüllung einer Verpflichtung zur Vereinbarung einer Härtefallregelung oder auf Schadensersatz.

aa) Anspruch auf Härtefallregelung

Ein zivilrechtlicher Anspruch auf Vereinbarung einer solchen Härtefallregelung setzt eine entsprechende Verpflichtung voraus. Der Arbeitgeber würde dann die Tarifvertragsparteien auf Umsetzung einer konkreten Härtefallregelung verklagen. Dies würde eine Sanierung ermöglichen. Hierbei ist an folgende Anspruchsgrundlagen zu denken:

(1) Tarifvertrag

Gem. § 1 I TVG regelt der Tarifvertrag die „*Rechte und Pflichten der Tarifvertragsparteien und enthält Rechtsnormen*". Der Tarifvertrag hat also eine rechtli-

---

[697] Eine verfassungsrechtliche Untersuchung kommt zu dem Ergebnis, daß einzig dieser Ansatz verfassungskonform ist, vgl. unter Kapitel 3 C. III. 3. (S.256 ff). Zur dogmatischen Begründung vgl. unter Kapitel 4 A. (S.275 ff).

[698] So Hanau (Dikussionsbeitrag) RdA 1994 S.169 (173), Wank FS Schaub (1998) S.761 (771, 773). Vgl. auch Wiedemann § 4 TVG Rn.32, der von einer Verhandlungspflicht des Verbands spricht, dies aber nicht näher begründet.

[699] Vgl. Wank FS Schaub (1998) S.761 (771).

[700] Vgl. Hanau (Dikussionsbeitrag) RdA 1994 S.169 (173), der diesen Gedanken in Form einer Frage aufwirft.

[701] Vgl. zur Stellungnahme unter Kapitel 3 C. III. 2. c) (S.255). Eine Anpassungsverpflichtung ist verfassungsrechtlich nicht erforderlich..

[702] Vgl. Rieble (1996) Rn.1300 ff, Wochner BB 1993 S.515 (515 ff).

che Doppelnatur, er hat einen obligatorischen und einen normativen Teil. Der obligatorische Teil ist ein *„gegenseitiger, schuldrechtlicher Vertrag arbeitsrechtlichen Inhalts."*[703] Der normative Teil ist ein *„für Dritte rechtsverbindlicher zweiseitig korporativer Normenvertrag".*[704] Ein zivilrechtlicher Anspruch kann sich nur aus dem obligatorischen Teil ergeben.

Speziell bei bestehenden Öffnungsklauseln wird eine *„Mitwirkungspflicht"* der Tarifvertragsparteien angenommen.[705] Ein Erfüllungsanspruch setzt eine entsprechende vertragliche Verpflichtung gegenüber dem Anspruchsteller voraus. Gegen einen Anspruch der Tarifunterworfenen aus dem obligatorischen Teil spricht zunächst, daß sie nicht Partei des Vertrages sind. Möglich ist allenfalls ein echter Vertrag zugunsten Dritter im Sinne von § 328 BGB. Bei Vorliegen einer Härteklausel ist zu prüfen, ob diese als eine solche Verpflichtung ausgelegt werden kann. Schuldrechtliche Verträge sind gemäß §§ 133, 157 BGB nach „Treu und Glauben" auszulegen. Dies soll hier am Beispiel der Härteklausel für die sächsischen Metall- und Elektroindustrie vom 24.11.1995[706] geschehen.

Demnach *„haben sich die Tarifvertragsparteien (...) zu verständigen und werden eine Härtefallregelung vereinbaren, wenn das Vorliegen eines Härtefalls einvernehmlich festgestellt wurde."* Hieraus kann auf eine Verpflichtung zu Verhandlungen geschlossen werden. Eine Verpflichtung zur Vereinbarung einer Härtefallregelung läge wohl auch dann vor, wenn sich die Tarifvertragsparteien auf das Vorliegen eines Härtefalls einigen. Eine Verpflichtung zur Einigung über die Feststellung eines Härtefalls soll aber gerade nicht getroffen werden. Insoweit liegt eine gewisse Mitwirkungspflicht, aber eben keine vertragliche Verpflichtung zur Einigung vor.

Anders läge der Fall höchstens dann, wenn sich die Tarifvertragsparteien in der Härteklausel gegenüber dem Arbeitgeber im Falle eines Härtefalls zur Einigung verpflichten. Dieser Fall dürfte in der tariflichen Praxis nicht vorkommen. Zudem ist hier zweifelhaft, wie ein Anspruch auf Einigung durchzusetzen wäre. Das Gericht müßte die Einigungserklärung der sich weigernden Partei durch eine eigene Erklärung ersetzen.

(2) Anspruch aus c.i.c. (Abbruch von Vertragsverhandlungen)

Zu überlegen wäre ferner eine Übertragung der Grundsätze zum Abbruch von Vertragsverhandlungen. Demnach wird aus der Rechtsfigur der „culpa in contrahendo"[707] (c.i.c.), die nun in § 311 II BGB i.V.m. §§ 241 II, 280 I BGB ihre normative Grundlage hat, eine Schadensersatzpflicht angenommen, wenn ein Teil die Verhandlungen ohne triftigen Grund abbricht, nachdem er in zure-

---

703 Vgl. Schaub in Schaub (2002) § 198 Rn.16.
704 Schaub in Schaub (2002) § 198 Rn.16.
705 Thau AuA 1993 S.235 (237).
706 Vgl. VSME Heft 7 S.5. Vgl. unter Kapitel 2 B. II. 1. (S.97).
707 Verschulden bei Vertragsverhandlungen, vgl. dazu Heinrichs in Palandt § 311 BGB Rn.11 ff.

chenbarer Weise Vertrauen auf das Zustandekommen des Vertrags erweckt hat.[708] Die Rechtsfolge der c.i.c. ist zwar grundsätzlich die Naturalrestitution nach § 249 (1) BGB, ein Anspruch auf Erfüllung wird jedoch nicht gewährt.[709]

(3) Anspruch aus der Mitgliedschaft

In Betracht zu ziehen ist ferner die Mitgliedschaft in der jeweiligen Koalition als vertragliches Verhältnis, welches die Koalition zu einer Einigung verpflichtet. Die nachträgliche Vereinbarung einer Härteklausel ist aber nicht ohne die Mitwirkung der anderen Tarifvertragspartei möglich. In dieser kann der Anspruchsteller ja nicht Mitglied sein. Auch bei Vorliegen einer Härteklausel ist eine Einigung der Tarifvertragsparteien erforderlich. Aus der Mitgliedschaft kann daher keine Einigungspflicht hergeleitet werden.

Ein vertraglicher Anspruch auf Öffnung des Tarifvertrags ist daher weder aus dem Tarifvertrag noch aus einem sonstigen Schuldverhältnis dogmatisch begründbar.

bb) Anspruch auf Schadensersatz

Das BAG hat entschieden, daß „*autonome Schadenersatzansprüche tarifunterworfener Arbeitnehmer oder Arbeitgeber, die sich durch tarifliche Normen benachteiligt fühlen, gegen die Tarifvertragsparteien oder deren Repräsentanten (...) nach geltendem Recht nicht*“ bestehen.[710] Trotzdem könnte man eine Haftung der Tarifvertragsparteien auf Schadensersatz erwägen. Ein Anspruch auf Schadensersatz ermöglicht zwar keine Sanierung, er kann aber durch einen materiellen Ausgleich den Problemen gerecht werden. So könnten die Arbeitnehmer, die ihren Arbeitsplatz verloren haben, und die Anteilseigner, deren Anteile wertlos wurden, die Tarifvertragsparteien auf Schadensersatz verklagen.

(1) Anspruch aus Verletzung der tarifvertraglichen Pflichten

Ein Anspruch aus positiver Vertragsverletzung[711] (pVV), die jetzt in den §§ 280 I, 241 II BGB als Pflichtverletzung normiert ist, setzt unter anderem ein Vertragsverhältnis und eine schuldhafte Pflichtverletzung voraus. Ein Vertragsverhältnis liegt bei einem Vertrag zugunsten Dritter oder bei einem Vertrag mit Schutzwirkung zugunsten Dritter vor[712]. Als Pflichtverletzung kann man hier an die Verletzung einer Schutzpflicht (§ 241 II BGB) oder der Mitwirkungspflicht denken.

Die Schutzpflicht enthält die Verpflichtung, daß sich Gläubiger und Schuldner bei der Abwicklung des Schuldverhältnisses so verhalten, daß Personen, Eigen-

---

[708] Heinrichs in Palandt § 311 BGB Rn.34 mwN.
[709] Heinrichs in Palandt § 311 BGB Rn.58 mwN.
[710] BAG -Urt. v. Urt. v. 20.8.1986- AP Nr.6 zu § 1 TVG Tarifverträge: Seniorität LS.
[711] Auch Positive Forderungsverletzung, vgl. dazu Heinrichs in Palandt § 280 BGB Rn.5.
[712] Heinrichs in Palandt § 328 BGB Rn.13 ff.

tum und sonstige Rechtsgüter des anderen Teils nicht verletzt werden.[713] Der Verletzung einer Schutzpflicht durch eine unterlassene Öffnung des Tarifvertrags stehen folgende rechtliche Aspekte entgegen: Erstens ist fraglich, ob der Arbeitsplatz ein Rechtsgut im Sinne dieser Pflicht darstellt.[714] Diese Hürde kann man bzgl. des Arbeitgebers durch das Recht am eingerichteten und ausgeübten Gewerbebetrieb[715] nehmen. Zweitens stellen die Arbeitsbedingungen für das Unternehmen das eigentliche Problem dar, diese sind aber im normativen Teil geregelt. Somit ist fraglich, ob hier überhaupt eine vertragliche Schutzpflicht aus dem Tarifvertrag vorliegen kann. Drittens käme eine solche Schutzpflicht aus dem Tarifvertrag durch den Druck eines Schadensersatzes einer Verpflichtung zur Einigung nahe, was gegen dem Verständnis von einer bloßen Mitwirkungspflicht widerspräche.

Nach der Mitwirkungspflicht müssen Gläubiger und Schuldner die Voraussetzungen für die Durchführung des Vertrages schaffen und Erfüllungshindernisse beseitigen.[716] Wie oben ausgeführt, sind die Tarifvertragsparteien durch die Härteklausel im Beispiel durchaus zur Mitwirkung verpflichtet.[717] Eine Verletzung dieser Pflicht kann aber nicht schon in der Weigerung der Feststellung eines Härtefalls, sondern erst in der Weigerung einer Verhandlung gesehen werden. Nur hier kämen Ansprüche aus Pflichtverletzung in Betracht. Dann stellt sich die Frage, ob die Betriebsparteien tatsächlich in das Vertragsverhältnis mit einbezogen sind und ob ein Verschulden vorliegt. Fraglich ist zudem das Vorliegen eines Schadens, da die Verhandlungen allein noch nichts über den Erfolg derselben aussagen. Ein Schadensersatzanspruch aus Verletzung der tarifvertraglichen Pflichten ist also nicht nur kein probates Mittel, die Folgen einer gescheiterten Härtefallregelung auszugleichen, er ist auch als dogmatisch zweifelhaft abzulehnen.

(2) Anspruch aus c.i.c. (Abbruch von Vertragsverhandlungen)

Man könnte im Falle einer Weigerung zur Einigung an einen Schadensersatzanspruch aus c.i.c. (§§ 313, 241, 280 BGB) wegen des Abbruchs von Vertragsverhandlungen denken. In der Schaffung einer Härteklausel und der Aufnahme der Verhandlungen über eine Härtefallregelung allein liegt aber noch kein Vertrauenstatbestand. Schließlich sind die Anforderungen an einen triftigen Grund nicht sonderlich hoch, ihr Fehlen wird erst bei sachfremden Erwägungen angenommen.[718] Dies dürfte insbesondere in Hinblick auf die Tarifautonomie fast nie

---

713 Heinrichs in Palandt § 280 BGB Rn.28, § 242 BGB Rn.35.

714 Thomas in Palandt § 823 BGB Rn.27. In Betracht käme noch eine Verletzung des Persönlichkeitsrechts. Vgl. zur grundrechtlichen Verankerung des Arbeitsplatzes unter Kapitel 3 A. I. 2. c) (S.161 ff).

715 Vgl. Thomas in Palandt § 823 BGB Rn.19 ff.

716 Heinrichs in Palandt § 242 BGB Rn.32.

717 Vgl. dazu unter Kapitel 2 D. I. 6. b) aa) (1) (S.128).

718 Heinrichs in Palandt § 311 BGB Rn.34 mwN.

vorliegen. In Betracht kämen allenfalls Fälle, bei denen z.B. der Arbeitgeberverband eine Härtefallregelung verweigert, um einen Konkurrenten gezielt zu schädigen (Existenzvernichtung). Ein Anspruch aus c.i.c. hilft daher praktisch nicht weiter.

(3) Anspruch aus Verletzung der Pflichten des Mitgliedschaftsverhältnisses

Ein Ansatz stellt nicht auf das Unterlassen einer Öffnung des Tarifvertrags, sondern schon auf die Vereinbarung der Arbeitsbedingungen und auf eine damit verbundene Verletzung des Mitgliedschaftsverhältnisses ab.[719]

Die Gewerkschaft sei wie beim Auftrag an die Interessen ihrer Mitglieder gebunden. Da die Gewerkschaft bei Tarifverhandlungen aber nicht wie bei Auftrag weisungsgebunden ist, entsprächen die Rechtsbeziehungen hier eher der Geschäftsführung ohne Auftrag im Sinne der §§ 677 ff BGB. Demnach habe die Gewerkschaft gemäß § 677 BGB *„das Geschäft so zu führen, wie das Interesse"* der Arbeitnehmer es erfordere. Der Arbeitnehmer habe zwar auch ein Interesse an einem möglichst hohen Lohn, sein Hauptinteresse habe er aber daran, *„daß sein Arbeitsplatz nicht gefährdet wird."*[720]

Ein Tarifabschluß, *„der die Gefahr in sich birgt, daß durch ihn Arbeitsplätze vernichtet werden"*, stelle demnach ein Pflichtverstoß dar. Ein Verschulden sei aufgrund der Fachkenntnisse der *„Gewerkschaftsoberen"* leicht zu belegen, in bezug auf die Tarifverträge in den neuen Bundesländern wird sogar von Vorsatz und *„gröbster Fahrlässigkeit"* gesprochen. In einem Hinweis der Gewerkschaft auf die freiwillige Mitgliedschaft des Arbeitnehmers läge *„ein Fall der unzulässigen Rechtsausübung"*. Der Schadensersatz belaufe sich auf die Differenz zwischen dem angemessenen Lohn und dem Arbeitslosengeld und sei zeitlich, z.B. durch eine Analogie zu § 10 KSchG, zu begrenzen.[721]

Dieser Ansatz gewährt folglich dem Arbeitnehmer einen Schadensersatz, wenn die Gewerkschaft einen zu hohen Tarifabschluß aufgrund einer zu hohen Tarifforderung erzielt. Da der Arbeitgeberverband demgegenüber regelmäßig einen möglichst niedrigen Abschluß erzielen will, kann diese Überlegung nicht bei den Arbeitgebern greifen. Dieser Ansatz nützt daher nur den Arbeitnehmern, die Mitglied in der Gewerkschaft sind, welche den Tarifvertrag geschlossen hat.

(4) Deliktische Haftung

Im Bereich der §§ 823 ff BGB ist an folgende Ansprüche zu denken:

Das Mitgliedschaftsverhältnis könnte entsprechend der Ausführungen zur Pflichtverletzung als sonstiges Recht im Sinne des § 823 I BGB verletzt sein.[722]

---

[719] Vgl. Wochner BB 1993 S.515 (515 ff), der zwar die pVV (jetzt Pflichtverletzung nach § 280 BGB) als Anspruchsgrundlage nicht ausdrücklich nennt, aber deren Voraussetzungen prüft.

[720] Wochner BB 1993 S.515 (516 f).

[721] Wochner BB 1993 S.515 (517 f, Fn.11 f).

[722] Vgl. dazu Rieble (1996) Rn.1300.

Als sonstige Rechte könnte man auch das Recht am Unternehmen, das Recht am Arbeitsplatz oder die Grundrechte verstehen. Ferner könnte man bei einer Verweigerung einer Härtefallregelung an § 826 BGB oder im Falle der Allgemeinverbindlicherklärung sogar an Ansprüche aus § 839 BGB i.V.m. Art. 34 GG gegen den Staat denken[723].

cc) Zwischenergebnis

Es gibt Ansätze, die entgegen der Rechtsprechung des BAG zivilrechtliche Ansprüche gegen die Tarifvertragsparteien annehmen. Ansprüche auf Einführung einer Härtefallregelung lassen sich dogmatisch nicht begründen, Schadensersatzansprüche sind nicht nur dogmatisch zweifelhaft, sie ermöglichen zudem keine Sanierung, sondern verschaffen nur nachträglich Befriedigung, frei nach dem Motto: „Dulde und liquidiere".

7. Nichtigkeit des Tarifvertrags

Schließlich wird abweichend von einem Recht zur außerordentlichen Kündigung erwogen, einem Tarifvertrag, der *„eine große Anzahl von tarifgebundenen Unternehmen zu Entlassungen zwingt"*, die normative Wirkung „ex lege" abzusprechen.[724] Teilweise wird auch an eine Anwendung des § 138 BGB gedacht[725]. Dies hat für den einzelnen Arbeitgeber den entscheidenden Vorteil, daß keine Kündigung des Arbeitgeberverbands erforderlich ist und er an den Tarifvertrag nicht mehr gebunden ist. Konsequenterweise müßte dann der vorherige „alte" Tarifvertrag wieder aufleben und gemäß § 4 V TVG nachwirken. Hier wäre eine Lohnsenkung durch Änderungskündigungen möglich.[726]

8. Staatliche Festsetzung

Bei einem für die Allgemeinheit bedeutenden Großunternehmen wird in besonderen Notsituationen eine zeitlich begrenzte gesetzliche Anpassung der Arbeitsentgelte für möglich erachtet. Voraussetzung ist, daß dies zur Sanierung *„notwendig erscheint und eine Anpassung auf anderem Wege ausscheidet"*.[727] Dies ist Lohnsenkung durch den Gesetzgeber.

II. Gesetzesänderungen

Es werden eine Vielzahl von Vorschlägen zu Gesetzesänderungen erörtert, die auch untereinander kombiniert werden.

---

723 So Wochner BB 1993 S.515 (518).
724 So Henssler ZfA 1994 S.487 (493).
725 Zöllner/Loritz (1998) S.434.
726 Vgl. zur Stellungnahme unter Kapitel 3 C. III. 2. d) (S.255). Eine Nichtigkeit des Verbandstarifvertrags ist verfassungsrechtlich nicht erforderlich.
727 Löwisch ZGR 1984 S.272 (277 f). Vgl. zur Stellungnahme unter Kapitel 3 C. III. 2. c) (S.255). Eine Anpassung des Verbandstarifvertrag ist verfassungsrechtlich nicht erforderlich.

1. Tarifvorbehalt

Neben einer vollkommenen Abschaffung[728] des § 77 III (1) BetrVG (allgemeine Öffnungsklausel) oder der pauschalen Forderung nach einer Änderung wird vorgeschlagen, die Sperre auf die Mitglieder im Arbeitgeberverband zu beschränken[729] oder eingeschränkte Öffnungsklauseln einzufügen. Die eingeschränkte Öffnungsklausel wird im wesentlichen in sechs Formen diskutiert:

Erstens könnten die Tarifvertragsparteien zu sog. Korridorlösungen, in denen die durch Betriebsvereinbarung festzulegende Bandbreite der Arbeitsbedingungen festgelegt wird, verpflichtet werden. Zweitens könnte die Regelungsmacht der Tarifvertragsparteien im Sinne einer Optionslösung dahingehend beschränkt werden, daß sie nur einen oberen Grenzwert, z.B. einer Lohnerhöhung, festlegen und die Betriebsparteien diesen unterschiedlich ausfüllen. Drittens könnte eine Verpflichtung der Tarifvertragsparteien normiert werden, der Betriebsebene *„unterschiedliche Optionen"* vorzugeben, aus der die passende ausgesucht werden kann (Menülösung).[730] Viertens wird eine auf Härtefälle begrenzte Öffnung (Härteklausel)[731] und fünftens eine Öffnungsklausel für günstigere Betriebsvereinbarungen vorgeschlagen.[732] Schließlich wird sechstens eine Aufhebung des Tarifvorbehalts an eine Zustimmung von 75 Prozent der Belegschaft geknüpft.[733]

---

[728] So Bickenbach/Soltwedel in Cassel (1998) S.491 (528), Lesch DB 2000 S.322 (326), Monopolkommission (aA Haastert) (1992/1993) BT Dr. 12/8323 Rn.205, 937, Neumann FAZ 13.10.1999 (Nr.238) S.20, Sachverständigenrat Jahresgutachten 1999/2000 BT Dr. 14/2223 Rn.360 (abweichende Ansicht Kromphardt Rn. 372), Soltwedel (1997) S.44.

[729] So Bickenbach/Soltwedel in Cassel (1998) S.491 (527), Löwisch JZ 1996 S.812 (819 f, 821). Soltwedel (1997) S.40, VDMA FAZ 17.6.1999 S.17, Sachverständigenrat FAZ 14.11.2002 (Nr.265) S.14.

[730] Oder auch Cafeteria-Prinzip. Vgl. zu den ersten drei Vorschlägen die Monopolkommission (1992/1993) BT Dr. 12/8323 Rn.206, 944.

[731] So Hromadka NZA 1996 S.1233 (1239), Beschluß des 61. Deutschen Juristentags (1996) DB 1996 S.2030 (2030 f), Lesch DB 2000 S.322 (323 f), Löwisch NJW 1997 S.905 (911), Monopolkommission (1992/1993) BT Dr. 12/8323 Rn.206, 944, Ruoff (1999) S.180, Schäfer FAZ 8.6.2000 (Nr.132) S.17, Soltwedel (1997) S.40, 44, Wank NJW 1996 S.2273 (2280, 2282).

[732] So Hromadka NZA 1996 S.1233 (1239), Vorschlag des wirtschaftspolitischen Sprechers der Unionsfraktion Uldall FAZ 26.4.2000 (Nr.97) S.17. So auch der Fraktionschef der Grünen Rezzo Schlauch, vgl. Focus Nr.47 2000 S.66. Bundeskanzler Schröder und Bundesarbeitsminister Riester lehnen diesen Vorschlag bisher ab, vgl. FAZ 21.11.2000 (Nr.271) S.1, 17. Vgl. aber die Äußerungen des Bundeswirtschaftsministers Müller FAZ 3.1.2001 (Nr.2) S.13.

[733] Vorschlag der FDP v. 28.1.2000 BT Dr. 14/2612 S. 2. Vgl. auch Rüthers/Siebert FAZ 24.2.2001 (Nr.47) S.15.

Eine entsprechende Öffnung für Betriebsvereinbarungen setzt neben einer Änderung des § 77 III BetrVG aufgrund des sich ergebenden Konkurrenzverhältnisses zudem eine Änderung des § 4 TVG voraus.[734]

2. Günstigkeitsprinzip

Eine Änderung des Günstigkeitsprinzip in § 4 III TVG wird dahingehend vorgeschlagen, daß der Arbeitsplatz in den Günstigkeitsvergleich mit einzubeziehen sei[735] oder die Regelung günstiger sei, wenn die Mehrheit zustimmt[736]. Ferner wird eine Auflockerung in einzelnen Fällen, wie z.B. Langzeitarbeitslosen oder in bestimmten Regionen, empfohlen.[737]

3. Weitergeltung

Ferner wird an eine Abschaffung[738] und an eine zeitliche Beschränkung des § 3 III TVG gedacht. So solle die Weitergeltung aller gültigen Tarifverträge mit dem Auslaufen des Entgelttarifvertrags enden[739], die Weitergeltung generell zeitlich auf sechs Monate[740] oder ein Jahr[741] oder bis zur ersten Kündigungsmöglichkeit[742] beschränkt werden[743]. Weiterhin wird eine zeitliche Beschränkung der

---

[734] Vgl. Ruoff (1999) S.173 f.

[735] So Hromadka NZA 1996 S.1233 (1239), Fickinger FAZ 3.3.2000 (Nr.53) S.13, Hundt Arbeitgeber 1998 S.49 (50), Lesch DB 2000 S.322 (326), Sachverständigenrat Jahresgutachten 1999/2000 BT Dr. 14/2223 Rn.360 (abweichende Ansicht Kromphardt Rn. 372) und FAZ 14.11.2002 (Nr.265) S.14, Soltwedel (1997) S.41. Vgl. auch FAZ 27.11.1999 (Nr.277) S.13. Vgl. den Vorschlag der FDP BT Dr. 14/6548, vgl. auch FAZ 7.7.2001 (Nr.155) S.14.

[736] So Hromadka NZA 1996 S.1233 (1239), Hromadka DB 2003 S.42 (47), VDMA FAZ 17.6.1999 S.17, Soltwedel (1997) S.40. Ähnlich Franz FAZ 30.4.1999 S.14, nach dessen Vorschlag dann abweichend von § 77 III BetrVG Betriebsvereinbarungen zulässig sein sollen. Vgl. auch Berthold FAZ 26.8.2000 (Nr.198) S.15, der verwirrender Weise von *„Vorstellungen „tariffähiger" Koalitionen von Arbeitnehmern in Unternehmungen"* spricht. Vgl. dazu den Vorschlag der FDP v. 28.1.2000 BT Dr. 14/2612 S. 2 und die Zustimmung von Adomeit NJW 2000 S.1918 (1918 f). Vorsichtig Möschel BB 2002 S.1314 (1318).

[737] So Monopolkommission (1992/1993) BT Dr. 12/8323 Rn.207, 946, Hundt Arbeitgeber 1998 S.49 (50), Soltwedel (1997) S.41 f.

[738] So Berthold FAZ 26.8.2000 (Nr.198) S.15, im Ergebnis Adomeit (1996) S.56, Beuthien/Meik DB 1993 S.1518 (1518), die den § 3 III TVG wie § 4 V TVG dispositiv ausgestalten wollen.

[739] Monopolkommission (1992/1993) BT Dr. 12/8323 Rn.207, 947.

[740] Soltwedel (1997) S.41. Vgl. den Vorschlag der FDP v. 28.1.2000 BT Dr. 14/2612 S. 2, der zwischen einem Entgelttarifvertrag und einem Manteltarifvertrag unterscheidet und im ersten Fall eine Begrenzung der Weitergeltung auf sechs Monate und beim Manteltarifvertrag eine Begrenzung auf ein Jahr vorsieht.

[741] Konzen NZA 1995 S.913 (920), Rieble RdA 1996 S.151 (155), Soltwedel (1997) S.41.

[742] So Löwisch JZ 1996 S.812 (821).

[743] Pauschal Löwisch JZ 1996 S.812 (821), Wank NJW 1996 S.2273 (2282).

Entgelttarifverträge auf sechs Monate[744] oder zwei Jahre[745] und eine Härteklausel im Sinne einer außerordentlichen Kündigung der Tarifbindung empfohlen.[746]

4. Nachwirkung

Die Vorschläge hinsichtlich der Nachwirkung zielen auf eine Ausnahme für den Fall des Verbandsaustritts.[747]

5. Möglichkeit von Koalitionen unterhalb der Unternehmensebene

Schließlich wird erwogen, dem Vorbild Neuseelands zu folgen und *„Koalitionen von Mitarbeitern auf oder unterhalb der Unternehmensebene die Tariffähigkeit zuzugestehen.“*[748] Dies würde bedeuten, daß die Mitarbeiter im Unternehmen unabhängig von überbetrieblichen Gewerkschaften ihre Arbeitsbedingungen selbst bestimmen könnten und so eine Sanierung absegnen könnten.

III. Fazit

Die Vorschläge zu Gesetzänderungen zielen zum großen Teil in die gleiche Richtung wie die Vorschläge ohne gesetzliche Änderung. Hier stellen sich also grundsätzlich die gleichen verfassungsrechtlichen Fragen. Gesetzesänderungen sind derzeit nicht überwiegend wahrscheinlich[749]. Die Aussage des derzeitigen Bundeskanzlers, daß jedes Instrument geprüft werde[750], und die Drohung der vorherigen Bundesregierung mit gesetzlichen Öffnungsklauseln[751] machen eine Auseinandersetzung mit Gesetzesänderungen aber sinnvoll. Aus der Fülle der Lösungsansätze läßt sich zudem folgendes ersehen: Eine zentrale Rolle spielen die Grundrechte, und zwar der Inhalt ihres Schutzbereichs sowie ihr Verhältnis untereinander. Weiterhin ist der Einfluß der Grundrechtslage auf die Auslegung der einfachen Gesetze ein ganz zentraler Punkt. Dies ist Thema des dritten Kapitels.

E. Zusammenfassung

Der Ausgangspunkt dieser Arbeit ist somit folgender:

1. Auf der individualvertraglichen Ebene kommt die außerordentliche Änderungskündigung als Sanierungsinstrument in Betracht.

---

744 Franz FAZ 30.4.1999 (Nr.100) S.14.

745 Beathalter (1999) S.438 f.

746 Löwisch NJW 1997 S.905 (910). Vgl. zum eigenen Vorschlag unter Kapitel 3 C. IV. (S.264 f).

747 Monopolkommission (1992/1993) BT Dr. 12/8323 Rn.207, 948.

748 Bickenbach/Soltwedel in Cassel (1998) S.491 (527), Soltwedel (1997) S.44.

749 Vgl. etwa Ehmann ZRP 1996 S.314 (314). Vgl. auch Schäfer FAZ 8.6.2000 (Nr.132) S.17, der darauf hinweist, daß der Arbeitsminister Riester eine Öffnung des Tarifverträge ablehnt.

750 Schröder Nr.2 der Regierungserklärung FAZ 11.11.1998 (Nr.262) S.10 (10).

751 Vgl. Artus in Bergmann/Schmidt (1996) S.71 (88).

2. Vom Firmentarifvertrag kann sich der Arbeitgeber zur Sanierung durch eine außerordentliche Kündigung desselben lösen. Eine Lohnkürzung müßte dann durch außerordentliche Änderungskündigungen erfolgen.
3. Vom Verbandstarifvertrag kann sich der Arbeitgeber nach dem derzeitigen Verständnis nicht lösen. Er hat keine Chance, ohne Einwilligung der Gewerkschaft, vom Tarifvertrag abzuweichen. Dies gilt auch für die Allgemeinverbindlicherklärung.
4. Die derzeitige Praxis reagiert auf die fehlende Kürzungsmöglichkeiten beim Verbandstarifvertrag massiv mit Verstößen gegen Tarifrecht und Betriebsverfassungsrecht. Darunter leidet insbesondere die Rechtssicherheit für die betroffenen Arbeitnehmer.
5. Die öffentliche Diskussion wird von verschiedenen Interessenstandpunkten aus geführt. Insbesondere die Politik hat sich der Problematik angenommen.
6. Das rechtswissenschaftliche Schrifttum hat eine Vielzahl von Lösungsansätzen entwickelt.

Kapitel 3: Die Lohnkürzung zur Sanierung aus verfassungsrechtlicher Sicht

Ziel des folgenden Kapitels ist herauszufinden, welchen Einfluß verfassungsrechtliche Erwägungen bei Lohnkürzungen zur Sanierung auf den einzelnen Ebenen haben. Es gilt also zu prüfen, ob die außerordentliche Änderungskündigung und die außerordentliche Kündigung des Firmentarifvertrags aus verfassungsrechtlicher Sicht möglich und das richtige Mittel ist, oder ob andere Wege vorzugswürdig sind. Ferner sind insbesondere die im Schrifttum vorgeschlagenen Ansätze zur Lohnsenkung bei bestehender Bindung an den Verbandstarifvertrag einer solchen verfassungsrechtlichen Prüfung zu unterziehen.

A. Individualvertragliche Ebene - Die Härteklausel des § 626 BGB

Auf der individualvertraglichen Ebene wurde im zweiten Kapitel die außerordentliche Änderungskündigung als das Instrument des Arbeitgebers herausgestellt, mit der er ohne Zustimmung der Gewerkschaft und der Arbeitnehmer eine Sanierung durch Lohnsenkung durchsetzen kann. Hier kommt es entscheidend auf eine Gesamtabwägung an. Zu untersuchen ist, welche Grundrechtspositionen hierbei wie stark beeinträchtigt sind, wie sie mit § 626 I BGB zusammenspielen und wie sich eine Abwägung im Sanierungsfall auswirkt. Dabei ist auch zu klären, ob eine solche Lohnsenkung auch durch eine Betriebsvereinbarung oder durch ein Leistungsverweigerungsrecht[752] erfolgen kann. Dann wäre eine Änderungskündigung möglicherweise gar nicht erforderlich. Es gilt mit anderen Worten zu überprüfen, ob die außerordentliche Änderungskündigung aus verfassungsrechtlicher Sicht ein Sanierungsinstrument darstellt.

I. Widerstreitende Grundrechtspositionen

Bei einer außerordentlichen Änderungskündigung stehen sich im wesentlichen[753] nur die Interessen der Arbeitnehmer und des Arbeitgebers gegenüber.

1. Arbeitgeber

Der Arbeitgeber bzw. der Anteilseigner, bei dem eine Sanierung erforderlich ist, hat ein wirtschaftliches Interesse daran, daß sein Unternehmen möglichst profitabel ist, zumindest nicht insolvent und damit für ihn wertlos wird. Als schützende Grundrechte kommen hierbei Art. 14 I, Art. 12 I GG und Art. 2 I GG in Betracht. Um diese Interessen verwirklichen zu können, ist er im Sanierungsfall daran interessiert, sich von dem arbeitsvertraglich vereinbarten Lohnniveau lösen zu können. In diesem Zusammenhang stellt sich die Frage, ob der Arbeitgeber auf Art. 9 III, Art. 9 I oder Art. 2 I GG ein Recht zur Lohnkürzung durch Betriebsvereinbarung stützen kann. Es ist im einzelnen festzustellen, ob und in-

---

752 Vgl. zu dieser Überlegung unter Kapitel 2 D. I. 5. d) bb) (S.125 f).

753 Interessen von konkurrierenden Arbeitgebern werden später im Zusammenhang mit dem Verbandstarifvertrag erörtert, vgl. unter Kapitel 3 C. I. 5. (S.249 ff).

wiefern die genannten Grundrechte in ihrem Schutzbereich betroffen sind, und wie sie sich auf der individualvertraglichen Ebene auswirken.

a) Schutz der unternehmerischen Existenz durch Art. 14 I GG

In Art. 14 I (1) GG ist die Eigentumsgarantie normiert.

aa) Schutzbereich

Bei der Bestimmung des Schutzbereichs ist von Interesse, wer sich auf Art. 14 GG berufen kann, ob das Grundrecht einen Existenzschutz gewährt oder sogar schon ein Interesse an einer möglichst hohen Rendite geschützt wird. Zu klären ist hierfür der persönliche und der sachliche Schutzbereich.

(1) Persönlicher Schutzbereich

Grundrechtsträger sind alle natürlichen Personen und gemäß Art. 19 III GG auch alle inländischen juristischen Personen des Privatrechts[754]. Aus dem persönlichen Schutzbereich fallen somit nur ausländische juristische Personen heraus[755]. Hier greift allerdings der Schutz über die in- und ausländischen natürlichen Personen, die Anteilseigner sind[756], also z.B. die Aktionäre. Der Grundrechtsschutz ist damit bzgl. des erfaßten Personenkreises lückenlos. Somit kann im folgenden in persönlicher Hinsicht ohne Differenzierung vom Schutz des Arbeitgebers gesprochen werden.

(2) Sachlicher Schutzbereich

Zum sachlichen Schutzbereich führt das BVerfG folgendes aus: *„Art. 14 GG will das Eigentum so schützen, wie das bürgerliche Recht und die gesellschaftlichen Anschauungen es geformt haben. Interessen, Chancen, Verdienstmöglichkeiten werden durch Art. 14 GG nicht geschützt. Die verfassungsrechtliche Gewährleistung besteht hinsichtlich der durch die Rechtsordnung anerkannten einzelnen Vermögensrechte. Das Vermögen selbst, das durch die gerichtliche Auferlegung einer Verbindlichkeit allein beeinträchtigt sein könnte, genießt diesen Schutz nicht.“*[757] Hinsichtlich des Vermögensschutzes hat das BVerfG ausgeführt, daß ein Verstoß dann in Betracht kommt, *„wenn die Geldleistungspflichten den Betroffenen in der Weise übermäßig belasten und seine Vermögensverhältnisse grundlegend beeinträchtigen, daß sie eine erdrosselnde Wirkung ausüben.“*[758] In der Altlastenentscheidung hat das BVerfG einen Eigentumsschutz angenommen, wenn aufgrund der mit der Altlastensanierung *„verbundenen Kostenbelastung die Fortführung des Unternehmens oder Betriebs gefährdet“*

---

[754] Vgl. nur BVerfGE -Beschl. v. 25.1.1984- 66 S.116 (130).

[755] BVerfGE -Beschl. v. 1.3.1967- 21 S.207 (209). Offengelassen im Hinblick auf die europäische Einigung BVerfG -Beschl. v. 22.12.2000- NZA 2001 S.491 (491).

[756] Vgl. Wendt in Sachs Art.14 GG Rn.16. Der Schutz des Anteilseigentums gehört strenggenommen zu der Frage des sachlichen Schutzbereichs.

[757] BVerfG -Urt. v. 19.10.1983- AP Nr.2 zu § 1 BetrAVG Unterstützungskassen Bl.4 = BVerfGE 65 S.196 ff.

[758] BVerfGE -Beschl. v. 31.5.1990- 82 S.159 (190) mwN.

ist, *„weil sich die Belastung für den Betroffenen faktisch wie eine Enteignung ohne angemessene Entschädigung auswirkt."* [759] Dann geht es auch nicht mehr allein um eine Belastung des Vermögens, sondern letztlich um die Existenz der geschützten Vermögensrechte. Entscheidend ist daher, was die Vermögensrechte im einzelnen umfassen.

Der BGH unterstellt das Recht am eingerichteten und ausgeübten Gewerbebetrieb[760], das er auch als sonstiges Recht im Sinne des § 823 I BGB begreift, dem Schutz des Art. 14 GG. Der Gewerbebetrieb sei *„in der Substanz, die in ihrer Gesamtheit den wirtschaftlichen Wert des konkreten Gewerbebetriebs ausmacht"*, geschützt. Dazu zählen *„im wesentlichen alle Werte, die dem Betriebsinhaber (...) als ihm gehörend zuzurechnen sind." „Vorgefundene Vorteile und Chancen, auf die sich ein Betrieb einstellt,"* seien nicht geschützt.[761] Das BVerwG hat sich dem BGH angeschlossen.[762] Das BVerfG läßt die Frage bisher offen und begreift das Unternehmen als *„die tatsächliche (...) Zusammenfassung der zu seinem Vermögen gehörenden Sachen und Rechte, die an sich schon vor verfassungswidrigen Eingriffen geschützt"* seien.[763]

Daraus wird zunächst ersichtlich, daß das Interesse an einer möglichst hohen Rendite von Art. 14 GG nicht erfaßt wird. Plastisch formuliert bedeutet dies, daß *„Art. 14 I GG das Erworbene, auch als Ergebnis einer beruflichen Betätigung, schützt, Art. 12 I GG dagegen den Erwerb, die Betätigung selbst."*[764] Teilweise werden auch bestehende Gewinnmöglichkeiten, Geschäftsbeziehungen und Marktstellungen über das Recht am Unternehmen mit einbezogen.[765] Bei einer Sanierung geht es aber nicht um den einbezogenen Bestand einer Gewinnmöglichkeit, sondern um die Rückgewinnung derselben, also nicht um die bestehende Leistungsfähigkeit, sondern um deren Verbesserung. Insofern ist die aufgeworfene Frage nach dem Recht am Unternehmen nicht entscheidend.

Daraus ergibt sich für den Sanierungsfall folgendes: Das Interesse, durch die Sanierung wieder ein profitables Unternehmen zu erhalten, wird von Art. 14 GG nicht geschützt. Geschützt ist nur die Existenz der tatsächlich zum Vermögen des sanierungsbedürftigen Unternehmens gehörenden Sachen und Rechte.[766]

---

[759] BVerfG -1 BvR 242/91 vom 16.2.2000- Absatz-Nr. (62) http://www.bverfg.de/.
[760] Auch als „Recht am Unternehmen" bezeichnet.
[761] BGHZ -Urt. v. 28.2.1980- 76 S.387 (394).
[762] Vgl. etwa BVerwGE 67 -Urt. v. 13.4.1983- S.93 (96).
[763] BVerfGE -Beschl. v. 22.5.1979- 51 S.193 (221 f). Nach der Ansicht von Scholz NJW 1986 S.1587 (1588) hat das BVerfG -Urt. v. 1.3.1979- AP Nr.1 zu § 1 MitbestG Bl.15 f = BVerfGE 50 S.290 ff am Schutz dieses Rechts durch Art.14 GG *„keinen Zweifel gelassen"*.
[764] BVerfGE -Beschl. v. 14.11.1989- 81 S.70 (96). Vgl. auch BGH NJW 1990 -Urt. v. 7.6.1990- S.3260 (3262), Säcker/Oetker (1992) S.251 mwN Fn.36.
[765] So Wendt in Sachs Art.14 GG Rn.26, 48 f.
[766] Vgl. auch Freihube (2000) S.160 f, der allerdings Art.14 und Art.12 GG vermischt.

bb) Eingriffe bzw. Beeinträchtigungen

Als Eingriffe in Art. 14 GG sind alle Hindernisse, die einer Sanierung entgegenstehen und damit die Existenz gefährden, in Betracht zu ziehen. Auf der einzelvertraglichen Ebene sind dies die einzelvertragliche Verpflichtung zur Lohnzahlung und die Sperre des § 77 III BetrVG. Dabei ist auch zu klären, wie sich der Grundrechtsschutz hier auswirkt.

(1) Einzelvertragliche Bindungen und Drittwirkung der Grundrechte

Machen die arbeitsvertraglichen Arbeitsbedingungen eine Sanierung unmöglich, so gefährden sie die Existenz des Unternehmens. Bei den Eingriffen in die Eigentumsgarantie wird zwischen einer Inhalts- und Schrankenbestimmung im Sinne von Art. 14 I (2) GG und einer Enteignung im Sinne des Art. 14 III (1) GG unterschieden. Das BVerfG grenzt folgendermaßen ab: *„Enteignung (...) ist der staatliche Zugriff auf das Eigentum im Einzelnen. Ihrem Zweck nach ist sie auf die vollständige oder teilweise Entziehung konkreter subjektiver Rechtspositionen gerichtet, die durch Art. 14 I (1) GG gewährleistet sind"*. Eine Inhalts- und Schrankenbestimmung ist demgegenüber *„die generelle und abstrakte Festlegung von Rechten und Pflichten durch den Gesetzgeber hinsichtlich solcher Rechtsgüter"*.[767]

Die arbeitsvertraglichen Leistungspflichten betreffen weder Sachen noch Rechte des Arbeitgebers, sondern nur das von Art. 14 GG nicht geschützte Vermögen. Sie können aber eine *„erdrosselnden Wirkung"* entfalten, so daß eine Liquidation und damit eine grundlegende Veränderung der Vermögensverhältnisse droht. Liegt eine solche Existenzbedrohung vor, so werden die von Art. 14 GG geschützten Rechte im Bestand beeinträchtigt.

In der vertraglichen Verpflichtung ist aber weder ein staatlicher Zugriff noch eine Festlegung des Gesetzgebers zu sehen, es liegt also keine Maßnahme der Staatsgewalt vor. Aber das Gericht, das infolge der vertraglichen Verpflichtung den Arbeitgeber zur Leistung verurteilt, erläßt demgegenüber einen Akt der Staatsgewalt und ist gemäß Art. 1 III GG an die Grundrechte gebunden. Dieser Gedanke würde konsequent angewendet bedeuten, daß eine Grundrechtsbindung immer dann eintritt, wenn ein Gericht entscheidet. Diese Problematik betrifft das Thema der unmittelbaren und mittelbaren Drittwirkung der Grundrechte im Verhältnis zwischen Privaten.

Das BVerfG geht in ständiger Rechtsprechung nur von einer mittelbaren Drittwirkung der Grundrechte aus, d.h., daß sich der *„Rechtsgehalt der Grundrechte als objektive Normen (...) im Privatrecht durch das Medium der dieses Rechtsgebiet unmittelbar beherrschenden Vorschriften"* entfaltet. Dieser Einfluß realisiere sich durch die *„Generalklauseln"*, die das Gericht *„als die 'Einbruchstel-*

[767] BVerfGE -Beschl. v. 12.6.1979- 52 S.1 (27 f) mwN.

len' der Grundrechte in das bürgerliche Recht bezeichnet".[768] Diese Grundsätze wendet das BVerfG auch bei der Kontrolle von Betriebsvereinbarungen an.[769] Bei der Frage, ob ein wichtiger Grund im Sinne der Generalklausel des § 626 I BGB vorliegt, ist also zu berücksichtigen, ob die von Art. 14 GG geschützte Existenz des Unternehmens bedroht ist.

Das BAG ging demgegenüber von einer unmittelbaren Drittwirkung aus und sah noch im Jahre 1972 in den Grundrechten Verbotsgesetze im Sinne des § 134 BGB.[770] Der eigentliche Unterschied zwischen der mittelbaren und der unmittelbaren Drittwirkung ist somit die Art und Weise der Berücksichtigung der Grundrechte. Das BAG hat sich von seiner Position zumindest im Individualarbeitsrecht distanziert und folgt im Ergebnis dem BVerfG.[771] So berücksichtigt es bei der betriebsbedingten Änderungskündigung und der außerordentlichen Änderungskündigung im Rahmen einer *„Gesamtabwägung"* auch Erwägungen zum Existenzschutz des Arbeitgebers.[772]

Eine nähere Untersuchung kann unterbleiben, da der Schutz der Existenz eines Unternehmens zumindest im Rahmen der zivilrechtlichen Generalklauseln, also bei der Bestimmung des „wichtigen Grundes" im Sinne von § 626 BGB, zu berücksichtigen ist. Bei der mittelbaren Drittwirkung handelt es sich um eine verfassungskonforme Auslegung von Generalklauseln.[773] Es soll aber in Abgrenzung zum staatlichen „Eingriff" bei der mittelbaren Drittwirkung nur von einer „Beeinträchtigung" des Grundrechts gesprochen werden. Ansonsten wird die verfassungsrechtliche Terminologie übernommen, also insbesondere die Bezeichnungen „Betroffenheit des Schutzbereichs" und „kollidierende Grundrechte".

(2) Tarifvorrang des § 77 III BetrVG als Eingriff in Art. 14 I GG

Als staatlicher Eingriff kommt der Tarifvorrang nach § 77 III BetrVG in Frage. Gäbe es diesen nicht, so könnte der Arbeitgeber eine Lohnsenkung durch Betriebsvereinbarung durchsetzen. Das BetrVG erweitert aber die Gestaltungsmöglichkeiten des Arbeitgebers um die Betriebsvereinbarung. Der Tarifvorrang beschränkt nur diese erweiterten Gestaltungsmöglichkeiten, dadurch wird dem Arbeitgeber keine Leistungsverpflichtung aufoktroyiert. Die Ursache für die Existenzbedrohung ist nur das vertragliche Entgelt. Würde man sich das BetrVG

---

[768] So das BVerfGE -Urt. v. 15.1.1958- 7 S.198 (205 f) in der grundlegenden Lüth-Entscheidung.
[769] Vgl. BVerfG -Beschl. v. 23.4.1986- AP Nr.28 zu Art.2 GG Bl.3 = BVerfGE 73 S.261 ff.
[770] Vgl. BAG -Urt. v. 28.9.1972- AP Nr.2 zu § 134 BGB Bl.1.
[771] Vgl. Großer Senat BAG -Beschl. v. 27.2.1995- AP Nr.14 zu § 611 BGB Beschäftigungspflicht Bl.7, wo ein Beschäftigungsanspruch nicht aus dem Persönlichkeitsschutz, sondern aus dem Arbeitsvertrag bzw. § 242 BGB abgeleitet wird.
[772] Vgl. unter Kapitel 2 A. I. 3. c) aa) und bb) (S.53 ff).
[773] Vgl. Boemke/Gründel ZfA 2001 S.245 (251).

wegdenken, so läge noch immer eine Existenzbedrohung vor. Der Tarifvorrang greift daher nicht in Art. 14 I GG ein.

cc) Kollidierende Rechtsgüter als Schranke

Nach Art. 14 I (2) GG ist die Bestimmung von Inhalt und Schranken des Eigentums die Sache des Gesetzgebers. Dieser *„muß sich am Wohl der Allgemeinheit orientieren, das nicht nur Grund, sondern auch Grenze für die Beschränkung des Eigentümers ist"* . Das BVerfG spricht von einem *„unlösbaren Zusammenhang"* zwischen der Bestandsgarantie, dem Regelungsauftrag und der Sozialpflichtigkeit nach Art. 14 II GG.[774] Im Arbeitsrecht ergibt sich die Sozialbindung aus den betroffenen Grundrechten der Arbeitnehmer[775]. Das BVerfG begrenzt die Grundrechte neben dem Gesetzesvorbehalt auch durch kollidierendes Verfassungsrecht.[776] Dies erfolgt im Wege der sog. praktischen Konkordanz, deren Grundsätze entsprechend für die mittelbare Drittwirkung gelten.[777]

dd) Wesensgehalt als „Schranken-Schranken"

An Grundrechtsbeschränkungen stellt das GG bestimmte Anforderungen, die sog. „Schranken-Schranken". Zu nennen sind neben Art. 19 II GG insbesondere auch der Verhältnismäßigkeitsgrundsatz.[778] Die Vorschrift des Art. 19 II GG lautet: *„In keinem Fall darf ein Grundrecht in seinem Wesensgehalt angetastet werden."* Es drängt sich die Frage auf, ob eine existenzbedrohende vertragliche Bindung, die den Arbeitgeber letztlich vernichtet, die Eigentumsgarantie in ihrem Wesensgehalt antastet.[779] Zwar findet Art. 14 I GG durch die Generalklausel nur mittelbar Berücksichtigung, die grundsätzliche Wertung des Art. 19 II GG dürfte aber auch bei einer solchen mittelbaren Drittwirkung zu berücksichtigen sein. Damit ist auch für die Anwendung einer Generalklausel von Interesse, wie der Wesensgehalt eines Grundrechts bestimmt wird.

Im Schrifttum und in der Rechtsprechung werden die Begriffe „Wesensgehalt" und „Kernbereich" teilweise synonym gebraucht.[780] Bei der Bestimmung des Wesensgehalts wird ein absoluter und ein relativer Ansatz vertreten. Der relative Ansatz fordert, daß ein Grundrecht in keinem Fall ohne Güterabwägung bzw. unverhältnismäßig angetastet werden dürfe.[781] Damit besteht zwischen der sog. relativen Theorie und dem Verhältnismäßigkeitsgrundsatz praktisch kein Unter-

---

[774] BVerfG -Urt. v. 1.3.1979- AP Nr.1 zu § 1 MitbestG Bl.15 = BVerfGE 50 S.290 ff.
[775] Vgl. BVerfG -Urt. v. 1.3.1979- AP Nr.1 zu § 1 MitbestG Bl.18 = BVerfGE 50, S.290 ff.
[776] Ständige Rechtsprechung, vgl. nur BVerfGE -Beschl. v. 26.5.1970- 28 S.243 (261).
[777] Vgl. zur praktischen Konkordanz unter Kapitel 3 A. II. 1. a) (S.165 f).
[778] Vgl. Sachs in Sachs Vor Art.1 GG Rn.134.
[779] Vgl. etwa Freihube (2000) S.167, der hinsichtlich eines Tarifvertrags folgert, daß dieser dann verfassungswidrig sei.
[780] Vgl. etwa die Darstellung bei Krüger in Sachs Art.19 Rn.29 ff. Vgl. aber auch speziell zur Kernbereichslehre BVerfG -Beschl. v. 14.11.1995- AP Nr.80 zu Art.9 GG Bl.3, Henssler ZfA 1998 S.1 (9 Fn.39).
[781] Vgl. Krüger in Sachs Art.19 GG Rn.30 ff mwN.

schied. Tatsächlich kommt dem Art. 19 II GG in der verfassungsrechtlichen Praxis auch keine Bedeutung zu, da die Probleme vom BVerfG durch den Verhältnismäßigkeitsgrundsatz gelöst werden.[782] Das BVerfG hat sich dennoch für die sog. absoluten Theorie ausgesprochen[783], wonach der Wesensgehalt eines Grundrechts ausnahmslos wirkt.[784] Aufgrund der fehlenden Judikatur ist eine Bestimmung des Wesensgehalts aber äußerst schwierig. Ansätze, die auf den „*Menschenwürdegehalt*" abstellen oder den Wesensgehalt für jedes Grundrecht spezifisch bestimmen,[785] sind wenig aufschlußreich.

In einem wichtigen Urteil zu Art. 14 GG hat das BVerfG ausgeführt, daß „*das verfassungsrechtlich geschützte Eigentum (...) in seinem rechtlichen Gehalt gekennzeichnet*" sei „*durch Privatnützigkeit, d.h. die Zuordnung zu einem Rechtsträger, in dessen Hand es als Grundlage privater Initiative und im eigenverantwortlichen privaten Interesse von Nutzen sein soll, und durch die von dieser Nutzung nicht immer deutlich abgrenzbare grundsätzliche Verfügungsbefugnis über den Eigentumsgegenstand.*"[786] Daraus könnte man schließen, daß der Wesensgehalt die rechtliche Zuordnung des Eigentums, die Nutzungsmöglichkeit und die Möglichkeit darüber zu verfügen umfaßt.

Durch die Verhinderung einer Sanierung wird weder die rechtliche Zuordnung, noch die Verfügungsmöglichkeit rechtlich beeinträchtigt. Tatsächlich wird das Unternehmen wertlos. Die Frage der rechtlichen Zuordnung und die der Veräußerung sind dann uninteressant. Von einer Nutzung kann man bei einem Grenzbetrieb, also einem Unternehmen, das am Rande der Insolvenz steht, sowieso nur eingeschränkt sprechen. Allerdings wird die vom Gericht genannte Initiative und die Eigenverantwortung stark beschränkt. Im Falle einer persönlichen Haftung[787] kann sogar das Privatvermögen bedroht sein. Diese Gedanken sprechen also dafür, daß durch eine Existenzgefährdung eines sanierungsfähigen Unternehmens der Wesensgehalt des Art. 14 GG betroffen ist[788] und damit Art. 19 II GG verletzt wird.

Das BVerfG führt allerdings weiter aus: „*Die Bestandsgarantie des Art. 14 I (1) GG, der Regelungsauftrag des Art. 14 I (2) GG und die Sozial-*

---

782 So Richter/Schuppert (1996) S.31 f.

783 So Krüger in Sachs Art.19 GG Rn.28.

784 Vgl. BVerfGE -Urt. v. 11.6.1958- 7 S.377 (411), BVerfGE -Beschl. v. 14.9.1989- 80 S.367 (373).

785 Vgl. dazu bei Krüger in Sachs Art.19 GG Rn.36 ff.

786 BVerfG -Urt. v. 1.3.1979- AP Nr.1 zu § 1 MitbestG Bl.15 = BVerfGE 50 S.290 ff, sog. Mitbestimmungsurteil.

787 Z.B. bei einer offenen Handelsgesellschaft, Kommanditgesellschaft oder Gesellschaft bürgerlichen Rechts.

788 Vgl. Beathalter (1999) S.285, nach dem man erwägen könne, ob „*die Unternehmensexistenz als Kernbereich*" des Rechts am Unternehmen „*eine verfassungsrechtliche Schranke der Tarifautonomie sein müsse.*" Die Erörterungen stehen aber im Zusammenhang mit der Prüfung der Verhältnismäßigkeit.

pflichtigkeit des Eigentums nach Art. 14 II GG stehen in einem unlösbaren Zusammenhang. Keiner dieser Faktoren darf über Gebühr verkürzt werden; vielmehr müssen alle zu einem verhältnismäßigen Ausgleich gebracht werden."[789] Hier wird somit deutlich, daß das BVerfG auf eine Prüfung der Verhältnismäßigkeit und nicht auf Art. 19 II GG abstellt. Dies wird durch die folgenden Ausführungen bestätigt: „*Auch wenn jedoch das Eigentum insoweit weitergehenden Beschränkungen unterworfen werden kann als in seiner personalen Funktion, fordert die Bestandsgarantie des Art. 14 I (1) GG in jedem Fall die Erhaltung des Zuordnungsverhältnisses und der Substanz des Eigentums.*" Auch hier gewährt das BVerfG aber keinen absoluten Schutz, sondern es folgert nur, daß es diesen Grundsätzen entspräche, „*wenn Eigentumsbindungen stets verhältnismäßig sein müssen.*" Dies wird auch deutlich, wenn das BVerfG „*an ein Verbot der Veräußerung des Eigentums, also an eine Einschränkung derjenigen Befugnis, die elementarer Bestandteil der Handlungsfreiheit im Bereich der Eigentumsordnung ist,*" keine absoluten Schranken, sondern nur „*besonders strenge Maßstäbe*" anlegt.[790]

In einem jüngeren Beschluß zu Art. 9 III GG hat das BVerfG klargestellt, daß der Kernbereich eine Schranken-Schranke und nicht eine Beschränkung des Schutzbereichs ist. Der Kernbereich der Koalitionsfreiheit umfasse, was „*für die Erhaltung und Sicherung der Koalition als unerläßlich betrachtet werden müsse*".[791] Will man dies auf Art. 14 I GG übertragen, so ist der Wesensgehalt des Eigentums das, was für dessen Erhaltung und Sicherung unerläßlich ist. Daraus könnte man auf einen umfassenden Existenzschutz schließen. Was ist aber in diesem Sinne unerläßlich? Im Falle der drohenden Insolvenz wäre zur Sicherung des Unternehmens unerläßlich, daß die Forderungen der Gläubiger gekürzt werden. Ein Unternehmen könnte sich immer bei einer drohenden Insolvenz auf Art. 14 I GG berufen, „jedesmal wieder". Demnach würden die Rechtspositionen der Gläubiger, insbesondere der Arbeitnehmer, überhaupt keine Berücksichtigung finden. Im Extremfall könnte man dadurch eine Lohnkürzung auf Null rechtfertigen. Dieses Ergebnis ist nicht akzeptabel, weil dem Arbeitsverhältnis der Entgeltcharakter genommen werden würde.

Man könnte das Wort „*unerläßlich*" aber auch dahingehend verstehen, daß eine Kürzung nur dann angezeigt ist, wenn die Sanierung auch wirklich Aussicht auf Erfolg hat und die Rechtspositionen der anderen angemessen zu berücksichtigen sind. Dann ist der Kernbereich aber nicht absolut, sondern eben relativ. So kombiniert das BVerfG in dem Beschluß die Unerläßlichkeitsformel mit der Abwägungsformel und sieht den Kernbereich als überschritten an, „*soweit einschränkende Regelungen nicht zum Schutz anderer Rechtsgüter von der Sache her geboten sind*". Aus den weiteren Formulierungen: „*(...) weder den Wesensgehalt*

---

[789] BVerfG -Urt. v. 1.3.1979- AP Nr.1 zu § 1 MitbestG Bl.15 = BVerfGE 50 S.290 ff.
[790] Vgl. BVerfG -Urt. v. 1.3.1979- AP Nr.1 zu § 1 MitbestG Bl.15 = BVerfGE 50 S.290 ff.
[791] BVerfG -Beschl. v. 14.11.1995- AP Nr.80 zu Art.9 GG Bl.2, sog. Unerläßlichkeitsformel.

der Koalitionsfreiheit (...) verletze noch in unverhältnismäßiger Weise in das Grundrecht eingreife. Die Frage nach den Grenzen eines unantastbaren Kernbereichs konnte deshalb offengelassen werden."[792] wird deutlich, daß die Unerläßlichkeitsformel den Wesensgehalt, und die Abwägungsformel den Verhältnismäßigkeitsgrundsatz berücksichtigt. Hier weist das Gericht explizit darauf hin, daß es die Frage des Kernbereichs offenläßt. Daraus wird wiederum deutlich, daß der Kernbereich nach dem Verständnis des Gerichts dem Wesensgehalt entspricht[793] und selbst mit der Unerläßlichkeitsformel praktisch nicht zu bestimmen ist. Die Abwägungsformel führt zur Prüfung der Verhältnismäßigkeit.

Es läßt sich feststellen, daß der Wesensgehalt des Art. 14 GG zwar geschützt ist, aber der Schutz vom BVerfG durch den Verhältnismäßigkeitsgrundsatz voll abgedeckt wird. Ein Mindestschutz vor Eingriffen der Vertrags- oder Tarifvertragsparteien stößt auf die Schwierigkeit der fehlenden Bestimmbarkeit. Es wird sich in dieser Arbeit allerdings zeigen, daß sich eine Lösung des vorliegenden Problems durch eine Verhältnismäßigkeitsprüfung bzw. Abwägung erzielen läßt.[794] Von einer weiteren Berücksichtigung des Wesensgehalts und einer Vertiefung seiner verfassungsrechtlichen Problematik wird daher abgesehen.

ee) Gewichtung des Existenzschutzes

Wie schwer das Grundrecht aus Art. 14 I GG beeinträchtigt ist, spielt später bei der Gewichtung im Rahmen der Abwägung mit den Interessen der Arbeitnehmer eine Rolle. Dabei ist das Ausmaß der Gefährdung, die Aussicht auf Sanierung, die Risikoverteilung und die Verantwortung des Managements für die Unternehmenskrise zu berücksichtigen.

(1) Grad der Gefährdung und Sanierungsaussichten

Hinsichtlich des Grades der Gefährdung lassen sich folgende Fragen stellen: Wie wahrscheinlich ist die Insolvenz des Unternehmens? Wie weit liegt die prognostizierte Insolvenz in der Zukunft? Welchen prozentualen Anteil an den Leistungsverpflichtungen machen die Arbeitsbedingungen aus?

Je sicherer die Insolvenz ist, je näher sie in zeitlicher Hinsicht gerückt ist und je größer der Anteil der Arbeitskosten an dieser Entwicklung ist, desto stärker wiegt hier das Grundrecht des Arbeitgebers. Das Grundrecht des Arbeitgebers aus Art. 14 I GG ist dann nicht beeinträchtigt, wenn eine Sanierung ohnehin aussichtslos ist. Ist z.B. eine Lohnsenkung auch im Zusammenspiel mit anderen Maßnahmen nicht geeignet, die Existenz des Betriebes zu erhalten, so ist das Erhaltungsinteresse bei der Frage der Lohnsenkung auch nicht von Gewicht. Je wahrscheinlicher also eine Sanierung durch eine Lohnsenkung ist, desto größer ist die Bedeutung des Eigentumsrechts.

---

[792] BVerfG -Beschl. v. 14.11.1995- AP Nr.80 zu Art.9 GG Bl.2 f.

[793] Vgl. Henssler ZfA 1998 S.1 (9 f).

[794] Vgl. dazu die Zusammenfassung der Ergebnisse der Abwägung unter Kapitel 3 E. (S.272).

(2) Risikoverteilung

Die Beeinträchtigungen des Art. 14 GG können durch den Arbeitsvertrag legitimiert sein. Hier kommt der Gedanke der Risikoverteilung des schuldrechtlichen Vertrags im allgemeinen und des Arbeitsvertrags im speziellen zum Tragen.

(a) Schuldvertrag, Grundrechtsverzicht und Legitimation

Das Problem der Risikoverteilung eines schuldrechtlichen Vertrags wird insbesondere im Rahmen des Wegfalls bzw. Störung der Geschäftsgrundlage bei sog. Äquivalenzstörungen diskutiert. Der Gedanke der Gleichwertigkeit von Leistung und Gegenleistung gehört beim gegenseitigen Schuldvertrag zur Geschäftsgrundlage. Störungen dieser Gleichwertigkeit, z.B. durch Geldentwertung, Entwertung von Sachleistungen, Wertsteigerungen und Rechtsänderungen, fallen grundsätzlich in den Risikobereich der dadurch benachteiligten Partei und sind damit unbeachtlich.[795] Der Umfang der Risikozuweisung ergibt sich aus dem Vertrag, dem Vertragszweck und dem dispositiven Recht. In den Risikobereich einer Partei fällt die Störung der Äquivalenz dann, wenn das Risiko von der Partei ausdrücklich übernommen wurde, die Partei die Störung verschuldet hat, die Störung vorhersehbar war oder sich ein für den Vertrag typisches Risiko verwirklicht hat.[796] Haben die Parteien die Existenzbedrohung durch den Vertrag gekannt und haben sie den Vertrag trotzdem abgeschlossen, so war die Störung vorhersehbar. Entsprechendes gilt, wenn die Störung nicht vorhergesehen wurde, eine Partei aber im Vertrag in diesem Fall für die Störung einstehen wollte.

Diese Gedanken können auch für die Betroffenheit des Grundrechts aus Art. 14 I GG und zwar im Wege des sog. Grundrechtsverzichts fruchtbar gemacht werden. Der Grundrechtsverzicht ist im GG nicht geregelt und wird in verschiedenen Bereichen diskutiert.[797] Neben dem bloßen Ausübungsverzicht geht es im wesentlichen um die Einwilligung in staatliche Eingriffe. So wird aber auch in der Verfügung über das eigene Eigentum gleichzeitig ein Verzicht auf Art. 14 GG, in der arbeitsvertraglichen Bindung ein Verzicht auf Art. 12 GG gesehen.[798] So führt das BVerfG zu Art. 12 GG aus: *„Auf der Grundlage der Privatautonomie, die Strukturelement einer freiheitlichen Gesellschaftsordnung ist, gestalten die Vertragspartner ihre Rechtsbeziehungen eigenverantwortlich. Sie bestimmen selbst, wie ihre gegenläufigen Interessen angemessen auszugleichen sind, und verfügen damit zugleich über ihre grundrechtlich geschützten Positionen ohne staatlichen Zwang.“*[799]

---

[795] Vgl. nur Heinrichs in Palandt § 313 BGB Rn.32 ff.
[796] Vgl. nur Heinrichs in Palandt § 313 BGB Rn.16 ff.
[797] Vgl. Sachs in Sachs Vor Art.1 GG Rn.52 f, Bleckmann JZ 1988 S.57 (57 ff).
[798] So Robbers JuS 1985 S.925 (926). Vgl. auch Bleckmann JZ 1988 S.57 (59).
[799] BVerfG -Beschl. v. 7.2.1990- AP Nr.65 zu Art.12 Bl.4 = BVerfGE 81 S.242 ff.

Insofern ist der Verzicht auf ein Grundrecht gleichzeitig ein Grundrechtsgebrauch.[800] Die Einwilligung muß auf Einsichtsfähigkeit beruhen und freiwillig sein. Sie greift nur so lange durch, bis sie z.B. durch Widerruf entfallen ist. Der Widerruf kann rechtsgeschäftlich ausgeschlossen werden, allerdings nur, wenn das Grundrecht einem Ausschluß nicht entgegensteht[801]. Ein Grundrechtsverzicht ist nur für Teilbereiche und nur gegenüber bestimmten Personen zulässig.[802]

Man kann also bei einer vertraglichen Risikoübernahme, bei Vorhersehbarkeit oder typischen Risiken davon sprechen, daß die jeweilige Partei gegenüber der anderen auf die Ausübung ihres Grundrechts aus Art. 14 I GG für die Dauer des Vertrags verzichtet hat.[803] Lehnt man das Institut des Grundrechtsverzichts ab, so ist jedenfalls der Grad der Betroffenheit durch die Risikoverteilung so stark herabgesetzt, daß Art. 14 I GG in der Abwägung nicht zur Entfaltung kommen kann. Ein Eingriff in das Grundrecht aus Art. 14 I GG wäre somit in diesen Fällen jedenfalls gerechtfertigt.

In dieser Arbeit wird dies als eine privatautonome Legitimation von Beeinträchtigungen einzelner grundrechtlich geschützter Positionen bezeichnet. Die Legitimation führt dazu, daß sich die legitimierende Seite gegenüber der Gegenseite nicht auf diese Position berufen kann und das geschützte Interesse bei einer Abwägung außer Betracht bleibt.

(b) Arbeitsvertrag

Beim Arbeitsvertrag wäre es abwegig typischerweise anzunehmen, daß der Arbeitgeber die Löhne mit den Arbeitnehmern freiwillig in einer Höhe festlegt, die seine Existenz gefährdet. Im Gegenteil ist davon auszugehen, daß der Arbeitgeber damit rechnet, daß das Unternehmen in der Zukunft mindestens eine gewisse Rendite erwirtschaftet. Auch der Arbeitnehmer setzt im allgemeinen voraus, daß das Unternehmen durch die Höhe der Löhne nicht in seiner Existenz gefährdet ist. Er hat selbst kein Interesse an einem in seiner Existenz bedrohten Arbeitgeber. Man kann auch nicht sagen, daß es für ein Arbeitsverhältnis gerade typisch ist, daß die Existenz des Arbeitgebers durch die Lohnhöhe bedroht wird. Der Arbeitgeber legitimiert durch den Abschluß einer Arbeitsvertrags grundsätzlich nicht Existenzgefährdungen.

Eine Ausnahme muß man allerdings dann machen, wenn der Arbeitgeber seinen Arbeitnehmern die Löhne auch für den Fall gewähren will, daß er insolvent wird. Theoretisch ist auch der Fall denkbar, daß der Arbeitgeber die Löhne der Belegschaft erhöht und durch diese Erhöhung eine Existenzgefährdung entsteht,

---

800 So Robbers JuS 1985 S.925 (927).

801 Vgl. Sachs in Sachs Vor Art.1 GG Rn.55.

802 Bleckmann JZ 1988 S.57 (59).

803 Ein totaler Verzicht kommt praktisch nicht vor. Es geht um den zeitlich und sachlich begrenzten Verzicht gegenüber dem Vertragspartner, vgl. Dieterich in Erfurter Kommentar Einl. GG Rn.62.

was der Arbeitgeber vorhersieht. In diesem Verhalten wäre die Legitimation einer Existenzgefährdung zu sehen. Praktische Relevanz haben diese Fälle aber aufgrund des natürlichen Interesses des Arbeitgebers nicht.

(3) Fehler des Managements

Problematisch ist die Frage, ob und inwieweit Managementfehler, die eine überragende Rolle bei der Entstehung von Unternehmenskrisen spielen[804], bei der Gewichtung Berücksichtigung finden. Vereinfacht ausgedrückt könnte man argumentieren, daß der Arbeitgeber an der Situation „selbst schuld" sei. Von einer bewußten Legimitation kann man hier aber nicht sprechen, nur von fahrlässigem Verhalten. Dieser Gedanke muß sich daher auf andere Weise auf den Grad der Betroffenheit des Grundrechts auswirken.

Das BVerfG hat in seiner Altlastenentscheidung zur Frage der Zumutbarkeit eines Eingriffs in Art. 14 I GG ausgeführt, daß eine an sich unzumutbare Kostenbelastung dann zumutbar sei, wenn der *„Eigentümer das Risiko der entstandenen Gefahr bewußt in Kauf genommen hat. (...) Denn das freiwillig übernommene Risiko mindert die Schutzwürdigkeit des Eigentümers."*[805] Ferner könne eine Belastung insbesondere dann unzumutbar sein, wenn das Risiko *„jenseits seiner Verantwortungssphäre"* liege.[806] In der hier angesprochenen Risikoübernahme kann allerdings nicht, wie bei einer vertraglichen Risikoübernahme, eine Legitimation von Existenzgefährdungen gesehen werden, weil sich der Unternehmer niemandem gegenüber, insbesondere nicht gegenüber dem Staat, verpflichtet. Es kann sich vielmehr als Fehler der Unternehmensführung herausstellen, wenn sich ein Risiko realisiert, was zu starken Verlusten führt. Daraus ließe sich folgern: Je schwerer die Fehler wiegen, desto geringer ist der Eigentumsschutz bei der Abwägung zu berücksichtigen. Im Extremfall, also bei äußerst schweren Fehlern der Unternehmensführung, könnte man daher zu dem Ergebnis kommen, daß ein Schutz des Art. 14 I GG ganz ausgeschlossen ist.

Auf der anderen Seite muß ein Unternehmer notwendigerweise ein Risiko eingehen. Auch muß davon ausgegangen werden, daß Fehler der Unternehmensführung ständig vorkommen. Viele Fehlentscheidungen sind aufgrund fehlender Information oder einer knappen Zeit zur Entscheidungsfindung schwer zu vermeiden, so daß die Einordnung als Fehler in Grenzfällen unmöglich ist. Es führt häufig auch nicht nur ein einzelner Fehler in die Unternehmenskrise, sondern eine Verkettung verschiedenster Umstände. Dies spricht dafür, bei der Gewichtung des Art. 14 I GG nur solche Fehler des Managements einfließen zu lassen, die besonders schwerwiegend sind. Zu denken wäre hierbei an vorsätzliche, strafbare Handlungen, wie Bilanzfälschung, Urkundenfälschung, Untreue, Betrug, etc. Hier hat sich der Unternehmer im Interesse des eigenen Vermögens

---

[804] Vgl. dazu ausführlich Meinhold (1988) S.98 ff.
[805] BVerfGE -Beschl. vom 16.2.2000- 102 S.1 (21 f).
[806] BVerfGE -Beschl. vom 16.2.2000- 102 S.1 (21).

über das seiner Vertragspartner hinweggesetzt. In diesen klar abgrenzbaren Fällen scheint das Eigentum tatsächlich einen Teil seiner Berechtigung verloren zu haben.

Daran schließt sich ein weiteres Problem an, nämlich das der Zurechnung. Hat der Eigentümer des Unternehmens selbst dieses strafbare Verhalten an den Tag gelegt, so muß er es sich entgegenhalten lassen. Wie verhält es sich aber bei einer angestellten Geschäftsführung, man denke hierbei insbesondere an die Geschäftsführung einer Publikums-AG? Hier rechnet man im Zivilrecht das Verschulden nach § 31 BGB zu. Aber gilt diese Wertung auch auf der Ebene des Verfassungsrechts? Wann kann man davon sprechen, daß das strafbare Verhalten die Unternehmenskrise herbeigeführt hat?

Eine strafbare Handlung, die in das Vermögen anderer eingreift, zieht zwar Schadensersatzansprüche gemäß § 823 II BGB nach sich. Bedroht dieser Anspruch auch die Existenz des Unternehmens, so erscheint dies als Eingriff in Art. 14 I GG verfassungsrechtlich gerechtfertigt. Viel größer sind aber in aller Regel die Schäden, die dem Unternehmen langfristig durch die unseriösen Geschäftspraktiken entstehen. Ferner dient die strafbare Handlung häufig der Verdunklung der bereits begangenen Fehler und ist nicht der Auslöser der wirtschaftlichen Probleme. Insbesondere bei der Bilanzfälschung, die in erster Linie die Anteilseigner und Kreditgeber schädigt, ist dies unmittelbar einleuchtend. Man kann also nur im Ausnahmefall davon sprechen, daß gerade die Verletzung des Straftatbestandes den Sanierungsfall herbeigeführt hat. Die Strafnorm verfolgt zudem nicht den Zweck, ein unseriös geführtes Unternehmen aus dem Wettbewerb auszuscheiden, sondern ein Individuum für sein strafwürdiges Verhalten zu bestrafen. Dies spricht dafür, daß Fehler des Managements den grundrechtlichen Schutz auch dann nicht ausschließen, wenn Straftatbestände verletzt wurden.[807]

ff) Zwischenergebnis

Das Gewicht des Grundrechts aus Art. 14 I GG ist davon abhängig, wie stark das Unternehmen gefährdet ist und wie wahrscheinlich der Erfolg einer Sanierung ist. Ist die Insolvenz bei unveränderten Bedingungen sowie die Möglichkeit einer Sanierung bei der Änderung der Arbeitsbedingungen sicher, so fällt der Existenzschutz besonders stark ins Gewicht.

b) Privatautonomie gemäß Art. 12 GG

In Art. 12 I GG ist das Grundrecht der Berufsfreiheit normiert und wird als das *„arbeitsrechtliche Muttergrundrecht“*[808] oder *„Schutznorm gegenüber der pri-*

---

[807] Vgl. Freihube (2000) S.156, der eine Verursachung einer nachteiligen wirtschaftlichen Entwicklung bei einer Abwägung berücksichtigt und strenge Maßstäbe ansetzt.

[808] So Gamillscheg (1989) S.58.

vaten Macht der Tarifvertragsparteien"[809] bezeichnet. Zu klären ist, inwiefern ein Sanierungsvorhaben hierdurch geschützt wird.

aa) Recht auf Änderung der Arbeitsbedingungen und Vertragstreue

Der persönliche Schutzbereich umfaßt zunächst nur „die Deutschen", also deutsche natürliche Personen im Sinne des Art. 116 GG.[810] Das BVerfG wendet Art. 12 GG gemäß Art. 19 III GG auch auf juristische Personen an. Zum sachlichen Schutzbereich führt das Gericht aus: *„Schutzgut des Art. 12 I GG ist bei juristischen Personen die Freiheit, eine Erwerbszwecken dienende Tätigkeit, insbesondere ein Gewerbe, zu betreiben, soweit diese Tätigkeit ihrem Wesen und ihrer Art nach in gleicher Weise von einer juristischen wie von einer natürlichen Person ausgeübt werden kann."* Das Gericht räumt zwar ein, daß bei sog. Großunternehmen der *„personale Grundzug des Grundrechts"* sehr schwach ist, es bezieht aber auch diese in den Schutzbereich mit ein. Geschützt sei *„auch die „Unternehmerfreiheit" im Sinne freier Gründung und Führung von Unternehmen".*[811] Damit kann sich ein Arbeitgeber grundsätzlich auf Art. 12 I GG berufen.[812]

In Bezug auf die Entscheidungen des BVerfG[813] wird von dem Schutz der *„unternehmerischen Entscheidungsfreiheit"*[814], der *„Freiheit des rechtsgeschäftlichen Handelns der Arbeitsvertragsparteien"*[815] oder *„berufsbezogenen Vertragsfreiheit"*[816] gesprochen. Daraus folgt konsequenterweise, daß neben dem Abschluß eines Arbeitsvertrags auch dessen Kündigung als unternehmerische Entscheidung in den Schutzbereich fällt.[817] Die Entscheidung zur Sanierung und die damit verbundenen rechtsgeschäftlichen Gestaltungsmöglichkeiten werden also von Art. 12 I GG geschützt.

Dieses Recht wird durch den Grundsatz der Vertragstreue, der einer Änderung der Vertragsbedingungen grundsätzlich entgegensteht, beeinträchtigt. Dieser Grundsatz drückt sich in den gesetzlichen Kündigungsschutzvorschriften und auch in § 626 BGB aus. Die Privatautonomie des Arbeitgebers findet also bei der Abwägung im Rahmen des § 626 I BGB Berücksichtigung.

---

809 Vgl. Säcker/Oetker (1992) S.251 mwN.

810 BVerfGE -Beschl. v. 10.5.1988- 78 S.179 (196).

811 BVerfG -Urt. v. 1.3.1979- AP Nr.1 zu § 1 MitbestG Bl.22 = BVerfGE 50 S.290 ff. Vgl. auch BVerfG -Urt. v. 19.10.1983- AP Nr.2 zu § 1 BetrAVG Unterstützungskassen Bl.4 = BVerfGE 65 S.196 ff.

812 Vgl. etwa BVerfG -Beschl. v. 15.12.1987- AP Nr.62 zu Art.12 GG Bl.6 = BVerfGE 77 S.308 ff. Vgl. auch Säcker/Oetker (1992) S.251 mwN Fn.49.

813 Vgl. etwa BVerfG -Beschl. v. 7.2.1990- AP Nr.65 zu Art.12 GG Bl.4 = BVerfGE 81 S.242 ff.

814 Vgl. Säcker/Oetker (1992) S.308 Fn.284 mwN.

815 Löwisch JZ 1996 S.812 (817) der ergänzend auf Art.2 I GG abstellt.

816 Vgl. Belling/Hartmann NZA 1998 S.57 (59), die ergänzend auf Art.2 I GG abstellen.

817 Vgl. Boemke/Gründel ZfA 2001 S.245 (271), Junker NZA 1997 S.1305 (1310), Hergenröder ZfA 2002 S.355 (359), Papier RdA 2000 S.1 (4).

bb) Legitimation der Vertragsbindung durch Vertragsschluß

Wie schwer die Privatautonomie betroffen ist, hängt auf der einen Seite von den Anforderungen an die Möglichkeiten, die Verträge zu ändern, ab. Auf der anderen Seite ist die Legitimation der Bindung durch Vertragsschluß zu berücksichtigen.

Der Arbeitgeber kann Änderungsverträge schließen oder Änderungskündigungen aussprechen. Die erste Möglichkeiten ist durch die Bereitschaft des Arbeitnehmers, die zweite durch den Kündigungsschutz beschränkt. Je länger die Kündigungsfrist den Arbeitgeber bindet und je höhere Anforderungen an den Kündigungsgrund zu stellen sind, desto schwerer wiegt das Grundrecht des Arbeitgebers bei der Abwägung.[818] Eine vertragliche oder gesetzliche Regelung, die das Kündigungsrecht des Arbeitgebers ganz ausschließen würde, wäre ein ganz empfindlicher Eingriff in Art. 12 I GG.

Dem steht die Überlegung gegenüber, daß die vertragliche Bindung durch die privatautonome Entscheidung des Arbeitgebers, nämlich den Vertragsschluß, legitimiert ist.[819] Wie oben ausgeführt, ist es gerade Ausdruck der eigenen Privatautonomie, sich wirksam vertraglich zu binden. Deshalb muß die Legitimation der Grundrechtsbeschränkung nicht nur durch die kollidierende Privatautonomie des Vertragspartners erfolgen, sondern auch schon durch die Berücksichtigung der eigenen Grundrechtsbetätigung. Hier liegen nämlich zwei Komponenten vor. Insbesondere der Arbeitgeber hat nämlich durch seinen Einfluß auf die Vertragsbedingungen die Möglichkeit, seine Interessen beim Vertragsschluß zu berücksichtigen. Insofern sind Beeinträchtigungen der Privatautonomie bei vertraglichen Bindungen oder dispositivem Gesetzesrecht durch Vertragsschluß gerechtfertigt. Deshalb kann sich der Arbeitgeber nicht darauf berufen, eine bestimmte Lohnhöhe beeinträchtige seine Privatautonomie unangemessen.

Demgegenüber hat der Arbeitgeber bei zwingendem Gesetzesrecht, z.B. § 1 KSchG, keine Möglichkeit, einzelvertraglich zu seinen Gunsten abzuweichen. Man könnte zwar argumentieren, daß der Arbeitgeber keinen Arbeitsvertrag abschließen muß, der Abschluß von Arbeitsverträgen ist aber gerade Ausdruck seiner Grundrechtsbetätigung. Insofern sind zwingende gesetzliche Regelungen nicht privatautonom legitimiert und bedürfen der Rechtfertigung.

---

[818] Ähnliche Herschel Anm. AP Nr.1 zu § 44 TVAL II Bl.4, „*(...) je kürzer die Kündigungsfrist, um so eher ist deren Einhaltung zumutbar; je länger die Kündigungsfrist, um so eher ist deren Einhaltung unzumutbar, und diese Unzumutbarkeit ist folgerichtig bei Arbeitsverhältnissen, die durch ordentliche Kündigung überhaupt nicht aufgelöst werden können, am allerehesten zu bejahen, (...)*"

[819] In einen Vertragsschluß ist die privatautonome Legitimation von Beeinträchtigungen einzelner grundrechtlich geschützter Positionen zu sehen, vgl. unter Kapitel 3 A. I. 1. a) ee) (2) (a) (S.148 ff).

Daraus folgt, daß sich der Arbeitgeber nur hinsichtlich des zwingenden Kündigungsschutzes, nicht aber hinsichtlich der Lohnhöhe auf seine Privatautonomie berufen kann.

c) Schutz der Betriebsautonomie des Arbeitgebers

Als verfassungsrechtliche Grundlage für einen Schutz der Betriebsautonomie kommen die Koalitionsfreiheit, die Privatautonomie und das Subsidiaritätsprinzip in Frage.[820] Von Interesse ist insbesondere, ob der Abschluß einer Betriebsvereinbarung als Ausübung der Betriebsautonomie durch die Verfassung geschützt wird.

aa) Art. 9 III GG

In Art. 9 III GG ist die Koalitionsfreiheit niedergelegt. Fraglich ist, ob die Koalitionsfreiheit ein Recht des Arbeitgebers auf die Gestaltungsmöglichkeit durch Betriebsvereinbarungen gewährt. Dies wäre eine Alternative zur Änderungskündigung. Die kollektive Koalitionsfreiheit schützt die Koalition als solche und *„ihr Recht, durch spezifisch koalitionsmäßige Betätigung die in Art. 9 III GG genannten Zwecke zu verfolgen"*[821], also die *„Wahrung und Förderung der Arbeits- und Wirtschaftsbedingungen"*. Die *„Lohn- und Arbeitsbedingungen"* werden selbst bei einem sehr restriktiven Verständnis dieses Tatbestandsmerkmals erfaßt[822].

Eine Koalition setzt nach dem BVerfG zumindest voraus, daß sie *„frei gebildet, gegnerfrei, unabhängig und auf überbetrieblicher Grundlage organisiert"* ist.[823] Ein Arbeitgeber allein stellt aber weder eine Vereinigung dar, noch ist er notwendigerweise überbetrieblich organisiert und kann daher keine „Koalition" sein.[824] Die Koalitionsfreiheit hat nämlich den Charakter eines Doppelgrundrechts[825], d.h., daß zwischen einem Individualgrundrecht und einem Kollektivgrundrecht zu unterscheiden ist. In persönlicher Hinsicht werden nicht nur die Arbeitnehmer, sondern auch die Arbeitgeber von Art. 9 III GG erfaßt.[826] So kann sich der einzelne Arbeitgeber z.B. beim Arbeitskampf um einen Firmentarifvertrag auf seine Koalitionsfreiheit berufen.[827] Auch die Betriebsvereinbarung dient, wie der Firmentarifvertrag, den in Art. 9 III GG genannten Zwecken, so

---

[820] Vgl. zur Verankerung im Sozialstaatsprinzip unter Kapitel 3 C. II. 2. (S.252).

[821] Vgl. BVerfG -Urt. v. 1.3.1979- AP Nr.1 zu § 1 MitbestG Bl.24 = BVerfGE 50 S.290 ff.

[822] Vgl. die ausführliche Darstellungen der Auslegung dieses Begriffs bei Säcker/Oetker (1992) S.39-72.

[823] BVerfGE -Urt. v. 6.5.1964- 18 S.18 (28).

[824] Vgl. Löwisch/Rieble in MünchArbR III § 246 Rn.83.

[825] Vgl. BVerfG -Urt. v. 1.3.1979- AP Nr.1 zu § 1 MitbestG Bl.23 f = BVerfGE 50 S.290 ff, BVerfG -Beschl. v. 26.6.1991- AP Nr.117 zu Art.9 GG Arbeitskampf LS = BVerfGE 84 S.212 ff.

[826] BVerfG -Beschl. v. 26.6.1991- AP Nr.117 zu Art.9 GG Arbeitskampf LS, Bl.4 = BVerfGE 84 S.212 ff.

[827] Vgl. unter Kapitel 3 B. I. 1. b) aa) (S.185 ff).

daß eine Verankerung derselben in der Koalitionsfreiheit in Erwägung gezogen wird[828].

Der entscheidende Unterschied zwischen Firmentarifvertrag und Betriebsvereinbarung ist aber, daß der Firmentarifvertrag mit der Gewerkschaft, also einer Koalition geschlossen wird. Das Merkmal der „Überbetrieblichkeit" fehlt demgegenüber beim Betriebsrat ganz eindeutig. Zudem wird die Belegschaft und damit der Betriebsrat nicht frei gebildet, sondern es liegt ein Zwangsverband vor.[829] Ferner wird die betriebliche Mitbestimmung durch den Arbeitgeber finanziert, so daß keine *„Gegnerfreiheit"* vorliegt.[830] Der Betriebsrat stellt damit keine Koalition dar. Damit kann sich die Betriebsautonomie auch nicht auf Art. 9 III GG stützen.[831]

bb) Privatautonomie aus Art. 2 I, Art. 12 I, Art. 9 I GG

Das Recht auf freie Entfaltung der Persönlichkeit aus Art. 2 I GG umfaßt die allgemeine Handlungsfreiheit[832]. Diese ist in Hinblick auf die Verankerung der Betriebsautonomie zu untersuchen. Der Schutzbereich umfaßt nach der Rechtsprechung des BVerfG *„jede Form menschlichen Handelns ohne Rücksicht darauf, welches Gewicht der Betätigung für die Persönlichkeitsentfaltung zukommt"*.[833] Umfaßt wird demnach u.a. die Privatautonomie, die Wettbewerbsfreiheit und die wirtschaftliche Dispositionsfreiheit des Unternehmers, wobei die Subsidiarität zu spezielleren Grundrechten, also insbesondere Art. 12 I GG zu beachten ist.[834] Denkbar ist auch, die Betriebsvereinbarung und die betriebliche Regelungsabrede als *„Führung des Unternehmens"* zu verstehen und dem Schutz von Art. 12 I GG zu unterstellen.

Für einen Schutz der Betriebsautonomie wird vorgebracht, daß die Betriebsautonomie ein Ausfluß der Privatautonomie sei. Dies wird darauf gestützt, daß der Arbeitnehmer frei von rechtlichem Zwang, also privatautonom, einen Arbeitsvertrag abschließe. Dies sei vergleichbar mit dem ebenfalls freiwilligen Beitritt zu einem Verein, der von Art. 9 I GG geschützt werde. In einem Verein unterwerfe er sich der Satzung, habe das Recht einen Vorstand zu wählen und könne bei unpassenden Satzungsänderungen aus dem Verein austreten. Dies entspreche der Unterwerfung unter die betrieblichen Ordnung, der Wahl des Betriebsrats

---

[828] Vgl. Ehmann/Lambrich NZA 1996 S.346 (351).

[829] Vgl. Belling (1990) S.54 ff, Dorndorf (Diskussionsbeitrag) RdA 1994 S.169 (170), Rieble RdA 1996 S.151 (152), Walker ZfA 1996 S.353 (357), Wank NJW 1996 S.2273 (2274 Fn.18).

[830] Vgl. Bakopoulos (1991) S.76.

[831] Vgl. Bakopoulos (1991) S.47 ff, Dorndorf (Diskussionsbeitrag) RdA 1994 S.169 (170), Lambrich (1999) S.182, Rieble RdA 1996 S.151 (152), Walker ZfA 1996 S.353 (357), Wank NJW 1996 S.2273 (2274 Fn.18).

[832] Vgl. nur Murswiek in Sachs Art.2 GG Rn.41.

[833] BVerfGE -Beschl. v. 6.6.1989- 80 S.137 (152).

[834] Vgl. Junker NZA 1997 S.1305 (1306), Murswiek in Sachs Art.2 GG Rn.54 mwN zur Rechtsprechung.

und dem Abschluß von Betriebsvereinbarungen. Der Arbeitnehmer könne auch den Arbeitsvertrag kündigen, wenn er mit einer Betriebsvereinbarung nicht einverstanden ist. Wenn also die Vereinigungsfreiheit Ausfluß der Privatautonomie sei, dann auch die mit ihr vergleichbare Betriebsautonomie.[835]

Dem wird entgegengehalten, daß die Betriebsverfassung die Folge einer staatlichen Rechtsetzung in Form des BetrVG ist.[836] Daher wird hier von einem Zwangsverband gesprochen.[837] Für die Freiwilligkeit der Unterwerfung bedürfe es neben dem Arbeitsvertrag zusätzlich einer Unterwerfung unter das BetrVG wie unter die Tarifautonomie durch den Eintritt in eine Gewerkschaft.[838] Die Betriebsautonomie könne daher nicht als Privatautonomie begriffen werden.[839]

Der Vergleich des Arbeitsvertragsschlusses mit dem Beitritt zu einem Verein, der sich auf Begründung einer Mitgliedschaft richtet, ist nicht zwingend. Allerdings ist die Privatautonomie nur ein Teilaspekt der von Art. 2 I GG geschützten Handlungsfreiheit. Diese stellt aufgrund des weiten Schutzbereichs den lückenlosen grundrechtlichen Freiheitsschutz sicher.[840] Dies spricht für einen Schutz der Betriebsautonomie. Warum sollte ein Arbeitgeber nicht ohne die Existenz des BetrVG auf die Idee kommen, in seinem Unternehmen Wahlen durchführen zu lassen? Mit den Arbeitnehmervertretern könnte er dann Vereinbarungen aushandeln. Ein solches Verhalten wäre eindeutig von der Privatautonomie geschützt.

Der entscheidende Punkt ist die unmittelbare und zwingende Wirkung einer Betriebsvereinbarung. In unserem fiktiven Beispiel kann eine Transformation der Vereinbarung in das Arbeitsverhältnis nur stattfinden, wenn der Arbeitnehmer wirksam vertreten wird. Einer wirksamen Vertretung könnte der Arbeitnehmer aber jederzeit widersprechen, ohne das sein Arbeitsverhältnis berührt würde. Die Begründung eines Arbeitsverhältnisses kann nicht als unwiderrufliche rechtsgeschäftliche Vertretungsmacht an eine Belegschaftsvertretung zur Änderungen der Arbeitsbedingungen verstanden werden. Anlaß darüber nachzudenken, bestünde nur dann, wenn das BetrVG nicht existierte und im Arbeitsvertrag ein solches Vertretungssystem ausdrücklich verankert wäre.

---

835 Vgl. die Argumentation von Ehmann/Lambrich NZA 1996 S.346 (351 f), Ehmann FS Zöllner Bd. II (1998) S.715 (728 ff). So auch Lambrich (1999) S.203. Im Ergebnis auch Hablitzel NZA 2001 S.467 (470).

836 Löwisch JZ 1996 S.812 (817), Walker ZfA 1996 S.353 (357).

837 Wank NJW 1996 S.2273 (2274 Fn.18). Vgl. auch Hundt FAZ 9.6.2000 (Nr.133) S.14, der im Falle einer Ausweitung der gesetzlichen Betriebsratskompetenzen im Bereich der Lohnfindung von einem „*Zwangskartell*" spricht.

838 Walker ZfA 1996 S.353 (357). Das Problem der Freiwilligkeit sieht auch Lambrich (1999) S.200.

839 So Bakopoulos (1991) S.60, Belling (1990) S.54 ff, Dorndorf (Diskussionsbeitrag) RdA 1994 S.169 (170), Rieble RdA 1996 S.151 (152), Walker ZfA 1996 S.353 (357), Wank NJW 1996 S.2273 (2274 Fn.18).

840 Vgl. Murswiek in Sachs Art.2 GG Rn.56.

Daraus ergibt sich, daß die betriebliche Vereinbarung als solche von der Privatautonomie geschützt wird, nicht aber ihre unmittelbare und zwingende Wirkung. Die Betriebsvereinbarung, die von § 77 IV BetrVG mit eben dieser Wirkung ausgestattet wird, ist daher nicht geschützt. Sie beruht auf nämlich nur auf einer Art demokratischer und nicht auf privatautonomer Legitimation. Geschützt ist nur die für die Arbeitnehmer unverbindliche betriebliche Regelungsabrede. Dieses Recht wird aber nicht beeinträchtigt, weil die Sperre des § 77 III BetrVG sich nur auf die Betriebsvereinbarung und nicht auf betriebliche Regelungsabreden bezieht.[841] Eine Verfassungswidrigkeit des § 77 III BetrVG kann damit nicht auf die Privatautonomie des Arbeitgebers gestützt werden.

cc) Subsidiaritätsprinzip

Das Subsidiaritätsprinzip besagt nach Art. 5 II EGV, daß die Gemeinschaft nur tätig wird, *„soweit die Ziele der in Betracht gezogenen Maßnahmen auf Ebene der Mitgliedstaaten nicht ausreichend erreicht werden können und daher wegen ihres Umfangs oder ihrer Wirkungen besser auf Gemeinschaftsebene erreicht werden können"*. Dieser Grundsatz wird auch in Art. 23 I (1) GG angesprochen. Daraus wird teilweise abgeleitet, daß es nicht nur das Verhältnis von supranationaler und nationaler Rechtsordnung und Kompetenzausübung, sondern auch das nationale Recht der BRD beträfe und zumindest eine Staatszielbestimmung sei.[842]

Daraus kann aber kein verfassungsrechtlicher Schutz der Betriebsautonomie und kein Vorrang der Betriebsvereinbarung gegenüber dem Verbandstarifvertrag abgeleitet werden. Hier geht es nämlich nicht um eine Begrenzung Kompetenzbegrenzung eines übergeordneten Gesetzgebers, der nur tätig wird, wenn es die Ziele der europäischen Einigung erfordern. So hat auch die Tarifautonomie hat ein ganz anderes Thema[843], sie beruht auch nicht auf demokratischer Legitimation wie die Betriebsvereinbarung, sondern auf privatautonomer Legitimation. Insofern sind Betriebsvereinbarung und Tarifvertrag wesensverschieden. Allenfalls kann man aus einem Subsidiaritätsprinzip den Vorrang des Firmentarifvertrags vor dem Verbandstarifvertrag ableiten. Das gilt aber ohnehin. Das Subsidiaritätsprinzip kann für einen Verfassungsrang der Betriebsvereinbarung nicht fruchtbar gemacht werden.[844]

d) Ergebnis

Festzuhalten ist, daß im Sanierungsfall das Grundrecht des Arbeitgebers aus Art. 14 GG und nicht seine Privatautonomie durch die vertraglichen Lohnverpflichtungen beeinträchtigt wird. Der Schutz findet bei der Auslegung der Gene-

---

841 Vgl. BAG -Beschl. v. 20.4.1999- DB 1999 S.1555 (1555).

842 Hablitzel NZA 2001 S.467 (468 f). Vorsichtig Lambrich (1999) S.251, der nur von einer richtungsweisenden verfassungsimmanenten Grundaussage spricht.

843 Vgl. zu den Funktionen der Tarifautonomie unter Kapitel 3 B. I. 3. a) (S.191 ff).

844 Im Ergebnis auch Böker (2001) S.107 ff.

ralklausel des § 626 BGB Berücksichtigung. Ferner schränken die zwingenden Kündigungsschutzvorschriften die Privatautonomie des Arbeitgebers ein. Demgegenüber ist der Abschluß von zwingenden Betriebsvereinbarungen nicht verfassungsrechtlich gewährleistet.

2. Arbeitnehmer

Der Arbeitnehmer hat auf der einen Seite ein Interesse daran, daß er für seine Arbeit einen möglichst hohen Verdienst erhält bzw. daß in die bestehenden Verträge und entstandene Lohnforderungen nicht zu seinen Lasten eingegriffen wird. Demgegenüber ist er auch an einem sicheren Arbeitsplatz interessiert. Schließlich besteht ein Bedürfnis des Arbeitnehmers auf Gleichbehandlung, insbesondere bei der Kürzung von Leistungen. Zu prüfen ist, ob diese Interessen der Arbeitnehmer verfassungsrechtlich geschützt werden.

a) Schutz „erdienter" Leistungen durch Art. 14 I GG

In den Schutzbereich des Art. 14 I GG fällt nur der Bestand der von der Rechtsordnung anerkannten Vermögensrechte und nicht deren Erwerb.[845] Damit fallen jedenfalls künftige Lohnansprüche nicht unter Art. 14 GG, eine Lohnkürzung für die Zukunft berührt daher nicht das Eigentumsrecht der Arbeitnehmer.[846] Dies gilt auch für befristete Verträge, da hier der Arbeitnehmer die Lohnansprüche erst noch erwirbt.

Anders verhält es sich hinsichtlich der bereits erworbenen Lohnansprüche und der bereits erworbenen Anwartschaften auf eine Betriebsrente. Das betriebliche Altersruhegeld hat nach der Rechtsprechung des BAG Versorgungs- und Entgeltcharakter, es stellt eine „erdiente" Leistung dar.[847] Dies sind konkrete Rechtspositionen der Arbeitnehmer, ihr Bestand wird von Art. 14 I GG geschützt. Sanierungsmaßnahmen, die eine Kürzung der bereits entstandenen Lohnansprüche oder Ruhegelder vorsehen, beeinträchtigen dieses Grundrecht. Da es sich hier um einen teilweisen Entzug handelt, könnte quasi eine Enteignung vorliegen.

Bei einer Kürzung „erdienter" Leistungen durch Änderungskündigung, die um wirksam zu werden der Annahme durch den Arbeitnehmer bedarf, liegt aber ein Vertragsschluß und damit kein einseitiger Entzug des Eigentums vor. Schließlich stellt auch eine Veräußerung von Sacheigentum oder die Abtretung einer Forderungen keine Enteignung dar. Der Arbeitnehmer verzichtet auf seinen „erdienten" Anspruch und legitimiert die Kürzung. Zu beachten ist allerdings, daß für das Unternehmen wichtige Arbeitnehmer das Änderungsangebot ablehnen könnten, um den Kürzungen zu entgehen. Dann gehen diese Arbeitskräfte dem Arbeitgeber verloren. Daher sollte sich eine Sanierung eher auf die Kürzung

---

845 Vgl. dazu unter Kapitel 3 A. I. 1. a) aa) (2) (S.140).
846 Vgl. Ruoff (1999) S.186. AA wohl Vollmer DB 1982 S.1670 (1672).
847 BVerfG -Urt. v. 19.10.1983- AP Nr.2 zu § 1 BetrAVG Unterstützungskassen Bl.5 = BVerfGE 65 S.196 ff.

künftiger Entgelte konzentrieren[848], auch wenn die Kürzung von „erdienten" Ansprüchen möglich ist.

b) Schutz der bestehenden Arbeitsbedingungen durch Art. 12 GG

Zu untersuchen ist, inwiefern die bestehenden Arbeitsbedingungen durch Art. 12 GG geschützt werden. In persönlicher Hinsicht ist Art. 12 I GG auf deutsche Arbeitnehmer beschränkt. Ein entsprechender Schutz ausländischer Arbeitnehmer erfolgt dann aber durch Art. 2 I GG, so daß bei der mittelbaren Drittwirkung nicht differenziert werden muß. In sachlicher Hinsicht wird das rechtsgeschäftliche Handeln der Arbeitsvertragsparteien geschützt, das Grundrecht stellt somit für Arbeitnehmer eine spezielle Ausprägung der Privatautonomie dar.[849]

aa) Schutz der Vertragstreue

Wird durch den Arbeitgeber in die materiellen Arbeitsbedingungen zu Lasten der Arbeitnehmer eingegriffen, drängt sich daher die Frage auf, ob hierdurch die Privatautonomie des Arbeitnehmers beeinträchtigt wird. So formuliert das BVerfG, daß die berufliche Tätigkeit den Bürgern *„vor allem die Möglichkeit, sich eine wirtschaftliche Grundlage ihrer Existenz zu schaffen"*, gewährleiste. *„Dazu ist es regelmäßig erforderlich, Bindungen auf Zeit oder auf Dauer einzugehen. Im Rahmen des Zivilrechts geschieht das typischerweise durch Verträge, in denen sich beide Vertragsteile wechselseitig in ihrer beruflichen Handlungsfreiheit beschränken, und zwar im Austausch mit der ausbedungenen Gegenleistung."*[850] Die Vertragsfreiheit gewährleistet somit das Recht, sich vertraglich zu binden und gewährt gleichzeitig den Schutz der vertraglichen Bindung. In der Vertragsfreiheit ist somit der Grundsatz „pacta sunt servanda" verankert.

bb) Beeinträchtigungen der Vertragstreue

Daraus folgt zunächst, daß Änderungskündigungen in arbeitsvertragliche Regelungen zu Lasten des Arbeitnehmers eingreifen und den Schutzbereich des Art. 12 I GG beeinträchtigen.[851] Zu untersuchen ist, wie stark diese Beeinträchtigungen bei einer Abwägung ins Gewicht fallen.

(1) Beeinträchtigung durch ordentliche Änderungskündigungen

Im Falle der Lohnkürzung durch Änderungskündigung liegt zwar ebenfalls ein Vertragsschluß vor, die Beeinträchtigung kann hier aber in der Kündigung der „alten" Arbeitsbedingungen liegen. Ein Arbeitsvertrag ist durch den Arbeitgeber grundsätzlich ordentlich kündbar. Ausnahmen sind die Befristung[852], der vertragliche oder tarifvertragliche Ausschluß der ordentlichen Kündigung bzw. die

---

[848] So schon Löwisch ZGR 1986 S.219 (224 ff).
[849] Junker NZA 1997 S.1305 (1306).
[850] BVerfG -Beschl. v. 7.2.1990- AP Nr.65 zu Art.12 Bl.4 = BVerfGE 81 S.242 ff.
[851] Vgl. auch Ruoff (1999) S.189.
[852] Vgl. § 620 II BGB.

Beschäftigung auf Lebenszeit[853]. Die Arbeitsvertragsparteien haben es daher in der Hand, eine ordentliche Kündigung vertraglich auszuschließen. Wenn sie davon absehen, so ist die ordentliche Kündbarkeit bereits im Vertrag angelegt, was die Kündigung legitimiert. Eine ordnungsgemäße ordentliche Änderungskündigung beeinträchtigt daher nicht die Privatautonomie des Arbeitnehmers.[854]

(2) Beeinträchtigung durch außerordentliche Änderungskündigungen

Die außerordentliche Kündigung stützt sich demgegenüber nicht auf den Vertrag, sondern auf besondere Umstände des Einzelfalls. Der Vertragsschluß kann die außerordentliche Kündigung bzw. Änderungskündigung also nicht legitimieren, sie bedarf einer weiteren Rechtfertigung. Die Beeinträchtigung ist hierbei um so größer, je geringere Anforderungen man an die Voraussetzungen einer außerordentlichen Änderungskündigung stellt. Wären diese so gering, daß die außerordentliche Kündigung keinen Ausnahmefall darstellen würde, so wäre die Vertragsbindung ausgehöhlt. Dies wäre eine äußerst schwere Beeinträchtigung der Privatautonomie. Der Beeinträchtigung der Vertragsfreiheit des Arbeitnehmers ist ferner bei der außerordentlichem Änderungskündigung um so stärker, je gravierender die Lohnkürzung ausfällt.

(3) Berücksichtigung einer Mitverantwortung der Arbeitnehmer

Man könnte erwägen, ob die Privatautonomie der Arbeitnehmer deshalb weniger Gewicht erlangt, weil sie für die Unternehmenskrise insbesondere in Hinblick auf ihre Mitbestimmungsrechte mit in die Verantwortung zu ziehen sind.[855] Gegen einen solchen Ansatz sprechen folgende Argumente: Die Mitbestimmung nach dem BetrVG ist keine Ausübung von Privatautonomie[856]. Eine Mitbestimmung kann die Privatautonomie somit nicht begrenzen. Daher fehlt schon der verfassungsrechtliche Ansatzpunkt für eine solche Überlegung. Auch auf der Ebene des einfachen Gesetzesrechts ist hierfür keine Rechtsgrundlage gegeben.[857] Schließlich widerspricht der Ansatz den Ergebnissen empirischer Untersuchungen zu den Ursachen für Unternehmenskrisen.[858] Eine etwaige Mitver-

---

[853] Hier könnte man u.U. in § 624 BGB einen Eingriff in Art.12 I GG des Arbeitnehmers sehe, der eine ordentliche Kündigung nicht ausschließen kann.

[854] Vgl. Hergenröder ZfA 2002 S.355 (372), der einen Schutz des Arbeitsplatzes nur vor *„willkürlichem Verlust"* annimmt.

[855] Vgl. dazu die Überlegung von Stürner ZIP 1982 S.761 (763), der allerdings die Ablehnung einer Sanierung und damit den Verlust des Arbeitsplatzes als Sanktion für die Belegschaft sieht. Vgl. dazu auch die Betriebsrisikolehre des RAG 2 -Urt. v. 20.6.1928- S.74 (79) ***„Wer für den Betrieb mit einzustehen hat, muß selbstverständlich auch für die Nachteile mit eintreten"***. Vgl. dazu Meinhold (1988) S.58.

[856] Vgl. dazu unter Kapitel 3 A. I. 1. c) bb) (S.155 ff).

[857] Vgl. ausführlich Meinhold (1988) S.58 ff mwN.

[858] Davon geht auch Stürner ZIP 1982 S.761 (762) aus. Vgl. auch Meinhold (1988) S.94.

antwortung der Arbeitnehmer aufgrund ihrer betrieblichen Mitbestimmungsrechte kann einen Eingriff in bestehende Verträge daher nicht rechtfertigen.[859]

cc) Zwischenergebnis

Festzuhalten ist, daß die Lohnsenkung durch außerordentliche Änderungskündigungen die Privatautonomie der Arbeitnehmer beeinträchtigen. Die Intensität hängt dabei im wesentlichen von dem Umfang der Lohnkürzungen und von den materiellen Anforderungen an eine solche Kürzung ab.

c) Schutz des Arbeitsplatzes

Fragt sich, ob das Interesse des Arbeitnehmers an seinem Arbeitsplatz verfassungsrechtlich geschützt wird. Ein Recht auf Arbeit wird teilweise aus Art. 12, Teil II Art. 1 Nr.2 Europäische Sozialcharta abgeleitet.[860] Die Sozialcharta ist aber kein geltendes Recht, sondern nur eine bindende Zielvorstellung.[861] Als Grundrechte kommen Art. 12 GG und Art. 2 GG in Betracht.[862]

aa) „Recht auf Arbeit" und Schutzpflicht nach Art. 12 I GG

Vorgeschlagen wird ein Schutz des „Rechts auf Arbeit" durch Art. 12 I GG.[863] Dann würde eine Änderungskündigung durch ihr Element der Kündigung dieses Recht beeinträchtigen. Das BVerfG ist hingegen der Auffassung, daß die Art. 12 GG keinen *„unmittelbaren Schutz gegen den Verlust eines Arbeitsplatzes aufgrund privater Dispositionen"* gewähre.[864] In der Rechtsprechung wird zwar das Recht am Arbeitsplatz als sonstiges Recht im Sinne des § 823 I BGB erwogen[865], auch das BAG lehnt aber im Anschluß an das BVerfG einen grundrechtlichen Bestandschutz des Arbeitsplatzes ab.[866]

Das BVerfG nimmt aber eine Schutzpflicht an: *„Insoweit obliegt dem Staat lediglich eine aus Art. 12 I GG folgende Schutzpflicht, der die geltenden Kündi-*

---

[859] So Meinhold (1988) S.61.

[860] Vgl. dazu ausführlich Richardi (1973) S.28 ff, 32.

[861] Reuter RdA 1978 S.344 (346).

[862] Vgl. dazu auch Hergenröder ZfA 2002 S.355 (362), der noch ein *„Eigentum am Arbeitsplatz"* anspricht und ablehnt.

[863] Vgl. ausführlich Richardi (1973) S.28 ff, 32, der allerdings kein subjektives Recht annimmt. Vgl. auch Freihube DB 2000 S.1022 (1024), der einen Schutz auf die freie Wahl des Arbeitsplatzes stützt und im Sanierungsfall in § 4 I TVG einen Eingriff in Art.12 GG der Arbeitnehmer sieht. Vgl. auch Freihube (2000) S.83 ff.

[864] BVerfG -Urt. v. 24.4.1991- AP Nr.70 zu Art.12 GG Bl.5 = BVerfGE 84 S.133 ff. Vgl. auch BVerfG -Beschl. v. 27.1.1998- AP Nr.17 zu § 23 KSchG Bl.3 = BVerfGE 97 S.169 ff, das hinsichtlich der sog. Kleinbetriebsklausel darauf hinweist, daß auch außerhalb des Anwendungsbereichs des KSchG ein gewisser Kündigungsschutz der Arbeitnehmer durch die Generalklauseln gewährleistet werde.

[865] Vgl. BAG -Urt. v. 30.9.1970- AP Nr.2 zu § 70 BAT Bl.3, ArbG Wilhelmshafen -Urt. v. 4.2.1955- AP Nr.1 zu § 823 BGB Sonstiges Recht LS.

[866] BAG -Urt. v. 25.2.1998- AP Nr.11 zu § 1 TVG Tarifverträge: Luftfahrt Bl.2, BAG -Urt. v. 11.3.1998- AP Nr.12 zu § 1 TVG Tarifverträge: Luftfahrt Bl.4. Vgl. auch Papier RdA 2000 S. 1 (2 f).

gungsvorschriften hinreichend Rechnung tragen.“[867] Die Problematik konzentriert sich damit auf die Frage, ob die Kündigungsschutzvorschriften, die im Sanierungsfall eine Lohnkürzung verhindern, der staatlichen Schutzpflicht „hinreichend Rechnung tragen“. Die Formulierung des BVerfG darf man aber nicht dahingehend mißverstehen, daß durch zu strenge Kündigungsschutzvorschriften die Privatautonomie der Arbeitnehmer betroffen sei, weil dadurch die Arbeitsplätze gefährdet würden. Der Staat hat vielmehr die Aufgabe einen Kündigungsschutz zu schaffen, der es verhindert, daß sich der Arbeitgeber von seinen Arbeitnehmern ohne weiteres löst. Damit ist also der Grundsatz der Vertragstreue gemeint. Der Schutz des Arbeitsplatzes kann daher nicht auf Art. 12 GG gestützt werden.

bb) Schutz durch das allgemeine Persönlichkeitsrecht

Aufgrund des Auffangcharakters des Art. 2 I GG ist es aber konsequent zu untersuchen, ob der Arbeitsplatz von dem Recht auf freie Entfaltung der Persönlichkeit geschützt wird. Neben der allgemeinen Handlungsfreiheit wird auch das sog. allgemeine Persönlichkeitsrecht aus Art. 2 I GG i.V.m. Art. 1 I GG abgeleitet.[868] Der Arbeitsplatz, der Sozialprestige vermittelt und für den Arbeitnehmer *„Erfüllung“* bedeuten kann[869], ist durchaus eine Möglichkeit, die eigene Persönlichkeit zu entfalten. Das BVerfG hat allerdings bisher nur folgende Schutzgüter des allgemeinen Persönlichkeitsrechts anerkannt: die Privat-, Geheim- und Intimsphäre, die persönliche Ehre, das Verfügungsrecht über die Darstellung der eigenen Person, das Recht am eigenen Bild und am gesprochenen Wort.[870]

In seinem Beschluß zu den Lohnabstandsklauseln hat das BVerfG allerdings den Verfassungsrang der Bekämpfung der Massenarbeitslosigkeit auf Art. 2 I und Art. 1 I GG gestützt: *„Arbeitslosigkeit führt die Betroffenen häufig in existentielle Bedrängnis. Mit dem Verlust der wirtschaftlichen Lebensgrundlage können Beeinträchtigungen des Selbstwertgefühls und der Persönlichkeit einhergehen. Die Erfahrung, nicht gebraucht zu werden, kann in einer Gesellschaft, die den Wert des Einzelnen in hohem Maße an seiner beruflichen Leistung mißt, zu schweren seelischen Belastungen führen.“*[871] Das BVerfG leitet daraus aber keine Betroffenheit des individuellen allgemeinen Persönlichkeitsrechts, sondern nur den Verfassungsrang des vom Gesetzgeber verfolgten sozialen Ziels ab. Ein subjektives Recht am Arbeitsplatz paßt nicht in diese Systematik.

Betrachtet man näher, was ein Recht am Arbeitsplatz genau sein müßte, so wäre dies kongruent mit dem Recht, einen wirksam geschlossenen und für die Zukunft sicheren Arbeitsvertrag innezuhaben. Das Recht einen Arbeitsvertrag zu schließen wird durch Art. 12 GG geschützt. Eine Kündigung, insbesondere eine

---

[867] BVerfG -Urt. v. 24.4.1991- AP Nr.70 zu Art.12 GG Bl.5 = BVerfGE 84 S.133 ff.
[868] Vgl. BVerfGE -Beschl. v. 3.6.1980- 54 S.148 (153).
[869] Vgl. Thau AuA 1993 S.235 (238).
[870] Vgl. BVerfGE -Beschl. v. 3.6.1980- 54 S.148 (154) mwN.
[871] BVerfG -Beschl. v. 27.4.1999- DB 2000 S.331 (332).

außerordentliche, greift in einen bestehenden Vertrag und damit ebenfalls in Art. 12 GG ein. Somit geht der Schutz des Arbeitsplatzes vor Kündigung bereits von Art. 12 GG aus. Ein Schutz, der darüber hinaus die Bonität des Arbeitgebers und damit die Sicherheit des Arbeitsplatzes gewährt, ginge sehr viel weiter. Dann wären bei jeder größeren Gläubigerforderung gegen einen Grenzbetrieb die Grundrechte der Arbeitnehmer betroffen. Der Grundrechtsschutz des Auffanggrundrechts aus Art. 2 I GG ginge damit wesentlich weiter als der Schutz des speziellen Grundrechts aus Art. 12 I GG. Ein Schutz des Arbeitsplatzes aus Art. 2 I GG, auch i.V.m. Art. 1 I GG, ist daher abzulehnen.

d) Schutz vor ungleichen Lohnsenkungen durch Art. 3 I GG

In Art. 3 I GG ist der allgemeine Gleichheitssatz normiert. Der Einfluß des Gleichheitssatzes aus Art. 3 I GG ist zu unterscheiden von dem arbeitsrechtlichen Gleichbehandlungsgrundsatz. Letzterer geht zwar auf Art. 3 I GG zurück, er ist aber ein objektiver Rechtssatz nach Art einer Generalklausel.[872] Wie bei Art. 3 I GG verbietet er die willkürliche bzw. sachfremde Schlechterstellung.[873] Es ist zunächst zu klären, ob im Kündigungsrecht der Gleichbehandlungsgrundsatz überhaupt Anwendung findet und wie er sich auswirkt..

aa) Anwendbarkeit im Kündigungsrecht

Nach dem BAG findet der Gleichbehandlungsgrundsatz auf dem Gebiet des Kündigungsrechts keine Anwendung.[874] In einem jüngeren Urteil hat das BAG aber entschieden, daß der Gleichbehandlungsgrundsatz auch im Bereich der Vergütung anwendbar ist, *„wenn der Arbeitgeber die Leistung nach einem allgemeinen Prinzip gewährt, indem er bestimmte Voraussetzungen oder Zwecke festlegt“*.[875] Bei einer Entgeltsenkung durch Massenänderungskündigungen geht es um ein solches Vergütungssystem, nämlich um die systematische Kürzung der Vergütung. Daraus kann gefolgert werden, daß der Gleichbehandlungsgrundsatz nicht auf das Kündigungselement der Änderungskündigung, sondern nur auf den Teil des Änderungsangebots Anwendung findet. Dies wird durch folgende Urteilsbegründung des BAG zur Entgeltsenkung durch Änderungskündigungen gestützt: *„Schließlich ist eine betriebsbedingte Änderungskündigung nur dann wirksam, wenn sich der Arbeitgeber bei einem an sich anerkennenswerten Anlaß darauf beschränkt hat, lediglich solche Änderungen vorzuschlagen, die der Arbeitnehmer billigerweise hinnehmen muß. Besteht etwa ein dringendes Bedürfnis zu Entgeltkürzungen, so ist der Arbeitgeber regelmäßig verpflichtet, bei der Kürzung des Entgelts innerhalb des Betriebs Gleichbehandlungsgesichtspunkte zu berücksichtigen. Die Arbeitnehmer müssen es billigerweise nicht hinnehmen, daß der Arbeitgeber bei wirtschaftlichen Verlusten ohne*

---

[872] Vgl. Schaub in Schaub (2002) § 112 Rn.6.

[873] Vgl. Schaub in Schaub (2002) § 112 Rn.5.

[874] BAG -Urt. 21.10.1969- AP Nr.41 zu Art.9 GG Arbeitskampf Bl.3. Vgl. kritisch dazu Schaub in Schaub (2002) § 112 Rn.47.

[875] BAG -Urt. v. 21.6.2000- ZIP 2000 S.1680 (1681).

sachlichen Grund einzelne von ihnen herausgreift und ihnen erhebliche Einkommensminderung ansinnt (...)."[876] Hier berücksichtigt das BAG den Gleichbehandlungsgrundsatz bei der Auslegung der Zumutbarkeit des Änderungsangebots.

bb) Auswirkungen auf außerordentliche Änderungskündigungen

Erfolgt die Sanierung durch außerordentliche Änderungskündigungen, so ist hier die Privatautonomie des Arbeitnehmers je nach Ausmaß der Kürzungen betroffen. Sieht die Sanierung also bei manchen Arbeitnehmern eine stärkere Kürzung als bei anderen Arbeitnehmern vor, so bedarf es hierfür einer Rechtfertigung. Je gravierender die Differenzen sind, desto schwerwiegender müssen die Gründe sein.

Bei Arbeitnehmern, bei denen eine ordentliche Kündigung ganz ausgeschlossen ist, stellt eine außerordentliche Änderungskündigung einen erheblich stärkeren Eingriff dar, als bei solchen, die sich z.B. in der Probezeit befinden. Bei letzteren könnte man aufgrund der kurzen Kündigungsfrist auf eine außerordentliche Änderungskündigung verzichten und statt dessen eine ordentliche Änderungskündigung aussprechen. Dann wäre im Ergebnis der Arbeitnehmer benachteiligt, der durch den Ausschluß der Kündigung stärker geschützt werden soll. Aufgrund des Gleichbehandlungsgrundsatzes kann daher auch eine Gleichbehandlung durch eine befristete außerordentliche Änderungskündigung bzw. eine außerordentliche Kündigung trotz kurzer Kündigungsfrist erforderlich sein.

e) Zwischenergebnis

Als Ergebnis kann bilanziert werden, daß es kein verfassungsrechtliches Recht am Arbeitsplatz gibt, sondern nur einen Schutz der bestehenden Verträge und bestehenden Arbeitsbedingungen durch die Privatautonomie. Bei Lohnsenkungen im Unternehmen ist zudem der Gleichbehandlungsgrundsatz zu berücksichtigen, so daß unterschiedliche Lohnkürzungen einer Rechtfertigung bedürfen.

3. Ergebnis

Auf der individualvertraglicher Ebene kollidiert im Sanierungsfall der Existenzschutz des Arbeitgebers aus Art. 14 I GG mit der in der Privatautonomie des Arbeitnehmers verankerten Vertragstreue. Ein Ausgleich hat im Rahmen der Auslegung der zivilrechtlicher Generalklauseln zu erfolgen.

II. Ausgleich der kollidierenden Rechtsgüter durch ein Recht zur außerordentlichen Änderungskündigung

Es ist zu überprüfen, ob die außerordentliche Änderungskündigung einen solchen Ausgleich schafft oder ob andere Ansätze, insbesondere ein Leistungsverweigerungsrecht des Arbeitgebers für Teile des Lohnes, einen besseren Ausgleich schaffen. Dann wäre letzteres der Änderungskündigung unter Umständen

---

[876] BAG -Urt. v. 20.8.1998- NZA 1999 S.255 (256).

als milderes Mittel vorzuziehen. Hierzu ist zunächst auf die Art und Weise, wie ein Ausgleich zu erfolgen hat, einzugehen.

1. Abwägungsdogmatik: Praktische Konkordanz und Verhältnismäßigkeit

Zwar wirken die Grundrechte von Arbeitgeber und Arbeitnehmer nur mittelbar, die Abwägungsdogmatik der unmittelbaren Wirkung der Grundrechte kann hierauf allerdings übertragen werden, da der Unterschied ja nur in der Art der Wirkung und nicht bei der Abwägung selbst besteht.[877] Bei der Abwägung ist zunächst auf das Verhältnis zwischen der praktischen Konkordanz und der Verhältnismäßigkeit einzugehen. Zudem ist festzustellen, inwiefern einzelnen Rechtsgütern bei der Abwägung gegenüber anderen der Vorrang einzuräumen ist.

a) Verhältnis zwischen praktischer Konkordanz und Verhältnismäßigkeit

Der Grundsatz der Verhältnismäßigkeit spielt bei der Beschränkung eines Grundrechts mit Gesetzesvorbehalt (hier Art. 14, Art. 12 GG) eine Rolle. Rechtsgrundlage des Verhältnismäßigkeitsprinzips ist das Rechtsstaatsprinzip[878], welches sich nach dem BVerfG aus Art. 20 III GG ergibt[879]. Demnach muß der Eingriff als Mittel zur Verfolgung eines legitimen Zwecks geeignet und erforderlich sein und darf nicht außer Verhältnis zum angestrebten Zweck stehen.[880] Hierbei kann der Gesetzgeber auch Belange des Gemeinwohls einfließen lassen.

Bei kollidierenden Grundrechten ist die *„Auflösung des bestehenden Spannungsverhältnisses"* nach dem BVerwG *„dadurch herbeizuführen, daß ein verhältnismäßiger Ausgleich der gegenläufigen, gleichermaßen verfassungsrechtlich geschützten Interessen mit dem Ziel ihrer Optimierung gefunden wird. Der Konflikt zwischen dem Grundrecht und den anderen verfassungsrechtlich geschützten Rechtsgütern ist im Wege fallbezogener Abwägung zu lösen".*[881] Somit ist die Abwägung das Mittel zur Konfliktlösung mit dem Ziel der Herstellung einer praktischen Konkordanz.[882] Gemeinsam ist beiden Instituten die Abwägung der betroffenen Interessen, so daß teilweise eine Differenzierung ganz unterbleibt.[883] Ziel der Abwägung ist die Optimierung der grundrechtlich geschützten Interessen. Ist eine bestimmte Handlung zur Entfaltung des eigenen Rechts ungeeignet oder nicht erforderlich, so bringt sie die beiden tangierten Rechtsgüter auch nicht optimal zum Ausgleich.[884] Dementsprechend formuliert das BAG,

---

[877] Vgl. Hergenröder ZfA 2002 S.355 (370), der von einer *„Abwägung im Rahmen praktischer Konkordanz im Rahmen des § 626 BGB"* spricht.

[878] Vgl. nur BVerfGE -Beschl. v. 15.12.1965- 19 S.342 (348 f).

[879] Vgl. nur BVerfGE -Beschl. v. 8.5.1973- 35 S.41 (47).

[880] Vgl. nur Richter/Schuppert (1996) S.24. Dies wird auch als Angemessenheit, Proportionalität oder Verhältnismäßigkeit im engeren Sinne bezeichnet.

[881] BVerwGE 87 -Urt. v. 18.10.1990- S.37 (45 f).

[882] Vgl. Sachs in Sachs Vor Art.1 GG Rn.124.

[883] Vgl. etwa bei Frieges NZA 1998 S.630 (632), Scholz FS Müller (1981) S.509 (534).

[884] Vgl. Hesse (1995) Rn.317 ff, Schneider (1979) S.204.

daß *„der Ausgleich der insoweit widerstreitenden Grundrechte (...) im Wege der praktischen Konkordanz nach dem Verhältnismäßigkeitsprinzip zu suchen"* sei.[885] Somit muß sich ein Ausgleich kollidierender Verfassungsrechtsgüter an den Stufen der Geeignetheit, Erforderlichkeit und Proportionalität[886] orientieren.

b) Vorrang bestimmter Rechtsgüter

Man könnte erwägen, ob beispielsweise vorbehaltlos gewährte Grundrechte grundsätzlich Vorrang vor solchen mit Gesetzesvorbehalt hätten. Nach der Rechtsprechung des BVerfG erfolgt die Abwägung bei Grundrechtskonflikten, *„indem ermittelt wird, welche Verfassungsbestimmung für die konkret zu entscheidende Frage das höhere Gewicht hat. Die schwächere Norm darf nur so weit zurückgedrängt werden, wie das logisch und systematisch zwingend erscheint; ihr sachlicher Grundwertgehalt muß in jedem Fall respektiert werden."*[887] Daraus folgt zum einen, daß kein generelles Rangverhältnis besteht[888] und daß zum anderen eine Verfassungsbestimmung nicht ignoriert werden darf. Ansonsten fehlen aber feste normative Maßstäbe zur Abwägung von kollidierenden Rechten.[889]

c) Abwägungskriterien

Überträgt man die Abwägungskriterien der Verhältnismäßigkeit und praktischen Konkordanz auf die mittelbare Drittwirkung, so folgt daraus, daß die Generalklauseln so auszulegen sind, daß die mittelbar kollidierenden Grundrechte optimal zum Ausgleich kommen. Dies ist der Fall, wenn die Beeinträchtigung des einen Grundrechts geeignet und erforderlich ist, das kollidierende Grundrecht zur Entfaltung zu bringen. Schließlich muß die Beeinträchtigung des einen Grundrechts zur Entfaltung des anderen angemessen sein, es muß also Proportionaliät vorliegen. Dabei genießt kein Grundrecht generellen Vorrang vor dem anderen.

2. Eignung der Lohnkürzung zur Sanierung

Eignung ist gegeben, wenn das Mittel den gewünschten Zweck fördert.[890] Würde eine Lohnsenkung durchgeführt, obwohl diese zur Sanierung des Unternehmens nicht geeignet ist, so hätte das folgende Konsequenzen: Das Unternehmen würde insolvent, die Arbeitnehmer würden früher oder später ihren Arbeitsplatz

---

[885] BAG -Urteil v. 25.10.2000- NZA 2001 S.328 (330).

[886] Auf dieser dritten Stufe, die auch als Angemessenheit, Verhältnismäßigkeit im engeren Sinne bezeichnet wird, erfolgt die eigentliche Abwägung.

[887] BVerfGE -Beschl. v. 26.5.1970- 28 S.243 (261).

[888] Vgl. auch Junker NZA 1997 S.1305 (1306). Anders Freihube DB 2000 S.1022 (1025), Freihube (2000) S.83, nachdem der *„individuellen Privatautonomie gem. Art.12 GG"* ein *„wertmäßiger Vorrang"* gegenüber der *„kollektiven Privatautonomie nach Art.9 III GG"* zukomme. Dies läßt sich nicht auf die Rechtsprechung des BVerfG stützen und ist auch nicht überzeugend.

[889] So Sachs in Sachs Art.20 GG Rn.157.

[890] Vgl. nur Richter/Schuppert (1996) S.24.

verlieren und erhielten ihre Leistungen aus der Arbeitslosenversicherung. Da sich dieser Anspruch an dem letzten Gehalt bemißt, läge dieser unter dem Sozialversicherungsanspruch, den der Arbeitnehmer ohne Lohnsenkung erhielte. Es entstünde somit ein Zustand, der für den Arbeitnehmer wesentliche Nachteile mit sich brächte, ohne das Grundrecht des Arbeitgebers zur Entfaltung zu bringen. Daraus ist zum einen zu schließen, daß eine Lohnsenkung ausscheiden muß, wenn sie von Anfang an zur Sanierung ungeeignet ist. Hier trifft die beliebte Formulierung: „gutes Geld dem schlechten hinterherwerfen" genau zu.

Das Problem in der Praxis besteht aber hinsichtlich der Prognose einer solchen Geeignetheit. Das BVerfG prüft aufgrund eines Gestaltungsspielraums des Gesetzgebers meist nur, ob ein Gesetz offensichtlich ungeeignet ist.[891] Dies bedeutet, auf die praktische Konkordanz übertragen, daß auf dieser Ebene nur eindeutig ungeeignete Mittel ausscheiden. Wird eine Lohnsenkung aufgrund einer unzutreffenden Prognose durchgeführt, so tritt der gleiche, eben beschriebene Zustand ein. Deshalb scheiden auf dieser Ebene nur solche Sanierungsmaßnahmen aus, die offensichtlich ungeeignet sind.

3. Erforderlichkeit der Sanierung

Ein Mittel ist erforderlich, wenn es kein milderes Mittel mit gleicher Wirksamkeit gibt.[892] Das BVerfG verlangt für die gleiche Wirksamkeit eine eindeutig gleichwertige Alternative.[893] Als Alternative kommt somit nur ein Mittel in Frage, welches eine Sanierung ermöglicht. Das Kriterium der Erforderlichkeit besagt damit aber auch, daß der Arbeitgeber alle Mittel zur Sanierung ausschöpfen muß, bevor er den Eingriff in die Privatautonomie der Arbeitnehmer vornimmt. Wäre die Sanierung auch auf anderem Weg ohne Kürzungen oder mit geringeren Kürzungen erreichbar, z.B. durch eine höhere Kreditaufnahme, so würde der Eingriff in die Privatautonomie nicht ausschließlich dem Existenzschutz, sondern auch Rentabilitätsinteressen dienen. Diese sind aber nicht durch Art. 14 GG geschützt, sondern durch die Privatautonomie und eingriffe in diese hat der Arbeitgeber durch seinen Vertragsschluß legitimiert. Die Lohnsenkung darf also nicht nur zur Sanierung förderlich, sie muß zwingend erforderlich sein.

Zur Lohnsenkung sind neben der außerordentlichen Änderungskündigung auch ein Leistungsverweigerungsrecht und die Betriebsvereinbarung geeignet und kommen als mildere Beeinträchtigungen in Betracht. Entsprechendes gilt für eine Änderungskündigung unter der auflösenden Bedingung des Scheiterns der Sanierung und ein Nachzahlungsanspruch für die Zeit nach der Sanierung.

a) Das Leistungsverweigerungsrechts als milderes Mittel

Man kann überlegen, ob die Ausübung eines nur vorübergehenden Leistungsverweigerungsrecht, etwa unter Stützung auf § 242 BGB, gegenüber einer end-

---

[891] Sachs in Sachs Art.20 GG Rn.151.
[892] Sachs in Sachs Art.20 GG Rn.152.
[893] Vgl. nur BVerfGE -Beschl. v. 14.11.1989- 81 S.70 (91).

gültigen Kürzung durch Änderungskündigung ein milderes Mittel ist. Der Arbeitgeber würde hier ein Teil des Arbeitsentgelts zurückhalten. Das Ausmaß der Betroffenheit der Privatautonomie bei Ausübung eines Leistungsverweigerungsrechts ist zunächst wie bei der Änderungskündigung von der Höhe der Kürzungen abhängig.

aa) Unterschiede zwischen Änderungskündigung und Leistungsverweigerungsrecht

Das Leistungsverweigerungsrecht unterscheidet sich in zwei Punkten von der Änderungskündigung. Während die Änderungskündigung endgültig neue Arbeitsbedingungen schafft, wirkt das Leistungsverweigerungsrecht nur vorübergehend. Die Arbeitsbedingungen werden auch nicht geändert, sie können nur nicht durchgesetzt werden. Das bedeutet, daß nach dem Abschluß der Sanierung nicht nur die alten Arbeitsbedingungen automatisch wieder Geltung erlangen, sondern auch, daß die verweigerte Differenz zu den alten Arbeitsbedingungen wieder durchsetzbar sind und vom Arbeitgeber nachgezahlt werden müssen. In Hinblick auf diese beiden Punkte wird die Privatautonomie durch die Änderungskündigung stärker beeinträchtigt als durch ein Leistungsverweigerungsrecht.

Der Vorteil der Änderungskündigung für den Arbeitnehmer ist allerdings der, daß er den neuen Arbeitsbedingungen zustimmen muß, bevor sie wirksam werden. Ein Leistungsverweigerungsrecht ist hingegen einseitig. Dem Arbeitnehmer steht es bei der Änderungskündigung frei, das Angebot abzulehnen und sich einen anderen Arbeitsplatz zu suchen. Dieser Vorteil wird in der Praxis zwar nur für die Arbeitnehmer relevant, die eine gefragte Qualifikation haben. In rechtlicher Hinsicht ist in diesem Punkt in einem Leistungsverweigerungsrecht dennoch eine stärkere Beeinträchtigung zu sehen als in einer Änderungskündigung.

Ferner ist der Arbeitgeber beim Leistungsverweigerungsrecht inhaltlich erheblich stärker festgelegt, nämlich auf die suspendierende Wirkung und auf einen Nachzahlungsanspruch. Dabei sind manche für eine Sanierung dienliche Lösungen, wie z.B. die Verlängerung oder Verkürzung der Arbeitszeit unter Verzicht auf vollen Lohnausgleich oder eine Kürzung entstandener Ansprüche, gar nicht realisierbar. Man wird die Sanierung zwar auch durch eine reine Lohnkürzung erreichen können, die Ausgestaltung der Sanierungsmaßnahmen ist aber erheblich eingeschränkt. Damit ist das Leistungsverweigerungsrecht zur Sanierung auch nicht gleichermaßen geeignet wie die Änderungskündigung.

Es ist schließlich denkbar, eine Änderungskündigung doppelt bedingt zu gestalten und einen Nachzahlungsanspruch zu bedingen. Damit kann die Wirkung eines Leistungsverweigerungsrechts vollständig simuliert werden:

bb) „Scheitern der Sanierung“ als auflösende Bedingung

Stellt man die Änderungskündigung unter die auflösende Bedingung des Scheiterns der Sanierung, so entfällt die Lohnsenkung nach § 158 II BGB rückwirkend. Die Kündigung ist zwar als Gestaltungsrecht grundsätzlich bedingungsfeindlich[894], hier steht allerdings nicht die Kündigung, sondern das Angebot auf Abschluß eines Änderungsvertrags unter der auflösenden Bedingung des Scheiterns. Der Änderungsvertrag also ist im Falle des Scheiterns „ex tunc“ nichtig.

Diese Maßnahme ist für die Rechtsposition des Arbeitnehmers eindeutig von Vorteil. Ansonsten müßte er bei Bedenken gegen die Sanierung aufgrund der Präklusion gemäß der §§ 4, 7, 13 KSchG die Wirksamkeit der Änderungskündigung innerhalb von drei Wochen gerichtlich kontrollieren lassen.[895] Während der Sanierungsphase ist er somit in der Zwickmühle, er hätte die Wahl zwischen der Präklusion und dem Unmut seiner Arbeitskollegen und seines Arbeitgebers. Steht aber fest, daß die Sanierung gescheitert ist, so kann der Arbeitnehmer bei einer auflösenden Bedingung zumindest seinen vollen Lohnanspruch geltend machen. Hier besteht keine Rechtsunsicherheit mehr. Auch wenn der Anspruch aufgrund des Scheiterns der Sanierung nicht mehr so werthaltig sein dürfte, so hat er zumindest formal den vollen Anspruch inne. Damit stellt die auflösende Bedingung gegenüber der unbedingten Kürzung eindeutig ein milderes Mittel dar.

cc) Rückkehr zu den alten Arbeitsbedingungen

Eine aufschiebende Bedingung kann dadurch erreicht werden, daß die ursprünglichen Arbeitsbedingungen für den Fall des Erfolgs der Sanierung automatisch wieder aufleben. Es ist allerdings fraglich, ob das Prinzip der Erforderlichkeit dies verlangt.

Richtig ist, daß ein automatisches Wiederaufleben des alten Lohns nach der erfolgreichen Sanierung einer Sanierung nicht entgegensteht. Ein Aufrechterhalten der Lohnkürzung ist also nach der erfolgreichen Sanierung zur Sanierung nicht mehr erforderlich. In diesem Sinne ist es für die Arbeitnehmer auch günstiger, wenn ihr alter Lohn ohne weiteres Zutun wieder Vertragsinhalt wird. Dies spräche dafür, eine solche bedingte Änderungskündigung ebenso wie die auflösende Bedingung als milderes Mittel zu sehen. Hierfür spricht auf den ersten Blick auch ein „obiter dictum“ des BAG zur Entgeltkürzung durch Änderungskündigungen: *„Ebensowenig müssen die Arbeitnehmer im Regelfall Einkommensminderungen auf Dauer hinnehmen, wenn der Arbeitgeber nur einen vorübergehenden Betriebsverlust zum Anlaß der Kündigung nimmt.“*[896] Zu beachten ist aber, daß bei der Erforderlichkeit einer Sanierung nicht nur ein vorübergehender Betriebsverlust vorliegt. Zudem spricht das BAG von einem Regelfall, ohne dies näher zu konkretisieren. Aus der Formulierung läßt sich daher nichts genaues entnehmen.

In aller Regel wird nach erfolgreicher Sanierung nur eine schrittweise Anpassung des gekürzten Lohnes an den alten Lohn möglich sein. Eine vorwegge-

---

[894] Vgl. Heinrichs in Palandt Einf v § 158 BGB Rn.13.
[895] Vgl. dazu ausführlich unter Kapitel 5 A. I. 1. b) (S.322).
[896] BAG -Urt. v. 20.8.1998- NZA 1999 S.255 (256).

nommenes Stufenmodell der Lohnanpassung ist völlig praxisfern sein, weil nicht vorherzusehen ist, wann die Leistungsfähigkeit des Arbeitgebers Lohnanpassungen zuläßt.[897] Gegenüber der auflösenden Bedingung besteht zudem ein wesentlicher Unterschied. Diese setzt vertraglich den Gedanken um, daß eine Aufrechterhaltung der Beeinträchtigung der Privatautonomie dann eindeutig nicht erforderlich ist, den Existenzschutz zur Entfaltung zu bringen, wenn die Sanierung gescheitert ist. Ein Wiederaufleben des alten Lohnanspruchs hat demgegenüber nichts mit der Sanierung an sich zu tun. Man könnte auch eine aufschiebend bedingte Lohnerhöhung, die über den alten Lohn hinausgeht, vereinbaren. Auch dies wäre für die Arbeitnehmer günstiger.

Fraglich ist, ob die Beeinträchtigung der Privatautonomie bei einer aufschiebenden Lohnerhöhung überhaupt geringer wäre. Durch die Privatautonomie wird der Grundsatz der Vertragstreue, also der bestehende Vertrag geschützt. Daraus kann aber kein Schutz von günstigen künftigen Verträgen abgeleitet werden. Daraus folgt, daß aufschiebend bedingte Lohnerhöhungen kein milderes Mittel darstellen und nicht erforderlich sind.[898]

dd) Nachzahlungsanspruch

Auf den ersten Blick ist der Nachzahlungsanspruch des Arbeitnehmers für die erlittenen Kürzungen besonders verlockend. Wird dieser auch noch angemessen verzinst, so scheinen die Nachteile für den Arbeitnehmer durch die Sanierung nur noch gering zu sein. Im Ergebnis haben die Arbeitnehmer dem Arbeitgeber damit einen Kredit eingeräumt.[899] Dies spricht dafür, darin „per se“ ein milderes Mittel zu sehen.

Auf den zweiten Blick erweist sich eine solche Lösung aber als sehr problematisch. Die Höhe des Anspruchs bemißt sich dann nach der Differenz zwischen den tatsächlich geleisteten Entgelten und den ursprünglich geschuldeten. Ein Nachzahlungsanspruch setzt daher voraus, daß die alten Arbeitsbedingungen wieder erreicht werden. Insofern besteht ein unmittelbarer Zusammenhang zwischen dem Wiederaufleben des alten Lohnes und einem Nachzahlungsanspruch. Damit stehen diesem die gleichen Bedenken entgegen wie eine aufschiebend bedingte Lohnerhöhung. Eine isolierter Nachzahlungsanspruch würde nur dann Sinn machen, wenn der Arbeitgeber freiwillig zu den alten Arbeitsbedingungen zurückkehrt. Schließlich paßt ein Nachzahlungsanspruch nicht so recht auf die Fälle, bei denen neben einer Lohnkürzung auch eine Kürzung der Arbeitszeit vorgenommen wurde.

Hier schließt sich das zweite Problem an, nämlich die Auswirkungen eines solchen Nachzahlungsanspruches auf die Sanierung, insbesondere den Umfang der

---

[897] Vgl. auch B. Otto (2001) S.123 f.

[898] Vgl. aber Stoffels ZfA 2002 S.401 (419 f), der in einem Wiederherstellungsanspruch ein *„Gebot der Gerechtigkeit“* sieht und diesen aus dem Vertrag herleitet.

[899] Vgl. auch H.-P. Müller DB 2000 S.770 (771).

Lohnkürzungen. Muß der Arbeitgeber den gekürzten Lohn nach der Sanierung voll und u.U. verzinst nachzahlen, so stellt dies eindeutig eine zusätzliche finanzielle Belastung für die Sanierung dar. Die Nachzahlungsansprüche sind wie ein Bankdarlehen eine Verbindlichkeit, welche das Eigenkapital und die Bonität des Unternehmens belastet. Der Arbeitgeber muß daher höhere Zinsen akzeptieren, um Investoren für eine Sanierung zu finden. Diese zusätzliche Belastung kann nur dadurch ausgeglichen werden, daß die Sanierung sich über einen längeren Zeitraum erstreckt oder die vorübergehenden Lohnkürzungen entsprechend stärker ausfallen.[900] Um willkürlich ein Beispiel zu nennen, würde die Kürzung (bzw. Sanierungsdauer) ohne verzinsten Nachzahlungsanspruch 10 Prozent (2 Jahre) betragen, bei einem einfachen Nachzahlungsanspruch 20 Prozent (4 Jahre) und bei einem verzinsten 25 Prozent (5 Jahre). Die entsprechenden Werte sind abhängig von den Voraussetzungen im Unternehmen und den jeweiligen Zinssätzen.

Für den Arbeitnehmer hat diese Lösung also zwei entscheidende Nachteile. Erstens muß er einen stärkeren Einschnitt in seine Arbeitsbedingungen hinnehmen und zweitens trägt er genauso wie die anderen Gläubiger das Kreditrisiko des Arbeitgebers.[901] Im Gegensatz zu den anderen Gläubigern hat er aber regelmäßig nicht nur einen niedrigeren Zinssatz, sondern keine oder keine effektiven Kontrollmöglichkeiten oder Sicherheiten. Ein solches Arbeitnehmerdarlehn wäre nur dann vorteilhaft, wenn die Sanierung sicher ist, also kein nennenswertes Risiko besteht. Dies schließt sich aber mit der Erforderlichkeit von Lohnsenkungen aus; dann kann der Arbeitgeber nämlich kein Fremdkapital mehr aufnehmen. Ein Nachzahlungsanspruch ist für den Arbeitnehmer daher nicht vorteilhaft, sondern im Gegenteil nachteilig, da ihm vorgegeben wird, ob und wie er sein Geld investiert.[902] Eine Investition in einem Grenzbetrieb ist in der Regel wenn nicht wertlos, dann zumindest hoch spekulativ.[903]

ee) Zwischenergebnis

Es hat sich gezeigt, daß ein Leistungsverweigerungsrecht aufgrund seiner suspensiven Wirkung gegenüber der Änderungskündigung nur auf den ersten Blick als milderes Mittel erscheint. Die Änderungskündigung kann diese Wirkung durch Bedingungen und einen Nachzahlungsanspruch vollständig abbilden und hat für den Arbeitnehmer zudem den Vorteil, daß er der Lohnsenkung zustim-

---

[900] Vgl. Ruoff (1999) S.152, der in dem endgültigen Entzug von Leistungen den besten Beitrag zur Sanierung sieht. Nach Rieble NZA 2000 S.225 (226) wurde der Anspruch auf Freizeitabgeltung im Fall Holzmann hinreichend unwahrscheinlich gestaltet, damit keine Rückstellungen erforderlich sind, welche die Sanierung gefährden.

[901] Der Insolvenzschutz beträgt gem. § 183 SGB III nur drei Monate. Vgl. dazu Gagel BB 2000 S.718 (719 ff), der auf Modelle zur Erweiterung hinweist.

[902] Vgl. auch H.-P. Müller DB 2000 S.770 (770 ff), der in Stundungsvereinbarungen einen Verstoß gegen §§ 115 I, 117 II GewO annimmt.

[903] Vgl. auch Tyska ArbuR 1985 S.276 (279).

men muß. Ferner ist es aufgrund seiner festgelegten Wirkungsweise zur Sanierung nicht so geeignet.

Gegenüber dem Leistungsverweigerungsrecht ist damit die auflösend bedingte Änderungskündigung das eindeutig mildere Mittel. Das Wiederaufleben der alten Arbeitsbedingungen und der Nachzahlungsanspruch sind aber nicht erforderlich.

b) Betriebsvereinbarung als milderes Mittel

Wird die Lohnsenkung durch eine Betriebsvereinbarung –die rechtliche Möglichkeit sei unterstellt– durchgeführt, so liegt für den Arbeitnehmer eine zwingende und nicht privatautonom legitimierte Normierung seiner Arbeitsbedingungen vor.[904] Bei einer Betriebsvereinbarung, die nur kollektive Probleme (vgl. etwa § 87 BetrVG) löst, die der Arbeitnehmer alleine ohnehin nicht durch Vertrag sinnvoll lösen kann, ist die Beeinträchtigung seiner Privatautonomie relativ schwach. Bei einer Sanierung geht es aber um materielle Arbeitsbedingungen und diese kann der Arbeitnehmer sehr wohl privatautonom gestalten. Der Eingriff in die Privatautonomie ist hierbei also noch stärker als bei der außerordentlichen Änderungskündigung, da er nicht einmal die Möglichkeit hat, die neuen Arbeitsbedingungen abzulehnen.[905]

c) Ergebnis

Leistungsverweigerungsrecht und Betriebsvereinbarung scheiden gegenüber der außerordentlichen Änderungskündigung als nicht erforderlich und damit suboptimal aus.

4. Abwägung zwischen Existenzschutz und Privatautonomie

Bei der Prüfung der Proportionalität wird eine Abwägung zwischen den geförderten Belangen und den beeinträchtigten Rechtspositionen vorgenommen.[906] Es ist also abzuwägen, ob man eine außerordentliche Änderungskündigung zur Sanierung überhaupt zulassen soll oder ob die Privatautonomie der Arbeitnehmer im Einzelfall Vorrang vor dem Existenzschutz des Arbeitgebers genießt. Dann würde die Privatautonomie den Existenzschutz vollständig verdrängen, weil eine Entfaltung des Existenzschutzes nicht mehr erfolgen kann.

a) Vollständige Verdrängung eines Grundrechts

Zunächst ist zu untersuchen, ob ein Grundrecht ein anderes bei der Abwägung überhaupt vollständig verdrängen kann. An dieser Stelle sei noch einmal an die Formulierung des BVerfG zur praktischen Konkordanz erinnert: Es ist zu ermitteln, *„welche Verfassungsbestimmung für die konkret zu entscheidende Frage das höhere Gewicht hat. Die schwächere Norm darf nur so weit zurückgedrängt*

---

[904] Vgl. auch Schulz (2002) S.214 f.

[905] Vgl. aber Schulz (2002) S.220, der die Änderungskündigung als nicht praktikabel erachtet.

[906] Sachs in Sachs Art.20 GG Rn.154 mwN.

werden, wie das logisch und systematisch zwingend erscheint; ihr sachlicher Grundwertgehalt muß in jedem Fall respektiert werden."[907]

Man könnte aus diesen Worten den Schluß ziehen, daß das Grundrecht aus Art. 14 I GG nicht vollständig verdrängt werden darf, weil ansonsten der „*Grundwertgehalt*" nicht respektiert werden würde.[908] Dann wäre schon an dieser Stelle eine Entscheidung gefallen, der Ausschluß einer Sanierung wäre verfassungswidrig. Dieser Schluß wäre etwas voreilig, da überhaupt nicht eindeutig ist, was der „*Grundwertgehalt*" ist und was „*respektieren*" bedeutet. Ist der „*Grundwertgehalt*" kongruent mit dem Begriff „*Wesensgehalt*" im Sinne des Art. 19 II GG dann bedeutet „*respektieren*", daß dieser nicht angetastet werden darf. Dann müßte man sich die müßige Frage stellen, was genau der „*Wesensgehalt*" von Art. 14 I GG ist.[909] Ferner ist unklar, was im Einzelfall „*respektieren*" heißt. Bedeutet dies, daß das Grundrecht überhaupt in die Erwägungen einbezogen wird oder daß sich das Grundrecht auch im Ergebnis auswirken muß? Daraus wird zumindest eines deutlich: Auf dieser Ebene ist die Problematik nicht zugunsten der Existenzschutzes zu lösen.

b) Verdrängung des Existenzschutzes durch die Privatautonomie

Abzustellen ist vielmehr auf den ersten Aspekt, nämlich daß ein Grundrecht durch das andere „*nur so weit zurückgedrängt werden*" darf, „*wie das logisch und systematisch zwingend erscheint*". Unterstellt man also, daß die Privatautonomie das Grundrecht des Arbeitgebers aus Art. 14 I GG vollständig verdrängen kann, so muß dies zur Wahrung der Privatautonomie zwingend sein. Wie ein Blick in das Zivil- und Arbeitsrecht aber zeigen wird, ist der Grundsatz der Vertragstreue in verschiedenen Ausnahmefällen durchbrochen.

aa) Ausnahmen vom Grundsatz der Vertragstreue im Zivilrecht

Im Zivilrecht herrscht der allgemeine Rechtsgrundsatz, daß sich eine Vertragspartei bei Vorliegen eines wichtigen Grundes bzw. bei Unzumutbarkeit einseitig vom Dauerschuldverhältnis lösen kann.[910] Dies ist jetzt in § 314 I BGB und in § 313 III BGB gesetzlich geregelt. Diesem Rechtsgrundsatz wird teilweise ein metapositiver Ursprung zugeschrieben.[911] Er findet sich auch in vielen Vorschriften des BGB, z.B. in den §§ 626 I BGB, 723 I BGB und ist nicht auf das bürgerliche Recht beschränkt, sondern findet auch im Handelsrecht, z.B. in § 133 I HGB, im Kartellrecht in § 13 I GWB a.F. und beim öffentlich-

---

[907] BVerfGE -Beschl. v. 26.5.1970- 28 S.243 (261).

[908] Vgl. Frieges NZA 1998 S.630 (633), der die Grenze der Verhältnismäßigkeit dann als überschritten ansieht, wenn ein Grundrecht nicht mehr ausgeübt werden kann.

[909] Vgl. dazu unter Kapitel 3 A. I. 1. a) dd) (S.144 ff).

[910] Henssler ZfA 1994 S.487 (490), Larenz (1991) S.384, Säcker/Oetker (1992) 183, Wank FS Schaub (1998) S.761 (764) mwN Fn.13, Winter/Zekau ArbuR 1997 S.89 (90). Vgl. dazu BGHZ -Urt. v. 1.4.1953- 9 S.157 (161 f).

[911] Belling/Hartmann NZA 1998 S.57 (60). Vgl. Kreutz in GK § 77 BetrVG Rn.366, der von gewohnheitsrechtlicher Anerkennung spricht.

rechtlichen Vertrag gemäß § 60 VwVfG, § 59 SGB X Anwendung. Die genannten Vorschriften wurden vor der Schuldrechtsreform in den Fällen, in denen eine gesetzliche Regelung fehlt, direkt oder entsprechend angewendet, z.B. auf den Vereinsaustritt oder beim Wegfall der Geschäftsgrundlage. Im letzteren Fall wird es als treuwidrig erachtet, *„auf einer Vertragsdurchführung zu bestehen, die ein untragbares (...) Interessenungleichgewicht zur Folge hätte und die andere Partei über die Opfergrenze hinaus"* belastet.[912]

Dieser Grundsatz kollidiert nur scheinbar mit dem Grundsatz „Geld hat man zu haben".[913] Dieser wurzelt im Unmöglichkeitsrecht, wird teilweise aus § 279 BGB a.F. abgeleitet und besagt, daß aufgrund einer fehlenden Zahlungsfähigkeit der Anspruch der Gegenseite nicht erlischt.[914] Hier schützt den Schuldner sein Grundrecht aus Art. 14 I GG nicht[915], und zwar weil diesem wiederum das Grundrecht des Gläubigers aus Art. 14 I GG gegenübersteht. Bei der Lösung eines Dauerschuldverhältnisses geht es aber nicht um die entstandenen Ansprüche, sondern um die Gestaltung der zukünftigen Ansprüche. Es geht also nicht um die Kürzung eines entstandenen oder „erdienten" Anspruchs, sondern um die Frage, ob dieser überhaupt erworben werden soll. Dies ist der entscheidende Unterschied zwischen der entstandenen Verpflichtung aus einem Liefergeschäft und dem künftigen Anspruch aus einem Arbeitsverhältnis. Es greift daher zu kurz, eine Kürzung künftiger Entgelte mit der Kürzung bereits entstandener Ansprüche gleichzusetzen.[916] Erworbene Ansprüche sind zudem durch Art. 14 I GG geschützt. Vergleichbar sind diesbezüglich nur Eingriffe in Dauerschuldverhältnisse, also z.B. eine Lohnkürzung mit der Kürzung des Mietzinses.[917]

Der Inhalt dieses Rechtsgrundsatzes geht über ein bloßes Lösungsrecht noch hinaus. So wird fast ausnahmslos nicht nur ein vertraglicher Ausschluß des außerordentlichen Lösungsrechts für unwirksam erachtet, sondern auch solche Regelungen, die eine Ausübung dieses Rechtes verhindern oder erschweren sollen[918]. In all diesen Fällen löst dieses außerordentliche Lösungsrecht das Span-

---

[912] So Martinek AcP 198 (1998) S.329 (378 f) mit Hinweis auf BGH -Urt. v. 19.11.1971- NJW 1972 S.152 (153), der durch das Institut des Wegfalls der Geschäftsgrundlage den Grundsatz „pacta sunt servanda" bestätigt sieht.

[913] Vgl. auch Belling/Hartmann NZA 1998 S.57 (62).

[914] Vgl. Heinrichs in Palandt § 276 BGB Rn.28.

[915] Vgl. Otto FS Kissel (1994) S.787 (796).

[916] Dies wird in der Diskussion an verschiedenen Stellen aber getan. Vgl. etwa LAG Berlin -Urt. v. 30.6.1997- LAGE Nr.27 zu § 2 KSchG Bl.2.

[917] Zulässig ist auch der Vergleich mit Sukzessivlieferungsverträgen, also der Kostenfaktoren wie Energie, Rohstoffen, etc. mit dem Kostenfaktor Arbeit. In diesem Sinne Lieb NZA 1994 S.289 (291).

[918] Vgl. Henssler ZfA 1994 S.487 (491), das Recht zu außerordentlichen Kündigung ist *„weder beschränkbar noch abdingbar"*, Hanau/Thüsing ZTR 2001 S.49 (49 f), Preis in Staudinger § 626 BGB Rn.38 ff, Schwerdtner FS Kissel (1994) S.1077 (1077 f).

nungsverhältnis der im Einzelfall kollidierenden Grundrechte. Man kann daher daraus den Schluß ziehen, daß dieses Recht eine praktische Konkordanz, also ein verfassungsrechtliches Gebot, darstellt.

bb) Ausnahmen vom Grundsatz der Vertragstreue im Arbeitsrecht

Auch im Arbeitsrecht ist ein solches außerordentliches Lösungsrecht in vielen Bereichen existent. Wie aus der eingangs dargestellten Rechtspraxis hervorgeht, besteht die Möglichkeit, einen Arbeitsvertrag außerordentlich zu kündigen. Das BAG hält einen generellen Ausschluß des Rechts zur außerordentlichen Kündigung aus betrieblichen Gründen aufgrund der Grundrechte des Arbeitgebers aus den Art. 12, 14, 2 GG für verfassungsrechtlich bedenklich.[919] Das BVerwG sieht darin sogar einen Verstoß gegen Art. 14 I GG.[920] Teilweise wird in einem solchen Ausschluß durch einen Tarifvertrag sogar ein Eingriff in den unverzichtbaren Kern der Berufsfreiheit gesehen.[921] Aber nicht nur der Ausschluß, auch schon die *„unzumutbare Erschwerung"* dieses Rechts, z.B. durch Kompensationszahlungen[922], wird vom BAG für unwirksam erachtet.[923] Auch beim Tarifvertrag selbst und bei der Betriebsvereinbarung[924] wird ein außerordentliches Kündigungsrecht vorausgesetzt. Letzteres wurde jüngst in § 120 II InsO vom Gesetzgeber anerkannt.

Daneben hat die Rechtsprechung aus § 242 BGB das Recht des Arbeitgebers entwickelt, die betriebliche Altersvorsorge des Arbeitnehmers in Notfällen zu kürzen. Diese Grundsätze wurden vom Gesetzgeber in § 7 BetrAVG a.F. aufge-

---

AA Gamillscheg ArbuR 1981 S.105 (109), *„Die Uneinschränkbarkeit der Kündigungsfreiheit des Arbeitgeber nach § 626 BGB gehört ins Reich der Fabel."* Der Autor bringt Gründe vor, die gegen die Unzumutbarkeit im konkreten Fall sprechen. Daraus kann aber nicht geschlossen werden, daß es keine Sachverhalte gibt, in denen eine Unzumutbarkeit gegeben ist.

919 BAG -Urt. v. 17.9.1998- NZA 1999 S.258 (260). Vgl. aber noch BAG -Urt. v. 17.5.1984- AP Nr.3 zu § 55 BAT LS, hier wird ohne weiteres von einer wirksamen Beschränkung des Rechts zur außerordentlichen betriebsbedingten Kündigung durch Tarifvertrag ausgegangen. Vgl. dazu Säcker/Oetker (1992) S.184 Fn.52 mwN. Vgl. auch Papier RdA 2000 S.1 (4), der das Recht zu außerordentlichen Kündigung für *„durch Art.12 I GG verfassungsrechtlich verbürgt"* erachtet. Vgl. auch BAG -Urt. v. 27.6.2002- BB 2003 S.102 (103), wonach die außerordentliche Kündigung auch durch Tarifvertrag nicht völlig ausgeschlossen werden könne.

920 BVerwG - Beschl. v. 2.7.1981- AP Nr.1 zu § 9a MuSchG 1968 Bl.3.

921 Dieterich FS Schaub (1998) S.116 (128). Vgl. Säcker/Oetker (1992) S.291 Fn.217, S.183 f, die darin einen Verstoß gegen Art.12 I GG (S.291) und gegen § 626 BGB (S.183 f) sehen. AA Gamillscheg ArbuR 1981 S.105 (109).

922 Vgl. den Fall von BAG -Urt. v. 18.12.1961- AP Nr.1 zu § 626 BGB Kündigungserschwerung LS.

923 BAG -Urt. v. 8.8.1963- AP Nr.2 zu § 626 BGB Kündigungserschwerung LS.

924 Vgl. nur BAP AP - Beschl. v. 17.1.1995- Nr.7 zu § 77 BetrVG 1972 Nachwirkung Bl.3, *„das außerordentliche Kündigungsrecht ist nicht abdingbar"*.

nommen und umgesetzt.[925] Auch im Bereich der Kurzarbeit kommt es im Ergebnis zu einer Lohnkürzung beim Arbeitnehmer.[926] Am Beispiel der Kürzung der Versorgungszusagen in Notlagen wird besonders deutlich, daß hier von Rechtsprechung eine Härteklausel zur Lösung der kollidierenden Grundrechte entwickelt und vom Gesetzgeber schließlich umgesetzt wurde.

cc) Schlußfolgerungen für die Sanierung

Der Grundsatz der Vertragstreue ist im Zivil- und Arbeitsrecht an verschiedenen Stellen und speziell bei der betrieblichen Altersvorsorge zugunsten des Existenzschutzes des Arbeitgebers durchbrochen. Dies spricht für die Möglichkeit, außerordentliche Änderungskündigungen zur Sanierung zuzulassen. Dies wird noch durch folgende Überlegungen gestützt.

Gäbe es ein solches Recht nicht, so wäre der Arbeitgeber auf einen einvernehmlichen Änderungsvertrag angewiesen. Dann würden häufig nicht alle Arbeitnehmer zustimmen und die Sanierung würde auf dem Rücken einiger Arbeitnehmer stattfinden. Zudem kann auch der Zustand eintreten, daß zu wenige Arbeitnehmer zustimmen und die Sanierung schon deshalb scheitert. Die Arbeitnehmer verlieren damit ihren Arbeitsplatz. Dies trifft insbesondere die älteren und geringer qualifizierter Arbeitnehmer besonders hart, da sie auf dem Arbeitsmarkt schlechtere Chancen haben.

Demgegenüber stellen außerordentliche Massenänderungskündigungen sicher, daß alle Arbeitnehmer zur Sanierung ein Opfer erbringen. Hier ist vom Arbeitgeber der Gleichbehandlungsgrundsatz zu beachten. Der Arbeitnehmer kann ferner die Lohnsenkung gerichtlich daraufhin kontrollieren lassen[927], ob ein wichtiger Grund vorliegt, also daraufhin prüfen, ob eine Lohnsenkung das geeignete und erforderliche Mittel ist. Hier stellt sich das Problem, daß verschiedene Richter beim gleichen Unternehmen theoretisch anders entscheiden können.[928] Dies ließe sich aber durch eine Musterprozeßvereinbarung mit den Arbeitnehmern vermeiden. Auch die Arbeitnehmerschaft hat kein Interesse an divergierenden Entscheidungen.

Durch die Kontrollmöglichkeit wird auf den Arbeitgeber zum einen ein gewisser Druck ausgeübt, sich zumindest an diesen Kriterien zu orientieren, zum anderen kann der Arbeitnehmer gegen seinen Arbeitgeber klagen, ohne sich für die Insolvenz verantwortlich zu fühlen. Wenn nämlich ein wichtiger Grund vorliegt, ist die Lohnsenkung rechtmäßig. Schließlich erhält ihm eine erfolgreiche Sanierung den Arbeitsplatz. Bei einer für ihn schlechten Arbeitsmarktlage kann er durch die Lohnkürzung, auf längere Zeit betrachtet, nur gewinnen.

---

[925] Vgl. dazu ausführlich unter Kapitel 4 B. I. 1. a) (S.292 ff).
[926] Vgl. Vollmer DB 1982 S.1670 (1671), der Lohnausgleich sei nicht voll, sondern belaufe sich max. auf bis 90 Prozent des Lohns.
[927] Belling/Hartmann NZA 1998 S.57 (60).
[928] Vgl. dazu auch unter Kapitel 5 A. VI. (S.325).

c) Grenzen der außerordentlichen Änderungskündigung

Eine außerordentliche Änderungskündigung kann aber nicht unbegrenzt erfolgen. Bei der Durchführung der Lohnsenkung ist nach dem Gleichbehandlungsgrundsatz eine Gleichbehandlung unter den Arbeitnehmern zu gewährleisten. Wenn im Einzelfall bestimmte Arbeitnehmergruppen durch eine Lohnsenkung stärker betroffen sind als andere, bedarf dies eines zwingenden Grundes. Zu denken wäre etwa an IT-Kräfte[929], die aufgrund der großen Nachfrage am Arbeitsmarkt bei Lohnsenkungen nicht gehalten werden können und ohne die eine Sanierung aussichtslos wäre. Wichtig ist in diesem Zusammenhang zu sagen, daß Anlaß der Differenzierung die Durchführung der Sanierung ist. Zur Sanierung muß also die Ungleichbehandlung erforderlich sein.

Schließlich kann der Umfang der Lohnsenkungen nicht unbegrenzt sein. Als verfassungsrechtliche Grenze greift hier zumindest die Gewährung des Existenzminimums.[930] Die Rechtsprechung prüft bei einer Änderungskündigung zusätzlich die Zumutbarkeit der neuen Arbeitsbedingungen. Der Arbeitnehmer muß also, überspitzt formuliert, nicht noch Geld zur Arbeit mitbringen.[931] Hier wird der Charakter einer Abwägung der grundrechtlichen Positionen ganz deutlich. Inwiefern neben dem Existenzminimum noch andere Grenzen, z.B. die Arbeitslosenunterstützung eingreifen, soll an späterer Stelle diskutiert werden.[932]

Schließlich kann sich der Arbeitgeber auch nicht mehrmals auf seinen Existenzschutz berufen. Hat er einmal eine Lohnkürzung durch außerordentliche Änderungskündigungen durchgesetzt und scheitert die Sanierung trotzdem, so kann er auf diesem Weg grundsätzlich keine erneute Lohnkürzung vornehmen. Durch sein Änderungsangebot hat er nämlich das Risiko dafür übernommen, daß die Sanierung gelingt. Er hat mit anderen Worten mit seinem Änderungsangebot zum Ausdruck gebracht, daß er unter diesen Umständen trotz drohender Insolvenz an den Arbeitsbedingungen festhalten will. Will er erneut Kürzungen vornehmen, so steht ihm nur noch die Möglichkeit zu ordentlichen Änderungskündigungen offen.

5. Ergebnis

Eine Abwägung von Privatautonomie und Existenzschutz kommt zu dem Ergebnis, daß der Arbeitgeber zur Sanierung außerordentliche Änderungskündigungen aussprechen darf. Die Lohnkürzungen müssen dabei den Gleichbehandlungsgrundsatz beachten.

---

929 Arbeitnehmer im Bereich der Informationstechnik.

930 Vgl. Adomeit (1996) S.42. Vgl. auch ArbG Bremen -Urt. v. 30.8.2000- DB 2000 S.2278 (2278).

931 Vgl. Beathalter (1999) S.289 f.

932 Vgl. dazu unter Kapitel 4 B. II. 3. c) aa), bb) (S.306 ff).

III. Lösung des Grundfalls

Ist der Arbeitgeber nicht tarifgebunden, so kann er eine Lohnsenkung durch außerordentliche Änderungskündigungen durchsetzen. Diese müssen unter der auflösenden Bedingung des Scheiterns der Sanierung stehen.

B. Firmentarifvertragliche Ebene - Die außerordentliche Kündigung des Firmentarifvertrags

Nachdem auf der individualvertraglichen Ebene nachgewiesen wurde, daß zur Sanierung außerordentliche Änderungskündigungen möglich sind, soll auf der Ebene des Firmentarifvertrags überprüft werden, ob der Arbeitgeber diesen außerordentlich kündigen und die Nachwirkung durch außerordentliche Änderungskündigungen beseitigen kann. Hierbei ist zu klären, ob aus verfassungsrechtlichen Gründen nicht andere Wege, wie zum Beispiel eine Anpassung des Firmentarifvertrags oder eine Ausnahme von der Tarifbindung in Härtefällen als mildere Mittel einen besseren Ausgleich der kollidierenden Interessen ermöglichen.

I. Widerstreitende Grundrechtspositionen

Auf der Ebene des Firmentarifvertrags kollidieren nicht nur die Interessen von Arbeitgeber und Arbeitnehmern, sondern die Gewerkschaft kommt als dritter Beteiligte hinzu. Aufgrund der normativen Wirkung des Firmentarifvertrags bedarf es zudem einer neuen Betrachtung der Wirkungsweise der Grundrechte.

1. Arbeitgeber

Auf der Seite des Arbeitgebers sind der Existenzschutz, die Koalitionsfreiheit und die Privatautonomie von Interesse. An dem Ergebnis, daß ein Recht auf Abschluß von Betriebsvereinbarungen nicht verfassungsrechtlich geschützt ist, ändert sich nichts.[933]

a) Auswirkungen des Tarifrechts auf den Existenzschutz

Aufzugreifen ist zunächst, daß Art. 14 I GG einen Existenzschutz gewährleistet.[934] Dieser wird auf der individualvertraglichen Ebene durch die einzelvertraglichen Bindungen beeinträchtigt. Zu untersuchen ist, wie sich die Tarifbindung, der Tarifvertrag und ein Streik auf den Existenzschutz auswirken.

aa) Existenzgefährdung durch Bindung an den Firmentarifvertrag

Der Arbeitgeber ist an den Firmentarifvertrag gemäß § 4 I TVG tariflich gebunden. Es stellt sich die Frage, ob darin ein Grundrechtseingriff zu sehen ist. Ohne die gesetzlichen Regelungen läge keine gesetzliche Tarifbindung vor. Gäbe es das TVG nicht, so wäre eine Bindung der Mitglieder der Tarifvertragsparteien nur im Wege der rechtsgeschäftlichen Vertretung möglich. Die Tarifvertragsparteien würden somit gemäß § 164 I (1) BGB im Wege der Vertretung Arbeitsver-

---

[933] Vgl. dazu unter Kapitel 3 A. I. 1. c) (S.154 ff).
[934] Vgl. dazu unter Kapitel 3 A. I. 1. a) aa) (2) (S.140 ff).

träge zwischen dem organisierten Arbeitgeber und dem organisierten Arbeitnehmer schließen. Die Arbeitsbedingungen könnten dann individualrechtlich, also im Sanierungsfall auch durch außerordentliche Änderungskündigungen, geändert werden. Dann wäre eine Sanierung möglich. Somit verändert § 4 I TVG die Rechtslage dahingehend, daß die Bindung an den Tarifvertrag zwingender Natur ist. Durch die unmittelbare und zwingende Wirkung ist es den Tarifvertragsparteien also möglich, „*die von Art. 9 III GG intendierte autonome Ordnung des Arbeitslebens verwirklichen zu können*".[935] Ziel des § 4 TVG ist somit die Umsetzung und Ausgestaltung des Art. 9 III GG. Dadurch werden die Rechte des Arbeitgebers, z.B. zur Änderungskündigung, beschränkt. Man kann auch darin eine gesetzliche Verpflichtung zur Einhaltung des Tarifvertrags sehen. Somit liegt hier ein einschränkender Akt der Legislative vor.

Die genannten Regelungen erlegen dem Arbeitgeber tarifliche Leistungsverpflichtungen auf, die nur das Vermögen an sich betreffen. Der Zweck einer solchen Maßnahme ist der Zugriff auf das nicht geschützte Vermögen und nicht auf das geschützte Eigentum. Somit liegt keine Enteignung vor. Es handelt sich vielmehr um die Festlegung einer Leistungspflicht und damit um eine Inhalts- und Schrankenbestimmung.[936]

Daraus folgt, daß die genannten Vorschriften nur dann eine Inhalts- und Schrankenbestimmung im Sinne des Art. 14 I (2) GG darstellen, wenn durch sie eine Sanierung verhindert wird, weil dadurch die Existenz des Unternehmens bedroht ist.[937] Die Vorschrift des § 4 III TVG ist hingegen eine Ausnahme von der Tarifbindung und erweitert die Möglichkeiten des Arbeitgebers, so daß hier kein Eingriff in dessen Grundrechte vorliegen kann.

bb) Tarifvertrag und Wirkung der Grundrechte

Zu untersuchen ist, ob der Tarifvertrag selbst in Art. 14 I GG eingreift. Es stellt sich die umstrittene Frage, ob und wie die Tarifvertragsparteien nach Art. 1 III GG an die Grundrechte gebunden sind. Die Frage wird in der Rechtsprechung und der Literatur uneinheitlich beantwortet:[938]

(1) Bisherige Rechtsprechung des BAG

Nach der bisherigen ständigen Rechtsprechung des BAG sind die Grundrechte auf die Tarifverträge aufgrund ihres normativen Charakters gemäß Art. 1 III GG unmittelbar anwendbar.[939] Dies wird wie folgt begründet: „*Die normative Wirkung der Regeln des Tarifvertrages geht also letztlich doch auf hoheitliche Gewalt zurück. Ist diese an die Verfassung gebunden, so muß das gleiche für dieje-*

---

935 BVerfG -Beschl. v. 24.5.1974- AP Nr.15 zu § 5 TVG Bl.5 = BVerfGE 44 S.322 ff.
936 Vgl. auch Freihube (2000) S.165.
937 Vgl. im Ergebnis Freihube (2000) S.162.
938 Vgl. die ausführliche Darstellung des Streitstandes bei BAG -Urt. v. 30.8.2000- NZA 2001 S.613 (614 ff).
939 BAG -Urt. v. 13.11.1985- AP Nr.136 zu Art.3 GG Bl.2.

nigen gelten, die auf Grund staatlicher Delegation Rechtssetzungsbefugnisse haben."[940] Aufgrund der hoheitlichen Verpflichtung zur Leistung läge im Tarifvertrag eine Inhalts- und Schrankenbestimmung vor, sofern die Existenz bedroht ist.

(2) Rechtsprechung des BVerfG

Auch das BVerfG sieht in „*der Normsetzung der Tarifparteien*" eine „*Gesetzgebung im materiellen Sinne, die Normen im rechtstechnischen Sinne erzeugt*".[941] Die Frage der Grundrechtsverletzung durch Tarifnormen sei jedoch nicht Gegenstand des Art. 100 I GG[942], und dieser erfasse nur förmliche Gesetze[943]. In einer späteren Entscheidung spricht das Gericht nur den allgemeinverbindlich erklärten Tarifnormen eine Grundrechtsbindung zu.[944] Das BVerfG hat also zur Bindung der Tarifverträge an die Grundrechte noch nicht abschließend Stellung genommen.[945]

Aus der Tatsache, daß das BVerfG bei der Betriebsvereinbarung, die wie der Tarifvertrag normativ wirkt, nur eine mittelbare Drittwirkung annimmt[946], wird von einem Teil der Literatur geschlossen, daß das BVerfG auch einer unmittelbaren Drittwirkung beim Tarifvertrag skeptisch gegenüberstehe.[947] Aufgrund der verfassungsrechtlichen Verankerung der tariflichen Normsetzung in Art. 9 III GG und den Formulierungen des BVerfG ist allerdings fraglich, ob das Gericht den Tarifvertrag mit der Betriebsvereinbarung diesbezüglich für vergleichbar erachtet. Auch aus dem Zusammenhang zwischen dem Ergebnis, daß die Grundrechtsbindung bei allgemeinverbindlich erklärten Tarifnormen vorliegt, und dem Argument, daß der Tarifvertrag Gesetzgebung im materiellen Sinne ist[948], läßt sich nichts eindeutig ableiten. Eine Tendenz, wie das BVerfG entschieden würde, ist nicht zu erkennen.

(3) Neuere Urteile des BAG

Zu beachten ist, daß sich jüngere Urteile des BAG hinsichtlich einer unmittelbaren Bindung der Tarifverträge zurückhaltender äußern: „*Die Geltung dieser Normen beruht auf dem privatautonomen Verbandsbeitritt ihrer Mitglieder. Mit der Wahrnehmung ihres Grundrechts aus Art. 9 III GG unterwerfen sie sich be-*

---

940 BAG -Urt. v. 15.1.1955- NJW 1955 S.684 (687).
941 BVerfG -Beschl. v. 24.5.1974- AP Nr.15 zu § 5 TVG Bl.5 f = BVerfGE 44 S.322 ff. Vgl. auch BVerfG -Beschl. v. 15.7.1980- AP Nr.17 zu § 5 TVG Bl.4.
942 BVerfG -Beschl. v. 24.5.1974- AP Nr.15 zu § 5 TVG Bl.9 = BVerfGE 44 S.322 ff.
943 Vgl. nur BVerfGE -Urt. v. 20.3.1952- 1 S.184 (195 ff).
944 BVerfG -Beschl. v. 15.7.1980- AP Nr.17 zu § 5 TVG Bl.4.
945 Vgl. Dieterich in FS Schaub (1998) S.117 (118), Höfling in Sachs Art.1 GG Rn.87.
946 Vgl. BVerfG -Beschl. v. 23.4.1986- AP Nr.28 zu Art.2 GG Bl.3 = BVerfGE 73 S.261 ff.
947 So Dieterich in FS Schaub (1998) S.117 (118), Höfling in Sachs Art.1 GG Rn.87.
948 BVerfG -Beschl. v. 15.7.1980- AP Nr.17 zu § 5 TVG Bl.4.

stehendem und künftigem Tarifrecht. (...)"[949] Diese Formulierungen sprechen dafür, daß das Gericht den Tarifvertrag nicht der hoheitlichen Gewalt, sondern dem Privatrecht zuordnet. Hier erfolge aufgrund der grundrechtlichen Schutzpflicht nur ein Mindestschutz vor unverhältnismäßigen Beschränkungen.[950] Hieraus kann man schließen, daß die Tarifvertragsparteien nach Ansicht des BAG nicht unmittelbar an die Grundrechte gebunden sind, sondern den Staat eine Pflicht trifft, die Tarifunterworfenen vor unverhältnismäßigen Beschränkungen der Grundrechte zu schützen.

Diese Tendenz wurde durch ein weiteres Urteil bestätigt, wonach die Tarifvertragsparteien keiner unmittelbaren Bindung an Art. 3 I GG, sondern nur dem Willkürverbot unterlägen.[951] Allerdings könne diese Frage *„nicht für alle Fallgestaltungen und Grundrechte gleichermaßen beantwortet werden."*[952] Festzuhalten ist, daß drei Senate eine Grundrechtsbindung ablehnen und die übrigen an der bisherigen Rechtsprechung festhalten.[953]

(4) Neuere Ansätze in der Literatur

Das Schrifttum ist gespalten.[954] Zu beachten ist hier insbesondere der Ansatz des ehemaligen Präsidenten des BAG Dieterich, der entgegen der bisherigen Rechtsprechung des Gerichts folgenden Ansatz verfolgt: Gesetz und Tarifvertrag seien nicht *„in der gleichen Weise an die Grundrechte gebunden"*, *„der Gestaltungsspielraum der Tarifpartner"* sei *„teils enger teils weiter"*. Die Legitimationsgrundlage sei privatautonom und ergebe sich aus der *„Unterwerfung unter Tarifnormen in der Form des Verbandsbeitritts."* Diese sei auf die *„Arbeits- und Wirtschaftsbedingungen"* gemäß Art. 9 III (1) GG begrenzt und somit thematisch enger als der Gestaltungsspielraum des Gesetzgebers. Innerhalb dieser Grenze sei der Spielraum aber weiter, es liege nämlich kein hoheitlicher Eingriff und damit keine Bindung an den Verhältnismäßigkeitsgrundsatz vor. Allerdings gelte ein *„Untermaßverbot"*, d.h., daß die Gesetzgebung und die Rechtsprechung eine Schutzpflicht treffe, einen grundrechtlichen Mindestschutz zu gewähren. Dies bedeute, daß die Tarifvertragsparteien die Grundrechte der Tarifunterworfenen *„bis zur Grenze eines unverzichtbaren Kernbereichs"* einschrän-

---

[949] So der 7. Senat: BAG -Urt. v. 25.2.1998- AP Nr.11 zu § 1 TVG Tarifverträge: Luftfahrt Bl.3, vgl. auch BAG -Urt. v. 11.3.1998- AP Nr.12 zu § 1 TVG Tarifverträge: Luftfahrt Bl.4.

[950] So BAG -Urt. v. 25.2.1998- AP Nr.11 zu § 1 TVG Tarifverträge: Luftfahrt Bl.3, vgl. auch BAG -Urt. v. 11.3.1998- AP Nr.12 zu § 1 TVG Tarifverträge: Luftfahrt Bl.4.

[951] So der 4. Senat: BAG -Urt. v. 30.8.2000- NZA 2001 S.613 (616 f). Vgl. auch den 3. Senat: BAG -Urt. v. 4.4.2009- AP Nr.2 zu § 1 TVG Gleichbehandlung Bl.2, der nur bei Art. 3 GG eine unmittelbare Wirkung annimmt.

[952] BAG -Urt. v. 30.8.2000- NZA 2001 S.613 (614).

[953] Vgl. Dieterich in Erfurter Kommentar Einl. GG Rn.21.

[954] Vgl. ausführlich Dieterich in FS Schaub (1998) S.117 (118 ff). Vgl. auch schon Blomeyer ZfA 1980 S.1 (22 ff).

ken können.[955] Nach diesem Ansatz hat im gerichtlichen Streitfall die Rechtsprechung somit die Pflicht, den Kernbereich der Eigentumsgarantie durchzusetzen.

(5) Dogmatische Auswirkungen

Gegen diesen Ansatz aus der Literatur läßt sich einwenden, daß es praktisch nicht möglich ist, den Kernbereich eines Grundrechts abschließend zu bestimmen.[956] Der Hinweis auf die engeren Grenzen aus Art. 9 III (1) GG macht die Grundlage des Ansatzes deutlich, nämlich eine Berücksichtigung der Grundrechtspositionen im Sinne einer mittelbaren Drittwirkung, also im Wege Gesamtabwägung. So sprechen auch die jüngeren Urteile des BAG von einem Schutz vor unverhältnismäßigen Beschränkungen und nicht von einem Schutz des Kernbereichs. Auch bei einer praktischen Konkordanz oder bei einer Prüfung der Verhältnismäßigkeit i.e.S. ist eine solche Abwägung vorzunehmen. In allen drei Fällen ist also eine Abwägung entscheidend. So finden bei einer mittelbaren Drittwirkung die Grundrechtspositionen bei der Bestimmung des wichtigen Grundes bei der außerordentlichen Kündigung des Firmentarifvertrags Berücksichtigung. Mit der bisherigen Rechtsprechung des BAG könnte man demgegenüber bei einem unverhältnismäßigen Eingriff in Art. 14 I (1) GG gemäß § 134 BGB nach einer Abwägung auch zur automatischen Nichtigkeit des Firmentarifvertrags kommen. Hier stellt sich die Frage, ob die außerordentliche Kündigung gegenüber der Nichtigkeit das mildere Mittel ist.[957]

Festzuhalten ist, daß der Existenzschutz des Arbeitgebers entweder unmittelbar oder im Rahmen eines außerordentlichen Kündigungsrechts mittelbar Berücksichtigung findet. Die Grundrechtsbindung der Tarifvertragsparteien muß hier daher nicht weiter erörtert werden.

cc) Legitimation durch Risikoübernahme oder Revisionsklausel

Zunächst gilt auch für die Gewichtung des Existenzschutzes das zum Arbeitsvertrag Gesagte, nämlich daß die Sanierungsaussichten Berücksichtigung finden.[958] Entsprechend der Risikoverteilung beim Arbeitsvertrag läßt sich auch beim Firmentarifvertrag daran denken, daß die Existenzgefährdung durch Abschluß des Firmentarifvertrags legitimiert ist.

Der Firmentarifvertrag regelt wie der Verbandstarifvertrag das Austauschverhältnis der Normunterworfenen. Äquivalenzstörungen sind daher grundsätzlich

---

[955] So Dieterich in FS Schaub (1998) S.117 (133 f). Vgl. hierzu auch Reuter ZfA 1978 S.1 (42), der anmerkt, daß bei einer Grundrechtsbindung des Tarifvertrags an Art.14 GG bei jeder Lohnerhöhung geprüft werden müsse, *„ob sie die einzelnen Arbeitgeber nicht unverhältnismäßig belastet"*.

[956] Vgl. dazu ausführlich unter Kapitel 3 A. I. 1. a) dd) (S.144 ff).

[957] Vgl. unter Kapitel 3 B. II. 2. (S.207).

[958] Vgl. dazu unter Kapitel 3 A. I. 1. a) ee) (1) (S.147 f).

unbeachtlich.[959] Aufgrund der sog. Kampfparität der Tarifvertragsparteien entfaltet er anders als in der schuldrechtlichen oder arbeitsrechtlichen Beziehung eine besondere Richtigkeitsgewähr.[960] Der Tarifvertrag wird auch als optimale Regelung der Arbeits- und Wirtschaftsbedingungen, die beiden Seiten gerecht werde und *„keiner Seite ein unzumutbares Übergewicht vermittele"*, herausgestellt.[961] Dies spricht dafür, an Ausnahmen von diesem Grundsatz besonders strenge Anforderungen zu stellen.

Sieht der Arbeitgeber die Existenzbedrohung durch einen Firmentarifvertrag voraus oder übernimmt er in diesem ausdrücklich das Risiko für eine Existenzbedrohung, so liegt in dem Vertragsschluß die Legitimation für die Beeinträchtigung von Art. 14 GG. Eine solche Risikoübernahme kann aber nicht schon in der Vereinbarung einer Revisionsklausel[962] gesehen werden. Durch die Klausel wird im Gegenteil deutlich gemacht, daß die Parteien nicht von einer unbegrenzten Risikotragung ausgehen.[963] Dies gilt erst recht, wenn sich der Arbeitgeber im Tarifvertrag ein außerordentliches Kündigungsrecht einräumen läßt.[964] Konsequenzen hat diese Revisionsklausel aber für die Frage, wie der Arbeitgeber seinen Existenzschutz umsetzen kann, also ob einer außerordentlichen Kündigung etwa Verhandlungen vorausgehen müssen.

Anders wäre eine solche Klausel höchstens dann zu bewerten, wenn sie ausdrücklich jedes Recht zur außerordentlichen Kündigung auch bei Existenzgefährdung ausschließt. Eine solche Klausel wird kein Unternehmer freiwillig unterschreiben, so daß es hier an der Freiwilligkeit der Legitimation mangeln würde.

Problematisch ist insbesondere der Fall, der typischerweise vorliegt: Der Arbeitgeber schließt einen Firmentarifvertrag ab und gerät danach durch verschiedene Umstände in eine Existenzbedrohung. Hier stellt sich die Frage, ob sich in diesem Fall die Risikoverteilung zu Lasten des Arbeitgebers auswirkt, und wie das Grundrecht des Arbeitgebers aus Art. 14 I GG zu berücksichtigen ist. Richtig ist, daß auch der Firmentarifvertrag eine gewisse Gewähr für eine ausgeglichene Regelung der Arbeitsbedingungen bietet. Es ist für den Tarifvertrag, der diesen Ausgleich gerade für die Zukunft regelt, aber gerade typisch, daß eine genaue

---

959 Vgl. Buchner NZA 1993, S.289 (296), Otto FS Kissel (1994) S.787 (797).

960 Vgl. Kissel NZA 1986 S.73 (74). Vgl. auch Bakopoulos (1991) S.65, der bei einer privatautonomen Regelung im Gegensatz dazu nur eine *„Richtigkeitschance"* sieht.

961 So Kissel NZA 1986 S.73 (74), der auf die Zurückhaltung der Gerichte bei der Kontrolle von Tarifverträge explizit hinweist (75).

962 Vgl. zur Revisionsklausel unter Kapitel 2 A. II. 2. b) aa) (S.62 f).

963 Vgl. dazu Otto FS Kissel (1994) S.787 (799 f), der erwägt, ob die Klausel gegenüber der außerordentlichen Kündigung abschließend ist. Vgl. Freihube (2000) S.184 ff, der feststellt, daß eine Revisionsklausel das außerordentliche Kündigungsrecht nicht ausschließen kann. Diese Frage läuft zur Frage der Legitimation des Eingriffs in Art.14 I GG parallel.

964 Vgl. Löwisch/Rieble § 1 TVG Rn.369.

Prognose aller Entwicklungen unmöglich ist.[965] Dies gilt insbesondere bei langfristigen Verträgen, bei denen das Risiko einer Abweichung vom Erwartungswert größer ist[966]. Demgegenüber besteht bei kurzer Laufzeit, insbesondere bei Lohntarifverträgen, die Möglichkeit, auf Veränderungen schneller zu reagieren.[967]

Durch den Tarifvertrag wird eine Regelung geschaffen, die gegenüber veränderten Marktbedingungen konstant ist.[968] Hinzu kommt, daß sich Lohnsysteme selbst bei veränderten Bedingungen nur schwer an Maßstäben messen lassen, die auf eine angemessene oder gerechte Lösung hindeuten.[969] Es gibt weder einen richtigen noch einen gerechten Lohn. Der Arbeitgeber muß komplementär zur Gewinnchance auch das Verlustrisiko tragen.[970] Dies könnte dafür sprechen, daß man eine außerordentliche Kündigung eines Firmentarifvertrags auch bei einer Existenzbedrohung ganz ausschließt oder nur dann zuläßt, wenn sich die Umstände ganz gravierend verändert haben, wenn sich also ein Risiko verwirklicht, was außerhalb der vorhersehbaren Umstände liegt.[971]

Nähert man sich dem Problem aus der Perspektive der Grundrechte, so zeigt sich ein anderes Bild. Eine Existenzbedrohung kann aus einer gravierenden Veränderung resultieren. Sie kann aber auch das Ergebnis von vielen kleineren Ereignissen sein, die zwar alle einzeln im Rahmen der Vorhersehbarkeit liegen, im Zusammenspiel aber nicht zu erwarten waren. Solange der Arbeitgeber das Risiko der Existenzbedrohung nicht erwartet hat oder dafür das Risiko übernommen hat, ändert sich nichts an der Betroffenheit des Art. 14 I GG. Umgekehrt spielt es für Art. 14 I GG keine Rolle, daß sich die Verhältnisse gravierend verändert haben und ein völlig unvorhersehbares Ereignis eingetreten ist, wenn die Existenz dadurch nicht bedroht ist. Es ist ferner unerheblich, ob der Firmentarifvertrag noch lange oder nur noch kurze Zeit läuft.[972] Für Art. 14 I GG ist also nur entscheidend, ob die Existenz bedroht ist und ob der Arbeitgeber für diesen Fall durch den Firmentarifvertrag eine Existenzgefährdung legitimiert hat.

---

[965] Vgl. auch Unterhinninghofen ArbuR 1993 S.101 (104).

[966] Vgl. Otto FS Kissel (1994) S.787 (797).

[967] Wank FS Schaub (1998) S.761 (768).

[968] RAG 3 -Urt. v. 2.2.1929- S. 231 (234), Belling NZA 1996 S.906 (908).

[969] Vgl. Fastrich RdA 1999 S.24 (29).

[970] Vgl. Meinhold (1988) S.59 f. Vgl. auch Unterhinninghofen ArbuR 1993 S.101 (104), der darauf hinweist, daß der Arbeitgeber z.B. von einer unerwartet hohen Inflation profitieren kann.

[971] Vgl. dazu die Ansätze zur außerordentlichen Kündigung unter Kapitel 2 A. II. 2. b) dd) (2) (S.67 f).

[972] Vgl. aber Wank FS Schaub (1998) S.761 (768), der bei einer kurzen Laufzeit das Festhalten am Tarifvertrag für zumutbar hält. Ähnlich Belling NZA 1996 S.906 (908). Richtig ist, daß eine nur noch kurze Laufzeit dem Arbeitgeber u.U. die Möglichkeit bietet, ohne außerordentliche Kündigung des Firmentarifvertrags die Sanierung durchzuführen.

dd) Zwischenergebnis

Damit kann festgehalten werden, daß Art. 14 I GG auch bei der Bindung an einen Firmentarifvertrag grundsätzlich Berücksichtigung finden muß.

b) Die Koalitionsfreiheit des Arbeitgebers aus Art. 9 III GG

Als Sanierungsmöglichkeit kommt die Kündigung des Firmentarifvertrags in Verbindung mit einzelvertraglichen Änderungen sowie der Abschluß eines neuen Firmentarifvertrags in Betracht. Zu untersuchen ist, ob diese Möglichkeiten von Art. 9 III GG geschützt werden.

aa) Kündigung und Abschluß eines Firmentarifvertrags

Der sachliche Schutzbereich der Koalitionsfreiheit wurde vom BVerfG früher scheinbar auf den Kernbereich beschränkt.[973] Wie oben schon zum Wesensgehalt des Art. 14 I GG ausgeführt[974] ist der Begriff „Kernbereich" diffus.[975] Das BVerfG griff zur Bestimmung auf die Unerläßlichkeitsformel[976] und die Abwägungsformel[977] zurück.[978] In dem neueren Beschluß hat das BVerfG hingegen klargestellt, daß der Schutzbereich nicht durch den Kernbereich beschränkt wird, sondern der Kernbereich eine Schranken-Schranke darstellt.[979] Der Schutz *„erstreckt sich vielmehr auf alle Verhaltensweisen, die koalitionsspezifisch sind"*.[980]

Ein Arbeitgeber allein stellt weder eine Vereinigung dar, noch ist er überbetrieblich organisiert, er kann daher auch keine „Koalition" sein.[981] Da aber auch der Arbeitgeber Träger des Grundrechts aus Art. 9 III GG ist[982] und der Abschluß eines Tarifvertrags koalitionsspezifisch ist, ist auch der Abschluß eines Firmentarifvertrags durch die Koalitionsfreiheit geschützt. Dies gilt konsequenterweise entsprechend für die Kündigung des Firmentarifvertrags und auch für die Angriffsaussperrung.

---

973 Sog. Kernbereichstheorie. So wurde das BVerfG zumindest verstanden, vgl. etwa Höfling in Sachs Art.9 GG Rn.71 ff. Zur Kritik ausführlich Otto (1982) S.48 ff. Zum Wandel der Rechtsprechung Otto FS Zöllner Bd. II (1998) S.879 (893 ff).

974 Vgl. dazu unter Kapitel 3 A. I. 1. a) dd) (S.144 ff).

975 Vgl. Höfling in Sachs Art.9 GG Rn.71 f.

976 Demnach sind die Betätigungen gewährleistet, die zur Erhaltung und Sicherung der Existenz der Koalition bzw. zur Erreichung des in Art.9 III (1) GG genannten Zwecks unerläßlich sind. Vgl. etwa BVerfG -Beschl. v. 17.2.1981- AP Nr.9 zu Art.140 GG Bl.3 = BVerfGE 57 S.220 ff.

977 Demnach sind die Betätigungen gewährleistet, soweit ihnen nicht zum Schutz von Rechten Dritter Schranken geboten sind. Vgl. etwa BVerfG -Urt. v. 1.3.1979- AP Nr.1 zu § 1 MitbestG Bl.24 = BVerfGE 50 S.290 ff.

978 Vgl. Höfling in Sachs Art.9 GG Rn.73.

979 BVerfG -Beschl. v. 14.11.1995- AP Nr.80 zu Art.9 GG Bl.2 f.

980 BVerfG -Beschl. v. 4.6.1996- AP Nr.2 zu § 57a HRG Bl.4.

981 Vgl. Löwisch/Rieble in MünchArbR III § 246 Rn.83.

982 Vgl. Gamillscheg Bd.I (1997) S.180.

bb) Grundrechtsbeschränkung und langfristige Firmentarifverträge

Zu klären ist, ob der Firmentarifvertrag in diese Rechte des Arbeitgebers eingreift. Aus der Formulierung des Art. 9 III (2) GG folgt eine unmittelbare Drittwirkung der Koalitionsfreiheit.[983] Somit kommen nicht nur staatliche, sondern auch private Maßnahmen als Eingriffe in Frage. Als Eingriffe kommen der bestehende Firmentarifvertrag und die gesetzliche Tarifbindung in Betracht.

Die Tarifbindung gemäß §§ 3 I, 4 I TVG regelt die Wirkung der Tarifnormen für die Zeit der Geltung des Firmentarifvertrags. Die Vorschriften beschränken lediglich die individualrechtlichen Möglichkeiten des Arbeitgebers. Eine Behinderung von weiteren Firmentarifverträgen oder einer Aussperrung geht von diesen Normen nicht aus.

Aber der Firmentarifvertrag verbietet durch seine Friedenspflicht eine Angriffsaussperrung und stellt damit eindeutig einen Eingriff in die Koalitionsfreiheit des Arbeitgebers dar. Ein Tarifvertrag ist daher nicht nur Grundrechtsausübung, sondern gleichzeitig eine Grundrechtsbeschränkung. Im Tarifvertrag wird während der Friedenspflicht auf Kampfmaßnahmen als eine Form der Grundrechtsausübung verzichtet.[984]

Hinsichtlich der Laufzeit des Verbandstarifvertrags wird bezweifelt, ob sehr lange Fristen verfassungsmäßig sind und damit durch den Vertragsschluß legitimiert sind. So sei bei einer vierjährigen Laufzeit der *„Kernbereich der Rechtsetzungsbefugnis"* nicht mehr gewahrt[985] oder entsprechend § 624 BGB die Unkündbarkeit auf fünf Jahre zu beschränken.[986] Diesen Gedanken könnte man auch auf Firmentarifverträge übertragen. Gegen eine solche zeitliche Beschränkung spricht zum einen, daß der Kernbereich nicht hinreichend bestimmbar ist und ein sachliches Argument, warum die Grenze bei vier und nicht bei drei oder zehn Jahren zu ziehen ist, nicht zu finden ist.[987] Es wäre widersprüchlich zu behaupten, die Tarifvertragsparteien hätten die Länge der Laufzeit bei Vertragsschluß verkannt. Ferner kann die Wertung des Gesetzgebers in § 624 BGB als einfaches Gesetzesrecht nicht den Kernbereich eines Grundrechts oder das Ergebnis einer grundrechtlichen Abwägung bestimmen, sondern nur

---

[983] Unstreitig, vgl. nur Höfling in Sachs Art.9 GG Rn.124.

[984] Nach Robbers JuS 1985 S.925 (928) ist nach dem Wortlaut ein Verzicht auf Art.9 III (2) GG nicht möglich. In einem Verzicht sei eine behindernde Abrede zu sehen. Hier wird allerdings verkannt, daß ein Tarifvertrag durch seine Friedenspflicht als Grundrechtsausübung die Tarifautonomie erst ermöglicht. Man kann daher einen Grundrechtsverzicht nicht mit Art.9 III (2) GG gleichsetzten.

[985] So Buchner NZA 1993 S.289 (292).

[986] So Hanau/Kania DB 1995 S.1229 (1230), Löwisch/Rieble in MünchArbR III § 258 Rn.13.

[987] Bei einem „ewigen" Tarifvertrag würden sich hingegen Bedenken ergeben. Dann könnte man von einer Aufgabe der Normsetzungsbefugnis sprechen. Vgl. dazu LAG Sachsen-Anhalt -Urt. v. 11.5.1999- AuR 2000 S.147 (148), die bei einer tariflichen punktuellen Verweisung auf einen anderen Tarifvertrag von knapp 6 Jahren noch nicht eine solche Aufgabe annehmen.

das Ergebnis einer solchen sein. Zu beachten ist, daß extremen Entwicklungen durch eine außerordentliche Kündigung des Firmentarifvertrags Rechnung getragen werden kann. Insofern bezweckt aber jeder Firmentarifvertrag durch die Regelung der ordentlichen Kündigung bzw. deren Ausschluß eine Beschränkung der Koalitionsfreiheit des Arbeitgebers, was durch den Vertragsschluß legitimiert ist.[988] Auch ein langfristiger Firmentarifvertrag verletzt daher nicht in die Koalitionsfreiheit des Arbeitgebers. Damit kann festgestellt werden, daß Art. 9 III GG im Sanierungsfall nicht verletzt ist.

c) Das Recht auf unternehmerische Entscheidung aus Art. 12 GG

Die Vorschriften der zwingenden Tarifbindung in §§ 3, 4 TVG schränken die Vertragsfreiheit des Arbeitgebers ganz gezielt ein.[989] Aber auch hier ist diese Bindung des Arbeitgebers in Form des Firmentarifvertrags gleichzeitig Ausdruck der Betätigung seiner Privatautonomie und seiner Koalitionsfreiheit. Der Abschluß des Firmentarifvertrags legitimiert damit gleichzeitig seine zwingende Wirkung.

d) Ergebnis

Im Sanierungsfall fällt also nur der Existenzschutz des Arbeitgebers aus Art. 14 GG ins Gewicht. Die Wirkungen des Firmentarifvertrags als Eingriffe in die Koalitionsfreiheit und die Privatautonomie sind durch den freiwilligen Abschluß des Firmentarifvertrags legitimiert.

2. Der Schutz der Arbeitnehmer

Es wurde festgestellt, daß Änderungskündigungen die Privatautonomie des Arbeitnehmers beeinträchtigen und der Arbeitgeber hierbei den arbeitsrechtlichen Gleichbehandlungsgrundsatz zu beachten hat. Eine Beeinträchtigung des Grundrechts aus Art. 14 I GG scheidet bei der Kürzung „erdienter“ Leistungen aus, weil der Arbeitnehmer die Kürzung durch seinen Vertragsschluß legitimiert.[990] Auf der Ebene des Firmentarifvertrags stellt sich damit die Frage, ob die Tarifbindung oder auch eine Sanierung durch einen Firmentarifvertrag die Privatautonomie und das Eigentumsrecht der Arbeitnehmer beeinträchtigt, weil der Arbeitnehmer hier einer Kürzung ja nicht selbst zustimmt.

a) Zwingende Wirkung des Firmentarifvertrags

Eine Änderung der Arbeitsbedingungen durch Firmentarifvertrag, also ohne ausdrückliche Zustimmung des Arbeitnehmers, greift in die Arbeitsbedingungen des Arbeitnehmers ein. Damit stellt der Firmentarifvertrag einen Eingriff in die

---

[988] Vgl. aber Hanau/Kania DB 1995 S.1229 (1230), die bei einer langen Laufzeit eine Verletzung der Grundpflicht auf eine effektive Nutzung der grundrechtlichen Betätigung sehen.
[989] Vgl. Schulz (2002) S.313.
[990] Vgl. unter Kapitel 3 A. I. 2. a) (S.158).

Privatautonomie aus Art. 12 I GG dar.[991] Entsprechendes gilt für die rückwirkende Kürzung, hier liegt ein Eingriff in Art. 14 I GG vor.

Ein Eingriff kommt aber durch die unmittelbare und zwingende Wirkung des § 4 I TVG in Betracht. Die Tarifbindung verhindert, daß einzelvertragliche Lohnsenkung unter Tarif rechtlich wirksam sind. Eine Sanierung durch Änderungsverträge oder durch einen Lohverzicht ist damit rechtlich nicht möglich. Die Unabdingbarkeit hindert den Arbeitnehmer aber nicht daran, praktisch auf einen Teil des Lohns zu verzichten, indem er seinen Anspruch nicht geltend macht. Daraus könnte man schließen, daß die Unabdingbarkeit den Arbeitnehmer nur begünstigt, er kann mit dem Arbeitgeber alles vereinbaren, ist daran aber nicht rechtlich gebunden. Dies spräche gegen einen Grundrechtseingriff.

Art. 12 I GG schützt aber das rechtsgeschäftliche Handeln und damit auch das Recht, sich rechtlich zu binden.[992] Eine fehlende rechtliche Bindungsmöglichkeit des Arbeitnehmers konterkariert den mit z.B. einem Änderungsvertrag verfolgten Zweck, nämlich die Ermöglichung einer Sanierung. Ist der Arbeitnehmer nicht an die Lohnsenkungen gebunden, so ist die Sanierung rechtlich nicht abgesichert. Der Arbeitnehmer kann sich nicht sicher sein, daß andere Arbeitnehmer weiterhin den Tariflohn erhalten und die Sanierung somit auf dem Rücken nur eines Teils der Belegschaft durchgeführt wird. Der Arbeitnehmer hat somit ein Interesse daran, daß er sich genauso wie die übrigen Arbeitnehmer rechtlich binden kann. Eine gleichmäßige Umsetzung wäre dann z.B. durch Massenänderungskündigungen möglich. Auch bei einer Lohnsenkung durch Änderungskündigung liegt eine rechtsgeschäftliche Bindung, nämlich die Annahme des Angebots zu geänderten Bedingungen vor. Dies wird besonders deutlich, wenn z.B. ein Arbeitnehmer nur zu untertariflichen Arbeitsbedingungen eine Arbeit fände. Hier kann er erst gar keinen Arbeitsvertrag schließen.[993] Insbesondere in den neuen Bundesländern kann dies praktisch den Verlust des Arbeitsplatzes und damit das endgültige Ausscheiden aus dem Arbeitsleben bedeuten. Das Interesse des Arbeitnehmers, seinen Arbeitsplatz durch Lohnsenkungen zu schützen, ist damit durch Art. 12 I GG gewährleistet. Die Unabdingbarkeit des Tarifvertrags greift daher in die Privatautonomie des Arbeitnehmers ein.[994]

Die subjektive Wertung des Arbeitnehmers, daß ein Arbeitsplatz mit geringerem Lohn besser sei als kein Arbeitsplatz, stellt damit nicht etwas *„Außerrechtliches"* dar[995], sondern ist Ausdruck seiner privatautonomen Entscheidung. Zu betonen ist allerdings, daß nicht die Sicherheit des Arbeitsplatzes als solche von

---

[991] Schulz (2002) S.313.

[992] Vgl. unter Kapitel 3 A. I. 1. b) bb) (S.153).

[993] Vgl. Löwisch in MünchArbR III § 245 Rn.43 für den Fall der Allgemeinverbindlicherklärung.

[994] So auch Freihube (2000) S.68.

[995] So aber Tyska ArbuR 1985 S.276 (279) in Hinblick auf den Günstigkeitsvergleich.

Art. 12 I GG geschützt wird[996], sondern nur das rechtsgeschäftliche Handeln des Arbeitnehmers, das auf dessen Erhaltung gerichtet ist. Deshalb kann aber das sog. „Arbeitsplatzargument" einen Eingriff in Grundrechte Dritter, insbesondere in die Tarifautonomie, nicht rechtfertigen.

b) Legitimation durch die Mitgliedschaft in der Gewerkschaft

Die freiwillige Mitgliedschaft in der Gewerkschaft stellt eine Grundrechtsbetätigung im Sinne des Art. 9 III GG dar. Der Arbeitnehmer „delegiert" seine Entscheidungsfreiheit hinsichtlich der Festsetzung der Arbeitsbedingungen durch Beitritt auf die Gewerkschaft. Man kann auch sagen, er unterwirft sich der Rechtsetzungsmacht der Tarifvertragsparteien.[997] Der Arbeitnehmer kann ferner durch seine Mitarbeit in der Gewerkschaft gestaltend auf die Tarifabschlüsse einwirken.[998] Durch seinen Gewerkschaftsbeitritt legitimiert der Arbeitnehmer gegenüber der Gewerkschaft partiell, d.h. in Bezug auf die Festlegung der Arbeitsbedingungen, und temporär, d.h. für die Dauer der Mitgliedschaft, Beeinträchtigungen seiner Privatautonomie. Dies läßt sich auch auf die Formulierung des BAG zur mittelbaren Grundrechtsbindung der Tarifvertragsparteien stützen: *„Die Geltung dieser Normen beruht auf dem privatautonomen Verbandsbeitritt ihrer Mitglieder. Mit der Wahrnehmung ihres Grundrechts aus Art. 9 III GG unterwerfen sie sich bestehendem und künftigem Tarifrecht. (...)"*[999]

Diesem wird entgegengehalten, daß der Arbeitnehmer nur eine Optimierung seiner Rechte wolle, weil er glaube, daß die Gewerkschaft seine Rechte besser durchsetzen könne als er.[1000] Genau darin wird aber deutlich, daß der Arbeitnehmer seine Privatautonomie delegiert. Die Optimierung seiner Interessen ist hierfür das Motiv. Dadurch läßt sich auch die Vorschrift des § 4 IV (1) TVG erklären, weil er sich dadurch nicht nur vor einem vorschnellen Verzicht auf eigene Ansprüche schützt, sondern sich auch davor schützt, das seine Kollegen sich Vorteile durch einen solchen Verzicht verschaffen könne.[1001]

Die Legitimation durch den Beitritt umfaßt grundsätzlich auch die Möglichkeit der rückwirkenden Kürzungen. Über diese kann der Arbeitnehmer nämlich durch Vertragsschluß privatautonom verfügen. Wenn in der Satzung kein

---

[996] Vgl. unter Kapitel 3 A. I. 2. c) (S.161 ff).

[997] Vgl. BAG -Urt. v. 23.11.1994- AP Nr.12 zu § 1 TVG Rückwirkung Bl.7. Auf die Problematik der Delegationstheorie und Legitimationslehre soll hier nicht weiter eingegangen werden. Vgl. dazu ausführlich Gamillscheg Bd.I (1997) S.557 ff, Waltermann in FS Söllner (2000) S.1251 (1256 ff).

[998] Vgl. BAG -Urt. v. 23.11.1994- AP Nr.12 zu § 1 TVG Rückwirkung Bl.7, Biedenkopf (1964) S.10. Ausführlich zur Legitimation durch innergewerkschaftlichen Willensbildung und Mitgliedschaft Dorndorf FS Kissel (1994) S.139 (150 ff).

[999] So BAG -Urt. v. 25.2.1998- AP Nr.11 zu § 1 TVG Tarifverträge: Luftfahrt Bl.3, vgl. auch BAG -Urt. v. 11.3.1998- AP Nr.12 zu § 1 TVG Tarifverträge: Luftfahrt Bl.4.

[1000] So Freihube (2000) S.68.

[1001] Vgl. aber Waltermann FS Söllner (2000) S.1251 (1269), der die Vorschriften des §§ 3 III, 4 IV, § 4 V TVG als Argument gegen die Legitimationstheorie vorbringt.

Ausschluß rückwirkender belastender Tarifverträge enthalten ist, kann man eine Rechtfertigung durch die Mitgliedschaft nicht verneinen. Auch wenn der Arbeitnehmer das gewerkschaftliche Handeln wohl nicht insgesamt legitimiert[1002], so dann zumindest die Bindung an den Tarifvertrag. Dementsprechend steht die Privatautonomie der Arbeitnehmer weder einer Sanierung durch Firmentarifvertrag entgegen, noch kann aus ihr eine Einschränkung der Unabdingbarkeit abgeleitet werden.[1003] Dies gilt aber nicht für tarifliche Höchstarbeitsbedingungen, also wenn das Günstigkeitsprinzip im Tarifvertrag eingeschränkt wird. Die Arbeitnehmer will nämlich durch seinen Gewerkschaftsbeitritt nicht auf die Möglichkeit, höhere Arbeitslöhne zu vereinbaren, verzichten.

c) Ergebnis

Einer Sanierung durch Firmentarifvertrag steht nicht die Privatautonomie der Arbeitnehmer entgegen. Diese fällt auch nicht unter dem Gesichtspunkt des Schutzes des Arbeitsplatzes oder des Rechts, untertarifliche Arbeitsbedingungen zu vereinbaren, ins Gewicht. Bei den Kürzungen ist allerdings der Gleichbehandlungsgrundsatz zu beachten.

3. Die Koalitionsfreiheit der Gewerkschaft aus Art. 9 III GG

Die Gewerkschaft ist als Koalition Trägerin der kollektiven Koalitionsfreiheit. Dies ergibt sich entweder unmittelbar aus Art. 9 III GG oder auch i.V.m. Art. 19 III GG.[1004] Das Grundrecht schützt *„die Koalitionen in ihrem Bestand und ihrer organisatorischen Ausgestaltung sowie solche Betätigungen, die darauf gerichtet sind, die Arbeits- und Wirtschaftsbedingungen zu wahren und zu fördern"*.[1005] Der Schutzbereich ist daher sehr weit gezogen.[1006] Bevor auf die einzelnen Eingriffe eingegangen wird, sollen zunächst die Funktionen der Tarifautonomie, das Recht der Koalitionen zum Abschluß von Tarifverträgen, beleuchtet werden, weil damit eine Aussage über das Gewicht eines Eingriffs getroffen werden kann.

[1002] Vgl. dazu das individualistische Rechtfertigungsmuster der Tarifautonomie von Dorndorf FS Kissel (1994) S.139 (145 ff).

[1003] Dies verkennen Freihube DB 2000 S.1022 (1024), H.-P. Müller DB 1999 S.2310 (2312 f), wenn sie die Privatautonomie der Arbeitnehmer mit der Tarifautonomie abwägen und daraus eine Ausnahme von der Unabdingbarkeit ableiten wollen.

[1004] Vgl. Richter/Schuppert (1996) S.266 mwN.

[1005] BVerfG -Beschl. v. 14.11.1995- AP Nr.80 zu Art.9 GG Bl.2.

[1006] Freihube DB2000 S.1022 (1026) begrenzt den Schutzbereich der Tarifautonomie auf die Tarifverträge, *„die die Unternehmen wirtschaftlich verkraften können."* So auch Sodan JZ 1998 S.421 (424). Ein solcher Ansatz beschreibt den Konflikt zwischen den Grundrechten aus Art.9 GG und Art.14 GG und ist mit der Rechtsprechung des BVerfG und der allgemeinen Grundrechtsdogmatik eindeutig nicht vereinbar. Zur Klarstellung des BVerfG, daß der Schutz nicht auf den Kernbereich beschränkt ist unter Kapitel 3 B. I. 1. b) aa) (S.185).

a) Funktionen der Tarifautonomie

Das BVerfG sieht die Funktion bzw. den Zweck der Tarifautonomie darin, „*das Arbeitsleben im einzelnen durch Tarifverträge sinnvoll zu ordnen (...) und so letztlich die Gemeinschaft sozial zu befrieden*".[1007] „*Die Tarifautonomie ist darauf angelegt, die strukturelle Unterlegenheit der einzelnen Arbeitnehmer beim Abschluß von Arbeitsverträgen durch kollektives Handeln auszugleichen und damit ein annähernd gleichgewichtiges Aushandeln der Löhne und Arbeitsbedingungen zu ermöglichen.*"[1008] Dies geschieht durch einen Schutz vor einem gegenseitigen Unterbietungswettbewerb.[1009] Die Tarifautonomie beruht also auf der Erfahrung, daß die Privatautonomie aufgrund der Unterlegenheit des Arbeitnehmers auf dem Arbeitsmarkt versagt hat[1010] und deren Aufgabe nun von der Tarifautonomie gelöst wird.[1011] Die Schwäche des Arbeitnehmers wird in der Vorformulierung des Arbeitsvertrags, der fehlenden Ausweichmöglichkeiten[1012], einem Mangel an Übersicht und Flexibilität gesehen[1013].

Dieser Ansatz wird als „*individualistische Rechtfertigung der Tarifautonomie*" bezeichnet.[1014] Dieses individualistische Rechtfertigungsmuster wird dem paternalistischen und makrotheoretischen gegenübergestellt.[1015] Paternalismus bedeutet in diesem Zusammenhang den Schutz des Arbeitnehmers „*vor sich selbst*". Dieses Verständnis von der Tarifautonomie ist nicht mehr zeitgemäß und findet auch keine Stütze im GG. Das makrotheoretische Rechtfertigungsmuster versteht die Aufgabe der Tarifautonomie darin, „*das kollektive Interesse der Arbeitnehmerschaft zu verwirklichen*". Dem liegt die Behauptung zugrunde, daß sich das individuelle Interesse des Arbeitnehmers nur durch das kollektive bestimmen lasse.[1016] Stellt man darauf ab, so würden Lohnzugeständnisse bei einzelnen Unternehmen den kollektiven Interessen zuwiderlaufen und den

---

[1007] BVerfGE -Urt. v. 6.5.1964- 18 S.18 (28). Vgl. dazu Reuter RdA 1994 S.152 (162), der nicht nur bezweifelt, daß der Tarifvertrag „*ein geeignetes Mittel zur 'gerechten Ordnung des Arbeitslebens' ist*", sondern darin sogar eine Bedrohung dieser Ordnung sieht. Über diese extreme Ansicht kann man die verfassungsrechtliche Verankerung der Tarifautonomie komplett aushebeln. Dazu sei nur folgendes bemerkt: Die Frage, ob eine Ordnung ungerecht ist, läßt sich vielleicht noch im konkreten extremen Einzelfall beantworten, abstrakt aber keinesfalls. Eine Ordnung des Arbeitslebens durch die Tarifautonomie findet aber tatsächlich statt. Von einer fehlenden Eignung kann daher keine Rede sein.

[1008] BVerfG -Beschl. v. 26.6.1991- AP Nr.117 zu Art.9 GG Bl.6 = BVerfGE 84 S.212 ff.

[1009] Vgl. Wendeling-Schröder RdA 1999 S.138 (141).

[1010] Vgl. ausführlich Dorndorf FS Kissel (1994) S.139 (146 f). Vgl. auch Konzen NZA 1995 S.913 (914).

[1011] Vgl. Dorndorf FS Kissel (1994) S.139 (141 f).

[1012] Vgl. Wendeling-Schröder RdA 1999 S.138 (141), die gerade diesen Punkt bei Massenarbeitslosigkeit betont.

[1013] Dieterich RdA 1995 S.129 (135). Kritisch dazu Junker NZA 1997 S.1305 (1308 f).

[1014] So Dorndorf FS Kissel (1994) S.139 (146).

[1015] So Dorndorf FS Kissel (1994) S.139 (143 ff).

[1016] Vgl. zum vorangegangenen Dorndorf FS Kissel (1994) S.139 (143 ff).

Zweck der Tarifautonomie beeinträchtigen. Hier stellt sich das Problem, was genau die kollektiven Interessen sind und wer sie bestimmt. Das individuelle Interesse läßt sich dagegen durch den Arbeitnehmer selbst bestimmen. Da das BVerfG nur auf das Machtgefälle zwischen Arbeitgeber und Arbeitnehmer abstellt, soll dieser Ansatz hier vernachlässigt werden und nur auf das individualistische Rechtfertigungsmuster abgestellt werden.

Neben der Lösung des sog. Machtgefälles ermöglicht das kollektive Handeln die Regelung von Fragen, die sich durch individuelles Handeln nicht lösen lassen. Die Alternative ist die Problemlösung durch die autoritäre Entscheidung des Arbeitgebers, der durch Behörden kontrolliert wird.[1017] Dies wird auch im Falle der Sanierung deutlich. Der Lohnverzicht eines einzelnen Arbeitnehmers ließe sich zwar durch individuelle Regelung erreichen, bei einer Sanierung ist jedoch nur der kollektive Lohnverzicht sinnvoll. Diese Aufgabe können die Tarifvertragsparteien durch einen Firmentarifvertrag lösen. Kommt eine tarifliche Lösung allerdings nicht zustande, so verbleibt nur die Lösung durch den Arbeitgeber. Dieser kann durch außerordentliche Änderungskündigungen die Sanierung bei der gesamten Arbeitnehmerschaft durchsetzen. Eine Kontrolle erfolgt dann bei Klagen der Arbeitnehmer gegen die Änderungskündigungen durch die Gerichte. Damit würde das Versagen der Privatautonomie durch die Tarifautonomie und das Versagen der Tarifautonomie wiederum durch die Privatautonomie gelöst.

Deutlich wird hierbei jedenfalls, daß die Lösung primär auf kollektivrechtlicher Ebene zu erfolgen hat. Eine Lösung durch den Arbeitgeber kann damit nur sekundär erfolgen. Die Funktion der Tarifautonomie besteht somit nicht nur im Ausgleich der strukturellen Unterlegenheit des Arbeitnehmers, sondern auch in der Lösung von spezifisch kollektiven Problemen[1018].

b) Eingriffe in die Tarifautonomie und Gewichtung

Bei den Eingriffen in die Tarifautonomie ist zwischen den konkreten Sanierungsmaßnahmen und den abstrakten Einschränkungen der Unabdingbarkeit zu unterscheiden.

aa) Konkrete Sanierungsmaßnahmen

Bevor auf die Eingriffe durch eine außerordentliche Kündigung des Firmentarifvertrags, individualrechtliche Lohnkürzung oder Betriebsvereinbarungen eingegangen wird, erfolgt zunächst abstrakt eine Gewichtung der Tarifautonomie bei materiellen Arbeitsbedingungen.

[1017] Vgl. dazu Dorndorf FS Kissel (1994) S.139 (148).

[1018] Vgl. dazu BAG -Beschl. v. 20.4.1999- DB 1999 S.1555 (1558), das bei der Verdrängung einer „*Tarifnorm als kollektive Ordnung*" von einer „*zentralen Funktion*" der Tarifautonomie spricht.

(1) Gewichtung der Tarifautonomie bei Eingriff in materiellen Arbeitsbedingungen.

Nach einem Beschluß des BVerfG ist die Tarifautonomie bei einem Eingriff in die materiellen Arbeitsbedingungen besonders stark betroffen. Zur Gewichtung des Grundrechtsschutzes führt das Gericht folgendes aus: *"Der Grundrechtsschutz ist nicht für alle koalitionsmäßigen Betätigungen gleich intensiv. Die Wirkkraft des Grundrechts nimmt vielmehr in dem Maße zu, in dem eine Materie aus Sachgründen am besten von den Tarifvertragsparteien geregelt werden kann, weil sie nach der dem Art. 9 III GG zugrundeliegenden Vorstellung des Verfassungsgebers die gegenseitigen Interessen angemessener zum Ausgleich bringen können als der Staat. Das gilt vor allem für die Festsetzung der Löhne und der anderen materiellen Arbeitsbedingungen. (...) Die Abstufung des Schutzes, den Art. 9 III GG gewährt, wirkt sich in den Anforderungen aus, die an die Rechtfertigung von Eingriffen zu stellen sind. Je gewichtiger der Schutz, den Art. 9 III GG insofern verleiht, desto schwerwiegender müssen die Gründe sein, die einen Eingriff rechtfertigen sollen."*[1019]

(2) Individualrechtliche Regelungen

Auch individualrechtliche Regelungen und insbesondere Einheitsregelungen beschränken die effektive Reichweite der tarifvertraglichen Normen[1020]. Dazu sind auch Umgehungsgeschäfte durch sog. freiwillige Arbeitnehmerdarlehen zu zählen.[1021] Hier ist die Ordnungsfunktion des Tarifvertrags betroffen. Weichen die einzelvertraglichen Arbeitsbedingungen vom Tarifvertrag ab, so gilt dies allerdings nur, wenn beiderseitige Tarifgebundenheit vorliegt, da bei Außenseitern die Tarifvertragsparteien selbst keine Möglichkeit haben, die Arbeitsbedingungen zu regeln.

Erwägenswert erscheint zunächst der Gedanke, daß ein Eingriff in die Tarifautonomie ausscheidet, wenn nur 5 Prozent der Belegschaft in der Gewerkschaft organisiert sind, da in dem Betrieb Tarifnormen *„als kollektive Ordnung"* nicht verdrängt werden.[1022] Dahinter steht der Gedanke, daß die Beeinträchtigung für einen Eingriff zu geringfügig ist. Die Frage der Geringfügigkeit der Beeinträchtigung spielt bei den sog. nicht-finalen Drittbeeinträchtigungen eine Rolle.[1023] Bei Änderungsverträgen und außerordentlichen Änderungskündigungen handelt es sich jedoch um final auf die Gestaltung von Arbeitsbedingungen gerichtete Maßnahmen. Somit wird auch schon dann in die Tarifautonomie eingegriffen, wenn nur einzelne Arbeitnehmer tarifgebunden sind.

[1019] BVerfG -Beschl. v. 4.6.1996- AP Nr.2 zu § 57a HRG Bl.5.

[1020] Vgl. BAG -Beschl. v. 20.4.1999- DB 1999 S.1555 (1558), Buchner NZA 1999 S.897 (900).

[1021] Vgl. dazu Rieble NZA 2000 S.225 (229).

[1022] So Bauer NZA 1999 S.957 (959), der in diesem Zusammenhang auch von einer *„Erheblichkeitsschwelle"* spricht.

[1023] Vgl. Richter/Schuppert (1996) S.14.

Auch eine für den Arbeitnehmer günstigere und gemäß § 4 III TVG zulässige arbeitsvertragliche Regelung greift daher strenggenommen ebenso in die Koalitionsfreiheit der Gewerkschaft ein wie eine gemäß § 4 I TVG unwirksame Lohnsenkung, weil in beiden Fällen die Ordnungsfunktion des Tarifvertrags tangiert ist. Die Vorschrift des § 4 III TVG stellt damit ebenfalls einen Eingriff in Art. 9 III GG dar[1024]. Die Frage des Eingriffs ist also unabhängig von der Wirksamkeit der Maßnahme.[1025] Zu differenzieren ist aber bei der Intensität der Grundrechtsbetroffenheit.

Eine Überschreitung des Tarifvertrags zeigt, daß, obwohl u.U. noch ein Machtgefälle vorhanden ist, die Verhandlungsposition des Arbeitnehmers stärker als die der Gewerkschaft ist. Man kann daher hier nicht von einem Versagen der Privatautonomie sprechen.[1026] Hierbei ist allerdings zu berücksichtigen, daß die Verhandlungsposition des Arbeitnehmers durch die Arbeit der Gewerkschaft überhaupt ermöglicht bzw. zumindest deutlich gestärkt wird. Der Schutzzweck der Tarifautonomie, der Ausgleich des Machtgefälles, erfordert hier keine Unabdingbarkeit des Tarifvertrags „nach oben“.[1027] Das Gewicht des Eingriffs liegt nur in der Beeinträchtigung der zweiten Funktion der Tarifautonomie, der kollektiven Regelung. Dieser ist durch die Privatautonomie des einzelnen Arbeitnehmers bzw. Arbeitgebers gerechtfertigt. Man kann in der Mitgliedschaft in der Gewerkschaft nämlich keinen Verzicht des Arbeitnehmers auf übertarifliche Arbeitsbedingungen sehen. Insofern wäre ein solcher Eingriff nicht durch die Mitgliedschaft legitimiert. Somit stellt das Günstigkeitsprinzip also eine praktische Konkordanz zwischen der Tarifautonomie und der Privatautonomie her.[1028]

Bei einer Unterschreitung des Tarifvertrags ist nicht sicher, ob die Verhandlungsposition des Arbeitnehmers tatsächlich stärker ist als die der Gewerkschaft. Es mag zwar Fälle geben, bei denen für den Arbeitnehmer die Unterschreitung des Tarifvertrags überaus vorteilhaft ist oder gerade auf seiner Initiative beruht. Man denke etwa daran, daß ein Arbeitnehmer gerne 60 Stunden die Woche gegen entsprechende Vergütung arbeitet und auf Mehrarbeitszuschläge verzichtet. Anders als bei der Überschreitung ist eine zumindest gleichwertige Verhandlungsposition allerdings nicht eindeutig festzustellen. Daran ändert auch eine

---

[1024] Vgl. Buchner FS Kissel (1994) S.97 (101), der von einer Beschränkung der Regelungsbefugnis spricht.

[1025] Die Überschreitung des Tarifvertrags spielt zwar bei einer Sanierung keine Rolle, die Gewichtung des Eingriffs dient aber der Veranschaulichung des Problems.

[1026] Dorndorf FS Kissel (1994) S.139 (158).

[1027] Dorndorf FS Kissel (1994) S.139 (158 f), vgl. auch Biedenkopf (1964) S.75.

[1028] Vgl. Kempen Sonderbeilage zu NZA Heft 3/2000 S.7 (12), der das Günstigkeitsprinzip als Schutzgut der Privatautonomie begreift. Ähnlich Bauer/Haußmann Sonderbeilage zu NZA Heft 24/2000 S.42 (47). Vgl. Bakopoulos (1991) S.60, Belling/Hartmann NZA 1998 S.57 (60), die das Günstigkeitsprinzip als Ausdruck der Verhältnismäßigkeit verstehen. Vgl. zu weiteren Ansätzen der Verankerung der Günstigkeitsprinzips in der Verfassung ausführlich Blomeyer NZA 1996 S.337 (338 f).

Empfehlung des Betriebsrats, z.B. in Form einer betrieblichen Regelungsabrede, nichts. Diese entfaltet zwar keine unmittelbare oder zwingende Wirkung, was gegen eine Betroffenheit der Koalitionsfreiheit sprechen könnte. Aber auch dadurch wird die Funktion der Tarifautonomie, nämlich die kollektive Regelung der Arbeitsbedingungen, beeinträchtigt[1029], so daß ein Eingriff vorliegt. Insbesondere bei einem kollektiven Unterschreiten des Tarifvertrags wird die zweite Funktion der Tarifautonomie, nämlich die Aufgabe, kollektive Regelung zu treffen, tangiert. Eine kollektive Lohnsenkung unter Tarif greift daher spürbar in die Tarifautonomie ein, und zwar um so stärker, je gravierender der Tarifvertrag unterschritten wird. Daraus folgt, daß neben Massenänderungskündigungen auch eine nichtige Betriebsvereinbarung und eine betriebliche Regelungsabrede in die Koalitionsfreiheit der Gewerkschaft eingreifen.

(3) Betriebsvereinbarungen

Eine Betriebsvereinbarung, die gegen § 77 III BetrVG verstößt, ist nichtig und entfaltet keine rechtliche Wirkung. Läge eine entsprechende Vorschrift nicht vor und könnte der Betriebsrat die materiellen Arbeitsbedingungen normativ und zwingend regeln, so würde der Betriebsrat zur „beitragsfreien Ersatzgewerkschaft“ mutieren. Dies würde die Mitgliederwerbung der Gewerkschaft und damit den Bestand der Koalition selbst beeinträchtigen. Ginge die Betriebsvereinbarung, beispielsweise im Wege des Günstigkeitsprinzips, dem Tarifvertrag vor, so würde zudem die praktische Möglichkeit der Gewerkschaft, die Arbeitsbedingungen flächendeckend zu regeln, beeinträchtigt. Dies gilt auch bei einer bloßen Bezugnahme der Betriebsvereinbarung auf einen Tarifvertrag, da auch hier die Mitgliedschaft in der Gewerkschaft stark an Attraktivität verliert.

In Härtefällen wurde allerdings die rechtliche und faktische Möglichkeit der Tarifvertragsparteien bezweifelt, die besonderen betrieblichen Verhältnisse bei den Tarifverträgen differenziert zu berücksichtigen, weshalb kein Eingriff in die Koalitionsfreiheit vorliegen könne.[1030] Dieses Argument ist schon durch die Praxis der Härteklauseln und Firmentarifverträge[1031] hinreichend widerlegt.

Die Gewichtung des Eingriffs bei individualrechtlichen Regelungen läßt sich nicht ohne weiteres auf die Betriebsvereinbarung übertragen. Vergleichbar ist, daß die Stärke der Abweichung vom Tarifvertrag die Schwere des Eingriffs prägt. Bei einer Betriebsvereinbarung, die zugunsten des Arbeitnehmers vom Tarifvertrag abweicht, könnte man wiederum die Erheblichkeit des Eingriffs ablehnen, da die Verhandlungsposition der Arbeitnehmerseite zumindest nicht schwächer ist als die der Gewerkschaft. Dennoch sind die beiden Fälle nicht vergleichbar. Im Unterschied zum Individualvertrag beruht die Betriebsautono-

---

[1029] Vgl. BAG -Beschl. v. 20.4.1999- DB 1999 S.1555 (1558), daß von der *„Gestaltung der betrieblichen Ordnung spricht“*. Vgl. auch Buchner NZA 1999 S.897 (900).

[1030] So Vollmer DB 1982 S.1670 (1671 f). Ähnlich Ruoff (1999) S.184.

[1031] Vgl. dazu unter Kapitel 2 B. I., II. 2. (S.95 ff).

mie nicht auf der Privatautonomie und ist verfassungsrechtlich nicht geschützt.[1032] Die Betriebsautonomie kann daher einen noch so unerheblichen Eingriff in Art. 9 III GG durch eine den Tarifvertrag verdrängende Betriebsvereinbarung nicht rechtfertigen.[1033] Eine gesetzliche Lösung, die der Betriebsvereinbarung generell den Vorrang vor dem Tarifvertrag einräumen würde, wäre damit eindeutig verfassungswidrig. Die Vorschrift des § 77 III BetrVG muß daher als grundsätzliches Gebot des Art. 9 III GG bezeichnet werden.[1034]

Zu rechtfertigen wäre nur ein Eingriff zum Schutz kollidierender Grundrechte, also zum Existenzschutz des Arbeitgebers in Härtefällen. Bei einer Überschreitung des Tarifvertrags ist das Grundrecht des Arbeitgebers aus Art. 14 I GG nicht beeinträchtigt. In einer „günstigen“ oder auch neutralen Betriebsvereinbarung, die materielle Arbeitsbedingungen wie ein Tarifvertrag regelt[1035], liegt daher ein Eingriff in die Koalitionsfreiheit der Gewerkschaft, der verfassungsrechtlich nur durch die Zustimmung der Tarifvertragsparteien gerechtfertigt werden kann. Nur eine Unterschreitung des Tarifvertrags durch Betriebsvereinbarung zur Sanierung könnte durch Art. 14 GG gerechtfertigt sein. Der Eingriff durch die Betriebsvereinbarung wiegt aufgrund ihrer unmittelbaren und zwingenden Wirkung erheblich schwerer als der Eingriff durch die individualrechtliche Regelung. Die Bindung des Arbeitgebers an eine Betriebsvereinbarung ist hinsichtlich der normativen Wirkung erheblich stärker als die eines Arbeitsvertrags und entspräche quasi einem Firmentarifvertrag. Dadurch würde der Betriebsrat in direkter Konkurrenz zur Gewerkschaft treten, die Mitgliedschaft in der Gewerkschaft würde erheblich entwertet[1036]. Auch wenn eine ernsthafte Gefahr für die Tarifautonomie von einer einzelnen Betriebsvereinbarung nicht ausgehen dürfte, die Befriedungsfunktion des Tarifvertrags wäre dadurch jedenfalls in Frage gestellt.[1037] Fraglich wäre ferner, ob die Gewerkschaft bei flächendeckenden Betriebsvereinbarungen ihre überbetrieblichen Aufgaben überhaupt noch sinnvoll erfüllen kann.[1038]

Diese Argumentation läßt sich durch folgende Formulierung des BAG hinsichtlich einer unwirksamen Betriebsvereinbarung stützen: *„Zutreffend ist, daß durch Betriebsvereinbarungen, die gegen zwingendes Tarifrecht verstoßen, die tarifli-*

[1032] Vgl. dazu unter Kapitel 3 A. I. 1. c) (S.154 ff).
[1033] Es geht also nicht um einen Vorrang des Art.9 III GG vor Art.2 I GG, so aber Blomeyer NZA 1996 S.337 (344).
[1034] Vgl. nur Heinze NZA 1995 S.5 (6).
[1035] Auch in einer bloßen Anerkennung des Tarifvertrags durch eine Betriebsvereinbarung liegt ein Gefährdung der Tarifautonomie vor, vgl. Hromadka FS Schaub (1998) S.337 (345).
[1036] Vgl. Hromadka FS Schaub (1998) S.337 (345), Löwisch JZ 1996 S.812 (818).
[1037] Blomeyer NZA 1996 S.337 (344).
[1038] Vgl. Hromadka FS Schaub (1998) S.337 (345), der von einer Aushöhlung der Tarifautonomie spricht. Vgl. aber Ehmann/Schmidt NZA 1995 S.193 (200), die keine Gefahr für die Tarifautonomie in *„günstigeren“* Betriebsvereinbarungen sehen.

che Ordnung der Arbeitsverhältnisse und damit der bezweckte Schutz der Arbeitnehmer in weit stärkerem Maße gefährdet werden kann als durch den Abschluß auch einer Vielzahl tarifwidriger Arbeitsverträge. Es ist nicht ausgeschlossen, daß die tarifliche Ordnung der Arbeitsverhältnisse durch eine solche Betriebsvereinbarung für den Betrieb ohne Wirkung bleibt, weil die Arbeitnehmer die betriebliche Regelung als legitim und verbindlich ansehen oder doch sich scheuen, die von den Betriebspartnern gesetzte Ordnung anzugreifen und damit auch gegen den Betriebsrat den Vorwurf eines rechtswidrigen Verhaltens zu erheben."[1039] Die Betroffenheit der Tarifautonomie ist bei einer Unterschreitung des Tarifvertrags noch schwerwiegender als bei einer Überschreitung, da hier zusätzlich die Ordnungsfunktion und das Verhandlungsgleichgewicht beeinträchtigt sind. Wenn der Arbeitgeber durch Betriebsvereinbarung jederzeit vom Tarifvertrag „nach unten" abweichen könnte, dann könnte man von Mindestarbeitsbedingungen nicht mehr sprechen. Der Tarifvertrag würde zur vorläufig verbindlichen Regelung. In einer Unterschreitung des Tarifvertrags durch Betriebsvereinbarung läge daher ein schwerwiegenderer Eingriff als bei einer Änderungskündigung.

bb) Einschränkungen der Unabdingbarkeit

Zu ermitteln ist, wie stark das Grundrecht der Gewerkschaft durch Einschränkungen der Unabdingbarkeit des Tarifvertrags im einzelnen betroffen wäre. Dies ist erforderlich, um später im Rahmen der Erforderlichkeit einen Vergleich zwischen den verschiedenen Möglichkeiten vorzunehmen.

(1) Aufhebung der Unabdingbarkeit

Eine gänzliche Aufhebung der zwingenden Wirkung durch Aufhebung des § 4 I TVG oder durch umfassende Öffnungsklauseln würde den Tarifvertrag zumindest zur Disposition der Arbeitsvertragsparteien oder Betriebsparteien stellen. Ohne zumindest grundsätzliche Verbindlichkeit würde der Tarifvertrag zur bloßen Empfehlung.[1040] Die Ordnungsfunktion des Tarifvertrags ginge vollends verloren[1041], die Gewerkschaft würde zu einer bloßen Beratungsstelle verkümmern, Arbeitskämpfe würden sinnlos[1042], eine soziale Befriedung des Arbeitslebens fände nicht statt, da ständige Verhandlungsmöglichkeiten gegeben sind. Die Funktion, das Machtgefälle zwischen Arbeitgeber und Arbeitnehmer auszugleichen, würde fast vollends verloren gehen.[1043] Der Arbeitgeber könnte nämlich bei jeder Einstellung den Tarifvertrag unterschreiten, durch eine da-

---

[1039] BAG -Beschl. v. 20.8.1991- AP Nr.2 zu § 77 BetrVG 1972 Tarifvorbehalt Bl.6.
[1040] Vgl. Henssler ZfA 1994 S.487 (511), Löwisch JZ 1996 S.812 (818).
[1041] Vgl. Soltwedel (1997) S.37, der aufgrund der jetzigen Tarifpraxis davon spricht, daß die Ordnungsfunktion des Tarifvertrags in den neuen Bundesländern schon jetzt verloren sei.
[1042] Vgl. Gamillscheg Bd.I (1997) S.724 in Bezug auf eine Abschaffung des § 3 III TVG. Vgl. auch Tyska ArbuR 1985 S.276 (282) für untertarifliche Löhne.
[1043] Vgl. Schaub BB 1994 S.2005 (2007).

durch mögliche Rotation der Arbeitskräfte entstünde durch die Arbeitslosen ein enormer Lohndruck auf die Arbeitnehmer[1044].

Ferner bekäme die Friedenspflicht des Tarifvertrags eine völlig absurde Bedeutung, da die Gewerkschaft gegen ein Mitglied des Arbeitgeberverbands nicht im Wege des Arbeitskampfes vorgehen dürfte[1045], obwohl dieser vom Tarifvertrag abweicht. Eine Friedenspflicht dürfte es dann nicht mehr geben, was den Tarifvertrag selbst in Frage stellt. Die Unabdingbarkeit ist daher ein ganz wesentliches Element des Tarifvertrags.[1046] Eine Aufhebung würde einen besonders schwerwiegenden Eingriff in die Tarifautonomie bedeuten.[1047] Dieser Eingriff ließe sich verfassungsrechtlich nicht rechtfertigen, da die Arbeitnehmer und Arbeitgeber durch die Mitgliedschaft bzw. den Firmentarifvertrag Beeinträchtigungen ihrer Privatautonomie im Bereich der Arbeitsbedingungen legitimiert. Der Verfassungsverstoß wäre bei grundsätzlicher Aufgabe der Unabdingbarkeit eindeutig.[1048]

(2) Umgehung der Unabdingbarkeit durch freiwillige Arbeitnehmerdarlehen

Die Möglichkeit freiwilliger Arbeitnehmerdarlehen außerhalb des Arbeitsvertrags[1049] würde zwar die Unabdingbarkeit nicht gänzlich beseitigen, weil der Arbeitgeber zum Beispiel keine Änderungskündigung aussprechen kann. Sie würde im Ergebnis aber darauf hinauslaufen, daß der Tarifvertrag nach unten abdingbar wird. Diese Umgehung der Unabdingbarkeit würde mangels zusätzlicher Voraussetzungen nicht nur in Krisenzeiten gelten. Dies wäre ein schwerwiegender Eingriff in die Koalitionsfreiheit.

(3) Nichtigerklärung eines Tarifvertrags

Ein Gericht, welches den Lohnabschluß eines Tarifvertrags kontrolliert, diesen aufgrund der aktuellen wirtschaftlichen Lage für nicht vertretbar hält und deshalb für nichtig erklärt[1050], würde nicht nur die zwingende Wirkung des Tarifvertrags, sondern seine Wirkung insgesamt beenden. Die einzelnen Arbeitsver-

---

1044 Dorndorf FS Kissel (1994) S.139 (158), Tyska ArbuR 1985 S.276 (282).

1045 Vgl. Hanau RdA 1993 S.1 (5), der dies nur im Falle der Öffnung des Tarifvertrags für eine Betriebsvereinbarung so sieht.

1046 Hanau RdA 1993 S.1 (5).

1047 Vgl. Hanau RdA 1993 S.1 (4) für die Einschränkung der Arbeitsbedingungen durch Betriebsvereinbarungen.

1048 So auch im Ergebnis Biedenkopf Grenzen (1964) S.103, Hanau RdA 1993 S.1 (9), Henssler ZfA 1994 S.487 (498), Konzen NZA 1995 S.913 (915), Krummel (1990) S.202, Löwisch JZ 1996 S.812 (818), Schlachter ZIAS 1997 S.101 (108). Dabei wird meist auf den Kernbereich oder Wesensgehalt der Tarifautonomie abgestellt. In der Tat lassen sich gute Argumente dafür finden, daß bei einer generellen Abschaffung der Unabdingbarkeit der Wesensgehalt der Tarifautonomie berührt ist, da ja praktisch nichts übrig bliebe. Es zeigt sich aber, daß man gar nicht auf Art.19 II GG zurückgreifen muß.

1049 Vgl. zu diesem Ansatz unter Kapitel 2 D. I. 2. (S.116).

1050 Z.B. auf Grundlage der §§ 134, 138 BGB. Vgl. unter Kapitel 2 D. I. 7. (S.133).

hältnisse würden inhaltslos bzw. müßten durch den einst abgelösten Tarifvertrag ausgefüllt werden.[1051] Ferner würde sich die Frage nach der Behandlung eines nichtigen Tarifvertrags für die Vergangenheit stellen. Es ist unmittelbar ersichtlich, daß dies einen ganz schwerwiegenden Eingriff in die Tarifautonomie darstellt.

Das Gewicht dieses Eingriffs würde aber abnehmen, je mehr sich der für nichtig erklärte Tarifvertrag von den Funktionen der Tarifautonomie entfernt. Dies wäre z.B. der Fall bei einer Regelung, die den Arbeitnehmern vorschreibt, bei welcher Bank sie ihr Gehaltskonto führen müssen. In dieser Untersuchung geht es aber primär um die Gestaltung der materiellen Arbeitsbedingungen und damit um den zentralen Bereich der Tarifautonomie. Das Gericht würde damit äußerst stark in die Tarifautonomie eingreifen. Hier kann nicht mehr von einer autonomen Normsetzung, sondern nur noch von einer Normsetzung unter Vorbehalt der Gerichte gesprochen werden.

Weniger intensiv könnte daher die teilweise Nichtigerklärung sein, hier kann die Gewerkschaft eine neue Regelung in diesem Bereich durch einen Arbeitskampf gesondert erzwingen.[1052] Im Einzelfall kann dadurch aber der im Tarifvertrag gefundene Kompromiß völlig verzerrt werden[1053], ohne daß die Gewerkschaft diesen wirksamen Vertragsteil zum Gegenstand eines Arbeitskampfes machen kann. Die Gewerkschaft müßte also einen Arbeitskampf um einen Tarifvertrag führen, der ihr zu gewissen Teilen diktiert wird. Die starke Schwächung der Verhandlungsposition wird sehr deutlich. Eine Teilnichtigkeit greift daher stärker als die vollständige Nichtigkeit in die Koalitionsfreiheit ein.

(4) Anpassung des Tarifvertrags

Als weniger einschneidendes Mittel ist statt einer Nichtigerklärung an eine Anpassung des Tarifvertrags zu denken.[1054] Dafür spricht, daß bei teilweisem Aufrechterhalten des Tarifvertrags nur der unzumutbare Teil angepaßt wird. Das Gericht würde eine tarifliche Regelung, z.B. eine Lohnerhöhung um 6 Prozent, durch eine für angemessen erachtete Lösung ersetzen, also z.B. eine Erhöhung um nur 4 Prozent. Das Gericht könnte auch eine fehlende oder unzureichende Einigung der Tarifvertragsparteien durch eine eigene Regelung ersetzt, also entsprechend einer tariflichen Härteklausel eine Härtefallregelung. Dies wäre im Ergebnis eine „Lohnsetzung durch Erfurt“.

[1051] Der ist durch den nichtigen Tarifvertrag nicht abgelöst worden.

[1052] Ausgenommen es wurde eine absolute Friedenspflicht vereinbart. Dann ist der Eingriff genauso schwerwiegend oder sogar noch gravierender als eine Korrektur.

[1053] Vgl. Wank FS Schaub (1998) S.761 (778) zum Problem der Änderungs-/Teilkündigung.

[1054] So Hey ZfA 2002 S.275 (292), der in der Anpassung des Tarifvertrags gegenüber dessen Auflösung den geringeren Eingriff sieht. Vgl. auch Beathalter (1999) S.328 ff, der in der Anpassung eine Tarifzensur sieht.

Zu bedenken ist hierbei das vom BVerfG vertretene Verbot der Tarifzensur.[1055] Diese Terminologie beruht auf der „Kernbereichstheorie". Die Tarifzensur berühre nämlich den „Kernbereich" der Tarifautonomie und sei damit verfassungsrechtlich nicht zu rechtfertigen.[1056] Hier stellt sich die terminologische Frage, was genau Tarifzensur ist. Man könnte die Tarifzensur als gerichtlichen Eingriff in den „Kernbereich" der Koalitionsfreiheit definieren, dies wäre ein Zirkelschluß ohne inhaltliche Klärung. Nach dem nun vom BVerfG eingeschlagenen dogmatischen Weg ist jeder Eingriff in die Koalitionsfreiheit grundsätzlich einer Rechtfertigung zugänglich, eine Gerichtsentscheidung muß sich dabei auf den Schutz kollidierender Grundrechte stützen. Nach der jetzigen Dogmatik bietet sich daher die Tarifzensur als Bezeichnung für eine Gerichtsentscheidung an, die verfassungsrechtlich unzulässig ist. Der Inhalt des Begriffs wird hier durch die Abwägung bestimmt. Auch dies kann daher bei der Bestimmung des Eingriffs und der Abwägung nicht dienen, sondern nur als Bezeichnung für ein konkretes Abwägungsergebnis. Entscheidend ist daher wie stark die Tarifautonomie durch eine Anpassung des Tarifvertrags betroffen ist.

Bei der Anpassung des Tarifvertrags korrigiert das Gericht, ohne daß eine Einigung der Tarifvertragsparteien stattfindet. Zumindest einer Tarifvertragspartei wird eine Regelung regelrecht aufgezwungen. Hier kann von einer autonomen Rechtssetzung der Tarifvertragsparteien nicht mehr gesprochen werden, hier ist der Begriff der Tarifzensur daher angemessen.[1057] Bei der Nichtigerklärung besteht demgegenüber zumindest die Möglichkeit, erneut einen Tarifvertrag zu erzwingen. Eine Korrektur des Tarifvertrags wäre daher ein stärkerer Eingriff in die Tarifautonomie als eine Nichtigerklärung[1058]. Eine Ausnahme wäre nur dann zu machen, wenn die Tarifvertragsparteien im Tarifvertrag eine Anpassungsanspruch, der gerichtlich durchgesetzt werden kann, explizit geregelt hätten. Dies kann aber noch nicht in der Revisionsklausel gesehen werden, da diese nur von einer Verpflichtung zu Nachverhandlungen spricht.

(5) Außerordentliche Kündigung des Firmentarifvertrags

Die außerordentliche Kündigung eines Tarifvertrags ist nicht nur Ausübung der Koalitionsfreiheit des Arbeitgebers, sondern gleichzeitig selbst ein Eingriff in die Koalitionsfreiheit der anderen Tarifvertragspartei, also der Gewerkschaft. Durch die Kündigung wird nämlich das Ergebnis der früheren koalitionsmäßigen Betätigung zunichte gemacht und in die Ordnungsfunktion des Tarifvertrags eingegriffen.

[1055] BVerfG -Beschl. v. 26.6.1991- AP Nr.117 zu Art.9 GG Arbeitskampf Bl.7 = BVerfGE 84 S.212 ff.

[1056] Vgl. Beathalter (1999) S.331, der darin eine Verletzung des Wesensgehalts sieht.

[1057] Oetker RdA 1995 S.82 (97).

[1058] Dies spricht entscheidend für die ganz hM in Rechtsprechung und Literatur, die eine Anpassung des Tarifvertrags als Tarifzensur mit der Tarifautonomie unvereinbar hält. Vgl. nur Beathalter (1999) S.328 mwN Fn.12.

Die außerordentliche Kündigung eines Tarifvertrags beendet die Wirkung nur für die Zukunft und bedarf der Gestaltungserklärung durch eine der Tarifvertragsparteien. Eine Entscheidung über ihre Wirksamkeit wäre insofern weniger intensiv als die Nichtigerklärung, die auch im Wege eines Rechtsstreits durch einen Tarifunterworfenen herbeigeführt werden kann. Aber auch in diesem Fall findet eine inhaltliche Kontrolle des Tarifvertrags statt[1059], so daß weiterhin von einem schwerwiegenden Eingriff gesprochen werden muß. Zu untersuchen bleibt, inwieweit die Intensität durch die Erfordernisse einer Nachverhandlungspflicht, Änderungs- oder Teilkündigung abgeschwächt wird.

Bei Annahme einer Nachverhandlungspflicht ist wiederum eine gerichtliche Kontrolle des Änderungsangebots erforderlich, nämlich bei der Prüfung, ob eine Ablehnung aus sachlichen Gründen erfolgt ist.[1060] Hierbei besteht der Vorteil für die Gewerkschaft darin, daß die Gegenseite ein konkretes Angebot unterbreiten muß, welches die Gewerkschaft annehmen kann, aber nicht annehmen muß. Die Gewerkschaft wird bei Ablehnung des Angebots durch die sich anschließende außerordentliche fristlose Kündigung nicht unvorbereitet getroffen. Auch wenn das Angebot des Arbeitgeberverbands oder des Arbeitgebers in aller Regel nicht angenommen werden dürfte, wird hierdurch der Eingriff leicht abgemildert.

Das Erfordernis einer Änderungskündigung eröffnet der Gewerkschaft auch nach dem Scheitern der Nachverhandlungen die Möglichkeit, die Gegenseite an dem Angebot festzuhalten. Dies stellt aufgrund des Scheiterns nur noch einen marginalen aber doch vorhandenen Vorteil dar. In diesem Zusammenhang wird teilweise darauf hingewiesen, daß eine Annahme unter Vorbehalt der gerichtlichen Kontrolle analog § 2 KSchG nicht zulässig sei, da das Gericht den Tarifvertrag nicht kontrollieren dürfe.[1061] Dem ist insoweit zuzustimmen, als die Kontrolle des Änderungsangebots einen schwerwiegenden Eingriff in die Tarifautonomie darstellt. Die Voraussetzungen für die Geltung eines Tarifvertrags, also insbesondere die Frage der Wirksamkeit einer Kündigung, müssen aber von den Gerichten kontrolliert werden, da dies die Tarifvertragsparteien nicht festlegen können.[1062] Wenn nun der Arbeitgeber den Firmentarifvertrag außerordentlich kündigt und der Gewerkschaft ein Änderungsangebot macht, dann kann die Gewerkschaft dieses unter dem Vorbehalt annehmen, daß die Kündigung wirksam ist. Macht man die Zumutbarkeit des Änderungsangebots zur Voraussetzung für eine außerordentliche Kündigung, so findet in diesem Sinne eine Kontrolle statt.

[1059] Vgl. Henssler ZfA 1994 S.487 (491) der von einer mittelbaren „*Tarifzensur*" spricht. Vgl. Unterhinninghofen ArbuR 1993 S.101 (104).Vgl. Säcker/Oetker (1992) S.228, die beim Wegfall der Geschäftsgrundlage ausnahmsweise eine Rechtsmäßigkeitskontrolle zulassen.

[1060] Vgl. Kissel NZA 1986 S.73 (75) zum gerichtlich durchsetzbaren Verhandlungsanspruch.

[1061] So Wank FS Schaub (1998) S.761 (779).

[1062] Außer sie schließen einen Aufhebungsvertrag.

Anders verhält es sich bei der Teilkündigung. Könnte z.B. der Arbeitgeber durch eine Teilkündigung einen Teil des Tarifvertrags erhalten, so würde der Gewerkschaft ein Firmentarifvertrag aufgezwungen, den sie in dieser Form nicht abgeschlossen hat. Unproblematisch ist dies nur im Fall der Regelung der Möglichkeit einer Teilkündigung im Tarifvertrag, da dies durch die Gewerkschaft legitimiert ist. Man könnte zwar argumentieren, daß bei der Teilkündigung zumindest ein Teil des Tarifvertrags erhalten bleibt und deshalb der Eingriff geringer wiegen würde, hier greifen aber die gleichen Bedenken wie bei der Teilnichtigkeit und der Anpassung des Tarifvertrags.[1063]

Geringer wäre der Eingriff allerdings dann, wenn eine Teilkündigung des Tarifvertrags gleichzeitig der Gewerkschaft das Recht eröffnet, den restlichen Tarifvertrag außerordentlich zu kündigen und dadurch umfassende Neuverhandlungen zu erreichen. Hier liegt es an der Gewerkschaft, ob sie eine Teilkündigung zuläßt oder eine komplette Kündigung vorzieht. Daher kann man davon sprechen, daß in diesem Fall der verbleibende Tarifvertrag durch die Entscheidung der Gewerkschaft, den Tarifvertrag nicht zu kündigen, legitimiert ist. Im Ergebnis liegt daher allerdings nichts weiteres als ein neuer Tarifvertragsschluß vor. Man kann eine außerordentliche Teilkündigung somit als eine Änderungskündigung verstehen, bei der das Änderungsangebot dem alten Tarifvertrag ohne den gekündigten Teil entspricht. Das Angebot kann die Gewerkschaft annehmen oder ausschlagen. Diese Form der Teilkündigung wäre ein spezieller Fall der Änderungskündigung und kann ihr gegenüber keine Milderung des Eingriffs darstellen.

Festzuhalten ist daher, daß die Koalitionsfreiheit der Gewerkschaft bei einer außerordentlichen Kündigung schwer betroffen ist, aber dennoch geringer wiegt als bei der Nichtigerklärung oder Anpassung. Am geringsten ist der Eingriff, wenn den Arbeitgeber vor der Kündigung die Pflicht zu Nachverhandlungen und dann zur Änderungskündigung trifft.[1064]

(6) Öffnung der Tarifbindung in Härtefällen

Zu denken ist ferner an eine Möglichkeit des Arbeitgebers, ohne Kündigung oder Änderung des Firmentarifvertrags von dem Tarifvertrag „nach unten" abzuweichen. Bei einer gesetzlichen Härteklausel wird der zwingende Geltungsbereich des Tarifvertrags durch den Gesetzgeber beschränkt.[1065] Dem entspricht das extensive Verständnis des Günstigkeitsprinzips, welches es erlaubt zur Sicherung des Arbeitsplatzes das Lohnniveau zu unterschreiten[1066]. Hier wird das Günstigkeitsprinzip zur Härteklausel. Eine Härteklausel ist daher nicht nur durch

1063 Vgl. Rieble (1996) Rn.1298.

1064 Ähnlich Freihube (2000) S.194, der allerdings anders als hier die Änderungskündigung der Nachverhandlung vorangehen läßt.

1065 Vgl. Junker ZfA 1996 S.383 (390) „*Einbruch in die Kartellfunktion*", Ruoff (1999) S.204 f mwN.

1066 Vgl. dazu unter Kapitel 2 D. I. 1. (S.115).

Gesetzesänderung, sondern grundsätzlich auch durch Gesetzesauslegung zu erreichen. Hier soll aber nur die verfassungsmäßige Problematik, nicht die dogmatische erörtert werden.

Die materiellen Anforderungen einer Härteklausel in § 4 TVG wären mit den Voraussetzungen einer außerordentlichen Kündigung des Firmentarifvertrags vergleichbar. Dem Arbeitgeber müßte also die Tarifbindung unzumutbar sein, weil er das Unternehmen sanieren will. Eine solche Härteklausel könnte ferner wie die außerordentliche Kündigung mit dem Erfordernis von Nachverhandlungen und einem Änderungsangebot auf Abschluß eines Firmentarifvertrags verknüpft werden. Vergleicht man die Intensität eines solchen Grundrechtseingriffs mit dem einer außerordentlichen Kündigung des Firmentarifvertrags, so läßt sich aber ein entscheidender Unterschied feststellen. Die außerordentliche Kündigung des Firmentarifvertrags beseitigt den Firmentarifvertrag und die Friedenspflicht. Die Gewerkschaft kann daher zumindest nach dem Abschluß der Sanierung einen neuen Firmentarifvertrag erzwingen. Bei einer Härteklausel in § 4 TVG bleibt demgegenüber der Firmentarifvertrag und dessen Friedenspflicht bestehen. Dies führt zu dem Ergebnis, daß der Arbeitgeber von dem Firmentarifvertrag abweichen kann und dennoch durch die Friedenspflicht geschützt ist. Ferner rückt eine solche Härteklausel stark in die Nähe einer Teilkündigung, weil nur einzelne Punkte des Tarifvertrags geändert werden und der Gewerkschaft ein geänderter Tarifvertrag aufgedrängt wird. Die Härteklausel in § 4 TVG würde daher stärker in die Tarifautonomie eingreifen als eine außerordentliche Kündigung des Firmentarifvertrags.

(7) Ausübung eines Leistungsverweigerungsrechts bei Suspendierung der Tarifbindung

Im Gegensatz zur außerordentlichen Kündigung des Firmentarifvertrags bietet sich an, dem Arbeitgeber entsprechend den Erwägungen zur individualrechtlichen Ebene, ein Leistungsverweigerungsrecht aus § 242 BGB zuzubilligen. Macht der Arbeitgeber dies gegenüber der Gewerkschaft geltend, so wird der Tarifvertrag teilweise suspendiert. Dann wären Änderungskündigungen für diesen Zeitraum möglich. Die Gerichte müßten daher den im Tarifvertrag gefundenen Kompromiß nicht endgültig in Frage stellen. Ein Leistungsverweigerungsrecht würde in diesem Punkt weniger stark in die Koalitionsfreiheit der Gewerkschaft eingreifen als eine außerordentliche Kündigung.

Allerdings muß auch die Gewerkschaft automatisch zum alten Firmentarifvertrag zurückkehren. Dies wäre nur dann nicht der Fall, wenn man ihr im Falle einer Leistungsverweigerung ein Recht zur außerordentlichen Kündigung des Firmentarifvertrags einräumt. Dann wäre der Eingriff in die Tarifautonomie eindeutig weniger intensiv als eine außerordentliche Kündigung des Arbeitgebers. Dies wirft die im Rahmen der praktischen Konkordanz zu beantwortende Frage auf, ob eine außerordentliche Kündigung ausscheidet, weil ein Leistungsverweigerungsrecht das mildere Mittel ist.

c) Art. 11 EMRK, Art. 5 ILO-Abkommen Nr.135

Auf internationaler Ebene werden in dem vorliegenden Zusammenhang zwei Normen angesprochen. Ein Schutz der Koalitionen ergibt sich zwar aus Art. 11 EMRK, dieser Schutz bleibt aber hinter dem aus Art. 9 III GG zurück[1067], so daß aus dieser Norm hier keine Konsequenzen zu ziehen sind. Artikel 5 des ILO-Abkommens Nr.135 schützt die Koalitionen vor einer Untergrabung durch die Arbeitnehmerverteter in den Betrieben. Hieraus ergeben sich aber gemäß Art. 6 des Abkommens keine unmittelbaren Rechtsfolgen.

d) Fazit

Bei einem Eingriff in die materiellen Arbeitsbedingungen ist die Tarifautonomie sehr stark betroffen ist. Hier greift die Betriebsvereinbarung als Sanierungsinstrument stärker in die Tarifautonomie ein als außerordentliche Änderungskündigungen. Auch die Aufhebung der Unabdingbarkeit, die Nichtigkeit des Firmentarifvertrags oder dessen Anpassung tangieren die Tarifautonomie stärker als die außerordentliche Kündigung des Firmentarifvertrags. Bei letzterer läßt sich die Intensität des Eingriffs durch die Pflicht zur Nachverhandlung und zum Änderungsangebot abschwächen. Demgegenüber stellt wiederum die Suspendierung des Firmentarifvertrags durch die Ausübung eines Leistungsverweigerungsrechts einen weniger intensiven Eingriff dar.

4. Rechtsstaatsprinzip

Bei der praktische Konkordanz und der Abwägung im Rahmen der Verhältnismäßigkeit fließen die Interessen und Erwägungen ein, die sich auf Rechtsgüter mit Verfassungsrang stützen lassen. Bei Sanierungsmaßnahmen wird insbesondere das Bedürfnis der Betroffenen nach Rechtssicherheit und der Vertrauensschutz berührt. Als verfassungsrechtliche Verankerung dieser Interessen kommt das Rechtsstaatsprinzip in Betracht. Dieses wird aus Art. 20 GG bzw. zusätzlich aus Art. 28 I (1) GG oder der Gesamtheit der einschlägiger Bestimmungen des GG abgeleitet.[1068] Es setzt sich aus vielen verschiedenen Elementen zusammen, von denen insbesondere die „Rechtssicherheit", die sich aus den Elementen der Rechtsklarheit, der Bestimmtheit und Beständigkeit zusammensetzt, im GG nicht vollständig geregelt ist.[1069]

a) Rechtsklarheit und Bestimmtheit

Das Element der Rechtsklarheit erfaßt die Klarheit über den Bestand rechtswirksamer Staatsakte, woraus gefolgert wird, daß Rechtsnormen der Ausfertigung und der Verkündung bedürfen. Sie müssen in inhaltlicher Hinsicht widerspruchsfrei, für den Adressaten verständlich und praktikabel sein. Hiervon ist die Bestimmtheit nicht eindeutig abzugrenzen, sie meint die inhaltliche Präzisie-

---

[1067] Henssler ZfA 1998 S.1 (29). Vgl. auch Ruoff (1999) S.181 ff.

[1068] Vgl. Sachs in Sachs Art.20 GG Rn.75 mwN.

[1069] Vgl. Sachs in Sachs Art.20 GG Rn.77, 122 ff.

rung einer staatlichen Anordnung.[1070] Bei der Frage, wie sich der einzelne Arbeitgeber zur Sanierung vom Firmentarifvertrag lösen kann, treten verschiedene Konflikte mit der Bestimmtheit und Rechtsklarheit auf.

aa) Materielle Voraussetzungen eines Härtefalls

Zunächst stellt sich die Frage, welche materiellen Voraussetzungen an das Vorliegen eines Härtefalls zu knüpfen sind, der eine außerordentliche Kündigung, Suspendierung, Nichtigerklärung oder Anpassung des Firmentarifvertrags bzw. eine Härteklausel in § 4 TVG rechtfertigt. Formulierungen wie „wichtiger Grund“ oder „Unzumutbarkeit“ stellen unbestimmte Rechtsbegriffe dar. Diese ermöglichen Spielräume bei der Auslegung und damit mehr „Einzelfallgerechtigkeit“ und sind unschädlich, wenn eine Präzisierung durch die Gerichte erfolgen kann.[1071] Insbesondere bei § 626 BGB hat die Rechtsprechung eine Konkretisierung des unbestimmten Rechtsbegriffs des „wichtigen Grundes“ vorgenommen.[1072] Die Bestimmtheit ist daher um so schwerwiegender betroffen, je schwieriger eine Präzisierung der materiellen Voraussetzungen durch die Gerichte ist.

bb) Formelle Voraussetzungen für eine Lösung vom Firmentarifvertrag

Aber auch die formellen Voraussetzungen des Härtefalls müssen nach den oben genannten Kriterien widerspruchsfrei, praktikabel und verständlich sein. Vergleicht man eine außerordentliche Kündigung des Firmentarifvertrags mit einer Suspendierung der Tarifbindung durch die Ausübung eines Leistungsverweigerungsrechts, so ergeben sich eindeutige Differenzen:

Zum einen paßt nicht so recht in die Systematik des Zivilrechts, daß ein Leistungsverweigerungsrecht als Einrede gegenüber der Gewerkschaft geltend gemacht werden muß, die den Entgeltanspruch der Arbeitnehmer selbst nicht durchsetzen kann. Die Geltendmachung gegenüber der Gewerkschaft dient aber gerade der Rechtsklarheit. Geht man zudem von einem eigenen Klagerecht der Gewerkschaft aus[1073], so macht die Geltendmachung der Einrede gegenüber der Gewerkschaft Sinn.

Ein Widerspruch bestünde aber darin, daß der Firmentarifvertrag nicht wirkt, obwohl er nicht beendet ist. Für den Arbeitnehmer ist aufgrund der nur vorübergehenden Wirkung des Leistungsverweigerungsrechts nicht mehr ersichtlich, ob er nun Anspruch auf Tariflohn hat oder nicht. Bei der außerordentlichen Kündigung des Firmentarifvertrags ist dies hingegen für den Arbeitnehmer zumindest dann eindeutig, wenn die Kündigung gerichtlich überprüft wurde. Aber auch die Gewerkschaft und der Arbeitgeber können sich bei der Geltendmachung einer Einrede nicht sicher sein, ob und wann der Tarifvertrag nach der Suspendierung

---

[1070] Vgl. zum vorangegangenen Sachs in Sachs Art.20 GG Rn.126.
[1071] Vgl. Sachs in Sachs Art.20 GG Rn.130.
[1072] Vgl. etwa unter Kapitel 2 A. I. 3. c) bb) (1) (S.54).
[1073] Vgl. dazu unter Kapitel 5 B. II. 2. (S.327).

wieder in Kraft tritt. Dies müßte im Streitfalle jedesmal erneut gerichtlich geklärt werden. Dies wäre nicht nur eine erhebliche Belastung für die Gerichte, sondern ein schwerwiegender Eingriff in die Rechtsklarheit. Dies gilt auch für eine Härteklausel in § 4 TVG, weil hier ebenfalls die Tarifbindung suspendiert wird.

Diese Probleme entstehen nicht bei einer außerordentlichen Kündigung des Firmentarifvertrags. Hier korrespondiert die Dauer des Firmentarifvertrags mit seiner Wirkung und Durchsetzbarkeit. Alle Beteiligten wissen, wenn die Wirksamkeit der Kündigung einmal geklärt ist, ganz genau, welche Arbeitsbedingungen gültig sind. Die Gewerkschaft kann daher über die Erzwingung eines Firmentarifvertrags nachdenken und hierfür die Arbeitnehmer mobilisieren. Der Arbeitgeber kann sich nach der Sanierung dem Arbeitgeberverband anschließen, über einen Firmentarifvertrag verhandeln oder den Arbeitnehmern einzelvertragliche Bezugnahmen anbieten. Die außerordentliche Kündigung ist daher wesentlich praktikabler. Dies ist vergleichbar mit der Nichtigerklärung oder Anpassung des Tarifvertrags, weil auch hier endgültige Regelungen geschaffen werden. Eine Suspendierung des Firmentarifvertrags kollidiert daher erheblich stärker mit dem Rechtsstaatsprinzip als eine endgültige Regelung.

b) Beständigkeit

Das Element der Beständigkeit gewährleistet den Vertrauensschutz und betrifft insbesondere die Zulässigkeit rückwirkender Gesetze.[1074] Die echte Rückwirkung spielt nach der Rechtsprechung des BAG aber auch bei Tarifverträgen eine entscheidende Rolle.[1075] Dies verdeutlicht, daß eine rückwirkende Kündigung mit diesem Grundsatz kollidiert und deshalb ausgeschlossen sein muß.

5. Ergebnis

Wie auf der individualvertraglichen Ebene fällt im Sanierungsfall der Existenzschutz des Arbeitgebers aus Art. 14 GG ins Gewicht. Dem steht aber nicht die Privatautonomie der Arbeitnehmer aus Art. 12 I GG, sondern auch die Koalitionsfreiheit der Gewerkschaft aus Art. 9 III GG gegenüber. Ferner spielt das Rechtsstaatsprinzip unter dem Aspekt der Rechtssicherheit eine Rolle.

II. Ausgleich der kollidierenden Rechtsgüter durch ein Recht zur außerordentlichen Kündigung

Aufgrund der unmittelbaren Drittwirkung des Art. 9 III GG ist eine Abwägung der verfassungsrechtlichen Güter im Sinne einer praktischen Konkordanz vorzunehmen. In diesem Sinne muß ein Eingriff in die Koalitionsfreiheit der Gewerkschaft zum Existenzschutz des Arbeitgebers geeignet, erforderlich und im engeren Sinne angemessen sein. Dabei ist auch das Rechtsstaatsprinzip zu beachten.

[1074] Vgl. Sachs in Sachs Art.20 GG Rn.131 f.

[1075] Vgl. dazu unter Kapitel 2 A. II. 1. c) (S.58).

1. Eignung zur Sanierung

Als optimale Lösungen scheiden zunächst eindeutig die Lösungen aus, die zur Sicherung der Existenz des Arbeitgebers nicht geeignet ist. Dazu zählt zunächst ein etwaiger Schadensersatzanspruch des Arbeitgebers oder der Arbeitnehmer.[1076] Hierunter fällt auch die Möglichkeit zu freiwilligen Arbeitnehmerdarlehen, da sie vom Arbeitgeber nicht einseitig durchsetzbar sind.[1077] Geeignet sind demgegenüber nur direkte Eingriffe in die Unabdingbarkeit des Tarifvertrags, also dessen Kündigung, Nichtigkeit, Anpassung oder Suspendierung und die gänzliche Aufhebung der Unabdingbarkeit oder eine gesetzliche Härteklausel. Aus der Geeignetheit folgt, daß ein Eingriff in die Unabdingbarkeit nur dann verfassungsmäßig gerechtfertigt sein kann, wenn er auch im Einzelfall zur Sicherung der Existenz geeignet ist.

2. Erforderlichkeit des Eingriffs in die Koalitionsfreiheit

Als suboptimal scheiden eindeutig die Möglichkeiten aus, welche stärker in die Koalitionsfreiheit eingreifen, ohne dem Existenzschutz besser zu diesen oder der Rechtssicherheit besser gerecht zu werden als weniger einschneidende Möglichkeiten. Dem Existenzschutz dient jede Maßnahme, die eine Sanierung des Arbeitgebers ermöglicht.

Die Aufhebung der Unabdingbarkeit, die Nichtigkeitserklärung und die Anpassung des Tarifvertrags ohne ausdrückliche Anpassungsklausel und eine Härteklausel in § 4 TVG greifen stärker in die Koalitionsfreiheit der Gewerkschaft ein, ohne ein mehr an Rechtsicherheit zu bedeuten. Gleiches gilt für die Betriebsvereinbarung im Vergleich mit außerordentlichen Änderungskündigungen. Diese Möglichkeiten sind daher gegenüber der Kündigung oder Suspendierung des Firmentarifvertrags eindeutig suboptimal und damit verfassungswidrig.

Die außerordentliche Kündigung tangiert die Koalitionsfreiheit wiederum in stärkeren Maße als die Ausübung eines Leistungsverweigerungsrechts zur Suspendierung der Tarifbindung. Allerdings ist bei letzterem der Konflikt mit dem Rechtsstaatsprinzip schwerwiegender als bei der Kündigung. Man kann also nicht folgern, daß die außerordentliche Kündigung ein milderes Mittel sei als ein Leistungsverweigerungsrecht und umgekehrt. Eine Entscheidung zwischen Leistungsverweigerungsrecht und außerordentlicher Kündigung hat auf der Stufe der Abwägung zu erfolgen.

3. Abwägung zwischen Koalitionsfreiheit, Existenzschutz und Rechtsstaatsprinzip

Auf der Stufe der Abwägung ist ein Vergleich der außerordentlichen Kündigung mit einem Leistungsverweigerungsrecht vorzunehmen. Zu untersuchen ist auch, ob ein die ausnahmslose Gewährleistung der Unabdingbarkeit, also der

---

[1076] Vgl. die Erwägungen zu etwaigen Ansprüchen unter Kapitel 2. D. I. 6. b) bb) (S.130).

[1077] Vgl. unter Kapitel 2 D. I. 2. (S.116).

Ausschluß jeder Lösungsmöglichkeit, gegenüber einem Eingriff in die Unabdingbarkeit vorzuziehen ist.

a) Vergleich mit einem Leistungsverweigerungsrecht

Bei einem Vergleich zwischen der außerordentlichen Kündigung des Firmentarifvertrags und dem Leistungsverweigerungsrecht ist der stärkere Eingriff in die Koalitionsfreiheit der Gewerkschaft durch die Kündigung gegen die stärkere Beeinträchtigung des Rechtsstaatsprinzip durch die Suspendierung abzuwägen. Hierbei sind die unterschiedlichen Wirkungen beider Instrumente genau herauszuarbeiten und zu bewerten.

aa) Auswirkungen auf die Tarifautonomie

Zunächst ist der Fall zu betrachten, daß die Sanierung scheitert. Die außerordentliche Kündigung des Firmentarifvertrags kann als Gestaltungsrecht nicht unter die auflösende Bedingung des Scheiterns der Sanierung gestellt werden. Durch die erforderlichen Kürzungen durch Änderungskündigungen, deren ihr immanente Änderungsverträge unter eben dieser Bedingung stehen, wird aber das gleiche Ergebnis erzielt. Hier wirken Leistungsverweigerungsrecht und außerordentliche Kündigung im Endeffekt gleich. Daß ein Nachzahlungsanspruch aufgrund des Leistungsverweigerungsrecht für die Arbeitnehmer nicht vorteilhaft ist, wurde bereits oben begründet.[1078] Dies gilt entsprechend auf firmentarifvertraglicher Ebene, wenn man in einem Nachzahlungsanspruch für die Arbeitnehmer überhaupt einen Vorteil für die Gewerkschaft sehen kann.

Der relevante Unterschied besteht daher im wesentlichen im automatischen Wiederaufleben des Firmentarifvertrags nach Abschluß der Sanierung. Dem stehen zunächst die gleichen Bedenken entgegen, die auf der individualvertraglichen Ebene dem Leistungsverweigerungsrecht entgegengebracht wurden. Der Eingriff in die Tarifautonomie ist nicht deswegen geringer, weil eine für die Gewerkschaft günstigere Regelung für die Zukunft getroffen wird. Aufgrund der Verpflichtung des Arbeitgebers zu Nachverhandlungen erhält die Gewerkschaft zudem wichtige Informationen über die wirtschaftliche Situation des Arbeitgebers. Sie hat daher zu Beginn der Sanierung einen Einblick in die wirtschaftlichen Verhältnisse und kann entscheiden, ob sie die Voraussetzungen der außerordentlichen Kündigung gerichtlich kontrollieren lassen möchte. Dadurch kann sie Mißbrauch vorbeugen. Entsprechendes gilt für das Leistungsverweigerungsrecht, wenn man auch hier eine Pflicht zu Nachverhandlungen verlangt.

Die Gewerkschaft hat jedoch nach dem Beginn der Sanierung keinen Einblick mehr in die wirtschaftliche Entwicklung des Unternehmens und damit keine Möglichkeit mehr, den Ablauf der Sanierung zu kontrollieren. So müßte sie bei der Suspendierung des Firmentarifvertrags jedesmal erneut gegen den Arbeitgeber auf Einhaltung des Tarifvertrags klagen, wenn sie der Ansicht ist, daß die Sanierung abgeschlossen ist und damit die Voraussetzungen für das Leistungs-

[1078] Vgl. unter Kapitel 3 A. II. 3. a) dd) (S.170 ff).

verweigerungsrecht entfallen sind. Dies kann durchaus von Seiten der Gewerkschaftsmitglieder als ärgerlich empfunden werden, da diese ihren Arbeitsplatz gefährdet sehen. Die Gewerkschaft ist daher faktisch gehalten, auf die Sicherung der Existenz des Arbeitgebers Rücksicht zu nehmen[1079], auch wenn der Arbeitgeber vom Tarifvertrag abweicht. Die Gewerkschaft wird folglich relativ behutsam vorgehen müssen, um nicht im Betrieb ihren Einfluß ganz zu verlieren.[1080] Wenn man bedenkt, daß eine Sanierung wohl in aller Regel nicht innerhalb von ein bis zwei Jahren abgeschlossen sein dürfte, so ist wahrscheinlich, daß der Firmentarifvertrag vor dem Abschluß der Sanierung bereits ausgelaufen ist oder nur noch sehr kurze Zeit läuft. In diesem Fall sind sämtliche Vorteile des automatischen Wiederauflebens für die Gewerkschaft Makulatur.

Hat der Arbeitgeber demgegenüber den Firmentarifvertrag außerordentlich gekündigt, so muß sich die Gewerkschaft um einen höheren Organisationsgrad bemühen, um die Arbeitnehmer nach Abschluß der Sanierung für einen Arbeitskampf mobilisieren zu können. Ein Arbeitskampf ist zwar aufgrund der Streikbereitschaft unter Umständen nicht sofort nach Abschluß der Sanierung möglich. Wenn der Arbeitgeber aber seine neue Situation wirtschaftlich ausnutzt, so kann dies zu einer schnellen Stärkung der Position der Gewerkschaft führen. Damit ist die ursprüngliche Ausgangslage der Tarifautonomie und die Verhandlungsposition der Gewerkschaft wieder hergestellt. In der Praxis dürfte der Unterschied zwischen beiden Ansätzen daher nahezu nivelliert werden.

bb) Auswirkungen auf die Rechtssicherheit

Erheblich ist hingegen der Konflikt mit der Rechtssicherheit aufgrund der nur vorübergehenden Natur des Leistungsverweigerungsrechts. In anderen Fällen, in denen Pflichten suspendiert werden, z.B. beim Arbeitskampf, beginnt die Suspendierung mit einer eindeutigen Erklärung und endet mit einer eindeutigen Erklärung. Nun könnte man erwägen, ob auch der Arbeitgeber den unklaren Rechtszustand mit einer Erklärung beenden kann bzw. bei Geltendmachung des Leistungsverweigerungsrecht zugleich das Ende genau angibt. Der Arbeitgeber hat aber naturgemäß ein Interesse daran, diesen Zeitpunkt möglichst weit in die Zukunft zu verlegen. Ferner ist das Ende der Sanierung häufig im Voraus nicht genau zu prognostizieren.

Dies ist im Falle des Streiks anders, je länger dieser dauert, desto stärker werden die Streikkassen belastet. Der Gewerkschaft kann man daher unterstellen, daß sie die Suspendierung der arbeitsvertraglichen Pflichten möglichst schnell beenden will. Entsprechendes gilt für den Arbeitgeber im Falle der Aussperrung aufgrund der anfallenden Fixkosten und des Produktionsausfalls. Eine Suspendierung des Tarifvertrags würde sich dahingehend auswirken, daß der einzelne Arbeitnehmer oder die Gewerkschaft den Arbeitgeber auf Einhaltung des alten

---

[1079] Vgl. Beathalter (1999) S.306.

[1080] Dies deckt sich mit der Praxis bei Tarifbrüchen, vgl. dazu unter Kapitel 2 C. II. (S.111).

Firmentarifvertrags verklagen müßten, wenn sie der Ansicht sind, daß der Erfolg der Sanierung eingetreten ist. Dies setzt auch voraus, daß sich der Erfolg der Sanierung genau bestimmen läßt. Langwierige Auseinandersetzungen über den Erfolg der Sanierung wären vorprogrammiert. Die suspendierende Wirkung führt daher zu einer enormen Unsicherheit über die Geltung des Firmentarifvertrags und damit zu einem gravierenden Konflikt mit dem Rechtsstaatsprinzip.

cc) Abwägung

Daraus muß gefolgert werden, daß aufgrund des Rechtsstaatsprinzips eine endgültige Lösung einer vorübergehenden vorzuziehen ist. Dies läßt sich durch die Überlegung abstützen, daß man eine suspendierende Wirkung auch durch eine außerordentliche Kündigung erreichen könnte, die unter der auflösenden Bedingung des Erfolgs der Sanierung steht. Hier tritt die aus Gründen der Rechtssicherheit äußerst problematische Kombination von Gestaltungsrecht und Bedingung offen zu Tage. Demzufolge stellt die außerordentliche Kündigung gegenüber dem Leistungsverweigerungsrecht das vorzugswürdige Instrument dar.

b) Ausnahmslose Gewährleistung der Unabdingbarkeit

Zu untersuchen ist, ob die Koalitionsfreiheit eine ausnahmslose Gewährleistung der Unabdingbarkeit verlangt. Zunächst kann auf die Überlegungen zur außerordentlichen Änderungskündigung Bezug genommen werden. Auch in der außerordentlichen Kündigung eines Firmentarifvertrags käme der allgemeine Grundsatz des Zivil- und Arbeitsrechts zum tragen, daß man sich von einer unzumutbaren Verpflichtung lösen können muß. Es stellt sich die Frage, ob dies auf der Ebene des Firmentarifvertrags nicht gilt, weil der Existenzschutz durch die Koalitionsfreiheit der Gewerkschaft oder durch den Konflikt mit dem Rechtsstaatsprinzip verdrängt wird.

aa) Verdrängung des Existenzschutzes durch die Koalitionsfreiheit

Eine Verdrängung des Existenzschutzes würde voraussetzen, daß dies zum Schutz der Koalitionsfreiheit der Gewerkschaft zwingend erforderlich ist.

(1) Regelung des Insolvenzverfahrens

Für eine solche Verdrängung könnte zunächst die Existenz eines Insolvenzverfahrens sprechen, weil der Gesetzgeber hier den Fall der Zahlungsunfähigkeit geregelt hat. In der neuen InsO hat der Gesetzgeber zwar die Position der Arbeitnehmer durch eine Verkürzung der Kündigungsfrist auf drei Monate in § 113 I InsO geschwächt[1081] und durch § 38 InsO eine Privilegierung der erwor-

---

[1081] Zu der streitigen Frage der Verfassungswidrigkeit des § 113 I InsO, vgl. Schaub DB 1999 S.217 (220) mwN Fn.13 ff.

bener Lohnansprüche stark eingeschränkt.[1082] Zu betonen ist allerdings, daß im Insolvenzverfahren keine Ausnahme von der Unabdingbarkeit des Tariflohns gemacht wird. Es erscheint daher auf den ersten Blick *„merkwürdig"*, daß dies im Fall des betrieblichen Notfalls möglich sein soll.[1083] Auch das Insolvenzverfahren soll gemäß § 1 (1) InsO dem Erhalt des Unternehmens dienen.[1084] Das Verfahren kann nach § 18 I InsO durch einen Antrag des Schuldners schon bei drohender Zahlungsunfähigkeit eröffnet werden. Es ermöglicht daher ein Handeln des Arbeitgebers, bevor die Zahlungsunfähigkeit eingetreten ist.

Dieser Argumentation lassen sich drei entscheidende Argumente entgegenhalten: Erstens berührt § 113 InsO, der eine Kündigungsfrist von drei Monaten vorsieht, im Falle des tariflichen Ausschlusses der ordentlichen Kündigung durchaus die Unabdingbarkeit des Tarifvertrags, wenn auch nicht die des Entgelts[1085]. Zweitens bezweckt das Insolvenzverfahren den Erhalt des Unternehmens, aber nur neben weiteren Zielen, nämlich insbesondere der Befriedigung der Gläubiger. Das Insolvenzverfahren ist daher nicht zwingend zur Sanierung und damit zu Verwirklichung des Art. 14 I GG geeignet. Die Sanierung bezweckt hingegen in erster Linie den Erhalt des Unternehmens. Das Insolvenzverfahren kann daher nicht mit einer Sanierung gleichgesetzt werden. Ferner kann drittens ein Gesetz nicht das Ergebnis der Abwägung der grundrechtlichen Positionen bestimmen und dadurch Art. 14 I GG ausschließen.

(2) Ordnungsfunktion des Firmentarifvertrags und Unzumutbarkeit

Gegen eine Verdrängung des Art. 14 GG sprechen zudem folgende Gründe. Wenn es keine außerordentliche Kündigungsmöglichkeit des Arbeitgebers gäbe, so könnte die Ordnungsfunktion des Firmentarifvertrags ohnehin nur noch kurze Zeit aufrecht erhalten werden, weil das Unternehmen verschwinden würde. Die Ordnungsfunktion ist kein Selbstzweck, sondern sie ist auf den Ausgleich des Machtgefälles zwischen Arbeitnehmer und Arbeitgeber gerichtet[1086]. Die strengen Maßstäbe der außerordentlichen Änderungskündigung verhindern aber, daß der Arbeitgeber ein Machtgefälle zur Sanierung ausnutzt. Auf der Ebene des Firmentarifvertrags kann man der Ordnungsfunktion auch eindeutig nicht den Zweck zukommen lassen, daß der Arbeitgeber aus dem Wettbewerb ausscheiden muß, wenn er die Tariflöhne nicht zahlen kann. Dies würde im Ergebnis die

[1082] Abgeschafft wurde die Privilegierung der Ansprüche der Arbeitnehmer für die letzten 12 Monate durch die §§ 59, 61 KO. Vgl. dazu Braun/Wierzioch DB 1998 S.2217 (2217), Schaub DB 1999 S.217 (219). Das Insolvenzgeld hat gem. § 185 I SGB III die Höhe des Nettogehalts, wird aber gem. § 183 I (1) SGB III nur für die letzten drei Monate gezahlt.

[1083] So Hanau RdA 1993 S.1 (9).

[1084] Vgl. dazu Neuhof NJW 1998 S.3225 (3225), die Rechtsordnung sei aber nicht auf eine Fortführung, sondern auf eine Zerschlagung des Unternehmens angelegt.

[1085] Somit berührt § 113 I InsO die Tarifautonomie.

[1086] Vgl. unter Kapitel 3 B. I. 3. a) (S.191 ff).

Konkurrenz des Arbeitgebers schützen. Eine solche Funktion kann man daher höchstens einem Verbandstarifvertrag zurechnen.[1087]

Teilweise wird sogar von einer Lehre der Unzumutbarkeit[1088] oder einem Prinzip der Zumutbarkeit[1089] gesprochen. Demnach sei die Unzumutbarkeit eine immanente Grenze des Schuldrechts[1090] oder sogar der Tarifmacht[1091]. Dies wird auf einen Beschluß des Großen Senats des BAG gestützt, der folgendes ausführte: *„Zu den Grenzen der Funktionsgarantie der Koalitionen gehört nach Ansicht des Großen Senats auch, daß eine Koalition von der gegnerischen Koalition nichts Unzumutbares verlangt. Im Verhältnis zwischen den Koalitionen gilt § 242 BGB mit dem gleichen Gewicht wie im individuellen Rechtsverkehr. (...) Wegen der Unzumutbarkeit eines solchen Verhaltens (...) versagt die Tarifmacht."*[1092] In dieser Entscheidung ging es um die Fragestellung, ob die Gewerkschaft von den Arbeitgebern eine Mitwirkung bei einer Differenzierung zwischen Organisierten und Außenseitern verlangen kann. Daraus kann daher keine grundsätzliche Aussage zur Grenze der Tarifautonomie oder sogar zur außerordentlichen Kündigung des Firmentarifvertrags abgeleitet werden.[1093]

Richtig ist aber, daß die Unzumutbarkeit als Ausformung einer praktischen Konkordanz bei der Kollision von Grundrechten bzw. im Rahmen der Verhältnismäßigkeit zu verstehen ist[1094]. Durch die Unzumutbarkeit finden diese verfassungsrechtlichen Grundsätze Eingang in das Privatrecht[1095], aber auch ins Arbeitsrecht.[1096] Ein Ausschluß der außerordentlichen Kündigung des Tarifvertrags wäre daher nicht deshalb ausgeschlossen, weil er gegen zwingendes einfaches Gesetzesrecht in Form des § 626 BGB verstößt, sondern weil § 626 BGB eine Ausformung der praktischen Konkordanz bzw. der Verhältnismäßigkeit eines Eingriffs in die Grundrechte des Arbeitgebers darstellt.[1097]

1087 Vgl. dazu unter Kapitel 3 C. I. 4. a) (S.245 ff).

1088 Vgl. ausführlich Blomeyer ZfA 1980 S.1 (15 ff), Säcker/Oetker (1992) S.227 ff..

1089 Belling/Hartmann NZA 1998 S.57 (61).

1090 Bröhl FS Schaub (1998) S.55 (66).

1091 Belling/Hartmann NZA 1998 S.57 (61), Blomeyer ZfA 1980 S.1 (17).

1092 BAG -Beschl. v. 29.11.1967- AP Nr.13 zu Art.9 GG Bl.22.

1093 Vgl. zur Kritik an der These auch Bornhagen (1999) S.200 f, die die Zumutbarkeit auf das Verhältnis zwischen Verband und Mitglied in Ausnahmefällen beschränkt.

1094 Vgl. Blomeyer ZfA 1980 S.1 (17 f). In diese Richtung sind auch Belling/Hartmann NZA 1998 S.57 (61) zu verstehen. Vgl. auch BVerfG -Urt. v. 19.10.1983- AP Nr.2 zu § 1 BetrAVG Unterstützungskassen Bl.6 = BVerfGE 65 S.196 ff, das aus dem Verhältnismäßigkeitsgrundsatz das Recht sich aus *„triftigen"* Grund zu lösen ableitet.

1095 Vgl. Haarmann (1979) S.36.

1096 Vgl. zur Verankerung des Verhältnismäßigkeitsprinzips im Arbeitsrecht ausführlich Meinhold (1988) S.192-202.

1097 So auch Winter/Zekau ArbuR 1997 S.89 (90). Vgl. Säcker/Oetker (1992) 182 f, die zunächst nur auf den ersten, dann aber auch auf den zweiten Aspekt abstellen.

(3) Tarifzensur durch außerordentliche Kündigung

Allerdings ergibt sich bei der Möglichkeit, einen Firmentarifvertrag wegen Unzumutbarkeit der Tarifbedingungen zu kündigen, das Problem der Tarifzensur. Hier findet zwangsläufig eine Kontrolle des Firmentarifvertrags und der darin enthaltenen Kompromisses statt. Es besteht ein deutliches Spannungsverhältnis zwischen der Richtigkeitsgewähr des Tarifvertrags und einer Verhältnismäßigkeitsprüfung durch die Gerichte.[1098] Eine solche liefe im Ergebnis auf eine Billigkeitskontrolle wie beim Arbeitsvertrag oder bei der Betriebsvereinbarung hinaus.

Das BAG lehnt es ab, *„die Tarifnorm (...) auf ihre Zweckmäßigkeit und ihre Vereinbarkeit mit § 242 BGB zu überprüfen. Dabei übersieht die Revision bereits, daß trotz ihrer weittragenden Bedeutung in der gesamten Rechtsordnung die Bestimmung des § 242 BGB dennoch keine allgemeine Billigkeitsnorm enthält, der die Lösung jedweder Rechtsprobleme entnommen werden könnte, sondern daß § 242 BGB zu seiner Anwendung immer die Existenz eines bestimmten Rechtssatzes, d.h. auch eines tariflich begründeten Rechtssatzes, voraussetzt. Außerdem ist bei Tarifverträgen davon auszugehen, daß infolge der Stärke und Sachkunde der tarifvertragsschließenden Verbände ihre Regelungen den Interessen beider Seiten in der Regel gerecht werden. Damit entfällt sowohl ein Bedürfnis als auch eine Berechtigung der Gerichte für Arbeitssachen, ihrerseits tarifliche Normen auf ihre Vereinbarkeit mit der Billigkeit (§ 242 BGB) zu überprüfen. Hierfür spricht schließlich auch die Erwägung, daß den Gerichten eine entsprechende Befugnis für gesetzliche Normen nicht zukommt und insoweit auch bei Tarifverträgen hinsichtlich ihres normativen Teiles schon deswegen nichts anderes gelten kann, weil auch ihm der Charakter von Rechtsnormen zukommt.“*[1099]

Wie § 242 BGB enthält auch § 626 BGB eine allgemeine Wertung in Form einer Generalklausel. Insofern kann man die Gedanken des BAG auf die außerordentliche Kündigung eines Tarifvertrags übertragen. Demnach liegt kein wichtiger Grund vor, wenn der Tarifvertrag als unzweckmäßig und unbillig empfunden wird. Allerdings ist zu bedenken, daß ein völliger Ausschluß jedes Gedankens der Zumutbarkeit dem verfassungsrechtlichen Grundsatz der praktischen Konkordanz bzw. der Verhältnismäßigkeit widerspricht. Hierbei ist den Tarifvertragsparteien wie dem Gesetzgeber ein erheblicher Beurteilungs- und Prognosespielraum zuzubilligen[1100]. Aufgrund der Richtigkeitsgewähr spricht zudem eine starke Vermutung für die Zumutbarkeit und Verfassungsmäßigkeit des Firmen-

---

[1098] Vgl. Säcker/Oetker (1992) S.284.

[1099] So BAG -Urt. v. 30.11.1983- AP Nr.1 zu § 20 BMT-G II Bl.4. Vgl. auch BAG -Urt. v. 6.2.1985- AP Nr.1 zu § 1 TVG Tarifverträge: Süßwarenindustrie LS, Bl.4. Im Ergebnis zustimmend Säcker/Oetker (1992) S.230.

[1100] Vgl. ausführlich Säcker/Oetker (1992) S.287 f mwN Fn.187 ff.

tarifvertrags.[1101] Diese Vermutung ist erst dann widerlegt, wenn der Tarifvertrag eindeutig dem Grundsatz der praktischen Konkordanz widerspricht.[1102]

Eine Kontrolle des Tarifvertrags kann sich bei einer Existenzgefährdung auf das Grundrecht des Arbeitgebers aus Art. 14 I GG stützen. Im Grundrecht des Arbeitgebers aus Art. 14 I GG ist ein vom BAG geforderter bestimmter Rechtssatz, der die Kontrolle des Tarifvertrags ermöglicht, zu sehen. Gerade der Firmentarifvertrag hat nicht die Funktion, die Existenz des Arbeitgebers zu gefährden oder gar zu vernichten. Ein solcher Firmentarifvertrag schösse eindeutig über das Ziel der Tarifvertragsparteien hinaus.[1103] Daraus folgt, daß die Existenzgefährdung eine Kontrolle des Tarifvertrags rechtfertigen kann. Hierin liegt keine Billigkeitskontrolle, sondern eine Kontrolle der Verfassungsmäßigkeit im Sinne einer *„äußersten Grenze der Tarifmacht"*.[1104] Eine Billigkeitskontrolle hat einen anderen Kontrollmaßstab, nämlich die Überprüfung der Zweckmäßigkeit[1105]: Eine solche allgemeine Billigkeitskontrolle kann sich auf keine Verfassungsnorm stützen, sie ist als verfassungswidrig abzulehnen. Dies spricht dafür, eine außerordentliche Kündigung nur für den Fall der Existenzgefährdung und nicht etwa schon bei einer gravierenden Änderung der Umstände, die dem Tarifvertrag zugrunde liegen, anzunehmen. Aus dieser Sicht betrachtet ist ein Lösungsrecht zur Sanierung und damit eine außerordentliche Kündigung aus Sicht der Koalitionsfreiheit der Gewerkschaft nicht zwingend ausgeschlossen.

bb) Verdrängung des Existenzschutzes durch das Rechtsstaatsprinzip

Wenn man ein Recht zur außerordentlichen Kündigung annimmt, so muß es eine gerichtliche Überprüfung der materiellen Voraussetzungen geben.[1106] Hinsichtlich der materiellen Voraussetzungen einer außerordentlichen Kündigung entstehen sowohl bei der Formulierung der rechtlichen Voraussetzungen als auch bei ihrer praktischen Anwendung erhebliche Probleme. Dies gilt nicht nur hier, sondern auch für die tariflichen Härteklauseln. Insofern kann man von einem spezifischen Problem der Rechtsunsicherheit von Härteklauseln bei Tarifbindung sprechen. Zu untersuchen ist, ob diese Probleme einer außerordentlichen Kündigung entgegenstehen.

Zunächst besteht das Problem darin, die Voraussetzung für eine Härteklausel mit Begriffen wie *„wirtschaftliche Notlage"*, *„Notfall"*, *„Beschäftigungsförde-*

[1101] Vgl. Säcker/Oetker (1992) S.288.

[1102] Ähnlich Säcker/Oetker (1992) S.288 f mwN Fn.212.

[1103] Vgl. Wank FS Schaub (1998) S.761 (768 f), der eine außerordentliche Kündigung zuläßt, wenn die Veränderung der Umstände den *„Sinn und Zweck des Tarifvertrags in Frage"* stellt.

[1104] Vgl. dazu Belling/Hartmann NZA 1998 S.57 (61). Vgl. auch Säcker/Oetker (1992) S.284. Vgl. auch Bornhagen (1999) S.206, die eine Kontrolle der Unzumutbarkeit auf offensichtliche Fälle begrenzt.

[1105] Vgl. Säcker/Oetker (1992) S.284, die anstatt von der Konkordanz von der Verhältnismäßigkeit sprechen.

[1106] Vgl. Freihube (2000) S.219.

rung", *„Unzumutbarkeit"* u.s.w. zu definieren.[1107] Diese unbestimmten Rechtsbegriffe[1108], insbesondere die *„Unzumutbarkeit"*, sind keiner subsumtionsfähigen Definition zugänglich und schwierig zu konkretisieren.[1109] Ferner ist die Entscheidung über das Vorliegen einer Notlage und den Umfang der Kürzungen problematisch.[1110] Folge dieser begrifflichen Problematik ist eine gewisse Rechtsunsicherheit, was eine Vielzahl von langen Rechtsstreitigkeiten zur Folge hat.[1111] Durch die Unbestimmtheit wird Entscheidungskompetenz auf die Gerichte übertragen, der Richter muß Einzelfallgerechtigkeit walten lassen[1112]. Der Arbeitsrichter besitzt für die Beurteilung von wirtschaftlichen Frage, wie z.B. den Sanierungschancen, häufig nicht die geeignete Qualifikation.[1113]

Zu beachten ist aber, daß man das verfassungsrechtliche Problem nicht einfach leugnen kann. Die Rechtsunsicherheit bei der Bestimmung eines unbestimmten Rechtsbegriffs darf nicht dazu führen, Härteklauseln zu verwerfen.[1114] Im Falle des Instituts des Wegfalls bzw. der Störung der Geschäftsgrundlage geht die Rechtsunsicherheit beispielsweise nicht von dem Institut, sondern von der extensiven Auslegung aus. Dieser Gefahr wurde durch Anerkennung begegnet und durch die Bildung von Fallgruppen durch Rechtsprechung und Literatur. Hieraus folgt ein höheres Maß an Rechtssicherheit als im Falle der Ablehnung des Korrektivs.[1115] Auch der Gesetzgeber ging bei der Normierung des § 112 V Nr.3 BetrVG davon aus, daß diese Probleme gelöst werden können.[1116]

Richtig ist aber, daß es schwer ist, den Eingriff in die Unabdingbarkeit zu begrenzen, wenn man ihn erst einmal zuläßt.[1117] Die Schwierigkeit besteht darin, einerseits die Offenheit zu erhalten, und andererseits die Tatbestandsvoraussetzungen in Hinblick auf Rechtssicherheit zu konkretisieren[1118]. Auf die Sanierung übertragen bedeutet dies, daß die Notlage so groß sein muß, daß ein Eingriff zur Sanierung unumgänglich ist, aber nicht so groß, daß die Sanierung ausgeschlossen ist.[1119] Ferner müssen die Wertungskriterien offengelegt werden, um eine gewisse Transparenz zu gewährleisten.[1120]

[1107] Vgl. Lieb NZA 1994 S.289 (291), Löwisch JZ 1996 S.812 (820).
[1108] Vgl. Hanau RdA 1993 S.1 (3), Zachert ZTR 1996 S.289 (290).
[1109] Vgl. Belling/Hartmann NZA 1998 S.57 (61), Blomeyer ZfA 1980 S.1 (16).
[1110] Vgl. Junker ZfA 1996 S.383 (413).
[1111] Vgl. Lieb NZA 1994 S.289 (291), G. Müller ArbuR 1992 S.257 (259). Vgl. auch Henssler ZfA 1994 S.487 (493), der von einem dramatischen Verlust an Rechtssicherheit spricht, wenn ein Gericht einem Tarifvertrag die Bindungswirkung abspricht.
[1112] Vgl. Belling/Hartmann NZA 1998 S.57 (61).
[1113] Vgl. Ruoff (1999) S.128.
[1114] Belling/Hartmann NZA 1998 S.57 (61), Blomeyer ZfA 1980 S.1 (16).
[1115] Haarmann (1979) S.31.
[1116] So Löwisch NJW 1997 S.905 (909).
[1117] So Hanau RdA 1993 S.1 (8).
[1118] Wank FS Schaub (1998) S.761 (766), vgl. auch Blomeyer ZfA 1980 S.1 (17).
[1119] Vgl. Hanau RdA 1993 S.1 (3).
[1120] Vgl. Haarmann (1979) S.31.

Es gibt verschiedene Versuche, eine Konkretisierung herbeizuführen. Man fordert Absatzeinbrüche, eine Existenzgefährdung, Vergleichsanträge und sonstige akute Gefahren für die Beschäftigung[1121] oder einen drohenden Unternehmenszusammenbruch, besondere betriebliche Bedürfnisse u.s.w.[1122]. Man dürfe einen Notfall erst bejahen, wenn die Lage verzweifelt, jedoch nicht mehr dann, wenn sie hoffnungslos sei.[1123] Hier wird aber der unbestimmter Rechtsbegriff der „Unzumutbarkeit" durch andere wie „besondere", „drohen" oder „Gefahr" nur ersetzt, inhaltlich stellt dies keinen Gewinn dar.[1124]

Es wird erwogen sich an § 112 V Nr.3 BetrVG[1125], § 904 BGB[1126], dem Vergleichsverfahren[1127], dem Insolvenzverfahren[1128], an § 17 KSchG[1129] oder der Rechtsprechung zu § 7 BetrAVG a.F.[1130] oder § 16 BetrAVG[1131] zu orientieren. Es wurde allerdings schon 1984 gefordert, daß für ein Insolvenzverhütungsverfahren zweifelsfreie Indikatoren formuliert werden müßten und dies die Betriebswirtschaftslehre bisher nicht leisten könne.[1132] Eine Antwort auf die Frage, wo eine Unternehmenskrise beginnt und wo sie endet, haben auch andere Rechtssysteme nicht.[1133]

Hier kann auch keine Klärung durch bestimmte Verfahren, wie z.B. durch ein Quorum der Arbeitnehmer von 50, 66, 75 oder 90 Prozent[1134], durch den Betriebsrat[1135], durch eine neutrale Instanz wie z.B. das Arbeitsamt[1136] oder eine Einigungsstelle[1137] helfen. Hierdurch wird zwar ein gewisser Begründungszwang und eine gewisse *„Verfahrensgerechtigkeit"* erzielt[1138]. Es entsteht aber neben einer Verzögerung[1139] und dem negativen Beigeschmack einer Zwangs-

---

1121 Vgl. bei Gaumann/Schafft NZA 1998 S.176 (183).
1122 Ausführlich Ruoff (1999) S.122 f mwN.
1123 So Ruoff (1999) S.121.
1124 Vgl. Ruoff (1999) S.125.
1125 Hanau RdA 1993 S.1 (2), Löwisch NJW 1997 S.905 (906).
1126 Reuter RdA 1994 S.152 (167).
1127 Vgl. Ruoff (1999) S.131 f.
1128 Vgl. Hanau RdA 1993 S.1 (2).
1129 Ruoff (1999) S.136 f.
1130 Vgl. Lieb NZA 1994 S.289 (292), ablehnend Ruoff (1999) S.123 f.
1131 So Freihube (2000) S.213 ff.
1132 Kilger ZIP 1982 S.779 (781).
1133 So Heinze in Birk/Kreuzer (1986) S.75 (75).
1134 Vgl. dazu bei Ruoff (1999) S.129 mwN Fn.476 ff.
1135 Hanau RdA 1993 S.1 (2).
1136 Vgl. Hanau RdA 1993 S.1 (2).
1137 Rieble RdA 1996 S.151 (154).
1138 Vgl. Ruoff (1999) S.130.
1139 Vgl. Hanau RdA 1993 S.1 (3), Lieb NZA 1994 S.289 (291).

schlichtung[1140] zudem das Problem, daß eine Mehrheitsentscheidung nichts an dem materiellen Problem der Bestimmung der Unzumutbarkeit ändert[1141].

Die Rechtsprechung hat hinsichtlich der Anforderungen an betriebsbedingte Änderungskündigungen[1142] und an den Notfall im Sinne des § 7 BetrAVG a.F.[1143] eine Präzisierung des Begriffs eines Härtefalls für Sanierungen vorgenommen und ein differenziertes System entwickelt[1144], was durch die gerichtliche Praxis erprobt wurde.[1145] Hier wurden die Probleme mit unbestimmten Rechtsbegriffen gelöst. An dieser Stelle sei auf eine Entscheidung des BVerfG zur Rechtsprechung des BAG zu § 7 BetrAVG a.F. hingewiesen. Der Arbeitgeber müsse *„nach dem Grundsatz der Verhältnismäßigkeit, der Eingriffe in die Handlungsfreiheit nur im unerläßlichen Maße erlaubt, jedenfalls in die Lage versetzt werden, sich aus triftigen Gründen von der Zusage zu lösen. Ein triftiger Grund, der zum Widerruf berechtigt, ist nicht erst dann anzunehmen, wenn sich das Trägerunternehmen im Konkurs oder in einer sonstigen ähnlich schweren wirtschaftlichen Notlage befindet. Welche Gründe dies im Einzelfall sein können, haben zunächst die Fachgerichte zu entscheiden."*[1146] Der Beschluß des BVerfG kann zwar nicht ohne weiteres auf die Kürzung von Tariflöhnen übertragen werden, da der Arbeitgeber hier anders als bei einer unverbindlichen Zusagen Beeinträchtigungen seiner Privatautonomie legitimiert hat. Das BVerfG attestiert dem BAG aber eine strenge Rechtsprechung.[1147] Es macht ferner die grundgesetzliche Verankerung der außerordentlichen Kündigung und die Beziehung zum Verhältnismäßigkeitsprinzip deutlich und schreibt die Prüfungskompetenz den Fachgerichten zu. Die materielle Unbestimmtheit steht einer außerordentlichen Kündigung somit nicht entgegen.[1148]

Eine außerordentliche Kündigung schafft im Gegenteil für den Arbeitnehmer ein Mehr an Rechtssicherheit. Die jetzige Situation in den neuen Bundesländern ist gerade von fehlender Rechtssicherheit durch Mißachtung der Tarifverträge geprägt.[1149] Der Arbeitnehmer kann bei Bestehen einer Möglichkeit zur außeror-

---

[1140] Vgl. Löwisch JZ 1996 S.812 (820).

[1141] So Blomeyer ZfA 1980 S.1 (17). Vgl. auch G. Müller ArbuR 1992 S.257 (259), der von Willkür spricht, wenn die Betriebspartner die Entscheidung über einen „Notfall" treffen.

[1142] Vgl. dazu unter Kapitel 2 A. I. 3. c) (S.52 ff).

[1143] Vgl. dazu unter Kapitel 4 B. I. 1. b) (S.294 ff).

[1144] Vgl. Diller ZIP 1997 S.765 (766).

[1145] Ruoff (1999) S.123.

[1146] BVerfG -Urt. v. 19.10.1983- AP Nr.2 zu § 1 BetrAVG Unterstützungskassen Bl.6 = BVerfGE 65 S.196 ff.

[1147] BVerfG -Urt. v. 19.10.1983- AP Nr.2 zu § 1 BetrAVG Unterstützungskassen Bl.6 = BVerfGE 65 S.196 ff.

[1148] Vgl. auch Freihube (2000) S.215, der sich auf § 16 BetrAVG stützt und folgert, daß die Unzumutbarkeit eines Tarifvertrags gerichtlich justiziabel ist.

[1149] Vgl. Henssler ZfA 1994 S.487 (493), der die Ordnungsfunktion gefährdet sieht, wohl aber die Rechtssicherheit meint. Ansonsten würde er eine Aufhebung eines Tarifvertrags mit dessen Ordnungsfunktion rechtfertigen.

dentlichen Kündigung die Lohnsenkung gerichtlich kontrollieren lassen[1150], nämlich daraufhin, ob eine Lohnsenkung das geeignete und erforderliche Mittel ist. Dies schafft für den Arbeitnehmer gegenüber der jetzigen Rechtslage spürbar mehr Rechtssicherheit. Schließlich erhält ihm eine erfolgreiche Sanierung den Arbeitsplatz. Bei einer für ihn schlechten Arbeitsmarktlage kann er durch die Lohnkürzung, auf längere Zeit betrachtet, nur gewinnen. Die Unternehmen wären ferner dazu gezwungen, ihre Sanierungsstrategie offenzulegen. Dadurch entstünde eine gewisse Transparenz. Das Rechtsstaatsprinzip spricht daher nicht für eine ausnahmslose Unabdingbarkeit des Tarifvertrags[1151] und steht einer außerordentlichen Kündigung des Firmentarifvertrags nicht entgegen.

4. Ergebnisse

Die außerordentliche Kündigung stellt aus verfassungsrechtlicher Sicht in der Sanierungssituation des Unternehmens grundsätzlich den optimalen Ausgleich zwischen dem Existenzschutz, der Koalitionsfreiheit der Gewerkschaft und dem Rechtsstaatsprinzip dar. Dies gilt nicht für den Fall, daß die Tarifvertragsparteien die Anpassung des Tarifvertrag im Härtefall ausdrücklich den Gerichten zuweisen.

III. Lösung von Abwandlung I

In der Abwandlung I kann der Arbeitgeber daher den Firmentarifvertrag außerordentlich kündigen, wenn Nachverhandlungen mit der Gewerkschaft gescheitert sind. Er hat der Gewerkschaft gleichzeitig ein Änderungsangebot zu unterbreiten, welches den alten Firmentarifvertrag nicht mehr als unbedingt nötig unterschreitet. Lehnt die Gewerkschaft das Angebot ab, so kann der Arbeitgeber die Lohnkürzungen durch außerordentliche Änderungskündigungen durchsetzen.

IV. Exkurs: Existenzgefährdender Streik nach außerordentlicher Kündigung

Die außerordentliche Kündigung des Firmentarifvertrags ist für den Arbeitgeber dann gefährlich, wenn die Gewerkschaft droht, darauf mit Streik zu reagieren. Auch Arbeitskampfmaßnahmen können die Existenz eines Grenzbetriebs gefährden. Dies gilt nicht nur in Bezug auf die angestrebten Arbeitsbedingungen, sondern auch infolge Produktionsausfalls, usw. Hier stellt sich die Frage nach der mittelbaren oder unmittelbaren Drittwirkung in der Praxis nicht, da nach der Rechtsprechung ohnehin eine Verhältnismäßigkeitsprüfung erfolgen muß.[1152] Als kollidierende Grundrechte kommen auf der Arbeitgeberseite Art. 14 I GG und Art. 12 GG, auf der Seite der Gewerkschaft Art. 9 III GG in Betracht.

[1150] Belling/Hartmann NZA 1998 S.57 (60).
[1151] Vgl. Henssler ZfA 1994 S.487 (493).
[1152] Vgl. unter Kapitel 2 A. II. 2. c) cc) (3) (S.73).

Durch den Streik wird die Existenz der Arbeitgebers beeinträchtigt. Der Streik bezweckt aber auch den Abschluß eines Firmentarifvertrags, also eine Beeinträchtigung der Privatautonomie des Arbeitgebers. Das LAG Hamm hat der Gewerkschaft im Wege des einstweiligen Rechtsschutzes einen Streik auf Abschluß eines Firmentarifvertrags untersagt, weil dadurch der Arbeitgeber daran gehindert werden sollte, seine Produktion zu verlagern.[1153] Hierzu hat das Gericht die Koalitionsfreiheit der Gewerkschaft der „Unternehmerfreiheit" gegenübergestellt.

Dem Urteil ist im Ergebnis, nicht aber in der Begründung zuzustimmen. Das Gericht stützt sich in verfassungsrechtlicher Hinsicht im wesentlichen auf die These, daß das GG einen Kernbereich der Privatautonomie schütze und daher ein Eingriff nur zulässig sei, wenn ein *„angemessener Spielraum, sich als verantwortlicher Unternehmer frei zu entfalten"*, verbleibe. *„Dementsprechend kann die Geschäftsleitung eines Unternehmens unternehmensautonom z.B. über Investitionen, Produktion und Vertrieb entscheiden, sie trifft grundsätzlich die Entscheidung darüber, welche Geld- und Sachmittel zu welchem Zweck eingesetzt werden und ob, was, wo hergestellt wird."* Richtig ist, daß dies den Schutzbereich des Art. 12 I GG umschreibt, den Kernbereich stellt dies aber nicht dar. Dieser ist auch gar nicht genau zu bestimmen. Das Gericht hätte im Einzelfall eine Abwägung vornehmen müssen, warum die Privatautonomie im konkreten Fall die Tarifautonomie überwiegt. Statt dessen begnügt es sich mit dem Satz *„Ein solcher Druck ist von der Tarifautonomie nicht mehr gedeckt"*.[1154] Der Schutzbereich der Koalitionsfreiheit ist aber eröffnet, geht es doch bei einer Standortsicherung auch um Arbeits- und Wirtschaftsbedingungen. Der Streik war hier aber unverhältnismäßig, weil er nämlich nicht auf den Abschluß eines Firmentarifvertrags abzielte, sondern den Arbeitgeber ohne konkrete Regelung dazu zwingen sollte, von einer Betriebsverlagerung abzusehen. Damit war der Streik gar nicht zur Regelung von Arbeits- und Wirtschaftsbedingungen geeignet. Anders wäre der Fall dann zu bewerten, wenn der Streik tatsächlich bestimmte Regelungen, wie zum Beispiel Kündigungsschutz im Auge gehabt hätte.

Bei einer Existenzgefährdung steht im Gegensatz zum Fall des LAG Hamm aber nicht die Privatautonomie, sondern das Eigentumsrecht des Arbeitgebers im Mittelpunkt.[1155] Zwischen ihm und der Koalitionsfreiheit ist ein Ausgleich im Sinne der praktischen Konkordanz zu finden. Würde der Streik die Vernichtung des Arbeitgebers zur Folge haben, so würde Art. 14 I GG vollständig verdrängt. Kann aber die Koalitionsfreiheit der Gewerkschaft den Existenzschutz schon nicht verdrängen, wenn der Arbeitgeber bereits einen Firmentarifvertrag geschlossen hat, so gilt dies erst Recht, wenn ein Streik auf den Abschluß eines

---

[1153] LAG Hamm -Urt. v. 31.5.2000- NZA-RR 2000 S.534 (536 f).

[1154] LAG Hamm -Urt. v. 31.5.2000- NZA-RR 2000 S.534 (537).

[1155] Vgl. Kissel (2002) § 29 Rn. 22.

solchen Firmentarifvertrags gerichtet ist. Dies würde aber bedeuten, daß jeder Streik gegen ein sanierungsbedürftiges Unternehmen, welches den Firmentarifvertrag außerordentlich gekündigt hat, „per se" rechtswidrig ist, weil durch die Arbeitsbedingungen oder durch den Kampfmitteleinsatz eine Existenzvernichtung droht. Das kann so allgemein nicht richtig sein, da z.B. bei einem Streik gegen einen verbandsangehörigen Arbeitgeber immer schwere wirtschaftliche Nachteile drohen und dieser durch die Solidarität des Arbeitgeberverbands abgesichert ist.[1156] Deshalb ist ein Streik insbesondere dann unverhältnismäßig, wenn sein Ziel die Vernichtung des Arbeitgebers[1157] oder dies zumindest evidente Folge des Arbeitskampfes ist.[1158]

Bei der außerordentlichen Kündigung des Firmentarifvertrags ist die Gewerkschaft durch die Nachverhandlungspflicht bereits über die wirtschaftliche Situation des Arbeitgebers informiert. In diesem Fall ist der Gewerkschaft die Existenzgefährdung des Arbeitgebers offensichtlich. An eine außerordentliche Kündigung des Firmentarifvertrags darf sich zumindest nicht unmittelbar ein Streik zur Durchsetzung des alten Firmentarifvertrags anschließen. Das bedeutet aber nicht, daß ein Arbeitskampf nach Abschluß der Sanierung ausgeschlossen wäre.

C. Verbandsvertragliche Ebene - Die außerordentliche Lösung der Tarifbindung durch außerordentlichen Austritt

Auf der Ebene des Firmentarifvertrags ist die Sanierung durch außerordentliche Kündigung des Firmentarifvertrags und außerordentliche Änderungskündigungen möglich. Nach der in Kapitel 2 dargestellten Ausgangslage besteht nach der Rechtsprechung auf der Ebene des Verbandstarifvertrags eine solche Möglichkeit nicht. Es ist zu prüfen, ob dieser Ausschluß einer Lösungsmöglichkeit verfassungskonform ist und wie eine solche Lösungsmöglichkeit verfassungskonform zu gestalten wäre. Auch hier sind die verschiedenen Möglichkeiten zur Sanierung in Bezug zu den einzelnen grundrechtlichen Positionen zu untersuchen und abzuwägen, wie die widerstreitenden Grundrechte optimal zum Ausgleich zu bringen sind.

I. Widerstreitende Grundrechtspositionen

Auf den ersten beiden Ebenen ging es um eine Konfliktlösung zwischen den Grundrechten von Arbeitgeber, Arbeitnehmern und der Gewerkschaft. Auf der Ebene des Verbandstarifvertrags kommen daneben die grundrechtlich geschützten Interessen des Arbeitgeberverbands, der anderen tarifgebundenen Unternehmen und deren Arbeitnehmer und letztlich die der Allgemeinheit, insbesondere das Gemeinwohl, hinzu.

[1156] Vgl. dazu Otto in MünchArbR III § 278 Rn.154 ff.

[1157] Vgl. BAG -Beschl. v. 21.4.1971- AP Nr.43 zu Art.9 GG Arbeitskampf Bl.7.

[1158] Vgl. Otto in MünchArbR III § 278 Rn.155, 157, Kissel (2002) § 29 Rn. 27.

1. Arbeitgeber

Neben den bereits genannten Grundrechten ist beim Arbeitgeber auch an sein Grundrecht aus Art. 3 I GG zu denken..

a) Existenzgefährdung durch die Bindung an den Verbandstarifvertrag

Einer Sanierung durch Änderungskündigung steht in erster Linie die Bindung an den Verbandstarifvertrag entgegen. Beim Firmentarifvertrag kann sich der Arbeitgeber durch außerordentliche Kündigung des Firmentarifvertrags von dieser Tarifbindung lösen. Tritt der Arbeitgeber aber aus dem Arbeitgeberverband aus, so greift § 3 III TVG. Damit steht die Weitergeltung als Akt der Legislative einer Sanierung entgegen und greift deshalb in Art. 14 I GG ein.[1159]

Es stellt sich nun die Frage der Legitimation der Existenzgefährdung durch den Eintritt in den Arbeitgeberverband. Als eine generelle Legitimation von Existenzgefährdungen kann man einen Verbandsbeitritt aber grundsätzlich nicht verstehen.[1160] Die Insolvenz eines Unternehmens aufgrund des Tarifvertrags kann nämlich nicht als für die Mitgliedschaft typisch angesehen werden, so daß der Arbeitgeber quasi konkludent durch den Beitritt Beeinträchtigungen von Art. 14 GG legitimiert. Man kann in der Mitgliedschaft auch nicht die Bevollmächtigung des Arbeitgeberverbands sehen, für den einzelnen Arbeitgeber Beeinträchtigungen durch die Gewerkschaft von Art. 14 I GG zu legitimieren. Der Arbeitgeber legitimiert nur die Gestaltung der arbeitsvertraglichen Beziehungen durch den Arbeitgeberverband. Entsprechend den Erwägungen zum Firmentarifvertrag wäre dies nur in den unwahrscheinlichen Fällen gegeben, wenn die Satzung des Arbeitgeberverbands ausdrücklich vorsähe, daß die Tarifvertragsparteien auch über die Existenz des einzelnen Arbeitgebers verfügen dürften, oder wenn der Arbeitgeber in den Verband einträte, obwohl er weiß, daß die Bindung an den Verbandstarifvertrag seinen Ruin bedeutet würde.

Problematisch ist ferner der Fall, daß die Tarifvertragsparteien auf Antrag des Arbeitgebers aufgrund einer tariflichen Härteklausel eine Härtefallregelung für den einzelnen Arbeitgeber treffen, die für die Sanierung aber nicht ausreicht. Hier hat der Arbeitgeber ja durch seinen Antrag eine bestimmte Regelung bewirkt, obwohl er seine Existenzgefährdung positiv kennt. In diesem Fall könnte man erwägen, ob nicht schon ein Eingriff zu verneinen ist, weil eine Begünstigung gegenüber dem Verbandstarifvertrag vorliegt[1161]. Da die Härtefallregelung die Arbeitsbedingungen zwingend regelt, ist auch hierin der Eingriff zu sehen ist. Hat der Arbeitgeber die Härtefallregelung in der konkreten Form selbst be-

---

[1159] Vgl. aber Buchner (1964) S.85 f, der in § 3 III TVG nur einen Eingriff in die Koalitionsfreiheit anspricht. Dies hängt mit dem Verständnis der negativen Koalitionsfreiheit zusammen, welches abweichend vom BVerfG als Recht auf Freiheit vor fremder Normsetzung verstanden wird. Vgl. ausführlich Dahlbender (1995) S.20 ff.

[1160] In diese Richtung scheinbar aber Konzen NZA 1995 S.913 (914), der das Existenzrisiko des Unternehmers als Vertragsrisiko der Tarifvertragspartei bezeichnet.

[1161] Vgl. Ruoff (1999) S.187.

antragt, so kann er sich aber nicht im nachhinein darauf berufen, daß diese Regelung seine Existenz gefährde. Die Situation ist mit dem Abschluß eines die Existenz gefährdenden Firmentarifvertrags, bei dem der Arbeitgeber die Existenzgefahr kennt, vergleichbar. Durch die Zustimmung zu der Härtefallregelung hat der Arbeitgeber damit die Beeinträchtigung seines Grundrechts aus Art. 14 GG legitimiert. Wenn der Arbeitgeber also der Ansicht ist, daß eine Härtefallregelung für eine Sanierung nicht ausreichend ist, so sollte er der Regelung nicht zustimmen, will er seinen Schutz durch Art. 14 GG nicht verlieren.

Festzuhalten ist daher, daß sich der Arbeitgeber gegenüber der Tarifbindung grundsätzlich auf den Existenzschutz berufen kann, es sei denn, daß er die Existenzgefährdung durch Zustimmung zu einer Härtefallregelung selbst legitimiert hat.

b) Die Beeinträchtigung der Koalitionsfreiheit bei Verbandszugehörigkeit

aa) Weitergeltung als Eingriff in die negative Koalitionsfreiheit

Es fragt sich, ob die Weitergeltung in die negative Koalitionsfreiheit des Arbeitgebers eingreift. In sachlicher Hinsicht wird bei der individuellen Koalitionsfreiheit zwischen der positiven und der negativen Koalitionsfreiheit differenziert: Die positive Koalitionsfreiheit umfaßt das Recht zur Gründung, zum Beitritt, zum Verbleiben und zur Betätigung in einer Koalition.[1162] Auch die negative Koalitionsfreiheit, welche das Recht umfaßt, einer Koalition fernzubleiben oder aus ihr auszutreten, wird von der Rechtsprechung als von Art. 9 III GG geschützt erachtet.[1163] Der Wechsel, der sich aus einem Austritt und einem Beitritt zusammensetzt, ist damit ebenfalls geschützt.[1164] Ferner wird als Gegenstück zur Gründung auch die Auflösung einer Koalition in den Schutzbereich mit einbezogen.[1165] Ein Austritt aus dem Arbeitgeberverband ist daher, wie der Beitritt, eine Form der Grundrechtsbetätigung.[1166]

Die Vorschrift des § 3 III TVG regelt die Tarifbindung nach der Zeit der Mitgliedschaft, also nach dem Austritt. Sie schränkt somit die grundsätzliche Möglichkeit des Arbeitgebers, aus dem Arbeitgeberverband auszutreten, rechtlich nicht ein. Daraus wird geschlossen, daß kein Eingriff in die negative Koalitionsfreiheit, sondern allenfalls in Art. 2 I GG vorliegen könne.[1167] Auch ein Druck, eine Mitgliedschaft erneut zu begründen, wird auf den ausgetretenen Arbeitge-

---

[1162] Vgl. nur Löwisch/Rieble in MünchArbR III § 244 Rn.2.

[1163] Vgl. BVerfG -Beschl. v. 26.6.1991- AP Nr.117 zu Art.9 GG Arbeitskampf Bl.4 = BVerfGE 84 S.212 ff.

[1164] Vgl. BGH -Urt. v. 22.9.1980- AP Nr.33 zu Art.9 GG Bl.1.

[1165] Löwisch in MünchArbR III § 245 Rn.65.

[1166] Vgl. Junker NZA 1997 S.1305 (1307).

[1167] So noch Löwisch in MünchArbR III (1993) § 237 Rn.4 f, § 238 Rn.62. Vgl. nun aber Löwisch/Rieble MünchArbR III (2000) § 245 Rn.64, die darauf nicht eingehen.

ber nicht ausgeübt.[1168] Er ist ja nur an den schon abgeschlossenen Verbandstarifvertrag gebunden.

Durch die Weitergeltung verliert der Austritt aber dennoch deutlich an Attraktivität. Geht man davon aus, daß die Friedenspflicht während der Weitergeltung zumindest hinsichtlich eines Anschlußtarifvertrags nicht greift[1169], so gibt der Arbeitgeber durch den Austritt die Sicherheit des Verbandstarifvertrags auf, ohne kurzfristig an Gestaltungsspielraum zu gewinnen. Erzwingt nämlich die Gewerkschaft einen Anschlußtarifvertrags, so hätte er auch mittelfristig keinen Gestaltungsspielraum erzielt. Die materielle Ersparnis der Mitgliedsbeiträge dürfte durch die durch den Firmentarifvertrag entstandenen Mehraufwendungen, insbesondere im Falle eines Arbeitskampfes, zumindest kompensiert werden. Somit geht von § 3 III TVG zwar kein Druck in Hinblick auf eine Mitgliedschaft aus, die Vorschrift beeinträchtigt den Sinn des Austritts aber ganz erheblich und kann den Arbeitgeber dazu bewegen, nicht auszutreten[1170]. Hier wird sehr anschaulich formuliert, daß § 3 III TVG *„einem Schäferhund, der die Arbeitgeber bei der Herde hält"*, gleiche.[1171]

Dies wird besonders deutlich, wenn man an einen Tarifwechsel oder den Abschluß eines Firmentarifvertrags mit einer anderen Gewerkschaft denkt und der gemäß § 3 III TVG fortwirkende Tarifvertrag den anderen im Wege der Tarifeinheit verdrängt. Hier greift die Weitergeltung nicht in das Recht ein, einer anderen Koalition beizutreten oder einen Firmentarifvertrag zu schließen. Das Recht bleibt aber im Ergebnis bis zum Ende des Verbandstarifvertrags weitgehend wertlos. Dies spricht dafür, in § 3 III TVG eine *„erhebliche entscheidungsrelevante Erschwerung"* der Ausübung der Koalitionsfreiheit und damit einen Eingriff zu sehen.[1172]

Zum gleichen Ergebnis gelangt man, wenn man entgegen dem BVerfG die negative Koalitionsfreiheit zusätzlich als Recht auf Freiheit vor fremder Normsetzung begreift.[1173] Gegen eine solche Argumentation spricht aber entscheidend, daß die Unabdingbarkeit als Beschränkung der unternehmerischen Entscheidungsfreiheit in Art. 12 I GG und eben nicht in Art. 9 III GG eingreift. Insofern besteht also keine Lücke des Grundrechtschutzes, die ein Recht vor fremder Normsetzung erfordern würde. Bei Art. 9 III GG kommt es vielmehr entscheidend darauf an, ob das Recht zum Austritt beschränkt wird.

[1168] Vgl. Gamillscheg Bd.I (1997) S.725 f.

[1169] Vgl. dazu unter Kapitel 2 A. III. 2. b) aa) (2) (S.85).

[1170] Vgl. Gamillscheg Bd.I (1997) S.726 Fn.105.

[1171] So Rieble Anm. SAE 1994 S.158 (159).

[1172] So Frieges NZA 1998 S.630 (632) mwN. Vgl. auch Oetker Anm. EzA § 4 TVG Nachwirkung Nr.14, 15 Bl.17 (21 f), Rieble Anm. SAE 1994 S.158 (159). Zurückhaltend Gamillscheg Bd. I (1997) S.726 Fn.105.

[1173] So Dahlbender (1995) S.20 ff, 25 f.

Für einen Eingriff spricht vielmehr folgende Überlegung: Wie oben ausgeführt, besteht grundsätzlich das Recht zum außerordentlichen Austritt.[1174] Denkt man sich die Weitergeltung weg, so könnte der Arbeitgeber im Sanierungsfall außerordentlich aus dem Arbeitgeberverband austreten, um die Arbeitsbedingungen individualrechtlich zu ändern. Demnach wäre die Sanierung ein wichtiger Grund zum außerordentlichen Austritt. Dies verhindert die Vorschrift des § 3 III TVG, indem sie eine Sanierung durch Unterschreitung des Tarifvertrags auch nach Austritt unmöglich macht. Konsequenterweise ist damit ein außerordentlicher Austritt aufgrund der Unzumutbarkeit der Tarifbindung nun auch rechtlich nicht möglich, da er kein geeignetes Mittel ist, dem Tarifvertrag zu entgehen.[1175] Somit schränkt § 3 III TVG das Recht zum außerordentlichen Austritt aus dem Arbeitgeberverband ein und greift dadurch in Sanierungsfällen in die negative Koalitionsfreiheit des Arbeitgebers ein.

bb) Legitimation durch Belange des Gemeinwohls

Zur Rechtfertigung des Grundrechtseingriffs durch die Weitergeltung kommen zunächst die kollidierenden Grundrechte Dritter in Betracht. Ferner stellt sich die Frage, inwiefern Belange des Gemeinwohls im Hinblick auf eine Bekämpfung der Massenarbeitslosigkeit die Koalitionsfreiheit beschränken. Zu denken ist insbesondere an eine Rechtfertigung eines Eingriffs in die Unabdingbarkeit mit Belangen des Gemeinwohls.

Zu den Schranken der Koalitionsfreiheit führt das BVerfG folgendes aus: *„Das Grundrecht der Koalitionsfreiheit ist zwar vorbehaltlos gewährleistet. Damit ist aber nicht jede Einschränkung von vornherein ausgeschlossen. Sie kann durch Grundrechte Dritter und andere mit Verfassungsrang ausgestattete Rechte gerechtfertigt sein. Darüber hinaus bedarf die Koalitionsfreiheit der Ausgestaltung durch die Rechtsordnung, soweit das Verhältnis der Tarifvertragsparteien zueinander berührt wird, die beide den Schutz des Art. 9 III GG genießen. Ob der Gesetzgeber weitergehende Regelungsbefugnisse zum Schutz sonstiger Rechtsgüter hat, braucht nicht vertieft zu werden.“*[1176]

Die umstrittene Frage, ob Art. 9 II GG eine Schranke der Koalitionsfreiheit darstellt, hat bei der vorliegenden Fragestellung keine Relevanz.[1177] Erheblich ist vielmehr, ob das Gemeinwohl eine Schranke der Koalitionsfreiheit darstellen kann. Dies ist dann der Fall, wenn das Gemeinwohl Verfassungsrang hat oder wenn der Gesetzgeber die vom BVerfG angesprochenen weitergehenden Regelungsbefugnisse hat.

[1174] Vgl. unter Kapitel 2 A. III. 2. a) bb) (S.82).

[1175] Vgl. Däubler ZTR 1994 S.448 (449), Oetker ZfA 1998 S.41 (79).

[1176] BVerfG -Beschl. v. 26.6.1991- AP Nr.117 zu Art.9 GG Arbeitskampf Bl.6 = BVerfGE 84 S.212 ff. Vgl. auch BVerfGE -Urt. v. 10.1.1995- 92 S.26 (41).

[1177] Vgl. Höfling in Sachs Art.9 GG Rn.127, der einen Konflikt einer Koalition mit Art.9 II GG für kaum vorstellbar erachtet.

(1) Verfassungsrang des Gemeinwohls

Wenn man dem Gemeinwohl Verfassungsrang zubilligt, bedarf es einer genauen Klärung, was das Gemeinwohl überhaupt ist. Hierzu werden beispielsweise der Umweltschutz[1178] und die Vollbeschäftigung[1179] genannt. Überwiegend wird hingegen der Begriff des Gemeinwohls für nicht oder nur im Extremfall justiziabel gehalten.[1180] Teilweise wird Teilaspekten des Gemeinwohls Verfassungsrang zugestanden. So wird aus § 1 StabG i.V.m. Art. 104a I (1), Art. 109 II, IV, Art. 115 I (2) GG oder dem Sozialstaatsprinzip das Staatsziel der Bekämpfung der Arbeitslosigkeit abgeleitet.[1181] Der Umweltschutz hat aufgrund des Art. 20a GG nun eindeutig Verfassungsrang.[1182]

Das BVerfG hat in Bezug auf die sog. Lohnabstandsklauseln einen Eingriff in die Koalitionsfreiheit zum Schutz von *„Gemeinwohlbelangen"*, denen Verfassungsrang zukommt, als gerechtfertigt erachtet. Ein solcher Belang sei das Ziel, *„Massenarbeitslosigkeit durch Förderung von zusätzlich bereitgestellten Arbeitsplätzen zu bekämpfen"*. Das Gericht stellt allerdings klar, daß dieses Ziel auf das Sozialstaatsprinzip und auf Art. 1 I GG und Art. 2 I GG gestützt werden kann und ihm Verfassungsrang zukomme.[1183] Dies wurde jüngst in einem Beschluß zur Anrechnung eines Kuraufenthalts auf den tariflichen Urlaubsanspruch bestätigt.[1184] Für einen allgemeinen Verfassungsrang des Gemeinwohls fehlt also jeder rechtliche Ansatzpunkt.[1185]

(2) Regelungsbefugnisse des Gesetzgebers

Das BVerfG spricht von weitergehenden Regelungsbefugnissen des Gesetzgebers zur Ausgestaltung der Koalitionsfreiheit zum Schutz sonstiger Rechtsgüter.[1186] Was darunter genau zu verstehen ist und wie weit die Regelungsbefugnis reicht, ist nicht eindeutig geklärt.

[1178] Henssler ZfA 1998 S.1 (27).
[1179] Monopolkommission (1992/1993) BT Dr. 12/8323 Rn.942.
[1180] Vgl. Beathalter (1999) S.301, Junker ZfA 1996 S.383 (392), Konzen NZA 1995 S.913 (914).
[1181] Vgl. unter Kapitel 3 C. II. (S.251 ff).
[1182] Vgl. Murswiek in Sachs Art.20a GG Rn.72 mwN.
[1183] BVerfG -Beschl. v. 27.4.1999- DB 2000 S.331 (331). Vgl. dazu Otto in MünchArbR III § 282 Rn.91, nach dessen Ansicht der Gesetzgeber bei der Ausgestaltung des Arbeitskampfrechts an das Gemeinwohl gebunden ist.
[1184] BVerfG -Beschl. v. 3.4.2001- ZIP 2001 S. 1066 (1069).
[1185] Vgl. auch Buchner FS Kissel (1994) S.97 (102).
[1186] BVerfG -Beschl. v. 26.6.1991- AP Nr.117 zu Art.9 GG Arbeitskampf Bl.6 = BVerfGE 84 S.212 ff.

(a) Unterscheidung zwischen Ausgestaltung und Umgestaltung[1187]

Bei den gesetzlichen Regelungen wird teilweise hinsichtlich der verfassungsrechtlichen Prüfung des Eingriffs zwischen der erstmaligen Grundrechtsausgestaltung, so z.B. der Schaffung des § 4 I (1) TVG im Jahre 1949, und der späteren Umgestaltung, z.B. durch die Einführung einer gesetzlichen Härteklausel, unterschieden.[1188] Nur im zweiten Fall liege ein Eingriff vor.[1189] Es wird versucht, die genannte Unterscheidung auf Entscheidungen des BVerfG zu stützen. So sei § 4 I (1) TVG eine Regelung, *„die erst die Voraussetzung für die Wahrnehmung"* der Koalitionsfreiheit bildet.[1190] Derartige Gesetze *„können keinen Grundrechtseingriff enthalten, bedürfen also keiner weiteren verfassungsrechtlichen Rechtfertigung"*.[1191] Ferner wird mit der „Kernbereichslehre" des Art. 9 GG argumentiert.[1192]

Dies würde bedeuten, daß die Koalitionsfreiheit durch die ursprünglichen Regelungen des TVG nicht betroffen sein kann und „Beeinträchtigungen" nicht der verfassungsrechtlichen Rechtfertigung bedürften. Eine Verfassungswidrigkeit dieser Normen des TVG könnte nicht mit der Koalitionsfreiheit begründet werden. Dies wäre ein erstaunliches Ergebnis. Diese Konsequenz wird versucht zu vermeiden, indem eine Verfassungswidrigkeit einer Norm des TVG dann angenommen wird, wenn das Ziel, das Grundrecht zu sichern, verfehlt wurde.[1193] Auch bei einer solchen Argumentation bleiben folgende Fragen offen: Wie kann ein Grundrechtsverstoß ohne Eingriff vorliegen? Oder liegt dann kein Ausgestaltungsgesetz und damit ein Eingriff vor, wenn der Grundrechtsschutz verfehlt wird? Diese Fragen zeigen die inneren Widersprüche eines solchen Ansatzes auf, der daher dogmatisch abzulehnen ist.

Die Norm des § 4 I (1) TVG sichert die unmittelbare und zwingende Wirkung des Tarifvertrags im Arbeitsverhältnis. Die Tarifvertragsparteien sind ohnehin an den Tarifvertrag gebunden. Die Vorschrift verstärkt daher nur den Wirkungsbereich der Tarifnormen im Arbeitsverhältnis. Dies ist der Grund, warum in § 4 I TVG überhaupt kein Eingriff in die Koalitionsfreiheit der Tarifvertragsparteien gesehen werden kann. Anders verhält es sich aber bei § 5 TVG, durch den der Anwendungsbereich des Tarifvertrags erweitert wird. Hier prüft das BVerfG eingehend einen Eingriff in die Koalitionsfreiheit der Arbeitnehmer, Arbeitgeber

---

[1187] Strenggenommen müßte dieser Punkt im Rahmen des Eingriffs diskutiert werden. Er paßt aus Gründen der Argumentation aber besser in die Schranken.

[1188] Vgl. Ruoff (1999) S.204 f mwN.

[1189] Butzer RdA 1994 S.375 (380 f), Löwisch/Rieble in MünchArbR III § 244 Rn.37 mwN, Ruoff (1999) S.205.

[1190] Ruoff (1999) S.204 mit Hinweis auf BVerfG -Urt. v. 10.1.1995- NZA 1995 S.272 (273) = AP Nr.76 zu Art.9 GG Bl.5. Vgl. auch Butzer RdA 1994 S.375 (380 f).

[1191] Ruoff (1999) S.204 mit Hinweis auf BVerfGE 73 S.118 (166).

[1192] Butzer RdA 1994 S.375 (380).

[1193] Ruoff (1999) S.204 Fn.727.

und der Tarifvertragsparteien.[1194] Dies wäre nicht erforderlich, wenn ein Eingriff bei einer ursprünglichen Regelung des TVG nicht vorliegen könnte.

Auch die zitierten Urteile des BVerfG können die beschriebene Sichtweise nicht stützen. In dem ersten Urteil führt das Gericht an späterer Stelle aus: *„Auch diese Regelung schränkt die Koalitionsfreiheit der deutschen Gewerkschaften ein."*[1195] Mit dieser Regelung meint das Gericht § 21 IV (2) FlRG. Die oben zitierten Ausführungen bezogen sich auf § 21 IV (1) FlRG, den das Gericht zunächst auf eine Vereinbarkeit mit Art. 9 III GG prüfte. Daraus wird deutlich, daß in diesem Urteil das BVerfG auch in Ausgestaltungen einen Eingriff sieht. Die zweite angegebene Entscheidung betraf die unter Gesetzesvorbehalt stehende Rundfunkfreiheit bzw. deren Ausgestaltung und nicht die Koalitionsfreiheit. Einer Übertragung auf Art. 9 GG ist daher mit Skepsis zu begegnen. Schließlich ist zu beachten, daß das BVerfG neuerdings klargestellt hat, daß der Schutzbereich über den sog. Kernbereich hinausgeht.[1196] Daraus ergibt sich, daß die Entscheidung über die Eingriffsqualität eines Gesetzes nicht davon abhängt, ob es sich um eine erstmalige Ausgestaltung oder spätere Umgestaltung handelt, sondern, ob die gesetzliche Regelung die Koalitionsfreiheit beeinträchtigt oder nicht.[1197] Handelt es sich um eine gesetzliche Regelung, welche die Wahrnehmung der Koalitionsfreiheit erst ermöglicht, so liegt kein Eingriff vor.

(b) Zum Schutz „sonstige Rechtsgüter"

Müßten die *„sonstigen Rechtsgüter"* keinen Verfassungsrang haben, so wäre das BVerfG dahingehend zu verstehen, daß der Gesetzgeber, ohne daß dies durch andere Verfassungsrechte gerechtfertigt wäre, in Art. 9 III GG eingreifen könnte. Damit läge im Ergebnis ein einfacher Gesetzesvorbehalt vor. Das Gemeinwohl könnte dann im Rahmen der Verhältnismäßigkeit Berücksichtigung finden. Dann würde aber die Aussage des BVerfG, daß die Koalitionsfreiheit vorbehaltlos gewährleistet ist, keinen Sinn machen. Dies widerspräche zudem dem neueren Beschluß des BVerfG zu den Lohnabstandsklauseln.[1198] Die sonstigen Rechtsgüter können daher nur als kollidierende Rechtsgüter mit Verfassungsrang verstanden werden. Es gilt insoweit die Dogmatik wie bei anderen Grundrechten ohne Gesetzesvorbehalt.

(c) Stufentheorie

Zur Abwägung formuliert das BVerfG: *„Die Abstufung des Schutzes, den*

[1194] BVerfG -Beschl. v. 24.5.1974- AP Nr.15 zu § 5 TVG Bl.9 = BVerfGE 44 S.322 ff.

[1195] BVerfG -Urt. v. 10.1.1995- AP Nr.76 zu Art.9 GG Bl.6.

[1196] Vgl. unter Kapitel 3 B. I. 1. b) aa) (S.185 f).

[1197] Vgl. dazu Löwisch/Rieble in MünchArbR III § 244 Rn.37, die einen Eingriff in die Koalitionsfreiheit auch bei einer Ausgestaltung annehmen, wenn *„diese final gegen die Koalitionsfreiheit gerichtet ist"*. Finalität ist bei einer Härteklausel gegeben, so daß nach dieser Ansicht ein Eingriff vorläge.

[1198] BVerfG -Beschl. v. 27.4.1999- DB 2000 S.331 (331).

Art. 9 III GG gewährt, wirkt sich in den Anforderungen aus, die an die Rechtfertigung von Eingriffen zu stellen sind. Je gewichtiger der Schutz, den Art. 9 III GG insofern verleiht, desto schwerwiegender müssen die Gründe sein, die einen Eingriff rechtfertigen sollen."[1199] Daraus wird in der Literatur eine Stufentheorie abgeleitet, wonach auf der schwächsten Schutzstufe eine „*Konkretisierung im Gemeinwohlinteresse*" möglich sei.[1200] Dieser Ansatz dient erkennbar dem Ziel, das Gemeinwohlinteresse als Schranke des Art. 9 III GG zu etablieren und widerspricht damit der beschriebenen Dogmatik.

(d) Gemeinwohlbindung der Tarifvertragsparteien

Ein weiterer Ansatz unterwirft die Normgebung der Tarifvertragsparteien den gleichen Schranken wie denen des Gesetzgebers, woraus eine Gemeinwohlbindung der Tarifverträge resultiert.[1201] Die Relevanz als Schranke der kollektiven Koalitionsfreiheit der Tarifvertragsparteien in Bezug auf überhöhte Tarifabschlüsse liegt auf der Hand.[1202] Die Konsequenz wäre die Unwirksamkeit des Tarifvertrags, da der Staat als Träger des Gemeinwohls den Tarifvertrag nicht kündigen kann. Man könnte auch entgegengesetzt argumentieren, daß das Gemeinwohl einer außerordentlichen Kündigung des Tarifvertrags entgegensteht.

Für eine Gemeinwohlbindung der Tarifvertragsparteien wird eine Entscheidung des BVerfG und eine des BAG herangezogen. So führte das BVerfG aus: „*Selbstverständlich müssen auch die Gewerkschaften angesichts der Bedeutung ihrer Tätigkeit für die gesamte Wirtschaft und ihres (auch geistigen) Einflusses auf weite Bereiche des öffentlichen Lebens bei allen ihren Aktivitäten das gemeine Wohl berücksichtigen. Trotzdem erhält ihre ganze Arbeit ihren besonderen Akzent von dem Gedanken des „Kampfes" für die Hebung der sozialen und wirtschaftlichen Stellung der Arbeitnehmer.*"[1203]

So urteilte der Große Senat des BAG zur Aussperrung: „*Arbeitskämpfe müssen deshalb unter dem obersten Gebot der Verhältnismäßigkeit stehen. Dabei sind die wirtschaftlichen Gegebenheiten zu berücksichtigen, und das Gemeinwohl darf nicht offensichtlich verletzt werden. Diese Gesichtspunkte hat das BAG wegen der möglichen tiefgreifenden wirtschaftlichen und sozialen Folgen von Ar-*

[1199] BVerfG -Beschl. v. 4.6.1996- AP Nr.2 zu § 57a HRG Bl.5.

[1200] So Henssler ZfA 1998 S.1 (12). Im Ergebnis ähnlich Heinze NZA 1995 S.5 (7), der eine gesetzliche Härteklausel nur bei „*überwiegenden Gründen des Gemeinwohls*" für zulässig erachtet.

[1201] Henssler ZfA 1994 S.487 (493), Henssler ZfA 1998 S.1 (22), Konzen NZA 1995 S.913 (914) für „*Exzeßfälle*". Vgl. Beathalter (1999) S.299 mwN. Vgl. auch Heinze NZA 1995 S.5 (7), der ebenfalls davon ausgeht, wenn er eine Öffnungsklausel nur bei „*überwiegenden Gründen des Gemeinwohls*" für gerechtfertigt hält.

[1202] Die Frage wurde bei der außerordentlichen Kündigung der Ost-Tarifverträge aktuell, vgl. Buchner NZA 1993 S.289 (294).

[1203] BVerfG -Beschl. v. 18.12.1974- AP Nr.23 zu Art.9 GG Bl.9 = BVerfGE 38 S.281 ff. Vgl. dazu Kittner Anm. AP Nr.23 zu Art.9 GG Bl.14, der aus der Entscheidung herausliest, daß das BVerfG die Gewerkschaft einer Gemeinwohlbindung unterwerfen will.

beitskämpfen sowie im Hinblick auf die Verantwortung der Tarifvertragsparteien gegenüber der Allgemeinheit schon mehrfach betont."[1204] Daraus zog der Senat folgende Konsequenz: „*Die Arbeitskampfregeln müssen u.a. Bestimmungen darüber enthalten, wie die Erhaltungsmaßnahmen für bestreikte Betriebe zu gewährleisten sind, ob und welche für die Allgemeinheit lebensnotwendigen Betriebe vom Arbeitskampf ausgenommen werden und ob und in welchem Umfange Vorsorge getroffen wird, daß Anwartschaften oder Versicherungen nicht verfallen.*"[1205]

Die Existenz des Unternehmens ist durch Art. 14 GG geschützt, die Anwartschaften und Versicherungen als Vermögensrechte ebenfalls. Bei einem Ausfall der „*für die Allgemeinheit lebensnotwendigen Betriebe*", z.B. die Strom- und Wasserversorgung oder die Krankenhäuser, sind die Grundrechte Dritter aus Art. 2 II GG betroffen. Das BAG verweist auf das Gemeinwohl, nennt aber nur Positionen, die ohnehin verfassungsrechtlich gewährleistet sind. Zum einen kann weder aus den Worten des BVerfG noch aus den Worten des BAG eindeutig darauf geschlossen werden, daß das Gemeinwohl als Grundrechtsschranke verstanden wird. Zum anderen wird aus den Ausführungen deutlich, daß Exzesse der Tarifvertragsparteien bei der Abwägung mit den kollidierenden Grundrechten im Rahmen der praktischen Konkordanz ausreichend Berücksichtigung finden. Gegen den genannten Ansatz spricht entscheidend, daß Art. 9 III GG vorbehaltslos gewährleistet ist. Motivation beim Abschluß eines Tarifvertrags sind primär die Mitgliederinteressen und nicht das Gemeinwohl.[1206] Zudem ist ein Verstoß gegen das Gemeinwohl allenfalls in extremen Situationen justiziabel. Einen „markträumenden"[1207] Preis gibt es im Arbeitsrecht nicht[1208], weil der Arbeitsmarkt anders als insbesondere der Wertpapiermarkt nicht die Voraussetzungen eines vollständigen Marktes erfüllt. Eine darüber hinausgehende Gemeinwohlbindung der Tarifvertragsparteien widerspricht Art. 9 III GG.[1209]

cc) Gewichtung und Ergebnis

Zumindest in Sanierungsfällen greift § 3 III TVG in die negative Koalitionsfreiheit des Arbeitgebers ein, weil das Recht zum außerordentlichen Austritt beschränkt wird. Dies kann auch nicht durch das Gemeinwohl, sondern nur durch kollidierende Grundrechte Dritter, insbesondere der Tarifvertragsparteien gerechtfertigt werden. Der Schwerpunkt der Grundrechtsbetroffenheit liegt bei der Sanierung auf Art. 14 GG und nicht auf Art. 9 III GG. Ist nämlich auch das Ver-

---

[1204] BAG -Beschl. v. 21.4.1971- AP Nr.43 zu Art.9 GG Arbeitskampf Bl.6 mwN.

[1205] BAG -Beschl. v. 21.4.1971- AP Nr.43 zu Art.9 GG Arbeitskampf Bl.7.

[1206] Vgl. BAG -Urt. v. 30.8.2000- NZA 2001 S.613 (617), H.-P. Müller in Bergmann/Schmidt (1996) S.49 (67 ff), Richardi NJW 1996 S.13 (14), Wochner BB 1993 S.515 (515).

[1207] Dies ist der Preis bei dem sich Angebot und Nachfrage decken. Dies würde bedeute, daß zu diesem Lohn alle Arbeitnehmer einen Arbeitsplatz fänden.

[1208] Beathalter (1999) S.301, Junker ZfA 1996 S.383 (393), Konzen NZA 1995 S.913 (914).

[1209] Beathalter (1999) S.299 ff, Junker ZfA 1996 S.383 (392).

trauensverhältnis zwischen Arbeitgeberverband und Arbeitgeber zerrüttet, so kann der Arbeitgeber aus wichtigem Grund austreten, auch wenn der Verbandstarifvertrag noch weitergilt. Dieser Fall kann z.B. dann eintreten, wenn sich der Arbeitgeberverband weigert, einer Härtefallregelung, sei es in Form eines Firmentarifvertrags oder im Rahmen einer Härteklausel, zuzustimmen und dadurch die Sanierung blockiert. Bei einer Abwägung im Zusammenhang mit der Sanierung kommt es daher zentral auf Art. 14 GG und nicht auf die negative Koalitionsfreiheit an.

c) Die Privatautonomie aus Art. 12 GG bei Verbandsmitgliedschaft

Die Vorschriften der zwingenden Tarifbindung aus §§ 4 I, 3 III TVG schränken die Vertragsfreiheit des Arbeitgebers ganz gezielt ein.[1210]

aa) Legitimation durch bestehende Mitgliedschaft

Wie der Abschluß des Firmentarifvertrags so bedeutet auch der Eintritt in den Arbeitgeberverband die Legitimation von Beeinträchtigungen der eigenen Vertragsfreiheit durch die Regelung der Arbeitsbedingungen. Der Arbeitgeber willigt freiwillig darin ein, daß der Arbeitgeberverband seine Interessen bei den Tarifverhandlungen mit der Gewerkschaft vertritt und die Arbeitsbedingungen für ihn verbindlich regelt.[1211] In Bezug auf den Verbandsbeitritt wird ein Grundrechtsverzicht mit dem Argument abgelehnt, daß ein genereller Grundrechtsverzicht wegen der Unveräußerlichkeit der Grundrechte nicht möglich sei.[1212] Der Arbeitgeber verzichtet aber nur gegenüber dem Arbeitgeberverband auf sein Recht, die Arbeitsbedingungen selbst mit dem Arbeitnehmer bzw. der Gewerkschaft wirksam aushandeln zu können. Ein Verzicht auf andere Grundrechte ist damit nicht ausgesprochen. Deshalb liegt nicht ein genereller, sondern nur ein partieller Grundrechtsverzicht vor. Tarifautonomie ist daher die auf einer höheren Ebene gebündelte Privatautonomie der Mitglieder.[1213] Insofern gilt für den Verbandstarifvertrag das gleiche wie für den Firmentarifvertrag, daß nämlich der Eingriff in die Privatautonomie durch die Ausübung des Koalitionsfreiheit legitimiert ist.

[1210] Vgl. aber Buchner (1964) S.86, der in § 3 III TVG nur einen Eingriff in die Koalitionsfreiheit anspricht.

[1211] Vgl. Schlüter FS Stree/Wessels (1993) S.1061 (1083). Vgl. auch Hromadka DB 2003 S.42 (44), nachdem sich der Arbeitnehmer durch seinen Beitritt zur Gewerkschaft seines Schutzes aus Art. 12 GG teilweise begibt.

[1212] Vgl. Säcker/Oetker (1992) S.246 f, die einen generellen Grundrechtsverzicht ablehnen. Vgl. auch Krüger Gutachten zum 46. DJT Bd. I Teil 1 (1966) S.7 (81), der in dem Eintritt eine Unterwerfung unter die Verbands- und die Tarifmacht sieht. Durch diese Unterwerfung werde aber *„nicht bewirkt, daß eine etwa verfassungswidrige Tarifmacht zu einer verfassungsmäßigen heilte."*

[1213] Vgl. Junker ZfA 1996 S.383 (392 mwN), Freihube DB 2000 S.1022 (1024). Vgl. auch Hundt FAZ 9.6.2000 (Nr.133) S.14 *„Die Tarifautonomie ist (...) nichts anderes als kollektiv ausgeübte Privatautonomie"*. Ähnlich Zachert DB 2001 S.1198 (1200, 1202).

Fraglich ist, ob dann etwas anderes gilt, wenn die Tarifvertragsparteien solche Arbeitsbedingungen vereinbaren, die den Arbeitgeber außerordentlich stark belasten, wie z.B. sehr lange Laufzeiten oder starke Lohnzuwächse. Man kann erwägen, ob die Legitimation der Tarifvertragsparteien durch das Kriterium der Zumutbarkeit begrenzt ist.[1214] Sieht man wie hier in dem Verbandsbeitritt einen freiwilligen und widerruflichen Grundrechtsverzicht auf Art. 12 GG, so spricht dies auch gegen eine unmittelbare Bindung der Tarifvertragsparteien an die Grundrechte. Der Rechtsetzungsmacht seiner Koalition kann sich das Mitglied nämlich durch Austritt entziehen, der Rechtssetzungsmacht des Staates nicht. Die Grenze der Legitimation wird daher durch den satzungsmäßigen Zweck der Koalition bestimmt. Die Problemfelder, die mit der Figur des Eingriffs in den Kernbereich gelöst werden („ewiger" Tarifvertrag, Höchstarbeitsbedingungen)[1215] lassen sich also dadurch lösen, daß ein solcher Inhalt des Tarifvertrags durch den satzungsmäßigen Zweck der Koalition nicht mehr gedeckt ist und der Arbeitgeber damit hier nicht Beeinträchtigungen seiner Vertragsfreiheit legitimiert hat. Dies gilt aber nicht für hohe Arbeitsbedingungen oder langfristige Tarifverträge[1216], weil deren Regelung der Arbeitgeber an die Tarifvertragsparteien delegiert hat. Bei einer bestehenden Mitgliedschaft im Arbeitgeberverband stellt also auch die zwingende Bindung an solche tariflichen Arbeitsbedingungen, die den Arbeitgeber in seiner wirtschaftlichen Existenz gefährden, einen gerechtfertigten Eingriff in die Privatautonomie des Arbeitgebers dar.

bb) Legitimation in der Phase der Weitergeltung

Die Legitimation der zwingenden Tarifbindung während der Mitgliedschaft im Arbeitgeberverband ist nicht ohne weiteres auf die Zeit der Weitergeltung übertragbar. Hier liegt keine aktuelle Mitgliedschaft vor, welche die Unabdingbarkeit des Tarifvertrags legitimieren kann.[1217] Man muß sich daher fragen, ob eine ehemalige Mitgliedschaft die Unabdingbarkeit des weitergeltenden Tarifvertrags noch legitimiert bzw. ob die Unabdingbarkeit für alle während der Mitgliedschaft abgeschlossenen Tarifverträge für ihre gesamte Laufzeit legitimiert ist[1218]

[1214] So Blomeyer ZfA 1980 S.1 (15 f).

[1215] Vgl. BAG -Urt. v. 17.5.2000- NZA 2001 S.453 (455), welches bei einer langen Laufzeit eines Stufentarifvertrags von *„immanenten Grenzen der Tarifautonomie"* und dem *„Kernbereich der Normsetzungsbefugnis"* spricht.

[1216] Zu bedenken ist hier auch, daß der Arbeitgeber aufgrund der Inflation an langfristigen Entgelttarifverträgen interessiert ist.

[1217] Vgl. hierzu Waltermann FS Söllner (2000) S.1251 (1269), der darauf hinweist, daß die Legitimationstheorie die Weitergeltung nicht erklären kann.

[1218] So Buchner (1964) S.85 ff, Buchner RdA 1997 S.259 (259 f), Büdenbender NZA 2000 S.509 (515 ff).Däubler ZTR 1994 S.448 (450), Feger AiB 1995 S.490 (493), Schaub BB 1995 S.2003 (2003), Schaub BB 1994 S.2005 (2006), Schlachter ZIAS 1997 S.101 (112), Zachert in Kittner (1996) S.35 (66).

oder ob die Tarifbindung allein auf Gesetz beruht.[1219] Teilweise wird bei unbefristeten Tarifverträgen das Ende der Legitimation in der ersten Kündigungsmöglichkeit gesehen.[1220] Eindeutig ist lediglich, daß der Abschluß von Tarifverträgen nach dem Austritt, auch wenn sie sich rückwirkende Wirkung beimessen, nicht legitimiert ist.

Für eine Legitimation der fortwirkenden Tarifverträge spricht, daß sie während der Zeit der Mitgliedschaft geschlossen wurden und der Arbeitgeber die Möglichkeit hat, durch seine mitgliedschaftlichen Rechte an der Gestaltung mitzuwirken. Wenn sie vor dem Eintritt in den Arbeitgeberverband geschlossen wurden, dann ist die Legitimation in dem Beitritt zu sehen. Die Tarifbindung ist die Auswirkung seines eigenen freiwilligen Handelns in Form der früheren Mitgliedschaft.[1221] Daraus wird geschlossen, daß die Einhaltung der früheren Tarifverträge schon aus dem Grundsatz der Vertragstreue folge.[1222] In der Mitgliedschaft sei ein *„Rechtsetzungsauftrag"* an die Koalitionen zu sehen.[1223] In diese Richtung ist auch das BAG zu verstehen: *„Der von § 3 III TVG nach allgemeiner Auffassung verfolgte Zweck, zur Absicherung des Gestaltungsauftrags der Tarifvertragsparteien eine Flucht aus den Tarifverträgen zu verhindern, rechtfertigt sich inhaltlich insbesondere dadurch, daß die Fortgeltung der Tarifgebundenheit noch durch die frühere Mitgliedschaft legitimiert ist."*[1224] Das BAG vermischt hier allerdings zwei Komponenten, nämlich die Rechtfertigung eines Eingriffs durch die Mitgliedschaft und durch die Absicherung des Gestaltungsauftrags der Tarifvertragsparteien. Zudem kam es in der Entscheidung nur auf die Feststellung an, daß eine Änderung des Tarifvertrags von der ehemaligen Mitgliedschaft nicht mehr legitimiert werden kann. Diese Argumentation ist daher nicht zwingend.

Wenn man die Situation mit der Stellvertretung vergleicht[1225], dann erlischt auch das durch die Stellvertretung begründete Rechtsgeschäft nicht durch das Erlöschen der Vertretungsmacht. Durch den Entzug der Vertretungsmacht kann man nur künftige rechtliche Bindungen durch den Vertreter vermeiden. Besser trifft die Situation sogar der § 317 II BGB, hier wird nur der Inhalt des Vertrags durch

---

[1219] So Biedenkopf (1964) S.232, Dahlbender (1995) S.27, Gamillscheg Bd.I (1997) S.562, Monopolkommission (1992/1993) BT Dr. 12/8323 Rn.947.

[1220] So Schwab BB 1994 S.781 (781).

[1221] Vgl. Buchner (1964) S.85 f.

[1222] So Vgl. auch Büdenbender NZA 2000 S.509 (513 ff), Rieble in Kittner (1996) S.11 (24), Schaub BB 1995 S.2003 (2003), Schaub BB 1994 S.2005 (2006).

[1223] So Buchner (1964) S.87 f.

[1224] So BAG -Urt. v. 17.5.2000- NZA 2001 S.453 (456).

[1225] Vgl. Buchner (1964) S.87, der zur Verdeutlichung auf die überholte Vertretungstheorie hinweist. Vgl. dazu ausführlich auch Büdenbender NZA 2000 S.509 (513 ff). Vgl. auch Rieble (1996) Rn.1233, der eine Parallele zu § 328 II BGB sieht.

Dritte festgelegt. In diesem Sinne wird der Verbandstarifvertrag zum Teil als ein *„vom Arbeitgeberverband gesteuertes Bündel von Haustarifen"* begriffen.[1226]

Der Vergleich mit der Stellvertretung bzw. § 317 II BGB kann jedoch nicht überzeugen.[1227] Der Unterschied besteht darin, daß der Vertretene selbst Vertragspartei ist und das Kündigungsrecht selbst ausüben kann. Dieser Ansatz kann zwar die inhaltliche Legitimation des Tarifvertrags erklären, nicht aber dessen Unabdingbarkeit.[1228] Insoweit ist zuzugeben, daß der Eingriff durch die Regelungswirkung des Tarifvertrags, also durch die ehemalige Mitgliedschaft legitimiert ist, weil die Gestaltung der Arbeitsverhältnisse während der Mitgliedschaft stattfand. Insoweit ist die abdingbare Nachwirkung im Sinne des § 4 V TVG durch die ehemalige Mitgliedschaft legitimiert.

Daraus läßt sich aber hinsichtlich der zwingenden Wirkung nichts ableiten, der Einwand der Vertragstreue greift hier nicht, weil es nicht um vertragliche, sondern normative Bindung geht. Stellt man darauf ab, daß von der bestehenden Mitgliedschaft die Rechtfertigung für die Unabdingbarkeit ausgeht, so wird diese Legitimation durch die Beendigung des Mitgliedschaftsverhältnisses entzogen[1229], was als Grundrechtsbetätigung im Sinne der negative Koalitionsfreiheit verstanden werden kann. Zur Stützung dieser These kann auch die Rechtsprechung des BAG und des LAG Sachsen zur Beendigung der Weitergeltung bei einer Änderung des Tarifvertrags herangezogen werden. Die Urteile wurden auch mit der fehlenden Legitimation begründet.[1230] Die Weitergeltung wirkt im Ergebnis wie eine Verlängerung der Legitimation[1231]. Daher ist festzustellen, daß hinsichtlich der zwingenden Wirkung des § 3 III TVG zumindest ein Legitimationsdefizit besteht.[1232]

Der dritte Ansatz[1233] stellt darauf ab, ob die konkrete Entscheidung der Tarifvertragsparteien durch die Mitgliedschaft legitimiert ist. Grundsätzlich sei der Tarifvertrag zwar über seine gesamte Laufzeit legitimiert, bei Tarifverträgen, die unbefristet laufen und nur durch Kündigung beendet werden können, stelle das Unterlassen einer Kündigung eine Entscheidung dar, die von dem bereits ausgetretenen Mitglied nicht mehr legitimiert sei. Dieser Ansatz kann zwar die Legiti-

---

[1226] So Rieble (1996) Rn.1237.

[1227] Vgl. auch Dahlbender (1995) S.26 f.

[1228] Die Vertretungstheorie kann die normative Wirkung nicht erklären, so Buchner (1964) S.87.

[1229] Gamillscheg Bd. I (1997) S.562, Monopolkommission (1992/1993) BT Dr. 12/8323 Rn.947.

[1230] Ausdrücklich LAG Sachsen -Urt. v. 21.6.2000 NZA-RR 2001 S.40 (41). Sinngemäß BAG -Urt. v. 17.5.2000- NZA 2001 S.453 (456).

[1231] Löwisch in MünchArbR III § 267 Rn.22.

[1232] So Löwisch/Rieble Anm. AP Nr.13 zu § 3 TVG Bl.3, Löwisch/Rieble § 3 TVG Rn.72 ff. AA Büdenbender NZA 2000 S.509 (516).

[1233] Löwisch/Rieble § 3 TVG Rn.74 f, Schwab BB 1994 S.781 (781).

mation des Tarifvertrags in inhaltlicher Hinsicht erklären, nicht aber dessen Unabdingbarkeit.

Eine Entscheidung dieser Problematik ist sehr schwierig. In dieser Arbeit wird die zwingende Bindung an einen Tarifvertrag mit der partiellen Legitimation von Beeinträchtigungen der Privatautonomie erklärt.[1234] Der Widerruf der Legitimation wäre dann in dem Austritt aus dem Arbeitgeberverband zu sehen.[1235] Dieser kann zwar rechtsgeschäftlich ausgeschlossen werden, allerdings nur, wenn das Grundrecht einem Ausschluß nicht entgegensteht[1236]. So ist es in Satzungen der Verbände üblich, daß der Austritt durch Fristen beschränkt wird. Der Vollzug des Austritts ist insoweit mit dem Wirksamwerden des Widerrufs der Legitimation zu vergleichen.

Versteht man also den Beitritt zum Arbeitgeberverband als eine Legitimation von Grundrechtsbeeinträchtigungen, so endet diese mit der Mitgliedschaft. Mitgliedschaft und Legitimation zu trennen, hieße, die Legitimation von ihrer rechtlichen Grundlage zu trennen, weil die Legitimation ja durch die Begründung des Mitgliedschaftsverhältnisses erteilt wird. Daraus wird deutlich, daß die zwingende Weitergeltung des Tarifvertrags nach dem Austritt nicht durch die ehemalige Mitgliedschaft legitimiert ist.[1237] Als Rechtfertigung kommen allerdings kollidierende Grundrechte, insbesondere die Tarifautonomie, in Betracht. Dies verträgt sich mit der Auffassung des BAG, daß § 3 III TVG zur Absicherung des Gestaltungsauftrags eine Tarifflucht vermeiden wolle.[1238]

cc) Schranken des Art. 12 GG

Gem. Art. 12 I (2) GG kann die Berufsausübung durch Gesetz beschränkt werden. Bei den Beschränkungen des Art. 12 I GG unterscheidet man zwischen den gezielten Regelungen und den sog. faktischen Eingriffen. Eine gezielte Regelung hat den Schutzbereich unmittelbar zum Gegenstand, ein faktischer Eingriff ist demgegenüber nicht final, sondern nur geeignet den Schutzbereich erheblich zu beeinträchtigen.[1239]

Das BVerfG versteht demgegenüber die Berufswahl und die Berufsausübung als ein einheitliches Grundrecht und hat die Regelungsbefugnis auf die Berufswahl ausgeweitet.[1240] Als Schranken-Schranke hat das BVerfG die sog. Stufentheorie entwickelt, bei der nach der Intensität des Eingriffs zwischen einer Berufsaus-

---

[1234] Vgl. unter Kapitel 3 B. I. 1. c) (S.187).

[1235] Vgl. aber Schlachter ZIAS 1997 S.101 (112), die eine Beseitigung der Zustimmung bzw. der Legitimation für unmöglich hält, allerdings nicht auf den Zusammenhang mit der Mitgliedschaft abstellt.

[1236] Vgl. Sachs in Sachs Vor Art.1 Rn.55.

[1237] Ähnlich Heinze/Ricken ZfA 2001 S.159 (161), die allerdings nur einen Eingriff in Art.9 III GG erörtern.

[1238] Vgl. BAG -Urt. v. 17.5.2000- NZA 2001 S.453 (456).

[1239] Vgl. Tettinger in Sachs Art.12 Rn.71 ff.

[1240] BVerfGE -Urt. v. 11.6.1958- 7 S.377 (400 ff), sog. Apotheken-Urteil.

übungsregelung und subjektiven und objektiven Berufszulassungsbeschränkungen unterschieden wird.[1241] Die Stufentheorie entspricht inhaltlich einer differenzierten Prüfung der Verhältnismäßigkeit.[1242] Damit kann wie bei Art. 14 I GG entscheidend auf die Abwägung bei der Verhältnismäßigkeit im engeren Sinne abgestellt werden. Das gleiche gilt für die praktische Konkordanz als Ausgleich zu konkurrierenden Verfassungsrechtsgütern.

d) Das Recht auf Gleichbehandlung bzw. Differenzierung gemäß Art. 3 I GG

In Art. 3 I GG ist der allgemeine Gleichheitssatz normiert. Hier wird das Problem, ob in sog. Härtefällen eine Ungleichbehandlung der Grenzbetriebe mit den übrigen Unternehmen geboten ist, verortet.[1243] Zu untersuchen ist, ob der Gleichheitssatz in die Abwägung im Rahmen der praktischen Konkordanz einfließen kann.

Grundrechtsberechtigte sind neben den natürlichen Personen gemäß Art. 19 III GG auch die juristischen Personen des Privatrechts.[1244] Adressaten des Gleichheitssatzes sind wie bei den anderen Grundrechten nach Art. 1 III GG jedenfalls die drei Staatsgewalten; bei den Tarifvertragsparteien stellen sich die genannten Probleme.[1245] Die Prüfung des Gleichheitssatzes erfolgt in zwei Schritten: der Bildung von Vergleichspaaren und der Rechtfertigung der Gleich-/Ungleichbehandlung. Die Feststellung einer Gleich- oder Ungleichbehandlung setzt notwendig voraus, daß man zumindest ein Vergleichspaar bildet. Bei einem Vergleichspaar bzw. einer Vergleichsgruppe liegen mindestens zwei Lebenssachverhalte vor, die in einem oder mehreren Merkmalen übereinstimmen und sich in mindestens einem Merkmal unterscheiden.[1246]

aa) Vergleich mit anderen Unternehmen

Im Mittelpunkt steht daher der Vergleich der wirtschaftlich gesunden Unternehmen mit den Grenzbetrieben. Hinsichtlich der Grenzbetriebe kann zwischen den sanierungsfähigen und den nicht sanierungsfähigen unterschieden werden. Das gemeinsame Merkmal ist die Eigenschaft als Wirtschaftsunternehmen, das Unterscheidungsmerkmal die wirtschaftliche Situation. In Hinblick auf ihre wirtschaftliche Situation werden die Unternehmen von dem Gesetz, insbesondere den §§ 3, 4 TVG, unterschiedslos behandelt, weil es keine Härteklausel gibt. Der Tarifvertrag gilt bis zum „bitteren“ Ende normativ weiter. Andere Möglichkeiten eröffnen sich nur in manchen Tarifverträgen, die in sog. Härteklauseln und unternehmensbezogenen Verbandstarifverträgen nach der wirtschaftlichen

---

1241 Vgl. BVerfGE -Urt. v. 11.6.1958- 7 S.377 (405 ff).
1242 Vgl. Richter/Schuppert (1996) S.312 f. Vgl. auch Freihube DB 2000 S.1022 (1024).
1243 Vgl. auch unter Kapitel 2 D. I. 6. a) (S.128).
1244 Vgl. BVerfGE -Urt. v. 14.12.1965- 19 S.206 (215) mwN.
1245 Vgl. Osterloh in Sachs Art.3 GG Rn.75. Vgl. auch unter Kapitel 3 B. I. 1. a) bb) (S.179 ff).
1246 vgl. dazu Richter/Schuppert (1996) S.142.

Situation unterscheiden. Darin ist eine Ungleichbehandlung der Unternehmen zu sehen.

Bei den sanierungsfähigen Grenzbetrieben kann wiederum hinsichtlich der Bestimmung der Arbeitsbedingungen differenziert werden, nämlich der normativen Bindung an einen Verbandstarifvertrag, einen Firmentarifvertrag und der dispositiven Bindung durch einen Arbeitsvertrag. Eine einseitige außerordentliche Veränderung der Arbeitsbedingungen ist dem Arbeitgeber beim Verbandstarifvertrag nach den §§ 3, 4 TVG unmöglich, anders als beim Firmentarifvertrag und Arbeitsvertrag. Hierin ist eine Ungleichbehandlung der Unternehmen zu sehen. Es zeigt sich, daß je nach der Bildung der Vergleichsgruppe ein Problem der Gleich- oder Ungleichbehandlung vorliegt. Man kann also folgern, daß in Sanierungsfällen Art. 3 GG betroffen ist.

bb) Rechtfertigung der Gleich- bzw. Ungleichbehandlung

Der Inhalt des Gleichheitssatzes wird in der Rechtsprechung des BVerfG von zwei Formeln umschrieben: Zunächst umschrieb das BVerfG die Verletzung des Gleichheitssatzes mit der sog. Willkürformel.[1247] Demnach ist Art. 3 I GG verletzt, *„wenn sich ein vernünftiger, sich aus der Natur der Sache ergebender oder sonstwie sachlich einleuchtender Grund für die gesetzliche Differenzierung oder Gleichbehandlung nicht finden läßt"*.[1248] Verboten ist demnach, *„wesentlich Gleiches willkürlich ungleich und wesentlich Ungleiches willkürlich gleich zu behandeln"*.[1249] Diese Formel hatte in Relation zu den übrigen Grundrechten, wo der stark ausdifferenzierte Grundsatz der Verhältnismäßigkeit zu beachten ist, eine zu geringe Kontrolldichte des BVerfG zufolge.[1250]

Nach der sog. neuen Formel des BVerfG liegt eine Verletzung vor, *„wenn eine Gruppe von Normadressaten im Vergleich zu anderen Normadressaten anders behandelt wird, obwohl zwischen beiden Gruppen keine Unterschiede von solcher Art und solchem Gewicht bestehen, daß sie die ungleiche Behandlung rechtfertigen könnten"*[1251]. Dies bedeutet nach der Ansicht des BVerfG *„die Ausdehnung verfassungsgerichtlicher Kontrolle auf die Einhaltung des Verhältnismäßigkeitsgrundsatzes"*.[1252] Ungeklärt ist bislang aber, wie die Prüfung der Verhältnismäßigkeit auf Art. 3 I GG zu übertragen ist.[1253] Nach dem Prüfungsaufbau von Richter/Schuppert[1254] ist zunächst auf die Verfassungsmäßigkeit des Differenzierungsziels und -kriteriums einzugehen. Schließlich ist zu prüfen, ob

---

[1247] Vgl. dazu Osterloh in Sachs Art.3 GG Rn.8 ff.

[1248] BVerfGE -Beschl. v. 12.10.1951- 1 S.14 (52).

[1249] BVerfGE -Beschl. v. 9.8.1978- 49 S.148 (165) mwN.

[1250] Vgl. Osterloh in Sachs Art.3 GG Rn.12, Richter/Schuppert (1996) S.136 f.

[1251] BVerfGE -Beschl. v. 7.10.1980- 55 S.72 (88) mwN.

[1252] Vgl. die abweichende Meinung des Richters Katzenstein BVerfGE -Beschl. v. 18.11.1986- 74 S.9 (30) mit Hinweisen zur Rechtsprechung des BVerfG.

[1253] Vgl. Osterloh in Sachs Art.3 GG Rn.15.

[1254] Vgl. Richter/Schuppert (1996) S.142, der sich an BVerfGE -Beschl. v. 15.10.1985- 71 S.39 (57 ff) anlehnt.

die Differenzierung bzw. Gleichbehandlung zur Erreichung des Zieles geeignet, erforderlich und angemessen ist. Diesem Aufbau wird hier gefolgt.

Problematisiert wurde das Verhältnis zwischen wirtschaftlich gesunden Unternehmen und Grenzbetrieben, zwischen sanierungsfähigen und nicht sanierungsfähigen Grenzbetrieben und zwischen der Art der Bindung an einen Tarifvertrag durch Verbandsmitgliedschaft, Firmentarifvertrag und einzelvertraglicher Bezugnahme. Bei den genannten Vergleichsgruppen steht die zwingende Tarifbindung, also der Grundsatz der Unabdingbarkeit und damit die Tarifautonomie, im Zentrum der Überlegungen. Dies ist der Grund, den Unternehmen unabhängig von ihrer wirtschaftlichen Situation, aber abhängig von ihrer Mitgliedschaft im Arbeitgeberverband die Möglichkeit zu geben, ihre Arbeitsbedingungen zu gestalten. Bei der Prüfung der Angemessenheit ist also wiederum eine Gesamtabwägung der betroffen Rechtsgüter entscheidend[1255]. Das BVerfG zieht dem Gesetzgeber bei Art. 3 GG um so engere Grenzen, *„je stärker sich die Ungleichbehandlung von Personen oder Sachverhalten auf die Ausübung grundrechtlich geschützter Freiheiten auswirken kann"*.[1256] Somit sind bei einem schwerwiegenden Eingriff in ein Freiheitsrecht die Anforderungen an eine Ungleich-/Gleichbehandlung relativ hoch.

Aus der Annahme, daß Art. 14 I GG nur bei einem sanierungsbedürftigen und sanierungsfähigen Unternehmen durch eine Leistungsverpflichtung stark betroffen ist, folgt, daß eine Gleichbehandlung mit nicht sanierungsfähigen oder nicht sanierungsbedürftigen Unternehmen hohe Anforderungen an die Rechtfertigung stellt. Fehlt hierfür eine Rechtfertigung, so ist eine Differenzierung verfassungsrechtlich geboten. Die Beantwortung dieser Frage hängt damit davon ab, ob der Eingriff in Art. 14 GG gerechtfertigt ist bzw. wie ein verfassungsrechtlicher Ausgleich zu erfolgen hat. Damit erlangt Art. 3 GG bei der Abwägung selbst kein eigenes Gewicht.

e) Ergebnis

In Sanierungsfällen ist beim Verbandstarifvertrag insbesondere Art. 14 I GG betroffen. Allerdings bedarf die Weitergeltung aus § 3 III TVG nach dem Verbandsaustritt als Eingriff in die negative Koalitionsfreiheit und die Privatautonomie des Arbeitgebers einer verfassungsrechtlichen Rechtfertigung durch kollidierende Grundrechte Dritter.

2. Arbeitnehmer im betroffenen Unternehmen

Hinsichtlich der Arbeitnehmer ergeben sich keine Abweichungen gegenüber der Ebene des Firmentarifvertrags mit Ausnahme des Art. 3 GG. Die Vergleichsgruppe ist hier neben den Arbeitnehmern im von der Sanierung betroffenen Betrieb auch die Arbeitnehmerschaft in anderen Unternehmen, die an den Verbandstarifvertrag gebunden sind. Hier bedarf eine Ungleichbehandlung, insbe-

---

[1255] Vgl. Osterloh in Sachs Art.3 GG Rn.22.
[1256] BVerfGE -Beschl. v. 14.12.1994- 91 S.346 (363).

sondere bei Ausnahmen von der Unabdingbarkeit zur Sanierung, der verfassungsrechtlichen Rechtfertigung.

3. Betroffenheit der Koalitionsfreiheit der Gewerkschaft durch Eingriffe in die Tarifbindung

Auf der Ebene des Firmentarifvertrags wurde festgestellt, daß die Koalitionsfreiheit bei einem Eingriff in die materiellen Arbeitsbedingungen stark betroffen ist. Die gewonnenen Erkenntnisse hinsichtlich der Eingriffsintensität lassen sich aber ohne weiteres auf die Ebene des Verbandstarifvertrags übertragen.

a) Aufhebung oder zeitliche Beschränkung der Weitergeltung

Könnte sich der Arbeitgeber durch einen Austritt der zwingenden Wirkung des Tarifvertrags jederzeit nach Belieben entziehen bzw. würde man § 3 III TVG abschaffen[1257], so wäre die Ordnungsfunktion des Tarifvertrags stark gefährdet.[1258] Ferner wäre die Verhandlungsposition der Gewerkschaft bei den Tarifverhandlungen ganz erheblich geschwächt.[1259] Die große Bedeutung der Verhandlungsfähigkeit für die Tarifautonomie hat das BVerfG in einem „obiter dictum“ verdeutlicht: „*Der Fall gibt keinen Anlaß, die Grenze eines unantastbaren „Kernbereiches“ der Koalitionsfreiheit näher zu bestimmen. Sicherlich gehört dazu die Verhandlungsfähigkeit beider sozialer Gegenspieler, also auch der Arbeitgeber, bei Tarifauseinandersetzungen.*“[1260] Die Störung der Verhandlungsfähigkeit der Gewerkschaft rührt daraus, daß sich diese nicht sicher sein kann, ob der erkämpfte Verbandstarifvertrag wirklich umgesetzt wird.[1261] Der Arbeitgeberverband kann bei den Verhandlungen wirksam damit drohen, daß die Arbeitgeber austreten und damit eine flächendeckende Regelung ausscheidet. Eine solche Drohung wäre bei besonders kurzen Austrittsfristen, z.B. von einem Tag, besonders eindrucksvoll. Aber auch die Verhandlungsfähigkeit des Arbeitgeberverbands wäre ohne § 3 III TVG stark geschwächt, da er keine Möglichkeit hätte, seine Mitglieder rechtlich zu binden.[1262] Eine wirksame Befriedung des Arbeitslebens wäre, wenn nicht ausgeschlossen, dann zumindest spürbar erschwert. Einen Austritt ohne Weitergeltung kann man mit einem Firmentarifvertrag ver-

---

[1257] Eine § 3 III TVG entsprechende Norm gibt es z.B. in Österreich, Frankreich und Schweden, nicht aber in England, vgl. Gamillscheg Bd. I (1997) S.726.

[1258] Lieb NZA 1994 S.337 (337), vgl. auch Walker ZfA 1996 S.353 (379), der eine Abschaffung des § 3 III TVG mit einer umfassenden Öffnungsklausel vergleicht.

[1259] Vgl Reuter ZfA 1995 S.1 (40), der sich von einer Abschaffung des § 3 III TVG positive Effekte auf die „*Anpassungsbereitschaft*“ der Tarifvertragsparteien erhofft.

[1260] BVerfG -Beschl. v. 26.6.1991- AP Nr.117 zu Art.9 GG Arbeitskampf Bl.6 = BVerfGE 84 S.212 ff. Aus den Worten „*unantastbaren „Kernbereiches“ der Koalitionsfreiheit*“ kann man ablesen, daß vom Gericht die Verhandlungsfähigkeit als „Wesensgehalt“ im Sinne des Art.19 II GG gesehen wird. Was allerdings genau „*Verhandlungsfähigkeit*“ bedeutet dürfte wiederum schwer zu definieren sein.

[1261] Vgl. Gamillscheg Bd. I (1997) S.562 f, 724, der sogar von der Sinnlosigkeit eines Streiks spricht. Vgl. auch Büdenbender NZA 2000 S.509 (512).

[1262] Vgl. Rieble (1996) Rn.1234.

gleichen, bei dem sich der Arbeitgeber, ohne daß eine Kündigungsfrist vereinbart wurde, jederzeit vom Firmentarifvertrag lösen kann.

Im Gegensatz zu einer generellen Aufhebung der zwingenden Wirkung hätte die Gewerkschaft aber die Möglichkeit, beim ausgetretenen Arbeitgeber durch Arbeitskampf einen Firmentarifvertrag zu erzwingen.[1263] Insofern verbleibt ihr ein Mittel, die Arbeitsbedingungen zwingend zu regeln. Eine Abschaffung des § 3 III TVG hätte in der Praxis wohl eine Hinwendung der Tarifpraxis zu Firmentarifverträgen zur Folge. Die Wirksamkeit eines Arbeitskampfes hängt zwar im wesentlichen vom Organisationsgrad ab, dieser ließe sich aber in Unternehmen deutlich steigern, wenn der Arbeitgeber offensichtlich nur aus Rentabilitätserwägungen aus dem Arbeitgeberverband austritt und umgehend niedrigere Löhne durchsetzen will.[1264]

Der Eingriff wäre bei einer Abschaffung des § 3 III TVG deutlich geringer als bei einer Streichung des § 4 I TVG. Wird z.B. im Tarifvertrag selbst eine Weitergeltung ausgeschlossen, so ist dies ausreichend legitimiert.[1265] Die Intensität des Eingriffs nähme ab, wenn die Dauer der Weitergeltung an eine Frist und nicht an die Laufzeit des Tarifvertrags geknüpft wäre.[1266] Je weniger eine solche Frist die Weitergeltung gegenüber der Laufzeit verkürzen würde, um so geringer wäre der Eingriff.

b) Formen gesetzlicher Härteklauseln

In formeller Hinsicht kann man eine Ausnahme von der Tarifbindung an den Abschluß einer Betriebsvereinbarung, an den Austritt aus dem Arbeitgeberverband, aber auch an das Scheitern einer Lösung durch die Tarifvertragsparteien knüpfen. Im Falle der Zustimmung durch die Tarifvertragsparteien ist der Eingriff legitimiert. Um an späterer Stelle im Rahmen der praktischen Konkordanz einen Vergleich vorzunehmen, ist zu bestimmen ist, wie das schwer das Gewicht des Eingriffs in die Tarifautonomie durch solche Härteklauseln ist. Hierbei wird auf die am Ende von Kapitel 2 skizzierten Ansätze Bezug genommen.

aa) Einfache Härteklausel

Auszugehen ist hierbei von einer einfachen gesetzlichen Härteklausel ohne jede formelle Voraussetzung, die also nur durch Individualrecht, z.B. eine Änderungskündigung ausgefüllt wird. Gesetzestechnisch würde eine solche Härteklausel einen Ausnahmetatbestand in § 4 TVG oder § 3 I TVG bedeuten. Im Ergebnis entspricht dies dem extensiven Verständnis des Günstigkeitsprinzips.

[1263] Hierin besteht ein entscheidender Unterschied zu einer Öffnungsklausel.

[1264] In aller Regel wird sich der Arbeitgeber behutsam, z.B. bei Neueinstellungen, vom geltenden Tarifvertrag lösen. Ein abruptes Abweichen ohne Notfall dürfte der absolute Ausnahmefall sein.

[1265] Gamillscheg Bd. I (1997) S.726 mit Hinweis auf die Rechtslage in Frankreich.

[1266] Vgl. dazu die Ansätze unter Kapitel 2 D. I. 5. b) (S.122 f). Vgl. dazu auch den Ansatz unter Kapitel 2 A. III. 2. b) bb) (3) (S.87), nach dem die Weitergeltung mit der ersten Kündigungsmöglichkeit endet.

Diese gesetzliche Härteklausel greift um so stärker in die Tarifautonomie ein, je größer ihr Anwendungsbereich ist, d.h. je geringer die materiellen Anforderungen an einen Härtefall sind.[1267] Der Schutzzweck des Tarifvertrags ist zudem gerade in den Unternehmen besonders wichtig, die in einer wirtschaftlich schwierigen Situation sind, weil die Arbeitnehmer hier keine Alternative haben. Handelt es sich nämlich um einen Zustand, der für die jeweilige Branche typisch ist, so sind zumeist auch die Arbeitnehmer der Branche besonders von der Arbeitslosigkeit betroffen. Dies wird am Beispiel der Baubranche deutlich, hier ist die Zahl der bedrohten Unternehmen und die Zahl der arbeitslosen Bauarbeitnehmer sehr hoch.

Eng umgrenzte Härteklauseln, deren Anwendung statistisch nicht ins Gewicht fällt, nehmen den Tarifvertragsparteien zwar nicht insgesamt die Möglichkeit, die Arbeitsbedingungen sinnvoll zu gestalten.[1268] Es stellt aber eine erhebliche Beeinträchtigung des Verhandlungsergebnisses und damit eine Störung des Verhandlungsgleichgewichts dar, wenn der Tarifvertrag keine Mindestarbeitsbedingungen treffen kann. Für wen gilt der im Tarifvertrag gefundene Kompromiß dann noch? Für die Grenzbetriebe nicht, da diese „nach unten“ abweichen können, für die prosperierenden Unternehmen nicht, da diese ohnehin gemäß § 4 III TVG „nach oben“ abweichen. Gleichzeitig ist in notleidenden Unternehmen im besonderen Maße die Befriedungsfunktion betroffen.[1269] Richtig ist zwar, daß aufgrund der drohenden Arbeitsplatzverluste ohnehin eine gewisse Unruhe herrscht[1270]. Durch eine Unverbindlichkeit des Tarifvertrags käme aber eine neue Dynamik in die Entwicklung, und zwar der Konflikt um den „richtigen“ Lohn.

Gegen eine Störung der Befriedungsfunktion wird vorgebracht, daß diese Funktion des Tarifvertrags in betrieblichen Notfällen nicht greife, da es um den Arbeitsplatz des einzelnen Arbeitnehmers gehe. Hier sei der Tarifvertrag nicht geeignet, *„den Arbeitnehmer vom Fehlgebrauch seiner Vertragsfreiheit abzuhalten“*[1271], denn ohne Arbeitsplatz gäbe es auch keine Arbeitsbedingungen.[1272] Dem ist entgegenzuhalten, daß ein Arbeitnehmer auch bei einer Lohnsenkung nicht objektiv beurteilen kann, ob diese zum Erhalt seines Arbeitsplatzes überhaupt etwas beiträgt. Er kann die Datenflut allein kaum überblicken und hat keinen Einblick in die genaue betriebliche Lage. Hier verhindert der Tarifvertrag, daß der Arbeitnehmer sich auf eine Lohnkürzung einläßt, die für die Sanierung ungeeignet oder nicht erforderlich ist und sein Arbeitsplatz nicht sicher wird. Es

[1267] Vgl. Vollmer DB 1982 S.1670 (1672), Walker ZfA 1996 S.353 (368), *„mit jeder zusätzlichen Öffnung sinkt die Verbindlichkeit“*.
[1268] Walker ZfA 1996 S.353 (371).
[1269] Vgl. Henssler ZfA 1994 S.487 (500), Lieb NZA 1994 S.289 (291).
[1270] So Ruoff (1999) S.116, hier könnte man auch anbringen, daß die Ordnungsfunktion des Tarifvertrags in den neuen Bundesländern ohnehin schon gestört oder gar verloren ist.
[1271] So Belling/Hartmann NZA 1998 S.57 (60).
[1272] So Ehmann/Schmidt NZA 1995 S.193 (202).

zeigt sich also, daß gerade in Härtefällen die Funktion der Tarifautonomie besonders gefragt und damit besonders tangiert ist.[1273] Man kann daher gerade nicht argumentieren, bei einer Härteklausel sei die Tarifautonomie nicht[1274] oder nicht gravierend[1275] berührt.

Sind die materiellen Anforderungen gering oder nicht justiziabel[1276], so daß sich der Grundsatz der Unabdingbarkeit in eine Ausnahme verkehrt, kommt dies einer Abschaffung des § 4 I TVG gleich und ist damit verfassungswidrig.[1277] Die Schwere des Eingriffs wird ferner durch die Aufrechterhaltung der obligatorischen Friedenspflicht verstärkt. Ein Unternehmen dürfte vom Tarifvertrag abweichen, die Gewerkschaft dürfte darüber aber keinen Firmentarifvertrag erzwingen. Da keine Beteiligung der Gewerkschaft an der Sanierung stattfindet, ist für diese gar nicht ersichtlich, in welchen Unternehmen der Tarifvertrag gilt und in welchen nicht. Schließlich kann aus einer solchen gesetzlichen Härteklausel ein Druck auf die Tarifvertragsparteien entstehen, in eine Sanierungsmaßnahme einzuwilligen, obwohl sie dies nicht für richtig erachten. So kann der Arbeitgeber im Falle der tariflichen Härteklausel drohen, im Falle der Ablehnung einer Härtefallregelung, diese aufgrund der gesetzlichen Härteklausel selbst durchzusetzen. Darauf könnte die Gewerkschaft aufgrund der Friedenspflicht nicht mit Streik reagieren. Hier wäre die Gewerkschaft in einer sehr defensiven Stellung und das Verhandlungsgleichgewicht wäre schon bei Abschluß des Tarifvertrags erheblich gestört. Eine einfache Härteklausel stellt einen empfindlichen Eingriff in die Tarifautonomie dar.

bb) Möglichkeit einer Betriebsvereinbarung

Eine Härteklausel, die den Abschluß einer Betriebsvereinbarung erfordert, würde eine Änderung von § 77 III BetrVG und von § 4 TVG erfordern. Bei einer Betriebsvereinbarung hat der Betriebsrat als gewählter Vertreter der Arbeitnehmer die Möglichkeit, entscheidend auf den Inhalt der Lohnsenkungsregelung einzuwirken. Unterstellt man, daß der Betriebsrat zumindest im Vergleich mit dem einzelnen Arbeitnehmer eine stärkere Verhandlungsmacht innehat[1278], so

---

[1273] Vgl. Beathalter (1999) S.290, Hanau RdA 1993 S.1 (5, 7), Tyska ArbuR 1985 S.276 (281), Unterhinninghofen (Dikussionsbeitrag) RdA 1994 S.169 (175). Ganz deutlich Kittner FS Schaub (1998) S.389 (418) „*In dieser Situation gibt es keine Vertragsparität, und wenn je ist es hier berechtigt, von einer „gestörten" zu sprechen*".

[1274] So Henssler ZfA 1994 S.487 (511). Löwisch NJW 1997 S.905 (910).

[1275] So Vollmer DB 1982 S.1670 (1673) für seltene, zeitlich begrenzte Unterschreitungen des Tariflohns. Vgl. auch Ruoff (1999) S.117, 185, der bei der Anwendbarkeit einer Härteklausel für Betriebsvereinbarungen auf 5 bis10 % der Unternehmen keine gravierende Auswirkung auf die Geltung der Tarifverträge sieht.

[1276] Vgl. Junker ZfA 1996 S.383 (398).

[1277] Vgl. unter Kapitel 3 B. I. 3. b) bb) (1) (S.197).

[1278] Trappehl/Lambrich NJW 1999 S.3217 (3219) sprechen sogar von einem „*Gleichklang*" der Interessen und bezweifelt sogar ein Machtgefälle hinsichtlich des einzelnen Arbeitnehmers.

würde dies dafür sprechen, daß der Eingriff in die Schutzfunktion der Tarifautonomie geringer wäre als bei einer individualrechtlichen Lösung.

Im Gegensatz zur individualrechtlichen Lösung kommt aber ein erschwerendes Moment hinzu: der Eingriff in die zweite Funktion der Tarifautonomie, nämlich die kollektive Problemlösung.[1279] Zudem ist aufgrund der persönlichen und finanziellen Abhängigkeit, der fehlenden Überbetrieblichkeit und der fehlenden Möglichkeit zum Arbeitskampf ein Verhandlungsgleichgewicht der Betriebsparteien nicht eindeutig feststellbar. Der Betriebsrat kann zwar in der Regel eine gewisse Sachkunde für sich beanspruchen, sicher ist diese aber nicht. Es kann daher nicht davon gesprochen werden, daß die Schutzfunktion des Tarifvertrags im Falle einer Betriebsvereinbarung geringer betroffen sei als bei einer Individualvereinbarung. Vielmehr ist sogar das Gegenteil der Fall. Durch die Betriebsvereinbarung wird stärker in die Verhandlungsposition der Gewerkschaft eingegriffen, da der Arbeitgeber nicht den mit Risiken behafteten und aufwendigen Weg, z.B. über außerordentliche Änderungskündigungen, gehen muß[1280], sondern schnell und problemlos den Tarifvertrag durch die Betriebsvereinbarung ersetzen kann.

Hier wird die Tarifautonomie, welche wiederum die Privatautonomie beschränkt, nicht zugunsten der Privatautonomie begrenzt, sondern zugunsten der Betriebsautonomie, die verfassungsrechtlich nicht verankert ist.[1281] Der Betriebsrat würde, ohne daß die Gewerkschaft davon Kenntnis erlangen würde, zur Ersatzgewerkschaft für Notfälle und damit für eine ernsthafte Bedrohung für den Bestand der eigentlichen Gewerkschaft. Eine gesetzliche Härteklausel, die eine Betriebsvereinbarung erfordert, würde daher noch stärker in die Koalitionsfreiheit der Gewerkschaft eingreifen als eine individualrechtliche Lösung.[1282]

cc) Ausnahme von der Tarifbindung nach Verbandsaustritt

Verknüpft man die Härteklausel mit einem Verbandsaustritt, so wird ein Ausnahmetatbestand bei der Weitergeltung geschaffen. Somit läge eine Härteklausel in § 3 III TVG vor. Dies hätte auf der einen Seite zur Folge, daß der Austritt für den Arbeitgeber im Notfall erheblich an Attraktivität gewinnen würde und es dadurch zu einer Verbandsflucht kommen kann. Andererseits trägt dieses Argument nicht, wenn die Härteklausel auf Unternehmen beschränkt wird, die ohne Sanierung ohnehin aus dem Wettbewerb und damit aus dem Arbeitgeberverband ausscheiden würden. Der Effekt der Verbandsflucht wäre dann nur bei den

---

1279 Zu den Funktionen der Tarifautonomie vgl. unter Kapitel 3 B. I. 3. a) (S.191 ff).

1280 Man denke nur daran, daß insbesondere dringend notwendige Arbeitnehmer einen Änderungsvertrag verweigern und zu anderen Unternehmen abwandern.

1281 Vgl. unter Kapitel 3 A. I. 1. c) (S.154 ff).

1282 Plastisch formuliert Hanau RdA 1993 S.1 (6) zur Öffnung der Tarifbindung für Betriebsvereinbarungen: *„Der Tarifvertrag würde von der stärksten zur schwächsten Rechtsquelle des Arbeitsrechts; sein Schutz wäre entwertet."*

Unternehmen erfüllt, die quasi vorsorglich austreten, ohne die Voraussetzungen einer Sanierungsbedürftigkeit zu erfüllen.

Im Gegensatz zu einer rein individualrechtlichen Lösung würde durch den Verbandsaustritt zudem die Friedenspflicht für die Gewerkschaft erlöschen. Durch den Austritt aus dem Arbeitgeberverband kann diese ferner erkennen, das in diesem Unternehmen voraussichtlich vom Tarifvertrag abgewichen wird. Dadurch erhält die Gewerkschaft die Möglichkeit, einen Firmentarifvertrag zu erzwingen und kann die Ordnungsfunktion des Tarifvertrags verwirklichen. Auch wenn ein Arbeitskampf während einer betrieblichen Notlage unwahrscheinlich erscheint, verstärkt allein die rechtliche Möglichkeit der Gewerkschaft zum Streik ihre Verhandlungsposition. Zudem kann sie nach Wegfall der Voraussetzungen für einen Härtefall gegen den Arbeitgeber einen Firmentarifvertrag erzwingen oder den erneuten Beitritt in den Arbeitgeberverband bewirken. Gegenüber den beiden zuvor genannten Varianten und gegenüber einer generellen Aufhebung oder Beschränkung des § 3 III TVG stellt eine solche Härteklausel einen geringeren Eingriff in die Koalitionsfreiheit dar.

dd) Außerordentliche Kündigung der Tarifbindung

Zu erwägen ist, ob man eine Härteklausel wie ein außerordentliches Kündigungsrecht des einzelnen Arbeitgebers versteht. Die Kündigung würde nur die eigene Tarifbindung beseitigen und damit wie eine einfache Härteklausel verknüpft mit dem Erfordernis einer Gestaltungserklärung gegenüber der Gewerkschaft wirken. Die Erklärung hat für die Gewerkschaft den spürbaren Vorteil, daß sie nun das betreffende Unternehmen kennt und reagieren kann. Außerdem besteht kein Automatismus, die zwingende Wirkung fällt also nicht automatisch fort.[1283]

Fraglich ist ferner, ob bei einer solchen Erklärung die Friedenspflicht erhalten bleibt. Bleibt diese erhalten, so würde eine solche Härteklausel einen schwereren Eingriff darstellen als die Härteklausel in § 3 III TVG. Würde man die Friedenspflicht enden lassen, so entsprächen sich beide Varianten mit dem einzigen Unterschied, daß der Arbeitgeber noch immer Mitglied im Arbeitgeberverband ist. Darin dürfte kein Vorteil für die Gewerkschaft zu sehen sein. Diese Lösung ist aus Sicht der Gewerkschaft im Vergleich der zuvor genannten indifferent.

ee) Außerordentliche Kündigung des Verbandstarifvertrags und der Tarifbindung durch den Arbeitgeberverband

Schließlich ist an ein Recht des Arbeitgeberverbands, den Verbandstarifvertrag außerordentlich zu kündigen, zu denken. Dies würde bedeuten, daß der Arbeitgeberverband sich immer dann vom Verbandstarifvertrag lösen könnte, wenn nur ein Mitglied sanierungsbedürftig ist. Ein außerordentliches Kündigungsrecht wäre dann der Regelfall und keine Ausnahme. Erwägenswert erscheint daher, als milderes Mittel die Kündigung auf den einzelnen Arbeitgeber zu beschrän-

[1283] Löwisch NJW 1997 S.905 (910).

ken. Dies entspräche aus Sicht der Gewerkschaft einer Kündigung der Tarifbindung und einer Härteklausel in § 3 III TVG.

ff) Suspendierung der Tarifbindung durch die Ausübung eines Leistungsverweigerungsrecht gegenüber der Gewerkschaft

Entsprechend den Überlegungen zu den beiden vorangegangenen Ebenen kann man ein nur vorübergehend wirkendes Leistungsverweigerungsrecht des Arbeitgeber gegenüber der Gewerkschaft erwägen. Der Verbandstarifvertrag würde nur bezüglich des einzelnen Arbeitgebers und auch nur teilweise suspendiert und mit dem Erfolg der Sanierung automatisch wieder vollständig aufleben. Der Eingriff in die Koalitionsfreiheit wäre geringer als bei einer einfachen Härteklausel, da die Ordnungsfunktion nur vorübergehend betroffen wäre. Die Gewerkschaft müßte nicht die Arbeitnehmer mobilisieren, um den Tarifvertrag wieder durchzusetzen. Dies ist bei geringem Organisationsgrad u.U. gar nicht zu erwarten. Der Eingriff erscheint zumindest dann als geringer, wenn mit der Tarifbindung des Arbeitgebers auch die Friedenspflicht der Gewerkschaft, bezogen auf den einzelnen Arbeitgeber, suspendiert wird. Gegenüber einer bloßen Suspendierung der Tarifbindung hat die Ausübung eines Leistungsverweigerungsrechts für die Gewerkschaft den Vorteil, daß sie von dem Abweichen eines Unternehmens in Kenntnis gesetzt wird. Insofern stellt ein solches Leistungsverweigerungsrecht einen geringeren Eingriff dar, als die bloße Suspendierung der Tarifbindung, aber auch als eine Härteklausel in § 3 III TVG oder eine Kündigung der Tarifbindung.

gg) Anspruch auf Anpassung des Verbandstarifvertrags

Erwägenswert erscheint ein Anspruch des einzelnen Arbeitgebers gegenüber den Tarifvertragsparteien auf Anpassung des Verbandstarifvertrags. Aus den gleichen Überlegungen zum Firmentarifvertrag stellt dies einen schwerwiegenderen Eingriff als ein Lösungsrecht dar. Dies gilt auch dann, wenn man den Anspruch auf eine nur den einzelnen Arbeitgeber betreffende Anpassung beschränkt. Dies wäre im Ergebnis ein Anspruch auf Schaffung einer Härtefallregelung. Auch hier wird den Tarifvertragsparteien eine tarifliche Regelung aufgezwungen.

hh) Lösung nur nach Scheitern einer tariflichen Lösung

Vorstellbar ist ferner, daß die Härteklausel an den Versuch des Arbeitgebers gebunden wird, eine Lösung mit der Gewerkschaft zu erzielen, also im Sinne einer Verhandlungspflicht im Hinblick auf einen Firmentarifvertrag oder im Sinne einer Pflicht zur Beantragung einer Härtefallregelung bei Vorliegen einer tariflichen Härteklausel. Man könnte erwägen, ob dann der Eingriff in die Tarifautonomie geringer ist, da der Arbeitgeber die Möglichkeiten der Tarifautonomie ausgeschöpft hat.

Das Problem besteht allerdings darin, daß ein solches Erfordernis die Verhandlungsposition der Gewerkschaft nicht wirklich stärkt, da dem Arbeitgeber stets die Möglichkeit zur Lösung im Dissens verbleibt. Der Vorteil für die Gewerkschaft ist allerdings darin zu sehen, daß sie nun die wirtschaftlichen Verhältnisse des Unternehmens durch die Verhandlungen genau kennt und dadurch ihre Rechte besser wahrnehmen kann. Ferner hat sie die Möglichkeit, das Vertragsangebot bzw. die Vorstellungen des Antrags anzunehmen und einen Alleingang des Arbeitgebers zu verhindern. Insofern wird die Intensität des Eingriffs durch ein solches Erfordernis abgeschwächt. Dieses Erfordernis entspricht dem richtigen Gedanken, daß die Öffnung des Tarifvertrags zuerst Aufgabe der Tarifvertragsparteien ist[1284] und ein Gesetz nur subsidiär Geltung haben kann.

c) Zwischenergebnis

Eine gesetzliche Härteklausel stellt einen empfindlichen Eingriff in die Koalitionsfreiheit der Gewerkschaft dar. Hierbei ist der Eingriff dann am wenigsten intensiv, wenn der Arbeitgeber ein vorübergehendes Leistungsverweigerungsrecht nach dem Scheitern einer tariflichen Lösung geltend macht. Intensiver als ein solches sind eine Ausnahme von der Weitergeltung und eine außerordentliche Kündigung der Tarifbindung. Deutlich intensiver als die genannten drei Ansätze sind die Kürzung durch Betriebsvereinbarung, bloße Änderungskündigung oder einem Anspruch gegen die Tarifvertragsparteien auf Schaffung einer Härtefallregelung. Stärker als die vorgenannten Lösungswege greifen schließlich die Aufhebung oder zeitliche Beschränkung des § 3 III TVG und die außerordentliche Kündigung des Verbandstarifvertrags in die Koalitionsfreiheit ein.

4. Die Koalitionsfreiheit des Arbeitgeberverbands

Die Gewichtung der Grundrechtsbetroffenheit bei der Gewerkschaft gilt im wesentlichen auch für die Koalitionsfreiheit des Arbeitgeberverbands. Leichte Modifikationen ergeben sich aber bei der Funktion der Tarifautonomie und hinsichtlich der Gewichtung, insbesondere in Bezug auf die Härteklausel.

a) Ordnungsfunktion und Auslesefunktion

Für den Arbeitgeberverband und seine Mitglieder tritt die erste Funktion der Tarifautonomie, der Ausgleich der strukturellen Unterlegenheit der Arbeitnehmer in den Hintergrund und die Ordnungsfunktion in der Vordergrund. Durch den Tarifvertrag hat der Arbeitgeberverband nämlich ein Instrument, den Wettbewerb zu reglementieren und dadurch einen wirtschaftlichen Ausleseprozeß zu steuern. Es stellt sich die Frage, ob der Tarifautonomie im Rahmen der Ordnungsfunktion auch eine sog. Auslesefunktion zukommt. Hierbei wird die These aufgestellt, daß ein Unternehmen, daß nicht den Tariflohn zahlen kann, vom Markt verschwinden müsse.[1285] Anhaltspunkte für eine verfassungsrechtliche

---

[1284] So Löwisch NJW 1997 S.905 (905).

[1285] So zugespitzt Lieb NZA 1994 S.289 (291). Vorsichtiger Lieb NZA 1994 S.337 (342). Vgl. Wank FS Schaub (1998) S.761 (771), Wank NJW 1996 S.2273 (2281), der damit einen Eingriff in die Grundrechte der Arbeitgeber und Arbeitnehmer rechtfertigt, also der Auslesefunktion Verfassungsrang zubilligt. Vgl. auch Heinze NZA 1995 S.5 (6), der dies aber darauf beschränkt, daß die Tarifvertragsparteien Mindestarbeitsbedingungen setzten.

Verankerung dieser Auslesefunktion lassen sich in der Rechtsprechung allerdings nicht finden. Teilweise wird die tatsächliche stattfindende Auslese auch nur als faktische Auswirkung des Tarifvertrags eingeordnet.[1286]

Wenn man die Funktion der Tarifautonomie einseitig auf den Schutz der Arbeitnehmer durch die Gewerkschaft reduziert, dann kann man sich die Existenz von Arbeitgeberverbänden nur damit erklären, daß sie zur Wahrung eines Verhandlungsgleichgewichts erforderlich sind. Dann würde der Arbeitgeberverband eine strukturelle Unterlegenheit von kleineren Unternehmen gegenüber der Gewerkschaft ausgleichen. Es sind aber auch große Unternehmen Mitglied im Arbeitgeberverband, obwohl hier ein Verhandlungsgleichgewicht auch ohne die Unterstützung des Verbandes gewährleistet wäre. Die Beratungsarbeit und die finanzielle Absicherung im Arbeitskampf durch die Kassen haben diese großen Unternehmen nicht nötig. Diese Funktion könnten auch für kleine Unternehmen die Unternehmensverbände des BDI und Versicherungen übernehmen. Neben dem Ziel, ein Verhandlungsgleichgewicht herbeizuführen, müssen noch andere Motive eine Rolle spielen. Dies auf reine Solidarität zu beschränken, griffe zu kurz.

Die Vorteile des Verbandstarifvertrags für die Unternehmen bestehen in einer Verhinderung von Informations- und Transaktionskosten, in einer Stabilisierung bzw. Befriedung der Arbeitsbeziehungen und in einem Schutz vor Konkurrenz.[1287] Dies betrifft zum einen die Beschränkung eines Überbietungswettbewerbs und zum anderen den Schutz vor Wettbewerbsvorteilen durch geringere Löhne. Würden sich die Tarifvertragsparteien an den Interessen der Grenzbetriebe orientieren, so würde dieser Vorteil entfallen[1288]. Insofern erfüllt der Tarifvertrag eine gewisse Kartellwirkung, die nicht nur erwünscht ist, sondern dem Tarifvertrag notwendigerweise innewohnt und damit durch Art. 9 III GG gewährleistet ist.[1289] In dieser Kartellwirkung wird gleichzeitig die Ordnungsfunktion des Tarifvertrags deutlich und diese ist durch Härteklauseln spürbar betroffen. Damit ist aber noch nicht die Frage beantwortet, ob Unternehmen, welche die tariflichen Arbeitsbedingungen nicht gewähren können, aus dem Wirtschaftsprozeß ausscheiden müssen oder ob diese nur aus dem System des Verbandstarifvertrags, also aus dem Kartell, herausfallen. Es ist ja durchaus möglich, daß ein Unternehmen einen Firmentarifvertrag schließt, der unter dem Verbandstarifvertrag liegt, oder daß ein Unternehmen gar nicht tarifgebunden ist und untertariflich vergütet.[1290] Krisen in Unternehmen werden zudem nicht nur durch mangelnde Wettbewerbsfähigkeit ausgelöst, sondern durch verschiedene

---

[1286] So Ehmann/Schmidt NZA 1995 S.193 (202). Ähnlich Junker NZA 1997 S.1305 (1313).

[1287] Vgl. Hickel gewerkschaftsreport 1998 S.23 (29), Streeck Forum 1998 Nr.9 S.1 (1 f).

[1288] Vgl. Bickenbach/Soltwedel in Cassel (1998) S.491 (526), Soltwedel (1997) S.38, die sogar davon sprechen, daß sie überflüssig würden.

[1289] Vgl. Junker ZfA 1996 S.383 (390).

[1290] Man denke etwa daran, daß in manchen Branchen der Tarifvertrag eher die Ausnahme, denn die Regel darstellt.

Faktoren, insbesondere durch Fehler der Unternehmensführung[1291], das schlechte Zahlungsverhalten der öffentlichen Hand, welches besonders Kleinunternehmen gefährdet,[1292] und speziell in der Bauwirtschaft die Vergabepraxis, die sich nur am billigsten Angebot orientiert.[1293] Bei der Auslesefunktion des Tarifvertrags wird aber nicht danach differenziert, ob das Unternehmen sanierungsfähig ist.[1294]

Diese Kartellfunktion des Tarifvertrags greift zudem nicht, wenn die Wettbewerber als Außenseiter nicht an den gleichen Tarifvertrag gebunden sind oder im Ausland gar keine vergleichbaren Standards existieren.[1295] Ferner wurden verschiedene Störungen des Ausleseprozesses bei Grenzanbietern, z.B. aufgrund von Unternehmensverflechtungen, Mischkalkulation, Wirtschaftskriminalität, unlauterer Wettbewerb, etc. nachgewiesen, was die Insolvenz als Sanktion des Wettbewerbs fragwürdig erscheinen läßt.[1296] Insoweit wäre eine ausnahmslose Unabdingbarkeit des Tarifvertrags nicht zwingend erforderlich, um eine Auslesefunktion wahrzunehmen. Ferner kann man den Verbandsbeitritt nicht als Legitimation für eine Existenzvernichtung verstehen.[1297] Die Mitgliedschaft sagt vielmehr aus, daß sich das Mitglied während der Zeit der Mitgliedschaft an die abgeschlossenen Tarifverträge binden will. Dieser Grundgedanke war für Kartelle auch in § 13 I GWB a.F. niedergelegt.[1298] Demnach konnte ein Beteiligter eine genehmigte Kartellvereinbarung aus wichtigem Grund fristlos kündigen, insbesondere *„wenn die wirtschaftliche Bewegungsfreiheit des Kündigenden unbillig eingeschränkt"* wird.

Es ist zwar nicht zu verkennen, daß sich auch Außenseiter bei der Festlegung der Löhne an den Tarifverträgen orientieren und auch orientieren müssen, wenn sie qualifiziertes Personal langfristig beschäftigen wollen. Die Ordnungsfunktion des Tarifvertrags reicht daher in abgeschwächter Form weit über den Kreis der tarifgebundenen Arbeitgeber hinaus. Insofern wird von dem Tarifvertrag durchaus eine flächendeckende Reglementierung des Wettbewerbs erzielt, wodurch zwangsläufig eine Auslese unter den Unternehmen gefördert wird. Die Auslese findet aber nicht nur dadurch statt, daß die Außenseiter den Tariflohn zahlen müssen, sondern auch dadurch, daß sie bei einer zu großen Differenz nur sehr eingeschränkt ihren Personalbedarf decken können. Gegen eine verfassungsrechtliche Verankerung einer Auslesefunktion in Art. 9 III GG spricht schließlich, daß die Arbeitnehmer in Form des Arbeitsplatzverlustes diese Sank-

---

[1291] Vgl. Meinhold (1988) S.100 f, 102 mwN.
[1292] FAZ 3.12.1998 (Nr.282) S.17 (21).
[1293] So Keitel (Hochtief) FAZ 2.12.1999 (Nr.281) S.21.
[1294] Vgl. Henssler ZfA 1994 S.487 (505).
[1295] Vgl. Ruoff (1999) S.118. Zur Durchlöcherung der Ordnungsfunktion durch die Europäisierung und Globalisierung vgl. Buchner DB 1996 Beilage Nr.12 S.1 (3 f).
[1296] Vgl. Meinhold (1988) S.33 f mwN.
[1297] Vgl. unter Kapitel 3 C. I. 1. a) (S.221).
[1298] Vgl. Löwisch NJW 1997 S.905 (906).

tion des Wettbewerbs „zu spüren“ bekommen. In Hinblick auf die Verantwortung des Managements für Unternehmenskrisen trifft die Sanktion damit die Falschen.[1299] Festzuhalten ist, daß dem Tarifvertrag eine Ordnungsfunktion, auch im Sinne eines Schutzes vor Wettbewerb durch Niedriglöhne, zukommt. Eine spezielle Auslesefunktion des Verbandstarifvertrags in dem Sinne, daß ein Unternehmen, welches die tariflichen Arbeitsbedingungen nicht gewähren kann, aus dem Wettbewerb ausscheiden müsse, ginge aber zu weit.

b) Bestandsgefährdung durch den Verbandsaustritt

Hinsichtlich der Gewichtung der Betroffenheit ist zu vermuten, daß eine Aufhebung der Weitergeltung den Bestand des Arbeitgeberverbands massiv gefährden würde, da vermutlich viele Arbeitgeber in Krisensituationen die Möglichkeit zur Lösung von der Tarifbindung durch Austritt nutzen würden. Durch jeden Austritt wird die Position des Arbeitgeberverbands bei Verhandlungen, aber auch in finanzieller Hinsicht, geschwächt. Aber auch eine gesetzliche Härteklausel ohne Verbandsaustritt schwächt die Verhandlungsposition des Arbeitgeberverbands, da die Gewerkschaft auf notleidende Unternehmen keine Rücksicht nehmen muß.[1300]

Würde die Härteklausel nur ein Leistungsverweigerungsrecht gegenüber der Gewerkschaft und keinen Austritt erfordern, so träte beim Arbeitgeberverband eine starke Rechtsunsicherheit ein. Diese könnte man u.U. mit dem Erfordernis der Geltendmachung dieses Rechts gegenüber beiden Tarifvertragsparteien beheben. Dann bliebe noch immer der Aspekt, daß der Arbeitgeberverband in seinen Reihen Mitglieder hat, die sich nicht an die Satzung und die abgeschlossenen Tarifverträge halten. Dies könnte man dadurch ausräumen, daß man dem Arbeitgeberverband ein außerordentliches Ausschlußrecht gewährt. Der Arbeitgeberverband kann dann selbst entscheiden, ob das „fahnenflüchtige“ Mitglied weiterhin im Verband verbleiben darf. Im Ergebnis gäbe es im Arbeitgeberverband eine Art OT-Abteilung für Härtefälle.

Dieses Ergebnis würde der Verband zwar auch erzielen, wenn er dem Arbeitgeber einen OT-Verband anbietet, in welchen dieser nach dem Austritt aufgenommen wird. Bei dem Leistungsverweigerungsrecht blieben ihm die Mitglieder aber in jedem Fall erst einmal erhalten. Diese Kombination mit einem außerordentlichen Ausschlußrecht des Arbeitgeberverbands greift daher weniger intensiv in dessen Koalitionsfreiheit ein als eine Härteklausel in § 3 III TVG.

1299 Vgl. Stürner ZIP 1982 S.761 (762), der diese Wertung aber einschränkt und eine Mitverantwortung der Arbeitnehmer über den Betriebsrat sieht. (S.763).

1300 Vgl. Rosdücher WSI Mitteilungen 7/1997 S.459 (463).

5. Der Schutz konkurrierender Arbeitgeber vor Wettbewerbsverzerrungen

Eine Lohnsenkung kann gegenüber dem Wettbewerber zu einem Vorteil führen.[1301] Die konkurrierenden Arbeitgeber, die an den gleichen Verbandstarifvertrag gebunden sind, haben ein Interesse daran, daß sich ein Wettbewerber nicht ihnen gegenüber durch untertarifliche Arbeitsbedingungen einen Wettbewerbsvorteil verschaffen kann. Dieses Interesse ist besonders dann ausgeprägt, wenn, wie im Baugewerbe, ein starker Konkurrenzkampf innerhalb eines Verbandes besteht.[1302] Es fragt sich, ob dieses Interesse verfassungsrechtlich geschützt wird.

a) Schutz der Wettbewerbsfreiheit

Das BVerfG ordnet Probleme der Wettbewerbsfreiheit dem Art. 12 GG zu, lehnt aber einen Schutz vor möglicher neuer Konkurrenz durch Art. 12 GG ab.[1303] Das BVerwG stützt die Wettbewerbsfreiheit auf Art. 2 GG[1304] und nimmt dann einen Eingriff an, wenn die Fähigkeit des Konkurrenten *„zur Teilnahme am Wettbewerb so eingeschränkt"* wird, daß seine *„Möglichkeit, sich als verantwortlicher Unternehmer wirtschaftlich zu betätigen, beeinträchtigt"* wird.[1305] Das OVG Münster zieht schließlich dann eine Grundrechtsverletzung in Betracht, wenn die Situation eines ruinösen Wettbewerbs im Sinne einer Existenzgefährdung geschaffen werden würde.[1306] Bei den Eingriffen in die Wettbewerbsfreiheit der konkurrierenden Arbeitgeber ist zuerst an Sanierungsmaßnahmen bei Einführung einer gesetzlichen Härteklausel zu denken. Dies betrifft aber nicht final die rechtlichen Entscheidungsmöglichkeiten der konkurrierenden Unternehmen und ist auch nicht final darauf gerichtet, die Teilnahme am Wettbewerb zu behindern.

Anders könnte der Fall liegen, wenn das zu sanierende Unternehmen versucht, mit sog. Kampfpreisen oder durch Maßnahmen des Nichtleistungswettbewerbs andere Unternehmen aus dem Markt zu drängen oder wenn die Sanierung des einen Unternehmens zwingend voraussetzt, daß ein anderes Unternehmen aus dem Markt ausscheidet. Dann ist die Verdrängung des Wettbewerbers Voraussetzung für die erfolgreiche Sanierung. Sanierungsmaßnahmen können, wie im Fall Holzmann deutlich wird, durchaus einen erheblichen Einfluß auf die Wettbewerbsfähigkeit der Wettbewerber bis hin zu einer Gefährdung der Unternehmensexistenz bei anderen Grenzbetrieben haben. Der konkurrierende Arbeitge-

---

1301 Vgl. Artus in Bergmann/Schmidt (1996) S.71 (96), Heinze NZA 1995 S.5 (6), Kilger ZIP 1982 S.779 (780). Vgl. dazu auch den Beschluß der Wirtschaftsministerkonferenz v. 30.5.1983 ZIP 1983 S.876 (876).

1302 Vgl. Artus in Bergmann/Schmidt (1996) S.71 (95). Vgl. auch dazu den Fall Holzmann unter Kapitel 1 B. V. (S.43).

1303 Vgl. etwas BVerfGE -Beschl. v. 3.12.1980- 55 S.261 (269), BVerfGE -Beschl. v. 5.12.1995- 93 S.362 (370).

1304 Vgl. BVerwGE 30 -Urt. v. 30.8.1968- S.191 (198).

1305 BVerwG -Urt. v. 23.3.1982- GewArch 1982 S.341 (343).

1306 Vgl. OVG Münster -Urt. v. 22.9.1982- NVwZ 1984 S.522 (524 f).

ber müßte auf die Lohnsenkung zur Sanierung ebenfalls mit einer solchen reagieren, was eine Lohnspirale nach unten zur Folge hätte. Man könnte daher in einer gesetzlichen Härteklausel einen Eingriff in die Wettbewerbsfreiheit zu sehen, weil sie durch Unterschreiten des Tarifvertrags einen Verdrängungswettbewerb ermöglicht. Dies ist unabhängig von dem tatsächlichen Problem, daß eine Existenzbedrohung eines bestimmten Konkurrenten durch eine Sanierung praktisch nicht nachweisbar ist.[1307]

Dem ist aber entgegenzuhalten, daß die Ursache für die Existenzgefährdung des Konkurrenten nicht in der Sanierung und nicht in der Schaffung einer Härteklausel zu suchen ist, sondern in der eigenen wirtschaftlichen Situation. Eine Beeinträchtigung des Art. 14 I GG läge aber selbst bei einer Existenzbedrohung des Konkurrenten nicht vor, da dem konkurrierenden Unternehmen durch eine Härteklausel oder Sanierung keinerlei Verpflichtungen auferlegt werden. Eine Härteklausel würde auch keinen ruinösen Wettbewerb schaffen. Dieser könnte auch davon unabhängig durch Unternehmen entstehen, die nicht an den Verbandstarifvertrag gebunden sind. Die Problematik von Kampfpreisen und Nichtleistungswettbewerb hat schließlich nichts mit der Bindung an den Verbandstarifvertrag oder mit einer Härteklausel zu tun. Somit ist ein Eingriff in die Wettbewerbsfreiheit durch eine Härteklausel abzulehnen.

b) Art. 9 III GG

Ist der Wettbewerber an den gleichen Tarifvertrag gebunden wie der zu sanierende Grenzbetrieb, so ist zu erwägen, ob in einer Abweichung vom Tarifvertrag ein Eingriff in die positive Koalitionsfreiheit vorliegt. Die Betätigung in einer Koalition könnte durch Härteklauseln entwertet werden. Zu beachten ist hierbei insbesondere die Ordnungsfunktion des Tarifvertrags. Sanierungsmaßnahmen und Härteklauseln betreffen aber die kollektive Koalitionsfreiheit. Die Möglichkeit, sich im Arbeitgeberverband zu betätigen, wird in keiner Hinsicht tangiert.

c) Art. 3 I GG

Bei einer Lösungsmöglichkeit im Härtefall liegt eine Ungleichbehandlung mit den tarifgebundenen Unternehmen vor, die aufgrund ihrer wirtschaftlichen Situation ein solches Lösungsrecht nicht haben. Hier ist zu bemerken, daß eine Ausnahme von der Weitergeltung sich eher mit Art. 3 GG verträgt als ein Leistungsverweigerungsrecht oder eine Kündigung der Tarifbindung, weil der Arbeitgeber hier aus dem Arbeitgeberverband austritt und damit auch seine mitgliedschaftlichen Rechte, insbesondere sein Stimmrecht, verliert.

d) Ergebnis

Als Ergebnis ist daher festzuhalten, daß der Konkurrentenschutz als solcher von den Grundrechten nicht erfaßt wird. Gewährleistet ist nur der Schutz vor ungerechtfertigter Ungleichbehandlung. Aspekte des Wettbewerbs können grundsätz-

---

[1307] Vgl. Ruoff (1999) S.191, der die „*Spürbarkeit*" und damit einen Eingriff verneint.

lich nur im Rahmen des Gemeinwohls zur Beschränkung von Grundrechten mit Gesetzesvorbehalt, also z.B. von Art. 14 GG dienen.

6. Arbeitnehmer der Konkurrenz

Die Sicherheit des Arbeitsplatzes der Arbeitnehmer in anderen Unternehmen wird durch Sanierungsmaßnahmen beeinträchtigt[1308]. Die Sicherheit des Arbeitsplatzes ist nicht grundrechtlich geschützt.[1309] Geschützt ist die Arbeitsvertragsfreiheit, in welche aber durch Maßnahmen in anderen Unternehmen nicht eingegriffen wird. Ein Schutz ergibt sich nur aus Art. 3 I GG im Sinne einer Ungleichbehandlung im Falle von Ausnahmen von der Unabdingbarkeit.

II. Weitere Rechtsgüter mit Verfassungsrang

Neben den Grundrechten ist ferner an das Rechtsstaatsprinzip, das Sozialstaatsprinzip und die Finanzverfassung als Rechtsgüter mit Verfassungsrang zu denken.

1. Rechtsklarheit im Sinne des Rechtsstaatsprinzips

Bei einer tariflichen Härteklausel entstehen die beschriebenen Anwendungsprobleme.[1310] Ähnliche Probleme sind bei gesetzlichen Härteklauseln zu erwarten. Es ist also aus Sicht des Rechtsstaatsprinzips erforderlich, daß die gesetzliche Härteklausel einer Präzisierung durch die Gerichte zugänglich ist, daß sie praktikabel und für die Beteiligten verständlich ist. Die formellen Voraussetzungen der Härteklausel müssen widerspruchsfrei, praktikabel und verständlich sein. Vergleicht man eine Härteklausel in § 3 III TVG mit einem Leistungsverweigerungsrecht, so ergeben sich eindeutige Differenzen.

Wie schon zum Firmentarifvertrag begründet, folgt aus einer Suspendierung des Tarifvertrags eine enorme Rechtsunsicherheit bei allen Beteiligten.[1311] Diese Probleme entstehen bei einer Härteklausel, die einen Austritt voraussetzt, nicht. Hier korrespondiert die Mitgliedschaft mit der Tarifbindung des Arbeitgebers und mit der Friedenspflicht. Wenn die Anwendung der Härteklausel einmal geklärt ist, wissen die Beteiligten genau, welche Arbeitsbedingungen gültig sind, nämlich die der Änderungskündigungen. Die Gewerkschaft kann daher über die Erzwingung eines Firmentarifvertrags nachdenken und hierfür die Arbeitnehmer mobilisieren. Der Arbeitgeber kann sich nach der Sanierung erneut dem Arbeitgeberverband anschließen, um wieder die alten Arbeitsbedingungen herzustellen, mit der Gewerkschaft einen entsprechenden Firmentarifvertrag schließen oder den Arbeitnehmer einzelvertragliche Bezugnahmen anbieten. Diese Lösung erscheint daher wesentlich praktikabler. Eine Leistungsverweigerungsrecht des Arbeitgeber gerät mit dem Rechtsstaatsprinzip erheblich stärker in Konflikt als eine Härteklausel in § 3 III TVG.

[1308] Vgl. Heinze in Birk/Kreuzer (1986) S.75 (81).
[1309] Vgl. unter Kapitel 3 A. I. 2. c) (S.161 ff).
[1310] Vgl. unter Kapitel 2 B. II. 3. (S.100 ff).
[1311] Vgl. unter Kapitel 3 B. I. 4. a) bb) (S.205).

2. Sozialstaatsprinzip

Das Sozialstaatsprinzip aus Art. 20 I GG ist nach der Rechtsprechung des BVerfG als solches keine Grundlage subjektiver Rechte.[1312] Vielmehr trifft den Staat die Rechtspflicht im Sinne eines Verfassungsauftrags zur Verwirklichung des Sozialstaats.[1313] Damit kann das Sozialstaatsprinzip einen Eingriff in Grundrechte mit Gesetzesvorbehalt, wie z.B. Art. 12 GG und Art. 14 GG, rechtfertigen. In seinem Beschluß zu den Lohnabstandsklauseln hat das BVerfG dem Ziel, die Massenarbeitslosigkeit zu bekämpfen, Verfassungsrang zugebilligt und dies auch auf das Sozialstaatsprinzip gestützt.[1314] Teilweise wird auch das Günstigkeitsprinzip[1315] oder die betriebliche Mitbestimmung[1316] auf das Sozialstaatsprinzip gestützt. Es stellt sich daher die Frage, ob diesen Instituten ebenfalls Verfassungsrang zukommt und sie auf diesem Wege eine Schranke der Koalitionsfreiheit darstellen und zum Beispiel eine Anpassung des Tarifvertrags rechtfertigen können[1317].

Das Günstigkeitsprinzip ist hingegen nicht ein Ausfluß des Sozialstaatsprinzips, sondern ein Fall der praktischen Konkordanz von Tarifautonomie und Privatautonomie.[1318] Auch die Verankerung der betrieblichen Mitbestimmung in der Verfassung mit Hinweis auf das Sozialstaatsprinzips kann nicht überzeugen. Das BVerfG stützt ein ganz bestimmtes Ziel des Gesetzgebers, nämlich die Bekämpfung der Massenarbeitslosigkeit, auf das Sozialstaatsprinzip. Es stützt dies zusätzlich auf Art. 1 I i.V.m. Art. 2 I GG.[1319] Daraus wird deutlich, daß das Gericht nicht das Sozialstaatsprinzip als neue Schranke für vorbehaltlose Grundrechte etablieren will.

Den Verfassungsrang des Ziels, die Massenarbeitslosigkeit zu bekämpfen, könnte man demgegenüber für eine Beschränkung der Tarifautonomie fruchtbar machen. So ließe sich ein Eingriff in die Koalitionsfreiheit, z.B. durch eine Härteklausel, dadurch rechtfertigen, daß durch die Verhinderung von Unternehmenszusammenbrüchen die Arbeitslosigkeit abgebaut oder zumindest nicht zusätzlich gesteigert wird. Anders als Arbeitsbeschaffungsmaßnahmen ist eine Ausnahme im Härtefall nicht ein Mittel zur Bekämpfung der Massenarbeitslosigkeit, hier geht es um ein ganz konkretes Unternehmen und eine abgrenzbare Zahl von Arbeitsplätzen. Selbst wenn man, wie im Fall Holzmann, von dem Wegfall von bis zu 40.000 Arbeitsplätzen ausginge, so ist zu bedenken, daß bei anderen Unter-

---

[1312] Vgl. BVerfGE -Beschl. 3.12.1969- 27 S.253 (283).

[1313] BVerfGE -Beschl. v. 19.12.1951- 1 S.97 (105).

[1314] Vgl. BVerfG -Beschl. v. 27.4.1999- DB 2000 S.331 (331). Vgl. auch BVerfG -Beschl. v. 3.4.2001- ZIP 2001 S. 1066 (1069).

[1315] So vorsichtig G. Müller DB 1967 S.903 (905 f).

[1316] Vgl. Bakopoulos (1991) S.51 f, G. Müller ArbuR 1992 S.257 (257).

[1317] In diese Richtung Belling NZA 1996 S.906 (910), der dies allerdings für ausgeschlossen hält, solange die Parität der Koalitionen gewährleistet ist.

[1318] Vgl. dazu unter Kapitel 3 B. I. 3. b) aa) (2) (S.193 ff).

[1319] Vgl. BVerfG -Beschl. v. 27.4.1999- DB 2000 S.331 (331).

nehmen durch den Erhalt des Unternehmens Arbeitsplätze verlorengehen oder nicht entstehen. Zur Bekämpfung der Massenarbeitslosigkeit ist eine Härteklausel daher nicht geeignet.

3. Finanzverfassung

Teilweise wird versucht, Vorschriften aus den Art. 104a ff GG für die Probleme der Arbeitslosigkeit fruchtbar zu machen. Der Gesetzgeber sei gemäß § 1 StabG i.V.m. Art. 104a I (1), Art. 109 II, IV, Art. 115 I (2) GG zur Erhaltung des wirtschaftlichen Gleichgewichts und damit zur Bekämpfung der Arbeitslosigkeit von der Verfassung verpflichtet.[1320]

Die Vorschrift des Art. 109 II GG beruht auf dem Gedanken, daß der Staat mit fiskalpolitischen Maßnahmen auf die Gesamtwirtschaft Einfluß nimmt und ist eng mit den makroökonomischen Lehren Keynes verknüpft.[1321] In der makroökonomischen Theorie Keynes sind die Arbeitslöhne rigide, also ein exogener Faktor.[1322] Sie können daher vom Staat nicht beeinflußt werden. Art. 109 II GG betrifft daher nur den Zusammenhang mit der staatlichen Kreditaufnahme[1323], wie auch Art. 115 GG verdeutlicht. Aus den genannten Vorschriften kann daher kein Gesetzgebungsauftrag hinsichtlich einer gesetzlichen Härteklausel oder ein Rechtsgut mit Verfassungsrang für die Einschränkung von Grundrechten abgeleitet werden.

III. Ausgleich der kollidierenden Rechtsgüter durch eine Härteklausel

Im folgenden wird untersucht, ob eine Härteklausel in § 3 III TVG das Ergebnis eines verfassungsrechtlichen Ausgleiches der kollidierenden Rechtgüter mit Verfassungsrang darstellt. Hierzu ist, wie auf den Ebenen des Individualvertrags und Firmentarifvertrags, ein Vergleich mit anderen Lösungsmöglichkeiten auf den Stufen der Geeignetheit, Erforderlichkeit und Proportionaliät durchzuführen.

1. Eignung zum Existenzschutz

Entsprechend den Erwägungen zum Firmentarifvertrag sind Schadensersatzansprüche kein geeignetes Mittel, den Existenzschutz des Arbeitgebers zu gewährleisten. Dies gilt auch für die Ansätze, die freiwillige Arbeitnehmerdarlehen, ein abweichendes Verständnis von der Tarifüblichkeit im Sinne von § 77 III BetrVG voraussetzen, eine zeitliche Beschränkung des § 3 III TVG vorsehen oder dem Arbeitgeber ein schnelleres Austrittsrecht einräumen, weil sie

---

1320 Henssler ZfA 1998 S.1 (23, 28), Ruoff (1999) S.194, 209. In eine ähnliche Richtung Unterhinninghofen ArbuR 1993 S.101 (104 f).

1321 Vgl. BVerfGE -Urt. v. 18.4.1989- 79 S.311 (331). Vgl. Siekmann in Sachs Art.109 GG Rn.12 f.

1322 Vgl. nur Sargent (1994) S.47 f. Dies bedeutet, daß der Lohn bei Unterbeschäftigung nicht sinkt, sondern starr bleibt.

1323 Siekmann in Sachs Art.109 GG Rn.14.

nur unter bestimmten Voraussetzungen eine Sanierung ermöglichen.[1324] Aus diesem Grund trägt auch nicht das Argument, daß ausschließlich das Insolvenzverfahren zur Bewältigung einer Unternehmenskrise zuständig sei.[1325]

2. Erforderlichkeit des Eingriffs

Auf der Stufe der Erforderlichkeit scheiden die Ansätze aus, die zwar geeignet sind, das Grundrecht des Arbeitgebers aus Art. 14 GG zu verwirklichen, die aber stärker in mit diesem Grundrecht kollidierende Grundrechte Dritter eingreifen, ohne dem Rechtsstaatsprinzip besser zu entsprechen.

a) Extensives Verständnis des Günstigkeitsprinzips

Ein extensives Verständnis des Günstigkeitsprinzips, welches die Sicherheit des Arbeitsplatzes in den Günstigkeitsvergleich mit einbezieht, ist dogmatisch gesehen eine ungeschriebene Härteklausel, die individualrechtliche Abweichung ohne weitere formelle Erfordernisse gestattet. Diese Lösung greift stärker in die Koalitionsfreiheit der Gewerkschaft ein als eine Härteklausel mit weiteren formellen Voraussetzungen[1326], ohne zur Sanierung geeigneter zu sein. Dieser Lösungsansatz ist daher verfassungsrechtlich nicht erforderlich, also verfassungswidrig[1327], und scheidet als optimale Lösung im Sinne einer praktischen Konkordanz auch für eine Gesetzesänderung aus.

b) Vorrang von Betriebsvereinbarungen

Als geeignete Lösungen für eine Sanierung bietet sich die Aufhebung des Tarifvorrangs, die Fiktion einer Härteklausel für Betriebsvereinbarungen und die Einführung des Günstigkeitsprinzips im Verhältnis zum Tarifvertrag an. Eine grundsätzliche Aufhebung des Tarifvorrangs ist verfassungsrechtlich nicht zu rechtfertigen und scheidet daher aus.[1328] Damit ist auch gesagt, daß § 77 III BetrVG nicht wegen der Grundrechte des Arbeitgebers verfassungswidrig sein kann. Die Einführung des Günstigkeitsprinzips ist zur Sanierung nur dann geeignet, wenn das Günstigkeitsprinzip extensiv verstanden wird.[1329] Damit wirkt dieser Ansatz in Sanierungsfällen wie eine ungeschriebene Härteklausel für Betriebsvereinbarungen.

Zur Abwendung der Existenzbedrohung sind Änderungskündigungen genauso geeignet wie eine Betriebsvereinbarung. Letztere hat für den Arbeitgeber zwar den Vorzug, daß sie aufgrund ihrer zwingenden Wirkung unkomplizierter durchsetzbar ist. Dieses Interesse ist aber nicht verfassungsrechtlich geschützt. Zu bedenken ist ferner die Situation, in welcher der Betriebsrat eine entsprechende Betriebsvereinbarung blockiert. Insoweit wird von der Bundesregierung

---

[1324] Vgl. dazu die Darstellung der Ansätze unter Kapitel 2 D. I. (S.115 ff).
[1325] So Kittner FS Schaub (1998) S.389 (417).
[1326] Vgl. unter Kapitel 3 C. I. 3. b) hh) (S.244 f).
[1327] Im Ergebnis auch Junker ZfA 1996 S.383 (399).
[1328] Vgl. unter Kapitel 3 B. I. 3. b) aa) (3) (S.195).
[1329] Vgl. unter Kapitel 2 D. I. 3. d) (S.119).

angemerkt, daß aus verfassungsrechtlichen Gründen die *„Frage des Vorrangs einer Beschäftigungssicherung vor Entlassung nicht der Mitbestimmung des Betriebsrats"* unterliege, sondern dem Unternehmer[1330], also seiner Privatautonomie. Insofern läge hier ein zusätzlicher Grundrechtseingriff vor, der verfassungsrechtlich nicht zu rechtfertigen wäre. Somit kann festgestellt werden, daß eine Härteklausel zugunsten von Betriebsvereinbarungen als optimaler Ausgleich eindeutig ausscheidet.

c) Anpassungsverpflichtungen der Tarifvertragsparteien

Ein Anspruch gegen die Tarifvertragsparteien auf eine Härtefallregelung stellt quasi eine Anpassung des Tarifvertrags dar und greift stärker in die Tarifautonomie ein als eine gesetzliche Härteklausel. Solche Verpflichtungen sind verfassungsrechtlich nicht erforderlich und scheiden daher als optimale Lösung eindeutig aus.

d) Nichtigkeit und außerordentliche Kündigung des Verbandstarifvertrags

Die Nichtigkeit und die außerordentliche Kündigung des Verbandstarifvertrags greifen schwerwiegender in die Tarifautonomie ein als eine Härteklausel. Daraus kann man ferner schließen, daß ein Verbandstarifvertrag vom Arbeitgeberverband nicht deshalb außerordentlich gekündigt werden kann, weil einzelne Arbeitgeber in ihrem Grundrecht aus Art. 14 I GG bedroht sind. Man wird daher ein außerordentliches Kündigungsrecht des Arbeitgeberverbands erst dann annehmen können, wenn durch die Insolvenzen seiner Mitglieder oder durch die außerordentlichen Austritte im Rahmen der hier vertretenen gesetzlichen Härteklausel eine Bestandsgefährdung eintritt, so daß ihm deshalb das Festhalten am Tarifvertrag unzumutbar ist. Unter welchen Umständen dies der Fall ist, ist eine Frage des Einzelfalls. Anhaltspunkt ist ein Mitgliederverlust, der die Verhandlungsfähigkeit des Arbeitgeberverbands schwerwiegend beeinträchtigt. Dies ist dann gegeben, wenn dem Arbeitgeberverband keine Möglichkeit verbliebe, mit Aussicht auf Erfolg einen Arbeitskampf gegen die Gewerkschaft zu führen. Mit anderen Worten würde ihm dann die Mächtigkeit fehlen und damit der Verlust seiner Tariffähigkeit drohen.[1331]

e) Einschränkungen der Tarifbindung

Der Eingriff in die Tarifautonomie durch eine Aufhebung des § 3 III TVG wäre deutlich schwerwiegender durch eine Begrenzung der Weitergeltung in Härtefällen. Daher ist eine Aufhebung verfassungsrechtlich nicht erforderlich, was auch bedeutet, daß die Grundrechte des Arbeitgebers keine Verfassungswidrigkeit des § 3 III TVG begründen können.

Hinsichtlich der Intensität des Eingriffs in die Koalitionsfreiheit des Gewerkschaft ist eine Ausnahme von § 3 III TVG in Härtefällen zu einer außerordentli-

---

[1330] Bundesregierung BR Drs. 330/95 Rn.51.

[1331] So auch Freihube (2000) S.174.

chen Kündigung der Tarifbindung durch den einzelnen Arbeitgeber oder den Arbeitgeberverband indifferent. Im Hinblick auf Art. 3 I GG der anderen Arbeitgeber stellt der Verbandsaustritt ohne Weitergeltung gegenüber der Kündigung der Tarifbindung ein milderes Mittel dar. Ferner ist entsprechend den Erwägungen zum Firmentarifvertrag erforderlich, daß eine Lösung auf tarifliche Ebene versucht wurde und gescheitert ist.

Schwieriger ist der Vergleich eines Leistungsverweigerungsrechts mit einer Härteklausel in § 3 III TVG. Das Leistungsverweigerungsrecht greift zwar eindeutig weniger schwer in die Koalitionsfreiheit der Tarifvertragsparteien ein, andere kollidierende Verfassungsrechte sind aufgrund der Suspendierung der Tarifbindung hingegen stärker betroffen: Rechtssicherheit und Art. 3 GG der anderen Verbandsmitglieder. Man kann daher nicht eindeutig feststellen, welche der beiden Härteklauseln den besseren Ausgleich darstellt. Eine Entscheidung muß daher im Rahmen der Abwägung getroffen werden.

f) Zwischenergebnis

Aus verfassungsrechtlicher Sicht kommt zur Sanierung nur eine Härteklausel in § 3 III TVG sowie ein Leistungsverweigerungsrecht des Arbeitgebers als optimale Lösung im Sinne einer praktischen Konkordanz in Frage. Alle anderen Lösungsansätze sind zur Sanierung nicht geeignet oder nicht erforderlich.

3. Abwägung der kollidierenden Rechtsgüter

Bei der Frage der Angemessenheit sind zunächst die beiden eben genannten Ansätze in einem Vergleich gegeneinander abzuwägen. Danach ist zu untersuchen, ob eine Sanierung im Dissens mit den Tarifvertragsparteien[1332] verfassungsrechtlich ausgeschlossen ist.

a) Vergleich mit einem Leistungsverweigerungsrecht

Auf der Ebene des Firmentarifvertrags wurde dargestellt, daß in der Praxis die Unterschiede zwischen einer vorübergehenden Suspendierung und einer endgültigen Lösung hinsichtlich der Intensität des Eingriffs in die Tarifautonomie fast vollständig nivelliert werden.[1333] Auf der Ebene des Arbeitsvertrags hat sich zudem gezeigt, daß der Eingriff in die Privatautonomie des Arbeitgebers und seiner Arbeitnehmer und der Konflikt mit dem Rechtsstaatsprinzip bei Annahme eines Leistungsverweigerungsrechts deutlich stärker sind.[1334]

Auf der Ebene des Verbandstarifvertrags kommen zusätzlich Überlegungen zum Gleichheitssatz aus Art. 3 GG hinzu. Es entsteht ein Problem der Gleichbehandlung, wenn man dem Arbeitgeber die außerordentliche Kündigung des Firmentarifvertrags zubilligt, ihm aber auf Verbandsebene nur ein suspendierendes Leistungsverweigerungsrecht einräumt. Dann wird der Arbeitgeber bei der Sanie-

---

[1332] Wenn man an einen Firmentarifvertrag denkt, zumindest in Dissens mit der Gewerkschaft.

[1333] Vgl. unter Kapitel 3 B. II. 3. a) aa) (S.208).

[1334] Vgl. unter Kapitel 3 A. II. 3. a) (S.167 ff).

rung aufgrund der Art der Tarifbindung unterschiedlich behandelt. Dies stellt aber kein entscheidendes Argument dar, da dem Arbeitgeber eine Sanierung jedenfalls möglich ist. Zum anderen wäre das Grundrecht der anderen tarifgebundenen Arbeitgeber aus Art. 3 I GG beim Leistungsverweigerungsrecht stärker betroffen sein, als bei der Möglichkeit, sich durch einen Austritt der Tarifbindung zu entziehen. Der Arbeitgeber, der sein Leistungsverweigerungsrecht geltend macht und gleichzeitig volles Mitglied im Arbeitgeberverband bleibt, hat gegenüber den anderen Arbeitgebern ganz erhebliche Vorteile. Er genießt alle Rechte des Arbeitgeberverbands, ohne tarifgebunden zu sein. Diesen Unterschied kann man ausgleichen, in dem man nicht nur die Friedenspflicht und die Tarifbindung, sondern auch sämtliche anderen Rechte und Pflichten, also das Stimmrecht, die Beratungsrechte, die Beitragspflichten, etc., suspendiert. Hieraus können daher keine zusätzlichen Argumente für und gegen den Vorzug des Leistungsverweigerungsrecht vor einem Lösungsrecht gewonnen werden.

Allerdings ist aus Gründen der Rechtssicherheit[1335] eine Härteklausel in § 3 III TVG einem suspendierenden Leistungsverweigerungsrecht als optimaler Ausgleich im Sinne einer praktischen Konkordanz vorzuziehen.

b) Vergleich mit der ausschließlichen Tarifbindung

Schließlich ist zu untersuchen, ob der Existenzschutz auf der Ebene des Verbandstarifvertrags durch die Koalitionsfreiheit, durch Grundrechte der anderen tarifgebundenen Arbeitgeber oder durch Belange des Gemeinwohls verdrängt wird. Eine Härteklausel verträgt sich demgegenüber mit dem Rechtsstaatsprinzip, wie die Überlegungen auf der Ebene des Firmentarifvertrags gezeigt haben.[1336]

aa) Verdrängung des Existenzschutzes durch die Tarifautonomie

Zu untersuchen ist zunächst, ob der Ausschluß einer gesetzlichen Härteklausel aufgrund einer Abwägung von Existenzschutz und Tarifautonomie zwingend ist.[1337] Man könnte die Frage auch dahingehend stellen, ob die ausnahmslose Geltung des § 3 III TVG zum Schutz dieser Güter zwingend erforderlich ist. Hierzu sind zunächst die Zwecke des § 3 III TVG zu beleuchten. Hinsichtlich der Bestimmung des Zwecks des § 3 III TVG bestehen Differenzen[1338]:

(1) Verhinderung von Mißbrauch

Allgemein anerkannt und auch vom BAG entschieden ist, daß durch § 3 III TVG *„dem Mißbrauch privatrechtlicher Gestaltungsmöglichkeiten begegnet werden"* soll. Die *„unmittelbare und zwingende Rechtswirkung eines Tarifvertrages"* soll *„nicht durch eine einseitige Maßnahme wie dem Verbandsaustritt beseitigt wer-*

[1335] Vgl. unter Kapitel 3 B. II. 3. a) bb) (S.209 ff).
[1336] Vgl. unter Kapitel 3 B. II. 3. b) bb) (S.214 ff).
[1337] So Tyska ArbuR 1985 S.276 (281). Die Funktionsfähigkeit der Tarifautonomie erfordere es, *„die Tarifverträge unbeeinträchtigt durchzuführen"*.
[1338] Vgl. ausführlich Haußmann (1997) S.104 ff.

den können."[1339] Durch die ausnahmslose und damit eindeutige Anordnung der Weitergeltung wird jede Gestaltungsmöglichkeit des Arbeitgebers, die auf einem Austritt aufbaut, nutzlos. Mit jeder Ausnahme von § 3 III TVG, insbesondere bei Härteklauseln, die auf unbestimmten Rechtsbegriffen beruhen, verliert die Regel somit an Klarheit. Damit verliert die Weitergeltung im Hinblick auf den Schutz vor Mißbrauch an Wirksamkeit. Somit ist bzgl. der Förderung dieses Zwecks die Vorschrift ein geeignetes und erforderliches Mittel.

Gerade in Härtefällen kann man aber schwerlich von Mißbrauch sprechen, da es dem Arbeitgeber ja um die Entfaltung seines Grundrechts aus Art. 14 GG geht.[1340] Insofern ist eine Weitergeltung speziell in Härtefällen zum Ausschluß von Mißbrauchsmöglichkeiten nicht zwingend erforderlich. Die momentane Situation in den neuen Bundesländern verdeutlicht im Gegenteil, daß gerade die fehlende rechtliche Möglichkeit des Arbeitgebers zur Sanierung zu Mißbrauch führt, weil eine rechtliche Kontrolle des Härtefalls nicht erfolgen kann. Überträgt man den Mißbrauchsgedanken auf die verfassungsrechtliche Ebene, so konkretisiert dieser die Funktion der Tarifautonomie, den Arbeitnehmer vor der überwiegenden Verhandlungsmacht des Arbeitgebers zu schützen. Ohne Sanierung wäre der Schutz der Arbeitnehmer ohnehin nur temporär. Die Tarifbindung sichert hier nur die Tarifbedingungen bis zur Abwicklung des Unternehmens bzw. bis zur Entlassung der Arbeitnehmer. Auch wenn der Tarifvertrag durch die eindeutige Festsetzung der Arbeitsbedingungen eine gewisse Ordnung schafft und gerade in diesen Krisenzeiten der Ausgleich der strukturellen Unterlegenheit der Arbeitnehmer besonders wichtig ist, kann diese Funktion bei den genannten Unternehmen nicht mehr langfristig erfüllt werden. Die Geltung des § 3 III TVG in Härtefällen ist weder zur Verhinderung von Mißbrauch noch zum Ausgleich eines Machtgefälles zwischen Arbeitnehmer und Arbeitgeber zwingend erforderlich.

(2) Verhinderung einer Tarifflucht und Schutz der Tarifvertragsparteien

Teilweise wird davon gesprochen, daß die Vorschrift eine „Flucht" des Arbeitgebers aus dem Verbandstarifvertrag verhindern wolle,[1341] dies gelte entsprechend für den Arbeitnehmer.[1342] Dies umfaßt zwei Aspekte: die bereits erörterte

---

[1339] So BAG -Urt. v. 15.10.1986- AP Nr.4 zu § 3 TVG Bl.2, vgl. auch BAG -Urt. v. 26.10.1983- AP Nr.3 zu § 3 TVG Bl.2, Gamillscheg Bd. I (1997) S.724, Gerhards DB 1995 S.1290 (1290), Herschel ZfA 1973 S.183 (192), Haußmann (1997) S.105.

[1340] Vgl. dazu auch unter Kapitel 4 A. I. 1. d) bb) (S.279).

[1341] So Bauer/Diller DB 1993 S.1085 (1085), Däubler ZTR 1994 S.448 (449), Löwisch/Rieble § 4 Rn.301, Scholz FS Müller (1981) S.509 (534). Distanziert BAG -Urt. v. 4.8.1993- AP Nr.15 zu § 3 TVG Bl.1. Vgl. aber BAG -Beschl. v. 27.6.2000- NZA 2001 S.334 (336), BAG -Urt. v. 17.5.2000- NZA 2001 S.453 (456), BAG -Urt. v. 7.11.2001- NZA 2002 S.748 (750).

[1342] So Hanau/Kania DB 1995 S.1229 (1231).

Verhinderung von Mißbrauch[1343] und den Bestandsschutz der Koalitionen. Durch die Erschwerung des Austritts schützt § 3 III TVG die Tarifvertragsparteien, insbesondere die Arbeitgeberverbände, mittelbar in ihrem Bestand.[1344] Zumindest verhindere die Norm bei Unzufriedenheit ein vorschnelles Verlassen.[1345] Durch die fehlende Möglichkeit, sich durch Austritt dem Tarifvertrag zu entziehen, verliert dieser deutlich an Attraktivität. Wenn auch ein Austritt letztlich nicht verhindert werden kann, so wird dieser Zweck gefördert. Durch Einführung einer Härteklausel würde der Austritt für den Arbeitgeber an Bedeutung gewinnen. Somit führt jeder Ausnahmetatbestand in § 3 III TVG dazu, daß dessen Ziel, eine Tarifflucht zu verhindern, aufgeweicht wird.

Dem Argument, daß der Bestandsschutz erfordere, den Austritt unattraktiv zu machen, ist entgegenzuhalten, daß bei einer Beschränkung der Weitergeltung in Härtefällen ohnehin nur solche Arbeitgeber profitieren könnten, die ohne Sanierung früher oder später durch Insolvenz aus dem Verband ausscheiden würden. Der Verlust der Mitgliedschaft würde somit nur vorverlagert. Ferner kann eine Lösungsmöglichkeit in Härtefällen die Attraktivität der Verbände sogar erhöhen. Dies hätte nämlich Folge, daß die Tarifvertragsparteien dazu gezwungen wären, verstärkt über die Einführung und Umsetzung tariflicher Härteklauseln nachzudenken, damit ihr Einfluß auf die Arbeitsbedingungen gewahrt wird. Der Arbeitgeber muß als milderes Mittel zwar die Möglichkeiten des Tarifsystems ausschöpfen, also eine Lösung im Konsens versuchen. Es muß aber auch eine adäquate Lösung für den Arbeitgeber geben, wenn dieser angestrebte Konsens scheitert. Das Grundrecht kann nicht vom guten Willen der Tarifvertragsparteien abhängig gemacht werden.[1346] Man kann die Erforderlichkeit einer gesetzlichen Härteklausel deshalb nicht allein mit der Existenz einer tariflichen Härteklausel

---

1343 Das BAG -Beschl. v. 27.6.2000- NZA 2001 S.334 (336) bezieht sich in seinem Beschluß darauf, daß ein Unterlaufen des Verbandstarifvertrag verhindert werden müsse. Es spricht also nur den ersten Aspekt an.

1344 BAG -Urt. v. 13.12.1995- AP Nr.3 zu § 3 TVG Verbandsaustritt Bl.3, Büdenbender NZA 2000 S.509 (512), Kempen in Hagemeier/Kempen/Zachert/Zilius § 3 TVG Rn.19, Herschel ZfA 1973 S.183 (192), Schaub BB 1995 S.2003 (2003), Schaub BB 1994 S.2005 (2006). Vgl. Wiedemann/Stumpf § 3 TVG Rn.46, die darin nur noch eine Nebenwirkung sehen.

1345 So Gamillscheg Bd. I (1997) S.724. Vgl. auch Büdenbender NZA 2000 S.509 (512).

1346 Vgl. Hromadka NZA 1996 S.1233 (1237).

ablehnen.[1347] Eine gesetzliche Härteklausel kann durchaus positive Effekte auf die Kompromißbereitschaft bei der Umsetzung in Härtefallregelungen und damit auf die Attraktivität der Tarifvertragsparteien für die Arbeitsvertragsparteien haben.[1348] Man muß dabei berücksichtigen, daß gerade bei kleinen Personengesellschaften die Existenz des Unternehmens untrennbar mit der Lebensgrundlage des Unternehmers verknüpft ist. Ein Arbeitgeber, der weiß, daß er im Notfall aus der Tarifbindung herauskommt, kann sich eher dazu entschließen, in den Arbeitgeberverband einzutreten bzw. nicht voreilig auszutreten.[1349]

Ferner löst sich für den Arbeitgeberverband ein Interessenkonflikt, nämlich der zwischen der Fürsorge um das wirtschaftliche Überleben des einzelnen Mitglieds und der Vertretung der wirtschaftlichen Interessen der Wettbewerber, die ebenfalls Mitglieder sind. Gegenüber den anderen Mitgliedern kommt der Verband bei der einer Härtefallregelung bzw. bei der Zustimmung zu einem Firmentarifvertrag erheblich unter Rechtfertigungsdruck, was im Einzelfall dazu führen kann, daß er die Zustimmung verweigert.[1350] Er hat bei Bestehen einer gesetzlichen Härteklausel gegenüber den Mitgliedern einen besseren Standpunkt und kann eine Zustimmung zu einer Härtefallregelung leichter rechtfertigen. Dies würde ihm den Einfluß auf das einzelne Mitglied sichern. Hier kann sich aber auch ein Austritt des Arbeitgebers positiv auswirken, wenn das Unternehmen eine Belastung für die Handlungsfähigkeit des Arbeitgeberverbands darstellt[1351].

Als zweites Argument für § 3 III TVG wird die Verhandlungsfähigkeit der Tarifvertragsparteien angeführt. Austritte könnten während der Tarifverhandlungen das Verhandlungsgleichgewicht empfindlich stören. Außerdem verliert ein Kompromiß an Wert, wenn er durch einseitige Maßnahmen umgangen werden kann. Daraus wird gefolgert, daß der Schutz des § 3 III TVG neben dem Bestand der Koalition auch deren Durchsetzungsfähigkeit und die von ihnen durch den

---

[1347] Vgl. Henssler ZfA 1994 S.487 (512), der eine gesetzliche Härteklausel als derzeit nicht erforderlich ablehnt, weil die Tarifvertragsparteien Gelegenheit bekommen müssten, sich auf die *„neuartigen Problemlagen"* einzustellen. Dies ist dann folgerichtig, wenn man eine Härteklausel nur mit dem Gemeinwohl begründet. Ähnlich Walker ZfA 1996 S.353 (371), der aufgrund der Praxis der tariflichen Öffnungsklauseln eine gesetzliche Härteklausel für nicht erforderlich hält. Vgl. auch Junker ZfA 1996 S.383 (396 f), der eine Härteklausel rechtspolitisch für nicht notwendig und nicht zweckmäßig, verfassungsrechtlich aber für zulässig erachtet. Vgl. Wagner DB 1992 S.2550 (2554), der eine gesetzliche Härteklausel dann für erforderlich hält, wenn eine *„erhebliche Störung einer sinnvollen Ordnung des Arbeitslebens zu befürchten wäre"* und sich die Tarifvertragsparteien *„zu tariflichen Öffnungsklauseln nicht durchgerungen haben"*. Dies könnte man aktuell aufgrund des massenhaften Tarifbruchs bejahen. Dieses Kriterium vermischt den individuellen Grundrechtsschutz mit dem Schutz des Gemeinwohls. Das Gemeinwohl kann die Tarifautonomie allerdings nicht beschränken.

[1348] Vgl. Ruoff (1999) S.185.

[1349] Vgl. Stumpfe Sonderbeilage zu NZA Heft 24/2000 S.1 (3).

[1350] Vgl. den Fall „Holzmann" unter Kapitel 1 B. IV. 3. c) (S.41).

[1351] Schroeder/Ruppert WSI Mitteilungen 5/1996 S.316 (316).

Tarifvertrag geschaffene Ordnung betreffe[1352]. Gegen eine Härteklausel wird ferner vorgebracht, daß sie den Versuch darstelle, *„die Gewerkschaft als ernst zu nehmenden Verhandlungsgegner auszuschließen"*[1353]. Demgegenüber wird durch den Austritt aus dem Arbeitgeberverband und das Erlöschen der Friedenspflicht das ursprüngliche Kräfteverhältnis wieder hergestellt. Die Gewerkschaft wäre somit dem „Alleingang" des Arbeitgebers nicht hilflos ausgeliefert, sondern sie könnte im Gegenteil durch eine umsichtige Politik ihre Position im Unternehmen erheblich stärken. Dem könnte man zwar entgegenhalten, daß aus Sicht der Arbeitnehmer die Gewerkschaft überflüssig erscheinen müsse, da sie noch nicht einmal die tariflichen Mindestarbeitsbedingungen aus dem Verbandstarifvertrag gewährleisten könne. Das Stimmungsbild in Grenzbetrieben ist aber ein anderes.[1354] Die Gewerkschaft wird für die Arbeitnehmer gerade nach dem Austritt aus dem Arbeitgeberverband von größerer Bedeutung, da sie das einzige Mittel ist, die eigenen Rechte effektiv wahrzunehmen. Sollte der Arbeitgeber seine Position nach dem Abschluß der Sanierung auszunutzen versuchen, so kann die Gewerkschaft die Arbeitnehmer für einen Arbeitskampf mobilisieren.

Diese läßt sich erheblich besser mit der Rolle der Gewerkschaft vereinbaren, als das stillschweigende Dulden des Tarifbruchs. Gerade wenn es keine Härteklausel gibt, kann die Gewerkschaft das Verhalten des Arbeitgebers nicht wirksam kontrollieren. Klagt die Gewerkschaft, so verärgert sie die um ihren Arbeitsplatz besorgten Mitglieder. Unterläßt sie eine Klage, so gewährt sie keinen Schutz in den Fällen, welche die Voraussetzungen für eine Härteklausel gar nicht erfüllen würden. Ferner eröffnet die Härteklausel für die Gewerkschaft einen Ausweg aus der Situation, daß im Verbandstarifvertrag der Abschluß eines Firmentarifvertrags von der Zustimmung des Arbeitgeberverbands abhängig gemacht wird.[1355] Auch wenn der Arbeitgeber hier aus dem Arbeitgeberverband austreten würde und der Verband seine direkte Einwirkungsmöglichkeit verlöre, der Verband könnte die Gewerkschaft aus dem Verbandstarifvertrag in Anspruch nehmen bzw. außerordentlich kündigen. Hier stünde die Gewerkschaft vor ihren Mitgliedern völlig hilflos dar. Zur Verhinderung von Tarifflucht und zum Bestandsschutz der Tarifvertragsparteien ist eine Weitergeltung in Härtefällen somit nicht zwingend erforderlich.

(3) Schutz des Arbeitnehmers vor Schlechterstellung

Ferner wird vertreten, daß die Weitergeltung nicht nur mißbräuchliche Gestaltungen, sondern grundsätzlich eine tarifliche Schlechterstellung der Arbeitnehmer verhindern solle.[1356] Daraus wird ein Vorrang des § 3 III TVG im Falle ei-

---

[1352] So Buchner (1964) S.88, Däubler ZTR 1994 S.448 (449), Däubler NZA 1996 S.225 (226), Haußmann (1997) S.108.

[1353] So Beathalter (1999) S.290 f.

[1354] Vgl. dazu unter Kapitel 2 B. III. 4. (S.106 f).

[1355] So im Fall der sog. Meistbegünstigungsklausel, vgl. unter Kapitel 3 C. VI. 2. (S.266 f).

[1356] So Däubler (1993) Rn.1517, 1523. Dagegen Wellenhofer-Klein ZfA 1999 S.239 (245 f).

nes Verbandswechsels vor dem neuen Tarifvertrag abgeleitet. Zur Förderung dieses Zwecks wäre § 3 III TVG nach diesem Verständnis geeignet und erforderlich. Ein solcher Zweck beträfe aber in erster Linie das Konkurrenzverhältnis zwischen zwei Tarifverträgen. Er stünde somit eine Ausnahme in Härtefällen nicht entgegen.

(4) Gleichstellung mit dem Firmentarifvertrag

Das LAG Sachsen-Anhalt ist der Auffassung, § 3 III TVG bezwecke *„zudem auch, dem Verbandstarifvertrag die gleiche Bindungswirkung zuzuweisen, wie dem Firmentarifvertrag, indem er den Arbeitgeber auch bei Verbandsaustritt nicht aus der Tarifbindung entläßt.“* Damit versucht das Gericht zu begründen, daß ein Arbeitgeber durch einen Verbandsaustritt einem mittelbaren Stufentarifvertrag nicht entkommen könne, weil er auch im Falle eines Firmentarifvertrags daran gebunden bleibe.[1357]

Überträgt man diese Argumentation auf das Problem der außerordentlichen Kündigung eines Firmentarifvertrags, so stellt man fest, daß § 3 TVG hier eine Gleichstellung mit dem Firmentarifvertrag nicht vollständig gewährleisten kann. Der einzelne Arbeitgeber ist zwar wie beim Firmentarifvertrag für die Laufzeit gebunden, denn ohne § 3 III TVG könnte er sich durch Austritt quasi ohne Kündigungsgrund der Tarifbindung entziehen. Dem Arbeitgeber ist aber nicht wie beim Firmentarifvertrag eine außerordentliche Kündigung möglich. Die Vorschrift ist somit zur Erreichung dieses Zweckes im Härtefall ungeeignet. Eine Einschränkung des Existenzschutzes durch § 3 III TVG kann sich daher nicht darauf stützen, daß die Vorschrift die Gleichstellung mit dem Firmentarifvertrag bezweckt. Ein solches Verständnis würde im Gegenteil eine außerordentliche Lösungsmöglichkeit erfordern.

(5) Zwischenergebnis

Eine Härteklausel in § 3 III TVG würde folglich dazu führen, daß die Tarifvertragsparteien an Attraktivität gewönnen und die Rollen entsprechend der Interessen klar verteilt wären. Die Begrenzung der Weitergeltung stellt zwar einen starken Eingriff in die Tarifautonomie dar, sie bringt für die Tarifvertragsparteien aber auch einige Vorzüge mit sich. Gerade bei einer Begrenzung auf absolute Ausnahmefälle erscheint die Tarifautonomie nicht übermäßig beeinträchtigt. Der Ausschluß einer gesetzlichen Härteklausel und damit die Verdrängung des Art. 14 I GG ist zum Schutz der Tarifautonomie daher nicht zwingend geboten. Insofern kann man zu den Instituten der außerordentlichen Kündigung eines Firmentarifvertrags und dem Wegfall der Weitergeltung ein Parallele ziehen.

[1357] LAG Sachsen-Anhalt -Urt. v. 11.5.1999- AuR 2000 S.147 (148). Ähnlich Büdenbender NZA 2000 S.509 (514 f, 518), der davon spricht, daß jede Änderung des § 3 III TVG *„eine Aufgabe des Prinzips der Gleichbehandlung von Haus- und Verbandstarifverträgen“* darstelle. Die Weitergeltung könne man schon aus § 3 I TVG ableiten. Demnach habe § 3 III TVG nur deklaratorischen Charakter.

bb) Verdrängung durch Art. 3 I GG

Zu überlegen ist zunächst, ob trotz Existenzgefährdung aufgrund von Art. 3 I GG eine zwingende Gleichbehandlung mit den anderen Arbeitgebern, die ebenfalls an den Verbandstarifvertrag gebunden sind, geboten ist. Eine Ungleichbehandlung durch die Ausnahmeregelung von § 3 III TVG ließe sich grundsätzlich durch das Grundrecht des Arbeitgebers aus Art. 14 I GG rechtfertigen. Ansonsten wären auch tarifliche Härteklauseln oder unternehmensbezogene Tarifverträge unmöglich.[1358]

cc) Verdrängung durch das Gemeinwohl

Man könnte erwägen, ob das Gemeinwohl aus Gründen eines funktionierenden Wettbewerbs eine vollständige Verdrängung des Art. 14 GG rechtfertigt. Dies würde auf den Punkt gebracht bedeuten, daß ein Unternehmen, welches sanierungsfähig und damit in der Zukunft wettbewerbsfähig ist, aus dem Wettbewerb ausscheiden soll, damit der Wettbewerb funktioniert. Dies entspräche einer Sanktionierung für Mißmanagement für die Zeit vor der Sanierung. Das Ausscheiden eines sanierungsfähigen und daher grundsätzlich wettbewerbsfähigen Unternehmens dient dann aber nicht dem Funktionieren des Wettbewerbs, sondern ausschließlich den Wettbewerbern. Das Sanktionsbedürfnis der Öffentlichkeit für Mißmanagement ist durch die Strafvorschriften ausreichend befriedigt. Das Funktionieren des Wettbewerbs spricht im Gegenteil vielmehr dafür, daß ein wettbewerbsfähiges Unternehmen saniert wird.[1359] Das Gemeinwohl kann den Existenzschutz hier nicht verdrängen.

[1358] Vgl. Löwisch ZGR 1984 S.272 (273), der in einem unternehmensbezogenen Verbandstarifvertrag zur Sanierung keinen Verstoß gegen Art.3 I GG sieht.

[1359] Dies Situation, daß eine Koexistenz zweier Unternehmen nicht möglich ist, kann nicht befriedigend gelöst werden. Das stärkere Unternehmen wird sich am Ende durchsetzen. Welches Unternehmen dies ist, entscheidet aber der Markt und nicht der Rechtsanwender.

4. Ergebnisse

Die Kollision der Verfassungsnormen ist durch eine Ausnahme von § 3 III TVG in Härtefällen aufzulösen.[1360] Dies gebietet das Grundrecht des Arbeitgeber aus Art. 14 GG, welches in Sanierungsfällen eine Differenzierung bei der Weitergeltung im Sinne von Art. 3 GG verlangt. Demnach entfällt die unmittelbare und zwingende Wirkung des Verbandstarifvertrags nach dem Austritt des Arbeitgebers, wenn dies zur Sanierung zwingend erforderlich ist. Ferner muß eine Lösung im Konsens mit den Tarifvertragsparteien gescheitert sein. Die individualrechtliche Umsetzung dieser gesetzlichen Härteklausel durch außerordentliche Änderungskündigungen muß den Gleichbehandlungsgrundsatz beachten und im Falle eines Scheiterns der Sanierung auflösend bedingt sein.

IV. Lösung von Abwandlung II

Im Falle der Bindung an einen Verbandstarifvertrag Abwandlung II ist verfassungsrechtlich geboten, daß der Arbeitgeber aus dem Arbeitgeberverband zur Sanierung außerordentlich austreten, wenn Verhandlungen mit den Tarifvertragsparteien erfolglos verlaufen sind. Der wichtige Grund ist hierbei die Unzumutbarkeit der Tarifbindung. In diesem Fall gilt § 3 III TVG nicht, was dem Arbeitgeber ermöglicht, die erforderliche Lohnsenkung durch außerordentliche Änderungskündigungen durchzusetzen. Dementsprechend wird folgende verfassungskonforme Änderung des § 3 III TVG vorgeschlagen:

§ 3 TVG Tarifgebundenheit.

(3) Die Tarifgebundenheit bleibt bestehen, bis der Tarifvertrag endet. Dies gilt nicht für den Arbeitgeber, der sich in einer wirtschaftlichen Notlage befindet.

[1360] Ähnlich Wank FS Schaub (1998) S.761 (771), der eine vorübergehende Aufhebung der Tarifbindung zur Sanierung aufgrund der betroffenen Grundrechte und des Verhältnismäßigkeitsgrundsatzes für sinnvoll und möglich hält. Wank denkt dabei allerdings an eine Pflicht der Tarifvertragsparteien zur Öffnung des Tarifvertrags. Vgl. Henssler ZfA 1994 S.487 (491), die *„Ordnungsfunktion des Tarifvertrages muß hinter dieser aus dem übergeordneten Grundsatz von Treu und Glauben resultierenden Schranke zurücktreten"* Henssler diskutiert hier allerdings die außerordentliche Kündigung eines Verbandstarifvertrags. Vgl. aber Henssler ZfA 1994 S.487 (512), der hier die Geeignetheit einer gesetzliche Härteklausel derzeit verneint. Vgl. Lieb NZA 1994 S.289 (292), der in Härtefällen eine Lohnunterschreitung zur Sanierung für gerechtfertigt hält, aber eher in Richtung einer Reform der InsO denkt. AA Kittner FS Schaub (1998) S.389 (416 f), der eine gesetzliche Härteklausel gegen den Willen der Tarifvertragsparteien für unverhältnismäßig und damit verfassungswidrig erachtet. Vgl. Otto FS Kissel (1994) S.787 (797 f), nach dem sich der Arbeitgeber nicht auf Art.14 I GG berufen kann, da dies sonst auf *„eine dem Tarifrecht immanente, dem Individualrecht unbekannte, ungeschriebene Öffnungsklausel"* hinausliefe. Dies ist in der Tat das Ergebnis einer Berücksichtigung des Art.14 I GG. Dies kann jedoch nicht als verfassungsrechtliches Argument gegen dessen Berücksichtigung herhalten.

Erläuterung:

Nach Satz 2 findet die Weitergeltung keine Anwendung, wenn eine Notlage vorliegt. Dies ist unabhängig von der Frage, aus welchem Grund der Arbeitgeber aus dem Arbeitgeberverband ausgetreten ist. Ist beispielsweise die Notlage erst nach dem Austritt eingetreten bzw. nachweisbar geworden, so ist auch hier eine Ausnahme gerechtfertigt. Es darf kein Unterschied zwischen dem Arbeitgeber, der zunächst eine Notlage befürchtet und austritt, und dem, den die Notlage überraschend trifft, gemacht werden.

Die Weitergeltung entfällt, sobald eine wirtschaftliche Notlage, da ab diesem Moment die Ausnahme des Satzes 2 eingreift. Trotzdem ist es entbehrlich, den genauen Zeitpunkt des Wegfalls der Weitergeltung zu bestimmen. Entscheidend ist nur, daß im Zeitpunkt der Änderungskündigungen keine normative Wirkung des Tarifvertrags gegeben ist.

V. Lösung von Abwandlung III (tarifliche Härteklausel)

In dem Fall, daß der Verbandstarifvertrag eine Öffnungsklausel enthält, die in Notfällen eine Abweichung vom Tarifvertrag zuläßt, gilt folgendes: Wird eine Härtefallregelung trotz eines den formellen und materiellen Anforderungen genügenden Antrages abgelehnt, so hat der Arbeitgeber dem Erfordernis genügt, eine Lösung im Konsens mit den Tarifvertragsparteien zu versuchen. Er kann nun wie in Abwandlung II verfahren.

Wurde demgegenüber ein Antrag nicht formgerecht gestellt, so muß er erneut einen formgerechten Antrag stellen. Ansonsten läge ein Verstoß gegen das „ultima ratio" Prinzip vor. Wurde schließlich für den Arbeitgeber antragsgemäß eine Härtefallregelung, die zur Sanierung allerdings nicht hinreichend ist, im dreiseitigen Zusammenwirken genau für diesen Sanierungsfall geschaffen, so hat der Arbeitgeber Existenzgefährdungen legitimiert. Der Arbeitgeber bleibt an diese Härtefallregelung gebunden und ist auf ein freiwilliges Nachbessern der Tarifvertragsparteien angewiesen.

VI. Sonderfall: Verbot von Firmentarifverträgen, „Meistbegünstigungsklausel"

An dieser Stelle soll die im Fall „Holzmann" angesprochene „Meistbegünstigungsklausel" auf ihre Verfassungsmäßigkeit untersucht werden. Hiermit ist die Frage, ob schon die Satzung des Arbeitgeberverbands Firmentarifverträge verbieten kann eng verbunden. Problematisch ist dies in Hinblick auf die positive Koalitionsfreiheit des einzelnen Arbeitgebers und der Gewerkschaft.

1. Satzungsbestimmung

Eine Satzungsbestimmung, in der sich der Arbeitgeber verpflichtet, ohne Zustimmung keinen Firmentarifvertrag zu schließen, schränkt die rechtliche Möglichkeit, einen Firmentarifvertrag zu abzuschließen, nicht ein[1361], weil die Sat-

---

[1361] Vgl. schon unter Kapitel 2 A. III. 1. b) (S.79).

zung gegenüber dem Firmentarifvertrag kein höherrangiges Recht darstellt. Verstößt der Arbeitgeber gegen die Satzung des Arbeitgeberverbands, so droht dem Arbeitgeber der Ausschluß aus wichtigen Grund und u.U. Schadensersatzansprüche aus Pflichtverletzung nach § 280 BGB, weil der Arbeitgeber seine Pflichten aus der Mitgliedschaft verletzt. Darin wäre ein Eingriff in die positive Koalitionsfreiheit des Arbeitgebers zu sehen, der allerdings durch den Beitritt in den Arbeitgeberverband als Verzicht auf den Abschluß von Firmentarifverträgen legitimiert ist.

2. „Meistbegünstigungsklausel" im Verbandstarifvertrag

Macht ein Verbandstarifvertrag den Abschluß eines Firmentarifvertrags durch eine sog. Meistbegünstigungsklausel von der Zustimmung des Arbeitgeberverbands abhängig, so wird nicht das Recht des Arbeitgebers beschränkt, einen Firmentarifvertrag zu schließen, weil der speziellere Firmentarifvertrag den Verbandstarifvertrag verdrängt. Dadurch verletzt die Gewerkschaft aber ihre Pflichten aus dem Verbandstarifvertrag, was den Arbeitgeberverband zur außerordentlichen Kündigung des Verbandstarifvertrag und dazu berechtigt, den Firmentarifvertrag in der Fläche zu übernehmen.[1362] Ein Gericht, welches dem Arbeitgeberverband diesen Anspruch zuspricht, zwingt der Gewerkschaft einen neuen Verbandstarifvertrag auf, auch wenn dies u.U. sachwidrig ist.[1363] Die Gewerkschaft wird deshalb davor zurückschrecken, was dem Arbeitgeber faktisch die Gewerkschaft als Tarifvertragspartner nimmt und dadurch die Entstehung von Tarifrecht verhindert. Dies schränkt die Koalitionsfreiheit des Arbeitgebers und der Gewerkschaft zielgerichtet ein.

Die Gewerkschaft hat den Eingriff in ihre Koalitionsfreiheit durch den Abschluß des Verbandstarifvertrags legitimiert. Dagegen wird vorgebracht, daß die Tarifvertragsparteien auf die Möglichkeit, Firmentarifverträge zu schließen, nicht verzichten könnten, weil sie ansonsten die Tarifautonomie „denaturieren" würden.[1364] Der Verzicht auf Firmentarifverträge ist aber gerade Ausdruck ihrer Tarifautonomie und ihres Bindungswillens, ein Verzicht ist daher zulässig. Im Falle der Mitgliedschaft im Arbeitgeberverband ist eine solche Regelung auch vom Arbeitgeber zumindest dann legitimiert, wenn schon die Satzung ein solches Verbot enthält. Aber auch ohne ausdrückliche Satzungsbestimmung liegt in der Mitgliedschaft quasi die Billigung des Inhalts des Verbandstarifvertrags. Man muß den Beitritt in den Arbeitgeberverband daher nicht nur als Auftrag an den Arbeitgeberverband verstehen, die Arbeitsbedingungen mit der Gewerkschaft zu regeln, sondern auch als Verzicht auf die Möglichkeit, dies in Form des Firmentarifvertrags selbst zu unternehmen.

Anders, wenn der Arbeitgeber nicht Mitglied im Arbeitgeberverband ist und ein Verbot von Firmentarifverträgen bzw. eine Meistbegünstigungsklausel im Ver-

---

[1362] Vgl. Rieble NZA 2000 S.225 (230 f), der sie deshalb für nichtig erachtet.
[1363] Rieble NZA 2000 S.225 (231).
[1364] So Söllner Sonderbeilage zu NZA Heft 24/2000 S.33 (39).

bandstarifvertrag enthalten ist. Der Verbandstarifvertrag nimmt dem Arbeitgeber in der Praxis jede Möglichkeit, mit der Gewerkschaft einen Firmentarifvertrag zu schließen. Hierin ist ein schwerwiegender Eingriff in die positive Koalitionsfreiheit zu sehen. Dies wird durch den Wortlaut des Art. 9 III (2) GG, der die Tarifautonomie behindernde Abreden verbietet, deutlich. Eine „Meistbegünstigungsklausel", die ein Verbot von Firmentarifverträgen mit Außenseitern bzw. eine entsprechende Meistbegünstigungsklausel vorsieht, ist daher insoweit verfassungswidrig.

Komplizierter verhält es sich wiederum bei einer Kombination aus Verbandstarifvertrag und Weitergeltung. Durch den Austritt wird die Einwilligung und damit die Legitimationsgrundlage entzogen, so daß die ehemalige Mitgliedschaft die Meistbegünstigungsklausel nicht rechtfertigen kann. Solche schwerwiegenden Eingriffe in die Koalitionsfreiheit des einzelnen Arbeitgebers ließen sich nur dann durch die Koalitionsfreiheit der Tarifvertragsparteien rechtfertigen, wenn solche Regelungen zum Schutz der Tarifautonomie zwingend erforderlich wären. Insbesondere die „Meistbegünstigungsklausel" dient dazu, Wettbewerbsverzerrungen zu vermeiden. Aber auch die Gewerkschaft hat naturgemäß kein Interesse daran, durch Firmentarifverträge den Verbandstarifvertrag zu unterlaufen, weil dies ihre Verhandlungsposition entscheidend schwächen würde. Daraus folgt, daß die „Meistbegünstigungsklausel" nur in dem Maße gerechtfertigt ist, wie sie sich auf Firmentarifverträge zwischen der Gewerkschaft und Mitgliedern des Arbeitgeberverbands bezieht. Erfaßt die tarifliche Klausel darüber hinaus auch Außenseiter, also auch ausgetretene Mitglieder, so ist sie als Verletzung der Koalitionsfreiheit des einzelnen Arbeitgebers verfassungswidrig und aufgrund der unmittelbaren Wirkung des Art. 9 III GG gemäß § 134 BGB grundsätzlich nichtig. Im Sinne einer geltungserhaltenden Reduktion ist die Klausel auf Mitglieder zu beschränken, da eine gänzliche Nichtigkeit nicht erforderlich ist.

Möchte die Gewerkschaft also mit dem sanierungsbedürftigen Arbeitgeber einen Firmentarifvertrag schließen und verweigert der Arbeitgeberverband seine Zustimmung, so liegt aufgrund der Unzumutbarkeit der Tarifbindung für den Arbeitgeber ein wichtiger Grund zum Austritt vor. Der Arbeitgeber kann somit aus dem Arbeitgeberverband außerordentlich austreten und mit der Gewerkschaft einen Firmentarifvertrag schließen, ohne daß der Arbeitgeberverband das Recht erhielte, den Inhalt dieses Vertrags auf die Fläche zu übertragen.

D. Ebene der Allgemeinverbindlicherklärung

Nachdem auf den Ebenen von Arbeitsvertrag, Firmentarifvertrag und Verbandstarifvertrag nachgewiesen wurde, daß der Arbeitgeber zur Sanierung Lohnkürzungen durchsetzen kann, soll dies auch für den Fall der Allgemeinverbindlicherklärung eines Tarifvertrags untersucht werden. Grundsätzlich können verschiedene Regelungen im Tarifvertrag einer Sanierung entgegenstehen. Die Untersuchung soll jedoch exemplarisch am Fall des tariflichen Mindestlohnes erfolgen.

I. Betroffene Rechtsgüter

1. Arbeitgeber

a) Existenzschutz aus Art. 14 I GG

Im Falle einer Allgemeinverbindlicherklärung erfaßt die Tarifbindung gemäß § 5 IV TVG auch die sog. Außenseiter. Sie kann unter den Voraussetzungen des § 5 I TVG vom Bundesminister für Arbeit und Soziales auf Antrag einer Tarifvertragspartei und im Einvernehmen mit einem Ausschuß, der aus *„Vertretern der Spitzenorganisationen"* der Tarifvertragsparteien besteht, abgegeben werden. Die Allgemeinverbindlicherklärung selbst ist nach der Ansicht des BVerfG *„im Verhältnis zu den ohne sie nicht tarifgebundenen Arbeitgebern und Arbeitnehmern ein Rechtsetzungsakt eigener Art zwischen autonomer Regelung und staatlicher Rechtsetzung."* Sie stelle keinen *„Erlaß eines Verwaltungsakts noch der einer Rechtsverordnung"* dar. Das Schwergewicht liege *„hinsichtlich der inhaltlichen Gestaltung der Normen und der „Gesetzgebungsinitiative" (...) eindeutig bei den Tarifparteien"*.[1365] Dennoch bezeichnet das BVerfG die Allgemeinverbindlicherklärung als *„Staatsakt"*[1366] und unterwirft die allgemeinverbindlich erklärten Tarifnormen der Bindung des Art. 1 III GG.[1367]

Die gesetzliche Regelung des § 5 TVG ist als ein Akt der Legislative zu sehen und stellt im Zusammenhang mit der Allgemeinverbindlicherklärung eine Inhalts- und Schrankenbestimmung des Art. 14 GG insofern dar, als eine Sanierung durch sie verhindert wird. Insoweit gelten die Ausführungen zur Gewichtung des Eingriffs zum Firmentarifvertrag und Verbandstarifvertrag entsprechend.

b) Negative Koalitionsfreiheit aus Art. 9 III GG

Zu untersuchen ist, ob durch die Allgemeinverbindlicherklärung in die Koalitionsfreiheit des Arbeitgebers eingegriffen wird. Diese erzeugt gemäß § 5 IV TVG eine Tarifbindung ohne eine Mitgliedschaft im Arbeitgeberverband und ohne Firmentarifvertrag. Zunächst hat das BVerfG ausgeführt, daß von der Allgemeinverbindlicherklärung ein *„Zwang oder Druck in Richtung auf eine Mitgliedschaft"* nicht ausgehe und einen Eingriff abgelehnt.[1368] Später hat das Gericht allerdings eingeräumt, daß sich aus dem Fehlen von Mitwirkungsrechten im Verband ein *„gewisser Druck, Mitglied einer Koalition zu werden"*, ergeben

---

[1365] BVerfG -Beschl. v. 24.5.1974- AP Nr.15 zu § 5 TVG Bl.5 f = BVerfGE 44 S.322 ff. Vgl. auch BVerfG -Beschl. v. 15.7.1980- AP Nr.17 zu § 5 TVG Bl.4.

[1366] BVerfG -Beschl. v. 24.5.1974- AP Nr.15 zu § 5 TVG Bl.7 = BVerfGE 44 S.322 ff.

[1367] BVerfG -Beschl. v. 15.7.1980- AP Nr.17 zu § 5 TVG Bl.4.

[1368] Das wird auch aus der sich anschließenden Formulierung *„greifen schließlich auch nicht (...) ein"* deutlich, vgl. BVerfG -Beschl. v. 24.5.1974- AP Nr.15 zu § 5 TVG Bl.9 = BVerfGE 44 S.322 ff.

könne.[1369] So kann es z.B. im Interesse des Arbeitgebers liegen, dem Arbeitgeberverband beizutreten, um an künftigen Tarifverträgen mitzuwirken.[1370] Dieser sei aber *„nicht so erheblich, daß die negative Koalitionsfreiheit verletzt würde"*.[1371] Später hat das Gericht mit dieser Begründung einen ausdrücklich Eingriff verneint.[1372]

Dem BVerfG ist insoweit zuzustimmen, als der beschriebene Druck aufgrund geringer Mitwirkungsmöglichkeiten des Mitglieds unerheblich ist. Vor dem Hintergrund der neueren Rechtsprechung des BVerfG, die sich von der Kernbereichslehre abgewandt hat[1373], wäre es aber konsequent von einem Eingriff auszugehen, da der Verbandsbeitritt koalitionsspezifisch ist. Die Wertung, ob der Druck erheblich ist, ist dann eine Frage der Abwägung im Rahmen der Grundrechtsschranken. Eine nähere Erörterung dieser Problematik kann in dieser Arbeit aber dahinstehen, weil der Druck nicht ins Gewicht fällt und es für die Sanierung entscheidend auf die Verwirklichung des Existenzschutzes ankommt. Mit der negativen Koalitionsfreiheit läßt sich eine Sanierung trotz Allgemeinverbindlicherklärung jedenfalls nicht begründen.

c) Privatautonomie aus Art. 12 I GG

Das BVerfG hat einen Eingriff in Art. 12 GG durch die Allgemeinverbindlicherklärung bei der Erhebung von Beiträgen zur Zusatzversorgungskasse in der Bauwirtschaft abgelehnt und dies mit damit begründet, daß die Zahlungspflichten weder den Zugang zu einer Tätigkeit im Baugewerbe beschränke, noch eine sinnvolle Tätigkeit im Baugewerbe unmöglich mache.[1374] Einen Eingriff abzulehnen ist zwar fragwürdig, weil der Arbeitgeber durch die Bindung durch § 5 IV TVG gehindert wird, vom Tarifvertrag abweichende Regelungen mit seinen Arbeitnehmern zu treffen. Einer näheren Untersuchung bedarf es aber auch hier nicht, weil bei der Sanierung das Grundrecht des Arbeitgebers aus Art. 14 GG im Vordergrund steht und hier die Verfassungsmäßigkeit der Vorschrift des § 5 TVG nicht generell in Frage gestellt werden soll[1375].

2. Schutz des öffentlichen Interesses

Die Allgemeinverbindlicherklärung dient gemäß § 5 I (1) Nr.2 TVG dem öffentlichen Interesse. Zweck der Allgemeinverbindlicherklärung ist es, den Außenseitern angemessene Arbeitsbedingungen zu sichern, wenn dies die Tarifvertragsparteien nicht allein erfüllen können und dies die Schutzbedürftigkeit der

---

[1369] BVerfG -Beschl. v. 15.7.1980- AP Nr.17 zu § 5 TVG Bl.5.
[1370] BAG -Urt. v. 28.3.1990- AP Nr.25 zu § 5 TVG Bl.5.
[1371] Vgl. BVerfG -Beschl. v. 15.7.1980- AP Nr.17 zu § 5 TVG Bl.5.
[1372] BVerfG -Beschluß v. 10.9.1991- AP Nr.27 zu § 5 TVG Bl.1 f.
[1373] Vgl. unter Kapitel 3 B. I. 1. b) aa) (S.185)
[1374] Vgl. BVerfG -Beschl. v. 15.7.1980- AP Nr.17 zu § 5 TVG Bl.6.
[1375] Das BVerfG hält die Vorschrift für verfassungskonform, vgl. BVerfG -Beschl. v. 24.5.1974 - AP Nr.15 zu § 5 TVG Bl.7 = BVerfGE 44 S.322 ff, BVerfG -Beschl. v. 15.7.1980- AP Nr.17 zu § 5 TVG Bl.6 f.

Arbeitnehmer oder ein öffentliches Interesse erforderlich macht.[1376] Die Allgemeinverbindlicherklärung wirkt nach dem BVerfG *„insbesondere in Zeiten nachlassender Konjunktur"* einem Unterbietungswettbewerb der Arbeitnehmer um die knappen Arbeitsplätze entgegen. Dies hätte *„schwerwiegende Nachteile für die Tarifgebundenen und Gefahren für die Verwirklichung des Tarifvertrags zur Folge".*[1377] Dies ist zum Beispiel dann der Fall, wenn eine Aushöhlung des Tarifvertrags droht.[1378] Dies gilt dann, *„wenn die Koalitionen die ihnen übertragene Aufgabe, das Arbeitsleben durch Tarifverträge sinnvoll zu ordnen, im Einzelfall nicht allein erfüllen können".*[1379] Zur Rechtfertigung eines Eingriffs in Art.14 GG kommt also der Schutz der Ordnungsfunktion und die Sicherung angemessener Arbeitsbedingungen als Ausprägung des Gemeinwohls in Betracht. Man kann Arbeitnehmerschutz neben dem öffentlichen Interesse auch auf eine Schutzpflicht des Staates für die Arbeitnehmer aus Art. 12 GG stützen. Diese Schutzpflicht umfaßt dann nicht nur den Kündigungsschutz[1380], sondern auch einen Mindestschutz an Angemessenheit der Arbeitsbedingungen. Entsprechendes gilt für den Schutz der Ordnungsfunktion aus Art. 9 III GG.

II. Ausgleich der kollidierenden Rechtsgüter

Zu untersuchen ist, ob die Schutzzwecke des § 5 TVG die Berücksichtigung von Härtefällen ausschließen oder ob eine Lohnsenkung zur Sanierung aufgrund des Grundrechts des Arbeitgebers aus Art. 14 GG zu ermöglichen ist. Eine Sanierung könnte durch eine Härteklausel aber auch durch eine Anpassung des für allgemeinverbindlich erklärten Tarifvertrags erfolgen.

1. Härteklausel

Nachzudenken ist über Ausnahmen von § 5 TVG in Härtefällen. Eine Ausnahme von § 3 III VG ist in diesem Fall nicht geeignet, die Tarifbindung zu lösen, weil § 5 IV TVG unabhängig von § 3 I TVG ist. Eine Suspendierung der Tarifbindung durch ein Leistungsverweigerungsrecht des Arbeitgebers nach § 242 BGB ist wegen der schwerwiegenden Beeinträchtigung der Rechtssicherheit abzulehnen.[1381] Zu suchen ist nach einer endgültigen und nicht nach einer vorübergehenden Lösung.

Zu erörtern ist eine Öffnung der §§ 5 IV, 4 I TVG bzw. der Allgemeinverbindlicherklärung selbst. Zuvor müßte der Arbeitgeber allerdings seine Möglichkeit zur Stellungnahme gemäß § 5 II TVG nutzen. Eine Härteklausel könnte dahingehend zu konstruieren sein, daß der Arbeitgeber beim Bundesarbeitsminister einen Ausnahmeantrag stellt. Liegen die materiellen Voraussetzungen für einen

[1376] BVerfG -Beschl. v. 24.5.1974- AP Nr.15 zu § 5 TVG Bl.6 = BVerfGE 44 S.322 ff.
[1377] BVerfG -Beschl. v. 24.5.1974- AP Nr.15 zu § 5 TVG Bl.1 = BVerfGE 44 S.322 ff.
[1378] Vgl. Wank in Wiedemann § 5 TVG Rn.69.
[1379] BVerfG -Beschl. v. 24.5.1974- AP Nr.15 zu § 5 TVG Bl.6 = BVerfGE 44 S.322 ff.
[1380] Vgl. dazu unter Kapitel 3 A. I. 2. c) aa) (S.161).
[1381] Vgl. dazu unter Kapitel 3 B. II. 3. a) bb) (S.209).

Härtefall vor, so läge dann eine Verpflichtung vor, diese Ausnahme zu bewilligen. Eine solche Ausnahme für Einzelfälle läuft aber dem Zweck der Allgemeinverbindlicherklärung entgegen, nämlich dem Schutz der Ordnungsfunktion des Tarifvertrags und der Sicherung angemessener Arbeitsbedingungen.

Gegen die Betroffenheit der Ordnungsfunktion ließe sich argumentieren, daß der Tarifvertrag die Grenzbetriebe ohnehin nur noch bis zu ihrer Auflösung erfassen würde. Erheblich fällt aber der Schutz der Arbeitnehmer ins Gewicht. Fraglich ist daher, ob ein bestimmter Mindestlohn, der zur Sicherung angemessener Arbeitsbedingungen geboten ist, es zuläßt, daß dieser Lohn unterschritten wird. Dann würden die Arbeitnehmer im Gegenschluß unter unangemessenen Arbeitsbedingungen arbeiten. Ist der Mindestlohn des Tarifvertrags der Allgemeinverbindlicherklärung nicht zur Sicherung der angemessenen Arbeitsbedingungen geboten, so kann eine Allgemeinverbindlicherklärung auch nicht darauf gestützt werden. Dann muß der Bundesarbeitsminister auf eine Allgemeinverbindlicherklärung verzichten und die Mindestlöhne nach § 1 II MindestarbeitsbedingungsG entsprechend niedriger festsetzen. Aber auch die Regelungen des MindestarbeitsbedingungsG sehen eine Härteklausel nicht vor. Der richtige Ansatzpunkt ist somit die Gebotenheit des Mindestlohnes. Dies ist sozusagen die Untergrenze für einen zulässigen Lohn. In diesem Fall überwiegt der Arbeitnehmerschutz gegenüber dem Existenzschutz des Arbeitgebers. Dies widerspricht auch nicht den Grundsätzen, die auf den anderen Ebenen entwickelt wurden. So wurde auch schon zur außerordentlichen Änderungskündigung festgestellt, daß es hier Grenzen geben muß, insbesondere die Zumutbarkeit der Arbeitsbedingungen.[1382] Ist also ein Mindestlohn zum Schutz angemessener Arbeitsbedingungen geboten, so schließt das eine Ausnahme in Härtefällen zwingend aus.

2. Anpassung des Tarifvertrags

In Betracht kommt ferner eine Anpassung des der Allgemeinverbindlicherklärung zugrundeliegenden Tarifvertrags. So könnte etwa ein Gericht den Mindestlohn absenken, so daß eine Sanierung in dem betroffenen Unternehmen gewährleistet ist. Ist aber ein bestimmter Mindestlohn geboten, so schließt das nicht nur eine Ausnahme in Einzelfällen, sondern erst recht eine generelle Absenkung aus.

Bleibt der Fall zu untersuchen, daß der Mindestlohn nicht geboten ist. Hier könnte ein Gericht den Mindestlohn im Tarifvertrag auf das gebotene Maß anpassen. Die Anpassung eines Tarifvertrags greift schwerwiegender in die Tarifautonomie eingreifen als eine Nichtigerklärung der Allgemeinverbindlicherklärung.[1383] Dementsprechend wäre eine Anpassung des für allgemeinverbindlich erklärten Tarifvertrags verfassungswidrig. Ist ein bestimmter Mindestlohn nicht

[1382] Vgl. unter Kapitel 3 A. II. 4. c) (S.177).
[1383] Vgl. dazu auch unter Kapitel 3 B. I. 3. b) bb) (4) (S.199 ff).

geboten, so liegen die Voraussetzungen für eine Allgemeinverbindlicherklärung nicht vor, die Allgemeinverbindlicherklärung ist nichtig.[1384]

Die Tarifvertragsparteien können die Wirksamkeit im Wege einer Feststellungsklage vor den Verwaltungsgerichten prüfen lassen.[1385] Bei den Arbeitsvertragsparteien erfolgt hingegen eine inzidente Prüfung vor dem Arbeitsgericht[1386], hier also im Prozeß über Wirksamkeit der Änderungskündigungen.

3. Ergebnis

Sieht ein Tarifvertrag einen bestimmten Mindestlohn vor und ist die Allgemeinverbindlicherklärung dieses Mindestlohns zur Sicherung angemessener Arbeitsbedingungen geboten, so schließt dies aus, daß der Arbeitgeber diesen Mindestlohn unterschreiten kann. In diesem Fall schließen sich die Verwirklichung des Existenzschutzes des Arbeitgeber und die Wahrung der Arbeitnehmerschutzes gegenseitig aus.

III. Lösung von Abwandlung IV

Sieht der Tarifvertrag einen Mindestlohn vor, der zur Sicherung angemessener Arbeitsbedingungen geboten ist, so ist der nicht tarifgebundene Arbeitgeber im Falle der Allgemeinverbindlicherklärung daran auch im Sanierungsfall gebunden. Er kann keine Lohnkürzungen durchsetzen. Ist der Mindestlohn hingegen höher, so kann der Arbeitgeber Lohnkürzungen vornehmen, da die Allgemeinverbindlicherklärung mangels Vorliegen der Voraussetzungen nichtig ist.

E. Zusammenfassung

Die wesentlichen Ergebnisse dieses Kapitels lassen sich wie folgt zusammenfassen:

1. Der Arbeitgeber kann auf individualvertraglicher Ebene zur Sanierung eine Lohnsenkung mittels außerordentlicher Änderungskündigungen durchsetzen. Diese sind für den Fall des Scheiterns der Sanierung auflösend bedingt. Bei der Lohnkürzung hat er den Gleichbehandlungsgrundsatz zu beachten.
2. Ist der Arbeitgeber an einen Firmentarifvertrag gebunden, so kann er diesen im Sanierungsfall außerordentlich kündigen. Er hat hierzu mit der Gewerkschaft Nachverhandlungen zu führen und ihr mit der Kündigung ein Änderungsangebot zu unterbreiten. Der nachwirkende Firmentarifvertrag wird, wie auf der individualvertraglichen Ebene, durch außerordentliche Änderungskündigungen ersetzt.

[1384] Vgl. Löwisch/Rieble § 5 TVG Rn.108.

[1385] Vgl. Löwisch/Rieble § 5 TVG Rn.108, die eine Feststellungsklage „sui generis" annehmen. Demgegenüber erachtet Wank in Wiedemann § 5 TVG Rn.171 eine Feststellungsklage i.S. von § 43 VwGO als richtige Klageart.

[1386] Insoweit besteht Einigkeit, vgl. Löwisch/Rieble § 5 TVG Rn.124, Wank in Wiedemann § 5 TVG Rn.177.

3. Auf der Ebene des Verbandstarifvertrags ist dem Arbeitgeber aus verfassungsrechtlichen Gründen zur Sanierung eine Lösung der Tarifbindung dadurch zu ermöglichen, daß eine Ausnahme von der Weitergeltung in Härtefällen gemacht wird. Der Arbeitgeber kann aus dem Arbeitgeberverband außerordentlich austreten und den nachwirkenden Verbandstarifvertrag durch außerordentliche Änderungskündigungen beseitigen, wenn eine Lösung im Konsens mit den Tarifvertragsparteien gescheitert ist.
4. Der Arbeitgeber hat demgegenüber keine Möglichkeit, sich von einem wirksam für allgemeinverbindlich erklärten Tarifvertrag zu lösen. Liegen die Voraussetzungen des § 5 TVG nicht vor, so ist er demgegenüber nicht an den Tarifvertrag gebunden.

Kapitel 4: Verfassungskonforme Auslegung des § 3 III TVG

In diesem Kapitel wird dargestellt, wie das Tarifrecht mit dem verfassungsrechtlichen Erfordernis einer gesetzlichen Härteklausel in § 3 III TVG in Einklang gebracht werden kann. Zunächst werden hierzu die verschiedenen methodologischen Möglichkeiten untersucht. Anschließend werden die materiellen Voraussetzungen einer solchen Härteklausel untersucht und präzisiert.

A. Dogmatische Konstruktion einer gesetzlichen Härteklausel

Die Konstruktion der gesetzlichen Härteklausel findet auf der Ebene des Tarifrechts statt. Ihre Umsetzung erfolgt demgegenüber auf der Ebene des Individualrechts. Letzteres gilt auch für den Fall der außerordentlichen Kündigung eines Firmentarifvertrags.

I. Tarifrechtliche Ebene

Aus verfassungsrechtlicher Sicht muß der Ansatzpunkt für eine gesetzliche Härteklausel die Vorschrift des § 3 III TVG sein. Anhand der verschiedenen Auslegungskriterien, der Lückenfüllung durch Analogie und der sog. verfassungskonformen Auslegung ist zu untersuchen, wie das verfassungsrechtliche Erfordernis einer Härteklausel mit dem Gesetzesrecht zu vereinbaren ist.

1. Auslegungskriterien

„Ziel jeder Auslegung ist die Feststellung des Inhalts einer Norm, wie er sich aus dem Wortlaut und dem Sinnzusammenhang ergibt, in den sie hineingestellt" ist.[1387] Als sog. Auslegungskriterien sind folgende zu nennen: der Wortlaut, der Bedeutungszusammenhang, der Wille des historischen Gesetzgebers, objektiv-teleologische Kriterien und die Rechtsvergleichung.

a) Wortlaut

Ausgangspunkt der Auslegung ist der aus *„dem allgemeinen Sprachgebrauch zu entnehmende Wortsinn"*[1388], sog. grammatische Auslegung. *„Die Tarifgebundenheit bleibt bestehen, bis der Tarifvertrag endet."* Bei der hier entwickelten Härteklausel endet nicht der Tarifvertrag, sondern nur die Tarifbindung. Die Tarifgebundenheit soll also vor dem Ende des Tarifvertrags aufhören. Tarifgebundenheit ist eindeutig so zu verstehen, daß der Tarifvertrag weiterhin Anwendung findet. Der Wortlaut spricht gegen eine Öffnung des § 3 III TVG.

b) Bedeutungszusammenhang

Bei der sog. systematischen Auslegung wird aus dem Zusammenhang mit anderen Normen auf den Sinn einer bestimmten Vorschrift geschlossen.[1389] Gemäß § 3 I TVG sind die Mitglieder der Tarifvertragsparteien tarifgebunden. Aus

---

[1387] BVerfGE -Beschl. v. 19.6.1973- 35 S.263 (278).

[1388] Larenz (1991) S.343.

[1389] Vgl. Sachs in Sachs Einf. GG Rn.42.

§ 4 I TVG folgt schließlich, daß die Tarifbindung unmittelbar und zwingend ist. Aus dem Zusammenhang dieser Vorschriften mit § 3 III TVG folgt eindeutig, daß auch die Weitergeltung zwingend ist. Dieses Ergebnis wird durch § 4 V TVG, der Abweichungen nach Ablauf des Tarifvertrags zuläßt, bestätigt. In § 4 III, IV TVG hat der Gesetzgeber Ausnahmetatbestände von der Unabdingbarkeit geschaffen. Diese gelten auch für Weitergeltung. Das Gesetz differenziert also eindeutig nicht zwischen der Tarifbindung nach § 3 I TVG und nach § 3 III TVG. Daher ist zumindest erwägenswert, ob insbesondere durch das Günstigkeitsprinzip und das Umgehungsverbot weitere Ausnahmen von der Unabdingbarkeit aus systematischen Gründen ausgeschlossen sind.[1390] Die Systematik der §§ 3 f TVG spricht daher gegen eine Öffnung.

c) Wille des historischen Gesetzgebers

Der Wille des Gesetzgebers läßt sich aus der Entstehungsgeschichte, insbesondere aus dem Anlaß der Regelung und aus den Absichtserklärungen der amtlichen Begründung, ermitteln[1391], sog. historische Auslegung.

aa) Entstehungsgeschichte des § 3 III TVG

Die Vorschrift des § 3 III TVG ist vor folgendem historischen Hintergrund zu sehen:[1392] Gemäß § 152 II GewO[1393] konnte sich ein Verbandsmitglied durch Rücktritt vom Verband lösen und wurde von den *„Verabredungen"* des Verbandes frei. Nach § 1 II TVO[1394] bezog sich die Weitergeltung nur auf die Arbeitsverhältnisse, die vor dem Austritt aus dem Arbeitgeberverband begründet wurden. Die Umgehungsmöglichkeiten durch Änderungskündigungen oder durch Kündigung unter Begründung von neuen Arbeitsverhältnissen liegen auf der Hand. Diese wurde vom Gesetzgeber erst durch den § 3 III TVG im Jahre 1949 ausgeschlossen.[1395]

Davon zu trennen ist eine zweite Problematik, die Unterschreitung des Tarifvertrags in Notfällen. Hier ermöglichte die Verordnung zur Tariflohnunterschreitung von 1932[1396] speziell zur Erhaltung gefährdeter Betriebe eine Unterschreitung des Tarifvertrags um bis zu 20 Prozent. Diese Vorschrift wurde vom RAG und einer Mehrheit in der Literatur für verfassungsgemäß gehalten.[1397] Hier war

---

[1390] AA Belling/Hartmann NZA 1998 S.57 (60).

[1391] Larenz (1991) S.344.

[1392] Vgl. dazu Beuthien/Meik DB 1993 S.1518 (1519), Dahlbender (1995) S.7 f, Schaub BB 1995 S.2003 (2003).

[1393] In der Fassung vom 26.7.1900, RGBl. 1900 S.871 (978).

[1394] Verordnung über Tarifverträge, Arbeiter- und Angestelltenausschüsse und Schlichtung von Arbeitsstreitigkeiten vom 23.12.1918, RGBl. 1918 S.1456 ff, später 1.3.1928 RGBl. 1928 I S.47 ff.

[1395] Vgl. Beuthien/Meik DB 1993 S.1518 (1519).

[1396] Verordnung zur Vermehrung und Erhaltung der Arbeitsgelegenheit vom 5.9.1932, RGBl. 1932 I S.433 ff. Vgl. dazu ausführlich Krummel (1990) S.160 ff. Diese wurde am 14.12.1932 wieder aufgehoben, RGBl. 1932 I S. 545.

[1397] Vgl. hierzu ausführlich Krummel (1990) S.167 ff mwN zu Rechtsprechung und Literatur.

kein Verbandsaustritt erforderlich. Dies Verordnung wurde aber im selben Jahr wieder aufgehoben.[1398] Ferner kamen Teile der Rechtsprechung zu dem Ergebnis, daß die Unterschreitung der Tariflöhne zulässig sei, weil sie günstiger im Sinne des § 1 I (2) TVO seien.[1399] Das RAG sah einen untertariflichen Lohn aber eindeutig als ungünstiger an.[1400] Das RAG hielt allerdings einen Verzicht auf den Tariflohn für die Vergangenheit für zulässig.[1401] Teilweise wurde in der Rechtsprechung in der widerspruchslosen Hinnahme des untertariflichen Lohns ein stillschweigender Verzicht und in der Nachforderung nach Wochen und Monaten ein Verstoß gegen Treu und Glauben durch den Arbeitnehmer gesehen.[1402] Festzuhalten ist daher, daß es für den Arbeitgeber durchaus eine Möglichkeit gab, in Notfällen untertariflich zu vergüten.[1403]

bb) Subjektiver Wille des Gesetzgebers

Nach dem Bericht von Herschel, der aktiv an der Entstehung des TVG mitwirkte[1404], war es vor dem Hintergrund dieser Erfahrung ein Ziel des § 3 III TVG zu verhindern, daß sich die Arbeitgeber durch den Austritt einem lästigen Tarifvertrag entziehen. *„Deshalb wurde die Möglichkeit des Ausweichens verbaut, indem das Ende der Tarifgebundenheit ausschließlich mit dem Ende des Tarifvertrages synchronisiert und alle Manipulationen ausgeschlossen wurden."* Zudem war die Vorschrift als *„Bestandsschutz der Arbeitgeberverbände"* gedacht.[1405] Von Interesse ist in diesem Zusammenhang, daß sich Entwürfe zum TVG, die bzgl. des Endes der Weitergeltung auf die erste Kündigungsmöglichkeit abgestellt haben, im Gesetzgebungsverfahren nicht durchgesetzt haben.[1406] Daraus wird deutlich, daß die Verhinderung von Mißbrauch und der Bestandsschutz des Arbeitgeberverbands vom Gesetzgeber bezweckt wurde. Der Zweck, eine Tarifflucht zu verhindern, ist von letzterem nur schwer zu trennen. Eine massenhafte Tarifflucht führt nämlich automatisch zu einer Bestandsgefährdung des Arbeit-

---

1398 Verordnung über die Aufhebung der Verordnung zur Vermehrung und Erhaltung der Arbeitsgelegenheit vom 14.12.1932, RGBl. 1932 I S.545.

1399 Vgl. Gewerbegericht Königsberg -Urt. v. 10.11.1920- GewKfGer 1921 S.88 (90). Gewerbegericht Oberlahnstein -Urt. v. 9.9.1924- GewKfGer 1924 S.46 (47), LG Bautzen -Urt. v. 19.2.1925- NZfA 1925 S.553 (554). AA Sächsisches OVG -Urt. v. 18.12.1925- NZfA 1927, S.184 (185).

1400 RAG -Urt. v. 4.1.1928- BenshSamml 2 S. 1 (4). Vgl. zum Verständnis des Günstigkeitsprinzip in der Weimarer Republik ausführlich Krummel (1991) S.97-115.

1401 Vgl. etwa RAG -Urt. v. 4.1.1928- BenshSamml 2 S. 1 (5). Vgl. dazu ausführlich Krummel (1991) S.116 ff mwN.

1402 Vgl. Krummel (1991) S.118 mwN.

1403 Nach Beuthien/Meik DB 1993 S.1518 (1519) konnte der Arbeitgeber den Lohn, wenn dieser die Existenz gefährdete, wegen wirtschaftlicher Unmöglichkeit oder wegen Wegfall der Geschäftsgrundlage kürzen. Diese These wird leider nicht begründet oder durch Nachweise belegt.

1404 Vgl. Herschel ZfA 1973 S.183 (183).

1405 Herschel ZfA 1973 S.183 (192).

1406 Vgl. Hanau/Kania DB 1995 S.1229 (1232) mwN.

geberverbands. Die Vorschrift des § 3 III TVG bezweckt aber nicht, einen Arbeitgeber generell davon abzuhalten, sich der Tarifbindung langfristig zu entziehen.

Es wird aber auch deutlich, daß die Frage einer Härteklausel von dem Zweck des § 3 III TVG scharf zu trennen ist. Der Gesetzgeber wollte durch § 3 III TVG nicht die Kürzung in Härtefällen ausschließen, weil dies nach der alten Rechtslage auch ohne Austritt, insbesondere durch einen Verzicht der Arbeitnehmer, möglich war. Ein Ausschluß des Verzichts ergibt sich vielmehr aus § 4 IV TVG.[1407] Man kann demzufolge folgende Überlegung anstellen: Die Regelung des § 4 IV TVG schützt vor einer Umgehung der Unabdingbarkeit. Die Norm des § 3 III TVG soll verhindern, daß der Arbeitgeber sich der Tarifbindung, die er nicht umgehen kann, entzieht. Es wird aber nicht hinreichend deutlich, daß der Gesetzgeber auch den Fall bedacht hat, bei dem der Arbeitgeber aus der Tarifbindung entkommen will, um das Unternehmen zu retten. Der Verzicht stellte vor Erlaß des TVG ja keine Härteklausel dar, er war auch ohne eine Gefährdung des Unternehmens und der Arbeitsplätze möglich. Die subjektiv-teleologische Auslegung steht einer Härteklausel in § 3 III TVG daher nicht zwingend entgegen.

d) Objektiv-teleologische Kriterien und teleologische Reduktion

Bei den objektiv-teleologischen Auslegungskriterien wird auf die objektiven Zwecke des Rechts mit dem Ziel einer „angemessenen" Lösung abgestellt. Dabei ist unerheblich, ob der Gesetzgeber sich der Bedeutung dieser Zwecke bei der Schaffung der Regelung bewußt war.[1408] Anzusetzen ist hierbei bei den verschiedenen Zwecken des § 3 III TVG. Hierbei kann eine Betrachtung des Zwecks, eine tarifliche Schlechterstellung der Arbeitnehmer zu verhindern, unterbleiben, da dies den Fall von konkurrierenden Tarifverträgen betrifft.

aa) Gleichstellung von Firmentarifvertrag und Verbandstarifvertrag

Legt man der Vorschrift den Normzweck zugrunde, daß sie eine Gleichstellung der Tarifbindung von Firmentarifvertrag und Verbandstarifvertrag verfolge[1409], so ist ein außerordentliches Lösungsrecht des Arbeitgebers beim Verbandstarifvertrag geboten. Für diesen Normzweck spricht die Tatsache, daß sich der Arbeitgeber beim Firmentarifvertrag grundsätzlich an die dort vereinbarten Kündigungsfristen halten muß. Eine Möglichkeit, sich dem Firmentarifvertrag durch Austritt zu entziehen, gibt es nicht. Insofern gewährleistet § 3 III TVG eine

---

[1407] Vgl. Krummel (1991) S.190.

[1408] Larenz (1991) S.333.

[1409] So LAG Sachsen-Anhalt -Urt. v. 11.5.1999- AuR 2000 S.147 (148). Vgl. auch Büdenbender NZA 2000 S.509 (514 f, 518), der von einem Prinzip der Gleichbehandlung von Firmentarifvertrag und Verbandstarifvertrag ausgeht. Die Weitergeltung könne man schon aus § 3 I TVG ableiten. Demnach habe § 3 III TVG nur deklaratorischen Charakter.

Gleichstellung der Bindung an einen Verbandstarifvertrag mit der an einen Firmentarifvertrag.

Zu bedenken ist aber, daß § 3 III TVG dem Arbeitgeber weder ein ordentliches noch eine außerordentliches Kündigungsrecht des Verbandstarifvertrags gewährt. Wollte die Norm wirklich eine Gleichstellung erzielen, so würde sie bestimmen, daß der Arbeitgeber mit dem Austritt Tarifvertragspartei wird. Dies macht § 3 III TVG gerade nicht. Es kann allenfalls von einer punktuellen Gleichstellung gesprochen werden. Daher ist ein solches Normverständnis ist nicht überzeugend.

bb) „Mißbrauch privatrechtlicher Gestaltungsmöglichkeiten"

Für den Fall, daß ein Arbeitnehmer während der Phase der Weitergeltung in die Gewerkschaft eintritt, um in den Genuß des § 4 I TVG zu kommen[1410], wird eine teleologische Reduktion des § 3 III TVG vorgeschlagen.[1411] Speziell für Härtefälle wird auch eine teleologische Reduktion des § 4 I TVG[1412] oder des § 3 III TVG[1413] befürwortet. Bei der teleologischen Reduktion wird die *„Vorschrift entgegen ihrem Wortlaut hinsichtlich eines Teils der von ihr erfaßten Fälle für unanwendbar"* gehalten, *„weil ihr Sinn und Zweck, ihre Entstehungsgeschichte und der Gesamtzusammenhang der einschlägigen Regelungen gegen eine uneingeschränkte Anwendung sprechen."*[1414] Das BVerfG begreift diese als einen anerkannten Auslegungsgrundsatz[1415]. Ein Musterbeispiel ist hier die Nichtanwendung des § 181 BGB auf lediglich vorteilhafte Geschäfte i.S. des § 107 BGB. Die Vorschrift des § 181 BGB hat die Funktion, den Vertretenen vor einer Interessenkollision des Vertreters beim Insich-Geschäft zu schützen. Dieses Schutzes bedarf es bei lediglich vorteilhaften Geschäften nicht.[1416]

Für eine teleologische Reduktion spricht, daß es sich bei der Sanierung um die Entfaltung des Grundrechts aus Art. 14 GG und nicht um Mißbrauch handelt. Durch § 3 III TVG sollte verhindert werden, daß der Arbeitgeber die beschriebene Lücke der TVO ausnutzt. Ein Unterschreiten des Tarifvertrags war in der damaligen Zeit rechtlich ohnehin durch die Umgehung durch Verzichte oder in

---

[1410] Hier wendet die Rechtsprechung § 3 III TVG an, vgl. unter Kapitel 2 A. III. 2. b) aa) (1) (S.84).

[1411] So Rieble Anm. SAE 1994 S.158 (159). AA Dahlbender (1995) S.40 Fn.4.

[1412] So Belling/Hartmann NZA 1998 S.57 (65).

[1413] So Adomeit (1996) S.56, der allerdings nur eine Austritt kurz vor oder nach dem Tarifabschluß zulassen will. Dies ist für eine generelle Lösung des Problems der Sanierung ungeeignet. Vgl. unter Kapitel 2 D. I. 5. d) cc) (S.127).

[1414] Vgl. BVerfG -Beschl. v. 7.4.1997- AP Nr.11 zu Art.100 GG Bl.2. Vgl. plastisch Rieble Anm. SAE 1994 S.158 (159) *„Wenn ein Gesetz mit seiner Regelung über den mit ihm verfolgten Zweck hinaussschießt"*.

[1415] So BVerfG -Beschl. v. 7.4.1997- AP Nr.11 zu Art.100 GG Bl.2. Vgl. aber Larenz (1991) S.391, der darin die Ausfüllung einer *„verdeckten"* Lücke sieht, aber eine Abgrenzung im Einzelfall für schwierig hält.

[1416] Vgl. ausführlich Larenz (1991) S.392 f.

Notfällen aufgrund „günstigerer“ Vereinbarungen möglich. Als Mißbrauch bezeichnet man zudem die funktionswidrige, Treu und Glauben widersprechende Ausnutzung eines Rechts oder einer Rechtsposition.[1417] Bei einer erforderlichen Lohnsenkung zur Sanierung und damit zur Wahrung des Grundrechts des Arbeitgebers aus Art. 14 I GG als ein verfassungsrechtlich einwandfreies Verhalten kann man aber nicht von Mißbrauch sprechen. Insoweit schießt die ausnahmslose Weitergeltung tatsächlich über ihren Zweck hinaus, wenn sie ein Verhalten verhindert, daß eindeutig kein Mißbrauch ist. Dies spricht für eine teleologische Reduktion des § 3 III TVG für Härtefälle.

cc) Schutz der Tarifvertragsparteien vor „Tarifflucht“

Legt man § 3 III TVG den Zweck zu Grunde, daß dadurch eine „Tarifflucht“ der Arbeitgeber verhindert werde und dies den Bestandsschutz der Arbeitgeberverbände gewährleiste[1418], so scheint dies eine ausnahmslose Anwendung der Weitergeltung zu erfordern. Es wurde aber schon oben festgestellt, daß eine eng begrenzte Ausnahme von der Weitergeltung keine „Tarifflucht“ auf breiter Front ermöglicht und damit auch keine Gefährdung für den Bestand des Arbeitgeberverbands oder der Gewerkschaft darstellt. Von einem „vorschnellen Verlassen“ kann bei der Absicht, ein Unternehmen zu sanieren, auch nicht gesprochen werden. Vielmehr gewinnt der Arbeitgeberverband durch eine Härteklausel an Attraktivität, was im Gegenteil einer Verbandsflucht entgegenwirkt. Auch unter diesem Aspekt kann man in § 3 III TVG ein „Hinausschießen“ über seinen Zweck sehen.

dd) Stellungnahme

Eine teleologische Reduktion des § 3 III TVG muß sich als Instrument den Vorwurf gefallen lassen, daß man auf sie dann zurückgreift, wenn man eine Norm nicht anwenden will.[1419] Schließlich könnte man einen Widerspruch zum Zweck des § 3 III TVG sehen, wenn man diesen auch darin sähe, den Austritt aus dem Arbeitgeberverband zu erschweren.[1420] Für einen solchen Zweck des § 3 III TVG lassen sich aber keine Belege in der Entstehungsgeschichte der Norm finden. Zudem stellt die teleologische Reduktion einen anerkannten Auslegungsgrundsatz dar. Festzuhalten ist daher, daß sich eine Härteklausel durch eine teleologische Reduktion gut begründen läßt.

e) Rechtsvergleich

Teilweise wird die Rechtsvergleichung als vernachlässigtes Auslegungskriterium hervorgehoben.[1421] Zu beachten ist in diesem Zusammenhang die in den

---

[1417] Vgl. Brockhaus, Die Enzyklopädie Bd. 14, Leipzig 1998.
[1418] Vgl. unter Kapitel 3 C. III. 3. b) aa) (2) (S.258 ff).
[1419] Vgl. Kempen (Diskussionsbeitrag) in Kittner (1996) S.108.
[1420] So Zachert ZTR 1996 S.289 (290 mwN Fn.9), der sich gegen den Vorschlag Adomeits ausspricht. Ebenso Heise AG 1996 S. 68 (68).
[1421] So Sachs in Sachs Einf GG Rn.44.

USA zunächst von den Gerichten geschaffene Möglichkeit des Arbeitgebers, sich zur Abwendung der Liquidation einseitig vom Tarifvertrag zu lösen.[1422] In den USA besteht das Tarifsystem aus Betriebsgewerkschaften und somit Firmentarifverträgen. Die einseitige Lossagung entspricht im deutschen Recht also der außerordentlichen Kündigung eines Firmentarifvertrags und nicht dem außerordentlichen Austritt aus dem Arbeitgeberverband ohne Weitergeltung. Ein Rechtsvergleich ist in diesem Zusammenhang also nicht gewinnbringend. Ob ein Rechtsvergleich überhaupt und insbesondere einer mit den USA, die ein grundlegend anderes Rechtssystem haben, als Auslegungskriterium für das deutsche Recht fruchtbar gemacht werden kann, kann daher an dieser Stelle offengelassen werden. Deutlich wird allerdings, daß der allgemeine Rechtsgedanke in § 626 I BGB nicht nur national, sondern auch in anderen Rechtssystemen Beachtung findet und die Bezeichnung als „metapositiv"[1423] nicht leichtfertig von der Hand zu weisen ist.

2. Analoge Anwendung des § 626 I BGB

Hinsichtlich einer Analogie ist an den allgemeinen Rechtsgedanken, daß sich eine Partei aus wichtigem Grund von einem Dauerschuldverhältnis lösen kann, zu denken, also an eine Analogie zu § 626 I BGB.[1424] Strenggenommen handelt es sich hierbei um eine Gesamtanalogie zu den Vorschriften, die ein solches Lösungsrecht vorsehen. Dabei *„wird mehreren gesetzlichen Bestimmungen, die an verschiedene Tatbestände die gleiche Rechtsfolge anknüpfen, ein ‚allgemeiner Rechtsgrundsatz' entnommen, der auf einen im Gesetz nicht geregelten Tatbestand wertungsmäßig ebenso zutrifft wie auf die geregelten Tatbestände."*[1425] Eine Gesamtanalogie setzt neben einem solchen allgemeinen Rechtsgedanken also voraus, daß eine Lücke im Gesetz besteht und daß ein vergleichbarer Sachverhalt vorliegt.

a) Gesetzeslücke

Eine Gesetzeslücke ist eine *„planwidrige Unvollständigkeit"* des Gesetzes.[1426] Das TVG ist insoweit unvollständig, als es den Härtefall nicht ausdrücklich regelt. Schwieriger zu beantworten ist die Frage, ob dies planwidrig ist oder ob der Gesetzgeber durch die Nichtregelung erreichen wollte, daß auch im Härtefall keine Ausnahme gemacht wird.

Die Tatsache, daß die Verordnung über die Tariflohnunterschreitung nicht in das TVG aufgenommen wurde, spricht gegen eine Planwidrigkeit. Der Gesetzgeber hätte auch eine Ausnahme in § 4 TVG oder § 3 III TVG selbst schaffen können.

[1422] Vgl. dazu Belling/Hartmann NZA 1998 S.57 (63 f). Ausführlich zu den Voraussetzungen Riesenfeld in Birk/Kreuzer (1986) S.135 (137 f) mwN.

[1423] Vgl. Belling/Hartmann NZA 1998 S.57 (60).

[1424] Vgl. dazu unter Kapitel 3 A. II. 4. b) (S.173 ff).

[1425] So Larenz (1991) S.383 f.

[1426] Larenz (1991) S.373.

Warum er dies nicht getan hat, kann mangels der Existenz von Materialien über das TVG nur vermutet werden. Der oben erwähnte Erfahrungsbericht gibt hierüber keinen Aufschluß.[1427] Die Zurückhaltung könnte, wie bei der außerordentlichen Kündigung eines Tarifvertrags, darauf zurückzuführen sein, daß der Gesetzgeber nur die ungeklärten oder als unbefriedigend empfundenen Probleme lösen wollte.[1428] Das Ergebnis der subjektiv-teleologischen Auslegung, die einer Härteklausel nicht entgegensteht und die Ausführungen zur teleologischen Reduktion sprechen daher für eine planwidrige Unvollständigkeit, nämlich dafür, daß eine Härteklausel deshalb nicht ausgeschlossen wurde, weil der Gesetzgeber daran nicht gedacht hat.

b) Vergleichbarer Sachverhalt

Ferner muß der nicht geregelte Tatbestand mit dem des allgemeinen Rechtsgedankens vergleichbar sein. Zwischen der Partei, die sich von einer Verpflichtung lösen will, und dem Gegenüber muß also ein vertragliches Dauerschuldverhältnis bestehen. Im Falle des § 3 III TVG ist der Arbeitgeber aber nicht Partei des Tarifvertrags, was gegen eine Vergleichbarkeit spricht.[1429] Ein Dauerschuldverhältnis besteht hingegen nur zwischen dem Arbeitgeber und dem Arbeitnehmer bzw. zwischen dem Arbeitgeber und dessen Arbeitgeberverband. Entscheidend ist aber nicht die Lösung des Dauerschuldverhältnisses zu dem Arbeitnehmer, sondern die Lösung von der Tarifbindung.

Der Tarifvertrag wurde durch die beiderseitige Mitgliedschaft zum Inhalt des Arbeitsvertrags. Geändert bzw. gekündigt werden soll ja nicht das Dauerschuldverhältnis des Tarifvertrags selbst, sondern nur die Wirkung des Tarifvertrags auf das einzelne Arbeitsverhältnis. Die Tarifbindung verhindert aber die Änderungskündigung der Arbeitsverhältnisse zur Sanierung. Damit würde die Ablehnung eines Kündigungsrechts dazu führen, daß § 626 BGB im tarifgebundenen Dauerschuldverhältnis des Arbeitsvertrags nur eingeschränkt gilt. Dies würde dem Rechtsprinzip auch insoweit entgegenstehen, als es als unabdingbar bezeichnet wird. Man muß also davon ausgehen, daß die Sachverhalte vergleichbar sind. Das Rechtsprinzip des § 626 I BGB schlägt daher auf die Weitergeltung durch.

Es gibt somit zwei Ansätze zur Begrenzung des § 3 III TVG, die teleologische Reduktion und eine Analogie zu § 626 BGB.

3. Verfassungskonforme Auslegung

Das BVerfG postuliert neben der klassischen Gesetzesauslegung die sog. verfassungskonforme Auslegung: *„Lassen der Wortlaut, die Entstehungsgeschichte, der Gesamtzusammenhang der einschlägigen Regelungen und deren Sinn und*

[1427] Vgl. Herschel ZfA 1973 S.183 (183 ff).

[1428] Vgl. Oetker RdA 1995 S.82 (89).

[1429] Vgl. Wank FS Schaub (1998) S.761 (772), *„die Vorschrift betrifft allein die Geltendmachung der Unzumutbarkeit gegenüber dem Vertragspartner"*.

Zweck jedoch mehrere Deutungen zu, von denen eine zu einem verfassungsmäßigen Ergebnis führt, so ist diese geboten".[1430] Auf den ersten Blick erscheint eine verfassungskonforme Auslegung für eine teleologische Reduktion oder zumindest für eine Analogie des § 626 I BGB zu sprechen. Dies ist anhand der Methodik zu überprüfen. Anschließend ist der verfassungsrechtliche Problematik einer solchen Auslegung aufzuwerfen und zu diskutieren.

a) Methodik der verfassungskonformen Auslegung

Das BVerfG hat sich in einer ganzen Reihe von Fällen mit der verfassungskonformen Auslegung beschäftigt.[1431] Vor der Anrufung des BVerfG im Wege des Normenkontrollverfahrens nach Art. 100 I (1) GG) *„kann es erforderlich sein zu prüfen, ob ein verfassungswidriges Ergebnis auf andere Weise, etwa durch verfassungskonforme Auslegung der in Frage stehenden Vorschrift oder Heranziehung anderer Vorschriften vermieden werden kann."*[1432] *„Der Respekt vor der gesetzgebenden Gewalt (Art. 20 II GG) gebietet es dabei, in den Grenzen der Verfassung das Maximum dessen aufrechtzuerhalten, was der Gesetzgeber gewollt hat."*[1433] Die verfassungskonforme Auslegung soll also verhindern, daß ein Gesetz für verfassungswidrig erklärt werden muß, obwohl durch Auslegung der Norm ein verfassungskonformes Ergebnis möglich ist. Die entscheidende Frage ist hierbei, wann man ein verfassungskonformes Ergebnis noch mittels der Auslegung erzielen kann, also die Frage der Grenzen der verfassungskonformen Auslegung.

aa) Grenzen der verfassungskonformen Auslegung

Das BVerfG formuliert die Grenzen nicht immer einheitlich.[1434] Im wesentlichen hat sich aber folgende Formulierung herausgebildet: *„Eine verfassungskonforme Auslegung findet dort ihre Grenzen, wo sie mit dem Wortlaut und dem klar erkennbaren Willen des Gesetzes in Widerspruch treten würde; im Wege der Auslegung darf einem nach Wortlaut und Sinn eindeutigen Gesetz nicht ein entgegengesetzter Sinn verliehen, der normative Gehalt der auszulegenden Norm nicht grundlegend neu bestimmt oder das gesetzgeberische Ziel nicht in einem wesentlichen Punkt verfehlt werden."*[1435]

Eine Öffnung des § 3 III TVG läßt sich zwar durch eine teleologische Reduktion oder durch eine Analogie zu § 626 I BGB begründen. Der Wortlaut und die Systematik sprechen demgegenüber eher gegen eine Öffnung des § 3 III TVG. Ein eindeutiger Wille des Gesetzgebers in Hinblick auf die Behandlung der Härtefälle ist nicht erkennbar. Es stellt sich daher die Frage, ob eine Öffnung des

---

[1430] BVerfG -Beschl. v. 8.2.1999- NZA 1999 S.597 (598) mwN.

[1431] Vgl. etwa einige Beispiele bei Bettermann (1986) S.23 Fn.21.

[1432] BVerfG -Beschl. v. 8.2.1999- NZA 1999 S.597 (598) mwN. Vgl. dazu auch BVerfG -Beschl. v. 21.5.1999- NZA 1999 S.923 (924).

[1433] BVerfGE -Beschl. v. 19.6.1973- 86 S.288 (320).

[1434] Vgl. Sachs in Sachs Einf GG Rn.54.

[1435] BVerfG -Beschl. v. 8.2.1999- NZA 1999 S.597 (598) mwN.

§ 3 III TVG mit dessen, der keine Anhaltspunkte für eine solche liefert, eindeutig im Widerspruch steht.

bb) Verhältnis zur teleologischen Reduktion

In einem Urteil hatte das BVerfG zu entscheiden, ob im Falle des Arbeitskampfes aufgrund der Kampfparität eine verfassungskonforme Ausnahme zu § 99 BetrVG zu erwägen ist.[1436] Auch § 99 BetrVG läßt nach dem Wortlaut keine Ausnahme vom Mitbestimmungsrecht des Betriebsrats zu. Das BAG vertritt hierbei in ständiger Rechtsprechung unter weitgehender Zustimmung in der Literatur, *„daß die Beteiligungsrechte des Betriebsrates während des Arbeitskampfes arbeitskampfkonform einzuschränken seien"*.[1437] Zu dem Konflikt zwischen verfassungskonformer Auslegung und dem Wortlaut führt das BVerfG aus: *„Eine bestimmte Auslegungsmethode oder gar eine reine Wortinterpretation ist dabei von der Verfassung nicht vorgeschrieben. Denn Art. 20 III GG verpflichtet die Gerichte 'nach Gesetz und Recht' zu entscheiden. Eine teleologische Reduktion von Vorschriften entgegen ihrem Wortlaut gehört daher ebenfalls zu den anerkannten, verfassungsrechtlich nicht zu beanstandenden Auslegungsgrundsätzen."*[1438]

„Auch der Hinweis des Gerichts darauf, daß der Gesetzgeber die Beteiligung des Betriebsrates vor jeder der in § 99 I BetrVG genannten Personalmaßnahmen in Kenntnis der Möglichkeit von Arbeitskämpfen vorgeschrieben habe, ist für die Frage, ob der Gesetzgeber durch das Unterlassen eine entsprechenden ausdrücklichen Einschränkung die in § 99 I BetrVG festgelegten Beteiligungsrechte auch im Arbeitskampf gelten lassen wollte, unergiebig. Aus dem Schweigen des Gesetzes kann nicht zwingend auf einen derartigen gesetzgeberischen Willen geschlossen werden."[1439]

Aus den Ausführungen kann somit zum einen gefolgert werden, daß die verfassungskonforme Auslegung sich in Form der teleologischen Reduktion über den eindeutigen Wortlaut hinwegsetzen kann.[1440] Zum zweiten kann aus der Regelung des § 3 III TVG, die keine Ausnahme in Härtefällen vorsieht, und der Tatsache, daß solche Härtefälle auch dem Gesetzgeber bekannt gewesen sein müssen, nicht zwingend darauf geschlossen werden, daß der Gesetzgeber die Weitergeltung auch in Härtefällen anordnen wollte.

cc) Verhältnis zur Analogie

Ferner stellt sich die Frage, ob eine verfassungskonforme Auslegung auch für eine Analogie sprechen kann. Methodologisch betrachtet stellt die Analogie kei-

---

[1436] BVerfG -Beschl. v. 7.4.1997- AP Nr.11 zu Art.100 GG.

[1437] Vgl. BVerfG -Beschl. v. 7.4.1997- AP Nr.11 zu Art.100 GG Bl.2 mwN.

[1438] Vgl. BVerfG -Beschl. v. 7.4.1997- AP Nr.11 zu Art.100 GG Bl.2.

[1439] Vgl. BVerfG -Beschl. v. 7.4.1997- AP Nr.11 zu Art.100 GG Bl.2.

[1440] Vgl. BVerfG -Beschl. v. 7.4.1997- AP Nr.11 zu Art.100 GG Bl.2, ganz am Ende stellt das BVerfG klar, daß der Wortlaut nicht die äußerste Grenze der Auslegung sein darf.

ne Gesetzesauslegung, sondern richterliche Rechtsfortbildung durch die Ausfüllung „offener" Gesetzeslücken dar.[1441] Die Verfassungskonformität wird demgegenüber als Auslegungskriterium bezeichnet.[1442] Somit wäre die verfassungskonforme Auslegung etwas anderes als die Lückenfüllung durch Analogie. Aber auch die teleologische Reduktion wird teilweise als eine Ausfüllung „verdeckter" Gesetzeslücken und nicht als Auslegung verstanden.[1443] Das BVerfG wendet die verfassungskonforme Auslegung dennoch auf die teleologische Reduktion an. Auslegung und Rechtsfortbildung sind nicht *„wesensverschieden"*, sondern sie stellen ein gedankliches Verfahren dar.[1444] Dies spricht dafür, die Verfassungskonformität auch als Kriterium bei der Analogie heranzuziehen.

Hinsichtlich der verfassungsrechtlichen Verankerung der Lückenfüllung kann auf den berühmten Beschluß des BVerfG[1445] verwiesen werden, der die Gewährung von Schmerzensgeld bei einer Verletzung des Persönlichkeitsrechts entgegen dem eindeutigen Wortlaut von § 253 BGB für verfassungskonform erachtet. Bemerkenswert sind die Ausführungen des Gerichts zum Verhältnis zwischen dem positiven Recht und den Grenzen der richterlichen Rechtsfortbildung im Sinne der Bindung der Rechtsprechung gemäß Art. 20 III GG an „Recht und Gesetz":

„Damit wird nach allgemeiner Meinung ein enger Gesetzespositivismus abgelehnt. Die Formel hält das Bewußtsein aufrecht, daß sich Gesetz und Recht zwar faktisch im allgemeinen, aber nicht notwendig und immer decken. Das Recht ist nicht mit der Gesamtheit der geschriebenen Gesetze identisch. (...) Der Richter ist nach dem Grundgesetz nicht darauf verwiesen, gesetzgeberische Weisungen in den Grenzen des möglichen Wortsinns auf den Einzelfall anzuwenden (...) Die Aufgabe der Rechtsprechung kann es insbesondere erfordern, Wertvorstellungen, die der verfassungsmäßigen Rechtsordnung immanent, aber in den Texten der geschriebenen Gesetze nicht oder nur unvollkommen zum Ausdruck gelangt sind, in einem Akt des bewertenden Erkennens, dem auch willenhafte Elemente nicht fehlen, ans Licht zu bringen und in Entscheidungen zu realisieren. Der Richter muß sich dabei von Willkür freihalten; seine Entscheidung muß auf rationaler Argumentation beruhen. Es muß einsichtig gemacht werden können, daß das geschriebene Gesetz seine Funktion, ein Rechtsproblem gerecht zu lösen, nicht erfüllt. Die richterliche Entscheidung schließt dann diese Lücke nach den Maßstäben der praktischen Vernunft und den ‚fundierten allgemeinen Gerechtigkeitsvorstellungen der Gemeinschaft'."[1446]

[1441] Larenz (1991) S.381.
[1442] Larenz (1991) S.339.
[1443] Larenz (1991) S.391.
[1444] Larenz (1991) S.366.
[1445] BVerfGE -Beschl. v. 14.2.1972- 34 S.269 ff, sog. Soraya-Entscheidung.
[1446] BVerfGE -Beschl. v. 14.2.1972- 34 S.269 (286 f).

In den Begriff der Lückenschließung wird der Bezug zur Analogie deutlich. Der allgemeine Rechtsgedanke des § 626 I BGB wäre demzufolge die *„fundierte allgemeine Gerechtigkeitsvorstellung der Gemeinschaft"*, welcher der verfassungsmäßigen Rechtsordnung immanent ist. Damit ist der Schluß gerechtfertigt, daß sich auch eine Analogie auf verfassungsrechtliche Kriterien stützen kann. Insoweit ist die Analogie also verfassungskonform und entspricht dem Gebot verfassungskonformen Auslegung.

dd) Schlußfolgerung

Überträgt man diese Grundsätze auf das hier diskutierte Problem, so kommt man zu folgendem Schluß: Die Auslegungsalternative, nach der § 3 III TVG ausnahmslos gilt, kollidiert mit dem verfassungsrechtlichen Erfordernis einer Härteklausel. Die Weitergeltung würde somit im Extremfall einen unverhältnismäßigen Eingriff in die Grundrechte des Arbeitgebers darstellen, sie wäre verfassungswidrig.

Eine teleologische Reduktion des § 3 III TVG entspricht demgegenüber diesem Erfordernis genauso wie eine Analogie zu § 626 BGB. Eine verfassungskonforme Auslegung spricht gegen den Wortlaut und für die Öffnung des § 3 III TVG. Es kann daraus allerdings kein Vorrang der teleologischen Reduktion vor der Analogie, und umgekehrt, abgeleitet werden.

b) Problematik der verfassungskonformen Auslegung

Die verfassungskonforme Auslegung wird als Unterfall der sog. verfassungsorientierten Auslegung begriffen.[1447] Diese Auslegung ist *„eine an den inhaltlichen Vorgaben der Grundrechte orientierte Auslegung des einfachen Rechts"*.[1448] Damit ist die sog. mittelbare Drittwirkung der Grundrechte auf die Auslegung der Generalklauseln gemeint. Die verfassungskonforme Auslegung ist also grundsätzlich das gleiche Thema wie die mittelbare Drittwirkung der Grundrechte. Allerdings erfaßt sie nicht nur die Generalklauseln, sondern *„jeden Begriff des einfachen Rechts"*.[1449]

Problematisch ist die verfassungskonforme Auslegung aufgrund des Spannungsverhältnisses zur Gewaltenteilung zwischen Gesetzgeber und Rechtsprechung auf der einen Seite und der Bindung der Rechtsprechung gemäß Art. 20 III GG an „Recht und Gesetz"[1450] auf der anderen Seite. Hier stellt sich die Frage nach den Grenzen der richterlichen Rechtsfortbildung und dem Verhältnis zwischen Richterrecht und Gesetzesrecht.[1451] Diese rechtstheoretischen

---

[1447] Richter/Schuppert (1996) S.44, Sachs in Sachs Einf GG Rn.52.

[1448] So Richter/Schuppert (1996) S.43.

[1449] So Wank RdA 1999 S.130 (134).

[1450] Aufgrund der Formulierung des Art.20 III GG ist ein strenger Gesetzespositivismus abzulehnen, vgl. Kissel FS Schaub (1998) S.373 (377).

[1451] Vgl. Gamillscheg (1989) S.24 ff, Kissel FS Schaub (1998) S.373 (377 ff), Otto (1982) S.62 ff, Säcker/Oetker (1992) S.269 mwN zum Verhältnis der Wesentlichkeitstheorie und Rechtsfortbildung.

Probleme sollen angesichts der deutlichen Rechtsprechung des BVerfG hier nicht weiter erörtert werden.

c) Verhältnis der teleologischen Reduktion zur Analogie

Zu klären ist allerdings das Verhältnis zwischen teleologischer Reduktion und Analogie. Die erste Methode verkürzt den Anwendungsbereich einer Norm. Die Analogie wendet eine andere Norm an, weil die auszulegende Norm den bestimmten Fall nicht regelt. Der Grundgedanke einer Härteklausel ist nicht, daß sich der Arbeitgeber in den Fällen, in denen kein Mißbrauch vorliegt, von der Tarifbindung lösen kann. Der Grundgedanke ist vielmehr, daß er sich aus wichtigem Grund lösen kann, nämlich wenn ihm die Tarifbindung unzumutbar geworden ist. Er kann aus wichtigem Grund die Mitgliedschaft im Arbeitgeberverband analog § 626 I BGB kündigen und dies muß dann auf die durch die Mitgliedschaft vermittelte Tarifbindung durchschlagen. Der Ansatz liegt daher schon im außerordentlichen Austritt aus dem Arbeitgeberverband. Dies spricht dafür, die Härteklausel in erster Linie auf eine Analogie zu stützen.

Bei der Beurteilung, ob die Tarifbindung im Einzelfall unzumutbar geworden ist, spielen wiederum die verfassungsrechtlichen Vorgaben eine entscheidende Rolle. Somit spricht das Kriterium der Verfassungskonformität zum einen für eine Analogie zu § 626 BGB. Zum anderen ist diese Generalklausel selbst wiederum verfassungskonform auszulegen. Die teleologische Reduktion belegt schließlich, daß eine Regelungslücke in § 3 III TVG vorliegt, eben ein Fall, den der Gesetzgeber so nicht regeln wollte bzw. an den er nicht gedacht hat. Insoweit stützt sie die Feststellung, daß eine planwidrige Unvollständigkeit vorliegt. Insoweit greifen die verschiedenen Auslegungskriterien und die Lückenfüllung durch Analogie ineinander. Eine gesetzliche Härteklausel in § 3 III TVG ist daher auf eine Analogie zu § 626 I BGB zu stützen, was einer verfassungskonformen Auslegung entspricht.

II. Individualrechtliche Ebene

Der Arbeitgeber kann zur Sanierung außerordentliche Änderungskündigungen nach § 626 I BGB aussprechen. Bei Änderungskündigungen ist auch die Vorschrift des § 102 I BetrVG zu beachten[1452]. Da aber keine Zustimmung des Betriebsrats erforderlich ist, stellt dies keine unüberwindbare Hürde dar. Zu untersuchen ist, inwiefern der besondere Kündigungsschutz außerordentlichen Änderungskündigungen entgegensteht.

1. Tarifvertraglicher Kündigungsschutz

Eine Klausel im Tarifvertrag, welche die ordentliche Kündigung ausschließt oder regelt, steht der außerordentlichen Änderungskündigung nicht im Wege. Anders verhält es sich bei einer tariflichen Regelung, die ausdrücklich jede Form der außerordentlichen Kündigung ausschließt. Eine solche tarifliche Rege-

---

[1452] Vgl. nur BAG -Urt. v. 10.3.1982- AP Nr.2 zu § 2 KSchG 1969 LS.

lung verstößt gegen die Verfassung und den allgemeinen Rechtsgedanken in § 626 I BGB. Je nachdem, ob man eine unmittelbare oder mittelbare Drittwirkung annimmt, ist diese Regelung gemäß § 134 BGB oder § 138 BGB nichtig. Eine tarifvertragliche Klausel kann der außerordentlichen Änderungskündigung somit nicht entgegenstehen.

2. Schutz der Betriebsratsmitglieder

Nach § 15 I (1) KSchG ist zwar die Kündigung eines Mitglieds der Betriebsrats grundsätzlich unzulässig, nicht aber die Kündigung aus wichtigem Grund. Erforderlich ist in diesen Fällen die Zustimmung des Betriebsrats nach § 103 I BetrVG. Verweigert der Betriebsrat seine Zustimmung, so kann der Arbeitgeber gemäß § 103 II (1) BetrVG die Ersetzung derselben durch das Arbeitsgericht beantragen. Ein solcher Antrag wäre zwar aufgrund des Vorliegens eines wichtigen Grundes begründet. Ein solches Vorgehen hätte für den Arbeitgeber aber folgenden Nachteil:

Ohne das Erfordernis einer Zustimmung könnte der Arbeitgeber die Sanierung durchführen, ohne zuvor das ArbG einzuschalten. Wollen die Arbeitnehmer die Voraussetzungen der außerordentlichen Änderungskündigungen überprüfen lassen, so müssen sie Initiative ergreifen und den Arbeitgeber im Wege der Kündigungsschutzklage verklagen. Das Ergebnis seines Antrags vor dem ArbG hätte demgegenüber eine Präjudizwirkung für alle Änderungskündigungen und damit für die gesamte Sanierung. Im Sanierungsfall besteht daher in materieller Hinsicht kein Unterschied, wohl aber ein erheblicher im Verfahren. Nach dem Wortlaut des § 15 I KSchG wird bei einer außerordentlichen Massenänderungskündigung das Verfahren der gerichtlichen Überprüfung nur aufgrund der Existenz eines Betriebsrats völlig umgekehrt. Es ist daher zu überprüfen, ob § 103 BetrVG auf den Fall der außerordentlichen Massenänderungskündigung anzuwenden ist.

Das BAG hat den § 15 KSchG bis vor kurzem sowohl auf die ordentliche als auch auf die außerordentliche Änderungskündigung angewendet.[1453] Trotz heftiger Kritik in der Literatur wendete das BAG den § 15 KSchG auch auf die Massenänderungskündigung an, wenn sich die Änderungskündigung also nicht *„gegen den besonders geschützten Arbeitnehmer als einzelnen richtet"*.[1454] Demnach mußte auch bei einer außerordentlichen Massenänderungskündigung der Betriebsrat zustimmen.

Diesen Ansatz hat das BAG in einem jüngeren Beschluß[1455] offenbar aufgegeben. Hier ging es um ein tariflich ordentlich unkündbares Betriebsratsmitglied, daß dem Übergang seines Arbeitsverhältnisses nach § 613a BGB wirksam widersprochen hat und dem nun mangels Beschäftigungsmöglichkeit außerordent-

---

[1453] Vgl. nur BAG -Beschl. v. 6.3.1986- AP Nr.19 zu § 15 KSchG 1969 Bl.3.
[1454] Vgl. nur BAG -Beschl. v. 6.3.1986- AP Nr.19 zu § 15 KSchG 1969 Bl.3 mwN.
[1455] BAG -Beschl. v. 18.9.1997- AP Nr.35 zu § 103 BetrVG 1972 mit zust. Anm. Hilbrandt.

lich gekündigt wurde. Das BAG entschied, daß hier eine Zustimmung gemäß § 103 I BetrVG nicht erforderlich ist. Es führte dazu folgendes aus: *„§ 103 I BetrVG erfordert keine Zustimmung des Betriebsrates zu einer außerordentlichen Kündigung der in der Vorschrift genannten Personen, soweit der Kündigung ein von § 15 IV und V KSchG umfaßter Sachverhalt zugrunde liegt. Zwar sind nach dem Wortlaut des § 103 I BetrVG vom Zustimmungserfordernis alle außerordentlichen Kündigungen erfaßt. Zutreffend hat das LAG aber erkannt, daß es zur Vermeidung eines Wertungswiderspruchs zwischen § 15 IV und V KSchG einerseits und § 103 I BetrVG andererseits einer teleologischen Reduktion der letztgenannten Vorschrift bedarf.*

§ 15 KSchG hat den Zweck, den Mandatsträgern die erforderliche Unabhängigkeit für die Ausübung ihres Amtes und die Kontinuität der Amtsführung während einer Wahlperiode zu sichern. Dem Arbeitgeber soll die Möglichkeit genommen werden, sich unbequemer Mandatsträger durch eine unberechtigte oder gar willkürliche Kündigung zu entledigen. Demselben Zweck dient auch § 103 I BetrVG.“[1456]

„Die außerordentliche Kündigung ist ebenso wie die ordentliche Kündigung nicht gegen den Mandatsträger als solchen gerichtet, sondern Folge einer generellen Maßnahme. Muß aber der Schutzzweck des § 15 KSchG nach dem Willen des Gesetzgebers in den Fällen der Betriebsstillegung oder der Stillegung einer Betriebsabteilung hinter den Interessen des Arbeitsgebers zurücktreten, so kann für den identischen Schutzzweck des § 103 I BetrVG in den genannten Fällen nichts anderes gelten. Der Arbeitgeber kann die außerordentliche Kündigung aussprechen, ohne daß er einer vorherigen Zustimmung des Betriebsrates bedarf.“[1457]

Nach dieser überzeugenden Begründung ist der besondere Kündigungsschutz teleologisch zu reduzieren[1458], *„soweit die Kündigung Folge einer generellen Maßnahme ist und sie sich nicht gegen die einzelnen Mandatsträger richtet“*. Überträgt man dies auf die außerordentliche Massenänderungskündigung zum Zwecke der Sanierung, so ist keine Zustimmung gemäß § 103 I BetrVG erforderlich. Dies gilt nicht nur für ein Betriebsratsmitglied, sondern auch für die anderen nach § 15 KSchG und § 103 BetrVG geschützten Personen.

3. Schutz werdender Mütter und Erziehender

Nach § 9 I (1) MuSchG ist jede Kündigung gegenüber einer werdenden Mutter grundsätzlich ausgeschlossen. In Betracht kommt allerdings eine Zustimmung zur Kündigung gemäß § 9 III (1) MuSchG *„in besonderen Fällen, die nicht mit dem Zustand einer Frau während der Schwangerschaft oder ihrer Lage bis zum Ablauf von vier Monaten nach der Entbindung in Zusammenhang stehen“*. Der

---

[1456] BAG -Beschl. v. 18.9.1997- AP Nr.35 zu § 103 BetrVG 1972 Bl.3.
[1457] BAG -Beschl. v. 18.9.1997- AP Nr.35 zu § 103 BetrVG 1972 Bl.4.
[1458] So auch Hildbrandt Anm. AP Nr.35 zu § 103 BetrVG 1972 Bl.7

Zweck dieser Regelung ist der Schutz der Mutter vor wirtschaftlichen Nachteilen und seelischen Belastungen i.V.m. einer Kündigung.[1459] Der Kündigungsschutz der werdenden Mutter stützt sich nicht nur auf Art. 12 I GG, sondern auch auf Art. 6 IV GG bzw. Art. 2 II GG. Hier verdrängt der Schutz der Mutter und des werdenden Lebens im Einzelfall das Grundrecht des Arbeitgebers.[1460] Dies ist unschädlich, da eine Sanierung nicht an der fehlenden Lohnsenkung bei einer oder einzelner Arbeitnehmerinnen scheitern wird. Ferner wird das Ermessen der Behörde nach § 9 III MuSchG im Ausnahmefall auf Null zu reduzieren sein, so daß der Arbeitgeber die erforderliche Zustimmung erhält.[1461] Die Behörde prüft außerdem nicht die Voraussetzungen des wichtigen Grundes wie es das ArbG im Falle des § 103 BetrVG tun muß, sondern nur den Zusammenhang zwischen Kündigungsgrund und Schwangerschaft. Daher kommt es zu keiner Umkehr des Verfahrens.

Eine teleologische Reduktion im Sinne einer Ausnahme von § 9 III MuSchG scheidet daher auch für die Fälle aus, bei denen es sich lediglich um eine Entgeltkürzung handelt und die werdende Mutter nicht im einzelnen trifft.[1462] Genau diesen Fall regelt § 9 III MuSchG. Ferner ist darauf hinzuweisen, daß eine außerordentliche Änderungskündigung solange ausscheidet, solange die Mutter gemäß § 13 MuSchG Mutterschaftsgeld und kein Entgelt vom Arbeitgeber bezieht. Dies gilt dementsprechend auch für die Zeit, in der gemäß § 1 BErzGG Erziehungsgeld gewährt wird. Hier scheitert die Änderungskündigung schon an der Eignung zur Sanierung.

4. Schwerbehinderte

Eine Kündigung gegenüber einem Schwerbehinderten bedarf gemäß § 85 SGB IX der Zustimmung des Integrationsamtes. Dies gilt nach § 91 I SGB IX auch für eine außerordentliche Kündigung und damit auch für eine außerordentliche Änderungskündigung. Das Amt soll gemäß § 91 IV SGB IX zu erteilen, *„wenn die Kündigung aus einem Grunde erfolgt, der nicht im Zusammenhang mit der Behinderung steht"*. Dies bedeutet, daß in typischen Fällen die Zustimmung erteilt werden muß.[1463] Ein atypischer Fall, der ein Ermessen zur Folge hat, setzt voraus, dass die außerordentliche Kündigung den schwerbehinderten Arbeitnehmer in einer die Schutzzwecke des SGB IX berührenden Weise besonders hart trifft.[1464] Dies ist bei einer außerordentlichen Massenänderungskündigung eindeutig der Fall, so daß ein typischer Fall vorliegt

---

[1459] Vgl. H. Müller NZA 1985 S.307 (311).
[1460] Vgl. BVerfG -Urt. v. 24.4.1991- AP Nr.70 zu Art.12 GG Bl.8 = BVerfGE 84 S.133 ff: *„Entgegenstehende Arbeitgeberinteressen müssen weitestgehend zurückstehen."*.
[1461] Von dieser Möglichkeit sollte man nur dann Gebrauch machen, wenn sie zur Sanierung zwingend erforderlich ist.
[1462] Vgl. H. Müller NZA 1985 S.307 (311).
[1463] Vgl. Rolfs in Erfurter Kommentar § 91 SGB IX Rn.6.
[1464] Vgl. Rolfs in Erfurter Kommentar § 91 SGB IX Rn.6.

und die Zustimmung erteilt werden muß. Die Behörde prüft hier nicht die Voraussetzungen des § 626 I BGB. Für eine teleologische Reduktion besteht daher kein Anlaß.

5. Zwischenergebnis

Während eines Ausbildungsverhältnisses, des Grundwehrdienstes, eine Wehrübung oder des Zivildienstes ist die Möglichkeit der betriebsbedingten außerordentlichen Kündigung nicht beschränkt.[1465] Der allgemeine und besondere Kündigungsschutz steht einer Sanierung durch außerordentliche Änderungskündigungen daher nicht entgegen. Eine Überprüfung der Voraussetzungen des wichtigen Grundes erfolgt erst im Rahmen einer Kündigungsschutzklage.

III. Ergebnis

Erklärt der Arbeitgeber gegenüber dem Arbeitgeberverband den außerordentlichen Austritt, so entfällt mit der Mitgliedschaft analog § 626 I BGB die unmittelbare und zwingende Wirkung des Verbandstarifvertrags. Die Analogie zu § 626 I BGB entspricht dem Erfordernis einer verfassungskonformen Auslegung. Dies hat zur Folge, daß der Arbeitgeber die Lohnsenkung durch außerordentliche Änderungskündigungen im Unternehmen umsetzten kann.

B. Materielle Voraussetzungen einer Härteklausel

Ein zentrales Problem der gesetzlichen und tariflichen Härteklauseln ist die Bestimmung der materiellen Voraussetzungen. Aus verfassungsrechtlicher Sicht muß die Lohnsenkung zur Sanierung geeignet, erforderlich und angemessen sein. Diese verfassungsrechtliche Vorgabe ist durch weitere Kriterien zu konkretisieren. Dabei sollen zunächst im ersten Schritt die Kriterien dargestellt werden, die in einzelnen Rechtsgebieten an eine Sanierung bzw. an eine Härteklausel gestellt werden. Im zweiten Schritt wird überprüft, welche Kriterien für die Härteklausel in § 3 III TVG fruchtbar gemacht werden können. Diese sind notwendigerweise identisch mit den Kriterien für das Vorliegen eines wichtigen Grundes für eine außerordentliche Änderungskündigung, weil ein Lösung der Tarifbindung ohne die Möglichkeit von außerordentlichen Änderungskündigungen keinen Sinn machen würde.[1466] Entsprechendes gilt für die außerordentliche Kündigung eines Firmentarifvertrags.

I. Kriterien für Sanierungen und Härteklauseln

Aspekte der Sanierung spielen in folgenden Rechtsgebieten eine Rolle:

1. Betriebsrentenrecht

Das Betriebsrentenrecht ist im wesentlichen im BetrAVG geregelt. Von Interesse ist hier das Recht des Arbeitgebers, die Versorgungsleistung an die Arbeit-

---

[1465] Vgl. § 15 II Nr.1 BBiG, §§ 2 III, 10 ArbPlSchG, § 78 I Nr.1 ZDG.

[1466] Vgl. auch Freihube (2000) S.203.

nehmer aufgrund einer wirtschaftlichen Notlage zu kürzen. Zunächst ist der Inhalt dieses Kürzungsrechts darzustellen, anschließend wird auf die Kriterien für das Vorliegen einer wirtschaftlichen Notlage eingegangen.

a) Kürzungsrecht des Arbeitgebers nach § 7 BetrAVG a.F.

Nach ständiger Rechtsprechung hat der Arbeitgeber bei Vorliegen von wirtschaftlichen Schwierigkeiten das Recht, nach den Grundsätzen des Wegfalls bzw. der Störung der Geschäftsgrundlage nach § 242 BGB die zugesagten Leistungen zu kürzen, einzustellen oder zu stunden.[1467] Dieses Recht ist nicht im BetrAVG geregelt, es wird von ihm vorausgesetzt.[1468] Es bedarf dazu auch keines Widerrufsvorbehalts, ein solcher *„bringt nach der ständigen Rechtsprechung des Senats nur zum Ausdruck, was nach allgemeinen Rechtsgrundsätzen ohnehin gilt".*[1469]

aa) Rechtslage bis zum 31.12.1998

Nach der Rechtslage bis zum 31.12.1998 hatten die Arbeitnehmer nach § 7 I (3) Nr.5 BetrAVG a.F. einen Anspruch gegen den Träger der Insolvenzsicherung, den sog. Pensionssicherungsverein (PSV), wenn die Kürzung oder Einstellung *„wegen wirtschaftlicher Notlage des Arbeitgebers" „durch rechtskräftiges Urteil eines Gerichts für zulässig erklärt worden ist."* gemäß § 7 I (4) BetrAVG a.F. konnte der PSV auch ohne Urteil leisten, wenn er die Kürzung *„für zulässig erachtet"*. Die Vorschrift dient damit ausschließlich dem Schutz des Versorgungsberechtigten und nicht den Interessen des Arbeitgebers.[1470] Daraus wird deutlich, daß man zwei Dinge genau trennen muß: das Kürzungsrecht des Arbeitgebers aus § 242 BGB und die Einstandspflicht des PSV nach § 7 BetrAVG a.F.:

Zwischen beiden Punkten bestanden aber auch enge Zusammenhänge. Nach der Rechtsprechung des BAG war zum einen *„der Wegfall der Geschäftsgrundlage wegen wirtschaftlicher Schwierigkeiten (...) gleichbedeutend mit dem Sicherungsfall der wirtschaftlichen Notlage nach § 7 I (3) Nr.5 BetrAVG."*[1471] Zum anderen durfte der Arbeitgeber nach einer anderen Entscheidung des BAG *„die zugesagten Leistungen nur kürzen oder einstellen, wenn er zuvor den PSV eingeschaltet"* hatte. Dies begründet das BAG wie folgt: *„Es muß sichergestellt werden, daß der Betriebsrentner seine Rente entweder vom PSV oder vom Arbeitgeber erhält. Bevor der Arbeitgeber wegen einer wirtschaftlichen Notlage seine Versorgungsleistungen einstellen oder kürzen kann, muß er alles in seiner Macht Stehende tun, damit an seiner Stelle der PSV für die Versorgungsleistungen eintritt. Er muß deshalb zunächst den PSV einschalten, ihm unter Vorlage*

[1467] Vgl. nur BAG -Urt. v. 16.4.1997- AP Nr.19 zu § 7 BetrAVG Widerruf Bl.2.
[1468] Vgl. nur BAG -Urt. v. 16.4.1997- AP Nr.19 zu § 7 BetrAVG Widerruf Bl.2.
[1469] BAG -Urt. v. 26.4.1988- AP Nr.3 zu § 1 BetrAVG Geschäftsgrundlage Bl.3. Kritisch dazu Blomeyer/Otto Vorb § 7 BetrAVG Rn.83 f mwN.
[1470] Vgl. nur Blomeyer/Otto § 7 BetrAVG Rn.4.
[1471] BAG -Urt. v. 26.4.1988- AP Nr.3 zu § 1 BetrAVG Geschäftsgrundlage LS.

von gutachtlichen Äußerungen, die seine wirtschaftliche Notlage belegen, um Zustimmung zur Kürzung oder Einstellung der Versorgungsleistungen bitten und im Falle einer Verweigerung dieser Zustimmung mit dem Ziel Klage erheben, daß gerichtlich festgestellt wird, inwieweit und von welchem Zeitpunkt an die Versorgung gekürzt oder eingestellt werden darf. Ist eine solche Klage erhoben worden, kann der Arbeitgeber, bei dem eine wirtschaftliche Notlage vorliegt, seine Versorgungsleistungen entsprechend einstellen oder kürzen".[1472]

Zu betonen ist, daß das Kürzungsrecht des Arbeitgebers, anders als der Anspruch gegen den PSV, nicht von dem Vorliegen eines Urteils abhing. So konnte der Konflikt entstehen, daß der Arbeitgeber die Leistungen kürzte, der PSV dies nicht anerkannte und der Arbeitgeber den PSV verklagte. Die Arbeitnehmer hatten in diesem Fall nach dem Wortlaut des § 7 BetrAVG a.F. keinen Anspruch gegen den PSV. Das BAG tendierte hier zu einer Rechtsfortbildung, nach welcher der PSV *„mit der ersten gerichtlichen Entscheidung darüber, daß sich der Arbeitgeber in einer einen Widerruf oder Teilwiderruf seiner Versorgungszusage rechtfertigenden wirtschaftlichen Notlage befindet"* zur Zahlung verpflichtet ist. *„Für den Fall, daß der betreffende Rechtsstreit letztlich zu einem anderen Ergebnis führt, müßte sich dann der PSV die in der Zwischenzeit erbrachten Rentenleistungen vom Arbeitgeber erstatten lassen."*[1473]

bb) Aktuelle Rechtslage

Im Zuge der neuen InsO wurde auch § 7 BetrAVG a.F. geändert[1474] und der Sicherungsfall der wirtschaftlichen Notlage beseitigt. Als Grund für die Streichung wird in der amtlichen Begründung eine starke Nähe zum außergerichtlichen Vergleich und eine geringe praktische Relevanz angegeben. Die Regelung sei daher *„als gesonderter Sicherungsfall entbehrlich"*.[1475] Aufgrund der Trennung zwischen dem Kürzungsrecht des Arbeitgebers und der Einstandspflicht des PSV aus § 7 BetrAVG a.F. dürfte die Streichung auch nur letztere berühren.

In der Begründung heißt es demgegenüber, daß die *„Rechtsposition des Arbeitnehmers nicht verschlechtert"* wird und *„ein einseitiger Widerruf der Anwartschaft durch den Arbeitgeber auf Grund einer wirtschaftlichen Notlage arbeitsrechtlich nicht mehr zulässig"* sei.[1476] Der Gesetzgeber wollte also eindeutig entgegen der bis dahin ständigen Rechtsprechung das Kürzungsrecht des Arbeitgebers ausschließen bzw. nur im Rahmen eines außergerichtlichen Vergleichs nach § 7 I (4) Nr.2 BetrAVG zulassen.

Das Problem besteht darin, daß der Gesetzgeber durch die Änderung des § 7 BetrAVG nach dem Wortlaut nur die Einstandspflicht des PSV geändert hat, das Kürzungsrecht wird vom BetrAVG ja vorausgesetzt. So gibt sich das BAG

1472 BAG -Urt. v. 16.4.1997- AP Nr.19 zu § 7 BetrAVG Widerruf Bl.2.
1473 BAG -Urt. v. 16.4.1997- AP Nr.19 zu § 7 BetrAVG Widerruf Bl.3.
1474 Vgl. Bundesregierung BT Dr. 13/8011 S.71, vgl. dazu Diller ZIP 1997 S.765 (772 ff).
1475 Bundesregierung BT Dr. 12/3803 S.110 f.
1476 Bundesregierung BT Dr. 12/3803 S.110.

nach der Gesetzesänderung bedeckt und führt aus, daß *„ein Widerruf von Versorgungszusagen wegen wirtschaftlicher Notlage jedenfalls nach der im Jahre 1996 maßgeblichen und bis zum 31.12.1998 geltenden Fassung des Betriebsrentengesetzes an sich möglich"* war.[1477] Ferner spricht aufgrund einer vergleichbaren verfassungsrechtlichen Würdigung viel dafür, daß der Gesetzgeber ein Kürzungsrecht gar nicht ausschließen kann.[1478] Demnach stellt sich allein für die Arbeitnehmer das Problem, ob und unter welchen Voraussetzungen sie gegen den PSV einen Anspruch geltend machen können. Man wird daher entsprechend der alten Rechtsprechung vom Arbeitgeber verlangen müssen, daß er vor der Kürzung alles versucht, um mit dem PSV einen außergerichtlichen Vergleich zu schließen, also den PSV im Falle der Weigerung auf Abschluß eines solchen Vergleichs verklagt.[1479] Damit hat sich an der Notwendigkeit der Bestimmung der Kriterien für eine wirtschaftliche Notlage nichts geändert.

b) „Wirtschaftliche Notlage"

Von besonderem Interesse ist in diesem Zusammenhang die Konkretisierung des Begriffs der „wirtschaftlichen Notlage" durch die Rechtsprechung des BAG: *„Die Anerkennung einer wirtschaftlichen Notlage, die den Widerruf einer Versorgungszusage rechtfertigt, setzt voraus, daß der Bestand des Unternehmens wegen wirtschaftlicher Schwierigkeiten gefährdet und die Einstellung oder Kürzung der Versorgungsleistungen ein geeignetes Mittel ist, zur Sanierung beizutragen. Die wirtschaftliche Notlage muß durch die Betriebsanalyse eines Sachverständigen unter Darstellung ihrer Ursachen belegt werden; es muß ein Sanierungsplan erstellt werden, der eine gerechte Lastenverteilung unter Heranziehung sämtlicher Beteiligten vorsieht."*[1480]

aa) Bestandsgefährdung

Die Beurteilung der Bestandsgefährdung entspricht der Sanierungsbedürftigkeit des Unternehmens. Hierbei spielen die Fragen eine entscheidende Rolle: Wann liegt eine solche im einzelnen Unternehmen vor? Wie ist die Bestandsgefährdung eines Unternehmens im Konzernverbund zu beurteilen?

Das BAG vergleicht die Bestandsgefährdung mit dem Konkurs[1481]. Hierfür hat das BAG es ausreichen lassen, daß ein Fehlbetrag erwirtschaftet wurde, das *„gesamte Eigenkapital und die stillen Reserven"* aufgezehrt wurden, das Unternehmen *„bilanziell überschuldet"* war und der Konkurs drohte.[1482] Es muß allerdings auch eine Verknüpfung zwischen der Existenzgefährdung und der zu kürzenden Leistung vorhanden sein. Das BAG verlangt, daß *„die Belastung des*

[1477] BAG -Urt. v. 25.1.2000- DB 2000 S.326 (327).
[1478] Vgl. Diller ZIP 1997 S.765 (773), der weiterhin von einem Kürzungsrecht ausgeht.
[1479] So Diller ZIP 1997 S.765 (773 f).
[1480] BAG -Urt. v. 16.3.1993- AP Nr.18 zu § 7 BetrAVG Widerruf Bl.3.
[1481] BAG -Urt. v. 23.10.1990- AP Nr.13 zu § 1 BetrAVG Ablösung LS, *„so muß sich der Arbeitgeber in einer schweren, konkursgleichen wirtschaftlichen Notlage befinden"*.
[1482] BAG -Urt. v. 16.3.1993- AP Nr.18 zu § 7 BetrAVG Widerruf Bl.3.

Arbeitgebers infolge einer wirtschaftlichen Notlage so groß wird, daß ihm als Schuldner der Versorgungszusage nicht zugemutet werden kann, seine vertraglichen Verpflichtungen zu erfüllen."[1483] Bei einer Personengesellschaft genügt nicht die Überschuldung des Gesellschaftsvermögens, solange die persönlich haftenden Gesellschafter solvent sind.[1484] Dies gilt entsprechend für den Einzelkaufmann.[1485]

Im Vertragskonzern wie im faktischen Konzern können die Gläubiger des beherrschten Unternehmens (Konzerntochter) unter bestimmten Umständen ihre Ansprüche gegen das herrschende Unternehmen (Konzernmutter) geltend machen.[1486] Dies gilt nach der Rechtsprechung des BGH nicht für Verluste, *„bei deren Entstehung das Konzerninteresse keine Rolle gespielt hat"*.[1487] Das BAG hat diese konzernrechtlichen Haftungsgrundsätze übernommen und lehnt eine Haftung ab, *„wenn das notleidende Unternehmen in Kenntnis der Erforderlichkeit einer Sanierung erworben worden ist"*. Die Frage, ob es auf eine „Verursachung" der Notlage durch die Mutter ankommt, hat das Gericht offengelassen.[1488]

bb) Beweisführung und Sanierungsplan

Der Arbeitgeber hat die Bestandsgefährdung zu beweisen.[1489] Hierzu gehört die Einzelfallprüfung *„mit den Mitteln der modernen Betriebswirtschaft"* und eine *„von einem unparteiischen Sachverständigen erstellte Betriebsanalyse"*.[1490] Auf dieser muß der sog. Sanierungsplan beruhen.[1491] Dieser muß nicht nur eine gerechte Lastenverteilung vorsehen[1492], sondern muß den dauerhaften Erfolg der Sanierung erwarten lassen.[1493] Der Sanierungsplan dient damit der Transparenz und der Kontrolle des Sanierungsprogramms.[1494]

Das BAG schränkt diese Anforderungen dahingehend ein, *„daß es auf die Größe des Betriebs und die Umstände des Einzelfalls ankommt, ob und inwieweit Sachverständigengutachten über die Sanierungsmöglichkeiten angemessen sind. Es muß ein vernünftiges Verhältnis zwischen Aufwand und zu erwartendem Er-*

[1483] BAG -Urt. v. 26.4.1988- AP Nr.3 zu § 1 BetrAVG Geschäftsgrundlage LS.
[1484] Vgl. BAG -Urt. v. 8.7.1972- AP Nr.157 zu § 242 BGB Ruhegehalt LS.
[1485] Vgl. nur Blomeyer/Otto Vorb § 7 BetrAVG Rn.99.
[1486] Vgl. dazu ausführlich Blomeyer/Otto Vorb § 7 BetrAVG Rn.101 ff.
[1487] BGH -Urt. v. 23.9.1991- AP Nr.1 zu 303 AktG Bl.4 = BGHZ 115 S.187 ff.
[1488] BAG -Urt. v. 16.3.1993- AP Nr.18 zu § 7 BetrAVG Widerruf Bl.4.
[1489] Vgl. Diller ZIP 1997 S.765 (766 f).
[1490] BAG -Urt. v. 10.12.1971- AP Nr.154 zu 242 BGB Ruhegehalt LS, BAG -Urt. v. 16.3.1993- AP Nr.18 zu § 7 BetrAVG Widerruf LS.
[1491] BAG -Urt. v. 20.1.1987- AP Nr.12 zu § 7 BetrAVG Widerruf Bl.4.
[1492] BAG -Urt. v. 16.3.1993- AP Nr.18 zu § 7 BetrAVG Widerruf LS.
[1493] BAG -Urt. v. 10.12.1971- AP Nr.154 zu 242 BGB Ruhegehalt LS.
[1494] Vgl. BAG -Urt. v. 20.1.1987- AP Nr.12 zu § 7 BetrAVG Widerruf Bl.4.

gebnis bestehen". „Einzelne Sparmaßnahmen ohne inneren Zusammenhang können noch nicht als Sanierungskonzept anerkannt werden."[1495]

cc) Eignung zur Sanierung

Die Eignung einer Kürzung zur Sanierung setzt zunächst voraus, daß das Unternehmen überhaupt sanierungsfähig ist. Wenn das Unternehmen stillgelegt wird, *„besteht kein Grund, den Pensionären Abstriche von ihrer erdienten Versorgung zuzumuten"*[1496]. *„Ein Opfer kann dem Pensionär allerdings nur dann zugemutet werden, wenn Aussicht besteht, daß das Unternehmen mit dieser Hilfe saniert wird."*[1497] Die bloße Hoffnung ist hier nicht ausreichend, es muß sich um eine *„dauerhafte Überwindung der Krise"* handeln.[1498] Die durch die Kürzung erzielten Einsparungen dürfen allerdings neben anderen Maßnahmen *„gering erscheinen"*[1499] und müssen auch nicht allein zur Sanierung ausreichend sein.[1500] Dies steht nur dann einem Widerruf entgegen, wenn die Sanierung insgesamt nicht möglich ist.[1501]

Hinsichtlich des Zeitpunktes zur Beurteilung der wirtschaftlichen Notlage stellt das BAG auf den Zeitpunkt der Antragstellung der Übernahme der Versorgungsschuld beim PSV ab. Der PSV könne *„auf positive Veränderungen"* durch einen Vorbehalt oder eine Befristung reagieren.[1502] Daraus wird deutlich, daß das BAG damit nicht den Fall meint, bei dem sich der Sanierungserfolg wider der gestellten Prognose nicht einstellt. Zu diesem Fall führt das BAG aus: *„Stellt sich dagegen bei anfänglicher Aussicht auf erfolgreiche Sanierung erst später heraus, daß das Unternehmen trotz der Opfer von Pensionären und Anwartschaftsberechtigten nicht mehr gerettet werden kann, so entfällt nachträglich die Widerrufsbefugnis des Arbeitgebers, und die Versorgungsansprüche aller Berechtigten leben wieder auf. Die Anerkennung einer Widerrufsmaßnahme (Stundung, Kürzung, Einstellung) steht also immer unter dem Vorbehalt ihres wirtschaftlichen Erfolges. Sie ist auflösend bedingt durch das Scheitern der Sanierungsbemühungen."*[1503] Daraus kann der Schluß gezogen werden, daß nur das Scheitern einer Sanierung die Voraussetzungen der wirtschaftlichen Notlage rückwirkend entfallen läßt.

dd) Gerechte Lastenverteilung

Schließlich ist zu skizzieren, was das BAG unter einer gerechten Lastenverteilung versteht. In einem Fall, den es zu entscheiden hatte, waren im Sanierungs-

---

[1495] Vgl. BAG -Urt. v. 20.1.1987- AP Nr.12 zu § 7 BetrAVG Widerruf Bl.4.
[1496] BAG -Urt. v. 11.9.1980- AP Nr.9 zu § 7 BetrAVG Bl.3.
[1497] BAG -Urt. v. 10.12.1971- AP Nr.154 zu 242 BGB Ruhegehalt LS.
[1498] Vgl. BAG -Urt. v. 26.11.1985- AP Nr.8 zu § 7 BetrAVG Widerruf LS.
[1499] BAG -Urt. v. 18.5.1977- AP Nr.175 zu § 242 BGB Ruhegehalt LS.
[1500] BAG -Urt. v. 18.5.1977- AP Nr.175 zu § 242 BGB Ruhegehalt Bl.3.
[1501] BAG -Urt. v. 18.5.1977- AP Nr.175 zu § 242 BGB Ruhegehalt Bl.3.
[1502] BAG -Urt. v. 16.3.1993- AP Nr.18 zu § 7 BetrAVG Widerruf Bl.4.
[1503] So BAG -Urt. v. 10.11.1981- AP Nr.1 zu § 7 BetrAVG Widerruf Bl.2, vgl. LS.

plan folgende Maßnahmen vorgesehen: Kapitalherabsetzung bei gleichzeitiger Kapitalerhöhung[1504], strategische Neuausrichtung, Rationalisierung, Investitionen, Anpassung der betrieblichen Altersversorgung und Reduzierung der Firmenrenten an ehemalige Geschäftsführer.[1505] In Betracht kommen daneben auch der Forderungsverzicht anderer Gläubiger.[1506] Daraus wird deutlich, daß eine gerechte Lastenverteilung grundsätzlich zwischen den Arbeitnehmern, den übrigen Gläubigern, den Anteilseignern und der Unternehmensführung zu erfolgen hat.

(1) Arbeitnehmer

„*Ein Widerruf aus wirtschaftlichen Gründen ist immer nur in der mildesten Form zulässig, die zur Rettung des Unternehmens unerläßlich erscheint.*"[1507] Der Arbeitgeber muß „*wegen der lebenswichtigen Bedeutung der Altersversorgung für den Ruheständler seine Kräfte bis aufs äußerste anspannen.*"[1508] Hier wird deutlich, daß die Kürzung erforderlich sein muß und das BAG den Umfang der Kürzungen am Grundsatz der Verhältnismäßigkeit mißt.[1509] Es ist daher konsequent, wenn das BAG als milderes Mittel eine nur vorübergehende Kürzung oder Stundung für die Regel hält.[1510] Der Verhältnismäßigkeit entspricht auch schon der Vorbehalt des Erfolgs der Sanierung.

Aus der Erforderlichkeit resultiert auch, daß die Sanierung nicht zu Maßnahmen führen darf, welche mit der wirtschaftlichen Notlage nicht im Zusammenhang stehen, z.B. sog. Kompensationsgeschäfte.[1511] Ferner muß eine gerechte Verteilung nicht nur zwischen dem Arbeitgeber und den Versorgungsempfängern, sondern auch zwischen jenen und den „*aktiven Belegschaftsmitgliedern einschließlich der Spitzenkräfte*" erfolgen.[1512] Dies begründet das BAG wie folgt: „*Es geht nicht an, daß lediglich oder auch nur in erster Linie von den Pensionären Opfer verlangt werden. Eine betriebliche Altersrente ist keine unentgeltliche Leistung, die der Arbeitgeber in schlechten Zeiten ohne weiteres einstellen dürfte, sondern sie ist eine Gegenleistung aus dem Arbeitsvertrag; sie hat Versorgungs- und Entgeltcharakter und ist damit eine besondere Form der Vergütung.*

[1504] Die Kapitalherabsetzung nach den §§ 222 ff AktG dient nur der folgenden Kapitalerhöhung gegen Einlagen gem. der §§ 182 ff AktG. Dadurch wird der AG neues Kapital zugeführt.

[1505] BAG -Urt. v. 16.3.1993- AP Nr.18 zu § 7 BetrAVG Widerruf Bl.1.

[1506] So die Auffassung des beklagten PSV, vgl. BAG -Urt. v. 16.3.1993- AP Nr.18 zu § 7 BetrAVG Widerruf Bl.2.

[1507] BAG -Urt. v. 18.5.1977- AP Nr.175 zu § 242 BGB Ruhegehalt LS. Vgl. auch BAG -Urt. v. 10.12.1971- AP Nr.154 zu 242 BGB Ruhegehalt LS.

[1508] BAG -Urt. v. 10.12.1971- AP Nr.154 zu 242 BGB Ruhegehalt Bl.5.

[1509] So später ausdrücklich BAG -Urt. v. 16.3.1993- AP Nr.18 zu § 7 BetrAVG Widerruf Bl.6.

[1510] BAG -Urt. v. 18.5.1977- AP Nr.175 zu § 242 BGB Ruhegehalt LS, vgl. auch BAG -Urt. v. 10.12.1971- AP Nr.154 zu 242 BGB Ruhegehalt LS.

[1511] BAG -Urt. v. 18.5.1977- AP Nr.175 zu § 242 BGB Ruhegehalt LS, Bl.4.

[1512] BAG -Urt. v. 10.12.1971- AP Nr.154 zu 242 BGB Ruhegehalt LS.

Sie verdient deshalb grundsätzlich keinen geringeren Schutz als das Arbeitsentgelt des Aktiven."[1513] Aus diesem Urteil wird sogar der Schluß gezogen, daß in der Regel zuerst bei den aktiven Arbeitnehmern zu kürzen sei.[1514] Zu beachten ist allerdings, daß bei zu starken Kürzungen bei den Aktiven u.U. die Gefahr besteht, daß für die Sanierung unentbehrliche Arbeitskräfte abwandern. Daher ist bei der Lastenverteilung auf den Einzelfall abzustellen und keine abstrakten Regel aufzustellen.[1515]

(2) Anteilseigner und Gesellschafter

Die Anteilseigner und Gesellschafter haben ein natürliches Interesse an der Sanierung des Unternehmens. Das BAG differenziert hier zwischen dem persönlich haftenden Gesellschafter und dem Kapitalgesellschafter[1516], der auch eine Obergesellschaft sein kann.[1517] Im ersten Fall ergibt sich eine weitreichende Sanierungsverpflichtung aus der persönlichen Haftung, was sich auch schon in der Bestimmung der Bestandsgefährdung niederschlägt. Der Kapitalgesellschafter muß zwar wegen der Vorteile durch die Sanierung Opfer erbringen[1518], er ist demgegenüber „*grundsätzlich nicht verpflichtet, ein Unternehmen zu sanieren, also weiteres Kapital einzusetzen. Jedoch führt auch der Sanierungsentschluß nicht zu der Pflicht der Konzernspitze, als Kapitaleigner so lange weitere Mittel zur Verfügung zu stellen, bis das herrschende Unternehmen selbst in wirtschaftliche Schwierigkeiten zu geraten droht.*"[1519] Ferner besteht nach der Ansicht des BAG auch dann keine Verpflichtung zur Sanierung, wenn die Notlage des Unternehmens „*vor allem auch durch unternehmerische Fehlentscheidungen verschuldet worden sei*".[1520]

(3) Banken und die übrigen Gläubiger

Zu den Gläubigern führt das BAG aus: „*Eine im Sanierungsplan vorzusehende gerechte Lastenverteilung scheitert nicht daran, daß der Versorgungsschuldner es unterlassen hat, außenstehende Unternehmensgläubiger (etwa Banken, Lieferanten) zu Forderungsverzichten zu veranlassen.*"[1521] „*Diese Unternehmens-*

[1513] BAG -Urt. v. 10.12.1971- AP Nr.154 zu 242 BGB Ruhegehalt Bl.5.

[1514] So Beathalter (1999) S.187. Dieser Schluß geht zu weit und ist nicht durch das zitierte Urteil gerechtfertigt.

[1515] So schon Hueck Anm. AP Nr.154 zu § 242 Ruhegehalt Bl.7 (10).

[1516] Also dem Kommanditisten, dem Aktionär, dem Gesellschafter einer GmbH, etc.

[1517] BAG -Urt. v. 16.3.1993- AP Nr.18 zu § 7 BetrAVG Widerruf Bl.5.

[1518] BAG -Urt. v. 18.5.1977- AP Nr.175 zu § 242 BGB Ruhegehalt Bl.3 Vgl. auch BAG -Urt. v. 16.3.1993- AP Nr.18 zu § 7 BetrAVG Widerruf Bl.6 „*Das herrschende Unternehmen, daß sich zur Sanierung entschließt, wird die Hauptlast zu tragen haben.*", vgl. auch den LS.

[1519] BAG -Urt. v. 16.3.1993- AP Nr.18 zu § 7 BetrAVG Widerruf Bl.5.

[1520] BAG -Urt. v. 18.5.1977- AP Nr.175 zu § 242 BGB Ruhegehalt Bl.3.

[1521] BAG -Urt. v. 16.3.1993- AP Nr.18 zu § 7 BetrAVG Widerruf LS.

gläubiger befinden sich nicht in der ‚Dispositionsbefugnis' des Arbeitgebers."[1522]

In früheren Urteilen hat das BAG die Banken mit den Anteilseignern verglichen.[1523] In vielen Fällen sind die Banken nicht nur Kreditgeber, sondern gleichzeitig Anteilseigner. Aber auch in Fällen, in denen die Bank nur Kreditgeber ist, läßt sie sich weitreichende Kontrollrechte im Unternehmen einräumen. Offen ist daher hier, ob die Bank ein außenstehender Gläubiger ist oder nicht.

ee) Betriebliche Mitbestimmung

Nach der Rechtsprechung des BAG besteht gemäß § 87 I Nr.10 BetrVG nur ein Mitbestimmungsrecht bzgl. der Frage, wie der gekürzte Dotierungsrahmen bei der aktiven Belegschaft zu verteilen ist.[1524] Mitbestimmungsfrei ist die Frage, ob und in welchem Umfang die Leistungen gekürzt werden sowie die Kürzung bei ausgeschiedenen Arbeitnehmern.[1525] Eine Verletzung des Mitbestimmungsrechts führt zur Unwirksamkeit des Widerrufs.[1526]

c) § 16 BetrAVG

In § 16 BetrAVG ist die Anpassung von Betriebsrenten an die Inflation geregelt. Die Vorschrift knüpft auch an die wirtschaftliche Lage des Arbeitgebers an. Dies ist nach der Rechtsprechung des BAG nicht mit der Notlage des Arbeitgebers nach § 7 BetrAVG gleichzusetzen.[1527] Die Klausel des § 16 BetrVG greift schon vor der Existenzgefährdung des Arbeitgeber[1528] und dient daher nicht der Verwirklichung des Grundrechts aus Art. 14 GG. Die Rechtsprechung zu § 16 BetrVG kann daher für die hier interessierende Problematik nicht fruchtbar gemacht werden.[1529]

d) Zwischenergebnis

Festzuhalten ist, daß sich die Rechtsprechung im Betriebsrentenrecht ausführlich mit den Voraussetzungen einer Härteklausel und dem Begriff der „wirtschaftlichen Notlage" auseinandergesetzt hat. Dadurch hat sich ein differenziertes System entwickelt[1530], welches in der betrieblichen und gerichtlichen Praxis erprobt wurde.[1531]

[1522] BAG -Urt. v. 16.3.1993- AP Nr.18 zu § 7 BetrAVG Widerruf Bl.6.
[1523] BAG -Urt. v. 18.5.1977- AP Nr.175 zu § 242 BGB Ruhegehalt Bl.3.
[1524] BAG -Urt. v. 26.4.1988- AP Nr.3 zu § 1 BetrAVG Geschäftsgrundlage Bl.4 f.
[1525] Vgl. nur Diller ZIP 1997 S.765 (768) mit Hinweis auf BAG -Urt. v. 26.4.1988- ZIP 1988 S.1348 (1350 f).
[1526] Vgl. nur BAG -Urt. v. 9.5.1989- AP Nr.18 zu § 87 BetrVG 1972 Altersversorgung LS.
[1527] Vgl. BAG -Urt. v. 17.1.1980- AP Nr.8 zu § 16 BetrAVG Bl.4.
[1528] Vgl. Bornhagen (1999) S.139.
[1529] Anders Freihube (2000) S.213 ff.
[1530] Diller ZIP 1997 S.765 (766).
[1531] Ruoff (1999) S.123.

2. Kündigungsschutzrecht

Das BAG gesteht dem Arbeitgeber die Möglichkeit zu, zur Sanierung betriebsbedingte Änderungskündigungen auszusprechen. Es muß eine Schließung des Betriebs oder eine Reduzierung der Belegschaft drohen, der Betrieb muß sanierungsfähig sein, es muß grundsätzlich ein Sanierungsplan vorliegen, der alle milderen Mittel ausschöpft und die Kürzung bei den Arbeitnehmern muß der Billigkeit entsprechen.[1532] Die hier genannten Voraussetzungen ähneln nicht nur stark jenen für die Annahme einer „wirtschaftlichen Notlage" im Sinne des § 7 BetrAVG a.F., sie sind unmittelbar vergleichbar. Von einer gefestigten differenzierten Rechtsprechung wie im Betriebsrentenrecht kann man allerdings nicht sprechen.

3. Betriebsverfassungsrecht

Der Gesichtspunkt der wirtschaftlichen „Notlage" findet auch im BetrVG seinen Niederschlag, und zwar bei der außerordentlichen Kündigung einer Betriebsvereinbarung und der Verpflichtung der Einigungsstelle gemäß § 112 V (2) Nr.3 BetrVG, bei der Entscheidung über einen Sozialplan auf den „*Fortbestand des Unternehmens*" und die Gefährdung von Arbeitsplätzen zu achten. So wird auch bei der außerordentlichen Kündigung einer Betriebsvereinbarung teilweise auf die Rechtsprechung des BAG zu § 7 BetrAVG a.F. zurückgegriffen.[1533]

4. Gesellschaftsrecht

Die gesellschaftsrechtliche Frage, ob ein Gesellschafter zur Sanierung verpflichtet ist, wurde bereits beim Betriebsrentenrecht angesprochen, welches mit den gesellschaftsrechtlichen Grundsätzen konform geht. Im Gesellschaftsrecht haftet der Kapitalgesellschafter nur im Rahmen der konzernrechtlichen Grundsätze, eine Sanierungsverpflichtung besteht nicht.[1534] Allerdings trägt der Gesellschafter einer stark angeschlagenen Gesellschaft für den Fall, daß er der Gesellschaft zur Sanierung ein Darlehen oder etwas vergleichbares zur Verfügung stellt, wegen des § 32a I GmbHG ein hohes Risiko.[1535]

5. Kreditsicherungsrecht

Die Kreditgeber trifft im Falle der Sanierung weder eine Kreditversorgungspflicht, noch wird eine Haftung desjenigen anerkannt, der den Sanierungskonsens zunichte macht.[1536] Zu beachten ist aber, daß nach der Rechtsprechung des BGH Kreditsicherungsverträge, wie z.B. eine Sicherungsübereignung oder eine

---

[1532] Vgl. BAG -Urt. v. 20.8.1998- NZA 1999 S.255 (256).

[1533] So Beathalter (1999) S.185 ff.

[1534] Vgl. unter Kapitel 4 B. I. 1. b) dd) (2) (S.298).

[1535] Wegen Details wird hier auf die Kommentierungen zur §§ 32a, 32b GmbHG und zu §§ 129 ff InsO (Insolvenzanfechtung) verwiesen werden.

[1536] Flessner ZRP 1982 S.244 (245 f). Vgl. Neuhof NJW 1998 S.3225 (3226) mwN, der sich in seinem Aufsatz ausführlich mit den Sanierungsrisiken der Banken auseinandersetzt.

Grundschuld, gemäß § 138 BGB nichtig sein können. Dies wird angenommen, wenn z.B. die Bank sich eigennützig zur Sanierung entschließt, weil die Befürchtung besteht, daß das Unternehmen den alten Kredit nicht zurückzahlen kann. Durch den Kredit besteht die Gefahr, daß Dritte über die Kreditwürdigkeit des Unternehmens getäuscht werden. Daher verlangt der BGH vor der Kreditgewährung eine Prüfung der Sanierungschancen, also eine Prüfung der Sanierungsfähigkeit.[1537] Hier wird regelmäßig ein externes Sachverständigengutachten verlangt.[1538] Ziel dieser Rechtsprechung ist es also, den Rechtsverkehr vor einer Täuschung über die Kreditwürdigkeit eines Unternehmens zu schützen.

6. Steuerrecht

Im Steuerrecht bestand gemäß § 3 Nr.66 EStG a.F. die Möglichkeit, dem Steuerschuldner die Schuld *„zum Zwecke der Sanierung ganz oder teilweise"* zu erlassen. Diese Vorschrift wurde gestrichen.[1539] Dennoch erscheint es sinnvoll, die Anwendung dieser Vorschrift durch die gefestigte Rechtsprechung und Literatur kurz zu skizzieren:

Ziel der Regelung war die Erhaltung des Steuerschuldners als Steuerquelle, dementsprechend entfielen die Voraussetzungen beim Scheitern der Sanierung „ex tunc". Hierfür mußte das Unternehmen zum einen sanierungsbedürftig und zum sanierungsfähig sein. Letzte Eigenschaft wurde anhand des Sanierungsplans überprüft. Der Schuldenerlaß gemäß § 3 Nr.66 EStG a.F. mußte ferner zur Mehrung des Eigenkapitals führen, er mußte zur Sanierung entscheidend beitragen bzw. geeignet sein und es mußte eine Sanierungsabsicht vorliegen.[1540] Damit kann festgestellt werden, daß die Anforderungen an die ehemalige Härteklausel in § 33 Nr.66 EStG a.F. in allen wesentlichen Punkten mit den Anforderungen im Betriebsrenten- und Kündigungsschutzrecht vergleichbar sind.

7. Staatliche Subventionen

Nach dem Beschluß der Wirtschaftsministerkonferenz der Bundesländer vom 30.5.1983, de vom Bundeswirtschaftsminister mit getragen wurde, müssen staatliche Finanzierungshilfen folgende Voraussetzungen erfüllen:

Es muß sich zunächst um ein in der Existenz bedrohtes und sanierungsfähiges Unternehmen handeln. Die Subventionen dürfen nur vorübergehend gewährt werden. Das Unternehmen, die Gesellschafter, Eigentümer und Gläubiger müssen ihre Möglichkeiten voll ausschöpfen. Es müssen weitere Gründe von besonderer Bedeutung vorliegen, z.B. regionalpolitische oder arbeitsmarktpolitische. Die Folgen für konkurrierende Unternehmen sind besonders zu berücksichtigen,

---

[1537] Vgl. Neuhof NJW 1998 S.3225 (3228) mwN.

[1538] Neuhof NJW 1998 S.3225 (3230 f).

[1539] Vgl. Art.1 Nr.1 Gesetz zur Forsetzung der Unternehmenssteuerreform v. 29.10.1997 BGBl. 1997 I S.2590. Eine amtliche Begründung hierfür konnte vom Verfasser nicht gefunden werden.

[1540] Vgl. dazu ausführlich Meinhold (1988) S.76 ff mwN.

die Subvention darf zu keiner Gefährdung derselben führen. Schließlich muß eine „Ist-Analyse“ der letzten drei Jahresabschlüsse, eine Prüfung des Unternehmenskonzepts mit Finanzierungsplan und eine Stellungnahme eines unabhängigen Sachverständigen erfolgen.[1541]

Auffallend ist hierbei, daß im Unterschied zu den vorherigen Anforderungen ein Beitrag der Gläubiger erforderlich ist, daß die Situation der konkurrierenden Unternehmen zu berücksichtigen ist und daß besondere Erwägungen des Gemeinwohls vorliegen müssen. Dies läßt sich damit erklären, daß den Staat keine Sanierungspflicht trifft[1542] und er durch die Sanierung eigene Ziele verfolgen will. Somit stellt die Förderung des Gemeinwohls das Ziel staatlicher Förderungen dar, welches mit den negativen Auswirkungen für den Wettbewerb kollidiert. Der Beschluß stellt daher den Versuch dar, beide gegensätzlichen Interessen in Ausgleich zu bringen.

8. Betriebswirtschaftslehre

Ziel der Betriebswirtschaftslehre bei der Behandlung der Sanierung ist es, Kriterien zu entwickeln, um die betriebswirtschaftliche Vorteilhaftigkeit der Entscheidung über eine Sanierung zu treffen. Ganz abstrakt ausgedrückt ist dies der Fall, wenn der Fortführungswert den Liquidationswert übersteigt.[1543] Von Sanierung wird in der Betriebswirtschaftslehre bei Vorliegen folgender Voraussetzungen gesprochen:

Das Unternehmen muß zunächst sanierungsbedürftig sein, was im Rahmen einer „Analyse des Ist-Zustandes“ darzustellen ist. Im Anschluß ist die „Sanierungswürdigkeit“ und die Finanzierung der Sanierung zu prüfen. Schließlich ist ein Sanierungsplan zu erstellen.[1544] Zu den jeweiligen Voraussetzungen besteht ein breites Spektrum an wissenschaftlichen Untersuchungen und Ansätzen, deren Wiedergabe hier nicht geleistet werden soll.[1545] Deutlich werden hier allerdings die Parallelen zum Steuerrecht, aber auch zum Betriebsrenten- und Kündigungsschutzrecht.

9. Zwischenergebnis

Aus dem Vergleich des Sanierungsbegriffs in den verschiedenen Rechtsgebieten und der Betriebswirtschaftslehre können folgende Schlüsse gezogen werden: Es gibt einen „harten“ Kern von Voraussetzungen, bei deren Vorliegen man interdisziplinär von einer Sanierung sprechen kann:

- Sanierungsbedürftigkeit
- Sanierungsfähigkeit

1541 Wirtschaftsministerkonferenz ZIP 1983 S.876 (876 f).
1542 Meinhold (1988) S.137.
1543 Vgl. Meinhold (1988) S.113.
1544 Vgl. Meinhold (1988) S.85.
1545 Vgl. die ausführliche Darstellung bei Meinhold (1988) S.79-151 mwN.

- Vorliegen eines schlüssigen Sanierungskonzepts
- Sanierungsplan und Gutachten als Kontrollinstrument

Die Gewichtung der einzelnen weiteren Voraussetzungen hängen von den Zielen und Fragestellungen des jeweiligen Rechtsgebietes ab. So verlangt z.B. das Arbeitsrecht als Schutzrecht für Arbeitnehmer eine gerechte Lastenverteilung und verhindert dadurch eine einseitige Belastung von Arbeitnehmergruppen. Diesem Ziel dient auch die Beteiligung des Betriebsrats nach § 87 I Nr.10 BetrVG im Betriebsrentenrecht. Der Beschluß der Wirtschaftsministerkonferenz versucht demgegenüber einen Ausgleich zwischen den Interessen des Wettbewerbs mit dem Gemeinwohl und stellt erweiterte Voraussetzungen. Für die Betriebswirtschaftslehre ist schließlich entscheidend, ob das Unternehmen sanierungswürdig ist, ob sich also die Sanierung gegenüber der Liquidation überhaupt lohnt.

II. Übertragung auf eine Härteklausel in § 3 III TVG

Zu diskutieren ist, welche der eben dargestellten Kriterien auch bei der Öffnung des § 3 III TVG sinnvoll sind. Dies gilt entsprechend für die Sanierung durch eine außerordentliche Kündigung des Firmentarifvertrags und außerordentliche Änderungskündigungen.

1. Sanierungsbedürftigkeit

Das Kriterium der Sanierungsbedürftigkeit korrespondiert zu der verfassungsrechtlichen Betroffenheit des Art. 14 I GG und ist daher aus verfassungsrechtlichen Gründen unverzichtbar[1546]. Dabei kann die Differenzierung des BAG im Betriebsrentenrecht zwischen dem Einzelkaufmann bzw. der Personengesellschaft und der Körperschaft mit den konzernrechtlichen Besonderheiten übernommen werden.

2. Sanierungsfähigkeit

Auch das Kriterium der Sanierungsfähigkeit, welches eine hinreichend sichere Aussicht auf den Erfolg einer Sanierung verlangt, steht im direkten Zusammenhang zur Betroffenheit des Art. 14 I GG. Ist eine Sanierung nicht möglich, so ist der Existenzschutz durch die Zahlungsverpflichtungen aufgrund des Tarifvertrags nicht betroffen.[1547] Dies entspricht auch den Grundsätzen der Verhältnismäßigkeit und der praktischen Konkordanz, welche die Eignung einer Maßnahme zur Verfolgung eines bestimmten Zwecks voraussetzen. Entscheidend ist in diesem Zusammenhang die Frage, wann eine Sanierung als sicher gelten kann, da es eine hundertprozentige Sicherheit bei Prognosen nicht gibt.

Insofern kann die Wertung aus dem Betriebsrentenrecht, daß zumindest die bloße Hoffnung nicht genügt, übernommen werden. Es dürfte allerdings in der Praxis schwierig bis unmöglich sein, eine genaue Wahrscheinlichkeit über die Sa-

---

[1546] So im Ergebnis auch Meinhold (1988) S.88.

[1547] Vgl. unter Kapitel 3 A. I. 1. a) ee) (1) (S.147 f).

nierungschancen, z.B. von 75 Prozent, anzugeben, so daß eine genaue Grenzziehung in dem Sinne, daß eine bestimmte Wahrscheinlichkeit mindestens gegeben sein muß, müßig ist. Angemessen erscheint die nur vage Formulierung, daß die Erfolgsaussichten zumindest eindeutig überwiegen müssen, denn ansonsten herrscht das „Prinzip Hoffnung" vor.

3. Sanierungskonzept

Das Sanierungskonzept als Ausgleich der kollidierenden Interessen von Arbeitgeber, Arbeitnehmern und Gläubigern muß aus verfassungsrechtlicher Sicht zur Sanierung geeignet, erforderlich und angemessen sein.

a) Geeignetheit

Das Sanierungskonzept umfaßt alle Maßnahmen, die zur Sanierung beitragen. Es impliziert, daß diese Maßnahmen zusammen geeignet sind, zum Erfolg der Sanierung zu führen. Maßnahmen, welche das Sanierungsziel nicht zumindest fördern, scheiden hier aus. Dies entspricht dem verfassungsrechtlichen Erfordernis, daß nur geeignete Maßnahmen zulässig sind.

b) Erforderlichkeit

Daneben verlangt die verfassungsrechtliche Situation, daß die Kürzungen des Entgelts zur Sanierung erforderlich sind, also keine milderen Maßnahmen ergriffen werden können. Auch hier kann auf die Rechtsprechung zu § 7 BetrAVG a.F. zurückgegriffen werden, welche auf den Grundsatz der Verhältnismäßigkeit abstellt und diese Maßgabe durch den unbestimmten Rechtsbegriff der „gerechten Lastenverteilung" umsetzt. Hier wird deutlich, daß es sich bei der Rechtsprechung zum Widerruf von Versorgungszusagen, wie bei Lohnsenkung zur Sanierung, ebenfalls um den Versuch einer praktischen Konkordanz handelt. So betont das BAG, daß die Versorgungszusage nicht nur eine erdiente Leistung darstelle, sondern daß diese Entgeltcharakter besitze[1548].

Dennoch können nicht alle entwickelten Kriterien für eine „gerechte Lastenverteilung" unbesehen übernommen werden. Die Arbeitnehmer können nach Abschluß der Sanierung durch den Druck mittels der Gewerkschaft die Höhe der Bezüge der besseren wirtschaftlichen Situation des Arbeitgebers anpassen. Im Unterschied dazu haben die Pensionäre diese Möglichkeit nicht, sie wären allein auf den guten Willen des Arbeitgebers angewiesen. Demnach besteht kein Erfordernis für eine vorübergehende Stundung, also einen Nachzahlungsanspruch zu gewähren.[1549]

Man könnte von dem Arbeitgeber im Rahmen einer gerechten Lastenverteilung eine vertragliche Beschäftigungsgarantie verlangen.[1550] Der Wert einer solchen

[1548] Vgl. BAG -Urt. v. 10.12.1971- AP Nr.154 zu 242 BGB Ruhegehalt Bl.5.

[1549] Vgl. unter Kapitel 3 A. II. 3. a) dd) (S.170 ff). Vgl. demgegenüber Meinhold (1988) S.322.

[1550] Kritisch dazu Kort NJW 1997 S. 1476 (1479). Vgl. auch Sontowski (1997) S.40, Tyska ArbuR 1985 S.276 (279).

Garantie hängt von der Sanierungsfähigkeit ab. Mißlingt die Sanierung und wird das Unternehmen liquidiert, so ist die Garantie nichts wert.[1551] Hat die Sanierung Erfolg, so stellt sich die Frage, wie lang die Beschäftigungsgarantie gewährt werden soll. Eine ewige Garantie im Sinne einer ordentlichen Unkündbarkeit ist zur Sanierung nicht erforderlich. Die Maßgabe, daß der Arbeitgeber zur Sanierung keine Arbeitnehmer entlassen darf, schränkt ihn aber wiederum in seiner Entscheidungsfreiheit zu stark ein und steht u.U. einer Sanierung entgegen. Schließlich ist zu beachten, daß ein Ausschluß ordentlicher Kündigungen einer außerordentlichen Beendigungskündigung oder Betriebsstillegung nicht entgegensteht. Daher ist vom Arbeitgeber eine Arbeitsplatzgarantie nicht zu verlangen.

Aus dem verfassungsrechtlichen Kriterium der Erforderlichkeit folgt allerdings, daß der Arbeitgeber vor der Kürzung der Tariflöhne zunächst alle übertariflichen Leistungen vollständig abbauen muß.[1552] Es besteht aufgrund des Art. 3 I GG ferner die Verpflichtung des Arbeitgebers, die Lohnkürzungen unter den Arbeitnehmer sachgemäß und nicht willkürlich aufzuteilen.[1553] Ferner entspricht es dem Kriterium der verfassungsrechtlichen Erforderlichkeit, daß die Lohnkürzung unter dem Vorbehalt des Erfolgs der Sanierung steht.[1554] Auch der fehlende Einfluß von Fehlentscheidungen des Managements kann auf die Öffnung des § 3 III TVG übertragen werden.[1555] Gleiches gilt für die Beteiligung der Anteilseigner an der Last der Sanierung.

Zu betrachten ist auch die Wertung des BAG, daß sich der Arbeitgeber bei außenstehenden Gläubigern nicht um Sanierungsbeiträge bemühen muß. Dies begründet das BAG mit der fehlenden Dispositionsbefugnis, dies spricht aber nicht gegen eine Bemühung. Entscheidend ist vielmehr, daß die Sanierung durch ein umfangreiches Bemühen um Forderungsverzichte das Vertrauen des Rechtsverkehrs in das Unternehmen erschüttert und dadurch die Sanierung gefährdet. Ferner müßten die Gläubiger zumindest über Teile des Sanierungskonzepts informiert werden, was vertrauliche Daten des Unternehmens öffentlich macht und dadurch das Unternehmen zusätzlich gefährdet. Diese Gefahr besteht nicht bei den Kreditgebern, insbesondere den Hausbanken, die sich durch spezielle Vereinbarungen Kontroll- und Informationsrechte eingeräumt haben.[1556]

[1551] *„Es gibt keine 'Arbeitsplatzgarantie', die ihren Namen verdiente."* So Söllner Sonderbeilage zu NZA Heft 24/2000 S.33 (35).

[1552] Vgl. ferner Ruoff (1999) S.152, der ferner fordert, daß tarifliche Sonderleistungen vor dem monatlichen Entgelt zu kürzen sind.

[1553] Vgl. Meinhold (1988) S.170, 178, der von dem *„Grundsatz der paritätischen Verteilung der Sanierungslasten"* spricht und dies auf die §§ 242, 315 BGB, §§ 76 V, 1 II BetrVG und § 2 KSchG stützt.

[1554] Vgl. unter Kapitel 3 A. II. 3. a) bb) (S.168).

[1555] Vgl. unter Kapitel 3 A. I. 1. a) ee) (3) (S.150 f).

[1556] Diese sind gem. § 18 KWG zur Einsichtnahme sogar verpflichtet.

c) Angemessenheit

Aus verfassungsrechtlicher Sicht muß die Lohnsenkung den Arbeitnehmern zumutbar sein. Dies entspricht insbesondere der Rechtsprechung zur betriebsbedingten Änderungskündigung. Diese Frage muß unter Berücksichtigung aller Umstände des Einzelfalls entschieden werden. Zu untersuchen ist allerdings, ob es auch hier abstrakte Regeln gibt, ob es also eine absolute Grenze für Lohnkürzungen gibt.[1557] Dies ist aus verfassungsrechtlicher Sicht eindeutig das Existenzminimum.[1558] Als weitere Grenzen kommt die Leistung aus der Arbeitslosenversicherung, der Lohnwucher und Art. 4 (1) Nr.1 der Europäischen Sozialcharta in Betracht.

aa) Leistungen der Arbeitslosenversicherung

Bei der Arbeitslosenversicherung gibt es zwei hier interessierende Ansprüche: den Anspruch auf Arbeitslosengeld und den Anspruch auf Arbeitslosenhilfe.

(1) Arbeitslosengeld

Der Anspruch auf Arbeitslosengeld setzt gemäß § 117 I SGB III neben der Arbeitslosigkeit und der Meldung beim Arbeitsamt voraus, daß die Anwartschaftszeit gemäß § 123 SGB III erfüllt wurde. Die Höhe des Arbeitslosengeldes beläuft sich nach § 129 Nr.2 SGB III grundsätzlich auf 60 Prozent des Leistungsentgelts. Besteht ein Anspruch auf Kindergeld gemäß der §§ 62, 63, 32 EStG, so liegt, etwas vereinfacht ausgedrückt[1559], der erhöhte Leistungssatz von 67 Prozent vor. Das Leistungsgeld ist nach den §§ 129, 130 I, 132 I SGB III grundsätzlich das durchschnittliche pauschalierte Nettoentgelt der letzten 52 Wochen.

Nimmt der Arbeitslose eine zumutbare Beschäftigung nicht auf, so entfällt u.U. die Beschäftigungssuche im Sinne des § 118 I Nr.2, 119 I SGB III als Voraussetzung für die Annahme der Arbeitslosigkeit. Von besonderem Interesse ist daher die Vorschrift des § 121 SGBG III, welche regelt, ob eine Beschäftigung für den Arbeitssuchenden zumutbar ist. Dies ist gemäß § 121 II SGB III zum einen dann nicht der Fall, wenn die Arbeitsbedingungen gegen das Gesetz, den Tarifvertrag oder eine Betriebsvereinbarung verstoßen. Dieser Fall ist aber nicht ver-

---

[1557] Vgl. schon § 8 I (2) der Verordnung zur Vermehrung und Erhaltung der Arbeitsgelegenheit vom 5.9.1932, RGBl. 1932 I, S.433, welcher eine Senkung auf maximal 20 Prozent unter Tarif vorsah, vgl. dazu Krummel (1990) S.166. Vgl. auch H.-P. Müller DB 1999 S.2310 (2314), der auf eine Härteklausel in einem Tarifvertrag abstellt und folgert, daß die Grenze bei 10 Prozent nicht überschritten sei. Solche festen Grenzen muten willkürlich an.

[1558] Vgl. ArbG Bremen -Urt. v. 30.8.2000- DB 2000 S.2278 (2278). *„Bei einem Lohn für Vollzeittätigkeit, der (...) das Niveau der Sozialhilfe für einen Alleinstehenden nicht deutlich überschreitet, ist (...) von einem auffälligen Mißverhältnis i.S. von § 138 II BGB auszugehen".*

[1559] Die Formulierungen sind auch im folgenden stark vereinfacht, da eine exakte Terminologie für die hier verfolgten Zwecke nicht erforderlich ist.

gleichbar, da aufgrund der Öffnung des § 3 III TVG ein Tarifvertrag gerade nicht gilt.

Zum anderen ist die neue Beschäftigung gemäß § 121 III (1) SGB III dann nicht zumutbar, wenn das „neue" Arbeitsentgelt erheblich niedriger ist als das „alte". Die Erheblichkeit ist hierbei von der Dauer der Arbeitslosigkeit abhängig. Als „unzumutbar" definiert das Gesetz in den ersten drei Monaten eine Unterschreitung des letzten Gehalts um 20 Prozent, bis zum sechsten Monat um bis zu 30 Prozent und ansonsten stellt die Grenze das Arbeitslosengeld dar.

(2) Arbeitslosenhilfe

Die Arbeitslosenhilfe wird gemäß § 190 I SGB III gewährt, wenn die Anwartschaftszeit nicht erfüllt wurde, Bedürftigkeit vorliegt und weitere besondere Voraussetzungen vorliegen. Auch hier gilt die Regelung des § 121 SGB III. Im Unterschied zum Arbeitslosengeld beträgt die Arbeitslosenhilfe gemäß § 195 SGB III allerdings nur 53 Prozent bzw. 57 Prozent des Leistungsentgelts und vermindert sich bei mangelnder Bedürftigkeit.

Es zeigt sich, daß sich aus dem Recht der Arbeitslosenversicherung eine Vielzahl von Grenzen für die Zumutbarkeit ergeben können. Nähme man z.B. das Arbeitslosengeld als Grenze für Lohnkürzungen, so dürfte die Lohnkürzung nur soweit erfolgen, daß das neue Nettogehalt 60 bzw. 67 Prozent des alten Nettolohnes ausmacht.

bb) Lohnwucher

Der Lohnwucher ist gemäß § 291 I Nr.3 StGB[1560] strafbar. Voraussetzung des objektiven Tatbestands ist ein *„auffälliges Mißverhältnis"* zwischen Leistung und Gegenleistung und das Ausbeuten einer *„Zwangslage"*. Insofern stimmt § 291 StGB mit § 138 BGB überein. Eine Änderungskündigung, die dazu führt, daß die genannten Bedingungen erfüllt sind, wäre demnach gemäß § 138 II BGB und gemäß § 134 BGB i.V.m. § 291 I Nr.3 StGB nichtig.

(1) § 291 I Nr.3 StGB

Der BGH in Strafsachen hat zum Lohnwucher entschieden, daß für die Bestimmung des Mißverhältnisses ein *„aus dem für den jeweiligen Einzelfall vorzunehmenden Vergleich des Wertes der Leistung mit der Gegenleistung"* entscheidend sei. Auf *„einen Vergleich der Leistung mit den Vorteilen, die sich das Opfer aus dem Geschäft verspricht oder - hier erlangt"* komme es nicht an. Zu vergleichen seien der Tariflohn und der tatsächlich gezahlte Lohn.[1561] Diese Wertung hat zur Folge, daß der Arbeitsplatz oder dessen gesteigerte Sicherheit in den Vergleich zwischen Arbeit und Lohn wie beim Günstigkeitsprinzip nicht einbezogen werden dürfen. Im Ergebnis hat der BGH bei einem Lohn, der

---

[1560] § 302a I Nr.3 StGB a.F.

[1561] BGH -Urt. v. 22.4.1997- AP Nr.52 zu § 138 BGB Bl.1 = BGHSt 43 S.54 ff, kritisch Hoyningen-Huene NZA 1998 S.1081 (1082).

33,3 Prozent unter dem Tariflohn und 39,52 Prozent unter dem Lohn der Kollegen lag, die Beurteilung als Wucher nicht beanstandet.[1562] Im Falle der Sanierung kann man zwar nicht von einem strafrechtlich relevanten Ausbeuten der Arbeitnehmer sprechen[1563], die Wertungen bzgl. des Mißverhältnisses können aber durchaus übertragen werden.

(2) § 138 II BGB

Beim Vergleichsmaßstab des § 138 II BGB ist nach dem BAG nicht nur auf die Löhne der Arbeitnehmer in der gleichen Branche, sondern auf das *„allgemeine Lohnniveau im Wirtschaftsgebiet"* abzustellen.[1564] Wenn man auf das Wirtschaftsgebiet und nicht auf die Branche abstellt, so scheidet eine in Relation zum Tariflohn gesetzte Grenze aus, da der Tarifvertrag nur für eine bestimmte Branche gilt. Dies steht im Gegensatz zur Entscheidung des BGH, der den Vergleichsmaßstab des Tarifvertrags für zulässig erachtet hat.

Zu der Entscheidung des BAG in Widerspruch steht scheinbar eine Entscheidung desselben Senats zu § 10 I (1) BBiG, demgemäß dem Auszubildenden eine angemessene Vergütung gewährt werden muß. Das BAG hat eine Vergütung, die *„um mehr als 20 Prozent hinter den tariflichen Sätzen zurückbleibt"*, als nicht mehr angemessen beurteilt.[1565] Das LAG Hamm, welches im Rahmen des § 850h II ZPO beurteilen mußte, ob ein Gehalt unverhältnismäßig ist und welches Gehalt angemessen ist, übernahm vom BAG grundsätzlich den Grenzwert von 20 Prozent. In Ausnahmefällen könne eine weiterer Abschlag als angemessen bezeichnet werden. *„In einem Wirtschaftsbereich, der (...) im Verhältnis zur gesamten Wirtschaft ein so niedriges Tariflohnniveau hat, daß wegen der besonderen Schutzbedürftigkeit der Arbeitnehmer regelmäßig die Lohntarifverträge für allgemeinverbindlich erklärt werden, erscheint eine Unterschreitung des Tariflohns um 30 Prozent als äußerste Grenze dessen, was von der Rechtsordnung noch gebilligt werden kann."*[1566] Hier sieht das LAG Hamm einen unmittelbaren Zusammenhang zu § 138 BGB.[1567] Das LAG Berlin bezieht sich schließlich nut noch auf das Urteil des BGH in Strafsachen und beurteilt einen Stundenlohn, der mehr als 58 Prozent unter dem Tariflohn liegt, als sittenwidrig.[1568]

1562 BGH -Urt. v. 22.4.1997- AP Nr.52 zu § 138 BGB Bl.1 f = BGHSt 43 S.54 ff.

1563 Der Arbeitgeber hat ja nur die Wahl zwischen der Lohnkürzung oder die Einleitung des Insolvenzverfahrens.

1564 BAG -Urt. v. 11.1.1973- AP Nr.30 zu § 138 BGB Bl.2 f, mit kritischer Anm. Konzen Bl.4 (4 f).

1565 BAG -Urt. v. 10.4.1991- AP Nr.3 zu § 10 BBiG Bl.3.

1566 LAG Hamm -Urt. v. 22.9.1992- ZIP 1993 S.610 (612).

1567 Vgl. die Bezugnahme auf BAG -Urt. v. 11.1.1973- AP Nr.30 zu § 138 BGB, vgl. LAG Hamm -Urt. v. 22.9.1992- ZIP 1993 S.610 (612).

1568 LAG Berlin -Urt. v. 20.2.1998- NZA-RR 1998, S.392 (392).

(3) Zwischenergebnis

Der Maßstab der Sittenwidrigkeit ist bei § 291 StGB wohl mit dem des § 138 II BGB kongruent. Fraglich ist aber, ob dies auch für den Maßstab der Angemessenheit bei § 10 BBiG und § 850h ZPO gilt. Es scheint sich zwar entgegen der ursprünglichen Auffassung des BAG eine allgemeine Tendenz zur Orientierung an den Tariflohn herauszukristallisieren, eine wirkliche Grenze hat aber nur das LAG Hamm mit 30 Prozent aufgestellt.

cc) Sozialcharta

Art. 4 Nr. 1 der Europäischen Sozialcharta lautet:

„Um die wirksame Ausübung des Rechts auf ein gerechtes Arbeitsentgelt zu gewährleisten, verpflichten sich die Vertragsparteien,

1. das Recht der Arbeitnehmer auf eine Arbeitsentgelt anzuerkennen, welches ausreicht, um ihnen und ihren Familien einen angemessenen Lebensstandard zu sichern;"

Daraus könnte man schließen, das die Untergrenze für einen Lohn der *„angemessene Lebensstandard"* ist. Dieser Maßstab koppelt die Bemessung des Lohns von dem Wert der Leistung ab. Äußerst fragwürdig ist zudem, wie ein angemessener Lebensstandard zu bestimmen ist.[1569] Diese Vorschrift ist zur Problemlösung untauglich. Auf die Frage, ob die Europäische Sozialcharta überhaupt nationales Recht darstellt oder bloße völkerrechtliche Bedeutung hat, kommt es somit nicht an.[1570]

dd) Stellungnahme

Die Vorschrift des § 121 SGB III regelt die Zumutbarkeit eines Beschäftigungsverhältnisses und macht dies von den materiellen Arbeitsbedingungen abhängig. Der Vorschrift des § 121 III (3) SGB III liegt der einleuchtende Gedanke zugrunde, daß ein Beschäftigungsverhältnis dann unzumutbar ist, wenn das erzielte Entgelt unter dem Anspruch auf Arbeitslosengeld bzw. Arbeitslosenhilfe liegt. In diesem Fall würde sich der Arbeitnehmer mit Aufnahme der Arbeit auf Dauer[1571] finanziell schlechter stellen. Insofern ist nicht auf die Werte des § 121 III (2) SGB III zurückzugreifen, da es sich hier nur um kurzfristige Überlegungen handelt. Übertragen auf die Änderungskündigung bedeutet dies, daß dem Arbeitnehmer die Annahme des Angebot zu veränderten Arbeitsbedingungen dann nicht zumutbar ist, wenn er sich im Falle der Ablehnung des Änderungsangebots und der folgenden Arbeitslosigkeit finanziell besser stellt.

Auch das BAG hat sich in einer Entscheidung am Rande mit dem Arbeitslosengeld als Grenze für Änderungskündigungen beschäftigt. Die Vorinstanz hatte entschieden, daß die Verkürzung der Arbeitszeit durch Änderungskündigung

[1569] Vgl. Hoyningen-Huene NZA 1998 S.1081 (1082 f).
[1570] Vgl. dazu Schaub in Schaub (2002) § 193 Rn.5 mwN.
[1571] Die Dauer richtet sich nach § 127 SGB III und kann bis zu 32 Monaten betragen.

unverhältnismäßig ist, wenn der dadurch verbleibende Lohn das Arbeitslosengeld im Falle der Beendigungskündigung unterschreite.[1572] Das BAG äußert sich nur sehr vorsichtig. Die Ausführungen träfen zwar im Grundsatz zu, hätten mit der vorliegenden Fallgestaltung aber nichts zu tun.[1573] Die Lohnsenkung resultierte aus einer Absenkung der Arbeitszeit und anders als im Fall der Sanierung nicht etwa aus der Kürzung des Stundenlohns. Insofern kann man das Urteil nicht unmittelbar auf die Sanierung übertragen.[1574] Wenn aber schon die Arbeitszeit ohne Kürzung des Stundenlohns nicht dazu führen darf, daß das Arbeitsentgelt unter das Arbeitslosengeld sinkt, so gilt dies erst recht für die Kürzung des Stundenlohns.

Dagegen könnte man einwenden, daß es der Gesetzgeber durch die Ausgestaltung der §§ 117 ff SGB III in der Hand hat, die Grenzen der Lohnsenkung zur Sanierung und damit das Ergebnis einer Grundrechtsabwägung mitzubestimmen. Dem ist entgegenzuhalten, daß der Gesetzgeber nicht die Grundrechtsabwägung regeln kann, sondern daß das Arbeitslosengeld, wie u.U. auch andere Ansprüche und Rechte des Arbeitgebers und der Gläubiger, in die Abwägung mit einfließen.

Auch bei den Vorschriften des § 138 BGB und des § 291 StGB sowie des § 10 BBiG und des § 850h ZPO spielt die Frage, ob die Arbeitsbedingungen dem Arbeitnehmer zumutbar sind, eine zentrale Rolle. Im Rahmen der mittelbaren Drittwirkung der Grundrechte auf die Generalklauseln des Zivilrechts ist hier die verfassungsrechtliche Abwägung entscheidend. Aus den von der Rechtsprechung hierzu entschiedenen Fällen kann jedoch hinsichtlich eines Grenzwertes noch keine wirkliche Linie herausgelesen werden. Zudem ging es in den entschiedenen Fällen nicht um eine Änderungskündigung, sondern um eine Festlegung der Löhne bei der erstmaligen Begründung des Arbeitsverhältnisses. Es sind eindeutig zwei verschiedene Überlegungen, ob eine Entlohnung deshalb im Mißverhältnis zur erbrachten Arbeitsleistung steht, weil sie weit unter den Löhnen aller anderen Arbeitnehmer in der Region liegt, oder ob einer Person die Annahme eines Arbeitsvertrags zu geänderten Bedingungen deshalb nicht zumutbar ist, weil sie ohne Arbeit ein höheres Einkommen hätte. Die geänderten Arbeitsbedingungen können durchaus über dem Tarifvertrag oder dem Durchschnittseinkommen in der Region liegen. Zu denken ist an den Fall, daß ein Unternehmen mit außergewöhnlich großzügiger Bezahlung saniert werden muß und das Entgelt knapp unter den Tarifvertrag gekürzt werden muß.

Insofern kann die Rechtsprechung zum Lohnwucher nicht für die Grenze von Änderungskündigungen fruchtbar gemacht werden. Überzeugend und auf die Sanierung übertragbar ist jedoch die Überlegung, daß bei der Abwägung die Sicherheit des Arbeitsplatzes für den Arbeitnehmer keine Rolle spielen darf. Dies

[1572] Vgl. nach BAG -Urt. v. 19.5.1993- AP Nr.31 zu § 2 KSchG 1969 Bl.3.
[1573] BAG -Urt. v. 19.5.1993- AP Nr.31 zu § 2 KSchG 1969 Bl.5.
[1574] So aber Dahlbender (1995) S.116 ohne weitere Begründung.

korrespondiert mit dem fehlenden verfassungsrechtlichen Schutz des Arbeitsplatzes als eigenständiges Rechtsgut.[1575] Daraus läßt sich folgern, daß eine Änderungskündigung dem Arbeitnehmer dann unzumutbar ist, wenn sie das Arbeitslosengeld unterschreitet. Demnach könnte der Nettolohn nur auf 60 bzw. 67 Prozent des letzten durchschnittlichen Nettogehalts gekürzt werden.[1576]

Dies wird im Regelfall gemäß Art. 3 I GG auch für die Arbeitnehmer gelten, welche die Voraussetzungen für das Arbeitslosengeld oder die Arbeitslosenhilfe nicht erfüllen. Trifft dies im Extremfall auf alle Arbeitnehmer im Unternehmen zu, so muß man die Vorschrift des § 121 SGB III wohl dennoch entsprechend heranziehen. Diese Frage dürfte aber eher rein theoretischer Natur sein.[1577]

ee) Zwischenergebnis

Zusammenfassend ist zu sagen, daß das Sanierungskonzept sich grundsätzlich an der Rechtsprechung des BAG im Betriebsrentenrecht auszurichten hat. Es besteht allerdings der Unterschied, daß die Kürzungen nicht gestundet werden müssen. Ferner stellt die Höhe des Anspruchs auf Arbeitslosengeld die äußerste Grenze von Lohnsenkungen dar.[1578]

4. Sanierungsplan, Gutachten

Schließlich ist den Beteiligen die Möglichkeit zu geben, das Sanierungsvorhaben einzusehen und ihre Rechte effektiv wahrzunehmen. Das bedeutet, daß ein Sanierungsplan erstellt werden muß, der über die Sanierungsbedürftigkeit, Sanierungsfähigkeit und das Sanierungskonzept Aufschluß gibt.[1579] Hierzu ist u.U. erforderlich, daß externe Sachverständigengutachten herangezogen werden, um die Möglichkeit der Sanierung zu prüfen.[1580] Die Anforderungen an einen Sanierungsplan und den Umfang der Gutachten hängen insbesondere von der Größe des Unternehmens ab. Bei einem Unternehmen mit einem Umsatz von 10 Milliarden Euro kann man aufwendigere Gutachten, z.B. zur Marktentwicklung oder den Rationalisierungsmöglichkeiten, verlangen als bei einem Fünf-Mann-Unternehmen mit einem Umsatz von einer Millionen Euro. Auf einen Sanierungsplan kann aber dennoch nicht ganz verzichtet werden, da dieser neben der Funktion der Transparenz auch die Funktion hat, das Management zu einer koordinierten Sanierung zu zwingen.

1575 Vgl. unter Kapitel 3 A. I. 2. c) (S.161 ff).

1576 Vgl. auch Stoffels ZfA 2002 S.401 (419), der hierin eine absolute Untergrenze sieht.

1577 Ansonsten müßte nämlich ein Unternehmen vorliegen, welches vor weniger als zwölf Monaten mit reinen Berufsanfängern, welche alle nicht bedürftig i.S. des § 193 SGB III sind, den Betrieb aufgenommen hat.

1578 In diese Richtung auch B. Otto (2001) S.126.

1579 Vgl. auch Meinhold (1988) S.263 ff, Sontowski (1997) S.40 f.

1580 Vgl. auch Meinhold (1988) S.125.

5. Mitbestimmung des Betriebsrats

Die verfassungsrechtliche Situation läßt außerhalb tariflicher Öffnungsklauseln keine Betriebsvereinbarung zu, welche die Höhe des Entgelts regelt.[1581] Zu denken ist aber wie im Betriebsrentenrecht an eine Mitbestimmung bei der gerechten Lastenverteilung. Zu untersuchen sind daher die Mitbestimmungsrechte des Betriebsrats.

a) § 87 I Nr.10 BetrVG

Ein Mitbestimmungsrecht nach § 87 I Nr.10 BetrVG setzt voraus, daß keine gesetzliche oder tarifliche Regelung besteht und es sich um eine Frage *„der betrieblichen Lohngestaltung"* handelt. Zu klären ist das Verhältnis zum Tarifvertrag, der Begriff „betriebliche Lohngestaltung", die Auswirkungen des Mitbestimmungsrechts auf die Sanierung und seine Vereinbarkeit mit der Tarifautonomie.

aa) Vorrang von Tarifvertrag und Gesetz

Der Große Senat des BAG hat sich in einem Beschluß zum Anwendungsbereich des § 87 I Nr.10 BetrVG insbesondere in Hinblick auf die Anrechnung bzw. den Widerruf von außer-/übertariflicher Zulagen aus Anlaß einer Tariflohnerhöhung weitreichend geäußert: *„Die Mitbestimmung des Betriebsrats nach § 87 Abs.1 BetrVG wird durch den Tarifvorrang des § 87 Abs.1 Eingangssatz BetrVG nur dann ausgeschlossen, wenn eine inhaltliche und abschließende tarifliche Regelung über den Mitbestimmungsgegenstand besteht. Das ist nicht der Fall, wenn das Mindestentgelt im Tarifvertrag geregelt ist, der Arbeitgeber aber darüber hinaus eine betriebliche über-/außertarifliche Zulage gewährt."*[1582]

Eine tarifliche Regelung über den gerechten Lastenausgleich läge nur dann vor, wenn es einen Firmentarifvertrag zur Sanierung oder eine Härtefallregelung gäbe. Dies ist ausgeschlossen, wenn die nach der hier vertretenen Auffassung eine tariflichen Lösung als Voraussetzung für eine Öffnung des § 3 III TVG gescheitert ist. Ferner könnte man schon durch die Üblichkeit von Härtefallregelungen das Mitbestimmungsrecht gemäß § 77 III BetrVG ausschließen. Dieser sog. Zwei-Schrankentheorie hat sich das BAG nicht angeschlossen und geht in ständiger Rechtsprechung vom Vorrang des § 87 BetrVG vor § 77 III BetrVG aus.[1583]

bb) Begriff der „betrieblichen Lohngestaltung"

Der Begriff der „betrieblichen Lohngestaltung" erfaßt die *„Festlegung allgemeiner (kollektiver, genereller) Regelungen"* im Gegensatz zur individuellen

---

[1581] Vgl. unter Kapitel 3 A. II. 3. b) (S.172).

[1582] BAG -Beschl. v. 3.12.1991- AP Nr.52 zu § 87 BetrVG 1972 Lohngestaltung LS.

[1583] Sog. Vorrangtheorie, grundlegend BAG -Beschl. v. 3.12.1991- AP Nr.52 zu § 87 BetrVG 1972 Lohngestaltung LS, mit ausführlicher Begründung Bl.4 ff, sehr deutlich unter C. 4. c).

Lohngestaltung, die eine Regelung *„mit Rücksicht auf besondere Umstände des einzelnen Arbeitnehmers"* darstellt und bei der *„ein innerer Zusammenhang zu ähnlichen Regelungen für andere Arbeitnehmer nicht besteht"*.[1584] Der Große Senat des BAG bejaht dann ein Mitbestimmungsrecht gemäß § 87 I Nr.10 BetrVG, wenn sich durch die Anrechnung bzw. den Widerruf *„die Verteilungsgrundsätze ändern und darüber hinaus für eine anderweitige Anrechnung bzw. Kürzung ein Regelungsspielraum verbleibt."*[1585] Da das BAG sich ständig der teleologischen Auslegung bedient, ist es hilfreich vor, der Übertragung dieser Rechtsprechung auf die Sanierung, zunächst den Zweck der Vorschrift darzustellen.

(1) Zweck des § 87 I Nr.10 BetrVG

Zunächst referiert der Große Senat die Ausführungen des Ersten Senats: *„Dieses Mitbestimmungsrecht soll nach der ständigen Rechtsprechung des BAG den Arbeitnehmern vor einer einseitig an den Interessen des Unternehmers orientierten oder willkürlichen Lohngestaltung schützen. Es soll die Angemessenheit und Durchsichtigkeit des innerbetrieblichen Lohngefüges und die Wahrung der innerbetrieblichen Lohngerechtigkeit sichern."*[1586] Der erste Senat wiederum reklamiert genau diese Wiedergabe seiner Rechtsprechung durch den Großen Senat als Beleg für eine ständige Rechtsprechung.[1587] Tatsächlich äußert sich der Große Senat in seinem Beschluß nicht explizit zum Zweck des § 87 I Nr.10 BetrVG. Aus seiner Argumentation[1588] und aus der Tatsache heraus, daß sich der Große Senat der Ansicht des ersten Senats anschließt, wird allerdings deutlich, daß bzgl. des Sinn und Zwecks der Norm in der Rechtsprechung des BAG Einigkeit herrscht. Aus dem Zweck des § 87 I Nr.10 BetrVG schließt der erste Senat, daß die Mitbestimmung nur die *„Lohnfindungsregeln"* nicht aber die Fragen der Lohnhöhe betrifft.[1589] Hier zeigt sich also eine Übereinstimmung mit der Rechtsprechung des BAG zur Mitbestimmung im Betriebsrentenrecht.

Überträgt man das Postulat der „gerechten Lastenverteilung" vom Betriebsrentenrecht auf die Öffnung des § 3 III TVG, so fördert auch hier eine Mitbestimmung des Betriebsrats die Transparenz und die Wahrung der „innerbetrieblichen Lohngerechtigkeit" und schützt vor willkürlichen Kürzungen des Arbeitgebers. Der Zweck des § 87 I Nr.10 BetrVG spricht daher für eine Mitbestimmung des Betriebsrats beim Sanierungskonzept.

[1584] BAG -Beschl. v. 3.12.1991- AP Nr.52 zu § 87 BetrVG 1972 Lohngestaltung Bl.10.

[1585] BAG -Beschl. v. 3.12.1991- AP Nr.52 zu § 87 BetrVG 1972 Lohngestaltung LS.

[1586] BAG -Beschl. v. 3.12.1991- AP Nr.52 zu § 87 BetrVG 1972 Lohngestaltung Bl.9.

[1587] Vgl. BAG -Beschl. v. 16.6.1998- AP Nr.92 zu § 87 BetrVG 1972 Lohngestaltung Bl.3.

[1588] *„Eine Änderung des Verteilungsgrundsatzes, die die Verteilungsgerechtigkeit betrifft (...)"* BAG -Beschl. v. 3.12.1991- AP Nr.52 zu § 87 BetrVG 1972 Lohngestaltung Bl.11 [C. III. 5. a)].

[1589] Vgl. BAG -Urt. v. 31.1.1984- AP Nr.15 zu § 87 BetrVG 1972 Lohngestaltung Bl.5.

(2) Änderung der Verteilungsgrundsätze

Das BAG geht im Betriebsrentenrecht davon aus, daß die Entscheidung über die Kürzung und die absolute Höhe der Kürzungen, also den bei der Belegschaft insgesamt zu kürzende Betrag, mitbestimmungsfrei ist. Dies ist konsequent, da die Mitbestimmung nach der Nr.10 nicht die Höhe des Entgelts umfaßt.[1590] Fraglich ist, wie die Fälle zu behandeln sind, in denen der Arbeitgeber die Löhne um einen festen Prozentsatz oder einen festen Betrag kürzt bzw. in denen er die Arbeitszeit um einen festen Prozentsatz oder festen Wert verlängert.

Hinsichtlich der Anrechnung der Zulagen auf die Tariflohnerhöhung hat der Große Senat ausgeführt, daß sich die Verteilungsgrundsätze bei einer prozentual gleichmäßigen Anrechnung sämtlicher Zulagen dann nicht ändern, wenn das *„Verhältnis der Zulagen zueinander"* nicht geändert wird. *„Kürzt der Arbeitgeber anläßlich einer Tariflohnerhöhung alle übertariflichen Zulagen um den gleichen Prozentsatz, ändert sich der Verteilungsgrundsatz im allgemeinen nicht, so daß eine solche Kürzung grundsätzlich mitbestimmungsfrei ist."*[1591]

Wird bei allen Arbeitnehmern der Lohn prozentual gleichmäßig zum Tariflohn gesenkt, so entspricht das Verhältnis der Tariflöhne zueinander dem Verhältnis der Kürzungen zueinander und damit zwangsläufig dem Verhältnis der endgültigen Löhne zueinander. Hier haben sich die Lohngestaltungsgrundsätze also nicht geändert. Das Sanierungskonzept ist insofern mitbestimmungsfrei. Senkt der Arbeitgeber hingegen bei allen Arbeitnehmer das Gehalt um einen fixen Betrag, so bleiben die Verteilungsgrundsätze nur erhalten, wenn alle Arbeitnehmer genau das gleiche Gehalt beziehen. Dieser Fall ist gänzlich unwahrscheinlich. Hier besteht ein Mitbestimmungsrecht nach § 87 I Nr.10 BetrVG.

Eine Arbeitszeitverlängerung um 10 Prozent führt, wenn man die Zuschläge für Mehrarbeit unbeachtet läßt, im Ergebnis zu einer Senkung des Stundenlohns von ca. 9,1 Prozent. Auch hier bleiben die Lohngestaltungsgrundsätze gleich. Hier kommt allerdings eine vorübergehende Verlängerung der betriebsüblichen Arbeitszeit und damit ein Mitbestimmungsrecht nach § 87 I Nr.3 BetrVG in Betracht.[1592] Bei einer einheitlichen Erhöhung der Arbeitszeit um zwei Stunden ändern sich die Lohngestaltungsgrundsätze nur dann nicht, wenn alle Arbeitnehmer die gleiche Arbeitszeit haben. Ansonsten besteht ein Mitbestimmungsrecht schon gemäß der Nr.10. Ein Mitbestimmungsrecht besteht ferner dann, wenn der Arbeitgeber nur bei bestimmten Arbeitnehmergruppen die Löhne unverändert läßt, z.B. wenn ihre Qualifikation am Arbeitsmarkt besonders begehrt ist.

[1590] Dies wird auch aus dem systematischen Zusammenhang zu § 87 I Nr.11 BetrVG geschlossen, vgl. Wiese in GK § 87 BetrVG Rn.808 ff mwN.

[1591] Vgl. BAG -Beschl. v. 3.12.1991- AP Nr.52 zu § 87 BetrVG 1972 Lohngestaltung Bl.12 mit Rechenbeispielen.

[1592] Vgl. dazu unter Kapitel 4 B. II. 5. b) (S.318).

(3) Verbleiben eines Regelungsspielraums

Hinsichtlich der Anrechnung auf die Zulagen läßt der Große Senat ein Mitbestimmungsrecht entfallen, *„wenn die Anrechnung bzw. der Widerruf zum vollständigen Wegfall aller Zulagen führt, weil dann kein Zulagenvolumen mehr vorhanden ist, das verteilt werden könnte."* Dann liegt nämlich kein Regelungsspielraum vor.[1593] Das Mitbestimmungsrecht umfaßt nur die Verteilung der Kürzung auf die Belegschaft. Kürzt also der Arbeitgeber die Löhne genau bis auf den Stand des Tarifvertrags, so werden die Verteilungsgrundsätze nicht geändert.

(4) Zwischenergebnis

Wendet man § 87 I Nr.10 BetrVG auf die gerechte Lastenverteilung unter den Arbeitnehmern bei der Sanierung an, so gilt bzgl. des Mitbestimmungsrechts des Betriebsrats folgendes: Mitbestimmungsfrei sind das „Ob" der Kürzungen und das Ausmaß der Kürzungen. Ferner besteht dann kein Mitbestimmungsrecht, wenn sich die Lohngestaltungsgrundsätze des Tarifvertrags nicht ändern, wenn also die Löhne um den gleichen Prozentsatz gekürzt werden bzw. die Arbeitszeit um den gleichen Prozentsatz erhöht wird.

cc) Auswirkungen eines Mitbestimmungsrechts

Das Mitbestimmungsrecht kann durch eine Betriebsvereinbarung, aber auch durch eine betriebliche Regelungsabrede ausgeübt werden. Es stellt sich die Frage, was passiert, wenn der Betriebsrat seine erforderliche Zustimmung zu den Lohnkürzungen verweigert. Der Arbeitgeber hat dann zum einen gemäß § 87 II BetrVG die Möglichkeit, die Einigungsstelle anzurufen. Hiervon kann eine gewisse Verzögerung ausgehen, welche eine Sanierung durchaus gefährden kann. Der Arbeitgeber kann sich allerdings nicht eigenmächtig über das Mitbestimmungsrecht hinwegsetzen, da die einzelvertraglichen Lohnkürzungen aufgrund des unwirksamen Sanierungskonzepts ebenfalls unwirksam sind.[1594]

Der Große Senat hat hier entschieden, daß der Arbeitgeber zunächst unter Beibehaltung der alten Verteilungsgrundsätze eine Kürzung vornehmen kann und mit den erforderlichen Änderungen abwarten muß, bis der Betriebsrat zustimmt oder der Spruch der Einigungsstelle die Zustimmung ersetzt hat.[1595] Der Betriebsrat kann eine schnelle Sanierung also weder verhindern noch wirklich verzögern. Die Sanierung wird daher durch ein Mitbestimmungsrecht nicht gefährdet.

[1593] So BAG -Beschl. v. 3.12.1991- AP Nr.52 zu § 87 BetrVG 1972 Lohngestaltung Bl.12.
[1594] Vgl. BAG -Beschl. v. 3.12.1991- AP Nr.52 zu § 87 BetrVG 1972 Lohngestaltung LS.
[1595] Vgl. BAG -Beschl. v. 3.12.1991- AP Nr.52 zu § 87 BetrVG 1972 Lohngestaltung Bl.13.

dd) Verfassungsmäßigkeit

Geht man von einem Mitbestimmungsrecht gemäß § 87 I Nr.10 BetrVG aus, so flammt der Konflikt zwischen der in Art. 9 III GG geschützten Tarifautonomie und der verfassungsrechtlich nicht geschützten Betriebsautonomie erneut auf.

(1) Konflikt von Tarifautonomie und Mitbestimmungsrecht

Zur Sanierung ist ein Eingriff in die Tarifautonomie durch die Betriebsautonomie verfassungsrechtlich nicht zu rechtfertigen.[1596] Als rechtfertigendes Moment kommt hier allerdings Art. 3 I GG unter dem Gesichtspunkt der Wahrung der Lohngerechtigkeit in Betracht. Zu berücksichtigen ist, daß die Mitbestimmung auch die Privatautonomie des Arbeitgebers aus Art. 12 I GG bei der Umsetzung der Sanierung beschränkt. Der Existenzschutz ist hingegen nicht betroffen, da eine Sanierung nicht gefährdet wird. Zu prüfen ist also, wie Art. 3 I GG, Art. 9 I GG und Art. 12 I GG im Sinne einer praktischen Konkordanz in Einklang zu bringen sind.

Ziel des Mitbestimmungsrechts des Betriebsrats ist die Wahrung der innerbetrieblichen Lohngerechtigkeit. Diese hat der Arbeitgeber gemäß Art. 3 I GG bei der Sanierung zu beachten. Insofern ist das Ziel verfassungsrechtlich legitimiert. Das Mitbestimmungsrecht ist zur Förderung dieses Ziels auch geeignet. Bezüglich eines milderen Mittels ist hier nur an die Kontrolle durch die Gerichte zu denken. Aufgrund einer nicht zu bestreitenden Sachnähe des Betriebsrats dürfte dies allerdings nicht ebenso geeignet sein, die Lohngerechtigkeit herzustellen. Daher ist ein Mitbestimmungsrecht des Betriebsrats auch erforderlich. Entscheidend ist daher erneut eine Abwägung der verfassungsrechtlich geschützten Rechtsgüter.

(2) Abwägung

Es wurde bereits festgestellt, daß eine Lohnsenkung durch eine Betriebsvereinbarung einen ganz erheblichen Eingriff in die Tarifautonomie darstellt.[1597] Dies wurde im wesentlichen damit begründet, daß hier die Betriebsparteien die materiellen Arbeitsbedingungen unmittelbar und zwingend wie in einem Firmentarifvertrag festlegen können und dadurch die Gewerkschaft und den Tarifvertrag als Institutionen in Frage stellen. Bestimmt der Betriebsrat bei den Lohnverteilungsgrundsätzen mit, so wird es in der Praxis auch zu einer Verständigung über die Höhe der Kürzungen kommen.[1598] Diese Argumentation kann dennoch nicht auf die Mitbestimmung gemäß § 87 I Nr.10 BetrVG unmittelbar übertragen werden.

Der Unterschied wird anhand der unterschiedlichen Schutzzwecke der Vorschriften den §§ 77, 87 BetrVG deutlich. Hierzu führt der Große Senat aus:

[1596] Vgl. unter Kapitel 3 C. III. 2. b) (S.254).
[1597] Vgl. unter Kapitel 3 B. I. 3. b) aa) (3) (S.195).
[1598] Vgl. Wank NJW 1996 S.2273 (2281).

„Während durch § 77 III BetrVG die Funktionsfähigkeit der Tarifautonomie gewährleistet werden soll, ist Zweck des Tarifvorrangs nach § 87 I Eingangssatz BetrVG, das Mitbestimmungsrecht nur dann entfallen zu lassen, wenn bereits die Arbeitnehmerinteressen durch im Betrieb anwendbare tarifliche oder gesetzliche Regelungen ausreichend berücksichtigt sind. Dieser Zweck wäre vereitelt, wenn bei bloßer Tarifüblichkeit oder fehlender Tarifbindung des Arbeitgebers die Mitbestimmung entfallen würde. (...) Dann ist es aber sinnwidrig, § 77 III BetrVG zu entnehmen, daß die Mitbestimmung bezüglich solcher Arbeitsbedingungen, die üblicherweise durch Tarifvertrag geregelt werden, nur durch formlose Regelungsabrede wahrgenommen werden kann. § 77 III BetrVG würde die Funktionsfähigkeit der Tarifautonomie im Bereich des § 87 I BetrVG ohnehin nicht gewährleisten, sondern nur die Effizienz der Mitbestimmung erheblich mindern, ohne daß hierfür ein Sinn erkennbar wäre.“[1599]

An anderer Stelle führt der Große Senat aus: *„Die notwendige Mitbestimmung in sozialen Angelegenheiten dient dem Schutz der Arbeitnehmer durch gleichberechtigte Teilhabe an den sie betreffenden Entscheidungen, insbesondere dort, wo sonst der Arbeitgeber ein einseitiges Bestimmungsrecht hätte.“*[1600] An dieser Stelle wird der Unterschied zwischen der Mitbestimmung nach § 87 I Nr.10 BetrVG zur Regelung von materiellen Arbeitsbedingungen durch Betriebsvereinbarung ganz deutlich. Der Arbeitgeber kann zwar Lohnsenkungen durch Änderungskündigungen durchsetzen, dies kann er aber eben nicht einseitig vollziehen, da immer die Annahme des Änderungsangebots durch die Arbeitnehmer erforderlich ist. Er kann aber einseitig festlegen, welchem Arbeitnehmer oder welcher Gruppe er welches Angebot macht. Sinn und Zweck der Mitbestimmung bei der Lohngestaltung ist also die Kontrolle der Privatautonomie des Arbeitgebers, wo dieser Schutz durch den Tarifvertrag oder das Gesetz versagt. Eine Betriebsvereinbarung nach § 87 I Nr.10 BetrVG kann zudem nicht das Erfordernis von Änderungskündigungen ersetzen, sie kann nur Grundsätze regeln, an die sich der Arbeitgeber bei der Lastenverteilung halten muß. Damit ist die erste Schutzfunktion des Tarifvertrags, die strukturelle Unterlegenheit des Arbeitnehmers, gar nicht betroffen. Der Arbeitnehmer kann nur über seinen eigenen Lohn verhandeln und nicht über den seiner Kollegen. Auch das Mitbestimmungsrecht nach § 87 I Nr.10 BetrVG schützt den Arbeitnehmer nicht vor der Verhandlungsmacht des Arbeitgebers, weil es den Umfang der Kürzungen gar nicht betrifft.

Der Betriebsrat tritt also anders als bei der normativen Festlegung der Löhne durch Betriebsvereinbarung nicht in Konkurrenz zur Gewerkschaft. Daher ist der Eingriff in die Tarifautonomie von ganz erheblich geringerem Gewicht als bei einer Lohnsenkung durch Betriebsvereinbarung. Dieser und die Beschrän-

---

[1599] Vgl. BAG -Beschl. v. 3.12.1991- AP Nr.52 zu § 87 BetrVG 1972 Lohngestaltung Bl.6.
[1600] Vgl. BAG -Beschl. v. 3.12.1991- AP Nr.52 zu § 87 BetrVG 1972 Lohngestaltung Bl.12.

kung der Privatautonomie des Arbeitgebers durch das Mitbestimmungsrecht erscheint in Anbetracht des Schutzes der Arbeitnehmer angemessen. Ansonsten müßte man die Verfassungsmäßigkeit des § 87 BetrVG insgesamt in Frage stellen.

b) Weitere Mitbestimmungsrechte

Neben dem Mitbestimmungsrecht aus § 87 I Nr.10 BetrVG ist insbesondere bei einer vorübergehenden Verlängerung der betrieblichen Arbeitszeit ohne Lohnausgleich an eine Anwendung des § 87 I Nr.3 BetrVG oder bei einer Stillegung von Unternehmensteilen an eine Betriebsänderung i.S.d. § 111 BetrVG zu denken. Zu beachten ist aber, daß eine Verlängerung der Arbeitszeit durch Änderungskündigungen grundsätzlich eine generelle Änderung und keine vorübergehende Verlängerung der betrieblichen Arbeitszeit ist. Etwas anderes würde gelten, wenn nach dem Sanierungskonzept eine vorübergehende Regelung vorgesehen ist. Die Mitbestimmungsrechte des Betriebsrats sind also bei der Ausarbeitung des Sanierungskonzepts zu beachten, bei der Sanierung gilt insofern keine Ausnahme. Dies ist aus den zu § 87 I Nr.10 BetrVG genannten Gründen verfassungsrechtlich nicht zu beanstanden.

c) Zwischenergebnis

Bei den einzelnen Sanierungsmaßnahmen ist der Betriebsrat im Rahmen des BetrVG zu beteiligen. Daraus folgt, daß ein Mitbestimmungsrecht nur dann ausgeschlossen ist, wenn der Arbeitgeber alle Löhne um einem festen Prozentsatz kürzt bzw. die Arbeitszeiten um einen festen Prozentsatz verlängert.

6. Betriebswirtschaftliche Sanierungswürdigkeit

Für die Betriebswirtschaft ist nur die Vorteilhaftigkeit der Sanierung entscheidend. Neben dem Unternehmensziel, eine möglichst hohe Rendite zu erzielen, sind aber auch Ziele nicht monetärer Art denkbar, wie z.B. der Wille, ein Unternehmen aus Traditionsbewußtsein am Leben zu erhalten. Es ist auch nicht auszuschließen, daß ein Gesellschafter aus rein sozialen Motiven eine Sanierung durchführen möchte, obwohl diese gegenüber der Liquidation finanziell nachteilig ist.

Die Frage, ob für den Entscheidungsträger eine Sanierung zweckmäßig ist bzw. konform mit den Unternehmenszielen geht, ist für die Beurteilung einer wirtschaftlichen Notlage in der hier zu entscheidenden Fragestellung irrelevant.[1601] Diese Unternehmensentscheidung muß vom Gericht ebenso akzeptiert werden wie die Entscheidung, ein Unternehmen nicht zu sanieren, obwohl die Sanierung finanziell vorteilhaft ist.

[1601] Vgl. aber Meinhold (1988) S.119, der zu sehr auf das Unternehmensziel der Vermögensmaximierung abstellt. Dieses ist oft kongruent mit der Sanierungsfähigkeit.

7. Belange des Gemeinwohls und Gesichtspunkte des Wettbewerbs

Es stellt sich die Frage, ob eine wirtschaftliche Notlage wie bei den Anforderungen für Subventionen an das Gemeinwohl gekoppelt ist. Das Gemeinwohl kann zwar aus verfassungsrechtlichen Gründen nicht die Tarifautonomie beschränken[1602], wohl aber das Grundrecht aus Art. 14 I GG. Aus den oben genannten Gründen werden Aspekte des Wettbewerbs nicht berücksichtigt.[1603] Insofern ist ein Erfordernis, daß die Sanierung den Wettbewerb fördert oder nicht schadet, nicht angebracht.

C. Zusammenfassung

1. Die verfassungskonforme Auslegung des § 3 III TVG erfordert eine Analogie zu § 626 I BGB. Der Arbeitgeber kann zur Sanierung wie bei der außerordentlichen Kündigung eines Firmentarifvertrags aus dem Arbeitgeberverband außerordentlich austreten und sich dem Verbandstarifvertrag entziehen. Der Tarifvertrag wirkt gemäß § 4 V TVG nach.
2. Der Arbeitgeber kann die für die Sanierung erforderlichen Arbeitsbedingungen durch außerordentliche Änderungskündigung einzelvertraglich umsetzen. Dem steht der besondere Kündigungsschutz grundsätzlich nicht entgegen.
3. Dies setzt voraus, daß sich das Unternehmen in einer wirtschaftlichen Notlage befindet. Dies ist der Fall, wenn das Unternehmen sanierungsbedürftig und -fähig ist. Es muß ein schlüssiges Sanierungskonzept vorliegen, welches eine gerechte Lastenverteilung auch unter den Arbeitnehmern vorsieht. Dies ist insbesondere dann nicht der Fall, wenn die Löhne nach der Kürzung unter dem Arbeitslosengeld liegen. Das Sanierungskonzept hat der Arbeitgeber in einem Sanierungsplan darzulegen und u.U. durch externe Gutachten abzusichern.
4. Der Betriebsrat hat bei der Sanierung die Mitbestimmungsrechte aus dem BetrVG. Insbesondere wenn das Sanierungskonzept die Lohnverteilungsgrundsätze ändert, besteht ein Mitbestimmungsrecht gemäß § 87 I Nr.10 BetrVG.

[1602] Vgl. unter Kapitel 3 C. I. 1. b) bb) (S.224 ff).
[1603] Vgl. unter Kapitel 3 C. III. 3. b) cc) (S.263).

Kapitel 5: Rechtsbehelfe

Im folgenden Kapitel werden die Rechtsbehelfe dargestellt, welche den einzelnen Parteien nach dem hier vorgestellten Konzept bei der Sanierung zustehen. Dabei wird entsprechend der hier vertretenen Ansicht davon ausgegangen, daß eine Sanierung durch außerordentliche Kündigung eines Firmentarifvertrags bzw. außerordentlichen Austritt aus dem Arbeitgeberverband rechtlich möglich ist. Dabei soll der Schwerpunkt auf die sich aus diesem Ansatz ergebenden Probleme gelegt werden.

A. Außerordentliche Kündigung des Firmentarifvertrags

Zunächst ist von dem Fall auszugehen, daß der Arbeitgeber den Firmentarifvertrag auf der kollektivrechtlichen Ebene außerordentlich kündigt und die entsprechenden Lohnsenkungen durch außerordentliche Änderungskündigungen durchsetzt.

I. Arbeitnehmer

Für den einzelnen Arbeitnehmer ergeben sich bei einer Sanierung grundsätzlich zwei verschiedene Motive: Er möchte entweder nur die Wirksamkeit der Lohnsenkung überprüfen lassen oder er möchte die ursprünglichen Arbeitsbedingungen einfordern.[1604]

1. Kontrolle der Wirksamkeit der Lohnsenkung

Die Arbeitnehmer können durch ein Feststellungsklage die Wirksamkeit der Lohnsenkung gerichtlich prüfen lassen. Im Falle eines Änderungsvertrags ist die Lohnsenkung gemäß § 134 BGB i.V.m. § 4 I TVG unwirksam, wenn der Firmentarifvertrag nicht wirksam außerordentlich gekündigt wurde. Hier wird die kollektivrechtliche Ebene der Sanierung inzidenter geprüft. Die Wirksamkeit der Lohnsenkung kann zusätzlich an dem Fehlen eines wichtigen Grundes für die außerordentliche Änderungskündigung scheitern.[1605] Bei der außerordentlichen Änderungskündigung stellt sich für den Arbeitnehmer die Frage, ob er das Änderungsangebot unter Vorbehalt annehmen muß und ob er die Frist der §§ 4, 7 KSchG zu beachten hat.

a) Annahme unter Vorbehalt

Gemäß § 2 (1) KSchG kann der Arbeitnehmer das Änderungsangebot bei einer Änderungskündigung unter Vorbehalt der Sozialwidrigkeit annehmen und die Änderungskündigung gerichtlich überprüfen lassen. Durch den Vorbehalt wird

---

[1604] Dies ist z.B. denkbar, wenn der Arbeitnehmer zunächst zu den gekürzten Arbeitsbedingungen arbeitet, im weiteren Verlauf aber Zweifel an der Berechtigung der Lohnsenkungen kommen.

[1605] An dieser Stelle sei die Beachtung der übrigen Vorschriften, insbesondere des § 87 I Nr.10 BetrVG unterstellt.

der Änderungsvertrag unter die rückwirkende auflösende Bedingung der Sozialwidrigkeit der Kündigung i.S. der § 158 II BGB gestellt.[1606] Hier haftet der Mangel der Änderungskündigung zunächst nur dem Element der Kündigung an und führt deshalb gemäß § 158 II BGB zur Nichtigkeit der Lohnsenkung.

Fehlt die Erklärung des Vorbehalts, so scheitert die Wirksamkeit der Lohnsenkung nicht an einer Sozialwidrigkeit der Kündigung. Der Arbeitnehmer kann allerdings den Vorbehalt gemäß § 2 (2) KSchG *„innerhalb der Kündigungsfrist, spätestens jedoch innerhalb von drei Wochen nach Zugang der Kündigung erklären."* Das BAG wendet dies auch auf die außerordentliche und fristlose Änderungskündigung an und verlangt eine unverzügliche Erklärung i.S. des § 121 I BGB.[1607] Der Arbeitnehmer sollte eine Annahme des Änderungsangebots nur unter dem Vorbehalt der Sozialwidrigkeit annehmen, weil dies ihm ermöglicht, die Wirksamkeit einer außerordentliche Änderungskündigung gerichtlich überprüfen zu lassen.

Liegt allerdings bei beiderseitiger Tarifgebundenheit keine wirksame Kündigung des Firmentarifvertrags vor, so ist ein Verstoß gegen § 4 I TVG gegeben und die Lohnsenkung ist gemäß § 134 BGB nichtig.[1608] In diesem Fall ist unerheblich, ob der Arbeitnehmer dem Änderungsangebot zugestimmt hat oder nicht. Der Mangel der Lohnsenkung haftet hier auch dem Änderungsvertrag und nicht nur der vorangegangenen Änderungskündigung an. Es ist daher hier nicht erforderlich, daß der Arbeitnehmer sich bei der Annahme des Änderungsangebotes die Überprüfung der Sozialwidrigkeit vorbehält. Ist die außerordentliche Kündigung des Firmentarifvertrag hingegen wirksam, so liegt kein Verstoß gegen § 4 TVG vor. Hier ist gleichzeitig die außerordentliche Änderungskündigung sozial gerechtfertigt bzw. ein wichtiger Grund im Sinne des § 626 BGB gegeben.

Festzuhalten ist, daß die Erklärung des Vorbehalts bei der Annahme des Änderungsangebots bei beiderseitiger Tarifgebundenheit keine Rolle spielt. Sie ist nur erforderlich, wenn der Arbeitnehmer nicht in der „richtigen" Gewerkschaft ist, der Firmentarifvertrag also nur dispositiv gilt.

b) Frist der §§ 4, 7 KSchG

Ist die dreiwöchige Frist des § 4 (1) KSchG abgelaufen, so wird gemäß § 7 KSchG die soziale Rechtfertigung der Kündigung im Sinne des § 1 KSchG fingiert. Dies gilt gemäß § 13 I (1) KSchG auch für die außerordentliche Kündigung. Wie aus §§ 13 III, 7 KSchG hervorgeht, ist der Ablauf dieser Frist dann unschädlich, wenn daneben andere Nichtigkeitsgründe vorliegen.[1609] In diesem

---

[1606] BAG -Urt. v. 27.9.1984- AP Nr.8 zu § 2 KSchG 1969 Bl.5.
[1607] BAG -Urt. v. 27.3.1987- AP Nr.20 zu § 2 KSchG 1969 LS.
[1608] Vgl. unter Kapitel 2 A. II. 3. a) (S.76).
[1609] Vgl. nur v. Hoyningen-Huene/Linck § 13 KSchG Rn.94.

Fall kommt grundsätzlich nur eine Verwirkung des Klagerechts nach § 242 BGB in Betracht.[1610]

Die Nichtigkeit der Lohnsenkung gemäß § 134 BGB i.V.m. § 4 I TVG kann also noch nach der Frist des § 4 KSchG geltend gemacht werden.[1611] Hier kann nach § 4 IV (2) TVG auch keine Verwirkung eintreten.[1612] Scheitert die Sanierung, so greift die auflösende Bedingung, unter der die nach dem Grundsatz der Erforderlichkeit die Lohnsenkung stehen muß, und die Lohnsenkung ist gemäß § 158 II BGB nichtig. Die Frist der §§ 4, 7 KSchG ist daher nur für den Fall relevant, in dem lediglich eine individualrechtliche Geltung des Tarifvertrags vorliegt und die Wirksamkeit der Lohnsenkung nur an der Sozialwidrigkeit bzw. am Vorliegen eines wichtigen Grundes scheitern würde.

Festzuhalten ist, daß der Arbeitnehmer durch eine Feststellungsklage gegen den Arbeitgeber die Wirksamkeit der Lohnsenkung überprüfen lassen kann. Im Falle einer beiderseitigen Tarifbindung ist weder ein Vorbehalt im Sinne des § 2 KSchG noch die Einhaltung der Frist aus den §§ 4, 7 KSchG erforderlich.

2. Geltendmachung der ursprünglichen Arbeitsbedingungen

Über die bloße Überprüfung der Wirksamkeit der Lohnsenkung geht die Geltendmachung der ursprünglichen Arbeitsbedingungen im Wege der Leistungsklage hinaus. So kann z.B. der Arbeitnehmer im Falle einer unwirksamen Verlängerung der Arbeitszeit ohne Lohnausgleich die Vergütung für seine Mehrarbeit verlangen.[1613] Dies ist insbesondere dann virulent, wenn die Arbeitnehmer schon einige Zeit untertariflich vergütet wurden. Dies kann auch dann der Fall sein, wenn die Sanierung trotz gegenteiliger Prognose scheitert und die Lohnsenkung aufgrund der auflösenden rückwirkenden Bedingung „ex tunc" nichtig ist.

II. Betriebsrat

Der Betriebsrat besitzt keine eigene Rechtspersönlichkeit und kann nur im Rahmen des BetrVG tätig werden.[1614] In Betracht kommt ein Vorgehen des Betriebsrats nach § 23 III (1) BetrVG unter dem Gesichtspunkt, daß der Arbeitgeber nach § 2 BetrVG mit dem Betriebsrat unter Beachtung der geltenden Tarifverträge vertrauensvoll zusammenwirken muß. Dies setzt voraus, daß die anschließende Lohnsenkung einen groben Verstoß gegen die betriebsverfassungs-

---

[1610] Vgl. dazu BAG -Urt. v. 20.5.1988- AP Nr.5 zu § 242 BGB Prozeßverwirkung. In diesem Urteil ging es allerdings um eine Beendigungskündigung. Wegen der eindeutigen Regelung des § 4 IV (2) TVG wird man daher bei einer Unterschreitung des Tariflohns durch eine Änderungskündigung keine Verwirkung annehmen können.

[1611] BAG -Urt. v. 10.2.1999- RdA 2000 S.37 (39). Vgl. aber die Rieble Anm. RdA 2000 S.40 (42), der das Element der Kündigung nur als sozialwidrig einstuft.

[1612] Offengelassen von BAG -Urt. v. 10.2.1999- RdA 2000 S.37 (39).

[1613] Vgl. ArbG Stuttgart -Urt. v. 7.9.1995- DB 1996 S.1575 (1575).

[1614] Vgl. Richardi Einleitung BetrVG Rn.106 ff..

rechtlichen Pflichten darstellt. Die Rechtsprechung des BAG hat einen groben Verstoß abgelehnt, wenn der Arbeitgeber in einer schwierigen und ungeklärten Rechtsfrage nach einer vertretbaren Rechtsansicht handelt.[1615] Die Voraussetzungen einer außerordentlichen Kündigung eines Firmentarifvertrags sind, wie oben dargestellt, gerichtlich noch nicht vollständig geklärt. Einen groben Verstoß könnte man daher allenfalls dann annehmen, wenn der Arbeitgeber offensichtlich kein außerordentliches Kündigungsrecht besitzt. Im Sanierungsfalle dürfte dies nicht der Fall sein.

Das BAG gewährt dem Betriebsrat über § 23 III BetrVG hinaus einen Unterlassungsanspruch bei einer Verletzung des Mitbestimmungsrechts aus § 87 I BetrVG.[1616] Dieser ermöglicht aber keine Kontrolle des Arbeitgebers außerhalb der Mitbestimmungsrechte. Der Betriebsrat kann daher nicht die Wirksamkeit der außerordentlichen Kündigung des Firmentarifvertrags und der außerordentlichen Lohnsenkung gerichtlich prüfen lassen.

III. Gewerkschaft

Für die Gewerkschaft sind folgende zwei Motive denkbar: die Kontrolle der Wirksamkeit der außerordentlichen Kündigung des Firmentarifvertrags und ein Unterlassen der Unterschreitung des Firmentarifvertrags von seiten des Arbeitgebers.

Die Gewerkschaft kann im Wege einer speziellen Feststellungsklage gemäß § 2 I Nr.1 ArbGG i.V.m. § 9 TVG, der sog. Verbandsklage, das *„Bestehen oder Nichtbestehen"* des Firmentarifvertrags und damit die Wirksamkeit der Kündigung überprüfen lassen.[1617] Die rechtskräftige Entscheidung des Gerichts in Arbeitssachen wirkt abweichend von den Grundsätzen des Zivilprozesses im Sinne der §§ 325 ff ZPO nicht nur „inter partes", sondern gemäß § 9 TVG auch für jeden Prozeß, an dem eine tarifunterworfene Partei beteiligt ist. Wurde also in diesem Prozeß entschieden, daß der Firmentarifvertrag durch die außerordentliche Kündigung nicht beendet wurde, so kann sich ein späteres Urteil, z.B. in einem Prozeß eines Arbeitnehmers gegen den Arbeitgeber, nicht darauf stützen, daß der Tarifvertrag wirksam gekündigt wurde.

Ferner besteht die Möglichkeit, den Arbeitgeber im Wege der Leistungsklage auf Durchführung des Firmentarifvertrags verklagen.[1618] Ziel dieser Leistungsklage ist es, daß der Arbeitgeber den Arbeitnehmern die tariflichen Leistungen gewährt. Dies impliziert, daß der Firmentarifvertrag nicht wirksam gekündigt

---

[1615] BAG -Beschl. v. 14.11.1989- AP Nr.76 zu § 99 BetrVG 1972 LS.

[1616] Vgl. BAG -Beschl. v. 3.5.1994- AP Nr.23 zu § 23 BetrVG 1972 LS.

[1617] Vgl. dazu die Entscheidungen BAG -Urt. v. 18.12.1996- AP Nr.1 zu § 1 TVG Kündigung Bl.3, BAG -Urt. v. 18.6.1997- AP Nr.2 zu § 1 TVG Kündigung Bl.4, BAG -Urt. v. 18.12.1996- AP Nr.1 zu § 1 TVG Kündigung Bl.2.

[1618] Vgl. Meyer, C. RdA 1998 S.142 (150), der auch eine einstweilige Verfügung nach § 940 ZPO, § 62 II ArbGG erwägt. Dieses Verfahren müsse allerdings wegen einer Vorwegnahme der Hauptsache gem. § 148 ZPO ausgesetzt werden.

wurde. Dann ist der Arbeitgeber als Tarifvertragspartei aus dem Tarifvertrag weiterhin zur Durchführung verpflichtet.

IV. Arbeitgeber

Auch dem Arbeitgeber steht als Tarifvertragspartei die Möglichkeit der Verbandsklage offen.[1619] Denkbar wäre auch eine Feststellungsklage gegen einen einzelnen Arbeitnehmer. Gegenstand dieser Klage wäre die Feststellung, daß die Lohnsenkung und damit die außerordentliche Kündigung wirksam ist. Eine solche Klage hätte jedoch keinerlei Bindungswirkung gegenüber anderen Arbeitnehmern oder der Gewerkschaft und wäre daher nicht sinnvoll.

V. Konkurrenten

Zu denken ist daran, daß Konkurrenten des Arbeitgebers einen Unterlassungsanspruch aus § 1 UWG geltend machen. Dies impliziert, daß der Firmentarifvertrag nicht wirksam gekündigt wurde und durch die Maßnahmen des Arbeitgebers gegen einen Tarifvertrag verstoßen wird. Der BGH hat allerdings eine Anwendung des § 1 UWG bei Verstößen gegen Tarifverträge grundsätzlich abgelehnt. Es sei nicht Aufgabe des Wettbewerbsrechts, „*den Festlegungen in Tarifverträgen über die in § 4 I TVG angeordnete unmittelbare und zwingende Geltung hinaus zu einer weiteren Durchsetzung zu verhelfen, solange nicht unabdingbare Voraussetzungen eines wettbewerbswidrigen Verhaltens erfüllt sind.*“[1620] Ein solches nimmt das Gericht dann an, wenn die Unterschreitung eines für allgemeinverbindlich erklärten Tarifvertrags „*auf Erlangung eines Wettbewerbsvorteils gegenüber vertragstreuen Mitbewerbern abzielt.*“[1621] Im Falle des Firmentarifvertrags gibt es keine anderen vertragstreuen Mitbewerber. Aber auch im Fall des Unterschreitens des Verbandstarifvertrags scheidet ein Anspruch aus, da nach der hier vertretenen Ansicht im Härtefall die Weitergeltung endet.

VI. Ergebnis

Festzuhalten ist, daß die Arbeitnehmer die Wirksamkeit außerordentlicher Änderungskündigungen und dadurch implizit auch die außerordentliche Kündigung des Firmentarifvertrags gerichtlich kontrollieren lassen können. Arbeitgeber und Gewerkschaft können im Wege der Verbandsklage nach § 9 TVG die Wirksamkeit der außerordentlichen Kündigung des Firmentarifvertrags mit Bindungswirkung für folgende Prozesse überprüfen lassen. Für die Arbeitnehmer stellen sich bei der gerichtlichen Geltendmachung allerdings zwei Probleme: Erstens werden sie in der Praxis von einer Klage gegen ihren Arbeitgeber regelmäßig zurückschrecken, weil sie Benachteiligungen im Unternehmen durch ihren Arbeitgeber

---

[1619] Dies übersieht scheinbar Meyer, C. RdA 1998 S.142 (150), der nur eine Leistungsklage erwägt und ablehnt.

[1620] BGH -Urt. v. 3.12.1992- NJW 1993 S.1010 (1012).

[1621] BGH -Urt. v. 3.12.1992- NJW 1993 S.1010 (1010) LS.

und andere Arbeitnehmer fürchten. Zweites resultiert aus einer Klage gegen den Arbeitgeber keine Bindung nach § 9 TVG für andere Prozesse.[1622] Rechtssicherheit schafft hier nur eine Klage durch die Gewerkschaft oder den Arbeitgeber gegen die jeweils andere Tarifvertragspartei.

B. Begrenzung des § 3 III TVG in Härtefällen

Der Arbeitgeber kann sich unter den beschriebenen Voraussetzungen durch einen Austritt aus dem Arbeitgeberverband von dem Verbandstarifvertrag lösen. Vergleichbar mit der außerordentlichen Kündigung des Firmentarifvertrags setzt sich die Lösung aus dem kollektivrechtlichen Element des Austritts und der individualrechtlichen Lohnsenkung zusammen. Dem Betriebsrat stehen aus den oben genannten Gründen grundsätzlich keine Rechtsbehelfe zu, allerdings kommt beim Verbandstarifvertrag der Arbeitgeberverband als neue Partei hinzu.

I. Arbeitnehmer

Entsprechend der obigen Ausführungen bestehen für den Arbeitnehmer die Möglichkeiten der Feststellungsklage und der Leistungsklage. In beiden Fällen wird die Wirksamkeit der Lohnsenkung geprüft. Damit erfolgt inzident eine Prüfung der Voraussetzungen für eine Öffnung des § 3 III TVG, also auch der Wirksamkeit des Austritts aus dem Arbeitgeberverband. Die Beachtung von Klagefristen und ein Vorbehalt bei der Annahme des Änderungsvertrags sind bei beiderseitiger Tarifbindung nicht erforderlich. Auch hier stellt sich wie beim Firmentarifvertrag die Problematik, daß Arbeitnehmer aus Furcht vor Repressalien vor eine Klage zurückschrecken und daß von einer Klage keine Bindungswirkung nach § 9 TVG ausgeht.[1623]

II. Gewerkschaft

Auch der Verbandstarifvertrag ändert grundsätzlich nichts an den Motiven der Gewerkschaft, nämlich entweder die Rechtswidrigkeit der Lohnsenkung feststellen zu lassen oder die Durchführung des Tarifvertrags beim Arbeitgeber durchzusetzen. Der wesentliche Unterschied zum Firmentarifvertrag besteht allerdings darin, daß der Arbeitgeber nicht Tarifvertragspartei, sondern nur deren Mitglied ist. Vertragspartei ist hier nur der Arbeitgeberverband. Die Gewerkschaft hat somit zwei potentielle Klagegegner.

1. Klage gegen den Arbeitgeberverband

Nach der Rechtsprechung des BAG kann die Gewerkschaft den Arbeitgeberverband im Wege der Leistungsklage mit dem Ziel in Anspruch nehmen, daß dieser auf sein Mitglied einwirkt, den Tarifvertrag durchzuführen (sog. Einwirkungs-

---

[1622] Zur analogen Anwendung von § 9 TVG auf einen Rechtsstreit zwischen Arbeitnehmer und Arbeitgeber vgl. unter Kapitel 5 B. V. 2. (S.332 ff).

[1623] Zur analogen Anwendung von § 9 TVG auf einen Rechtsstreit zwischen Arbeitnehmer und Arbeitgeber vgl. unter Kapitel 5 B. V. 2. (S.332 ff).

klage).[1624] Die Einwirkungsklage führt damit nur auf „*Umwegen mit verbandsrechtlichen Mitteln zum Ziel*“ und ist in Relation zu einem unmittelbaren Anspruch gegen den Arbeitgeber „*weniger effektiv*“.[1625] Die Einwirkungsklage ist zudem unbegründet, wenn der Arbeitgeber gegenüber dem Arbeitgeberverband nicht mehr aus dem Mitgliedschaftsverhältnis zur Durchführung verpflichtet ist, wenn er also wirksam aus dem Arbeitgeberverband ausgeschieden ist.[1626] Ist der Arbeitgeber zum Zwecke der Sanierung außerordentlich ausgetreten, so ist die Wirksamkeit des Austritts in Form des wichtigen Grundes an die Voraussetzungen für eine Öffnung des § 3 III TVG gebunden.[1627] Hier erfolgt eine Kontrolle der Voraussetzungen für eine Sanierung.

Ist aber der Arbeitgeber ordentlich ausgetreten oder die Mitgliedschaft einvernehmlich beendet worden, so geht die Einwirkungsklage ins Leere. Auch eine Verbandsklage nach § 9 TVG führt nach ihrem Wortlaut nicht zum Ziel, da es nicht um die Wirksamkeit des Tarifvertrags, sondern nur um die Tarifbindung geht.

2. Klage gegen den Arbeitgeber

Als Rechtsbehelf gegenüber dem Arbeitgeber kommt wiederum entweder eine Feststellungsklage oder eine Leistungsklage in Betracht. Anders als beim Firmentarifvertrag kann sich die Feststellungsklage nicht auf das Rechtsverhältnis des Tarifvertrags stützten. Somit fehlt die tarifvertragliche Durchführungspflicht gegenüber der Gewerkschaft. Es stellt sich daher die Frage, ob zwischen Gewerkschaft und Arbeitgeber überhaupt ein Rechtsverhältnis i.S. des § 256 I ZPO besteht.

Das BAG hat jüngst folgendes entschieden: „*Eine vertragliche Einheitsregelung, die das Ziel verfolgt, normativ geltende Tarifbestimmungen zu verdrängen, ist geeignet, die Tarifvertragsparteien in ihrer kollektiven Koalitionsfreiheit (Art. 9 III GG) zu verletzten.*“ „*Zur Abwehr von Eingriffen in die kollektive Koalitionsfreiheit steht der betroffenen Gewerkschaft ein Unterlassungsanspruch entsprechend § 1004 BGB zu (ständige Rechtsprechung). Diese kann gegebenenfalls auch verlangen, daß der Arbeitgeber die Durchführung einer ver-*

[1624] So BAG -Urt. v. 29.4.1992- AP Nr.3 zu § 1 TVG Durchführungspflicht LS. Vgl. zu den Grundlagen und Problemen der Einwirkungsklage ausführlich Walker FS Schaub (1998) S.743 (743 ff).

[1625] BAG -Beschl. v. 20.4.1999- DB 1999 S.1555 (1559).

[1626] Der Arbeitgeberverband kann zwar gegen den Arbeitgeber aus § 823 I BGB wegen Verletzung der Koalitionsfreiheit vorgehen. Diese Möglichkeit steht allerdings auch der Gewerkschaft selbst offen, insofern besteht für eine Einwirkungsklage kein Rechtsschutzbedürfnis.

[1627] Ansonsten wäre der außerordentliche Austritt kein geeignetes Mittel zur Sanierung und es würde ein wichtiger Grund fehlen.

traglichen Einheitsregelung unterläßt."[1628] In den Entscheidungsgründen stützt das BAG den Unterlassungsanspruch auf eine Verletzung des Koalitionsfreiheit als „sonstiges Recht" im Sinne des § 823 I BGB.[1629] Damit setzt das BAG konsequent das neue Verständnis vom Schutzbereich des Art. 9 III GG um.[1630] Der Arbeitgeber greift nämlich durch eine kollektive Regelung in den Schutzbereich des Art. 9 III GG ein.[1631]

Daraus ergibt sich, daß zwischen dem Arbeitgeber und der Gewerkschaft bei einer Verletzung der Koalitionsfreiheit ein gesetzliches Schuldverhältnis im Sinne der §§ 823 I, 249 ff BGB besteht.[1632] Dieses Schuldverhältnis impliziert die Tarifbindung und kann als Rechtsverhältnis durch eine Feststellungsklage festgestellt oder im Wege der Unterlassungsklage durchgesetzt werden. Die Arbeitsgerichte sind hier gemäß § 2 I Nr.2 ArbGG zuständig.[1633] Nach der Rechtsprechung des BAG schließt der Unterlassungsanspruch allerdings *„nicht die Befugnis der Gewerkschaft ein, Individualansprüche ihrer Mitglieder einzuklagen."*[1634] Auf der anderen Seite werde durch die Unterlassungsklage die Möglichkeit der wenig effektiven Einwirkungsklage gegen den Arbeitgeberverband nicht ausgeschlossen.[1635]

Schließlich stellt sich die Frage, ob der gerichtlichen Entscheidung die Wirkung des § 9 TVG zukommt. Eine unmittelbare Anwendung scheitert zunächst daran, daß der Arbeitgeber nicht Tarifvertragspartei des Verbandstarifvertrags ist. In

---

1628 BAG -Beschl. v. 20.4.1999- DB 1999 S.1555 (1555) LS. Damit hat das BAG im sog. Burda-Beschluß den Streit um einen Unterlassungsanspruch entschieden. Vgl. zur Entwicklung der Rechtsprechung Berg/Platow DB 1999 S.2362 (2362 f). Zustimmend dazu Berg/Platow DB 1999 S.2362 (2362 ff), Wohlfarth NZA 1999 S.962 (962 ff). Kritisch dazu Bauer NZA 1999 S.957 (957 ff), Buchner NZA 1999 S.897 (897 ff), Kast/Stuhlmann BB 2000 S.614 (614 ff), Hromadka ZTR 2000 S.253 (253 ff), Hromadka AuA 2000 S.13 (13 ff), H.-P. Müller DB 1999 S.2310 (2310 ff), Thüsing DB 1999 S.1552 (1552 ff), Trappehl/Lambrich NJW 1999 S.3217 (3217 ff).

1629 BAG -Beschl. v. 20.4.1999- DB 1999 S.1555 (1557).

1630 Vgl. Wohlfarth NZA 1999 S.962 (962), Buchner NZA 1999 S.897 (899).

1631 Vgl. unter Kapitel 3 B. I. 3. b) aa) (2) (S.193).

1632 Vgl. aber Belling/Hartmann NZA 1998 S.57 (70), die kein Rechtsverhältnis zwischen Arbeitgeber und Gewerkschaft sehen und daher eine Drittfeststellungsklage annehmen.

1633 Das BAG BAG -Beschl. v. 20.4.1999- DB 1999 S.1555 (1556) neigt eher einer Zuständigkeit gem. § 2a I Nr.1 ArbGG zu. In dem zu entscheidenden Fall ging es um eine betriebliche Regelungsabrede zwischen Arbeitgeber und Betriebsrat. Das BAG will aber im Falle der Lohnsenkung ohne Beteiligung des Betriebsrats § 2 I Nr.2 ArbGG anwenden. Nach der hier vertretenen Ansicht kommt eine Beteiligung nur i.R. des § 87 Nr.10 BetrVG in Betracht. Die Beteiligung des Betriebsrats spielt daher rechtlich allenfalls eine untergeordnete Rolle. Dies spricht für eine Anwendung des § 2 I Nr.2 ArbGG.

1634 BAG -Beschl. v. 20.4.1999- DB 1999 S.1555 (1559).

1635 BAG -Beschl. v. 20.4.1999- DB 1999 S.1555 (1559).

früheren Entscheidungen[1636] hat das BAG das Feststellungsinteresse für eine Klage der Gewerkschaft gegen den einzelnen Arbeitgeber mit dem Argument abgelehnt, daß einer Entscheidung keine Bindungswirkung im Sinne des § 9 TVG zukäme. Angesichts der jüngsten Entscheidung, welches eine Klage nun für zulässig erachtet, muß bezweifelt werden, ob das BAG auch das Argument mit der fehlenden Bindungswirkung aufrecht erhält. Ansonsten kann die merkwürdige Konsequenz eintreten, daß der Arbeitgeber in einem Verfahren gegen die Gewerkschaft auf Unterlassung tarifwidriger Regelungsabreden verurteilt wird und ein Arbeitnehmer in einem anderen Verfahren die Nichtigkeit der Regelungsabrede vergeblich geltend macht. Die Frage der Analogie des § 9 TVG muß daher erneut gerichtlich entschieden werden.[1637]

III. Arbeitgeberverband

Für den Arbeitgeberverband kommen im wesentlichen drei Motive für eine Klage in Frage: Überprüfung der Wirksamkeit des Austritts, Feststellung der Tarifbindung des Arbeitgebers gemäß § 3 III TVG und die Durchsetzung des Verbandstarifvertrags.

Die Wirksamkeit des Austritts aus dem Arbeitgeberverband kann dieser durch eine Feststellungsklage gegenüber dem Arbeitgeber überprüfen lassen. Den einzelnen Arbeitgeber trifft als Mitglied im Arbeitgeberverband auch ohne ausdrückliche Klausel die Pflicht zur Tariftreue, also eine Pflicht zur Erfüllung des Tarifvertrags.[1638] Mit der Mitgliedschaft endet für das Verbandsmitglied auch diese schuldrechtliche Erfüllungspflicht.[1639] Somit kann der Austritt auch mittels einer Leistungsklage mit Ziel der Einhaltung des Tarifvertrags inzident überprüft werden.[1640] Stellt das Gericht schon die Unwirksamkeit des Austritts fest, so liegt auf jeden Fall eine Tarifbindung gemäß § 3 I TVG vor und die Sanierung ist wegen § 134 BGB unwirksam. Dann ist der Arbeitgeber gegenüber dem Arbeitgeberverband aus dem Mitgliedschaftsverhältnis zur Durchführung des Tarifvertrags verpflichtet. Dieser Rechtsbehelf geht allerdings dann ins Leere, wenn der Arbeitgeber ordentlich aus dem Arbeitgeberverband ausgeschieden ist.

Dann hat der Arbeitgeberverband als Tarifvertragspartei nur noch die Möglichkeit aus § 1004 BGB analog i.V.m. § 823 I BGB i.V.m. Art. 9 III GG gegen eine

---

[1636] BAG -Urt. v. 8.11.1957- AP Nr.7 zu § 256 ZPO LS, BAG -Urt. v. 10.5.1989- AP Nr.6 zu § 2 TVG Tarifzuständigkeit Bl.2. Vgl. dazu Krause (1996) S.278 f.

[1637] Vgl. dazu unter Kapitel 5 B. V. (S.330 ff).

[1638] Vgl. Rieble NZA 2000 S.225 (228) mit einem Beispiel für eine solche Klausel.

[1639] Vgl. Walker FS Schaub (1998) S.743 (752). AA Rieble NZA 2000 S.225 (228), nachdem gem. § 3 III TVG entgegen der Rechtsprechung auch die schuldrechtliche Pflicht weiterwirke.

[1640] Der Rechtsbehelf ist die sog. Einhaltungsklage. Vgl. zu dieser kritisch Walker FS Schaub (1998) S.743 (751 f).

Verletzung des Tarifvertrags vorzugehen.[1641] Die Koalitionsfreiheit ist auch noch in der Phase der Weitergeltung bei Abweichungen vom Tarifvertrag beeinträchtigt und potentiell verletzt.[1642] Der Verband kann entweder im Wege der Feststellungsklage prüfen lassen, ob der Arbeitgeber den Tarifvertrag verletzt, oder durch eine Leistungsklage ein Unterlassen der Verletzung gerichtlich durchsetzen. Auch hier sind die Arbeitsgerichte gemäß § 2 I Nr.2 ArbGG zuständig.

IV. Arbeitgeber

Für den Arbeitgeber kommt ebenfalls eine Klage gegen die Tarifvertragsparteien auf Feststellung, daß er durch die Lohnsenkungen den Tarifvertrag nicht verletzt, in Betracht. Er kann ferner gegen den Arbeitgeberverband auf Feststellung klagen, daß seine Mitgliedschaft im Arbeitgeberverband beendet ist. Schließlich ist an eine Klage gegen die Arbeitnehmer auf Feststellung der Wirksamkeit der Lohnsenkung zu denken. Ein solches gerichtliches Vorgehen ist aber nicht sinnvoll, so lange von der Entscheidung des Arbeitsgerichts keine bindende Wirkung wie bei § 9 TVG ausgeht.

Neben dem Gang zu den Arbeitsgerichten ist auch an eine Verfassungsbeschwerde beim BVerfG zu denken. Sollte der Arbeitgeber nämlich im Falle eines Rechtsstreites unterliegen, ohne daß sich die Gerichte mit seinem Grundrecht aus Art. 14 I GG und der Möglichkeit einer Öffnung des § 3 III TVG wegen einer verfassungskonformen Auslegung auseinandergesetzt haben, so kann er die Verletzung seines Grundrechts geltend machen. Anders verhält es sich allerdings dann, wenn die Gerichte eine Öffnung aus diesen Gründen erwogen haben und die materiellen Voraussetzungen dafür beim Arbeitgeber nicht feststellen können.

V. Analogie zu § 9 TVG

Ein wesentlicher Unterschied zwischen dem Fall der Bindung an einen Firmentarifvertrag und der an einen Verbandstarifvertrag besteht darin, daß im ersten Fall von einer Entscheidung zwischen dem Arbeitgeber und der Gewerkschaft eine Bindungswirkung gemäß § 9 TVG ausgeht. Es stellt sich daher die Frage, ob die Vorschrift des § 9 TVG auf eine Öffnung des § 3 III TVG analog ange-

---

[1641] Vgl. BAG -Beschl. v. 20.4.1999- DB 1999 S.1555 (1555) LS, das ausdrücklich auf eine Verletzung der Koalitionsfreiheit der Tarifvertragsparteien abstellt.

[1642] Vgl. unter Kapitel 3 C. I. 4. (S.245 ff) i.V.m. Kapitel 3 C. I. 3. a) (S.238).

wendet werden muß.[1643] Dies hätte zur Konsequenz, daß eine Entscheidung über die materiellen Voraussetzungen im Verfahren zwischen dem Arbeitgeber und der Gewerkschaft für etwaige Verfahren zwischen den Arbeitsvertragsparteien, den Betriebsparteien und zwischen Arbeitgeber und Arbeitgeberverband bindend wäre.

Eine Regelungslücke ist bedingt durch eine planwidrige Unvollständigkeit im Gesetz. Aus den oben genannten Gründen ist dies für den Härtefall einer Bindung an einen Verbandstarifvertrag zu bejahen.[1644] Problematisch ist hingegen die Analogiefähigkeit des § 9 TVG und die Vergleichbarkeit der Interessenlage.

1. Analogiefähigkeit des § 9 TVG

Eine Vorschrift ist nur dann analogiefähig, wenn sie einen allgemeinen Rechtsgedanken enthält, also keine Ausnahmeregelung darstellt. Über die Auslegung und Anwendung des § 9 TVG bestehen Differenzen. Eine detaillierte Darstellung würde den Rahmen dieser Arbeit sprengen, daher wird hier auf die ausführliche Darstellung von Krause verwiesen.[1645] Dem § 9 TVG liegen nach Krause drei Gedanken zugrunde: Erstens gewährleiste die Bindungswirkung *„Rechtssicherheit und Rechtsklarheit über die Gültigkeit und den Inhalt von Tarifverträgen“*.[1646] Zweitens gehe von dem *„Kollektivverfahren“* wie bei Schluß des Tarifvertrags eine materielle Richtigkeitsgewähr aus.[1647] Drittens werde durch § 9 TVG *„die materiellrechtliche Repräsentationsfunktion der Koalitionen in das Verfahrensrecht hinein verlängert. Den Tarifvertragsparteien komme „über ihre Normsetzungsmacht“* hinaus die Befugnis zu, *„mit Wirkung für Dritte prozessual zu handeln.“*[1648]

Einer Analogie steht ferner nicht das Recht der Tarifunterworfenen auf rechtliches Gehör aus Art. 103 I GG entgegen[1649], da sie, vereinfacht ausgedrückt, auch bei der Verhandlung über einen Tarifvertrag nicht gehört werden müssen. Inso-

---

[1643] Vgl. dazu die Ansätze zur Supendierung der Tarifbindung von Belling/Hartmann und zur außerordentlichen Kündigung der Tarifbindung von Löwisch und Rieble. Belling/Hartmann NZA 1998 S.57 (68 ff), Löwisch NJW 1997 S.905 (909), Rieble (1996) Rn.1572 wenden § 9 TVG auf eine Entscheidung im Rechtsstreit zwischen der Gewerkschaft und dem Arbeitgeber entsprechend an. Vgl. auch Freihube (2000) S.179 ff, der § 9 TVG analog auf die Feststellung, daß der Arbeitgeber nach § 4 III TVG vom Tarifvertrag abweichen kann, anwenden will. Vgl. auch Schulz (2002) S.413, der § 9 TVG analog auf die Entscheidung über die Wirksamkeit einer Betriebsvereinbarung zur Senkung der Löhne anwendet.

[1644] Vgl. unter Kapitel 4 A. I. 2. a) (S.281). Vgl. auch speziell zu § 9 TVG Belling/Hartmann NZA 1998 S.57 (69), allerdings ohne Begründung.

[1645] Krause (1996) S.98 ff.

[1646] Krause (1996) S.121.

[1647] Krause (1996) S.122.

[1648] Krause (1996) S.124.

[1649] Krause (1996) S.255 ff mwN zu den abweichenden Ansichten. Vgl. auch Belling/Hartmann NZA 1998 S.57 (68 f).

fern ist § 9 TVG ein Ausfluß der Tarifautonomie aus Art. 9 III GG und damit grundsätzlich einer Analogie fähig.

2. Vergleichbare Interessenlage

Zu vergleichen ist der von § 9 TVG unmittelbar erfaßte Fall der außerordentlichen Kündigung des Firmentarifvertrags mit der Situation, daß ein Arbeitgeber aus dem Arbeitgeberverband außerordentlich austritt und die Anwendung der Härteklausel in § 3 III TVG überprüft werden soll. In beiden Fällen besteht hinsichtlich der Voraussetzungen der Härteklausel und damit hinsichtlich der Anwendbarkeit des Tarifvertrags ein großes Bedürfnis nach Rechtssicherheit.[1650] Zweifel können hinsichtlich der Richtigkeitsgewähr und der Normsetzungsbefugnis entstehen.

Krause lehnt eine analoge Anwendung des § 9 TVG auf Rechtsstreitigkeiten zwischen der Gewerkschaft und den verbandsangehörigen Arbeitgebern grundsätzlich ab.[1651] Eine Ausnahme macht er in den Fällen, *„in denen die Meinungsverschiedenheiten nicht den Norminhalt eines Tarifvertrags, sondern die tatsächlichen Voraussetzungen seines fachlichen Geltungsbereichs betreffen, es also um die Anwendbarkeit bzw. Nichtanwendbarkeit eines Tarifvertrages auf einen bestimmten Betrieb geht."* Krause nimmt hierbei allerdings keine Analogie nach § 9 TVG an, sondern er stützt eine erweiterte Rechtskraftwirkung *„auf die allgemeinen Grundsätze zu parteiübergreifenden Bindungen"*.[1652] Dies begründet der Autor wie folgt: *„So kann die Anwendung eines Tarifvertrages auf einen Betrieb sinnvollerweise nur einheitlich beurteilt werden. Die Entscheidung weist eine erhöhte Richtigkeitsgewähr auf, da die tatsächlichen Besonderheiten des jeweiligen Unternehmens im Vordergrund stehen und der einzelne Arbeitgeber hiermit besonders vertraut ist. Ferner sind die tariflichen Rechtsstellungen der Arbeitnehmer insoweit in ein betriebsweites Bezugssystem eingebettet, als es um die betrieblichen Voraussetzungen der Anwendbarkeit des Tarifvertrages als solche geht, nicht aber um individuelle Anspruchsmerkmale, so daß sich hinsichtlich dieser Vorfrage ein eingeschränkter Rechtsschutz rechtfertigen läßt. Auf Grund der begrenzten Betroffenheit der Arbeitnehmer sowie der Beteiligung der Gewerkschaft als einem legitimierten Gehörrepräsentanten werden schließlich auch die verfassungsrechtlichen Anforderungen gewahrt."*[1653]

Diese Argumentation von Krause zum fachlichen Geltungsbereich kann man fast uneingeschränkt auf die hier betrachtete Problemstellung des persönlichen Geltungsbereichs übertragen. Einziger wesentlicher Unterschied ist, daß bei dem Herauswachsen eines Unternehmens aus dem fachlichen Geltungsbereich, an-

---

[1650] Vgl. Belling/Hartmann NZA 1998 S.57 (68).
[1651] Krause (1996) S.279 ff.
[1652] Krause (1996) S.282.
[1653] Krause (1996) S.282 f.

ders als beim Austritt, keine Gestaltungserklärung gegenüber dem Arbeitgeberverband erfolgen muß. Aber auch für den Fall der Weitergeltung nach § 3 III TVG hält Krause eine *„Feststellungsklage der Gewerkschaft gegen das frühere Mitglied mit Bindungswirkung für die dort beschäftigten Arbeitnehmer"* für zulässig.[1654]

Diese Ansicht läßt sich durch folgende Überlegungen zusätzlich abstützen: Die Gewerkschaft kann mit dem Arbeitgeber jederzeit einen Firmentarifvertrag schließen, der den Verbandstarifvertrag verdrängt. Insofern haben die Prozeßparteien als potentielle Tarifvertragsparteien in beiden Fällen eine Normsetzungsbefugnis gegenüber den Arbeitnehmern. Die Richtigkeitsgewähr des Tarifvertrags resultiert zwar aus der Kampfparität der Koalitionen und die kann in Notsituationen empfindlich gestört sein. Aber insoweit ist der Fall der außerordentlichen Kündigung eines Firmentarifvertrags mit dem außerordentlichen Verbandsaustritt unmittelbar vergleichbar. Die Richtigkeitsgewähr bezieht sich hierbei auf die Sachkompetenz und dem natürlichen Interessengegensatz bei prozessualen Handlungen. Daraus folgt unmittelbar, daß eine analoge Anwendung des § 9 TVG auf Verfahren zwischen Arbeitnehmern, Betriebsrat, Arbeitgeberverband und Arbeitgeber ausscheiden muß.[1655] Die Arbeitnehmer haben vielmehr durch ihre Mitgliedschaft Beeinträchtigungen ihrer Privatautonomie partiell legitimiert. Der Eingriff in ihre Privatautonomie durch die Bindungswirkung des Verfahrens zwischen Arbeitgeber und der Gewerkschaft in kollektivrechtlichen Fragen ist daher gerechtfertigt. Die Gewerkschaft bedarf der Rechtssicherheit einer gerichtlichen Entscheidung, ansonsten liefe eine Klage gegen den Arbeitgeber leer. Daraus kann man schließen, daß eine Analogie des § 9 TVG auch dem Gebot der verfassungskonformen Auslegung entspricht.

VI. Ergebnis

Arbeitnehmer, Arbeitgeberverband und die Gewerkschaft können die Sanierungsmaßnahmen gerichtlich prüfen lassen. Hierbei kommt einer Entscheidung im Rechtsstreit zwischen Arbeitgeber und Gewerkschaft entsprechend § 9 TVG eine bindende Wirkung zu. Zur Klarstellung wird im Anschluß an die Änderung des § 3 III TVG folgende Änderung des § 9 TVG vorgeschlagen:

§ 9 TVG Feststellung der Rechtswirksamkeit

(1) *(unverändert)*

(2) Dies gilt auch im Falle des § 3 Abs.3 Satz 2 TVG für Rechtsstreitigkeiten zwischen der Gewerkschaft und dem Arbeitgeber.

[1654] Krause (1996) S.282 f.

[1655] Vgl. Belling/Hartmann NZA 1998 S.57 (69).

Kapitel 6: Endergebnisse in Thesen

These 1: Eine Rechtslage, bei der es dem Arbeitgeber nicht möglich ist, zur Sanierung vom Verbandstarifvertrag abzuweichen, führt zu einer enormen Rechtsunsicherheit bei den Arbeitnehmern. Dadurch ist eine rechtliche Kontrolle des Arbeitgebers bei Sanierungsbemühungen nicht möglich.

These 2: Das Interesse des Arbeitgebers, sein Unternehmen zu sanieren, wird von Art. 14 I GG gewährleistet. Das Grundrecht schützt vor Verpflichtungen, wenn sie die Existenz des Unternehmens bedrohen.

These 3: Die Wesensgehaltsgarantie kann nicht für die Gewährleistung des Existenzschutzes herangezogen werden, weil der Wesensgehalt eines Grundrechts zumindest in diesem Fall nicht justiziabel ist.

These 4: Eine vertragliche Risikoübernahme kann als ein Verzicht, gegenüber dem Vertragspartner den Schutz aus Art. 14 I GG geltend zu machen, verstanden werden. Dies bedeutet, daß eine vertragliche Bindung als Grundrechtsgebrauch und als Grundrechtsverzicht gedeutet werden kann. Dies führt dazu, daß der Existenzschutz des Arbeitgebers bei einer Risikoübernahme im Rahmen einer Abwägung nicht ins Gewicht fallen kann. Dies wird in dieser Arbeit als privatautonome Legitimation von Beeinträchtigungen einzelner grundrechtlich geschützter Positionen bezeichnet.

These 5: Der Arbeitgeber legitimiert durch den Abschluß eines Arbeitsvertrags keine Existenzgefährdung. Auch Fehler in der Unternehmensführung schließen den Existenzschutz bei der Abwägung nicht aus.

These 6: Die Privatautonomie des Arbeitgebers umfaßt zwar auch das Kündigungsrecht. Die Bindung des Arbeitgebers an den Lohn ist aber durch den freiwilligen Abschluß des Arbeitsvertrags legitimiert. Er kann nicht geltend machen, ein hoher Lohn würde seine Privatautonomie unangemessen beeinträchtigen.

These 7: Die Betriebsautonomie des Arbeitgebers, das Recht Betriebsvereinbarungen zu schließen, hat keinen Verfassungsrang. Sie kann sich nicht auf Art. 9 III GG stützen, weil der Betriebsrat keine Koalition ist. Sie wird auch nicht von der Privatautonomie erfaßt, weil ihre zwingende Wirkung nicht durch eine privatautonome Entscheidung des Normunterworfenen legitimiert ist. Ein Verfassungsrang kann auch nicht aus dem Subsidiaritätsprinzip des Art. 5 II EGV abgeleitet werden, weil der Gedanke auf das Verhältnis zum Tarifvertrag nicht übertragen werden kann. Damit kann die Betriebsautonomie keinen Eingriff in Grundrechte rechtfertigen.

These 8: Der Grundsatz der Vertragstreue wird durch die Privatautonomie aus Art. 12 I GG geschützt. Nicht geschützt ist aber der Arbeitsplatz an sich. Eine außerordentliche Änderungskündigung zur Lohnsenkung greift somit in die Privatautonomie des Arbeitnehmers ein.

These 9: Bei außerordentlichen Änderungskündigungen zur Lohnkürzung hat der Arbeitgeber den Gleichbehandlungsgrundsatz zu beachten. Eine Differenzierung bei der Kürzung bedarf daher eines sachlichen Grundes.

These 10: Ein Leistungsverweigerungsrecht ist kein milderes Mittel als eine außerordentliche Änderungskündigung. Es ist auch kein automatisches Wiederaufleben des alten Lohnes nach Abschluß der Sanierung oder ein Nachzahlungsanspruch erforderlich. Erforderlich ist aber eine auflösende Bedingung für den Fall des Scheiterns der Sanierung.

These 11: Auch eine Betriebsvereinbarung scheidet als milderes Mittel aus, weil sie stärker in die Privatautonomie des Arbeitnehmers eingreift als die außerordentliche Änderungskündigung.

These 12: Eine außerordentliche Änderungskündigung zur Kürzung des Lohnes ist möglich, wenn die Kürzung zur Sanierung geeignet und erforderlich und dem Arbeitnehmer zumutbar ist.

These 13: Die unmittelbare und zwingende Wirkung des Tarifvertrags greift dann in den Existenzschutz des Arbeitgebers ein, wenn dadurch eine Sanierung verhindert wird. Dies kann ausnahmsweise durch eine ausdrückliche Risikoübernahme gerechtfertigt sein.

These 14: Auch ein langfristiger Firmentarifvertrag kann nicht die Koalitionsfreiheit des Arbeitgebers verletzen, weil der Arbeitgeber die Laufzeit durch seinen freiwilligen Vertragsschluß selbst legitimiert. Dies gilt entsprechend für die Ebene des Verbandstarifvertrags.

These 15: Die zwingende Wirkung eines Firmentarifvertrags kann nicht die Privatautonomie des Arbeitgeber verletzen, weil der Arbeitgeber die zwingende Wirkung durch den Abschluß des Firmentarifvertrags legitimiert.

These 16: Die Tarifbindung greift in die Privatautonomie des Arbeitnehmers ein. Sie ist aber durch seinen Gewerkschaftsbeitritt als Delegation seiner Privatautonomie auf die Gewerkschaft grundsätzlich legitimiert. Dies gilt aber nicht für Einschränkungen des Günstigkeitsprinzips, da der Arbeitnehmer nicht auf den Abschluß von eindeutig günstigeren Arbeitsbedingungen verzichten will. Die Privatautonomie des Arbeitnehmers kann daher eine Ausnahme von der Tarifbindung in Härtefällen nicht rechtfertigen.

These 17: Die Tarifautonomie hat zwei Funktionen: erstens der Ausgleich des Machtgefälles zwischen Arbeitnehmer und Arbeitgeber und zweitens die Lösung von kollektiven Problemen.

These 18: Eine Kürzung des Lohnniveaus unter Tarif durch Betriebsvereinbarung greift stärker in die Koalitionsfreiheit der Gewerkschaft ein als eine Kürzung durch Einheitsverträge.

These 19: Die außerordentliche Kündigung des Firmentarifvertrags greift in Sanierungsfällen weniger intensiv in die Koalitionsfreiheit der Gewerkschaft ein als die Aufhebung oder Einschränkung der Unabdingbarkeit und die Nichtigerklärung oder Anpassung des Firmentarifvertrags.

These 20: Die teilweise Suspendierung des Firmentarifvertrags greift schwächer in die Koalitionsfreiheit der Gewerkschaft ein als eine außerordentliche Kündigung des Firmentarifvertrags.

These 21: Dem im Rechtsstaatsprinzip verankerten Grundsatz der Rechtsklarheit wird eine außerordentliche Kündigung des Firmentarifvertrags besser gerecht als dessen Suspendierung.

These 22: Die in These 19 genannten Möglichkeiten scheiden gegenüber der außerordentlichen Kündigung des Firmentarifvertrags als suboptimal aus. Sie sind nicht erforderlich, da sie stärker in die Koalitionsfreiheit der Gewerkschaft eingreifen, ohne dem Existenzschutz oder der Rechtsklarheit besser zu dienen.

These 23: Die außerordentliche Kündigung stellt gegenüber einer Suspendierung der Tarifbindung den besseren Ausgleich zwischen Koalitionsfreiheit, Existenzschutz und Rechtsklarheit dar. Eine Suspendierung des Firmentarifvertrags würde eine enormen Rechtsunsicherheit bedeuten.

These 24: Weder die Koalitionsfreiheit noch das Rechtsstaatsprinzip erfordern, daß der Firmentarifvertrag ausnahmslos angewandt wird. Die materielle Unbestimmtheit der Anforderungen an eine außerordentliche Kündigung des Firmentarifvertrags sind einer Konkretisierung zugänglich.

These 25: Damit stellt die außerordentliche Kündigung den optimalen Ausgleich zwischen dem Existenzschutz des Arbeitgebers, der Koalitionsfreiheit der Gewerkschaft und dem Prinzip der Rechtsklarheit dar. Als mildere Mittel sind zuvor Nachverhandlungen durchzuführen. Außerdem ist sie als Änderungskündigung auszusprechen, d.h. mit einem geänderten Angebot, an dem die Gewerkschaft den Arbeitgeber festhalten kann.

These 26: Die Gewerkschaft kann auf eine wirksame außerordentliche Kündigung des Firmentarifvertrags zur Sanierung nicht mit einem Arbeitskampf reagieren, der den Abschluß eines Firmentarifvertrags bezweckt, der die Sanierung verhindert. Der Gewerkschaft ist nämlich die Existenzgefährdung des Arbeitgebers durch den Arbeitskampf offensichtlich.

These 27: Auch beim Verbandstarifvertrag kann sich der Arbeitgeber auf Art. 14 I GG berufen. Der Verbandsbeitritt legitimiert grundsätzlich keine Existenzgefährdung. Eine Geltendmachung des Existenzschutzes ist aber dann ausgeschlossen, wenn der Arbeitgeber eine bestimmte Härtefallregelung bei den Tarifvertragsparteien beantragt und bewilligt bekommen hat.

These 28: Die Weitergeltung gem. § 3 III TVG greift in die negative Koalitionsfreiheit des Arbeitgebers ein, weil sie einem außerordentlichen Austritt zur Sanierung entgegensteht.

These 29: Ein Eingriff in die Koalitionsfreiheit kann nur zum Schutz von verfassungsrechtlich geschützten Gütern erfolgen. Das Gemeinwohl stellt als solches keine Schranke der Koalitionsfreiheit dar.

These 30: Der Eingriff in die Privatautonomie durch den Verbandstarifvertrag ist während der Mitgliedschaft legitimiert. Dies gilt jedoch nicht für die Weitergeltung, weil mit dem Austritt die Legitimation für die zwingende Wirkung des Tarifvertrags entfallen ist.

These 31: Eine Suspendierung des Verbandstarifvertrags nach dem Scheitern einer tariflichen Lösung ist eine mildere Form des Eingriffs in die Koalitionsfreiheit der Gewerkschaft als eine Begrenzung des § 3 III TVG, eine außerordentliche Kündigung der Tarifbindung, eine Kürzung durch Betriebsvereinbarungen oder Einheitsverträge.

These 32: Eine Auslesefunktion des Verbandstarifvertrags läßt sich nicht auf die Koalitionsfreiheit des Arbeitgeberverbands stützen. Allerdings führt eine Begrenzung der Weitergeltung zu einem Eingriff in die Koalitionsfreiheit des Arbeitgeberverbands, weil dadurch dessen Bestand gefährdet wird. Eine Suspendierung ist insoweit ein Eingriff von geringerer Intensität.

These 33: Die Konkurrenten können sich bei einer Lösung des Arbeitgebers vom Verbandstarifvertrag nicht auf Art. 14, Art. 12 oder Art. 9 III GG berufen. Allerdings kommt Art. 3 I GG bei einer Suspendierung der Tarifbindung zum Tragen, weil der Arbeitgeber noch immer Mitglied im Arbeitgeberverband ist.

These 34: Ein extensives Verständnis des Günstigkeitsprinzips, einer Entgeltkürzung durch Betriebsvereinbarungen, eine Anpassungspflicht der Tarifvertragsparteien, eine Nichtigkeit oder außerordentliche Kündigung des Verbandstarifvertrags scheiden für einen Ausgleich der widerstreitenden Interessen aus, weil sie stärker in die Koalitionsfreiheit der Gewerkschaft eingreifen als eine Begrenzung der Weitergeltung, ohne aber dem Existenzschutz oder der Rechtsklarheit mehr zu dienen.

These 35: Einer Suspendierung der Tarifbindung in Form eines Leistungsverweigerungsrechts ist die Begrenzung der Weitergeltung aus Gründen der Rechtsklarheit vorzuziehen.

These 36: Eine ausnahmslose Weitergeltung in Härtefällen ist nicht zum Schutze der Tarifautonomie gerechtfertigt. Dies ergibt eine Analyse der Zwecke des § 3 III TVG. Ferner schließen weder Gründe der Gleichbehandlung noch Gründe des Gemeinwohls eine Berücksichtigung des Existenzschutzes aus.

These 37: Es entspricht dem Grundsatz der praktischen Konkordanz, daß sich der Arbeitgeber zur Sanierung durch einen Austritt aus dem Arbeitgeberverband von der Tarifbindung lösen kann. Zuvor muß der Arbeitgeber zunächst eine einvernehmliche Lösung mit den Tarifvertragsparteien vergeblich versucht haben. Eine Lohnsenkung kann dann durch außerordentliche Änderungskündigungen erfolgen.

These 38: Ist im Verbandstarifvertrag eine Härteklausel enthalten, so muß der Arbeitgeber zunächst versuchen, eine Härtefallregelung zu erzielen. Nur wenn dieser Weg gescheitert ist, kann er wie in These 37 beschrieben verfahren.

These 39: Eine Regelung im Verbandstarifvertrag, die es der Gewerkschaft verbietet, mit dem Arbeitgeber, der nicht Mitglied im Arbeitgeberverband ist, einen Firmentarifvertrag zu schließen, verletzt die Koalitionsfreiheit des einzelnen Außenseiters. Die Klausel ist im Sinne einer geltungserhaltenden Reduktion auf die Mitglieder zu beschränken. Der Arbeitgeberverband kann aus der sog. „Meistbegünstigungsklausel“ keinen Anspruch herleiten, einen Firmentarifvertrag, den die Gewerkschaft mit einem Außenseiter schließt, in der Fläche zu übernehmen.

These 40: Sieht der Tarifvertrag einen Mindestlohn vor, der zur Sicherung angemessener Arbeitsbedingungen geboten ist, so ist der nicht tarifgebundene Arbeitgeber im Falle der Allgemeinverbindlicherklärung daran auch im Sanierungsfall gebunden.

These 41: Der Wortlaut und die Systematik sprechen gegen eine Beschränkung des § 3 III TVG in Härtefällen. Demgegenüber läßt sich eine solche mit dem Willen des historischen Gesetzgebers vereinbaren. Eine objektiv-teleologische Auslegung spricht hingegen für eine teleologische Reduktion der Vorschrift in Härtefällen.

These 42: Eine Härteklausel läßt sich schließlich auf eine Analogie zu § 626 I BGB stützen. Für Härtefälle ist bei § 3 III TVG eine Regelungslücke vorhanden, die durch den allgemeinen Rechtsgedanken des § 626 I BGB ausgefüllt werden kann. Die teleologische Reduktion belegt, daß eine Regelungslücke in § 3 III TVG vorliegt. Die Analogie entspricht dem Erfordernis der verfassungskonformen Auslegung, die sich über den ausdrücklichen Wortlaut einer Norm hinwegsetzen kann.

These 43: Der besondere Kündigungsschutz steht einer außerordentlichen Änderungskündigung grundsätzlich nicht entgegen. Eine Ausnahme ist nur beim gesetzlichen Mutterschutz vorzunehmen.

These 44: Ein Härtefall setzt materiell voraus, daß sich das Unternehmen in einer wirtschaftlichen Notlage befindet. Dies ist der Fall, wenn das Unternehmen sanierungsbedürftig und -fähig ist. Es muß ein schlüssiges Sanierungskonzept vorliegen, welches eine gerechte Lastenverteilung auch unter den Arbeitnehmer vorsieht. Dies ist insbesondere dann nicht der Fall, wenn die Löhne nach der Kürzung unter dem Arbeitslosengeld liegen. Das Sanierungskonzept hat der Arbeitgeber in einem Sanierungsplan darzulegen und u.U. durch externe Gutachten abzusichern.

These 45: Eine Lohnsenkung ist dem Arbeitnehmer nur dann zumutbar, wenn der gekürzte Nettolohn nicht das Arbeitslosengeld unterschreitet. Ansonsten würde sich der Arbeitnehmer ohne Arbeit günstiger stellen als mit Arbeit.

These 46: Der Betriebsrat hat bei der Sanierung die Mitbestimmungsrechte aus dem BetrVG. Insbesondere wenn das Sanierungskonzept die Lohnverteilungsgrundsätze ändert, besteht ein Mitbestimmungsrecht gemäß § 87 I Nr.10 BetrVG.

These 47: Arbeitnehmer, Arbeitgeberverband und die Gewerkschaft können die Sanierungsmaßnahmen gerichtlich prüfen lassen. Hierbei kommt einer Entscheidung im Rechtsstreit zwischen Arbeitgeber und Gewerkschaft über eine Ausnahme von § 3 III TVG entsprechend § 9 TVG eine bindende Wirkung zu.

Es werden folgende Gesetzesänderungen vorgeschlagen:

§ 3 TVG Tarifgebundenheit.

(1) *unverändert*

(2) *unverändert*

(3) Die Tarifgebundenheit bleibt bestehen, bis der Tarifvertrag endet. Dies gilt nicht für den Arbeitgeber, der sich in einer wirtschaftlichen Notlage befindet.

§ 9 TVG Feststellung der Rechtswirksamkeit

(1) *unverändert*

(2) Dies gilt auch im Falle des § 3 Abs. 3 Satz 2 TVG für Rechtsstreitigkeiten zwischen der Gewerkschaft und dem Arbeitgeber.

Literaturverzeichnis

Adam, Roman F. — Die Änderungskündigung zur Einschränkung oder Beseitigung nach § 4 TVG geschützter Bestimmungen des Arbeitsvertrages, ZTR 2001, S.112-117.

Adomeit, Klaus — Das Arbeitsrecht und unsere wirtschaftliche Zukunft, Zusammenstellung folgender Aufsätze: FS Hilger/Stumpf (1983) S.1 ff, NJW 1984 S.26 f, NJW 1984 S.595 f, NJW 1984 S.773 f, NJW 1984, S.1337 f, FAZ v.10.8.1984, Der Arbeitgeber 1985 S.75 ff, München 1985.

Adomeit, Klaus — Arbeitsrechtliche Probleme unserer Wiedervereinigung, NZA 1993, S.433-438.

Adomeit, Klaus — Regelung von Arbeitsbedingungen und ökonomische Notwendigkeiten, Eine Untersuchung zu aktuellen Fragen des deutschen Tarifrechts, München, Landsberg am Lech 1996.

Adomeit, Klaus — Der Tarifvorrang -liberal revidiert, NJW 2000, S.1918-1919.

Anzinger, Rudolf /Wank, Rolf — Entwicklungen im Arbeitsrecht und Arbeitsschutzrecht, Festschrift für Otfried Wlotzke, Zum 70. Geburtstag, München 1996.

Artus, Ingrid — Tarifpolitik in den neuen Bundesländern: Akteure, Strategien, Problemlagen, in Bergmann/Schmidt (1996), S.71-100.

Artus, Ingrid /Sterkel, Gabriele — Brüchige Tarifrealität, Ergebnisse einer empirischen Studie zur Tarifgestaltungspraxis in Betrieben der ostdeutschen Metall-, Bau- und Chemieindustrie, WSI Mitteilungen 7/1998, S.431-441.

Bährle, Ralph Jürgen — Austritt aus dem Arbeitgeberverband und seine Folgen, Betrieb und Wirtschaft 1999, S.199-200.

Bakopoulos, Konstantinos — Zuständigkeitsverteilung zwischen tariflicher und innerbetrieblicher Normsetzung, Berlin 1991.

Barbier, Hans D. — Gerhard auf dem Weg zurück, Ein Fall - drei Lehren, FAZ 26.11.1999 (Nr.276), S.13.

Bauer, Jobst-Hubertus /Diller, Martin — Flucht aus Tarifverträgen, Konsequenzen und Probleme, DB 1993, S.1085-1090.

Bauer, Jobst-Hubertus — Flucht aus Tarifverträgen: Königs- oder Irrweg? in Festschrift für Schaub (1998), S.19-46, s.u. Schlachter/Ascheid/Friedrich.

Bauer, Jobst-Hubertus — Betriebliche Bündnisse für Arbeit vor dem Aus? NZA 1999, S.957-964.

Bauer, Jobst-Hubertus /Haußmann, Katrin — Tarifwechsel durch Verbandswechsel, DB 1999, S.1114-1117.

Bauer, Jobst-Hubertus /Haußmann, Katrin — Betriebliche Bündnisse für Arbeit und gewerkschaftlicher Unterlassungsanspruch, Sonderbeilage zu NZA Heft 24/2000, S.42-50.

Beathalter, André — Einseitige Gestaltungsmöglichkeiten der Arbeitgeberseite zur Einwirkung auf Gesamtvereinbarungen im Rahmen wirtschaftlicher Krisen, Berlin 1999.

Becker, Friedrich /Hillebrecht, Wilfried — Gemeinschaftskommentar zum Kündigungsschutzgesetz und zu sonstigen kündigungsschutzrechtlichen Vorschriften, Gesamtredaktion von Gerhard Etzel, 6. Aufl. Neuwied 2002. Zitiert: Bearbeiter in KR.

Belling, Detlev W. — Die Haftung des Betriebsrats und seiner Mitglieder für Pflichtverletzungen, Tübingen 1990.

Belling, Detlev W. /Müsgen, Thomas K. — Arbeitsrechtliche Aspekte der Sanierung von Betrieben in den neuen Bundesländern, NZA 1991, Beil.1, S.7-18.

Belling, Detlev W. — Die außerordentliche Anpassung von Tarifverträgen an veränderte Umstände, NZA 1996, S.906-913.

Belling, Detlev W. /Hartmann, Christian — Die Unzumutbarkeit der Bindung an den Tarifvertrag, ZfA 1997, S.87-144.

Belling, Detlev W. /Hartmann, Christian — Die Rechtswirkungen einer gegen § 77 III BetrVG verstoßenden Betriebsvereinbarung, NZA 1998, S.673-681.

Belling, Detlev W. /Hartmann, Christian — Die Tarifbindung in der Insolvenz, NZA 1998, S.57-70.

Berg, Peter /Platow, Helmut — Unterlassungsanspruch der Gewerkschaften gegen tarifwidrige betriebliche Regelungen, Anmerkung zum BAG-Beschluß vom 20.4.1999 -1 ABR 72/98, DB 1999 S.1555, DB 1999, S.2362-2368.

Berg, Peter — Unterlassungsanspruch gegen tarifwidrige betriebliche Regelungen, AiB 1999, S.304-305.

Bergmann, Joachim /Schmidt, Rudi — Industrielle Beziehungen, Institutionalisierung und Praxis unter Krisenbedingungen, Opladen 1996.

Bernhardt, Wolfgang — Aufsichtsräte und Handwerkszeug, Im Fall Holzmann keine neuen Fragen und wenig neue Antworten, FAZ 28.12.1999 (Nr.302) S.19.

Berthold, Norbert — Das Prinzip Verantwortung auf dem Arbeitsmarkt, Der Sozialstaat als Täter, Die Klauen von Kartellen, Korporatismus und Bürokratie, Den Widerstand der Stellenbesitzer gegen Reformwillen brechen, FAZ 26.8.2000, (Nr.198), S.15.

Bettermann, Karl-August — Die verfassungskonforme Auslegung, Grenzen und Gefahren, Heidelberg 1986.

Beuthien, Volker /Meik, Frank — Wenn Tariftreue unzumutbar wird, Rückschau auf den Arbeitskampf in der ostdeutschen Metallindustrie, DB 1993, S.1518-1520.

Bickenbach, Frank /Soltwedel, Rüdiger — Produktionssystem, Arbeitsorganisation und Anreizstrukturen: Der Paradigmenwechsel in der Unternehmensorganisation und seine Konsequenzen für die Arbeitsmarktverfassung, in Cassel (1998), S.491-533.

Biedenkopf, Kurt — Grenzen der Tarifautonomie, Karlsruhe 1964.

Birk, Rolf /Kreuzer, Karl — Das Unternehmen in der Krise, Probleme der Insolvenzvermeidung aus rechtsvergleichender Sicht, mit Beiträgen, vorbereiteten Diskussionsbeiträgen und einem Bricht über die Diskussion, Frankfurt a. M. 1986.

Bischoff, Werner — Änderungen in der Verbandslandschaft -Gewerkschaften, Sonderbeilage zu NZA Heft 24/2000, S.4-6.

Blanke, Thomas — Wechsel in eine OT-Mitgliedschaft im Arbeitgeberverband, Zur Auskunftspflicht des Arbeitgebers und des Arbeitgeberverbands, AiB 2000, S.260-270.

Bleckmann, Albert — Probleme des Grundrechtsverzichts, JZ 1988, S.57-62.

Blomeyer, Wolfgang — Besitzstandswahrung durch Tarifvertrag, Zugleich ein Beitrag zu den Grenzen der Tarifmacht, ZfA 1980, S.1-76.

Blomeyer, Wolfgang — Das Günstigkeitsprinzip in der Betriebsverfassung, Die Betriebsvereinbarung zwischen Individual- und Tarifvertrag, NZA 1996, S.337-346.

Blomeyer, Wolfgang /Otto, Klaus — Gesetz zur Verbesserung der betrieblichen Altersversorgung, Kommentar, 2. Aufl., München 1997.

Böhm, Wolfgang — Hat der flächendeckende Branchentarifvertrag noch eine Zukunft? NZA 1994, S.497-498.

Böker, Herbert — Tarifunterschreitung durch Betriebsvereinbarung und Arbeitsvertrag, Frankfurt a. M. 2001.

Boemke, Burkhard /Gründel, Mirko — Grundrechte im Arbeitsverhältnis, ZfA 2001, S.245-280.

Bornhagen, Viktoria — Die Zumutbarkeit als Rechtsgedanke im Arbeitsrecht, Frankfurt a. M. 1999.

Braun, Hans-Dieter /Wierzioch, Erwin — Arbeitsentgeltansprüche, Rangrücktritt und Haftung des vorläufigen Insolvenzverwalters nach der Insolvenzordnung, DB 1998, S.2217-2230.

Bröhl, Knut — Die Orlando-Kündigung, Zwischenwort zur außerordentlichen ordentlichen Kündigung tariflich unkündbarer Arbeitnehmer, in Festschrift für Schaub (1998), S.55-73, s.u. Schlachter/Ascheid/Friedrich.

Brox, Hans /Rüthers, Bernd — Arbeitsrecht, 15. Aufl., Stuttgart 2002.

Buchner, Herbert — Tarifvertragsgesetz und Koalitionsfreiheit, Zur verfassungsrechtlichen Problematik der §§ 3 Abs.2, 3 Abs.3, 5 und 9 Abs.1 TVG, München 1964.

Buchner, Herbert — Kündigung der Tarifregelung über die Entgeltanpassung in der Metallindustrie der östlichen Bundesländer, NZA 1993, S.289-299.

Buchner, Herbert — Wirkliche und vermeintliche Gefährdung der Tarifautonomie, in Festschrift für Kissel (1994), S.97-117, s.u. Heinze/Söllner.

Buchner, Herbert — Mitgliedschaft in Arbeitgeberverbänden ohne Tarifbindung, NZA 1994, S.2-12.

Buchner, Herbert — Verbandsmitgliedschaft ohne Tarifgebundenheit, NZA 1995, S.761-769.

Buchner, Herbert — Beschäftigungssicherung unter dem Günstigkeitsprinzip, Betriebliche Arbeitsplatzgarantien gegen Verzicht auf tarifliche Positionen? DB 1996, Beilage Nr.12, S.1-15.

Buchner, Herbert — Betriebsräte auf schwierigem Terrain - die Viessmann-Entscheidung des Arbeitsgerichts Marburg, NZA 1996, S.1304-1306.

Buchner, Herbert — Die tarifrechtliche Situation bei Verbandsaustritt und bei Auflösung eines Arbeitgeberverbandes, RdA 1997, S.259-267.

Buchner, Herbert	Der Unterlassungsanspruch der Gewerkschaft, Stabilisierung oder Ende des Verbandstarifvertrages? Zum Beschluß des BAG vom 20.4.1999, 1 ABR 72/98, NZA 1999, S.897-902.
Büdenbender, Ulrich	Tarifbindung trotz Austritts aus dem Arbeitgeberverband -eine notwendige oder korrekturbedürftige Regelung? NZA 2000, S.509-518.
Butzer, Hermann	Verfassungsrechtliche Grundlagen zum Verhältnis zwischen Gesetzgebungshoheit und Tarifautonomie, RdA 1994, S.375-385.
Cassel, Dieter	50 Jahre Soziale Marktwirtschaft, Stuttgart 1998.
Clasen, Lothar	Innovative Vertragspolitik, Tarifentwicklung 1997, Bundesarbeitsblatt 4/1998 S.5-12.
Clasen, Lothar	Tarifentwicklung 1998, Differenzierte Abschlüsse, Bundesarbeitsblatt 3/1999.
Clasen, Lothar	Tarifverträge 2000, Moderate Abschlüsse, Bundesarbeitsblatt 3/2001, S.12-16.
Dahlbender, Frank	Der Austritt des Arbeitgebers aus seinem Verband zwecks Loslösung von Tarifverträgen, Bonn 1995.
Daniels, Arne	Auf schmalem Grat, Das Bündnis für Arbeit zwingt IG-Metall-Chef Zwickel zum Balanceakt zwischen Mitgliederinteressen und politischen Ansprüchen, Die Zeit Nr.50, 3.12.1998, S.31.
Dänzer-Vanotti, Christoph /Engels, Dieter	Möglichkeiten und Grenzen der Lohnsenkung durch Änderungskündigung, DB 1986, S.1390-1392.
Däubler, Wolfgang	Tarifvertragsgesetz, Ein Handbuch, 3. Aufl., Baden-Baden 1993.
Däubler, Wolfgang	Tarifflucht -eine aussichtsreiche Strategie zur Reduzierung von Lohnkosten? ZTR 1994, S.448-455.

Däubler, Wolfgang	Die Anpassung von Tarifverträgen an veränderte wirtschaftliche Umstände, ZTR 1996, S.241-245.
Däubler, Wolfgang	Tarifausstieg, Erscheinungsformen und Rechtsfolgen, NZA 1996, S.225-233.
Däubler, Wolfgang	Arbeitsrecht und Politik, RdA 1999, S.18-24.
Dichmann, Werner	Der Flächentarifvertrag als verteilungs- und beschäftigungspolitisches Instrument, Thesen und Antithesen, gewerkschaftsreport 17/1998 S.23-35.
Dieterich, Thomas /Hanau, Peter /Schaub, Günter	Erfurter Kommentar zum Arbeitsrecht, hrsg. von Thomas Dieterich, Peter Hanau, Günter Schaub, 3. Aufl., München 2003.
Dieterich, Thomas	Grundgesetz und Privatautonomie im Arbeitsrecht, RdA 1995, S.129-136.
Dieterich, Thomas	Mitbestimmung im Umbruch, ArbuR 1997, S.1-8.
Dieterich, Thomas	Die Grundrechtsbindung von Tarifverträgen, in Festschrift für Schaub (1998), S.116-134, s.u. Schlachter/Ascheid/Friedrich.
Dietz	Freiheit und Bindung im kollektiven Arbeitsrecht, Aus dem Referat, RdA 1957, S.178-180.
Diller, Martin	Insolvenzvermeidung durch außergerichtliche Übernahme von Betriebsrenten durch den PSV, Recht und Taktik der Verhandlungen mit dem PSV nach bisherigem und künftigem Recht, ZIP 1997, S.765-774.
Dorndorf, Eberhard	Das Verhältnis von Tarifautonomie und individueller Freiheit als Problem dogmatischer Theorie, in Festschrift für Kissel (1994), S.139-159, s.u. Heinze/Söllner.
Dunsch, Jürgen	Das Trugbild Philipp Holzmann, FAZ 26.11.1999 (Nr.276), S.13.

Ehmann, Horst /Schmidt, Thomas B. — Betriebsvereinbarungen und Tarifverträge, Grenzen des Tarifvorrangs, NZA 1995, S.193-203.

Ehmann, Horst — Empfiehlt es sich, die Regelungsbefugnisse der Tarifparteien im Verhältnis zu den Betriebsparteien zu ordnen? ZRP 1996, S.314-321.

Ehmann, Horst /Lambrich, Thomas — Vorrang der Betriebs- vor der Tarifautonomie kraft Subsidiaritätsprinzips?, Betriebsvereinbarung als „andere Abmachung", NZA 1996, S.346-356.

Ehmann, Horst — Die Tarifbindung des Arbeitgebers als Voraussetzung des Tarifvorbehalts, in Festschrift Zöllner Bd. II (1998), S.715-735, s.u. Lieb/Noack/Westermann.

Erhard, Karin — Anmerkung zu ArbG Freiburg, Urteil v. 15.11.1995, 8 CA 231/95, Betriebsrat 1/1997, S.12.

Fabricius, Fritz /Kraft, Alfons /Oetker, Hartmut /Wiese, Günther /Raab, Thomas /Kreutz, Peter /Weber, Christoph — Betriebsverfassungsgesetz, Gemeinschaftskommentar, Band II, §§ 74-132, 7. Aufl., Neuwied 2002. Zitiert: Bearbeiter in GK.

Fastrich, Lorenz — Arbeitsrecht und betriebliche Gerechtigkeit, RdA 1999, S.24-32.

Feger, Sandra — Flucht aus dem Arbeitgeberverband, AiB 1995, S.490-505.

Fels, Gerhard — Behindern Flächentarifverträge die Anpassungsfähigkeit der Unternehmen? in Flächentarifvertrag kontrovers, Wie groß ist der Modernisierungsbedarf bei den Flächentarifverträgen? Institut der deutschen Wirtschaft Köln, Symposium 14.2.1995, S.5-12, Bonn Köln 1995.

Fickinger, Nico — In den Fängen der Verbandsmacht, Das Holzmann-Opfer, FAZ 3.3.2000 (Nr.53), S.13.

Fischer, Manfred „Die Bedingungen werden schlechter", Holzmann-Sanierer Konrad Hinrichs pocht auf das versprochene Geld aus Berlin. Sonst ist sein Rettungsplan gefährdet, Welt am Sonntag 27.8.2000 (Nr.35), S.51.

Flessner, Axel Sanierung von Unternehmen, ZRP 1982, S.244-249.

Franz, Wolfgang Wenn Vertragsbruch zur Notbremse wird, Ohne institutionelle Reformen wird dem Flächentarif keine lange Lebensdauer mehr beschieden sein, FAZ 30.4.99 (Nr.100), S.14.

Freihube, Dirk Probleme der Tarifbindung in der Unternehmenskrise, Beschäftigungszusagen im Günstigkeitsvergleich und außerordentliche Kündigung des Tarifvertrages, Berlin 2000.

Freihube, Dirk Die einzelvertragliche Umsetzung von Beschäftigungsbündnissen, DB 2000, S.1022-1027.

Freter, Jens T. Das Tarifsystem in der Krise, Eine aktuelle Bestandsaufnahme gewerkschaftlicher Tarifpolitik in Deutschland, Essen 1998.

Friedrich, Hans-Wolf Nachwirkender Tarifvertrag und seine Ablösung durch einen Tarifvertrag eines anderen Arbeitgeberverbandes mit einer anderen Gewerkschaft, eine Fallstudie, in Festschrift für Schaub (1998), S.193-203, s.u. Schlachter/Ascheid/Friedrich.

Frieges, Holger Der Verbandsaustritt: Unwägbarkeiten und verfassungsrechtliche Grenzen der zwingenden Fortgeltung von Tarifbestimmungen, NZA 1998, S.630-633.

Fuchs, Maximilian /Seibold, Robert Das Tarifvertragsrecht im Jahre 1997, ZTR 1998, S.385-395.

Fuhr, Eckhard Gerhard, Gerhard!, FAZ 26.11.1999 (S.276), S.1.

Gagel, Alexander | Sanierungsvereinbarungen mit Zugeständnissen der Arbeitnehmer, Sozialrechtliche Vorgaben und Möglichkeiten, erläutert am Beispiel Holzmann, BB 2000, S.718-723.

Gamillscheg, Franz | Der zweiseitig-zwingende Charakter des § 626 BGB, ArbuR 1981, S.105-109.

Gamillscheg, Franz | Die Grundrechte im Arbeitsrecht, Berlin 1989.

Gamillscheg, Franz | Kollektives Arbeitsrecht, Ein Lehrbuch, Band I: Grundlagen/Koalitionsfreiheit /Tarifvertrag/Arbeitskampf und Schlichtung, München 1997.

Gaumann, Ralf /Schafft, Marcus | Tarifvertragliche Öffnungsklauseln, ein sinnvolles Flexibilisierungsinstrument, NZA 1988, S.176-187.

Gentz, Manfred | Werden die geltenden Tarifverträge der betrieblichen Praxis gerecht? in Festschrift für Schaub (1998), S.205-217, s.u. Schlachter/Ascheid/Friedrich.

Gerhards, Thomas | Tarifgebundenheit beim Verbandswechsel des Arbeitgebers, BB 1995, S.1290-1292.

Gitter, Wolfgang | Zum Maßstab des Günstigkeitsvergleichs, in Festschrift Wlotzke (1996), S.297-311, s.u. Anzinger/Wank.

Günzel, Eric | Anmerkung zu BAG, Urteil v. 20.8.1998, 2 AZR 84/98, BB 1999, S.904-905.

Haarmann, Wilhelm | Wegfall der Geschäftsgrundlage bei Dauerschuldverhältnissen, Berlin 1979.

Hablitzel, Hans | Das Verhältnis von Tarif- und Betriebsautonomie im Lichte des Subsidiaritätsprinzips, NZA 2001, S.467-472.

Hagemeier, Christian /Kempen, Otto Ernst /Zachert, Ulrich /Zilius, Jan | Tarifvertragsgesetz, Kommentar für die Praxis, 2. Aufl., Köln 1990.

Hanau, Peter — Die Deregulierung von Tarifverträgen durch Betriebsvereinbarungen als Problem der Koalitionsfreiheit (Art. 9 III GG), RdA 1993, S.1-11.

Hanau, Peter /Kania, Thomas — Stufentarifverträge, DB 1995, S.1229-1234.

Hanau, Peter — Deregulierung des Arbeitsrechts, Ansatzpunkte und verfassungsrechtliche Grenzen, Berlin-New York 1997.

Hanau, Peter /Kania, Thomas — Die Bezugnahme auf Tarifverträge durch Arbeitsvertrag und betriebliche Übung, in Festschrift für Schaub (1998), S.239-262, s.u. Schlachter/Ascheid/Friedrich.

Hanau, Peter — Der Tarifvertrag in der Krise, RdA 1998, S.65-71.

Hanau, Peter /Thüsing, Gregor — Tarifverträge zur Beschäftigungssicherung, Teil I, ZTR 2001, S.1-6, Teil II, ZTR 2001, S.49-53.

Hank, Rainer — Besser kein Bündnis, Kommentar, FAZ 5.12.1998, S.13.

Haußmann, Katrin — Der Verbandswechsel des Arbeitgebers, Bielefeld 1997.

Heinze, Meinhard — Das Unternehmen in der Krise, Probleme der Insolvenzvermeidung aus rechtsvergleichender Sicht, Die Rolle des Arbeitsrecht, in Birk/Kreuzer (1986), S.75-113.

Heinze, Meinhard /Söllner, Alfred — Arbeitsrecht in der Bewährung, Festschrift für Otto Rudolf Kissel zum 65. Geburtstag, München 1994.

Heinze, Meinhard — Kollektive Arbeitsbedingungen im Spannungsfeld zwischen Tarif- und Betriebsautonomie, NZA 1995, S.5-8.

Heinze, Meinhard /Ricken, Oliver — Verbandsaustritt und Verbandsauflösung im Spannungsfeld von Tarifeinheit und Tarifpluralität, ZfA 2001, S.159-182.

Heise, Dietmar — Weitere Spielräume für Betriebe? Arbeitgeber 1998, S.68-70.

Henssler, Martin — Flexibilisierung der Arbeitsmarktordnung, Überlegungen zur Weiterentwicklung der tariflichen Regelungsmacht, ZfA 1994, S.487-515.

Henssler, Martin — Unternehmensumstrukturierungen und Tarifrecht, in Festschrift für Schaub (1998), S.311-336, s.u. Schlachter/Ascheid/Friedrich.

Henssler, Martin — Tarifautonomie und Gesetzgebung, ZfA 1998, S.1-40.

Henssler, Martin — Firmentarifverträge und unternehmensbezogene Verbandstarifverträge als Instrumente einer „flexiblen", betriebsnahen Tarifpolitik, ZfA 1998 S.517-542.

Hergenröder, Curt Wolfgang — Kündigung und Kündigungsschutz im Lichte der Verfassung, ZfA 2002, S.355-382.

Herschel, Wilhelm — Zur Entstehung des Tarifvertragsgesetzes, ZfA 1973, S.183-200.

Herschel, Wilhelm — Anmerkung zu BAG, Urteil v. 12.9.1974, 2 AZR 535/73, AP Nr.1 zu § 44 TVAL II, Bl.4-5.

Hesse, Konrad — Grundzüge des Verfassungsrechts der Bundesrepublik Deutschland, 20. Aufl., Heidelberg 1995.

Heßhaus, Andrea — Kündigung und Wegfall der Geschäftsgrundlage im Tarifvertragsrecht, Bochum 1997.

Hey, Felix Christopher — Wegfall der Geschäftsgrundlage bei Tarifverträgen, ZfA 2002, S.275-294.

Hickel, Rudolf /Kurtzke, Wilfried — Tarifliche Lohnpolitik unter Nutzung der Härtefallregelung, Ergebnisse einer Untersuchung zur Praxis in der ostdeutschen Metall- und Elektroindustrie, WSI Mitteilungen 2/1997, S.98-111.

Hickel, Rudolf — Der Flächentarifvertrag als verteilungs- und beschäftigungspolitisches Instrument, Thesen und Antithesen, gewerkschaftsreport 17/1998, S.23-35.

Hilbrandt, Christian — Anmerkung zu Beschluß des BAG v. 18.9.1997, 2 ABR 15/97, AP Nr.35 zu § 103 BetrVG 1972, Bl.7-15.

Hoß, Axel /Liebscher, Brigitta — Der Austritt aus dem Arbeitgeberverband, Eine Chance für die Betriebspartner? DB 1995, S.2525-2530.

Hoyningen-Huene, Gerrick von — Vergütungsregelungen und Mitbestimmung des Betriebsrats (§ 87 I Nr.10 BetrVG), NZA 1998, S.1081-1089.

Hoyningen-Huene, Gerrick von /Linck, Rüdiger — Kündigungsschutzgesetz, Kommentar, 13. Aufl., München 2002.

Hromadka, Wolfgang — Mehr Flexibilität für die Betriebe, Ein Gesetzesvorschlag, NZA 1996, S.1233-1240.

Hromadka, Wolfgang — Reformbedarf im Tarifrecht? AuA 1996, S.289-293.

Hromadka, Wolfgang — Tarifvertrag und Arbeitsvertrag bei der Ausgründung von Betriebsteilen, DB 1996, S.1872-1879.

Hromadka, Wolfgang — § 77 III BetrVG und die teilmitbestimmte Betriebsvereinbarung, in Festschrift für Schaub (1998), S.337-346, s.u. Schlachter/Ascheid/Friedrich.

Hromadka, Wolfgang — Zukunft des Arbeitsrechts, NZA 1998, S.1-9.

Hromadka, Wolfgang — Betriebliche Bündnisse für Arbeit vor dem „Aus"? Nach dem Beschluß des BAG zum Anspruch auf Unterlassung tarifwidriger Arbeitsbedingungen, AuA 2000, S.13-17.

Hromadka, Wolfgang — Zum Unterlassungsanspruch gegen tarifwidrige Bündnisse für Arbeit, ZTR 2000, S.253-258.

Hromadka, Wolfgang — Bündnisse für Arbeit -Angriff auf die Tarifautonomie? DB 2003, S.42-47.

Hueck, Götz — Anmerkung zu BAG, Urteil vom 10.12.1971, 3 AZR 190/71, AP Nr.154 zu § 242 Ruhegehalt, Bl.7-10.

Hümmerich, Klaus — Von der Verantwortung der Arbeitsrechtsprechung für die Volkswirtschaft, NZA 1996, S.1289-1304.

Hundt, Dieter — Ein reformierter Flächentarifvertrag hat Zukunft, Arbeitgeber 1998 3/50, S.49-51.

Hundt, Dieter — Sind betriebliche Zwangskartelle liberal? Die Tarifautonomie ist so gut, wie es die Tarifverträge sind, Die Lohnrunde 2000 als gelungene Bewährungsprobe, FAZ 9.6.2000 (Nr.133), S.14.

IG-Metall — 12 Thesen zu „Tarifautonomie und Flächentarifvertrag", NZA 1998, S.88-90.

Jakobs, Matthias — Die Erkämpfbarkeit von firmenbezogenen Tarifverträgen mit verbandsangehörigen Arbeitgebern, ZTR 2001, S.249-257.

Julitz, Lothar — Für Philipp Holzmann geht es um Sein oder Nichtsein, Aktionäre zu schmerzhaften Sanierungsschritten aufgerufen, Hauptversammlung, FAZ 29.12.1999 (Nr.303) S.16.

Julitz, Lothar — Philipp Holzmann nach der Hauptversammlung, Der Baukonzern Philipp Holzmann ist noch nicht über den Berg, Die Hauptversammlung hat einschneidende Sanierungsmaßnahmen beschlossen, Es bleiben aber hinreichend Stolpersteine, FAZ 3.1.2000 (Nr.1), S.20.

Junker, Abbo — Der Flächentarifvertrag im Spannungsverhältnis von Tarifautonomie und betrieblicher Regelung, ZfA 1996, S.383-417.

Junker, Abbo — Individualwille, Kollektivgewalt und Staatsintervention im Arbeitsrecht, NZA 1997, S.1305-1319.

Juristentag | Beschlüsse des 61. Deutschen Juristentags Karlsruhe 1996-Arbeitsrecht, DB 1996 S.2030-2031.

Kafsack, Hendrik | 153 Jahre bis zum Ende, Was einst der Müller Johann Philipp Holzmann erfolgreich begann, ist nun ein Scherbenhaufen, Auch die letzten Akteure sind gescheitert, FAZ 30.3.2002 (Nr.75), S.15.

Karakatsanis, Alexander | Die kollektivrechtliche Gestaltung des Arbeitsverhältnisses und ihre Grenzen, Heidelberg 1963.

Kast, Matthias /Stuhlmann, Christian | Sind betriebliche Bündnisse für Arbeit noch durchführbar? BB 2000, S.614-621.

Kempen, Otto Ernst /Zachert, Ulrich | Tarifvertragsgesetz, Kommentar für die Praxis, 3. Aufl., Köln 1997.

Kempen, Otto Ernst | Kollektivautonomie contra Privatautonomie: Arbeitsvertrag und Tarifvertrag, Sonderbeilage zu NZA Heft 3/2000 S.7-14.

Kempff, Gilbert | Tarifvertrag und Konjunktur, Zur außerordentlichen Kündigung der Metall-Tarifverträge in Ostdeutschland, AiB 1993, S.267-271.

Kilger, Joachim | Grundzüge eines Reorganisationsverfahrens, ZIP 1982, S.779-787.

Kissel, Otto Rudolf | Arbeitskampfrecht, Ein Leitfaden, München 2002.

Kissel, Otto Rudolf | Das Spannungsfeld zwischen Betriebsvereinbarung und Tarifvertrag, NZA 1986, S.73-80.

Kissel, Otto Rudolf | 40 Jahre Arbeitsgerichtsbarkeit, RdA 1994, S.323-333

Kissel, Otto Rudolf | Zur Funktion der Rechtsprechung, in Festschrift für Schaub (1998), S.373-388, s.u. Schlachter/Ascheid/Friedrich.

Kittner, Michael | Anmerkung zu BVerfG, Beschluß v. 18.12.1974, 1 BvR 430/65, 259/69, AP Nr.23 zu Art.9 GG, Bl.11-14.

Kittner, Michael	Krise des Flächentarifvertrages? Dokumentation eines Gesprächs der Otto Brenner Stiftung (Frankfurt am Main, 8 Dezember 1995), Geschäftsführer Michael Kittner, Köln 1996.
Kittner, Michael	Leichter kündigen als änderungskündigen? NZA 1997, S.968-975.
Kittner, Michael	Öffnung des Flächentarifvertrags, in Festschrift für Schaub (1998), S.389-420, s.u. Schlachter/Ascheid/Friedrich.
Kittner, Michael	„Flucht aus dem Tarifvertrag" durch Austritt aus dem Arbeitgeberverband, ArbuR 1998, S.469-473.
Kittner, Michael	Eine Lanze für ein Arbeitsvertragsgesetz, Abnehmender Schutz durch eine löchrige Tarifbindung, Die Aufgabe des Gesetzgebers, FAZ 6.1.1999 (Nr.4), S.13.
Köbler, Gerhard /Heinze, Meinhard /Hromadka, Wolfgang	Europas universale rechtsordnungspolitische Aufgabe im Recht des dritten Jahrtausends, Festschrift für Alfred Söllner, München 2000.
Kocher, Eva	Anmerkung zu LAG Baden-Württemberg, Urteil v. 13.1.1999, 17 TaBV 3/98, ArbuR 1999, S.158-160.
Kölzer, Leo	Hans-Olaf Henkel-ein Standortrisiko, magazin (der IG BCE) 2/98 S.10.
Konzen, Horst	Anm. zu BAG, Urteil v. 11.1.1973, 5 AZR 322/72, AP Nr.30 zu § 138 BGB Bl.4-5.
Konzen, Horst	Die Tarifautonomie zwischen Akzeptanz und Kritik, NZA 1995, S.913-920.
Körner, Marita	Zum Verständnis des tarifvertraglichen Günstigkeitsprinzips, RdA 2000, S.140-147.
Kort, Michael	Arbeitszeitverlängerndes „Bündnis für Arbeit" zwischen Arbeitgeber und Betriebsrat, Verstoß gegen die Tarifautonomie? NJW 1997, S.1476-1481.

Krause, Rüdiger — Die Änderungskündigung zum Zweck der Entgeltreduzierung, DB 1995, S.574-579.

Krause, Rüdiger — Rechtskrafterstreckung im kollektiven Arbeitsrecht, Ein Beitrag zur Lehre parteiübergreifender Entscheidungswirkungen sowie zum kollektiven Rechtsschutz im Arbeitsrecht, Berlin 1996.

Krauss, Stefan — Die neue Freiheit ohne Verbandstarif? DB 1995, S.1562-1565.

Krauss, Stefan — Der Austritt aus dem Arbeitgeberverband, Keine Chance für die Betriebspartner? Erwiderung auf Hoß/Liebscher, DB 1995, S.2525 ff, DB 1996, S.528-529.

Kreuz, Harald — Der Grundsatz der Verhältnismäßigkeit im Arbeitskampfrecht, Berlin 1988.

Krüger, Herbert — Sinn und Grenzen der Vereinbarungsbefugnis der Tarifvertragsparteien, Gutachten für den 46. Deutschen Juristentag, Band I, Teil 1, München 1966.

Krummel, Christoph — Die Geschichte des Unabdingbarkeitsgrundsatzes und des Günstigkeitsprinzips im Tarifvertragsrecht, Köln 1990.

Küper, Wilfried /Welp, Jürgen — Beiträge zur Rechtswissenschaft, Festschrift für Walter Stree und Johannes Wessels zum 70. Geburtstag, Heidelberg 1993.

Lakies, Thomas — Kommentar zu LAG Berlin, 30.6.1997, 9 Sa 56/97, NJ 1998, S.224.

Lambrich, Thomas — Tarif- und Betriebsautonomie, Ein Beitrag zu den Voraussetzungen und Grenzen des Tarifvorbehalts, insbesondere dem Erfordernis der Tarifbindung des Arbeitgebers, Berlin 1999.

Larenz, Karl — Methodenlehre der Rechtswissenschaft, 6. Aufl., Berlin 1991.

Lesch, Hagen — Dezentralisierung der Tarifpolitik und Reform des Tarifrechts, DB 2000, S.322-326.

Lieb, Manfred — Die Rechtsstellung des Außenseiterarbeitgebers im Arbeitskampf, in Festschrift für Kissel (1994), S.653-678, s.u. Heinze/Söllner.

Lieb, Manfred — Mehr Flexibilität im Tarifvertragsrecht? „Moderne" Tendenzen auf dem Prüfstand, NZA 1994, S.289-294, S.337-342.

Liebold, Renate — Innerbetriebliche Beziehungen in ostdeutschen Industriebetrieben: die (ost-) deutsche Einheit zwischen Management und Betriebsrat, in Bergmann/Schmidt (1996), S.213-235.

Lieb, Manfred /Noack, Ulrich /Westermann, Harm Peter — Festschrift für Wolfgang Zöllner, Zum 70. Geburtstag, Köln 1998.

Linnenkohl, Karl — Lean law -die „ingeniöse" Nichtanwendung von Arbeitsrecht, BB 1994, S.2077-2083.

Lohs, René A. — Anpassungsklauseln in Tarifverträgen, Frankfurt a. M. 1995.

Löwisch, Manfred — Arbeitskampf- und Schlichtungsrecht, hrsg. von Manfred Löwisch, Heidelberg 1997.

Löwisch, Manfred — Die Anpassung der Arbeitsentgelte an die Insolvenzsituation de lege lata und de lege ferenda, ZGR 1984, S.272-292.

Löwisch, Manfred — Arbeitnehmer im künftigen Insolvenzrecht, ZGR 1986, S.219-246.

Löwisch, Manfred /Rieble, Volker — Tarifvertragsgesetz, Kommentar, München 1992.

Löwisch, Manfred — Neuabgrenzung von Tarifvertragssystemen und Betriebsverfassung, JZ 1996, S.812-821.

Löwisch, Manfred — Tariföffnung bei Unternehmens- und Arbeitsplatzgefährdung, NJW 1997, S.905-911.

Löwisch, Manfred — Die Änderung von Arbeitsbedingungen auf individualrechtlichem Wege, insbesondere durch Änderungskündigung, NZA 1998, S.633-644.

Löwisch, Manfred /Rieble, Volker — Tarifvertragliche und arbeitskampfrechtliche Fragen des Übergangs vom Haustarif zum Verbandstarif, in Festschrift für Schaub (1998), S.457-476, s.u. Schlachter/Ascheid/Friedrich.

Martinek, Michael — Die Lehre von den Neuverhandlungspflichten -Bestandsaufnahme, Kritik ... und Ablehnung, AcP 198 (1998), S.329-400.

Matthes, Hans-Christoph — Der Arbeitgeber als Tarifvertragspartei, in Festschrift für Schaub (1998), S.477-485, s.u. Schlachter/Ascheid/Friedrich.

Mayer-Maly, Theo /Richardi, Reinhard /Schambeck, Herbert /Zöllner, Wolfgang — Arbeitsleben und Rechtspflege, Festschrift für Gerhard Müller, Berlin 1981.

Meinhold, Joachim Friedrich — Rechtliche Anforderungen an die Reduktion von Entgelten in der Unternehmenskrise, Frankfurt a. M. 1988.

Meyer, Cord — Chancen und Grenzen der Anpassung von Tarifverträgen, RdA 1998, S.142-155.

Molitor, Karl — Ende oder Reform der Flächentarifverträge? in Festschrift für Schaub (1998), S.487-496, s.u. Schlachter/Ascheid/Friedrich.

Monopolkommission — Zehntes Hauptgutachten der Monopolkommission 1992/1993, vorgelegt am 30.6.1994 von CC. v. Weizsäcker, W. Haastert, W. Herion, W. Möschel, E. Weber-Braun, BT Dr. 12/8323, BR Dr.732/94.

Möschel, Wernhard — Das Spannungsverhältnis zwischen Individualvertrag, Betriebsvereinbarung und Tarifvertrag, BB 2002, S.1314-1318.

Müller, Gerhard — Einflüsse des kollektiven Arbeitsrechts auf das Arbeitsverhältnis, Teil 1, DB 1967, S.903-909.

Müller, Gerhard — Zum Verhältnis zwischen Betriebsautonomie und Tarifautonomie, ArbuR 1992, S.257-262.

Müller, Hans-Peter — Die Verbandspolitik der Industriegewerkschaft Bergbau und Energie in Ostdeutschland, ein Kapitel Transformationsgeschichte, in Bergmann/Schmidt (1996), S.49-70.

Müller, Hans-Peter — Privatautonomie gegen Kollektivgewalt, Anmerkung zum BAG-Beschluß vom 20.4.1999 -1 ABR 72/98, DB 1999 S.1555 zum Unterlassungsanspruch gegen tarifwidrige betriebliche Vereinbarungen, DB 1999, S.2310-2315.

Müller, Hans-Peter — Sanierungstarifvertrag als unzulässige Lohnverwendungsabrede, DB 2000, S.770-772.

Müller, Holger — Möglichkeiten und Grenzen der Gehaltsabsenkung in insolvenzbedrohten Unternehmen zur Meidung von Massenentlassungen, NZA 1985, S.307-311.

Neuhof, Rudolf — Sanierungsrisiken der Banken: Die Vor-Sanierungsphase, NJW 1998, S.3225-3234.

Niebler, Michael /Schmiedl, Wolfgang — Sind Abweichungen vom Tarifvertrag zur Beschäftigungssicherung zulässig?, Überlegungen zur „Obstrechtsprechung" des BAG, BB 2001, S.1631-1636.

Noelle-Neumann, Elisabeth — Ein Riß teilt das Land, FAZ 18.11.1998 (Nr.268), S.5.

Oetker, Hartmut — Gemeinsame Anmerkung zu BAG v.18.3.1992 und 27.11.1991 EzA § 4 TVG Nachwirkung Nr.14, 15, Bl.17-29.

Oetker, Hartmut — Die Kündigung von Tarifverträgen, RdA 1995, S.82-103.

Oetker, Hartmut — Anmerkung zu BAG, 18.12.1996, 4 AZR 129/96, JZ 1998, S.206-209.

Oetker, Hartmut — Die Beendigung der Mitgliedschaft in Arbeitgeberverbänden als tarifrechtliche Vorfrage, ZfA 1998, S.41-82.

Oetker, Hartmut — Das private Vereinsrecht als Ausgestaltung der Koalitionsfreiheit, RdA 1999, S.96-107.

Oppolzer, Alfred /Zachert, Ulrich — Arbeitszeit und Tarifgestaltung im Handwerk bis zum Jahr 2010, GMH 9/1998, S.595-606.

Otto, Björn — Die Änderungskündigung zur Entgeltreduzierung, Köln 2001.

Otto, Hansjörg — Die verfassungsrechtliche Gewährleistung der koalitionsspezifischen Betätigung, Eine Analyse des Beschlusses des Bundesverfassungsgerichts vom 17. Februar 1981 -2 BvR 384/78- zur Frage gewerkschaftlicher Zutrittsrechte zu kirchlichen Einrichtungen, Ein Gutachten erstattet für die Gewerkschaft ÖTV, Stuttgart 1982.

Otto, Hansjörg — Die Kündigung des Tarifvertrages aus wirtschaftlichen Gründen, in Festschrift für Kissel (1994), S.787-812, s.u. Heinze/Söllner.

Otto, Hansjörg — Zur Interaktion zwischen Bundesverfassungsgericht und Arbeitsgerichtsbarkeit -Erfahrungen und Erwartungen, in Festschrift Zöllner Bd. II (1998), S.879-898, s.u. Lieb/Noack/Westermann.

Otto, Sven-Joachim — Die rechtliche Zulässigkeit einer tarifbindungsfreien Mitgliedschaft in Arbeitgeberverbänden, NZA 1996, S.624-631.

Quecke, Martin — Änderungskündigung mit tarifwidrigem Inhalt, NZA 2001, S.812-818.

Palandt, Otto — Bürgerliches Gesetzbuch, Kommentar, 62. Aufl., München 2003.

Papier, Hans-Jürgen — Arbeitsmarkt und Verfassung, RdA 2000, S.1-7.

Reuter, Dieter — Das Recht auf Arbeit -ein Prinzip des Arbeitsrechts? RdA 1978, S.344-351.

Reuter, Dieter — Zulässigkeit und Grenzen tarifvertraglicher Besetzungsregelungen, ZfA 1978, S.1-44.

Reuter, Dieter — Das Verhältnis von Individualautonomie, Betriebsautonomie und Tarifautonomie, Ein Beitrag zum Wandel der Arbeitsrechtsordnung, RdA 1991, S.193-204.

Reuter, Dieter — Betriebsverfassung und Tarifvertrag, RdA 1994, S.152-168.

Reuter, Dieter — Möglichkeiten und Grenzen einer Auflockerung des Tarifkartells, ZfA 1995, S.1-94.

Reuter, Dieter — Die Mitgliedschaft ohne Tarifbindung (OT-Mitgliedschaft) im Arbeitgeberverband, RdA 1996, S.201-209.

Reuter, Dieter — Das Verhältnis von Tarif- und Betriebsautonomie, Eine Nachlese zum arbeitsrechtlichen Thema des 61. Deutschen Juristentags, in Festschrift für Schaub (1998), 605-637, s.u. Schlachter/Ascheid/Friedrich.

Richardi, Reinhard — Betriebsverfassung und Privatautonomie, Vortrag gehalten vor der Berliner Juristischen Gesellschaft am 28. März 1973, Berlin 1973.

Richardi, Reinhard — Betriebsverfassungsgesetz mit Wahlordnung, Kommentar, 8. Aufl., München 2002.

Richardi, Reinhard — Empfiehlt es sich, die Regelungsbefugnisse der Tarifparteien im Verhältnis zu den Betriebsparteien neu zu ordnen? NJW 1996, S.13-16.

Richardi, Reinhard /Wlotzke, Otfried — Münchener Handbuch zum Arbeitsrecht, hrsg. von Reinhard Richardi und Otfried Wlotzke, Band 3, Kollektives Arbeitsrecht, 2. Aufl., München 2000. Zitiert: Bearbeiter in MünchArbR III.

Richter, Ingo /Schuppert, Gunnar Folke — Casebook Verfassungsrecht, 3. Aufl., München 1996.

Rieble, Volker — Anmerkung zu BAG, Urteil v. 4.8.1993, 4 AZR 499/92, SAE 1994, S.158-160.

Rieble, Volker — Krise des Flächentarifvertrages? RdA 1996, S.151-158.

Rieble, Volker — Arbeitsmarkt und Wettbewerb, Der Schutz von Vertrags- und Wettbewerbsfreiheit im Arbeitsrecht, Berlin-Heidelberg-New York 1996.

Rieble, Volker — Krise des Flächentarifvertrages? -Herausforderungen für das Tarifrecht, in Kittner (1996), S.11-34.

Rieble, Volker — Bündnis für Arbeit -„Dritter Weg“ oder Sackgasse? RdA 1999, S.169-177.

Rieble, Volker — Der Fall Holzmann und seine Lehren, NZA 2000, S.225-234.

Rieble, Volker — Anmerkung zu BAG Urteil v. 10.2.1999, 2 AZR 422/98, RdA 2000, S.40-42.

Riesenfeld, Stefan A. — Neue Entwicklungen im Reorganisationsrecht der Vereinigten Staaten, in Birk/Kreuzer (1986), S.135-144.

Robbers, Gerhard — Der Grundrechtsverzicht, Zum Grundsatz „volenti non fit iniura“ im Verfassungsrecht, JuS 1985, S.925-931.

Rosdücher, Jörg — Beschäftigungsorientierte Tarifpolitik, Firmentarifverträge oder Verbandstarifverträge mit Öffnungsklauseln? WSI Mitteilungen 7/1997, S.459-469.

Ruoff, Axel — Die Flexibilisierung der Tarifverträge, Tarifliche und gesetzliche Öffnungsklauseln unter besonderer Berücksichtigung des betrieblichen Notfalls, Konstanz 1999.

Rüthers, Bernd /Siebert Horst — Die kollektive Zwangsjacke abstreifen, FAZ 24.2.2001 (Nr.47), S.15.

Sachs, Michael — Grundgesetz, Kommentar, 2. Aufl., München 1999.

Säcker, Franz-Jürgen — Herabsetzung nichttariflicher Arbeitsbedingungen durch kollektive Änderungskündigung, Arbeitskampfrechtliche Konsequenzen aus der Lehre vom tariflichen Ordnungsprinzip für die Zulässigkeit der Agressivaussperrung und der kollektiven Arbeitgeberänderungskündigung, DB 1967, S.1086-1092.

Säcker, Franz Jürgen /Oetker, Hartmut — Grundlagen und Grenzen der Tarifautonomie, erläutert anhand aktueller tarifpolitischer Fragen, München 1992.

Sargent, Thomas J. — Makroökonomik, München 1994.

Schäfer, Manfred — Ein Kampf um den Betriebsrat, FAZ 8.6.2000 (Nr.132), S.17.

Schaub, Günter — Aktuelle Streitfragen zur Kostensenkung bei der Arbeitsvergütung, BB 1994, S.2005-2011.

Schaub, Günter — Aktuelle Fragen des Tarifvertragsrechts, BB 1995, S.2003-2006.

Schaub, Günter — Tarifflucht im Spiegel der BAG-Rechtsprechung, AuA 1998, S.44-47.

Schaub, Günter — Wege und Irrwege aus dem Flächentarifvertrag, NZA 1998, S.617-623.

Schaub, Günter — Arbeitsrecht in der Insolvenz, DB 1999, S.217-227.

Schaub, Günter — Arbeitsrechts-Handbuch, Systematische Darstellung und Nachschlagewerk für die Praxis, von Günter Schaub, Ulrich Koch, Rüdiger Linck, 10. Aufl., München 2002.

Scheurer, Martina K. — Flexibilisierung durch tarifliche Öffnungsklauseln, Arbeitgeber 1997, S.352-354.

Schlachter, Monika — Herausforderungen der Tarifautonomie, Länderbericht Deutschland und vergleichende Diskussion, ZIAS 1997, S.101-122.

Schlachter, Monika /Ascheid, Reiner /Friedrich, Hans-Wolf — Tarifautonomie für ein neues Jahrhundert, Festschrift für Günter Schaub zum 65. Geburtstag, München 1998.

Schlecht, Otto — Vorwort, Vorsitzender der Ludwig-Erhard-Stiftung, s.u. Adomeit (1996).

Schleef, Heinz — Neue Wege der Tarifarbeit am Beispiel der JENOPTIK AG, AuA 1996, S.296-298.

Schleusener, Axel Aino — Die Erzwingung von Firmentarifverträgen nach Verbandsaustritt des Arbeitgebers, BB 1999, S.684-686.

Schleusener, Axel Aino — Rechtmäßigkeit kampfweiser Durchsetzung von Firmentarifverträgen gegenüber verbandsangehörigen Arbeitgebern, NZA 1998, S.239-244.

Schliemann, Harald — Tarifliches Günstigkeitsprinzip und Bindung der Rechtsprechung, NZA 2003, S.122-128.

Schlüter, Wilfried — Die Grenzen der Tarifmacht bei der Regelung der Wochenarbeitszeit, in Festschrift Stree/Wessels (1993), S.1061-1084, s.u. Küper/Welp.

Schneider, Harald — Die Güterabwägung des Bundesverfassungsgerichts bei Grundrechtskonflikten, Empirische Studie zu Methode und Kritik eines Konfliktlösungsmodells, Baden-Baden 1979.

Scholz, Rupert /Konzen, Horst — Die Aussperrung im System von Arbeitsverfassung und kollektivem Arbeitsrecht, Berlin 1980.

Scholz, Rupert — Rechtsfragen zur Verweisung zwischen Gesetz und Tarifvertrag, in Festschrift Müller (1981), S.509-536, s.u. Mayer-Maly/Richardi/Schambeck/Zöllner.

Scholz, Rupert — Verdeckt Verfassungsneues zur Mitbestimmung?, NJW 1986, S.1587-1591.

Schröder, Gerhard — Regierungserklärung, FAZ 11.11.1998 (Nr.262), S.10-11.

Schroeder, Wolfgang /Ruppert, Burkard — Austritt aus Arbeitgeberverbänden, Motive-Ursachen-Ausmaß, WSI Mitteilungen 5/1996, S.316-328.

Schroeder, Wolfgang /Weinert, Rainer — Elemente einer tarifpolitischen Regulierungsstrategie der Gewerkschaften, GMH 1998 Nr.5, S.319-328.

Schulz, Peter — Entgeltkürzungen im Insolvenzfall durch Betriebsvereinbarung, Berlin 2002.

Schwab, Martin — Mindestarbeitsbedingungen nach Verbandsaustritt des Arbeitgebers, BB 1994, S.781-785.

Schwerdtner, Peter — Die außerordentliche arbeitgeberseitige Kündigung bei ordentlich unkündbaren Arbeitnehmern, in Festschrift für Kissel (1994), S.1077-1095, s.u. Heinze/Söllner.

Sievers, Jochen — Individualrechtliche Möglichkeiten und Grenzen einer Entgeltreduzierung, NZA 2002, S.1182-1188.

Sodan, Helge — Verfassungsrechtliche Grenzen der Tarifautonomie, JZ 1998 S.421-430.

Söllner, Alfred — Tarifmacht - Grenzen und Grenzverschiebungen, Sonderbeilage zu NZA Heft 24/2000, S.33-41.

Soltwedel, Rüdiger — Dynamik der Märkte -Solidität des Sozialen, Leitlinien für die Reform der Institutionen, Kieler Diskussionsbeiträge, Institut für Weltwirtschaft Kiel 1997.

Sontowski, Sandra — Löhne in der Unternehmenskrise, Flexibilisierung lohnbezogener Tarifvertragsnormen, Die Härtefallklausel in den Tarifverträgen der ostdeutschen Metall- und Elektroindustrie von Mai 1993 und denkbare Alternativen, Berlin 1997.

Statistisches Bundesamt — Datenreport 1999, Zahlen und Fakten über die Bundesrepublik Deutschland, In Zusammenarbeit mit dem Wissenschaftszentrum Berlin für Sozialforschung und dem Zentrum für Umfragen, Methoden und Analysen, Mannheim.

Staudinger, Julius von — Kommentar zum Bürgerlichen Gesetzbuch, § 620-630, 13. Aufl., Berlin 1995.

Steffan, Ralf — Der praktische Fall -Arbeitsrecht: Ein (zu) langer Tarifvertrag, JuS 1993, S.1027-1032.

Stein, Axel — Anmerkung zu BAG, Urteil v. 18.2.1998, 4 AZR 363/96, SAE 1999, S.108-111.

Stein, Axel — Der Abschluß von Firmentarifverträgen, RdA 2000, S.129-140.

Stein, Axel — Anmerkung zu LAG Sachsen-Anhalt, Urteil v. 11.5.1999, 8 Sa 695/98, AuR 2000, S.149-151.

Steinmeyer, Heinz-Dietrich /Raimund Waltermann — Casebook Arbeitsrecht, 2. Aufl., München 2000.

Stoffels, Markus — Gestaltungsmöglichkeiten durch Änderungskündigungen, ZfA 2002, S.401-426.

Stumpfe, Werner — Überlebt der Flächentarifvertrag die Globalisierung? Forum Nr.30, 21.7.1998, S.1-4.

Stumpfe, Werner — Änderungen in der Verbandslandschaft - Arbeitgeber, Sonderbeilage zu NZA Heft 24/2000, S.1-4.

Stürner, Rolf — Möglichkeiten der Sanierung von Unternehmen durch Maßnahmen im Unternehmens- und Insolvenzrecht, Eine Auseinandersetzung mit dem Gutachten von Karsten Schmidt zum 54. Deutschen Juristentag, ZIP 1982, S.761-772.

Thau, Jens T. — Die Härtefallregelung nach dem sächsischen Tarifmodell, AuA 1993, S.235-238.

Thüsing, Gregor — Der Anspruch des Nichtorganisierten auf Tariflohn, ZTR 1997, S.433-438.

Thüsing, Gregor — Die Erstreikbarkeit von Firmentarifverträgen verbandsangehöriger Arbeitgeber, NZA 1997, S.294-296.

Thüsing, Gregor — Der Schutz des Tarifvertrags vor dem tarifvertraglich Geschützten, Zum Unterlassungsanspruch der Gewerkschaften gegen tarifwidrige Regelungsabreden, DB 1999, S.1552-1555.

Trappehl, Bernhard /Lambrich, Thomas — Unterlassungsanspruch der Gewerkschaften - das Ende für betriebliche „Bündnisse für Arbeit"? NJW 1999, S.3217-3224.

Tyska, Hans-Joachim — Die Zulässigkeit untertariflicher Löhne unter dem Blickwinkel von Tariföffnungsklauseln und Günstigkeitsprinzip, ArbuR 1985, S.276-283.

Unterhinninghofen, Hermann — Fristlose Kündigung der ostdeutschen Metalltarifverträge, „Hilfeschrei" oder „eklatanter Rechtsbruch"?, ArbuR 1993, S.101-105.

Verband der sächsischen Metall- und Elektroindustrie (VSME) — Neufassung der Härteklausel für die sächsiche Metall- und Elektroindustrie, Heft 7, Januar 1996.

Vollmer, Lothar — Bestandssicherung existenzgefährdeter Unternehmen durch Kürzung von Löhnen und Leistungen, DB 1982, S.1670-1673.

Wagner, Klaus-R. — Verfassungsrechtliche Grundlagen der Übertragung von Kompetenzen der Tarifparteien auf die Betriebsparteien, DB 1992, S.2550-2554.

Walker, Wolf-Dietrich — Möglichkeiten und Grenzen einer flexibleren Gestaltung von Arbeitsbedingungen, Das Spannungsverhältnis zwischen Tarifautonomie und Betriebsautonomie, ZfA 1996, S.353-381.

Walker, Wolf-Dietrich — Der tarifvertragliche Einwirkungsanspruch, in Festschrift für Schaub (1998), S.743-760, s.u. Schlachter/Ascheid/Friedrich.

Waltermann, Raimund — Zu den Grundlagen der Rechtsetzung durch Tarifvertrag, in Festschrift Söllner (2000), S.1251-1277, s.u. Köbler/Heinze/Hromadka.

Wank, Rolf — Grundlagen des Arbeitskampfrechts, in Festschrift für Kissel (1994), S.1225-1252, s.u. Heinze/Söllner.

Wank, Rolf	Empfiehlt es sich, die Regelungsbefugnisse der Tarifparteien im Verhältnis zu den Betriebsparteien neu zu ordnen? NJW 1996, S.2273-2281.
Wank, Rolf	Kündigung und Wegfall der Geschäftsgrundlage bei Tarifverträgen, in Festschrift für Schaub (1998), S.761-791, s.u. Schlachter/Ascheid/Friedrich.
Wank, Rolf	Arbeitsrecht und Methode, am Beispiel der rangkonformen Auslegung, RdA 1999, S.130-138.
Wellenhofer-Klein, Marina	Tarifwechsel durch Unternehmensumstrukturierung, ZfA 1999, S.239-269.
Wendeling-Schröder, Ulrike	Betriebliche Ergänzungstarifverträge, NZA 1998, S.624-630.
Wendeling-Schröder, Ulrike	Arbeitsrecht und Gewerkschaften, RdA 1999, S.138-146.
Wiedemann, Herbert /Stumpf, Hermann	Tarifvertragsgesetz, Kommentar, 5. Aufl., München 1977.
Wiedemann, Herbert	Tarifvertragsgesetz, Kommentar, 6. Aufl., München 1999.
Winkler, Andreas	Der Flächentarifvertrag muß eine neue Basis finden, Erfahrungen und Ansätze in der sächsischen Metall- und Elektroindustrie, gewerkschaftsreport 2/1998, S.28-36.
Winkler, Andreas	Phönix-eine Chance für den Flächentarifvertrag, Arbeitgeber 1998 13/40, S.430-432.
Winkler, Andreas	Sächsische Metall- und Elektroindustrie auf dem Weg zu einer regionalen Tarifpolitik, Flächentarif, AuA 1999, S.11-13.
Winkler, Andreas	Hat der Flächentarifvertrag eine Zukunft, Ein Diskussionsbeitrag aus der Praxis, Sonderbeilage zu NZA Heft 24/2000, S.10-17.
Winter, Engelbert /Zekau, Wolfgang	Außerordentliche Kündigung von Tarifverträgen, ArbuR 1997, S.89-94.

Wirtschaftsminister-konferenz	Mindestanforderungen für staatliche Hilfen zur Sanierung von Einzelunternehmen in Ausnahmefällen, ZIP 1983, S.876-877.
Wochner, Manfred	Zur Verantwortlichkeit der Gewerkschaften gegenüber ihren Mitgliedern, BB 1993, S.515-519.
Wohlfarth, Hans-Dieter	Stärkung der Koalitionsfreiheit durch das BAG, NZA 1999, S.962-964.
Zachert, Ulrich	Möglichkeiten der fristlosen Kündigung von Tarifverträgen in den neuen Bundesländern, NZA 1993, S.299-301.
Zachert, Ulrich	Krise des Flächentarifvertrages? -Herausforderungen für das Tarifrecht, in Kittner (1996), S.35-73.
Zachert, Ulrich	Mehr Arbeitsplätze durch bewegliches Tarifrecht? Zum Buch von Rpf. Dr. Klaus Adomeit: Regelung von Arbeitsbedingungen und ökonomische Notwendigkeit, ZTR 1996, S.289-290.
Zachert, Ulrich	Tarifautonomie im Umbruch, Kontrollierte und wilde Dezentralisierung, ZTR 1998, S.97-100.
Zachert, Ulrich	Anmerkung zu BAG, Urteil v. 24.2.1999, 4 AZR 62/98, RdA 2000, S.107-109.
Zachert, Ulrich	Firmentarifvertrag als Alternative, Sonderbeilage zu NZA Heft 24/2000, S.17-23.
Zachert, Ulrich	Beschäftigungssicherung durch Tarifvertrag als Prüfstein für Umfang und Grenzen der Tarifautonomie, DB 2001, S.1198-1202.
Zöllner, Wolfgang /Loritz, Karl-Georg	Arbeitsrecht, Ein Studienbuch, 5. Aufl., München 1998.
Zöllner, Wolfgang	Gerechtigkeit im Arbeitsverhältnis, in Festschrift Söllner (2000), S.1297-1322, s.u. Köbler/Heinze/Hromadka.

Schriften zum Arbeitsrecht und Wirtschaftsrecht

Herausgegeben von Abbo Junker

Band 1 Christoph-N. Lerche: Der Europäische Betriebsrat und der deutsche Wirtschaftsausschuß. Eine vergleichende Analyse der betrieblichen Mitwirkung der Arbeitnehmer vor dem Hintergrund der Globalisierung der Märkte. 1997.

Band 2 Christian Walter Mecke: Zur rechtlichen Verbindlichkeit kollektiver Vereinbarungen in England. 1997.

Band 3 Katja Francke: Die betriebliche Mitwirkung der Arbeitnehmer in Belgien. Unter Berücksichtigung vergleichender Aspekte zum deutschen Betriebsverfassungsrecht. 1997.

Band 4 Christian Schulze: Die Zulässigkeit einstweiliger Verfügungen gegen Betriebsänderungen. 1998.

Band 5 Stefan Miersch: Die Rechtsfolgen mitbestimmungswidriger Maßnahmen für das Arbeitsverhältnis. Eine zivilrechtsdogmatische Untersuchung. 1998.

Band 6 Heike Wegner: Internationaler Verbraucherschutz beim Abschluß von Timesharingverträgen: § 8 Teilzeitwohnrechtegesetz. 1998.

Band 7 Julia Wichmann: Dienstleistungsfreiheit und grenzüberschreitende Entsendung von Arbeitnehmern. 1998.

Band 8 Johann-Volker Peter: Société par actions simplifiée (S.A.S.). Die Vereinfachte Aktiengesellschaft in Frankreich, eine Rechtsform für die Kooperation von Unternehmen. 1999.

Band 9 Sylvia Schnelle: Der Europäische Betriebsrat in Spanien. Zugleich eine Einführung in das spanische Recht der Arbeitnehmervertretung. 1999.

Band 10 Viktoria Bornhagen: Die Zumutbarkeit als Rechtsgedanke im Arbeitsrecht. 1999.

Band 11 Thorsten Schacht: Der Übereilungsschutz beim arbeitsrechtlichen Aufhebungsvertrag. Arbeitnehmerschutz bereits de lege lata? 2000.

Band 12 Marcus Hellmann: Immobilienkauf nach spanischem Recht. 1999.

Band 13 Nicolaus Johannes Ehinger: Die juristischen Personen des öffentlichen Rechts als herrschende Unternehmen. 2000.

Band 14 Alexander Lentz: Das kollektive Arbeitsrecht der Republik Südafrika. Eine Untersuchung mit Bezügen zum deutschen Recht. 2000.

Band 15 Michaela Brunssen: Der Arbeitgeberverbandswechsel. Tarifrechtliche und arbeitskampfrechtliche Konsequenzen. 2000.

Band 16 Morten Petersenn: Das Recht des Grundstückskaufs in Südafrika. 2000.

Band 17 Stefan Krüger: Die umwandlungsrechtliche Haftungsregelung bei der Betriebsaufspaltung und ihre Analogiefähigkeit. 2001.

Band 18 Jürgen Kitzinger: Der GmbH-Geschäftsführer zwischen Arbeits- und Gesellschaftsrecht. Im Blickpunkt: Zuständigkeit der Arbeitsgerichte. 2001.

Band 19 Anja Ruge: Die Lohnersatzansprüche ehemaliger Zwangsarbeiter gegen deutsche Industrieunternehmen. 2001.

Band 20 Michael Knoll: Die Sozialauswahl im Arbeitsrecht. 2001.

Band 21 Britta Albrecht: Mediation im Arbeitsrecht. Individualarbeitsrecht und Betriebsverfassungsrecht. 2001.

Band 22 Annusch Barten: Das System der Arbeitnehmervertretung in Frankreich. 2001.

Band 23 Diane Westera: Der Wiedereinstellungsanspruch nach wirksamer Kündigung. 2001.

Band 24 Kristin Doerlich: Die Tariffähigkeit der Gewerkschaft. Eine Analyse der Mächtigkeitsrechtsprechung des Bundesarbeitsgerichts im Lichte neuerer Erfahrungen. 2002.

Band 25 Tina Witten: Vertragsgestaltung und Gesetzesbindung im Recht der Zeitarbeit. 2002.

Band 26 Martin Hellfeier: Die Leistungszeit im Arbeitsverhältnis. Eine Untersuchung zum Fixschuldcharakter der Arbeitspflicht und zu den Folgen ihrer Nichterfüllung. 2003.

Band 27 Almut Maulshagen: Betriebliche Arbeitskampfregelungen. 2003.

Band 28 Maren Band: Tarifkonkurrenz, Tarifpluralität und der Grundsatz der Tarifeinheit. 2003.

Band 29 Manuela Schulz: Der Bereitschaftsdienst in öffentlich-rechtlich organisierten Krankenhäusern. Eine rechtliche Bewertung. 2003.

Band 30 Felix Benedikt: Die Kürzung von Tariflöhnen zur Sanierung. Eine verfassungskonforme Auslegung des § 3 III TVG entsprechend § 626 BGB. 2003.

Band 31 Tim Kaden: Individuelle Bündnisse für Arbeit und Günstigkeitsprinzip. 2003.

Peter Lang · Europäischer Verlag der Wissenschaften

Eva Graune

Nachwirkung betrieblicher und betriebsverfassungsrechtlicher Tarifvertragsnormen

Frankfurt/M., Berlin, Bern, Bruxelles, New York, Oxford, Wien, 2003. XIX, 128 S.
Europäische Hochschulschriften: Reihe 2, Rechtswissenschaft. Bd. 3655
ISBN 3-631-51022-5 · br. € 30.20*

Gegenstand dieser Arbeit ist die bislang ungeklärte arbeitsrechtliche Problematik, ob und inwieweit tarifvertragliche Normen über betriebliche und betriebsverfassungsrechtliche Fragen auch nach Ablauf des Tarifvertrages gemäß § 4 Abs. 5 TVG weitergelten. Die Meinungen darüber sind in Rechtsprechung und Schrifttum sehr geteilt. Teilweise wird eine Nachwirkung für derartige Tarifnormen gänzlich verneint, teilweise uneingeschränkt bejaht. In letzterem Fall stellt sich die praxisrelevante und bislang wenig behandelte Frage, wie lange die tarifvertragliche Nachwirkung andauert und auf welchem Weg sie beendet werden kann. Die Arbeit leistet einen Beitrag zur sachgerechten Lösung bestehender Ungereimtheiten des Tarifvertragsrechts und zeigt gangbare Wege für eine Beendigung der Nachwirkung betrieblicher und betriebsverfassungsrechtlicher Tarifvertragsnormen auf.

Aus dem Inhalt: Die Aufnahme der betrieblichen und betriebsverfassungsrechtlichen Normen in den Normenkatalog des § 1 Abs. 1 TVG aus historischer Sicht · Methodische Untersuchung der Geltung des § 4 Abs. 5 TVG für die betrieblichen und betriebsverfassungsrechtlichen Tarifvertragsnormen · Prüfung des Umfangs der Nachwirkung betrieblicher und betriebsverfassungsrechtlicher Tarifvertragsnormen unter eingehender Darstellung bestehender Ablösungsmöglichkeiten · Diskussion vorgeschlagener Ansätze für eine Beendigung der Nachwirkung betrieblicher und betriebsverfassungsrechtlicher Tarifvertragsnormen · Eigener Lösungsansatz

Frankfurt/M · Berlin · Bern · Bruxelles · New York · Oxford · Wien
Auslieferung: Verlag Peter Lang AG
Moosstr. 1, CH-2542 Pieterlen
Telefax 00 41 (0) 32 / 376 17 27

*inklusive der in Deutschland gültigen Mehrwertsteuer
Preisänderungen vorbehalten

Homepage http://www.peterlang.de